Manual da
SENTENÇA CÍVEL

www.editorasaraiva.com.br/direito
Visite nossa página

Pablo Stolze

Salomão Viana

Manual da
SENTENÇA CÍVEL

2019

ISBN 978-85-536-1070-9

DADOS INTERNACIONAIS DE CATALOGAÇÃO NA PUBLICAÇÃO (CIP)
ANGÉLICA ILACQUA CRB-8/7057

Stolze, Pablo
   Manual da sentença cível / Pablo Stolze e Salomão Viana. – 1. ed. – São Paulo : Saraiva Educação, 2019.

1. Direito civil 2. Sentenças (Processo civil) - Brasil - Manuais, guias, etc. 3. Tutela I. Título II. Viana, Salomão

19-0251   CDU 347.95(81)

Índice para catálogo sistemático:

1. Brasil : Direito civil : Sentenças   347.95(81)

Av. das Nações Unidas, 7.221, 1º andar, Setor B
Pinheiros – São Paulo – SP – CEP 05425-902

SAC 0800-0117875
De 2ª a 6ª, das 8h às 18h
www.editorasaraiva.com.br/contato

Direção executiva	Flávia Alves Bravin
Direção editorial	Renata Pascual Müller
Gerência editorial	Roberto Navarro
Gerência de produção	Ana Paula Santos Matos
Consultoria acadêmica	Murilo Angeli Dias dos Santos
Edição	Eveline Gonçalves Denardi (coord.)
	Aline Darcy Flôr de Souza
Produção editorial	Luciana Cordeiro Shirakawa
	Rosana Peroni Fazolari
Arte e digital	Mônica Landi (coord.)
	Claudirene de Moura Santos Silva
	Fernanda Matajs
	Guilherme H. M. Salvador
	Tiago Dela Rosa
	Verônica Pivisan Reis
Planejamento e processos	Clarissa Boraschi Maria (coord.)
	Juliana Bojczuk Fermino
	Kelli Priscila Pinto
	Marília Cordeiro
	Fernando Penteado (coord.)
	Mônica Gonçalves Dias
	Tatiana dos Santos Romão
Novos projetos	Melissa Rodriguez Arnal da Silva Leite
Diagramação e revisão	Know-How Editorial
Capa	Tiago Dela Rosa
Produção gráfica	Marli Rampim
	Sergio Luiz Pereira Lopes
Impressão e acabamento	EGB Editora Gráfica Bernardi Ltda.

Data de fechamento da edição: 19-2-2019

Dúvidas? Acesse www.editorasaraiva.com.br/direito

Nenhuma parte desta publicação poderá ser reproduzida por qualquer meio ou forma sem a prévia autorização da Editora Saraiva. A violação dos direitos autorais é crime estabelecido na Lei n. 9.610/98 e punido pelo art. 184 do Código Penal.

CL 605472   CAE 631478

*Ao Pai Celestial, fonte de toda a inspiração para o Bem.
Às nossas amadas esposas, Kalline e Carol, e aos nossos filhos,
pelo estímulo e pela paciência.*

PREFÁCIO

Recebi com a maior satisfação, tendo significado muito para mim, a distinção que me foi feita pelos dois ilustres autores da obra intitulada *Manual da Sentença Cível*, convidando-me para prefaciá-la.

Trata-se de obra de primeira grandeza e com características raras, como indicarei.

Porém, mais do que isso, reveste-se de aspectos peculiares que emoldurarão o seu perfil, que será manifestamente diferenciado nos quadros da nossa literatura.

A escolha do tema revela que os seus autores elegeram, talvez, *o tema mais importante e difícil do processo*.

Remarcam já no início do texto (capítulo II), com inteira razão e ferem o tema, referente ao cuidado que se há de ter para redigir uma sentença.

Ao esmero relacionado com o rico conteúdo do trabalho alia-se uma apresentação gráfica incomum. Há textos destacados, indicativos de singular poder didático e de grande significado gráfico.

Distinguem-se os elementos que devem presidir a redação dos textos em geral, comuns, daqueles que devem estar presentes para a redação de uma decisão.

O capítulo II está pejado de lições corretas de como escrever bem, o que demonstra a amplitude da consideração de temas, inclusive em províncias que, se não são essencialmente jurídicas, influem decisivamente na comunicação jurídica.

No capítulo III enfrenta-se o assunto relacionado às formas de aludir aos diversos sujeitos do processo. Verificam-se sempre as presenças dos textos em destaque, com cuidado, inclusive, quanto a informações relacionadas ao concurso público. Neste capítulo III, ao lado dos aspectos atinentes à forma adequada de tratamento dos sujeitos do processo, examinam-se lucidamente os diversos institutos. Ou seja, consideram-se todos os institutos que se colocam como satélites da sentença, iluminados pela doutrina e jurisprudência.

No capítulo IV demonstram os autores que o processo tem de ser escrupulosamente lido.

No capítulo XV enfrenta-se com genuína maestria o tema relacionado com a fundamentação das decisões e seus desdobramentos. É uma forma excelente de ordenar a exposição desse tema central.

Segue-se o mesmo tema em desdobramento, agora relacionadamente com as questões de impedimento e suspeição (capítulo XVI).

Nos capítulos XVII e XVIII, o tema é, ainda, o da fundamentação, visualizado respectivamente, tendo em vista o erro na distribuição e a análise das questões que repercutem na competência do juízo.

O autor Pablo Stolze Gagliano laureou-se em Direito pela Universidade Federal da Bahia, obtendo o diploma de honra ao mérito. Obteve na monografia de conclusão do curso de bacharelado a nota 10. Ingressou na magistratura estadual baiana em primeiro lugar. É autor de obra sobre Direito Civil, o seu Manual, em coautoria com Rodolfo Pamplona, que é obra clássica em nossas letras. É mestre em Direito pela PUC-SP e membro de importantes academias de Direito. Em suma, é figura esplendorosamente marcante no cenário brasileiro do Direito.

O outro eminente autor, Salomão Viana, é juiz federal, tendo sido aprovado em primeiro lugar no concurso para ingresso na magistratura do Tribunal de Justiça do Distrito Federal e Territórios e também para ingresso nos quadros da Universidade Federal da Bahia, onde leciona Direito Processual Civil. Foi condecorado com a Medalha Mérito Legislativo, pela Câmara dos Deputados (Plenário Ulysses Guimarães, Brasília, DF); com a Comenda Ministro Coqueijo Costa, pelo Tribunal Regional do Trabalho da 5ª Região; e com a Medalha do Mérito Eleitoral com Palma, pelo Tribunal Regional Eleitoral da Bahia. Membro da ANNEP – Associação Norte e Nordeste de Professores de Processo. É autor e coautor de diversos capítulos de livros e de artigos no campo do Direito Processual Civil, sendo conferencista e palestrante muito requisitado. Foi Juiz de Direito na Bahia. E, ainda, é médico.

Encontram-se os dois eminentes juristas de parabéns, e, bem, assim, a Editora Saraiva, que lançará obra, e, mais do que todos, o público leitor, que se defrontará com obra de alto valor científico e didático.

Dezembro de 2018.

Arruda Alvim

APRESENTAÇÃO

Comecei a dar aulas na Faculdade de Direito da UFBA, como professor substituto, em 1998.

A primeira disciplina que ministrei foi Prática Forense (nome da época). Não havia bons livros para indicar aos alunos, então. Dizia com frequência que ainda estava para ser escrito um grande manual de prática civil.

Vinte anos depois, sou convidado para apresentar um livro que vem preencher parte relevante dessa lacuna (falo de parte, pois o livro se dedica especificamente à sentença cível): o *Manual da Sentença Cível*, escrito por dois juízes, amigos e colegas de magistério na UFBA (Pablo Stolze e Salomão Viana), *já nasce como obra fundamental e sem par na bibliografia jurídica brasileira*.

A obra me toca de um modo especial, por várias razões:

a) Salomão, meu professor de Prática Forense, em 1995, foi absolutamente fundamental para a minha formação jurídica e para o desenvolvimento do modo como eu passei a ministrar aulas a partir de 1998;
b) Pablo Stolze é meu colega de turma, um amigo-irmão que a vida me deu; temos trilhado uma trajetória profissional juntos há mais de vinte anos;
c) acompanhei de perto a gestação desse livro, que foi longa;
d) como professor de processo civil, passo a ter um livro para indicar aos meus alunos, que sempre me perguntam a respeito;
e) os autores são dois dos melhores amigos que a Universidade me proporcionou;
f) há um diálogo contínuo dos autores com as minhas ideias sobre o processo civil, generosamente bem referidas no livro.

Parabéns aos autores e à Editora.

Salvador, em dezembro de 2018.

Fredie Didier Jr.

NOTA DOS AUTORES

Somos, ambos, juízes e professores. Amamos – e amamos profundamente! – a magistratura e o magistério. Ensinar *e* julgar são atividades que, de há muito, integram o nosso cotidiano. Habituamo-nos a desempenhá-las, com alegria, como caminhos *paralelos*.

Era assim. Não é mais.

À medida que este livro tomava forma, os caminhos do *ensinar* e do *julgar* foram se aproximando, até que se tornaram, ao término desta edição, um só. Com este livro, o paralelismo deixou de existir e as atividades se fundiram. Passamos, assim, a circular na delicada e sedutora área do ensinar *a* julgar.

Por acompanharmos, de perto, a evolução do projeto de lei que resultou no atual Código de Processo Civil, a maturação deste trabalho se estendeu por seis anos. Foram seis anos de saborosos diálogos a respeito de como melhor contribuir para o atendimento das necessidades de quem pretende se esmerar na elaboração de uma sentença.

Rogamos a Deus que, na continuidade da edificação desta obra, as sugestões e as críticas construtivas nos cheguem com o mesmo vigor dos incentivos que recebemos, de colegas juízes, de ex-alunos e de alunos, para que a obra fosse concebida.

Salvador, BA, janeiro de 2019.

Pablo Stolze
pablostolze@gmail.com

Salomão Viana
salomao.viana@terra.com.br

SUMÁRIO

Prefácio 7

Apresentação 9

Nota dos autores 11

CAPÍTULO I
O foco desta obra 29

1. Sentença e tutela definitiva 29
2. Decisão interlocutória e tutela definitiva 29
   - **2.1** Inadmissibilidade parcial do exame do mérito da causa 30
   - **2.2** Resolução parcial do mérito da causa 30
3. Os atos decisórios que nos interessam 31

CAPÍTULO II
Aspectos redacionais gerais 33

1. Considerações iniciais 33
2. Necessidade de exercícios práticos 34
3. Relação entre a redação de decisões judiciais e a redação de textos em geral 35
4. Clareza, coerência e congruência dos textos em geral 35
5. Clareza, coerência e congruência das decisões judiciais 37
6. Cuidados específicos 39
   - **6.1** Estabelecimento de limite no aprofundamento de discussão sobre teses doutrinárias 39
   - **6.2** Impropriedade do uso da decisão judicial para expressão de opiniões pessoais 40
     - **6.2.1** Concordâncias ou discordâncias com políticas de governo 41
     - **6.2.2** Manifestações críticas a respeito de situações discutidas em redes sociais 42
   - **6.3** Utilização de linguagem assertiva 42
   - **6.4** Escolha da pessoa gramatical a ser usada para designar o magistrado que está praticando o ato 43
     - **6.4.1** Uso da primeira pessoa do singular 45
     - **6.4.2** Uso da primeira pessoa do plural 45
     - **6.4.3** Uso de verbos nas formas nominais 46
     - **6.4.4** Nossa opção 47

MANUAL DA SENTENÇA CÍVEL

CAPÍTULO III
Formas de aludir aos diversos sujeitos do processo 49

1. Considerações iniciais 49
2. Magistrado que, em dado momento, dirigiu o processo 50
3. Membro de tribunal 51
4. Ministério Público, como fiscal da ordem jurídica 52
5. Defensoria Pública, como representante judicial da parte ou como curadora especial 53
6. Advogado, público ou privado, como representante judicial da parte 54
7. Partes processuais principais da demanda originária 55
   - 7.1 Parte autora/parte ré, autor/réu, demandante/demandado 57
   - 7.2 Acionante/acionado 59
   - 7.3 Requerente/requerido 59
   - 7.4 Ministério Público e Defensoria Pública atuando como parte e advogado agindo em causa própria 60
   - 7.5 Exequente/executado, credor/devedor 60
   - 7.6 Parte embargante/parte embargada, embargante/embargado 62
   - 7.7 Partes processuais principais no mandado de segurança 63
   - 7.8 Existência de litisconsórcio 66
   - 7.9 Alteração ou ampliação subjetiva do processo em razão de alegação da parte ré 66
8. Reconvenção 67
9. Intervenção de terceiros 69
   - 9.1 Assistência 70
   - 9.2 Denunciação da lide 70
     - 9.2.1 Denunciação por apenas uma das partes 71
     - 9.2.2 Denunciação por ambas as partes 71
     - 9.2.3 Denunciação sucessiva 72
   - 9.3 Chamamento ao processo 73
   - 9.4 Incidente de desconsideração da personalidade jurídica 74
   - 9.5 *Amicus curiae* 75

CAPÍTULO IV
Leitura dos autos 77

CAPÍTULO V
Identificação e coleta dos dados úteis 81

1. Consideração introdutória 81
2. Apreensão das informações 82
3. Dados indispensáveis para a elaboração de qualquer decisão judicial 83
   - 3.1 Dados concernentes aos elementos da demanda 84
     - 3.1.1 Singularidade dos elementos da demanda 84
       - 3.1.1.1 Peculiaridade relativa à causa de pedir 84
       - 3.1.1.2 Possibilidade de decomposição do pedido 85

	3.1.2	Multiplicidade de elementos da demanda...	86
		3.1.2.1 Cumulação subjetiva...	86
		3.1.2.2 Cumulação objetiva..	87
		3.1.2.3 Cumulações decorrentes da propositura de demanda incidental..	87
3.2	Dados concernentes aos fundamentos da defesa...		88
	3.2.1	Divisão prática dos fundamentos da defesa..................................	88
	3.2.2	Relação entre fundamentos formais e fundamentos relativos ao mérito da causa...	89
3.3	Roteiro prático para verificação dos dados colhidos, concernentes aos elementos da demanda e aos fundamentos da defesa...		90
	3.3.1	Petição inicial sem multiplicidade de elementos da demanda.........	91
	3.3.2	Petição inicial com multiplicidade de elementos da demanda.........	92
		3.3.2.1 Multiplicidade de autores e de réus.....................................	92
		3.3.2.2 Multiplicidade de autores e de pedidos...............................	92
		3.3.2.3 Multiplicidade de autores e de causas de pedir...................	93
		3.3.2.4 Multiplicidade de réus e de pedidos....................................	93
		3.3.2.5 Multiplicidade de réus e de causas de pedir.......................	94
		3.3.2.6 Multiplicidade de pedidos e de causas de pedir.................	94
	3.3.3	Fundamentos da defesa nos casos em que não houver multiplicidade de elementos da demanda	95
	3.3.4	Fundamentos da defesa nos casos em que houver multiplicidade de elementos da demanda..	96
4.	Dados relativos a matérias que devem ser conhecidas de ofício............................		97
	4.1	Matérias de natureza formal..	98
	4.2	Matérias relativas ao mérito..	103
5.	Dados referentes ao fator tempo		105
6.	dados alusivos a questões que já deveriam ter sido resolvidas.............................		107
	6.1	Questões com aptidão para impedir o imediato proferimento da sentença..	107
	6.2	Questões sem aptidão para impedir o imediato proferimento da sentença	109
7.	Dados atinentes a outras ocorrências importantes		109

CAPÍTULO VI
Divisão dos dados úteis: questões formais e questões relativas ao mérito da causa.. 115

1. Aspectos gerais 115
2. Forma: mentalmente ou por meio de anotações 116
3. Percepção da existência de subordinação entre questões 117
4. Questões suscitadas pelas partes e questões suscitadas de ofício..................... 118
5. Critério prático para identificação das questões relativas ao mérito da causa.... 118
6. Impropriedade do vínculo entre resolução de questão de mérito e aplicação exclusiva de normas de Direito Material 120
7. Vínculo entre resolução de questão formal e aplicação de normas de direito processual 121
8. Rol das questões formais 121

9.	Rol das questões relativas ao mérito da causa..	124
9.1	Questões específicas do caso concreto..	125
9.2	Questões inespecíficas, referentes a matérias que o juiz deve conhecer de ofício..	126

CAPÍTULO VII
A questão está suficientemente madura para resolução?........................... 129

1.	Consideração introdutória..	129
2.	Roteiros práticos...	130
3.	Resolução de questões antes da citação ou do comparecimento espontâneo da parte ré ao processo..	131
3.1	Questões formais que não versam sobre defeito processual.......................	131
3.1.1	Questões relativas ao falecimento de qualquer das partes, depois da propositura da demanda..	132
3.1.1.1	Intransmissibilidade do direito sob discussão...................	134
3.1.1.2	Transmissibilidade do direito sob discussão......................	136
3.1.1.2.1	Falecimento da parte autora.................................	136
3.1.1.2.2	Falecimento da parte ré...	139
3.1.2	Questões relativas ao falecimento do advogado da parte autora.......	141
3.1.3	Questões relativas à renúncia do advogado da parte autora.............	142
3.1.4	Questões relativas a abandono do processo......................................	145
3.1.5	Questões relativas à desistência da demanda...................................	146
3.2	Questões formais que versam sobre defeito processual..............................	147
3.2.1	Defeito sanável..	147
3.2.1.1	Tema debatido previamente pela parte autora......................	148
3.2.1.1.1	Apresentação, pela parte autora, de fundamentos convincentes..	148
3.2.1.1.2	Apresentação, pela parte autora, de fundamentos inconvincentes...	150
3.2.1.2	Tema não debatido previamente pela parte autora...............	152
3.2.1.2.1	Exercício prévio do direito ao contraditório..........	153
3.2.1.2.2	Desnecessidade de exercício prévio do direito ao contraditório..	154
3.2.2	Defeito insanável...	154
3.2.2.1	Tema debatido previamente pela parte autora......................	155
3.2.2.1.1	Apresentação, pela parte autora, de fundamentos convincentes..	155
3.2.2.1.2	Apresentação, pela parte autora, de fundamentos inconvincentes...	156
3.2.2.2	Tema não debatido previamente pela parte autora...............	157
3.2.2.2.1	Exercício prévio do direito ao contraditório..........	157
3.2.2.2.2	Diferimento do exercício do direito ao contraditório.	158
3.3	Questões relativas ao mérito da causa..	160
3.3.1	Tema debatido previamente pela parte autora.................................	161

		3.3.1.1	Apresentação, pela parte autora, de fundamentos convincentes	161
		3.3.1.2	Apresentação, pela parte autora, de fundamentos inconvincentes	162
	3.3.2	Tema não debatido previamente pela parte autora		164
		3.3.2.1	Exercício prévio do direito ao contraditório	164
		3.3.2.2	Diferimento do exercício do direito ao contraditório	165

4. Resolução de questões depois da citação ou do comparecimento espontâneo da parte ré ao processo 167
   4.1 Questões formais que não versam sobre defeito processual 168
      4.1.1 Questões relativas ao falecimento de qualquer das partes, depois da propositura da demanda 169
         4.1.1.1 Intransmissibilidade do direito sob discussão 170
         4.1.1.2 Transmissibilidade do direito sob discussão 172
            4.1.1.2.1 Falecimento da parte autora 172
            4.1.1.2.2 Falecimento da parte ré................................. 175
      4.1.2 Questões relativas ao falecimento do advogado de qualquer das partes 176
         4.1.2.1 Falta de constituição de novo advogado pela parte autora .. 177
         4.1.2.2 Falta de constituição de novo advogado pela parte ré 179
      4.1.3 Questões relativas à renúncia do advogado de qualquer das partes 180
      4.1.4 Questões relativas a abandono do processo pela parte autora 182
      4.1.5 Questões relativas a abandono do processo por ambas as partes 184
      4.1.6 Questões relativas à desistência da demanda 185
   4.2 Questões formais que versam sobre defeito processual............................ 187
      4.2.1 Suscitação por uma das partes 187
         4.2.1.1 Exercício prévio do direito ao contraditório 188
            4.2.1.1.1 Tema debatido previamente pela parte contrária 188
            4.2.1.1.2 Tema não debatido previamente pela parte contrária 189
         4.2.1.2 Desnecessidade de prévia manifestação 190
            4.2.1.2.1 Percepção de que a questão será resolvida em favor da parte que se manifestaria 191
            4.2.1.2.2 Percepção de que pode ser imediatamente proferida decisão de mérito favorável à parte que suscitou a questão.. 192
      4.2.2 Suscitação de ofício, pelo juiz.. 193
         4.2.2.1 Exercício prévio do direito ao contraditório por ambas as partes.. 194
         4.2.2.2 Exercício prévio do direito ao contraditório apenas pela parte que pode vir a ser prejudicada pela decisão 196
            4.2.2.2.1 Tema debatido previamente.............................. 196
            4.2.2.2.2 Tema não debatido previamente....................... 197
         4.2.2.3 Abertura de oportunidade para prévia manifestação da parte beneficiada pela suscitação da questão 198
         4.2.2.4 Desnecessidade de exercício prévio do direito ao contraditório 199

4.3 Questões relativas ao mérito da causa 200
    4.3.1 Suscitação por uma das partes 200
    4.3.2 Suscitação de ofício, pelo juiz 202
        4.3.2.1 Exercício prévio do direito ao contraditório por ambas as partes 203
        4.3.2.2 Exercício prévio do direito ao contraditório apenas pela parte que pode vir a ser prejudicada pela decisão 204
            4.3.2.2.1 Tema debatido previamente 205
            4.3.2.1.2 Tema não debatido previamente 205

CAPÍTULO VIII
Organização da sequência de resolução das questões 207

1. Necessidade de utilização de um roteiro para resolução das questões 207
2. Relação de subordinação entre questões formais 208
3. Relação de subordinação entre questões relativas ao mérito da causa 208
4. Relação de subordinação entre questões formais e questões relativas ao mérito da causa 209
5. Reflexos do princípio da primazia da decisão de mérito 209
6. Avaliação dos efeitos decorrentes da resolução de questões subordinantes com aptidão para impedir o exame de questões de mérito 215
7. Possibilidade de que remanesçam questões não subordinadas 218
8. Existência de questão subordinante anteriormente resolvida 221
9. Momento para resolução das questões 221

CAPÍTULO IX
Início da elaboração da sentença: inserção de dados preambulares 223

1. Considerações iniciais 223
2. Cabeçalho 224
    2.1 Identificação do órgão julgador 226
        2.1.1 Juízo de Direito 226
        2.1.2 Juízo federal 227
        2.1.3 Inserção do nome do magistrado 230
    2.2 Indicação do número dos autos 232
        2.2.1 Distinção entre número do processo e número dos autos 233
        2.2.2 Diferença entre formação de novos autos e abertura de novo volume de autos 234
        2.2.3 Local, no ato decisório, da indicação do número dos autos 234
    2.3 Indicação do tipo de procedimento no qual o ato decisório está sendo praticado 235
        2.3.1 Uso do termo "ação" na acepção de "procedimento" 235
        2.3.2 Indicação, pela parte autora, de um procedimento em vez de outro 237
        2.3.3 Existência de normas administrativas que designam o procedimento de modo inadequado 237
    2.4 Indicação dos nomes dos principais sujeitos interessados 239
        2.4.1 Existência de litisconsórcio 240

◆ Sumário

2.4.2	Alteração ou ampliação subjetiva do processo em razão de alegação da parte ré...	241
2.4.3	Reconvenção...	242
2.4.4	Intervenção de terceiros...	246
	2.4.4.1 Assistência..	246
	2.4.4.2 Denunciação da lide...	247
	2.4.4.3 Chamamento ao processo..	250
	2.4.4.4 Incidente de desconsideração da personalidade jurídica.....	251
	2.4.4.5 *Amicus curiae*...	252
2.4.5	Mandado de segurança...	253
2.4.6	Embargos à execução..	255

3. Denominação do ato: "sentença" ou "decisão".. 255
4. Ementa... 257
5. Expressão "vistos etc."... 259

CAPÍTULO X
Elaboração do relatório: aspectos gerais.. 261

1. Funções.. 261
   1.1 Função interna ou endoprocessual... 261
   1.2 Funções externas ou exoprocessuais.. 262
2. Indispensabilidade... 262
   2.1 Base legal.. 263
   2.2 "Dispensa" legal... 265
   2.3 Efeitos da falta de relatório formal... 268
3. Relação com o sistema de precedentes judiciais....................................... 269
4. Relação com a fundamentação e com o dispositivo................................. 270
5. Aspectos redacionais específicos... 270
   5.1 Narração fiel do conjunto de fatos, sem tomadas de posição........ 271
   5.2 Maior ou menor destaque, de acordo com a importância do fato..... 272
   5.3 Sequência cronológica dos fatos ocorridos dentro dos autos........ 274
6. Situações com potencial para dificultar a elaboração do relatório e sugestões para lidar com elas.. 274
   6.1 Peças postulatórias de conteúdo extenso... 275
   6.2 Imperfeições em peças postulatórias de conteúdo importante.... 275
   6.3 Constatação de que a sequência de fatos dentro do processo não retrata a ordem cronológica dos fatos ocorridos fora do processo.............. 276

CAPÍTULO XI
Elaboração do relatório: conteúdo da petição inicial.. 279

1. Considerações iniciais.. 279
2. Primeiro parágrafo: nomes das partes, procedimento e outros (poucos) dados. 280
   2.1 Nomes das partes.. 281
      2.1.1 Existência de litisconsórcio.. 281
      2.1.2 Superveniente alteração, redução ou ampliação subjetiva do processo 282
      2.1.3 Desnecessidade de indicação dos dados qualificativos das partes... 283

2.2 Procedimento a que está submetida a demanda proposta 285
    2.2.1 Uso do termo "ação" na acepção de "procedimento" 285
    2.2.2 Indicação, pela parte autora, de um procedimento em vez de outro.. 288
    2.2.3 Embargos à execução 289
    2.2.4 Mandado de segurança... 291
2.3 Outras informações eventualmente úteis, relativas à apresentação ou ao conteúdo da petição inicial.. 291
    2.3.1 Data da apresentação da petição inicial 292
    2.3.2 Requerimento de distribuição da petição inicial para determinado juízo.. 292
    2.3.3 Distribuição da petição inicial para certo juízo, se ocorreu posterior redistribuição do processo... 294
    2.3.4 Pleito de concessão dos benefícios da gratuidade da justiça............. 295
    2.3.5 Pleito de atribuição de prioridade na tramitação do processo........ 296
3. Segundo parágrafo e parágrafos imediatamente seguintes: causas de pedir remota e próxima 297
4. Encerramento... 299
    4.1 Requerimentos diversos 300
    4.2 Manifestação de desinteresse na autocomposição............................. 301
    4.3 Pleito de concessão de tutela provisória 302
    4.4 Pedido... 306
5. Constatação de que existem pleitos que deveriam ter sido examinados antes do momento do proferimento da sentença.. 308

CAPÍTULO XII
Elaboração do relatório: depois da petição inicial e antes da resposta do réu 311

1. Considerações iniciais... 311
2. Decisão sobre eventuais requerimentos contidos na petição inicial 311
    2.1 Benefícios da gratuidade da justiça... 312
    2.2 Prioridade na tramitação do processo 315
    2.3 Tutela provisória 316
3. Data da ordem de citação 319
4. Citação.. 320
    4.1 Data da ocorrência 321
    4.2 Citação para comparecer à audiência de conciliação ou de mediação......... 323
    4.3 Citação para apresentar contestação 324
5. Audiência de conciliação ou de mediação 324
    5.1 Cancelamento da audiência 325
    5.2 Realização da audiência, sem autocomposição 326
    5.3 Realização da audiência, com autocomposição................................ 327

CAPÍTULO XIII
Elaboração do relatório: conteúdo da resposta do réu................................... 329

1. Formas de resposta 329

2. Uso da ordem cronológica 330
3. Contestação 331
   3.1 Alegações feitas "preliminarmente" 331
   3.2 Pleito de concessão dos benefícios da gratuidade da justiça 333
   3.3 Alegações relativas à admissibilidade do exame do mérito 334
   3.4 Alegações de mérito 335
   3.5 Encerramento 337
      3.5.1 Requerimentos diversos 337
      3.5.2 Conclusão 339

CAPÍTULO XIV
Elaboração do relatório: depois da resposta do réu até a conclusão dos autos para proferimento da sentença 343

1. Considerações iniciais 343
2. Decisão sobre eventuais requerimentos 344
3. Pleito de concessão, ao réu, dos benefícios da gratuidade da justiça 344
4. Réplica e outras providências preliminares 347
   4.1 Réplica 347
   4.2 Outras providências preliminares 349
      4.2.1 No caso de não haver sido apresentada contestação 349
      4.2.2 No caso de haver sido apresentada contestação 354
      4.2.3 Independentemente de haver sido apresentada contestação ... 355
5. Julgamento conforme o estado do processo 357
   5.1 Extinção do processo sem resolução do mérito 358
   5.2 Inadmissibilidade parcial do exame do mérito da causa 359
   5.3 Extinção do processo por homologação de autocomposição 361
   5.4 Homologação de autocomposição que verse sobre parcela do processo 362
   5.5 Extinção do processo por reconhecimento da ocorrência de prescrição ou de decadência 363
   5.6 Reconhecimento da ocorrência de prescrição ou de decadência relativamente a uma parcela do processo 364
   5.7 Julgamento imediato do mérito da causa 365
   5.8 Julgamento parcial do mérito da causa 367
   5.9 Saneamento e organização do processo 368
6. Audiência de instrução e julgamento 370
7. Encerramento 372

CAPÍTULO XV
Elaboração da fundamentação: aspectos gerais 373

1. Funções 373
   1.1 Função interna ou endoprocessual 373
   1.2 Funções externas ou exoprocessuais 375
2. Indispensabilidade 375
3. Relação com o relatório e com o dispositivo 376

MANUAL DA SENTENÇA CÍVEL

4. Concentração em trecho específico do ato decisório 376
    4.1 Existência de fundamentação em outros capítulos do ato decisório 377
    4.2 Efeitos da falta de um capítulo formalmente dedicado à fundamentação.. 377
5. Aspectos redacionais específicos 378
6. Conteúdo 379
    6.1 Análise da questão principal 379
    6.2 Análise e resolução das questões incidentais 380
7. Sequência lógica de resolução das questões 381

CAPÍTULO XVI
Elaboração da fundamentação: questões relativas a impedimento e a suspeição do magistrado 383

1. Relação de subordinação com outras questões 384
2. Possibilidade de a existência da questão ser percebida no momento de prestar a tutela definitiva 385
    2.1 Indeferimento da petição inicial ou improcedência liminar do pedido 385
    2.2 Magistrado que passa a atuar num processo já em curso 386
3. Efeitos principais do impedimento e da suspeição 386
4. Possibilidade de o impedimento ou a suspeição atingir apenas parcela do processo 388

CAPÍTULO XVII
Elaboração da fundamentação: questões relativas a erro na distribuição da petição inicial 393

1. Relação de subordinação com outras questões 394
2. Possibilidade de a existência da questão ser percebida no momento de prestar a tutela definitiva 395
3. Natureza administrativa do ato de distribuição 396
4. Distinção entre questão sobre erro na distribuição da petição inicial e questão sobre competência do juízo 397
5. Hipóteses de erro na distribuição da petição inicial 399
    5.1 Distribuição para juízo distinto daquele indicado pela parte autora 400
    5.2 Distribuição para juízo que não integra o universo dos juízos indicados pela parte autora 401
    5.3 Distribuição aleatória, em vez de por dependência 403
    5.4 Distribuição por dependência, em vez de aleatória 403
6. Relação com questão referente a tutela provisória de urgência 405

CAPÍTULO XVIII
Elaboração da fundamentação: questões que repercutem na competência do juízo 407

1. Relação de subordinação com outras questões 408
    1.1 Simultaneidade com questão relativa a tutela provisória de urgência 409

◆ Sumário

1.2	Reflexos da adoção da *translatio iudicii*	410
2.	Possibilidade de a existência da questão ser percebida no momento de prestar a tutela definitiva..	411
3.	Tempo e forma de surgimento da questão..	413
3.1	Incompetência absoluta	413
3.2	Incompetência relativa	415
3.3	Cláusula de eleição de foro abusiva	416
3.4	*Perpetuatio jurisdictionis*...	418
3.4.1	Exceções à regra da "perpetuação da jurisdição"...............................	418
3.4.2	"Perpetuação da jurisdição" e situações em que um critério relativo de determinação da competência é tornado absoluto........................	421
3.5	Existência de convenção de arbitragem ou a reconhecimento, pelo juízo arbitral, da sua própria competência..	422
3.6	Existência de interesse jurídico de sujeito cuja presença no processo determina a competência de outro órgão julgador...	423
3.6.1	Remessa dos autos sem decisão a respeito da existência de interesse jurídico..	425
3.6.2	Remessa dos autos com decisão a respeito da existência de interesse jurídico..	426
3.6.3	Enunciado n. 254 da súmula do STJ e suscitação de conflito pelo juízo em que o processo se encontrava originalmente	428
3.7	Conexão e a continência	428
3.7.1	Efeitos	430
3.7.1.1	Reunião de processos...	430
3.7.1.2	Suspensão da prática dos atos do procedimento...............	432
3.7.1.3	Ineficácia do reconhecimento da incompetência relativa parcial...	433
3.7.1.4	Extinção do processo	434
3.7.2	Conexão por mera afinidade de questões e inexistência de risco de decisões contraditórias	435
3.8	Incorreção do valor atribuído à causa	436
3.9	Ilegitimidade para a causa	438
4.	Momento adequado para resolução da questão	439
4.1	Incompetência absoluta	441
4.2	Cláusula de eleição de foro abusiva	441
4.3	Incompetência relativa	442
4.4	Simultaneidade com questão relativa a tutela provisória de urgência.........	444
4.4.1	Urgência que admite a prática dos atos necessários à preservação da regularidade do procedimento que antecede o momento em que a decisão sobre competência será proferida......................	445
4.4.2	Urgência que não admite a prática dos atos necessários à preservação da regularidade do procedimento que antecede o momento em que a decisão sobre competência será proferida......................	445
4.4.3	Urgência que não admite sequer que se aguarde pela remessa dos autos para o juízo competente	446
5.	Efeitos principais do reconhecimento da incompetência.................................	450
5.1	Remessa dos autos para o juízo competente..	450

MANUAL DA SENTENÇA CÍVEL

5.2	Extinção do processo sem a resolução do mérito	451
5.3	Impossibilidade de exame de uma parcela do processo	451
5.4	Divisão da competência funcional	451
5.5	Impossibilidade de o reconhecimento da incompetência produzir efeitos	452
6.	Possibilidade de a incompetência atingir apenas parcela do processo	452
6.1	Incompetência absoluta parcial	453
6.1.1	Sem risco de proferimento de decisões contraditórias	453
6.1.1.1	Dois exemplos práticos	454
6.1.1.2	Afinidade de questões e inexistência de risco de decisões contraditórias	455
6.1.2	Com risco de proferimento de decisões contraditórias	456
6.1.2.1	Redução da possibilidade de decisões contraditórias	457
6.1.2.2	Dois exemplos práticos	458
6.2	Incompetência relativa parcial	461
6.2.1	Sem alegação pela parte ré ou pelo Ministério Público	462
6.2.2	Com alegação pela parte ré ou pelo Ministério Público	462
6.2.2.1	Com risco de proferimento de decisões contraditórias	462
6.2.2.2	Sem risco de proferimento de decisões contraditórias	462

CAPÍTULO XIX

Elaboração da fundamentação: questões relativas à gratuidade da justiça para a parte autora 465

1.	Relação de subordinação com outras questões	466
1.1	Exigência genérica para exercício do direito de ação	466
1.2	Exigências específicas para exercício do direito de ação	466
1.3	Amplitude dos benefícios da gratuidade da justiça	467
1.4	Flexibilidade dos benefícios da gratuidade da justiça	468
2.	Possibilidade de a existência da questão ser percebida no momento de prestar a tutela definitiva	468
3.	Efeitos da decisão a respeito dos benefícios da gratuidade da justiça	470
3.1	Efeitos do deferimento	470
3.2	Efeitos do indeferimento	475
3.2.1	Indeferimento seguido de cumprimento da obrigação pela parte ...	479
3.2.2	Indeferimento seguido de interposição de recurso contra a decisão denegatória	479
3.2.3	Indeferimento seguido de descumprimento da obrigação pela parte, sem interposição de recurso	480
4.	Relação com questão referente a tutela provisória de urgência	481
4.1	Situação tendente ao indeferimento dos benefícios da gratuidade e urgência que admite concessão de prazo para cumprimento de diligências	481
4.2	Situação tendente ao indeferimento dos benefícios da gratuidade e urgência que não admite concessão de prazo para cumprimento de diligências	482
5.	Possibilidade de a gratuidade da justiça para a parte autora atingir apenas parcela do processo	484

CAPÍTULO XX
Elaboração da fundamentação: questões relativas a custas processuais e a despesas decorrentes do ato de propositura da demanda 487

1. Relação de subordinação com outras questões 488
2. Possibilidade de a existência da questão ser percebida no momento de prestar a tutela definitiva 489
3. Efeitos do descumprimento da obrigação 490
   3.1 Cancelamento da distribuição 492
       3.1.1 Determinação por meio de decisão interlocutória 493
       3.1.2 Determinação por meio de sentença 495
   3.2 Extinção do processo sem resolução do mérito 496
       3.2.1 Fundamentação legal 496
       3.2.2 Circunstâncias que conduzem a que a questão somente seja resolvida em fase mais avançada do processo 497
4. Verificação quanto a se a questão está apta a ser resolvida 498
   4.1 Superveniente cumprimento da obrigação de adiantar os valores ... 499
   4.2 Permanência do quadro de descumprimento da obrigação de adiantar os valores 499
   4.3 Superveniente requerimento dos benefícios da gratuidade da justiça ... 500
       4.3.1 Deferimento imediato dos benefícios da gratuidade da justiça ... 500
       4.3.2 Situação tendente ao indeferimento dos benefícios da gratuidade da justiça 500
           4.3.2.1 Posterior deferimento dos benefícios da gratuidade da justiça 501
           4.3.2.2 Indeferimento dos benefícios da gratuidade da justiça ... 501
5. Relação com questão referente a tutela provisória de urgência 502
   5.1 Urgência que admite concessão de prazo para cumprimento de diligências ... 503
   5.2 Urgência que não admite concessão de prazo para cumprimento de diligências 504
   5.3 Deferimento da tutela provisória de urgência e superveniente extinção do processo sem resolução do mérito, por descumprimento da obrigação de adiantar os valores 505
6. Possibilidade de os efeitos do descumprimento da obrigação atingirem apenas uma parcela do processo 506

CAPÍTULO XXI
Elaboração da fundamentação: questões relativas ao cumprimento de exigência específica para que o direito de ação possa ser exercitado 509

1. Relação de subordinação com outras questões 510
2. Possibilidade de a existência da questão ser percebida no de prestar a tutela definitiva 510
3. Efeitos do descumprimento da exigência 512
4. Verificação quanto a se a questão está apta a ser resolvida 513
   4.1 Superveniente atendimento da exigência específica 514

4.2 Permanência do quadro de descumprimento da exigência específica 514
4.3 Superveniente requerimento dos benefícios da gratuidade da justiça 515
    4.3.1 Deferimento imediato dos benefícios da gratuidade da justiça 515
    4.3.2 Situação tendente ao indeferimento dos benefícios da gratuidade da justiça 515
        4.3.2.1 Posterior deferimento dos benefícios da gratuidade da justiça 516
        4.3.2.2 Indeferimento dos benefícios da gratuidade da justiça 516
5. Relação com questão referente a tutela provisória de urgência 517
    5.1 Urgência que admite concessão de prazo para cumprimento da exigência específica 518
    5.2 Urgência que não admite concessão de prazo para cumprimento da exigência específica 518
    5.3 Deferimento da tutela provisória de urgência e superveniente extinção do processo sem resolução do mérito, por descumprimento da exigência específica 520
6. Possibilidade de os efeitos do descumprimento da exigência atingirem apenas uma parcela do processo 520

CAPÍTULO XXII

Elaboração da fundamentação: outras questões com aptidão para impedir o imediato proferimento da sentença 523

1. Contexto fático 523
2. Relação de subordinação com outras questões 524
3. Requerimento de diligências de natureza probatória 524
4. Requerimento de adoção de providências para ingresso de terceiros no processo 525

CAPÍTULO XXIII

Elaboração da fundamentação: demais questões formais e questões relativas ao mérito da causa 527

1. Considerações iniciais 527
2. Utilização da sequência lógica para resolução das questões 527
    2.1 Questões formais com aptidão para impedir que a prestação da tutela definitiva se dê em determinado momento 528
    2.2 Questões atinentes a coisa julgada, a litispendência e a peremção 529
    2.3 Questões formais referentes a integrante do polo ativo da demanda 530
    2.4 Questões formais relativas a integrante do polo passivo da demanda 531
    2.5 Questões formais relativas aos elementos objetivos da demanda 532
    2.6 Questões relativas a interesse de agir 532
    2.7 Outras questões de natureza formal 532
    2.8 Questões relativas ao mérito: análise da questão principal e distribuição dos ônus da sucumbência 533

◆ Sumário

CAPÍTULO XXIV
Elaboração do dispositivo 539

1. Função 539
2. Indispensabilidade 539
3. Relação com o relatório e com a fundamentação 540
4. Aspectos redacionais específicos 540
5. Conteúdo 541

Referências bibliográficas 551

CAPÍTULO I — O FOCO DESTA OBRA

◆ **SUMÁRIO**
1. Sentença e tutela definitiva – **2.** Decisão interlocutória e tutela definitiva: **2.1** Inadmissibilidade parcial do exame do mérito da causa; **2.2** Resolução parcial do mérito da causa – **3.** Os atos decisórios que nos interessam.

 A SENTENÇA É O ÚNICO ATO POR MEIO DO QUAL PODE SER PRESTADA A TUTELA DEFINITIVA?

1. SENTENÇA E TUTELA DEFINITIVA

O foco desta obra é a *sentença*.

Por meio da *sentença*, o juízo singular presta a *tutela definitiva*, com ou sem a resolução do mérito da causa, pondo fim ao procedimento de conhecimento ou ao procedimento de execução (CPC, art. 203, § 1º).

2. DECISÃO INTERLOCUTÓRIA E TUTELA DEFINITIVA

É possível que o magistrado, no curso do procedimento, conclua que, quanto a uma *parcela* do processo, a *tutela definitiva* já pode ser prestada.

Com isso, a *tutela definitiva* será prestada por meio de *decisão interlocutória*.

Nesse caso, *não* haverá encerramento do procedimento, já que ainda serão praticados atos. Posteriormente, quando houver prestação da *tutela definitiva* relativamente a *tudo* que ainda restava do processo, o procedimento será – aí, sim – encerrado, já agora, por *sentença*.

Percebe-se, assim, que a *tutela definitiva* prestada por meio de *decisão interlocutória* tem a mesmíssima natureza da *tutela definitiva* prestada por meio de *sentença*.

Efetivamente, o que, na essência, distingue tais *atos decisórios* é o fato de que, ao proferir essa espécie de *decisão interlocutória*, o juízo singular não possui elementos, ainda, para pôr fim, *integralmente*, à fase cognitiva do procedimento comum ou para extinguir, *totalmente*, a execução, com o que somente é possível prestar a *tutela definitiva* relativamente a uma *parcela* do processo.

Por isso, a esse tipo de *decisão interlocutória* deve ser aplicada *toda* a carga de saber construída relativamente à *sentença*.

Essa constatação, vale realçar, *não* é decorrente da entrada em vigor do CPC. Na verdade, em razão da forma como estão redigidos alguns dos seus dispositivos, o CPC apenas contribuiu para que essa realidade se tornasse mais *visível*.

Nessa linha, assim como se dá com a prestação da *tutela definitiva* por *sentença*, quando é ela prestada por meio de *decisão interlocutória*, atingindo apenas uma *parcela* do processo, pode haver ou não, relativamente à *parcela* objeto de exame, resolução do mérito da causa.

Por isso, fica fácil concluir que, quanto à resolução ou não do mérito, há duas espécies de *decisões interlocutórias* que servem de veículo para a prestação da *tutela definitiva*: aquelas por meio das quais (*a*) é parcialmente *inadmitida a resolução do mérito* da causa ou (*b*) é parcialmente *resolvido o mérito* da causa.

2.1 Inadmissibilidade parcial do exame do mérito da causa

A partir do momento em que é iniciado o procedimento, pode ser que o magistrado conclua que uma *parcela* do mérito da causa *não* poderá ser examinada.

A *decisão interlocutória* por meio da qual se conclui pela *inadmissibilidade parcial* da resolução do mérito da causa, num procedimento comum, pode ser proferida já por ocasião do exame da petição inicial. Para tanto, é bastante a identificação de um motivo que justifique o indeferimento da petição inicial, mas que atinge apenas uma *parcela* da peça postulatória (CPC, art. 330).

Esse mesmo tipo de *decisão interlocutória* também pode ser proferido em fase mais avançada do procedimento, nos casos mencionados no art. 354, parágrafo único, em combinação com o art. 485, ambos do CPC.

2.2 Resolução parcial do mérito da causa

As *decisões interlocutórias* podem ser veículos para que o mérito da causa seja *parcialmente* resolvido.

Situações como essa podem ocorrer já no momento do exame da petição inicial, se o caso for de improcedência liminar de um ou mais de um dos pedidos formulados ou parcela deles (CPC, art. 332).

A resolução *parcial* do mérito também pode se dar posteriormente, nas hipóteses mencionadas no art. 354, parágrafo único (em combinação com o art. 487, II e III), e no art. 356.

3. OS ATOS DECISÓRIOS QUE NOS INTERESSAM

À vista do contexto exposto nos itens anteriores, nos propusemos, nesta obra, a fornecer ao leitor *informações* que consideramos *úteis* para a construção de decisões, proferidas por *juízo singular*[1], por meio das quais seja prestada a *tutela definitiva*[2], o que abrange os seguintes atos decisórios:

a) a *sentença*;
b) as *decisões interlocutórias* por meio das quais (*i*) seja parcialmente inadmitido o exame do mérito da causa (CPC, arts. 354, parágrafo único, e 485) ou (*ii*) seja parcialmente resolvido o mérito da causa (CPC, arts. 354, parágrafo único, 487, II e III, e 356), aí incluídas as situações relativas ao indeferimento parcial da petição inicial (CPC, art. 330) e à parcial improcedência liminar do pedido (CPC, art. 332).

Por isso, ao longo do texto da obra, as referências feitas à *sentença*[3] devem ser tomadas, no que forem compatíveis, como abrangentes das *decisões interlocutórias* por meio das quais seja prestada a *tutela definitiva*.

---

[1] Os *juízos singulares* são os órgãos julgadores do Poder Judiciário compostos por apenas *um* magistrado. Eles estão na base da pirâmide da estrutura jurisdicional do Estado e, por óbvio, sempre atuam *unipessoalmente*: cada ato judicial é, *sempre*, da lavra de *um* só juiz. Exemplos de juízos singulares são os juízes de Direito das varas do Poder Judiciário dos Estados, os juízes das varas da Justiça Federal e os juízes das varas dos Juizados Especiais Cíveis. A expressão *juízos singulares* não tem o mesmo significado da locução *juízos de primeiro grau*. Efetivamente, o *juízo de primeiro grau* é aquele que possui *competência originária* para processar e julgar determinada causa. E como há causas cuja competência originária é de tribunal – um *juízo de composição plural*, portanto – fica claro que, a depender de qual seja o juízo competente, o juízo de primeiro grau tanto poderá ser um *juízo singular* como um *juízo de composição plural*. Assim, por exemplo, no caso de uma demanda submetida ao procedimento comum, proposta por uma pessoa natural, contra outra pessoa natural, para haver uma quantia em dinheiro a título de indenização por danos materiais, o *juízo de primeiro grau* será um *juízo singular*. Já se o caso for de propositura de uma demanda rescisória, cujos processamento e julgamento são sempre da competência originária de um tribunal, *o juízo de primeiro grau* é um *juízo de composição plural*: o próprio tribunal. Nos tribunais e nas turmas recursais dos Juizados Especiais, há situações em que *um* dos seus integrantes tem competência para atuar *unipessoalmente*, tal como se dá com as previsões contidas no art. 932 do CPC. Nesses casos, apesar de o agente do ato ser um só julgador, *não há um juízo singular*. O que há é um órgão julgador *unipessoal*, integrante de um *juízo de composição plural*.

[2] "A *tutela definitiva* é aquela obtida com base em *cognição exauriente*, com profundo debate acerca do objeto da decisão, garantindo-se o devido processo legal, o contraditório e a ampla defesa. É predisposta a produzir resultados imutáveis, cristalizados pela coisa julgada. É espécie de tutela que prestigia, sobretudo, a segurança jurídica. A tutela definitiva pode ser satisfativa ou cautelar" (DIDIER JR., Fredie; BRAGA, Paula Sarno; OLIVEIRA, Rafael Alexandria de. *Curso de direito processual civil*. 13. ed. Salvador: JusPodivm, 2018, v. 2, p. 647).

[3] Há diversos textos legais em que o vocábulo *sentença* é empregado como gênero, sinônimo de *decisão judicial*, e, nesse sentido, qualquer órgão julgador, em tese, poderia proferir uma *sentença*. Perceba-se, apenas a título de exemplo – um dentre centenas que poderiam ser dados –, que, na Constituição Federal, o vocábulo *sentença* é utilizado em sentido amplo, como se constata no texto da alínea *m* do inciso I do art. 102, no qual ele é expressamente empregado como sinônimo de *ato decisório* do Supremo Tribunal Federal, aí incluídos os *acórdãos*. O nosso foco, porém, se considerarmos o vocábulo *sentença* no seu sentido amplo, está na *sentença* proferida por determinado órgão julgador, *o juízo singular*.

CAPÍTULO II

ASPECTOS REDACIONAIS GERAIS

◆ SUMÁRIO

1. Considerações iniciais – **2.** Necessidade de exercícios práticos – **3.** Relação entre a redação de decisões judiciais e a redação de textos em geral – **4.** Clareza, coerência e congruência dos textos em geral – **5.** Clareza, coerência e congruência das decisões judiciais – **6.** Cuidados específicos: **6.1** Estabelecimento de limite no aprofundamento de discussão sobre teses doutrinárias; **6.2** Impropriedade do uso da decisão judicial para expressão de opiniões pessoais; **6.2.1** Concordâncias ou discordâncias com políticas de governo; **6.2.2** Manifestações críticas a respeito de situações discutidas em redes sociais; **6.3** Utilização de linguagem assertiva; **6.4** Escolha da pessoa gramatical a ser usada para designar o magistrado que está praticando o ato; **6.4.1** Uso da primeira pessoa do singular; **6.4.2** Uso da primeira pessoa do plural; **6.4.3** Uso de verbos nas formas nominais; **6.4.4** Nossa opção.

 QUAIS CUIDADOS ESPECÍFICOS PRECISO TER QUANTO À REDAÇÃO DE UMA DECISÃO JUDICIAL?

1. CONSIDERAÇÕES INICIAIS

Seria encantador se pudéssemos apresentar, nesta obra, uma fórmula redacional que, apreendida, automática e imediatamente, munisse o leitor de todo o arsenal das informações necessárias, nesse campo, para a produção de uma *decisão judicial* bem redigida, em especial, de uma *sentença* bem redigida.

Essa fórmula, porém, não existe. Infelizmente.

Nesse contexto, é preciso encontrar caminhos adequados para a construção do conhecimento a respeito da elaboração de *decisões judiciais*, não só quanto ao seu *conteúdo*, mas também quanto ao seu *aspecto redacional*.

O nosso propósito, neste capítulo, é estruturar um caminho que o leitor possa trilhar com segurança, de modo a que, com o aprimoramento da técnica redacional, possa ele produzir uma *boa* decisão judicial, mormente uma *boa* sentença.

2. NECESSIDADE DE EXERCÍCIOS PRÁTICOS

Para que seja alcançado o objetivo de produzir *boas sentenças*, é preciso perceber que o aprimoramento da técnica de decidir não depende apenas da apreensão de conhecimento pela leitura. Ele depende também – e isso é fundamental! – da realização de *exercícios práticos*.

De fato, por mais tautológico que pareça, para que se aprenda a *decidir bem*, é indispensável *decidir*. No caso especial da *sentença*, é imprescindível *sentenciar*.

O magistrado experiente, quando se depara com sentenças da sua autoria, produzidas tempos atrás, vê isso com clareza. Ele identifica, nas suas antigas sentenças, trechos que ele, hoje, não incluiria e formas de escrever que não adota mais. Também percebe que, na resolução de certas questões, algum fundamento mais pujante poderia ter sido utilizado ou – o que é ainda mais doído – o seu atual entendimento a respeito da matéria é diferente daquele que, na época, ele esposou. No conjunto, com um travo crítico, o juiz constata que aquelas sentenças são, qualitativamente, inferiores às que ele, atualmente, profere.

Mas há um dado a mais: no futuro, o mesmo juiz olhará para as sentenças de hoje e, cotejando-as com as que passou a proferir, concluirá que os atos decisórios de hoje são, igualmente, merecedores de reparos.

Esse tipo de constatação, aparentemente inquietante, conduz, em verdade, a uma conclusão *tranquilizadora*: nunca se pode dizer que algum magistrado atingiu a *perfeição* ao proferir *sentenças*.

E, se assim é, não se pode exigir de *ninguém*, muito menos de quem está dando os primeiros passos na elaboração de decisões judiciais, algo que se aproxime de um ideal de perfeição.

NO CONCURSO PÚBLICO

No que se refere à busca de um ideal de perfeição, é importante perceber o que acontece num concurso público em que se exija, por exemplo, que o candidato elabore uma sentença em determinado tempo.

Um examinador com um mínimo de bom senso haverá de reconhecer que um candidato a um cargo de juiz não dispõe, durante a realização da prova, dos meios materiais e da situação psicológica de um magistrado que sentencia no ambiente do seu gabinete ou do seu lar.

Tal constatação, todavia, não desobriga aquele que está postulando ocupar um cargo de juiz de *treinar*, previamente – e *muito*! –, a elaboração de decisões judiciais.

Uma boa maneira de realizar o treinamento é valer-se de autos de processos reais, findos ou ainda em curso.

> *Se, por exemplo, o objetivo é treinar a elaboração de **sentença** e, nos autos, já houver sentença proferida, a peça elaborada a título de treinamento pode ser comparada com a que já consta no processo e cotejada com eventuais recursos interpostos e com o julgamento de tais recursos.*
>
> *Caso no processo ainda não tenha sido praticado o ato decisório cuja técnica de elaboração se pretende aprimorar, pode-se buscar a ajuda de um magistrado – preferencialmente um juiz com alguns anos de exercício da magistratura – que possa fazer um juízo crítico a respeito da peça elaborada a título de treinamento.*
>
> *Asseguramos que as dificuldades vivenciadas por ocasião da elaboração das três ou quatro primeiras decisões judiciais – em especial, sentenças – serão significativamente reduzidas depois que dez a doze decisões forem minutadas.*
>
> *Por isso, insistimos: para a produção de uma boa decisão judicial, é indispensável **decidir**. No caso especial da sentença, **sentenciar**.*

3. RELAÇÃO ENTRE A REDAÇÃO DE DECISÕES JUDICIAIS E A REDAÇÃO DE TEXTOS EM GERAL

Com os olhos postos no *aspecto redacional*, não se pode, jamais, perder de vista que as decisões judiciais se materializam por meio de *textos*, do que se depreende que a redação da decisão judicial terá uma qualidade tanto maior quanto maior for a capacidade do magistrado de redigir *textos* em geral.

Nessa linha, as regras *comuns* para produção de um *texto* qualquer são exatamente as mesmas que devem ser atendidas para a produção do *texto* de uma decisão judicial.

Ao lado de tais regras *comuns*, contudo, algumas *especificidades* redacionais devem ser observadas por ocasião da produção de um texto por meio do qual se materializará uma decisão judicial.

Dentre tais *especificidades*, há as que são relativas ao texto de *qualquer* decisão judicial. Elas decorrem do só fato de tratar-se de uma decisão. Essas *especificidades* constituem o objeto deste capítulo.

Há, porém, *especificidades* que são inerentes a apenas certos trechos da decisão, como se dá com o *relatório*, a *fundamentação* e o *dispositivo*. Cada um desses trechos reclama o uso de técnicas redacionais distintas, que serão objeto de exame nos capítulos respectivos.

4. CLAREZA, COERÊNCIA E CONGRUÊNCIA DOS TEXTOS EM GERAL

Como é do conhecimento comum, na redação de qualquer texto as frases devem ser elaboradas de modo a facilitar, ao máximo, o entendimento do leitor. Deve haver, pois, *clareza*.

Ao lado disso, o conteúdo do texto deve expressar um conjunto lógico. Ele deve ser *coerente*, portanto.

Coerência do conteúdo e *clareza* são exigências relativas ao *interior* do texto, já que a percepção de que um texto é *claro* e possui um conteúdo *coerente* é extraível simplesmente mediante a sua leitura, sem a necessidade de cotejo com elementos exteriores a ele.

Pode-se dizer, assim, que *clareza* e *coerência do conteúdo* são exigências *intrínsecas* de um texto.

É óbvio, porém, que a construção de um texto se dá sempre em razão de fatores externos a ele: há um conjunto de circunstâncias que deu ensejo a que o texto seja escrito, o que determina que ele guarde *congruência* com esse conjunto.

A *congruência*, pois, é uma exigência *extrínseca* ao texto.

Para que um texto seja *congruente* ele deve obedecer aos limites *objetivos* e *subjetivos* das circunstâncias *extrínsecas* que conduziram a que fosse ele produzido. Os limites *objetivos* são referentes ao *assunto*, ao *tema* sobre o qual o texto deve versar. Já os limites *subjetivos* concernem aos *sujeitos* a quem o texto se destina.

É por isso que, quanto aos limites *objetivos*, será *congruente* o texto que versar sobre *todo* o assunto e *apenas* sobre o assunto. Se alguma *parcela* do assunto não for tratada no texto, terá sido produzido um texto omisso. De seu turno, além de omisso, é completamente inútil, para a finalidade a que se destinaria, um texto que verse *apenas* sobre tema *sem* relação com o assunto que deveria ser nele tratado. Por fim, se a proposta do texto é versar sobre determinado assunto e o assunto é integralmente tratado nele, deve ser evitada qualquer incursão que *ultrapasse* as fronteiras do assunto.

Por igual, quanto aos limites *subjetivos*, o texto *congruente* é o que cuida de *todos* os sujeitos a quem ele deve se destinar e *apenas* de tais sujeitos. Assim, se o texto não cuidar de *algum* dos sujeitos a quem ele deveria se destinar, tratar-se-á de um texto omisso. Além de omisso, será completamente inútil para o atingimento do objetivo proposto um texto que cuide de *outros* sujeitos e não cuide de qualquer dos sujeitos a quem ele deveria se destinar. E, se o texto cuidar de *todos* os sujeitos a quem ele deve se destinar, não pode *ultrapassar* tal fronteira, em razão do que não deve se estender para cuidar de outros sujeitos.

Todas essas noções a respeito da produção de um bom texto são comumente absorvidas pelo indivíduo ao longo da sua formação escolar. E, nos casos em que a formação é enriquecida pelo hábito da boa leitura, tal absorção se dá, muitas vezes, de modo imperceptível.

Capítulo II ♦ Aspectos redacionais gerais

Nessas situações, os atributos da *clareza*, da *coerência do conteúdo* e da *congruência* (*objetiva* e *subjetiva*) passam a ser naturalmente perseguidos pelo produtor do texto, de forma quase intuitiva, mesmo que ele não tenha consciência dessa busca.

NO CONCURSO PÚBLICO

A pessoa que tem dificuldade para redigir se depara com um grave óbice, caso pretenda se submeter a um concurso público para a magistratura.

É grave. Mas não é insuperável.

E o primeiro passo para superar tal dificuldade é reconhecer a sua existência e buscar ajuda profissional.

Na nossa experiência docente, temos nos deparado com inúmeros casos de alunos com excelente capacidade de raciocínio e respeitável base teórica, mas com dificuldades para se expressar por meio da linguagem escrita.

Todos os que atenderam às nossas sugestões de procurar ajuda junto a profissionais, mais precisamente mediante a frequência a cursos específicos de redação, conseguiram ultrapassar a dificuldade.

Todos, sem exceção.

5. CLAREZA, COERÊNCIA E CONGRUÊNCIA DAS DECISÕES JUDICIAIS

Num texto que materializa uma *decisão judicial*, as exigências relativas à *clareza*, à *coerência do conteúdo* e à *congruência* (*objetiva* e *subjetiva*)[1] são potencializadas ao máximo, já que a falta de atendimento de qualquer dessas exigências pode produzir graves prejuízos, nos mais diversos campos do processo.

Efetivamente, um texto qualquer que padeça da falta de *clareza* é obscuro. Tratando-se de uma *decisão judicial*, a *obscuridade* do texto – defeito grave que é – abre espaço para impugnação do ato decisório por meio de embargos de declaração (CPC, art. 1.022, I).

De seu turno, faltará *coerência* ao conteúdo de qualquer texto em que coexistam proposições inconciliáveis entre si. Essa é a marca de um texto contraditório. Uma *decisão judicial* em cujo texto resida *contradição* contém vício sério, que também abre ensejo ao cabimento do recurso de embargos de declaração (CPC, art. 1.022, I).

---

[1] Para um aprofundamento a respeito da *clareza*, da *coerência* e da *congruência* das decisões judiciais recomendamos a leitura das excelentes obras de Vallisney de Souza Oliveira (*Nulidade da sentença e o princípio da congruência*. São Paulo: Saraiva, 2004) e Fredie Didier Jr., Paula Sarno Braga e Rafael Alexandria de Oliveira (*Curso de direito processual civil*, 13. ed. Salvador: JusPodivm, 2018, v. 2, p. 412-446).

Finalmente, a ausência de *congruência* (*objetiva* e/ou *subjetiva*) conduz, por igual, a um texto substancialmente defeituoso, seja ele qual for. E os efeitos indesejáveis decorrentes de tal imperfeição se multiplicam, se o caso for de uma *decisão judicial incongruente*[2]: é exatamente em razão da falta de *congruência* (*objetiva* e/ou *subjetiva*) que decisões judiciais são rotuladas de *citra petita*, *extra petita* ou *ultra petita*.

Os atos decisórios *citra petita*, cuja marca é a *omissão* – seu conteúdo não preenche *todos* os espaços situados dentro dos limites objetivos e subjetivos da congruência –, são impugnáveis por meio do recurso de embargos de declaração (CPC, art. 1.022, II).

Se a decisão judicial for *extra petita* – seu conteúdo está integralmente fora dos limites objetivos e/ou subjetivos da congruência –, o natural destino que a aguarda é a completa invalidação, a menos que o caso se insira em previsões normativas que autorizem o contrário.

Já a decisão *ultra petita* – que se caracteriza por possuir um trecho congruente e outro que ultrapassa os limites objetivos e/ou subjetivos da congruência – tem potencial para causar prejuízo no que toca ao trecho em que são ultrapassados tais limites. Se for causadora de prejuízo, a decisão deve ser decotada, mediante a invalidação do capítulo em que reside o excesso.

Pelo cotejo entre as exigências de *clareza*, *coerência de conteúdo* e *congruência* (*objetiva* e *subjetiva*) dos textos em geral e dos textos em que se materializam decisões judiciais, fica fácil perceber que, na verdade, o atendimento de tais exigências, quanto às decisões judiciais, está umbilicalmente ligado à capacidade do julgador de produzir textos em geral.

PARA NÃO ESQUECER

*Não importa a natureza do texto. Trate-se de um conto, de uma crônica, de uma matéria jornalística, de uma carta, de uma anotação doméstica, de uma petição inicial, de um recurso, de uma sentença ou de um acórdão, as exigências redacionais **gerais** são sempre as mesmas.*

*É por isso que, na nossa experiência docente, realçamos, insistentemente, a **necessidade** de que os nossos alunos aprimorem, tanto quanto possível, a capacidade de **produzir textos**, sejam eles quais forem.*

---

[2] Há situações em que o sistema jurídico expressamente permite *incongruência* entre a decisão judicial e os limites processuais, subjetivos e/ou objetivos, postos pelas partes. Exemplos disso são os casos em que o Poder Judiciário pode tomar conhecimento de ofício a respeito de certas matérias (*v.g.* das normas que se extraem dos textos dos arts. 487, II, e 493 do CPC), bem como os casos em que o órgão julgador percebe que há simulação ou colusão entre as partes (CPC, arts. 142 e 966, III).

6. CUIDADOS ESPECÍFICOS

É de todo importante que não se perca de vista que a *sentença*, bem como qualquer outro *ato decisório*, é um *ato técnico*, por meio do qual um dos poderes do Estado – o Poder Judiciário – se manifesta. Tratando-se de um *ato técnico*, a sua prática deve ser presidida por critérios igualmente técnicos.

Em razão disso, alguns cuidados específicos devem ser acrescidos à *clareza*, à *coerência do conteúdo* e à *congruência* (*objetiva* e *subjetiva*), quando o texto for redigido com o fim de expressar uma decisão judicial.

6.1 Estabelecimento de limite no aprofundamento de discussão sobre teses doutrinárias

A decisão judicial não é espaço adequado para que o magistrado obtenha deleite intelectual. Por isso, se, por exemplo, o juiz encontrar, por ocasião da elaboração da sentença, uma questão para cuja resolução dispõe ele de miríade de profundas teses de natureza doutrinária, a melhor atitude, ao redigir a decisão judicial, é resumir o seu pensamento a respeito do assunto.

No particular, se o magistrado entende que, em razão da profundidade do seu conhecimento a respeito do tema, pode ele dar uma contribuição doutrinária para a ciência jurídica, é de todo recomendável que, em vez de fazê-lo numa decisão judicial, exponha o seu pensamento em um artigo ou em um livro.

Pode ocorrer, malgrado não seja comum, que, num caso específico, o juiz, ao decidir, se veja obrigado a esposar uma dentre diversas linhas de entendimento doutrinário. Numa situação dessa, é indispensável, para que seja adequadamente cumprida a regra constitucional da fundamentação das decisões judiciais[3] (CF, art. 93, IX), que o magistrado *explique* a razão pela qual adotou aquele específico entendimento. Isso, todavia, não se confunde com *mergulhos* em teses doutrinárias cuja existência *não* tenha potencial para influir na decisão.

---

[3] Perfilhamos a linha de entendimento, preconizada por Humberto Ávila (*Teoria dos princípios:* da definição à aplicação dos princípios jurídicos. 13. ed. São Paulo: Malheiros, 2012), segundo a qual há três espécies normativas: as *regras*, os *princípios* e os *postulados*. Nessa linha, a *norma* que impõe que as decisões judiciais sejam fundamentadas é da espécie *regra*. Diversos autores, todavia, aludem ao "princípio da fundamentação" ou "princípio da motivação" das decisões judiciais, a exemplo de Humberto Theodoro Júnior (*Curso de direito processual civil*. 58. ed. Rio de Janeiro: Forense, 2017, v. I, p. 94), Cassio Scarpinella Bueno (*Curso sistematizado de direito processual civil*. 9. ed. São Paulo: Saraiva, 2018, p. 147), Daniel Amorim Assumpção Neves (*Manual de direito processual civil*. 9. ed. Salvador: JusPodivm, 2017, p. 185) e Elpídio Donizete (*Curso didático de direito processual civil*. 20. ed. São Paulo: Atlas, 2017, p. 53).

NO CONCURSO PÚBLICO

Num concurso público, busca-se, por óbvio, avaliar o candidato à luz, principalmente, do conjunto de conhecimentos que ele possui.

Nesse passo, na redação de uma sentença numa prova de um concurso para ingresso na magistratura, por exemplo, o candidato deve, tanto quanto possível, demonstrar que tem conhecimento a respeito dos assuntos cobrados. E, se esse conhecimento é profundo, deve-se demonstrar isso ou, pelo menos, dar claros sinais disso.

*É preciso, porém, encontrar um **ponto de equilíbrio**, no que concerne ao **grau de aprofundamento** na abordagem do tema, seja porque, efetivamente, não é a decisão judicial o espaço apropriado para a exposição de teses jurídicas cuja existência não tenha potencial para influir na decisão, seja porque o **tempo** disponível para a elaboração da peça, numa prova de concurso, exige do candidato **objetividade**.*

Nessa linha, recursos redacionais podem ser utilizados pelo candidato, num concurso público, para demonstrar, sem perder a objetividade, que tem conhecimento a respeito da existência de diferentes linhas de entendimento no que toca ao assunto. A título de exemplo, veja-se o seguinte excerto:

> *[...] Apesar da existência da linha de entendimento segundo a qual o ato praticado em fraude contra credores seria passível de anulação, a verdade é que a alegação de ocorrência desse tipo de fraude conduz a que o ato seja examinado no plano da eficácia, e não no plano da validade. Efetivamente, o juízo a ser formado não deve ter por núcleo a questão relativa à anulação ou não do ato, mas a questão atinente à sua aptidão para produzir efeitos relativamente ao credor prejudicado. [...]*

Pela leitura do trecho acima, é possível perceber que o julgador tem conhecimento da existência de duas linhas de entendimento a respeito do assunto e adotou uma delas. Na continuidade do texto, cabe ao julgador explicar por que perfilha determinada linha. Para tanto, não há necessidade de mergulhar nos meandros de discussões doutrinárias.

6.2 Impropriedade do uso da decisão judicial para expressão de opiniões pessoais

Como anotado, a *decisão judicial* é um ato técnico, por meio do qual um dos poderes do Estado se manifesta. O seu texto, por isso, não é local adequado para a emissão de *opiniões pessoais* do juiz a respeito de situações que não influenciam no julgamento da causa.

Nessa linha, é preciso que o magistrado se mantenha atento para identificar e não se deixar seduzir por circunstâncias em que o palco processual *parece* estar disponível para permitir a indevida transposição da fronteira entre a prática de um ato técnico e a expressão de *opiniões pessoais*.

Há duas situações que são mais comuns e, por isso, merecem ser registradas.

6.2.1 *Concordâncias ou discordâncias com políticas de governo*

Eventuais concordâncias ou discordâncias do juiz com políticas de governo, em qualquer das suas esferas – federal, estadual, distrital ou municipal –, *não* devem ser veiculadas na decisão judicial.

Há uma situação, porém, merecedora de especial atenção.

É que existem processos em que é indispensável que o Poder Judiciário se manifeste a respeito, por exemplo, da adequação de determinada política pública no que concerne à concretização de direitos fundamentais. Esses são processos que desafiam o proferimento das chamadas *decisões estruturais* ou *estruturantes*[4].

Imagine-se que seja proposta, pelo Ministério Público, uma ação civil pública contra determinado município, para o fim de que seja assegurado, às pessoas com deficiência, o exercício dos direitos fundamentais ao transporte e à mobilidade (Lei n. 13.146, de 6 de julho de 2015, arts. 46 a 52).

O acolhimento de um pleito dessa natureza implicará a criação e a fiscalização do cumprimento de várias normas, dentre elas as relativas às chamadas posturas municipais.

Para tanto, sempre com os olhos postos no conjunto normativo que emerge dos arts. 20 a 30 da Lei de Introdução às Normas do Direito Brasileiro (LINDB – Decreto-Lei n. 4.657, de 4 de setembro de 1942[5]), será indispensável o estabelecimento de diversas metas, a exemplo da identificação e eliminação dos obstáculos ao acesso da pessoa com deficiência, da reserva de vagas adequadas em estacionamentos públicos e privados e da adaptação de veículos de transporte coletivo.

Com isso, será exigido o cumprimento de variadas obrigações, voltadas para o atingimento, por etapas, de cada objetivo, como a proibição de certas condutas e a imposição de outras tantas.

Num processo em que é proferido esse tipo de decisão, o magistrado, confrontado com a necessidade de tomar posição a respeito do cumprimento das

---

[4] "*A decisão estrutural ('structural injunction') é* [...] *aquela que busca implantar uma reforma estrutural ('structural reform') em um ente, organização ou instituição, com o objetivo de concretizar um direito fundamental, realizar uma determinada política pública ou resolver litígios complexos*", compreendidos esses como os que põem "*em rota de colisão múltiplos interesses sociais, todos eles dignos de tutela*" (DIDIER JR., Fredie; BRAGA, Paula Sarno; OLIVEIRA, Rafael Alexandria de. *Curso de direito processual civil*. 13. ed. Salvador: JusPodivm, 2018, v. 2, p. 502).

[5] A Lei n. 13.655, de 25 de abril de 2018, acrescentou ao texto da vetusta Lei de Introdução às Normas do Direito Brasileiro (LINDB – Decreto-Lei n. 4.657, de 4 de setembro de 1942) os arts. 20 a 30. Por meio do texto do art. 20, foi incorporado à dogmática jurídica o *postulado do pragmatismo jurídico*, que impõe que o julgador considere as *consequências práticas* da sua decisão. No ensejo, convidamos a conferir, em *https://www.lfg.com.br/conteudos/entrevistas/geral/impactos-da-nova-lei-que-altera-normas-do-direito-brasileiro* (acessado em 21 out 2018, às 16h35), reflexões críticas que fizemos a respeito do alcance da lei que reformou a LINDB.

determinações por ele dadas, se vê obrigado a examinar se o ente, a organização ou a instituição – no exemplo dado, o município – está ou não adotando uma política pública adequada para a concretização do direito fundamental cujo exercício foi assegurado por meio do ato decisório. Trata-se de situação em que a fundamentação da decisão a respeito do cumprimento das determinações anteriormente dadas necessariamente passará por uma área muito próxima das margens do terreno das discordâncias ou concordâncias com políticas de governo.

Em casos assim, os cuidados devem ser redobrados, de modo a que o ato decisório tenha por núcleo um *exame técnico* e não um manifesto político.

6.2.2 Manifestações críticas a respeito de situações discutidas em redes sociais

Nessa quadra histórica em que as redes sociais exercem fascínio sobre considerável parcela da população, é comum que debates sejam travados, no ambiente virtual, sobre os mais diversos assuntos, importantes uns, desimportantes outros, despertando, em algumas pessoas, comportamentos racionais e, em outras, reações fortemente emocionais.

Esse fenômeno tem gerado – e não é raro que tal aconteça – divisões maniqueístas que, no mais das vezes, não contribuem para que o debate seja mantido num plano saudável.

Como pessoa humana, o magistrado não está imune aos influxos decorrentes desse tipo de situação. A isso, agregue-se que há possibilidade de que um determinado processo, sob julgamento, verse sobre tema que tenha algum tipo de relação com um específico assunto que, no momento, efervesce nas redes sociais, sem que, porém, a discussão travada no ambiente virtual tenha potencial para influir no proferimento da decisão.

Diante de um contexto desse, é imprescindível que haja atenção ao fato de que a decisão judicial não é – definitivamente, não é – um espaço apropriado para que sejam expressadas *opiniões pessoais* a respeito de assuntos que, apesar de atuais, não têm qualquer aptidão para influenciar no julgamento da causa.

6.3 Utilização de linguagem assertiva

> **?** AO DECIDIR, É ADEQUADO USAR EXPRESSÕES COMO "PENSO QUE...", "O MEU ENTENDIMENTO É...", "ACHO QUE..."?

A comunicação assertiva tem as marcas da *objetividade* e da expressão de *conhecimento* a respeito do tema.

Tratando-se de uma *decisão judicial*, essas marcas assumem cores mais vibrantes, uma vez que, ao *decidir*, o magistrado *concretiza* a norma a ser aplicada no caso sob exame e, por conseguinte, *estabelece* a norma individualizada que deverá reger a relação entre os sujeitos do processo em que a decisão foi proferida.

Obviamente, um texto produzido com tais propósitos não pode transmitir a impressão de que o seu autor estava inseguro ao redigi-lo.

Por isso, na exposição da compreensão do magistrado a respeito de determinado assunto, o uso de expressões como *"penso que..."*, *"o meu entendimento é..."*, *"acho que..."*, além de outras similares, deve, tanto quanto possível, ser evitado.

Afinal, não se pode esquecer que o magistrado é o agente por meio do qual o Estado se manifesta, e o Estado não *pensa*, ou *entende* ou *acha*. O Estado *afirma* qual norma jurídica deve ser aplicada.

PARA NÃO ESQUECER

A título de exemplo, em vez do uso da expressão "o meu entendimento é o de que o divórcio, a partir da Emenda Constitucional n. 66/2010, tornou-se um direito potestativo", é mais adequado simplesmente afirmar: "o divórcio, a partir da Emenda Constitucional n. 66/2010, tornou-se um direito potestativo".

6.4 Escolha da pessoa gramatical a ser usada para designar o magistrado que está praticando o ato

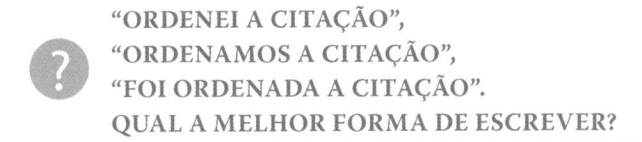

"ORDENEI A CITAÇÃO",
"ORDENAMOS A CITAÇÃO",
"FOI ORDENADA A CITAÇÃO".
QUAL A MELHOR FORMA DE ESCREVER?

Ao iniciar a redação de um texto qualquer, o agente do ato se vê compelido a fazer opções quanto ao uso das chamadas *pessoas gramaticais* ou *pessoas verbais* (*eu/nós*, *tu/vós* e *ele/eles*).

Uma das principais definições reside na escolha da *pessoa gramatical* que será utilizada para designar uma específica *pessoa do discurso*: aquela que, por meio do texto, está se comunicando (aquele que *fala*).

Na construção de uma *decisão judicial* não é diferente. É preciso definir a *pessoa gramatical* que será usada para designar o magistrado, que é aquele que, por meio do texto, está se comunicando (aquele que está *decidindo*).

Trata-se, na prática, de optar entre *"ordenei a citação"*, *"ordenamos a citação"*, *"este magistrado ordenou a citação"* e *"ordenou-se a citação"*, por exemplo.

O uso de verbos na primeira pessoa, do singular (*"deferi"*, *"ordenei"*, *"acolho"*, *"rejeito"*) ou do plural (*"deferimos"*, *"ordenamos"*, *"acolhemos"*, *"rejeitamos"*), transmite mais pessoalidade ao ato judicial.

De sua vez, o uso da terceira pessoa, do singular ou do plural, geralmente acompanhado do pronome pessoal oblíquo *"se"*, remete à impessoalidade (*"deferiu-se"*/*"deferiram-se"*, *"ordenou-se"*/*"ordenaram-se"*, *"acolhe-se"*/*"acolhem-se"*, *"rejeita-se"*/*"rejeitam-se"*).

São variadas as formas cotidianamente utilizadas pelos diversos juízes. As mais comuns são as examinadas a seguir.

PARA NÃO ESQUECER

*Não é admissível a **variação** no uso da **pessoa gramatical** para designar, em diferentes trechos de um só texto, a **mesma pessoa do discurso**.*

*Assim, por exemplo, numa decisão proferida por juízo singular, se o julgador, aludindo a si mesmo, usar a expressão **"deferi o pleito de concessão de tutela provisória de urgência"**, não pode ele, em outro trecho da mesma decisão, ainda aludindo a si mesmo, fazer constar a oração **"o juiz indeferiu a produção da prova testemunhal"**.*

*Note-se que, na primeira frase ("deferi o pleito de concessão de tutela provisória de urgência"), o verbo foi usado na primeira pessoa do singular ("deferi"), revelando, com isso, o uso da **primeira pessoa gramatical** ("eu") para designar a pessoa que está se comunicando (pessoa do discurso).*

*Já na segunda frase ("o juiz indeferiu a produção da prova testemunhal"), apesar de a pessoa do discurso ser a mesma (a pessoa que está se comunicando), foi utilizada a **terceira pessoa gramatical** ("ele", o juiz) para designá-la.*

Esse tipo de equívoco não pode ser cometido.

*Igualmente, **não é admissível** que, num mesmo texto, ocorra **variação quanto ao número**, mesmo que seja mantida a pessoa gramatical que designa a pessoa do discurso.*

*A situação descrita a seguir ajudará a compreensão: numa decisão proferida por juízo singular, o magistrado, aludindo a si mesmo em um trecho do relatório, utiliza a expressão **"deferi o pleito de concessão de tutela provisória de urgência"** e, em outro trecho da mesma decisão, ainda se referindo a si mesmo, faz constar a oração **"indeferimos a produção da prova testemunhal"**.*

*Perceba-se que, na primeira frase ("deferi o pleito de concessão de tutela provisória de urgência"), o verbo foi usado na primeira pessoa do singular ("deferi"), evidenciando o uso, **no singular**, da **primeira** pessoa gramatical ("eu") para designar a pessoa que está se comunicando (pessoa do discurso).*

*Já na segunda frase ("indeferimos a produção da prova testemunhal") o verbo foi empregado na primeira pessoa do plural ("indeferimos"), o que marca o uso da mesma **primeira** pessoa gramatical, mas **no plural** ("nós"), o que **não** é admissível, já que a pessoa do discurso (a pessoa que está se comunicando) é a mesma.*

*Portanto, na construção de um texto, iniciada a redação com o uso de determinada **pessoa gramatical** para designar certa **pessoa do discurso**, não pode haver variação, nem quanto à **pessoa gramatical**, nem quanto ao **número**.*

*Assim, numa decisão proferida por juízo singular, se o magistrado, em dado momento, se referir a si mesmo na primeira pessoa do singular (a exemplo do uso, no relatório, de termos como "deferi" e "determinei"), **deverá manter a primeira pessoa do singular por todo o texto**, todas as vezes que necessitar aludir a si próprio (assim, no dispositivo, os termos utilizados deverão ser "acolho", "acolho em parte", "rejeito", "condeno", "imponho", "determino" etc.).*

6.4.1 *Uso da primeira pessoa do singular*

Comumente, as *decisões* proferidas por juízos singulares são redigidas na *primeira pessoa do singular* (*eu*). E o motivo é simples: trata-se de ato praticado por um órgão julgador integrado por uma só pessoa.

Por óbvio, o uso de verbos na primeira pessoa do singular evoca o pronome pessoal reto "*eu*", transmitindo ao texto forte carga de pessoalidade. O *relatório* e o *dispositivo* da decisão judicial são os terrenos que mais atraem o uso dessa forma verbal.

Nesse ponto, é importante o registro de que a *pessoalidade* a que nos referimos não deve ser interpretada como um vínculo de pertinência individual privada, mas como expressão de uma manifestação estatal, por meio de um agente político, em nome próprio.

> **PARA NÃO ESQUECER**
>
> *É por isso que é muitíssimo comum a presença, no **relatório** de atos decisórios, de expressões como "**deferi o pleito de concessão de tutela provisória de urgência**", "**ordenei que fosse citado o réu**", "**indeferi a realização da prova pericial**", "**determinei a produção da prova testemunhal**" e outras similares.*
>
> *Na mesma medida, são encontrados, no **dispositivo**, termos como "**acolho o pedido**", "**acolho em parte o pedido**", "**rejeito o pedido**", "**condeno**", "**imponho a obrigação**" e "**determino**", dentre inúmeros outros.*

6.4.2 *Uso da primeira pessoa do plural*

O uso da primeira pessoa do plural para designar o magistrado, numa decisão proferida por um juízo singular, remete ao chamado *plural de modés-*

tia ou *plural majestático*, consistente no emprego do pronome pessoal reto *"nós"* em lugar do *"eu"* (*"deferimos o pleito de concessão de tutela provisória de urgência"*, *"ordenamos que fosse citado o réu"*, *"indeferimos a realização da prova pericial"*, *"determinamos a produção da prova testemunhal"*).

A construção de um texto com tais características pode transmitir duas sensações, ambas *indesejáveis*.

Uma das sensações possíveis é a de que o agente está tentando, "modestamente", diminuir a sua participação em um ato ou obra que reputa dignos de louvor[6], razão pela qual utiliza o *"nós"*, como demonstração da sua modéstia (*plural de modéstia*). Nesse caso, tratando-se de uma decisão da lavra de um juízo singular, há dupla impropriedade: (*i*) por se tratar de um único julgador, não há como ser produzido o efeito da redução da sua participação e (*ii*) é no mínimo inadequado reputar que a decisão é de tal ordem digna de louvor que a aparência de "modéstia" deve imperar.

A outra sensação é ainda mais indesejável, uma vez que o uso do *"nós"* pode induzir à percepção de que o agente do ato está agindo à semelhança dos soberanos[7] e dos papas (*plural majestático*), ao passar a imagem de que, apesar de ser um só indivíduo, traz ele em si uma multiplicidade de entes.

Por tais fatores, *não* estimulamos que, nas decisões proferidas por juízo singular, seja utilizada a primeira pessoa do plural para designar o magistrado.

6.4.3 Uso de verbos nas formas nominais

O uso de verbos nas formas nominais, em especial o *infinitivo* (*"deferir"*, *"ordenar"*, *"proferir"*, *"sanear"*) e o *particípio* (*"deferido"*, *"ordenado"*, *"proferido"*, *"saneado"*), é um recurso redacional que contribui para afastar a pessoalidade da prática do ato decisório.

Ao lado disso, trata-se de expediente muito útil, por exemplo, nas situações em que é preciso relatar um processo que foi conduzido, em épocas distintas, por magistrados diversos.

PARA NÃO ESQUECER

As orações a seguir contêm exemplos de uso de verbos no particípio: *"deferido o pleito de concessão de tutela provisória, foi ordenada a citação da parte ré"*; *"proferida a decisão de saneamento e de organização do processo, foi realizada a audiência de instrução e julgamento"*.

---

[6] FERREIRA, Aurélio Buarque de Holanda. *Novo dicionário Aurélio da língua portuguesa*. 4. ed. Curitiba: Positivo, 2009, p. 1582.

[7] FERREIRA, Aurélio Buarque de Holanda. *Novo dicionário Aurélio da língua portuguesa*. 4. ed. Curitiba: Positivo, 2009, p. 1582.

6.4.4 Nossa opção

Na qualidade de magistrados, na redação das nossas decisões judiciais, optamos por utilizar a primeira pessoa do singular, com a inserção, porém, quando possível, de expressões regidas pela impessoalidade, de modo a que seja reduzida a carga de pessoalidade.

Para tanto, o uso da primeira pessoa do singular, combinado com a utilização de formas nominais dos verbos, em especial o *infinitivo* e o *particípio*, é fundamental.

> **PARA NÃO ESQUECER**
>
> *O uso combinado de verbos na primeira pessoa do singular e nas formas nominais, como técnica redacional para reduzir a carga de pessoalidade, contribui para a construção de um texto mais equilibrado, mormente quanto ao relatório.*
>
> *Os dois exemplos a seguir esclarecem.*
>
> ***Primeiro exemplo:*** *a expressão **"deferi o pleito de concessão de tutela provisória e ordenei a citação da parte ré"** pode ser substituída por **"após deferir o pleito o pleito de concessão de tutela provisória, ordenei a citação da parte ré"** ou por **"após deferido o pleito de concessão de tutela provisória, ordenei a citação da parte ré"**. O verbo "deferir", na primeira frase, está na primeira pessoa ("deferi"), ao passo que foi usado no infinitivo na segunda frase ("deferir") e no particípio, na terceira ("deferido"). O verbo "ordenar", de sua vez, está na primeira pessoa do singular nas três frases. Enquanto a primeira frase traz uma forte carga de pessoalidade ("deferi" e "ordenei"), a segunda e a terceira, por conterem uma combinação do uso de verbos nas formas nominais e na primeira pessoa do singular, possuem menor carga de pessoalidade.*
>
> ***Segundo exemplo:*** *a expressão **"proferi a decisão de saneamento e de organização do processo, na qual designei data para realização da audiência de instrução e julgamento"** pode ser substituída por **"ao sanear e organizar o processo, designei data para realização da audiência de instrução e julgamento"**. O verbo "proferir", que, na primeira oração, estava na primeira pessoa do singular ("proferi"), foi suprimido na segunda oração, em que os verbos "sanear" e "organizar" foram empregados no infinitivo. O verbo "designar", por seu turno, foi mantido na primeira pessoa do singular ("designei") nas duas orações. Perceba-se que a primeira oração possui carga de pessoalidade maior do que a segunda.*

CAPÍTULO III

FORMAS DE ALUDIR AOS DIVERSOS SUJEITOS DO PROCESSO

◆ **SUMÁRIO**

1. Considerações iniciais – **2.** Magistrado que, em dado momento, dirigiu o processo – **3.** Membro de tribunal – **4.** Ministério Público, como fiscal da ordem jurídica – **5.** Defensoria Pública, como representante judicial da parte ou como curadora especial – **6.** Advogado, público ou privado, como representante judicial da parte – **7.** Partes processuais principais da demanda originária: **7.1** Parte autora/parte ré, autor/réu, demandante/demandado; **7.2** Acionante/acionado; **7.3** Requerente/requerido; **7.4** Ministério Público e Defensoria Pública atuando como parte e advogado agindo em causa própria; **7.5** Exequente/executado, credor/devedor; **7.6** Parte embargante/parte embargada, embargante/embargado; **7.7** Partes processuais principais no mandado de segurança; **7.8** Existência de litisconsórcio; **7.9** Alteração ou ampliação subjetiva do processo em razão de alegação da parte ré – **8.** Reconvenção – **9.** Intervenção de terceiros: **9.1** Assistência; **9.2** Denunciação da lide; **9.2.1** Denunciação por apenas uma das partes; **9.2.2** Denunciação por ambas as partes; **9.2.3** Denunciação sucessiva; **9.3** Chamamento ao processo; **9.4** Incidente de desconsideração da personalidade jurídica; **9.5** *Amicus curiae*.

1. CONSIDERAÇÕES INICIAIS

Inevitavelmente, haverá, na construção do texto de uma *sentença*, situações em que se torna obrigatória a referência aos diversos sujeitos do processo, em especial às partes autora e ré.

Ao lado disso, há procedimentos em que termos específicos foram consagrados para designação de certos sujeitos, tal como acontece com o *mandado de segurança* e com os *embargos à execução*.

Além de alusões às partes, pode ser necessária, por exemplo, a referência a outro magistrado que, em certa fase do procedimento, dirigiu o processo ou a um integrante de tribunal, como o desembargador ou o ministro relator de um recurso. O mesmo pode acontecer em relação ao Ministério Público, quando atua como fiscal da ordem jurídica; à Defensoria Pública; ao advogado, público ou privado; e ao terceiro interveniente, dentre outros.

É importante que sejam utilizados critérios adequados, quanto à forma de aludir a tais sujeitos.

2. MAGISTRADO QUE, EM DADO MOMENTO, DIRIGIU O PROCESSO

É comum que, na redação de uma *sentença*, em especial no trecho correspondente ao *relatório* e, mais raramente, na fundamentação, ocorra alusão a ato praticado por outro magistrado que, em determinada fase do procedimento junto ao juízo singular, conduziu o processo.

Para se perceber a frequência com que uma situação dessa pode acontecer, basta lembrar que, nos períodos de férias individuais do juiz originalmente responsável pela direção do processo, outro magistrado pode atuar nos autos. É, ainda, frequente a ocorrência de casos em que o processo é oriundo de outra unidade, onde diversos atos judiciais foram praticados, e os autos tenham sido submetidos a redistribuição, em razão, por exemplo, do reconhecimento da incompetência do juízo em que o processo se encontrava.

Em situações assim, pode-se fazer a opção de evitar referência direta ao magistrado agente do ato. Nesse caso, é extremamente útil o uso de verbos nas formas nominais, mormente o *particípio* (*"deferido"*, *"ordenado"*, *"proferido"*, *"saneado"*).

PARA NÃO ESQUECER

Vale observar que, feita a opção pelo uso de verbos nas formas nominais, não será possível, pela só leitura do texto, identificar se o agente do ato foi outro juiz ou o próprio juiz que, naquele momento, está proferindo a decisão.

É o que se dá, por exemplo, quando são utilizadas expressões como "indeferido o pleito de concessão de tutela provisória de urgência, foi ordenada a citação da parte ré" e "por meio da decisão de saneamento e de organização do processo, foi promovida a redistribuição do ônus da prova".

Há, entretanto, situações em que é de todo aconselhável que, por meio de recursos redacionais, fique claro que o agente de determinado ato decisório *não* é o mesmo que, naquele momento, está decidindo.

Esse quadro pode acontecer, por exemplo, quando o magistrado que está proferindo a *sentença* tem entendimento diverso daquele adotado pelo juiz que então conduzia o processo.

Nesse caso, para que o leitor do texto perceba que o agente de determinado ato foi outro, pode-se lançar mão de expressões como *"o juiz que à época conduzia o procedimento determinou que, antes do exame do pleito de concessão de tutela provisória, fosse citada a parte ré"* ou *"o magistrado que então dirigia o processo indeferiu a produção da prova testemunhal"*.

Ao lado disso, é importante lembrar que os costumes forenses consagraram a prática consistente em utilizar qualificativos como *"meritíssimo"*[1] (cuja abreviatura mais comumente usada é *"MM."*) para anteceder a alusão a magistrados. Em razão disso, caso se opte pelo uso da adjetivação, as referências, nos exemplos mencionados acima, seriam ao *"MM. juiz"* e ao *"MM. magistrado"*.

Por fim, é importante o registro de que, a menos que uma peculiaridade do caso *exija* – e é *raríssimo* que tal aconteça –, *não* deve ser feita alusão ao *nome* do magistrado.

NO CONCURSO PÚBLICO

Em um concurso público em que se exija o proferimento de uma sentença, por exemplo, há a peculiaridade de os atos decisórios praticados no curso do procedimento, mencionados no enunciado do quesito, não serem, em regra, atribuídos ao próprio magistrado sentenciante.

Em uma situação dessa, ao aludir à prática de tais atos, o caminho mais seguro a ser seguido pelo candidato consiste em fazer opção pelo uso de expressões impessoais.

Assim, por exemplo, se houver referência, no enunciado do quesito, a uma decisão antecipatória dos efeitos da tutela, em vez de se afirmar **"antecipei os efeitos da tutela"**, *deve-se preferir* **"foram antecipados os efeitos da tutela"** *ou* **"foi proferida decisão antecipatória dos efeitos da tutela"**.

O uso da primeira pessoa do singular, em tal situação, somente deve ocorrer se estiver **claro**, *no enunciado, que os atos praticados no curso do procedimento são da autoria do próprio juiz sentenciante.*

De outro lado, caso fique patente, no enunciado do quesito, que o ato judicial foi praticado por outro magistrado, tal circunstância poderá ser registrada mediante a utilização de expressões como as que foram acima sugeridas, a exemplo da seguinte: "o MM. juiz que então conduzia o processo antecipou os efeitos da tutela".

3. MEMBRO DE TRIBUNAL

Na hipótese de haver necessidade de referência, no texto da *decisão judicial*, a membro de tribunal, como é o caso do desembargador ou do ministro relator de um recurso, alude-se a *"desembargador relator"* ou a *"ministro relator"*, expressões que, à semelhança do que foi registrado anteriormente em relação à alusão a outro magistrado, são comumente antecedidas do adjetivo *"meritíssimo"*, mais frequentemente abreviado pela forma *"MM."*.

---

[1] O adjetivo *"meritíssimo"* significa *"de grande mérito; muito digno; digníssimo"* (FERREIRA, Aurélio Buarque de Holanda. *Novo dicionário Aurélio da língua portuguesa*. 4. ed. Curitiba: Positivo, 2009, p. 1315).

Nessa linha, são encontradiças, nas *decisões judiciais* proferidas por juízos singulares, expressões como "*o MM. desembargador relator conferiu efeito suspensivo ao agravo de instrumento*" ou "*por decisão unipessoal do MM. ministro relator, foi inadmitido o recurso especial*".

Quanto à indicação do *nome* do desembargador ou do ministro relator de um recurso interposto contra decisão proferida no específico processo sob exame, ela *somente* deve ser feita se alguma especificidade do caso *exigir*[2].

Por fim, cumpre lembrar que, mesmo quando atua unipessoalmente, o relator de um recurso expressa a posição do *tribunal* que integra. Por isso, as referências a "*MM. desembargador relator*" ou a "*MM. ministro relator*" podem ser perfeitamente substituídas pela referência ao próprio tribunal, como nos exemplos seguintes: "*o Tribunal de Justiça do Estado do Amazonas conferiu efeito suspensivo ao agravo de instrumento*" ou "*o Superior Tribunal de Justiça inadmitiu o recurso especial*".

4. MINISTÉRIO PÚBLICO, COMO FISCAL DA ORDEM JURÍDICA

Se o Ministério Público atua no processo na qualidade de *parte*, a alusão a ele deverá se dar de acordo com as indicações, feitas adiante, a respeito do modo de se referir às *partes*.

Todavia, se a atuação do órgão se dá na qualidade de fiscal da ordem jurídica (*custos iuris*), caso em que as suas manifestações se dão por meio de *parecer*, deve-se, simplesmente, fazer referência ao "*Ministério Público*".

Assim, é comum, por exemplo, que constem, numa decisão judicial, expressões como "*instado a se manifestar, o Ministério Público se posicionou no sentido de que*".

A tradição forense incorporou o vocábulo de origem francesa "*parquet*"[3] como sendo também uma forma de se referir ao Ministério Público ou ao membro da instituição.

---

[2] É importante lembrar que, ao invocar precedentes de tribunais, as transcrições, por exemplo, de ementas de acórdãos são acrescidas de diversos dados, dentre eles o *nome do relator* do processo. Nesse caso, não há qualquer impropriedade na alusão ao *nome* do julgador. Observe-se que essa situação é substancialmente *distinta* de uma referência feita, no texto da *decisão judicial*, ao relator de um recurso interposto contra decisão proferida no específico processo sob exame.

[3] Tudo indica que o uso do vocábulo "*parquet*", para designar o Ministério Público ou o membro da instituição, decorre de antiga prática francesa consistente na circunstância de o "*magistrado do Ministério Público*", na sua manifestação oral, ocupar um espaço cercado (um "*petit parc*"). Também se cogita de a origem estar no fato de o chamado "*magistrado do Ministério Público*", nas sessões dos tribunais, se levantar para se manifestar, permanecendo em pé, no *assoalho* (palavra que, no francês, pode ser traduzida por "*parquet*"), enquanto os demais magistrados permaneciam sentados em cadeiras situadas num tablado, ocupando uma posição mais elevada. Há possibilidade, ainda, de o uso derivar de ambas as situações. Em complemento, dessa circunstância de o "*magistrado do Ministério Público*" se levantar para se manifestar derivaria, também, a utilização da antiga expressão "*magistratura de pé*", em contraposição aos demais magistrados, que, por ficarem sentados durante toda a sessão de julgamento, eram referidos como "*magistratura sentada*".

Na mesma linha das observações anteriores, relativas a alusões a outros magistrados, aí incluídos membros de tribunal, a indicação do *nome* do membro do Ministério Público *somente* deve ser feita se alguma especificidade do caso *exigir*.

5. DEFENSORIA PÚBLICA, COMO REPRESENTANTE JUDICIAL DA PARTE OU COMO CURADORA ESPECIAL

Há situações em que a Defensoria Pública atua como *parte* no processo.

É o que se dá, por exemplo, nos casos em que o órgão está legitimado para propor ação civil pública, objetivando obter a tutela de interesses difusos, coletivos ou individuais homogêneos, se o resultado do processo puder beneficiar grupo de pessoas hipossuficientes (Lei Complementar n. 80, de 12 de janeiro de 1994, art. 4º, VII). Nesse tipo de atuação, a alusão ao órgão deverá ocorrer em consonância com as indicações, constantes adiante, sobre o modo de se referir às *partes*.

Ao lado disso, se for adotada uma ótica *exclusivamente quantitativa* e examinada a atuação do órgão apenas em *processos judiciais*, a Defensoria Pública, na maioria das vezes, comparece em juízo para agir em favor de pessoas naturais e jurídicas consideradas necessitadas ou exercitar a curadoria especial (Lei Complementar n. 80, de 12 de janeiro de 1994, art. 4º, V e XVI, e CPC, art. 72, parágrafo único).

Ao agir, num processo, em favor de uma parte, seja pessoa natural, seja pessoa jurídica, a instituição funciona na qualidade de *representante judicial*, à semelhança do trabalho desenvolvido pela advocacia, pública ou privada. E, como *representante judicial* da parte, a instituição não postula em nome próprio, mas em nome alheio.

Como não são comuns as situações em que, no texto de um ato decisório, exista *necessidade* de referência direta ao *representante judicial* da parte, não é comum a alusão à Defensoria Pública nas situações em que ela desempenha essa específica função institucional. Assim, nesses casos, *somente* se alguma peculiaridade do processo *exigir* haverá referência à Defensoria Pública ou ao integrante da instituição.

Já no exercício da função de curadora especial, é frequente a alusão, nos textos das decisões judiciais, não só à *curadoria especial*, como à própria instituição. É o que se vê em construções como *"ao se manifestar, a curadoria especial do réu defendeu a tese de que"* e *"instada a se pronunciar, a Defensoria Pública apresentou"*.

Finalmente, em paridade com o que deve acontecer nos casos de alusões a outros magistrados, inclusive membros de tribunal, e ao Ministério Público, caso ocorra referência à Defensoria Pública, deve ser evitada qualquer alusão ao *nome* do integrante da instituição, exceto se alguma especificidade tornar tal alusão *inevitável*.

6. ADVOGADO, PÚBLICO OU PRIVADO, COMO REPRESENTANTE JUDICIAL DA PARTE

Na quase totalidade das vezes, o membro da advocacia, pública ou privada, desempenha a função de *representante judicial* da parte, postulando, pois, em nome alheio, e não em nome próprio.

E, por ser incomum a ocorrência de situações em que, num ato decisório, surge a necessidade de alusão direta ao *representante judicial* da parte, é raro que se torne imprescindível uma referência específica ao advogado.

Há casos, porém, em que tal referência é inevitável. Isso ocorre, no mais das vezes, quando o advogado, sem ser parte autora ou ré no processo, é obrigado a postular na defesa de interesses pessoais seus.

Imagine-se um quadro em que, tendo havido revogação do mandato pela parte ou renúncia ao mandato pelo profissional, o causídico pretenda preservar, no processo, o seu direito à percepção de honorários advocatícios sucumbenciais proporcionais ao trabalho por ele desenvolvido.

Num caso desse, seja em razão da revogação, seja pela renúncia levada a cabo, o advogado não se manifestará como representante judicial da parte, mas em *nome próprio*, mormente considerando que defende interesses exclusivamente seus.

Assim, na decisão a respeito de questão que envolva interesse pessoal do causídico, fatalmente haverá alusão a ele. Nesse caso, a referência é comumente feita ao *nome* do advogado, como no excerto a seguir: "*Para preservação dos interesses do advogado Opequê dos Santos Erretê, deverá ser ele intimado a respeito deste ato decisório*"[4].

Ainda quanto à possibilidade de haver referência direta ao advogado, no texto de uma decisão judicial, há uma importante observação a ser feita.

É que, por vezes, o magistrado se deixa impregnar pelo fato de o conteúdo das peças postulatórias ser fruto exclusivo do trabalho do *representante judicial* da parte – no caso, o advogado – e, ao se pronunciar, em vez de se referir à parte, alude ao profissional que a representa judicialmente. Tal situação se tor-

---

[4] A Lei n. 13.793, de 3 de janeiro de 2019, promoveu alterações no art. 107 do CPC, no art. 7º da Lei n. 8.906, de 4 de julho de 1994 (que dispõe sobre o Estatuto da Advocacia e sobre a OAB), e no art. 11 da Lei n. 11.419, de 19 de dezembro de 2006 (que dispõe sobre a informatização do processo judicial). As três alterações levadas a cabo pela mencionada lei estão voltadas para *disciplinar* o acesso, por advogados, mesmo sem procuração, a autos de processos físicos ou eletrônicos, findos ou em andamento, em órgãos dos Poderes Judiciário e Legislativo, ou da Administração Pública em geral, para exame e obtenção de cópias. Tendo em vista a amplitude do direito do advogado de acessar autos de processos, é importante observar que, havendo interesse *pessoal* do causídico em *determinado* processo, é indispensável que seja ele *intimado*, em nome próprio, a respeito dos atos processuais com aptidão para repercutir, direta ou indiretamente, na sua esfera judírica. Por isso, nesses casos, a titularidade do direito de acessar os autos, mesmo sem procuração, não tem potencial para suprir a falta de *intimação* do profissional.

na mais delicada nos casos em que um quadro de discordâncias se instaura no ambiente processual e o debate passa a ter potencial para ferir susceptibilidades. Esse é o tipo da situação cuja principal serventia é testar se os sujeitos envolvidos têm, de fato, capacidade técnica para atuar em juízo dentro dos limites que o sistema jurídico impõe. Portanto, mesmo numa situação de tensão processual, é dever do magistrado promover a adequada separação entre o que decorre da atuação do advogado como *representante judicial* da parte e o que é fruto de atuação pessoal do causídico.

Percebe-se, destarte, que *somente* se alguma peculiaridade do caso *exigir* haverá referência ao advogado, na qualidade de *representante judicial* da parte. Outrossim, mesmo que exista necessidade de referência ao *representante judicial* da parte, deve ser evitada qualquer alusão ao *nome* do causídico, salvo se no processo houver uma especificidade que a torne *necessária*.

7. PARTES PROCESSUAIS PRINCIPAIS DA DEMANDA ORIGINÁRIA

> **?** "AUTOR", "DEMANDANTE", "ACIONANTE", "REQUERENTE". COMO DEVO ME REFERIR ÀS PARTES?

As *partes processuais principais* são a *parte autora* e a *parte ré* da demanda[5]. Trata-se de sujeitos processuais cuja atuação é marcada pela *parcialidade*, pela falta de isenção.

Com base nessa afirmação elementar, é fácil identificar os sujeitos aos quais devem ser destinados os rótulos de *"parte autora"* e *"parte ré"* num processo simples, em que houver apenas um autor e um réu.

Também atua com *parcialidade* num processo o terceiro que, por exemplo, intervenha como *assistente simples* da *parte autora* ou da *parte ré*.

Além dos sujeitos *parciais*, também atuam no processo sujeitos cuja conduta se caracteriza pela isenção. Esses são sujeitos *imparciais* do processo. É o caso do juiz, do Ministério Público, quando atua como fiscal da ordem jurídica, e dos auxiliares da justiça.

É preciso, porém, perceber (*i*) que, em processos mais complexos, com cumulação de demandas e pluralidade de sujeitos interessados, podem ser variadas as formas como os múltiplos sujeitos podem se posicionar e (*ii*) que há possibilidade de surgimento de incidentes processuais envolvendo outros sujei-

---

[5] Ao lado das partes processuais *principais* (parte autora e parte ré), há a parte processual *auxiliar* (o assistente) e as partes processuais *incidentais* (DIDIER JR., Fredie. *Curso de direito processual civil*. 20. ed. Salvador: JusPodivm, 2018, v. 1, p. 340).

tos, para além da *parte autora* e da *parte ré*, como é o caso de uma alegação de impedimento ou de suspeição do juiz, do membro do Ministério Público ou de um auxiliar da justiça[6].

Postas essas bases, pode-se concluir que quem quer que atue com *parcialidade* num processo, praticando atos em favor de outro sujeito ou de si mesmo, deve ser considerado *parte processual*. Nesse sentido mais amplo, não se pode negar a qualidade de *parte processual* ao *assistente simples*, que, por isso mesmo, é uma *parte processual auxiliar*, assim como a *parte autora* e a *parte ré* são *partes processuais principais*.

Ao lado disso, é muito comum que, no curso do procedimento, sejam propostas *demandas incidentais*. É o que se dá, por exemplo, com a *reconvenção* (CPC, art. 343), com a *denunciação da lide* feita pela parte ré (CPC, art. 128)[7] e com o *incidente de desconsideração da personalidade jurídica*, quando a desconsideração não for requerida na petição inicial (CPC, arts. 133 a 137).

Qualquer que seja a situação, independentemente de se tratar da *demanda originária* (que é aquela cuja propositura deu ensejo ao nascimento do processo) ou de uma demanda proposta incidentalmente, quem propuser uma demanda é, dela, *parte autora*, assim como é *parte ré* da demanda aquele contra quem a demanda for proposta.

Assim, se a *parte ré* da demanda originária reconvier, ela é *parte autora* da *reconvenção*, que é uma demanda incidental. De sua vez, a *parte autora* da demanda originária é *parte ré* da *reconvenção*.

Nessa mesma linha, a *parte ré* da demanda originária que denuncia a existência da lide a um terceiro é *parte autora* da denunciação da lide.

Vista assim a situação, haveria claras dificuldades, em certos processos, para identificar os sujeitos aos quais devem ser destinados os rótulos de *"parte autora"* e *"parte ré"*.

---

[6] Apenas para instigar o leitor, vale a pena pensar na posição do *juiz* por ocasião do processamento de uma alegação de suspeição ou de impedimento, em que ele recuse a qualidade de suspeito ou de impedido. Observe-se que, nesse caso, o *magistrado* apresenta uma peça rotulada de *razões* e que poderá ser acompanhada de documentos e de rol de testemunhas (CPC, art. 146, § 1º). Demais disso, caso o tribunal reconheça que há impedimento ou manifesta suspeição, ao magistrado será imposta a obrigação de pagar as custas do incidente, podendo ele recorrer da decisão (CPC, art. 146, § 5º). É inegável, pois, que o *juiz*, num *incidente* desse tipo, atua com *parcialidade*: apresenta defesa, produz provas, pode ser obrigado a pagar as custas do incidente e pode recorrer. Por tudo isso, pode-se, com tranquilidade, afirmar que, numa situação desse tipo, o juiz atua como *parte processual incidental*. A sua atuação no *incidente*, entretanto, não pode ser confundida com a sua atuação no processamento da *demanda principa*l. Tanto assim é que, se a alegação de impedimento ou de suspeição for julgada improcedente, o magistrado continuará a dirigir o processo, mesmo tendo se posicionado, nos autos do *incidente*, contra os interesses do sujeito que, por considerá-lo impedido ou suspeito, alegou a sua incompatibilidade subjetiva para com a causa.

[7] No caso da litisdenunciação feita pelo autor, *não* há a propositura de demanda incidental. O que há é a formulação, já na petição inicial, de um pedido principal e de um pedido subsidiário dirigidos contra pessoas distintas.

Capítulo III ♦ Formas de aludir aos diversos sujeitos do processo

Diante desse contexto, é *imprescindível* que seja adotado um critério que torne a *comunicação* mais efetiva.

Para tanto, é de todo útil reconhecer a *conveniência* de que seja seguida, em linhas gerais, a opção de política legislativa adotada no CPC, em que as locuções *"parte autora"* e *"parte ré"* são reservadas apenas para designar as *partes processuais principais* da demanda originária.

Em razão disso, como se verá adiante, tratando-se, por exemplo, de reconvenção, as partes autora e ré são designadas de *"reconvinte"* e *"reconvindo"* e, no caso da denunciação da lide, de *"denunciante"* e *"denunciado"* (ou *"litisdenunciante"* e *"litisdenunciado"*).

Os mesmos sujeitos aos quais deve ser destinado o uso das expressões *"parte autora"* e *"parte ré"* podem também ser designados simplesmente como *"autor/réu"*, ou *"demandante/demandado"*.

Ao lado disso, é comum a utilização, ainda, a depender da situação, de designações como *"acionante/acionado"*, *"requerente/requerido"*, *"exequente/executado"*, *"credor/devedor"*, *"embargante/embargado"* e *"impetrante/impetrado"*, dentre outras.

As ponderações contidas nos itens seguintes, relativamente ao emprego desses e de outros termos para designação da *parte autora* e da *parte ré* da demanda originária, auxiliam quanto à opção a ser feita por ocasião da redação do ato decisório.

7.1 Parte autora/parte ré, autor/réu, demandante/demandado

Os termos *"parte autora/parte ré"*, *"autor/réu"* e *"demandante/demandado"* designam, com precisão, os ocupantes dos polos ativo e passivo da demanda cuja propositura deu ensejo ao nascimento do processo.

São esses, pois, os termos que devem ser preferencialmente utilizados.

NO CONCURSO PÚBLICO

*Ao elaborar uma sentença numa prova de um concurso público, a opção **preferencial** pelo uso de "parte autora/parte ré" pode contribuir – e muito! – para reduzir as chances de cometimento de equívocos, uma vez que liberta o candidato da necessidade de fazer flexões quanto ao gênero e quanto ao número ("autor/autora", "autores/autoras", "demandante/demandada", "demandantes/demandadas" e "réu/ré", "réus/rés").*

*Feita tal opção, o candidato somente precisa atinar para a circunstância de que, havendo pluralidade de autores e/ou de réus, as situações que envolverem **apenas** um de tais sujeitos, ou especificamente determinados sujeitos, implicarão o uso de expressões por meio das quais se possa identificar, com precisão, a que sujeito o agente da decisão está se referindo. Em casos assim, pode ser necessário o uso de locuções como "o autor Eneopequê da Silva Esseteuvê".*

> *É importante lembrar, ainda, que, optando pelo uso **preferencial** de "parte autora/parte ré", o candidato pode se deparar com cenários em que, no decorrer da redação, surjam seguidas necessidades de referências a tais sujeitos, em frases próximas umas das outras. Nesse caso, a repetição intensa das mesmas expressões pode fazer com que a leitura do texto cause no leitor (no caso, o integrante da banca examinadora do concurso) sensação de cansaço, o que não é – definitivamente, não é – desejável. Por isso, em situações assim, é de todo adequado que o candidato lance mão das outras formas de designar as partes processuais principais ("autor/réu" e "demandante/demandado").*

PARA NÃO ESQUECER

*Na rotina de um magistrado, a **preferência** pelo uso de "parte autora/parte ré" **facilita**, em muito, a redação das decisões judiciais, uma vez que o julgador fica livre da necessidade de estar atento para as flexões quanto ao gênero e quanto ao número.*

*Basta imaginar as situações, **extremamente comuns**, em que uma decisão judicial será proferida tomando por base um arquivo digital de uma decisão anterior, proferida num caso semelhante.*

Se, no arquivo-base, foram utilizados os substantivos "autor/réu" e "demandante/demandado", o julgador se verá obrigado a proceder às necessárias adaptações quanto ao número (singular/plural) e/ou quanto ao gênero (masculino/feminino), de acordo com a situação do processo em que a nova decisão será proferida.

Se, porém, foram utilizados, no arquivo-base, os conjuntos "parte autora/parte ré", nenhuma necessidade haverá de se proceder a tais adaptações.

Ao lado disso, o uso desse recurso redacional tem potencial para evitar situações geradoras de equívocos materiais e de dúvidas no espírito do leitor, uma vez que um pequeno deslize pode gerar incompreensões.

Basta imaginar um quadro em que o julgador, numa situação de litisconsórcio ativo entre uma pessoa natural do sexo masculino e uma pessoa jurídica, utiliza um arquivo-base em que somente havia uma autora, e, mesmo querendo se referir, na nova decisão, a ambos os litisconsortes, não percebe a necessidade de substituir o vocábulo "autora", constante no arquivo-base, por "autores". Por óbvio, num caso desse, o que deveria ser dito relativamente a ambos os litisconsortes resulta dito apenas em relação à pessoa jurídica.

*Vale acrescentar que a circunstância de haver uma **preferência**, de ordem estritamente prática, pelo uso de "parte autora/parte ré" não significa, nem de longe, que devam ser esquecidas as outras formas de designar as partes processuais principais.*

Bem se sabe que, no curso da redação de uma decisão judicial, por vezes se fazem necessárias seguidas alusões a tais sujeitos do processo.

Com isso, a persistência no uso de apenas uma forma torna a decisão uma peça de leitura cansativa, ante a frequente repetição de vocábulos.

Capítulo III ♦ Formas de aludir aos diversos sujeitos do processo

> Assim, ao lado do uso **preferencial** de "parte autora/parte ré", é de todo salutar que, nas situações em que as referências estiverem muito próximas, sejam utilizadas outras formas de designação, a exemplo de "autor/réu" e "demandante/demandado" e suas respectivas variações quanto ao número (singular/plural) e/ou quanto ao gênero (masculino/feminino).

7.2 Acionante/acionado

É comum que sejam usados os substantivos *"acionante/acionado"* para designação das partes processuais principais da demanda originária.

Quanto a isso, é preciso levar em consideração que, apesar de ser integrada por um conjunto de variadas situações jurídicas, a *situação jurídica ativa* que está na *origem* da expressão *direito de ação* corresponde ao direito fundamental à obtenção de uma tutela jurisdicional adequada, efetiva e tempestiva[8].

Por essa ótica, o *direito de ação* é exercitado perante o órgão do qual se exige a tutela jurisdicional, o que conduz à conclusão de que, ainda sob esse ângulo, não se "aciona" a parte ré. Aciona-se – isto, sim – o órgão incumbido de prestar a jurisdição. A máquina estatal – no caso, o Poder Judiciário – é "acionada" para que preste a atividade jurisdicional que ela tem o dever de prestar. Assim, a engrenagem do Poder Judiciário, que estava inerte, é provocada, posta em movimento ("acionada").

Disso tudo se depreende que, visto assim o *direito de ação*, não seria adequada a referência ao *réu* como *"acionado"*, já que, rigorosamente, por meio do exercício desse direito fundamental, "aciona-se" o funcionamento do Poder Judiciário.

Apesar disso, a praxe forense assimilou o uso dos vocábulos *"acionante/acionado"* como sinônimos dos termos *"parte autora/parte ré"*, *"autor/réu"* e *"demandante/demandado"*.

Na nossa prática judicante, evitamos o uso dos vocábulos *"acionante/acionado"*.

7.3 Requerente/requerido

O emprego dos substantivos *"requerente/requerido"* para designar as partes processuais principais da demanda originária também é uma prática comum.

Porém, um escorço histórico demonstra que se trata de vocábulos que, nos textos legais, sempre foram reservados para utilização *preferencial* nas *situações não litigiosas* e nos *incidentes processuais*[9].

---

[8] DIDIER JR., Fredie. *Curso de direito processual civil*. 20. ed. Salvador: JusPodivm, 2018, v. 1, p. 219.
[9] Essa opção de política legislativa é facilmente constatada mediante uma visita, no CPC, aos enunciados dos arts. 26, I e III, e 29 (que versam sobre cooperação jurídica internacional), do art. 88

Diante disso, é salutar que seja seguida, pelo julgador, na construção do texto da decisão judicial, a linha segundo a qual o uso dos vocábulos *"requerente/requerido"* fique preferencialmente reservado para designar os sujeitos das *situações processuais não litigiosas* e dos diversos *incidentes processuais*.

7.4 Ministério Público e Defensoria Pública atuando como parte e advogado agindo em causa própria

Como anotado anteriormente, há situações em que o Ministério Público e a Defensoria Pública atuam na qualidade de *parte processual principal* da demanda originária. Nesse caso, as referências a tais instituições devem ser feitas do mesmo modo como são feitas as alusões a quem quer que ocupe um dos polos da demanda originária: *"parte autora/parte ré"*, *"autor/réu"* ou *"demandante/demandado"*.

Não há, entretanto, qualquer óbice a que, na redação da decisão judicial, as referências se deem mediante alusão às próprias instituições, como no excerto a seguir: *"ao se manifestar sobre a contestação, o Ministério Público [ou a Defensoria Pública] alegou que"*.

Quanto ao *advogado* que atua em causa própria, na qualidade de *parte processual principal* da demanda originária, as alusões a ele devem se restringir ao emprego das típicas expressões *"parte autora/parte ré"*, *"autor/réu"* e *"demandante/demandado"*.

7.5 Exequente/executado, credor/devedor

> **?** NA EXECUÇÃO, OS TERMOS "EXEQUENTE/EXECUTADO" PODEM SER SEMPRE SUBSTITUÍDOS POR "CREDOR/DEVEDOR"?

No caso dos procedimentos de execução, independentemente de tratar-se de execução fundada em título judicial (legalmente rotulada de *"cumprimento da sentença"*) ou em título extrajudicial, é perceptível a opção legislativa pelo uso dos vocábulos *"exequente/executado"* e *"credor/devedor"* para designar os ocupantes dos polos ativo e passivo da demanda executiva.

(que alude à jurisdição voluntária) do art. 99, § 4º (que trata da gratuidade da justiça), do art. 120, parágrafo único (que se ocupa da disciplina da assistência), do art. 137 (que cuida do incidente de desconsideração da personalidade jurídica), do art. 382, *caput* e § 4º (que se refere à produção antecipada da prova), dos arts. 397, III, 398, parágrafo único, e 403, *caput* (que versam sobre a exibição de documento ou coisa), do art. 628, § 2º (que trata do pleito de admissão, no inventário, de quem se julgar preterido), dos arts. 727, 728, I, e 729 (que se ocupam da disciplina da notificação, da interpelação e do protesto) e dos arts. 750 e 755, I (que cuidam da interdição).

Capítulo III ♦ Formas de aludir aos diversos sujeitos do processo

Anote-se, porém, que, numa decisão proferida nos autos de um processo de execução, o uso dos termos *"parte autora/parte ré"*, *"autor/réu"* ou *"demandante/demandado"*, como sinônimos de *"exequente/executado"* e *"credor/devedor"*, não implica, rigorosamente, uma impropriedade técnica, já que é perfeitamente possível utilizar tais designações para quem quer que ocupe um dos polos de uma demanda, seja ela de conhecimento, seja ela executiva[10].

Não se pode olvidar, de outro lado, que a preferência pela utilização dos termos *"exequente/executado"* e *"credor/devedor"*, quando houver necessidade de se referir aos ocupantes dos polos ativo e passivo da demanda executiva, concretiza uma política legislativa que resulta por contribuir, pela só alusão aos ocupantes dos polos ativos e passivo, para a rápida identificação do tipo de procedimento em que a decisão está sendo proferida, que será sempre um *procedimento de execução*.

Por isso, é recomendável que, na redação de uma decisão judicial proferida numa execução, sejam preferencialmente empregados os termos *"exequente/executado"* e *"credor/devedor"*.

NO CONCURSO PÚBLICO

*A sugestão, de ordem prática, por nós dada anteriormente, a respeito da utilização, na redação de uma sentença numa prova de concurso público, das expressões "parte autora/parte ré", "autor/réu" e "demandante/demandado", quando se tratar de processo de conhecimento, é aplicável no que se refere ao processo de execução: a **preferência** pelo uso de "parte exequente/parte executada", em vez de "exequente/executado" e "credor/devedor", pode contribuir para reduzir as chances de cometimento de equívocos, já que o candidato não precisará fazer flexões quanto ao gênero e quanto ao número ("exequente/exequentes", executado/executada/executados/executadas", "credor/credora/credores/credoras", "devedor/devedora/devedores/devedoras").*

*Também aqui valem as observações (i) de que, havendo pluralidade de sujeitos, nas situações que envolverem **apenas** um de tais sujeitos, ou especificamente determinados sujeitos, deve o candidato lançar mão de expressões por meio das quais se possa identificar, com precisão, a que sujeito o agente da decisão está se referindo e (ii) de que, optando pelo*

---

[10] No texto do § 5º do art. 46, que trata de *execução fiscal*, houve uso do vocábulo *réu*, para designar o ocupante do polo passivo da demanda executiva ("A execução fiscal será proposta no foro de domicílio do réu, no de sua residência ou no do lugar onde for encontrado"). Como visto, não se trata, rigorosamente, de uma impropriedade técnica. O que chama a atenção, porém, é a quebra, no particular, do padrão instituído como política legislativa. A situação fica mais criticável quando se percebe que o § 5º do art. 46 do CPC tem redação muito parecida com a do *caput* do art. 578 do CPC-1973 e que a mesma quebra de padrão foi observada, de há muito, no mencionado art. 578, o que, de sua vez, ensina Araken de Assis, decorre do fato de o dispositivo conter transcrição quase fiel do teor do art. 3º do Decreto-lei n. 960, de 1938 (*Manual do processo de execução*. 7. ed. São Paulo: RT, 2001, p. 211). Vem de há muito, pois, a quebra de padrão, pelo legislador, na designação das partes da *execução fiscal*.

*uso **preferencial** de "parte exequente/parte executada", o candidato, diante de cenários em que houver necessidade de referências seguidas a tais sujeitos, em frases próximas umas das outras, deve evitar a repetição intensa das mesmas expressões, de modo a que o texto não se torne de leitura cansativa, caso em que é recomendável o uso das outras formas para designar as partes processuais principais da demanda executiva.*

PARA NÃO ESQUECER

Há cautelas a serem adotadas por ocasião do uso dos termos "credor/devedor".

*É que, se a parte executada se defender, por exemplo, por meio de embargos, contra a íntegra da execução, afirmando que **nada deve**, não é, nem de longe, recomendável a utilização, pelo juiz, de tais vocábulos, já que a parte executada não se sente "devedora" e, por conseguinte, ela própria não considera a parte exequente "credora".*

Numa situação assim, referir-se à parte executada como "devedora", sem que exista decisão a respeito da questão por ela suscitada, transmite a impressão de que o magistrado está prejulgando.

Por isso, é preferível que o uso das designações "credor/devedor" somente se dê depois de eventual decisão contrária à parte executada, quanto à questão que ela lançou.

Por óbvio, o mesmo cuidado redacional deve ser adotado enquanto ainda não houver chegado o momento de a parte executada apresentar resistência à execução.

*Acrescente-se que a mesma observação, de ordem estritamente prática, feita a respeito do uso, no processo de conhecimento, dos termos "parte autora/parte ré", "autor/réu" e "demandante/demandado" é aplicável no que se refere ao processo de execução: a **preferência** pelo uso de "parte exequente/parte executada", em vez de "exequente/executado" e "credor/devedor", **facilita**, em muito, a redação das decisões judiciais na rotina diária, uma vez que o julgador, ao utilizar um arquivo digital de uma decisão anterior, proferida num caso semelhante, fica livre da necessidade de estar atento para as flexões quanto ao gênero e quanto ao número.*

7.6 Parte embargante/parte embargada, embargante/embargado

A resistência à execução fundada em título extrajudicial se dá por meio da propositura de uma demanda incidental de conhecimento, rotulada de *embargos à execução* (CPC, art. 914, *caput*).

Os embargos devem ser distribuídos por dependência aos autos da execução, e a sua autuação se dá em apartado (CPC, art. 914, § 1º), já que se trata de um processo incidental[11].

---

[11] Esse é um dos pontos que distinguem a resistência à execução fundada em título extrajudicial da resistência à execução fundada em título judicial. Tratando-se de título extrajudicial, a apresentação da principal peça por meio da qual a parte executada pode resistir à execução – os *embargos à*

Capítulo III ♦ Formas de aludir aos diversos sujeitos do processo

As partes autora e ré, nos *embargos à execução*, são rotuladas de *"embargante"* e *"embargado"*.

Diante disso, se o ato decisório for praticado nos autos dos *embargos à execução*, as referências às partes devem se dar mediante o uso, apenas, dos termos *"parte embargante/parte embargada"* e *"embargante/embargado"*.

Por óbvio, como se trata de decisão proferida em autos distintos dos autos da execução, deve ser evitado, nos autos dos embargos, o uso dos vocábulos *"exequente/executado"* e *"credor/devedor"*.

De igual modo, não é aconselhável a utilização de rótulos compostos como *"embargante-executado"* e *"embargado-exequente"*, já que não há motivo que justifique a evocação, nos autos dos embargos, de termos que são próprios dos autos da execução.

7.7 Partes processuais principais no mandado de segurança

> **A PARTE RÉ NO MANDADO DE SEGURANÇA É A AUTORIDADE IMPETRADA?**

É comum a impressão de que o polo passivo de uma demanda submetida ao procedimento de *mandado de segurança* é ocupado pela autoridade a quem o demandante imputa a prática do ato inquinado de coator, a chamada *"autoridade coatora"*. De sua vez, os textos legais não contribuem para afastar essa imagem distorcida[12].

---

execução – dá nascimento a um *processo incidental*. Surge, pois, um *novo processo*, do que decorre a necessidade de autuação em apartado (CPC, art. 914, § 1º). Diferentemente, se a execução estiver fundada em título judicial (que o legislador chama de *"cumprimento da sentença"*), a principal forma de resistência é a apresentação de uma peça (a *impugnação*) que faz surgir um *incidente processual* (CPC, arts. 520, § 1º, 525, 528, § 8º, 535, 536, § 4º, e 538, § 3º). Nesse caso, *não nasce um novo processo*. Vale lembrar, ainda, que, nos processos da competência dos Juizados Especiais Cíveis, a resistência à execução fundada em título judicial, malgrado se dê mediante a apresentação de uma peça rotulada de *embargos*, materializa um *incidente processual* (Lei n. 9.099, de 26 de setembro de 1995, art. 52, IX).

[12] A Lei n. 12.016, de 7 de agosto de 2009, em nada colabora para evitar distorções no modo de identificar quem efetivamente ocupa o polo passivo numa demanda submetida ao rito do *mandado de segurança*. Com efeito, de acordo com o texto do mencionado diploma legal, (*i*) o impetrante deve indicar, na petição inicial, *"... além da autoridade coatora, a pessoa jurídica que esta integra, à qual se acha vinculada ou da qual exerce atribuições"* (art. 6º, *caput*); (*ii*) o juiz deve ordenar *"que se dê ciência do feito ao órgão de representação judicial da pessoa jurídica interessada, enviando-lhe cópia da inicial sem documentos, para que, querendo, ingresse no feito"* (art. 7º, II); e, (*iii*) sem qualquer alusão, mesmo indireta, ao fato de que a legitimidade recursal da autoridade impetrada decorre da necessidade de abertura de espaço processual para que ela se proteja de uma eventual responsabilização regressiva, foi estendido *"... à autoridade coatora o direito de recorrer"* (art. 14, § 2º).

A verdade, porém, é que, num procedimento de *mandado de segurança*, o polo passivo da demanda é ocupado pela *pessoa jurídica* integrada pela autoridade a quem é imputada a prática do ato, à qual tal autoridade se encontra vinculada ou junto à qual a mencionada autoridade exerce as suas atribuições[13].

Assim, se o ato inquinado de coator é atribuído, por exemplo, ao Delegado da Receita Federal, a efetiva ocupante do polo passivo da demanda é a União. Num quadro em que o ato inquinado de coator é atribuído, ainda a título de exemplo, ao presidente de um Tribunal de Justiça, o polo passivo da demanda é ocupado pelo Estado respectivo ou pelo Distrito Federal (se se tratar do presidente do Tribunal de Justiça do Distrito Federal e dos Territórios). Tratando-se de ato praticado por uma autoridade vinculada, por exemplo, a uma autarquia, o polo passivo é ocupado pela própria autarquia.

Apesar disso, há, na praxe forense, uma intensa valorização da figura da chamada *"autoridade coatora"*, como se fosse ela a *parte ré*. Não é. E tanto não é que os efeitos diretos decorrentes do acolhimento do pedido num caso de *mandado de segurança* são sentidos pela pessoa jurídica, e não pela autoridade a quem a prática do ato é imputada. A autoridade fica diretamente responsável pelo cumprimento de determinações judiciais, nos casos de concessão de tutela provisória e nos casos de acolhimento, total ou parcial, do pedido, por ocasião da prestação da tutela definitiva, mas os efeitos diretos decorrentes da ordem não são sentidos por ela, no âmbito da sua esfera jurídica individual[14].

Esse é apenas um dos aspectos reveladores de que, em verdade, o procedimento de *mandado de segurança* é repleto de peculiaridades legislativas. Basta ver que não há referência, na Lei n. 12.016, de 7 de agosto de 2009, à

---

[13] O STJ, apreciando um conflito de competência relativo a um caso de impetração de mandado de segurança contra ato atribuído a uma autoridade vinculada à União, utilizou, como fundamento determinante do acórdão, a tese segundo a qual devem ser aplicadas, em casos assim, as regras extraíveis do § 2º do art. 109 da Constituição Federal, que são relativas à propositura de demanda contra a União. Na ementa do referido acórdão consta que, *"ainda que a sede funcional da autoridade coatora seja o Distrito Federal"*, a jurisprudência do STF está pacificada *"no sentido de que as causas intentadas contra a União poderão ser aforadas na seção judiciária em que for domiciliado o autor, naquela onde houver ocorrido o ato ou fato que deu origem à demanda, ou onde esteja situada a coisa, ou, ainda, no Distrito Federal"* (AgInt no CC 148.082/DF, rel. Min. Francisco Falcão, Primeira Seção, julgado em 13-12-2017, *DJe* 19-12-2017). Com isso, aquele tribunal superior finalmente expressou a compreensão, que há muito já deveria ter sido adotada, de que, tratando-se de mandado de segurança, a parte ré *não* é a autoridade impetrada, mas a *pessoa jurídica* por ela integrada, à qual ela se encontra vinculada ou junto à qual ela exerce as suas atribuições.

[14] A circunstância de a autoridade ter o direito de recorrer (Lei n. 12.016, de 7 de agosto de 2009, art. 14, § 2º) decorre da possibilidade de surgir uma situação, em razão do julgamento do mandado de segurança, em que a pessoa jurídica se veja compelida a responsabilizar regressivamente o agente que praticou o ato. Por meio do recurso, a autoridade impetrada – que já prestou informações junto ao juízo de primeiro grau – pode demonstrar ao órgão julgador recursal a juridicidade do seu ato, de modo a evitar, tanto quanto possível, que ocorra responsabilização regressiva.

citação da pessoa jurídica. Aliás, rigorosamente, não há referência à citação de ninguém[15].

Esse conjunto muito contribui para que se assente a equivocada sensação de que não seria aplicável, no procedimento de *mandado de segurança*, considerável parcela do conhecimento construído à luz da Teoria Geral do Processo. Trata-se de um erro crasso, já que, independentemente do conteúdo dos textos legais, a análise, no âmbito processual, de uma demanda submetida ao procedimento de *mandado de segurança* em nada pode diferir, estruturalmente, da análise de uma demanda qualquer.

> **NO CONCURSO PÚBLICO**
>
> *Considerando que essas ponderações de ordem técnica não são percebidas, no mais das vezes, pelo operador do Direito, mormente por aqueles que não se dispõem a fazer uma análise mais detida do instituto, torna-se recomendável, na redação de uma sentença numa prova de concurso público, a manutenção da prática corrente, consistente nas referências, apenas, a "impetrante/impetrantes" (que é o rótulo consagrado, no meio jurídico, para designar, nesse caso, a parte autora) e à "autoridade impetrada" ou, simplesmente, "impetrado".*

E, no que se refere à *autoridade impetrada*, três observações se impõem.

A primeira é para lembrar que, apesar de ser razoável que a parte autora (*impetrante*) aluda à autoridade impetrada como *"autoridade coatora"* – afinal, a parte autora propõe a demanda exatamente por considerar que o ato contra o qual ela se insurge é um ato *coator* –, o julgador deve evitar o uso de tal rótulo. E o motivo é simples: só se pode adjetivar de *coatora* a autoridade após se chegar à conclusão de que o ato efetivamente é um ato *coator* – um ato, pois, que não está em harmonia com o sistema jurídico –, o que somente é possível após o julgamento da causa. Assim, no texto de uma decisão judicial, o mais recomendável é utilizar a expressão *"autoridade impetrada"*, em vez de *"autoridade coatora"*.

A segunda é para chamar a atenção para o fato de que, no mais das vezes, é possível depreender, apenas pela identificação da *autoridade impetrada*, qual é a *pessoa jurídica* que, em verdade, ocupa o polo passivo da demanda proposta.

---

[15] Perceba-se que, nos estritos termos da Lei n. 12.016, de 7 de agosto de 2009, a autoridade impetrada é *notificada* para prestar informações (art. 7º, I), enquanto, ainda de acordo com o texto legal, o juiz ordenará *"que se dê ciência do feito ao órgão de representação judicial da pessoa jurídica interessada, enviando-lhe cópia da inicial sem documentos, para que, querendo, ingresse no feito"* (art. 7º, II). Nenhuma referência há ao ato de *citação*.

A terceira, finalmente, é para registrar que a referência nunca deverá ser feita ao *nome* da pessoa natural do agente público, mas ao *cargo* por ele ocupado e/ou à *função* por ele exercida.

7.8 Existência de litisconsórcio

> **?** HAVENDO LITISCONSÓRCIO, POSSO ME REFERIR A "PARTES AUTORAS" E "PARTES RÉS"?

Se o caso é de litisconsórcio, há mais de um sujeito integrando um dos polos ou ambos os polos da demanda.

Há, pois, mais de um *autor*, mais de um *réu* ou mais de um *autor* e mais de um *réu*. Todos os litisconsortes são *partes processuais*.

Não se pode, portanto, aludir a *"autor e seu litisconsorte"*, mas a *"autores"* ou a *"litisconsortes autores"*. Igualmente, não se pode falar em *"réu e seu litisconsorte"*, mas em *"réus"* ou em *"litisconsortes réus"*.

Nessa linha, cumpre observar que o fato de haver, quanto a uma específica demanda, litisconsórcio ativo (mais de um autor) e/ou litisconsórcio passivo (mais de um réu) *não* importa em multiplicidade dos polos da demanda: independentemente de serem *vários* os autores e *vários* os réus, somente existe, em *cada* demanda, *uma* parte autora e *uma* parte ré, do que decorre a absoluta impropriedade de referências a *"partes autoras"* e *"partes rés"*.

Assim, substantivos como *"autor"*, *"réu"*, *"demandante"*, *"demandado"*, *"requerente"*, *"requerido"*, *"exequente"*, *"executado"*, *"credor"* e *"devedor"* comportam flexão quanto ao número, podendo, pois, ser utilizados no plural. A mesma flexão, porém, não é possível quanto a *"parte autora"* e *"parte ré"*, que, portanto, são locuções que, além de inflexíveis quanto ao gênero, também o são quanto ao número, devendo ser empregadas *sempre* no singular.

7.9 Alteração ou ampliação subjetiva do processo em razão de alegação da parte ré

Pode a parte ré, na peça contestatória, alegar que é parte ilegítima ou que não é a responsável pelo prejuízo a que alude a parte autora, indicando, desde que tenha conhecimento, o sujeito passivo da relação jurídica discutida (CPC, arts. 338 e 339).

Em tais situações, é dado à parte autora, no prazo de quinze dias, (*a*) não aceitar a alegação da parte ré, (*b*) aceitar a alegação da parte ré e alterar a petição inicial, para o fim de reconhecer o seu equívoco e indicar o sujeito que deverá ocupar o lugar do réu primitivo[16], ou (c) ampliar a composição do polo passivo da demanda, mediante a manutenção do réu primitivo e a inclusão do sujeito indicado pela própria parte ré, com o que será formado um litisconsórcio passivo.

Se a parte autora (a) não aceitar a alegação da parte ré, não haverá qualquer alteração na composição do polo passivo da demanda, em razão do que, nas referências, deverão ser utilizados os termos clássicos "*parte ré*", "*réu*" e "*demandado*".

Na hipótese, porém, de a parte autora (b) haver aceitado a alegação da primitiva parte ré, alterando, com isso, a petição inicial, para o fim de reconhecer o seu equívoco e indicar o novo sujeito que deverá ocupar o lugar da parte ré original, haverá necessidade, na redação do ato decisório, de utilização de recursos tais que permitam ao leitor saber se a referência está sendo feita ao *novo* ocupante do polo passivo ou ao *anterior*. Nesse caso, para designação do *anterior* ocupante do polo passivo, será útil o emprego de locuções como "*réu originalmente indicado*", "*anterior ocupante do polo passivo*", "*réu original*" e "*réu originário*", reservando-se, para o ocupante definitivo do polo passivo, as expressões clássicas "*parte ré*", "*réu*" e "*demandado*".

Finalmente, se a parte autora optou (c) por ampliar a composição do polo passivo da demanda, mediante a manutenção da parte ré primitiva e a inclusão do sujeito indicado pela própria parte ré, será formado um litisconsórcio passivo. Nessa situação, se o caso for de alusão a ambos os litisconsortes, valem, aqui, as indicações feitas para os casos em que houver *litisconsórcio*. Ocorrendo, porém, necessidade de referência específica a um dos ocupantes do polo passivo, poderão eles ser distinguidos pelo emprego das locuções "*réu originalmente indicado*", "*réu original*" e "*réu originário*", para um, e "*réu acrescido*" ou "*réu acrescentado*", para o outro.

8. RECONVENÇÃO

A *reconvenção* é uma demanda incidental proposta pela *parte ré* da demanda originária, contra a *parte autora* da demanda originária, dentro do mesmo processo e na mesma peça que veicula a contestação (CPC, art. 343, *caput*).

---

[16] Nos textos dos arts. 338 e 339 do CPC há seguidas alusões a "*substituição do réu*". O substantivo *substituição*, nesse caso, foi empregado no sentido comum – e com atecnia processual – de *troca, permutação, colocação de um sujeito no lugar de outro*. A escolha da expressão não foi feliz, já que, no âmbito processual, *substituição* tem sentido completamente distinto: ela se dá quando um sujeito comparece em juízo para postular, em nome próprio, direito que não é seu ou que não é somente seu. A *substituição processual*, tecnicamente, concretiza o exercício da legitimação extraordinária. Já as situações descritas nos art. 338 e 339 não têm qualquer relação com legitimação extraordinária e, por isso mesmo, não são de *substituição processual*, mas de *sucessão processual*: o réu primitivo é excluído do processo, ingressando, em seu lugar, outro sujeito.

Como já realçado, independentemente de se tratar da *demanda originária* ou de uma demanda proposta incidentalmente, quem *propuser* uma demanda é, dela, *parte autora*.

Assim, quando reconvém, a *parte ré* da demanda originária é *parte autora* da demanda reconvencional (em relação à qual recebe ela o rótulo de *"reconvinte"*) e a *parte autora* da demanda originária é *parte ré* na *reconvenção* (quanto à qual é ela rotulada de *"reconvinda"*).

Ao reconvir, a parte ré da demanda originária pode fazê-lo sozinha e propor a demanda reconvencional *apenas* contra a parte autora da demanda originária. Nesse caso, a apresentação da *reconvenção* não gera ampliação *subjetiva* do processo, já que nenhum sujeito novo é acrescentado, produzindo, apenas, a ampliação *objetiva*, fruto da formulação do pedido reconvencional, com a correspondente indicação das causas de pedir remota e próxima.

Há três situações, todavia, em que a propositura da demanda reconvencional, além de gerar ampliação *objetiva*, produz também ampliação *subjetiva* do processo. Para uma melhor compreensão, imagine-se que somente exista, quanto à demanda originária, um autor e um réu.

A primeira situação ocorre quando a *parte ré* da demanda originária reconvém em conjunto com sujeitos que *não* integram o polo passivo da demanda originária (CPC, art. 343, § 4º). Com isso, passa a haver, na *reconvenção*, um litisconsórcio ativo, sem que exista um correspondente litisconsórcio passivo quanto à demanda cuja propositura deu nascimento ao processo.

A segunda se dá quando a *parte ré* da demanda originária, ao reconvir, inclui no polo passivo da demanda reconvencional sujeitos que não integram o polo ativo da demanda originária (CPC, art. 343, § 3º). Assim, na *reconvenção*, passa a existir um litisconsórcio passivo, sem que exista um correspondente litisconsórcio ativo na demanda originária.

A terceira, por fim, acontece quando as duas primeiras situações se dão simultaneamente: a *parte ré* da demanda originária reconvém em conjunto com sujeitos que *não* integram o polo passivo da demanda originária, e, além disso, os reconvintes incluem no polo passivo da demanda reconvencional sujeitos que não integram o polo ativo da demanda originária. Com isso, passa a haver, na *reconvenção*, litisconsórcios ativo e passivo, sem que exista qualquer litisconsórcio quanto à demanda cuja propositura deu nascimento ao processo.

É bastante isso para se perceber que é preciso a adoção de cuidados, quanto às designações a serem utilizadas para os diversos sujeitos, quando houver *reconvenção*.

Porém, o que se vê na prática, comumente, é o uso indistinto, ao longo de *todo* o texto do ato decisório, das locuções *"autor/reconvindo"* e *"réu/reconvinte"*, independentemente de a questão que no momento está sob exame ser relativa à demanda originária ou à demanda reconvencional.

Não consideramos que essa seja a melhor opção.

É que é preciso perceber que a existência, num processo, de mais de uma demanda *multiplica* a necessidade de o julgador adotar uma sistemática redacional que facilite a compreensão do leitor. E o melhor caminho a ser seguido para alcançar esse objetivo é a utilização de recursos que deixem claro, na medida em que o texto evolui, qual das demandas está sendo apreciada naquele específico capítulo do ato decisório.

É em situações como essa que cresce de importância a *conveniência* – já realçada – de que o uso das expressões *"parte autora/parte ré"*, *"autor/réu"*, e *"demandante/demandado"* seja reservado somente para designar as partes processuais principais da demanda originária.

Assim, se em determinado excerto do ato decisório a questão sob exame for relativa apenas à demanda originária, nenhuma alusão haverá à *reconvenção* e, portanto, também não haverá referência a *"reconvinte"* ou a *"reconvindo"*. De seu turno, no capítulo do ato decisório em que o foco *exclusivo* for a *reconvenção*, somente haverá referência a *"reconvinte"* e a *"reconvindo"*.

Com isso, o fato de haver, ou não, ampliação subjetiva do processo em razão da *reconvenção* resulta por não gerar dificuldades na designação dos sujeitos principais das demandas originária e reconvencional[17].

9. INTERVENÇÃO DE TERCEIROS

Se ocorreu, no processo, qualquer das *intervenções de terceiros* mencionadas nos arts. 119 a 138 do CPC, as alusões feitas a tais sujeitos, no texto da decisão judicial, devem atender a critérios técnicos, de modo a que seja evitada, tanto quanto possível, a ocorrência de incidentes indesejáveis, derivados do uso de expressões inadequadas, capazes de gerar más compreensões.

Como cediço, à luz da disciplina contida no arts. 119 a 138 do CPC, terceiros podem intervir no processo, voluntariamente ou de forma provocada, por meio dos institutos da *assistência*, da *denunciação da lide*, do *chamamento ao processo*, do *incidente de desconsideração da personalidade jurídica* e do *amicus curiae*[18].

---

[17] É importante realçar que essa observação está direcionada para o *texto* da decisão. No que toca à elaboração do *cabeçalho*, a situação é diferente. É que, especificamente no *cabeçalho*, a utilização das locuções *autor/reconvindo* e *réu/reconvinte* é sobremaneira *útil*, já que cumpre o papel essencial de informar o leitor a respeito do fato de que, no processo, além da demanda originariamente proposta, há uma *reconvenção*. E se, no mesmo *cabeçalho*, não houver referência à existência de *outros reconvintes* e/ou de *outros reconvindos*, estará transmitida, de forma *eficiente*, para o leitor do ato decisório, a informação de que os integrantes dos polos ativo e passivo da demanda originariamente proposta são *exatamente* os mesmos da demanda reconvencional.

[18] Existem institutos de intervenção de terceiros previstos em outras leis, como é o caso das intervenções de entes públicos disciplinadas pelo art. 5º e seu parágrafo único da Lei n. 9.469, de 10 de julho

9.1 Assistência

Tendo havido ingresso de *assistente*, a referência deve ser feita ao *"assistente da parte autora"* e/ou ao *"assistente da parte ré"*.

Como a *assistência* pode ser *simples* (CPC, arts. 121 a 123) ou *litisconsorcial* (CPC, art. 124), se houver, no processo, questão para cuja resolução seja importante identificar se o assistente atua subordinado ao assistido (*assistência simples*) ou com autonomia em relação ao assistido (*assistência litisconsorcial*), é de todo adequado que as alusões se deem mediante a utilização das locuções *"assistente simples* [ou *litisconsorcial*] *da parte autora"* e/ou *"assistente simples* [ou *litisconsorcial*] *da parte ré"*.

9.2 Denunciação da lide

A *denunciação da lide*[19], ou *litisdenunciação*, pode ser levada a cabo pela parte autora, pela parte ré ou por ambas as partes da demanda principal[20]. Trata-se de uma demanda regressiva proposta contra um terceiro. Quem a propõe afirma que é titular do direito de ser indenizado regressivamente, pelo terceiro,

---

de 1997, e da intervenção de parentes, num processo em que se pleiteia a imposição de obrigação alimentícia, mencionada no art. 1.698 do Código Civil. Também é possível identificar, dentro do próprio CPC, outras possibilidades de intervenção de terceiros, tais como aquelas a que se referem os arts. 338/339, 343, §§ 3º e 4º, 799 e 889, II a VII.

[19] É tecnicamente *inadequado* o uso de expressões como *"denunciação à lide"* e *"denunciação à lide"*. Ninguém é denunciado *"à"* lide. A existência da lide é que é denunciada a alguém, para que esse alguém fique obrigado a indenizar regressivamente o denunciante, no caso de o denunciante ser derrotado quanto à demanda principal. Apesar disso, não é raro o uso da expressão *"denunciação à lide"* até em acórdãos de tribunais superiores (*v. g.* dos acórdãos proferidos pelo STJ no AgInt no AREsp 938098/RJ, j. em 18-10-2018, no AgInt no AREsp 997269/BA, j. em 23-8-2018, no AgInt no AREsp 1214878/SC, j. em 14-8-2018, no AgInt no AREsp 1226260/RS, j. em 7-6-2018, no REsp 1718906/SP, j. em 17-4-2018, no AgInt no AREsp 704352/MG, j. em 6-2-2018, e no AgInt no REsp 1514462/SP, j. em 28-11-2017, e pelo STF na ACO 478 ED/TO, j. 31-8-2016, e na ARE 911392 AgR/SP, j. em 16-2-2016).

[20] A preferência, aqui, pelo uso da expressão *"demanda principal"*, em vez da locução *"demanda originária"*, é proposital. É que, como registrado anteriormente, reservamos a utilização do rótulo *"demanda originária"* para designar a demanda cuja propositura deu ensejo ao nascimento do processo. Sucede que, na *denunciação da lide* feita pelo *autor*, há duas demandas propostas simultaneamente, já na petição inicial (CPC, art. 126), uma dirigida contra um sujeito que se convencionou designar de *"réu"* e a outra contra outro sujeito, que se convencionou rotular de *"denunciado"* (réu da denunciação), o que conduz a que o nascimento do processo seja fruto, ao mesmo tempo, da propositura de ambas as demandas. E como, nesse caso, é plenamente identificável a existência de um pedido principal (dirigido contra o *réu*) e de um pedido subsidiário (dirigido contra o *denunciado*), torna-se mais adequado utilizar o termo *"demanda principal"*, em vez de *"demanda originária"*. É importante perceber, porém, que o uso da expressão *"demanda principal"* não é tecnicamente apropriado para designar, na *reconvenção*, a *demanda originária*, já que a relação entre o pleito formulado pela parte autora da demanda originária e a postulação feita pela parte autora da demanda reconvencional *não* é marcada por um vínculo de *necessária* subsidiariedade. Apesar disso, no *caput* do art. 343 do CPC, que disciplina a *reconvenção*, é utilizada a locução *"ação principal"*.

Capítulo III ♦ Formas de aludir aos diversos sujeitos do processo

na hipótese de sair derrotado no embate existente na demanda principal, e já formula o pleito indenizatório.

Tendo em vista a possibilidade de haver *denunciação da lide pela parte autora*, *denunciação da lide pela parte ré*, *denunciação da lide por ambas as partes* e, ainda, *denunciação sucessiva*, alertamos para o conteúdo das três observações seguintes, que são aplicáveis a todas as variações do instituto:

i) à semelhança do que registramos em relação à reconvenção, no excerto da decisão judicial em que a questão sob exame tiver relação *apenas* com a demanda principal, *nenhuma* referência aos sujeitos deverá conter termo que aluda a denunciações da lide. De seu turno, as expressões designativas das partes na *denunciação da lide* serão as *únicas* utilizadas, se o foco estiver fixado numa questão *exclusivamente* ligada a uma denunciação;

ii) como a locução "*denunciação da lide*" é sinônima do vocábulo "*litisdenunciação*", todos os termos "*denunciante*" e "*denunciado*", a seguir indicados, podem ser substituídos por "*litisdenunciante*" e "*litisdenunciado*"; e, finalmente,

iii) se o termo "*parte autora*" estiver contido no interior de alguma expressão utilizada para designar os sujeitos da denunciação da lide (como se dá com a locução "*denunciado pela parte autora*"), não há qualquer obstáculo a que seja ele substituído por "*autor*" ou por "*demandante*". O mesmo ocorre com a expressão "*parte ré*" (presente, por exemplo, na locução "*denunciado pela parte ré*"), que pode ser trocada por "*réu*" ou por "*demandado*".

9.2.1 *Denunciação por apenas uma das partes*

Havendo *denunciação da lide* por apenas uma das partes, duas demandas coexistirão no processo: a demanda principal e a demanda regressiva.

Nesse caso, é bastante que, no texto da decisão, haja referência a "*parte autora/parte ré*", "*autor/réu*" ou "*demandante/demandado*", para designar as partes da demanda principal, e "*denunciante/denunciado*", para designação das partes da denunciação da lide.

9.2.2 *Denunciação por ambas as partes*

> SE AMBAS AS PARTES DENUNCIAREM A EXISTÊNCIA DA LIDE, HAVERÁ DENUNCIAÇÃO DE AMBOS OS LADOS. COMO FAZER PARA DEIXAR CLARO A QUAL DOS DENUNCIANTES E DOS DENUNCIADOS ESTOU ME REFERINDO?

Se *ambas* as partes lançarem mão do instituto da *denunciação da lide*, haverá, no processo, três demandas: a demanda principal e as duas demandas regressivas.

MANUAL DA SENTENÇA CÍVEL

Quanto às questões vinculadas apenas à resolução da demanda principal, é suficiente que as referências sejam feitas a *"parte autora/parte ré"*, *"autor/ réu"* ou *"demandante/demandado"*, simplesmente.

Já no que toca ao trecho do ato decisório em que o foco estiver voltado para uma questão que é relativa somente à denunciação da lide feita pela parte autora, as menções devem ser feitas à *"parte autora-denunciante"* e ao *"denunciado pela parte autora"*.

De seu turno, tratando-se de excerto da decisão judicial que verse exclusivamente sobre questão relacionada à denunciação da lide levada a cabo pela parte ré, as referências serão à *"parte ré-denunciante"* e ao *"denunciado pela parte ré"*.

9.2.3 *Denunciação sucessiva*

> HAVENDO DENUNCIAÇÃO SUCESSIVA, O DENUNCIADO É TAMBÉM DENUNCIANTE. E AÍ, COMO FAZER PARA ME REFERIR A ELE?

Há possibilidade de o *denunciado*, de sua vez, lançar mão da *denunciação da lide*, com o que haverá *denunciação sucessiva* (CPC, art. 125, § 2º).

E se, no processo, tiver havido *denunciação da lide* por ambas as partes, surge, ainda, a possibilidade de cada um dos *denunciados* proceder à *denunciação sucessiva*, com o que existirá *denunciação sucessiva* de ambos os lados.

Na *denunciação sucessiva*, o sujeito a quem foi denunciada a existência da lide – o *denunciado* – assume a qualidade de *denunciante sucessivo*, ao afirmar que é titular do direito de ser indenizado regressivamente por outro terceiro – o *denunciado sucessivo* –, na hipótese de sair derrotado no embate por ele travado com o *denunciante*.

Tais situações exigem que se esteja atento para o fato de que há, no processo, diversas demandas. Diante disso, uma sistematização mais cuidadosa se impõe:

a) independentemente de a situação se enquadrar nas letras *"b"* ou *"c"* seguintes, todas as referências às partes da demanda principal, no que toca às questões apenas a ela relativas, devem ser feitas exclusivamente mediante o uso dos termos *"parte autora/parte ré"*, *"autor/réu"* ou *"demandante/demandado"*;

b) se a primeira *denunciação da lide* houver sido feita por apenas uma das partes, os vocábulos *"denunciante"* e *"denunciado"* devem ficar reservados para utilização nos trechos em que o foco da decisão for uma questão referente à primeira denunciação; já para designação dos sujeitos da *denunciação sucessiva*, devem ser usadas as locuções *"denunciante sucessivo"* e *"denunciado sucessivo"*;

c) havendo *denunciações sucessivas* de ambos os lados – o que, obviamente, gera um quadro de complexidade que produz reflexos na composição subjetiva do processo –, as atenções devem estar voltadas para os dois ramos:

c.1) quanto ao ramo decorrente do fato de haver uma primeira denunciação da lide feita pela parte autora da demanda principal, as menções, nas situações em que o foco do ato decisório estiver voltado para uma questão que é relativa apenas à primeira denunciação da lide, devem ser feitas à *"parte autora-denunciante"* e ao *"denunciado pela parte autora"*; quanto às questões concernentes à denunciação sucessiva, as referências deverão ser feitas ao *"denunciante sucessivo – denunciado pela parte autora"* e ao *"denunciado sucessivo da denunciação da parte autora"*;

c.2) no que toca ao ramo cuja origem está na circunstância de haver uma primeira denunciação da lide feita pela parte ré da demanda principal, as referências, nos trechos do ato decisório em que a questão sob exame for relacionada somente à primeira denunciação da lide, serão à *"parte ré-denunciante"* e ao *"denunciado pela parte ré"*; de seu turno, no que respeita às questões atinentes à denunciação sucessiva, as alusões deverão ser feitas ao *"denunciante sucessivo – denunciado pela parte ré"* e ao *"denunciado sucessivo da denunciação da parte ré"*.

9.3 Chamamento ao processo

Por meio do *chamamento ao processo*, a *parte ré* requer a inclusão, no polo passivo da demanda, de sujeito que mantenha, com ele, um vínculo de solidariedade em relação à obrigação cujo cumprimento está sendo exigido pela parte autora (CPC, arts. 130 a 132).

Quem procede ao *chamamento* é designado de *"chamador"* ou *"chamante"*, e o sujeito em relação a quem ele afirma existir o vínculo de solidariedade é rotulado de *"chamado"*. Como o *chamado* passa a integrar, ao lado do *chamador*, o polo passivo da demanda originária, forma-se um litisconsórcio passivo.

Com o *chamamento*, abre-se espaço para que, no processo, ao lado das questões atinentes à demanda originária, instalem-se, também, questões em torno da existência, ou não, do vínculo de solidariedade com base no qual o *chamador* requereu a inclusão do *chamado*.

Num quadro desse, é importante que a utilização dos termos *"parte autora/parte ré"*, *"autor/réu"* e *"demandante/demandado"* seja reservada para uso *somente* nos trechos da decisão em que a questão for relativa à demanda proposta. Nesse caso, nenhuma alusão haverá ao *chamamento ao processo* e, portanto, também não haverá referência a *"chamante"* e a *"chamado"*.

E como, em relação à demanda proposta, haverá um litisconsórcio passivo, se necessidade houver de referência aos litisconsortes, devem ser seguidas as indicações anteriormente feitas, relativamente à existência de *litisconsórcio*.

Já se alguma questão específica, atinente à demanda proposta, disser respeito apenas aos primitivos ocupantes dos polos ativo e passivo, o réu primitivo deve ser designado por locuções como *"réu originalmente indicado"*, *"réu original"*, *"réu originário"* ou, mesmo, *"réu primitivo"*.

De seu turno, tratando-se de discussão exclusivamente entre o *chamador* e o *chamado* – questão, portanto, que verse exclusivamente sobre o *chamamento* –, os sujeitos devem ser distinguidos mediante o emprego apenas dos termos *"chamante"* e *"chamado"*.

Finalmente, se o excerto do ato decisório tiver por foco uma questão que envolva interesses específicos apenas da *parte autora* e do *réu* que passou a integrar o processo em razão do *chamamento*, poderão ser utilizados, de um lado, os termos *"parte autora"*, *"autor"* ou *"demandante"* e, de outro lado, as expressões *"réu-chamado"*, *"réu acrescido"* ou *"réu acrescentado"*.

9.4 Incidente de desconsideração da personalidade jurídica

Presente a tela fática que, de acordo com o direito material, permite que seja desconsiderada, direta ou inversamente, a personalidade jurídica, pode a parte ou o Ministério Público, este quando lhe couber atuar no processo na qualidade de fiscal da ordem jurídica[21], pedir que ocorra a desconsideração.

O pleito de desconsideração pode ser feito já na petição inicial[22] ou com o processo em curso. Em qualquer das situações, o que há é a propositura de uma demanda contra o sujeito cujo patrimônio se busca alcançar por meio da desconsideração. Com isso, materializa-se um quadro de cumulação de demandas.

Anote-se, porém, que não há um rótulo legal para designar o sujeito em relação ao qual a desconsideração está sendo postulada. Sem dúvida, é ele *parte ré* de uma demanda. Todavia, para o fim de se permitir uma comunicação mais efetiva, deve-se adotar uma expressão que não confunda a *parte ré* do incidente de desconsideração da personalidade jurídica com a *parte ré* da outra demanda.

---

[21] Obviamente, se o Ministério Público estiver atuando no processo na qualidade de *parte*, a sua legitimação para suscitar o incidente de desconsideração da personalidade jurídica será decorrente dessa sua posição no processo.

[22] Assim como ocorre com a denunciação da lide feita pelo autor, quando o pedido de *desconsideração da personalidade jurídica* é formulado na petição inicial, o que há é a formulação de pedidos contra sujeitos distintos: o sujeito que mantém com a parte autora a relação jurídica de direito material primária, conflituosa, cuja existência gerou a propositura da demanda, e o sujeito cujo patrimônio se busca alcançar (o sócio, na desconsideração direta, ou a pessoa jurídica, na desconsideração inversa).

Como registrado anteriormente, uma análise histórico-legislativa demonstra que o emprego dos substantivos *"requerente/requerido"*, nos textos legais, sempre esteve vinculado às situações não litigiosas e aos *incidentes processuais*. Não é diferente com o *incidente de desconsideração da personalidade jurídica*, como demonstra o texto do art. 137 do CPC.

Diante disso, designar de *"requerente"* e *"requerido"* os sujeitos do *incidente de desconsideração da personalidade jurídica* é uma boa opção.

9.5 Amicus curiae

A intervenção de *amicus curiae* – locução latina cujo plural é *amici curiae* – pode acontecer em qualquer processo no qual o órgão julgador considere que há relevância da matéria, especificidade do tema objeto da demanda ou repercussão social da controvérsia (CPC, art. 138). A admissão da intervenção do *amicus curiae* tem o propósito de permitir o fornecimento de subsídios que colaborem para o aprimoramento técnico da decisão judicial.

Podem atuar como *amicus curiae* a pessoa natural, a pessoa jurídica, um órgão ou uma entidade especializada. O que importa é que o sujeito atenda à exigência de possuir representatividade adequada, mediante a existência de vínculo com a questão a ser revolvida pelo órgão julgador.

Tendo havido tal intervenção, o sujeito respectivo deve ser designado, simplesmente, de *amicus curiae*.

Na hipótese de haver, no processo, mais de um *amicus curiae* e de ocorrer necessidade de alusão específica a um deles, é suficiente que à expressão *"amicus curiae"* seja acrescentado o nome do sujeito, como no exemplo a seguir: *"ao se manifestar, o amicus curiae Associação Queteuvê de Proteção Ambiental realçou que"*.

Com isso, preservam-se a precisão e a clareza.

CAPÍTULO IV — LEITURA DOS AUTOS

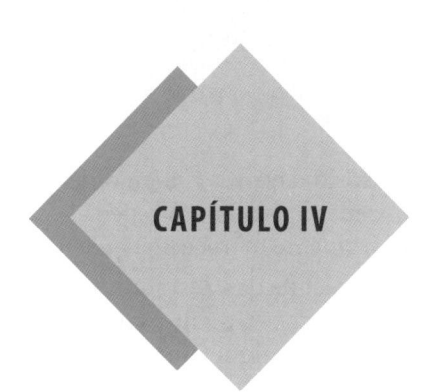

> **DEVO LER OS AUTOS PREVIAMENTE OU GANHAREI TEMPO SE, POR EXEMPLO, FOR REDIGINDO O RELATÓRIO À MEDIDA QUE FOR FAZENDO A LEITURA?**

Um dos equívocos mais comuns e com maior potencial para gerar dificuldades na elaboração de uma decisão judicial – em especial, de uma *sentença* – consiste em dar início à redação *sem* que tenha havido uma *prévia* e *cuidadosa* leitura de *todo* o conteúdo dos autos.

É *fundamental* que se perceba que o julgador, ao *iniciar* a redação do ato decisório, desempenhará tal tarefa à luz da visão *nítida*, que ele *já* possui, a respeito do teor do texto que *irá construir*.

A redação do texto da *sentença*, portanto, consiste na explanação escrita de um raciocínio que *já* foi mentalmente desenvolvido, com o propósito de expor conclusões a que *já* se chegou.

O magistrado somente poderá se desincumbir adequadamente dessa tarefa se conhecer, na *íntegra*, o conteúdo do processo e souber, com *exatidão*, qual a resolução que *dará* a cada uma das questões que enfrentará.

Para que as questões sejam resolvidas, o juiz passará, necessariamente, por etapas de raciocínio que consistirão (*i*) na identificação e na coleta dos dados úteis; (*ii*) na distinção, dentre tais dados, dos que são referentes a questões formais e dos que são atinentes ao exame do próprio mérito da causa; (*iii*) da verificação quanto a se as questões a serem enfrentadas se encontram suficientemente maduras para resolução; e (*iv*) da organização do encadeamento lógico que será empregado na resolução das questões, considerando a possibilidade de elas manterem, entre si, relação de subordinação[1].

Nenhuma dessas etapas poderá ser vencida se não tiver havido uma *prévia* e *minuciosa* leitura de *todo* o conteúdo dos autos.

---

[1] Essas são etapas que, a depender do grau de complexidade do processo, o juiz poderá vencer valendo-se, apenas, da sua capacidade mental, sem a necessidade de realizar anotações. Haverá casos, porém, em que anotações serão necessárias, em razão da multiplicidade de fatores envolvidos.

É importante não perder de vista que o ato decisório deve ser redigido de modo *planejado*, o que implica que, em cada um dos seus capítulos, em especial no *relatório*, seja dado o relevo *adequado* ao que efetivamente merece atenção.

Assim agindo, o juiz não correrá o risco, por exemplo, de dar destaque, no *relatório*, a ocorrências processuais que, em dada fase do procedimento, chegaram a ter importância, mas que, depois, deixaram de ter qualquer força para influir na resolução das *questões* que serão apreciadas.

Nessa linha, imagine-se uma situação em que, por ocasião do exame da petição inicial, tenha sido constatada a existência de um defeito na representação da parte autora e, em razão disso, tenha sido designado prazo para correção do vício (CPC, arts. 76, *caput*, e 321). Se, na sequência, o defeito foi dado por sanado e, a respeito do assunto, já não pende mais qualquer questão no processo, não há necessidade de que seja dado relevo a tal ocorrência.

A falta de uma *prévia* e *cuidadosa* leitura de *todo* o conteúdo dos autos pode gerar situações ainda mais indesejáveis.

Pense-se no caso de um processo volumoso, formado por milhares de folhas, com uma petição inicial longa, contendo um elenco de causas de pedir e considerável cumulação de pedidos, seguida de uma contestação também extensa, na qual a parte ré expõe diversos motivos para resistir às pretensões deduzidas pela parte autora. Se o magistrado não fizer uma prévia leitura dos autos, correrá o risco de se dedicar a redigir um trabalhoso *relatório* e, depois, ser surpreendido – e não é raro que tal aconteça – com uma autocomposição ou com um pleito de desistência com o qual a parte ré já tenha concordado. Assim, um relatório que, desde o início, poderia ser muito simples precisará ser podado, por haver se tornado inutilmente longo. E grande parte do tempo nele investido terá sido em vão.

Dispor do conhecimento a respeito de *todo* o conteúdo do processo e já saber, com *exatidão*, qual o *teor* do ato que será praticado são, portanto, fatores *indispensáveis* para que seja iniciada a redação da *sentença*.

E o primeiro passo consistirá, necessariamente, na *prévia* e *minuciosa* leitura de *todo* o conteúdo dos autos.

NO CONCURSO PÚBLICO

As orientações deste capítulo são extremamente úteis, num concurso público, para o candidato que esteja diante da necessidade de redigir uma sentença. E tal utilidade abrange a etapa de **treinamento**, que antecede o concurso, e o **momento de realização da prova**.

1 – LEITURA NA ETAPA DE TREINAMENTO.

O treinamento adequado para quem irá se submeter a uma prova em que será exigida a redação de uma **sentença cível** deve envolver a elaboração de sentenças (i) a partir de enunciados de quesitos similares, aplicados em concursos anteriores, e (ii) a partir de autos de processos reais, findos ou ainda em curso.

Quanto aos enunciados de quesitos anteriormente aplicados em outros concursos, deve-se dar preferência àqueles cuja "banca organizadora" seja a mesma do concurso a que o candidato se submeterá. A peça produzida deverá, por óbvio, ser cotejada com os critérios que a "banca" houver divulgado como sendo os adequados para a resposta ao quesito.

No que toca a autos de processos reais, se neles já houver sentença proferida, a comparação entre a peça elaborada a título de treinamento e a que já consta no processo, bem como o cotejo com eventuais recursos interpostos e com o julgamento de tais recursos, será muitíssimo útil para o candidato em treinamento. Na hipótese de ainda não haver sido proferida, no processo, a sentença, o candidato pode buscar a ajuda de um magistrado – preferencialmente um juiz com alguns anos de exercício da magistratura – que possa examinar criticamente a peça elaborada.

*Por óbvio, quanto mais experiência houver sido adquirida anteriormente, na etapa de **treinamento** de elaboração de sentenças, mediante a leitura **cuidadosa** de enunciados de quesitos similares ou de **todo** o conteúdo de autos de processos reais, mais facilmente será adquirida a prática necessária para identificar os dados que, de fato, são merecedores de atenção, o que potencializará a tendência a que o investimento de tempo seja menor, **sem** perda da qualidade da leitura, durante a prova do concurso.*

2 – LEITURA DO ENUNCIADO DA QUESTÃO NO MOMENTO DA REALIZAÇÃO DA PROVA.

*Se a missão do candidato, num concurso público, for elaborar uma sentença, a leitura dos autos é substituída pela leitura **minuciosa** do enunciado do quesito.*

*Trata-se de uma leitura a ser feita de maneira metódica, ordenada, disciplinada, o que, por óbvio, torna imprescindível um adequado **planejamento na distribuição do tempo**.*

*De fato, o candidato deve estruturar a **distribuição do tempo** disponível de modo a que sejam reservados interregnos necessários e suficientes (i) para a coleta dos dados úteis, (ii) para a organização dos dados colhidos, (iii) para a determinação da sequência lógica que será empregada na redação do ato decisório e (iv) para a atividade principal, que consiste na própria redação do ato decisório.*

*Para tanto, aconselhamos que seja feita uma **primeira** leitura, rápida, sem preocupação com anotações.*

*Nessa primeira leitura o objetivo é apenas o de obter uma **visão genérica**.*

O mais comum – até mesmo por influência do momento psicológico – é que essa primeira leitura não seja suficiente para a adequada percepção a respeito daquilo que, de fato, o examinador do concurso deseja.

*Por isso, uma **segunda** leitura, agora mais pausada – e ainda sem anotações –, é frequentemente necessária.*

CAPÍTULO V

IDENTIFICAÇÃO E COLETA DOS DADOS ÚTEIS

◆ **SUMÁRIO**

1. Consideração introdutória – **2.** Apreensão das informações – **3.** Dados indispensáveis para a elaboração de qualquer decisão judicial: **3.1** Dados concernentes aos elementos da demanda; **3.1.1** Singularidade dos elementos da demanda; **3.1.2** Multiplicidade de elementos da demanda; **3.2** Dados concernentes aos fundamentos da defesa; **3.2.1** Divisão prática dos fundamentos da defesa; **3.2.2** Relação entre fundamentos formais e fundamentos relativos ao mérito da causa; **3.3** Roteiro prático para verificação dos dados colhidos, concernentes aos elementos da demanda e aos fundamentos da defesa; **3.3.1** Petição inicial sem multiplicidade de elementos da demanda; **3.3.2** Petição inicial com multiplicidade de elementos da demanda; **3.3.3** Fundamentos da defesa nos casos em que não houver multiplicidade de elementos da demanda; **3.3.4** Fundamentos da defesa nos casos em que houver multiplicidade de elementos da demanda – **4.** Dados relativos a matérias que devem ser conhecidas de ofício: **4.1** Matérias de natureza formal; **4.2** Matérias relativas ao mérito – **5.** Dados referentes ao fator tempo – **6.** Dados alusivos a questões que já deveriam ter sido resolvidas: **6.1** Questões com aptidão para impedir o imediato proferimento da sentença; **6.2** Questões sem aptidão para impedir o imediato proferimento da sentença – **7.** Dados atinentes a outras ocorrências importantes.

> COMO FAZER PARA IDENTIFICAR AS INFORMAÇÕES QUE SÃO IMPORTANTES PARA O PROFERIMENTO DA SENTENÇA?

1. CONSIDERAÇÃO INTRODUTÓRIA

Com a *leitura* prévia e cuidadosa de *todo* o conteúdo dos autos, as informações úteis são *identificadas* e *coletadas* e, no passo seguinte, *organizadas*.

A *organização*, de sua vez, permite que se verifique se as questões identificadas já estão suficientemente maduras para resolução. Esse exame, que é o tema do Capítulo VII, tem por objeto a regularidade do procedimento que antecedeu o momento da prática do ato decisório, com o propósito de evitar que eventual defeito procedimental contamine a decisão.

Constatando-se que, sob o aspecto procedimental, foram levados a cabo todos os atos preparatórios indispensáveis à prática do ato decisório, é montada a *sequência de resolução das questões*.

Esses, por óbvio, são exercícios intelectuais levados a cabo *antes* do início da *redação* do ato decisório.

Portanto, a exposição feita no texto da *sentença* tem por objeto exames que *já* foram mentalmente realizados e soluções a que mentalmente *já* se chegou.

O texto da sentença expressará, assim, o raciocínio que *foi* desenvolvido, e, por isso, trata-se de texto que deverá atender ao *encadeamento lógico* que marcou tal raciocínio. Esse encadeamento é baseado, esencialmente, na constatação de que há questões que mantêm, entre si, *relação de subordinação*, de um modo tal que a resolução de algumas das questões se antepõe logicamente à resolução de outras.

As orientações básicas a respeito de como se deve dar a leitura que *antecede* a *redação* da sentença estão no capítulo anterior a este.

Neste capítulo, as nossas atenções estão concentradas na atividade mental consistente na *identificação* e na *coleta* dos dados que serão utilizados na construção do texto da decisão judicial.

Os capítulos seguintes a este, de sua vez, versam sobre a organização dos dados úteis colhidos, a verificação quanto a se cada questão já está suficientemente madura para resolução e a estruturação da adequada sequência de resolução das questões.

2. APREENSÃO DAS INFORMAÇÕES

Nas situações mais *simples*, tendo em vista o pequeno número de dados úteis, é perfeitamente possível que sejam eles assimilados e organizados apenas *mentalmente*, sem a necessidade de anotações em separado.

Há processos, entretanto, cuja complexidade exige que o juiz faça *anotações* no curso da leitura. Em tais casos, ao se valer de anotações, o julgador adota uma forma de trabalho mais segura para a prática do ato e reduz, significativamente, a possibilidade de a decisão judicial padecer de vícios decorrentes da falta de *congruência*[1].

Por fim, se o julgador está dando os primeiros passos na prática de elaboração de decisões judiciais – em especial, de *sentenças* –, é de todo recomendável que ele *não* se atenha a tentar apreender *apenas* mentalmente as informações identificadas por meio da leitura prévia.

---

[1] A *congruência*, tanto *objetiva* quanto *subjetiva*, é objeto de exame no Capítulo II, no qual tratamos dos aspectos redacionais gerais.

Capítulo V ◆ Identificação e coleta dos dados úteis

Os dados reputados úteis devem, sim, nesse caso, ser *anotados* e, posteriormente, *organizados*, procedendo-se ao exame da regularidade do procedimento, de modo a se concluir quanto a se as questões estão suficientemente maduras para resolução.

Dispondo desse alicerce seguro, o julgador poderá, então, definir, *antes* do início da redação da *sentença*, a sequência por ele empregada no raciocínio, o que permitirá que ele exponha, no *texto* do ato decisório, a resolução mentalmente dada às questões, de acordo com o tipo de relação que as diversas questões mantiverem entre si.

NO CONCURSO PÚBLICO

*Num concurso público em que a missão do candidato seja elaborar uma **sentença**, após adquirido, por meio das **duas primeiras leituras**, o conhecimento a respeito do conteúdo do enunciado do quesito, é aconselhável que o candidato faça **nova** leitura, dessa vez **anotando** os dados que reputar importantes.*

*As anotações devem ser feitas com **atenção**, de modo tão **completo** quanto possível, mas não há necessidade de preocupações, nesse momento, com uma forma ou uma sequência específica para tais anotações, já que o passo seguinte será a organização do que foi anotado.*

*Ao lado disso, as anotações não devem ser longas. Cada uma delas deve se resumir, sempre que possível, a **palavras-chave** ou, se muito, a **frases curtas**, de modo a que seja preservada a **distribuição do tempo** (i) para a organização dos dados colhidos, (ii) para a determinação da sequência lógica que será empregada na redação do ato decisório e (iii) para a **atividade principal**, consistente na própria **redação do ato decisório**.*

Anota-se na medida em que as informações vão surgindo no enunciado.

*Havendo **dúvida** quanto à importância de uma informação, **deve ela ser anotada** e somente será descartada se, depois, quando todas as anotações estiverem organizadas e a **ordem lógica de resolução das questões** estiver definida, concluir-se pela sua inutilidade.*

3. DADOS INDISPENSÁVEIS PARA A ELABORAÇÃO DE QUALQUER DECISÃO JUDICIAL

> **?** HÁ INFORMAÇÕES PARA AS QUAIS SEMPRE DEVO ESTAR ATENTO, INDEPENDENTEMENTE DO TIPO DE PROCESSO?

Por óbvio, a *coleta* das informações úteis para a elaboração do texto da decisão judicial por meio da qual é prestada a tutela definitiva sofre, sempre, influências decorrentes das peculiaridades do *caso concreto*.

Há, porém, em *todos* os casos, independentemente do grau de complexidade, dados que deverão ser, *necessariamente*, identificados e coletados.

3.1 Dados concernentes aos elementos da demanda

Não se pode perder de vista que, qualquer que seja o quadro litigioso – simples ou complexo, não importa –, o órgão julgador estará inevitavelmente diante de situações que envolvem (*i*) quem formulou o pedido (*parte autora*), (*ii*) contra quem o pedido foi formulado (*parte ré*), (*iii*) qual é o conjunto fático-jurídico que embasa o pedido (*causas de pedir remota e próxima*) e (*iv*) qual é a pretensão deduzida (*pedido*).

Pode até haver multiplicidade de sujeitos formulando o pedido. Pode ser que o pedido tenha sido formulado contra diversos sujeitos. Pode ocorrer abundância de fundamentos fático-jurídicos embasando o pedido. Podem existir vários pedidos. Pode ser também que tudo isso se dê simultaneamente. Mas é impossível que o conflito posto sob apreciação escape desse modelo.

Tais informações correspondem exatamente aos chamados *elementos da demanda*: *partes, causas de pedir* (*remota* e *próxima*) e *pedido*.

Surge, assim, uma conclusão tranquilizadora quanto à identificação dos dados úteis: num quadro de litígio, as informações relativas aos *elementos da demanda* estarão *sempre* entre as *imprescindíveis* para a elaboração da decisão judicial por meio da qual é prestada a tutela definitiva.

Por isso, são informações que deverão ser identificadas e coletadas em *qualquer* processo e, havendo multiplicidade de tais elementos, a necessidade de identificar e de coletar todos eles cresce na mesma proporção.

3.1.1 *Singularidade dos elementos da demanda*

A dedicação à coleta dos dados pertinentes aos *elementos da demanda* exigirá menos esforço se se tratar de um caso em que houver *singularidade* de tais elementos: um *autor*, um *réu*, uma *causa pedir remota*, uma *causa de pedir próxima* e um *pedido*.

Em geral, o julgamento de casos assim é mais simples do que o julgamento de casos em que há multiplicidade de algum dos elementos, já que, sem multiplicidade, ficam reduzidas as possibilidades de combinações entre os três elementos.

3.1.1.1 *Peculiaridade relativa à causa de pedir*

No que toca especificamente à *causa de pedir*, há um aspecto importante a ser destacado e que muito repercute na elaboração de uma decisão judicial por meio da qual é prestada a tutela definitiva: ela possui *dois núcleos*.

O primeiro núcleo, equivalente à chamada *causa de pedir remota*, é o fático. Ele corresponde ao conjunto de fatos invocados para sustentar o pedido.

O segundo é o núcleo jurídico, atinente às normas ou aos conjuntos normativos que a parte autora afirma incidir sobre o conjunto de fatos. É a chamada *causa de pedir próxima*.

A importância *prática* da percepção da existência desses dois núcleos é facilmente identificável. Basta lembrar que, no que toca às controvérsias cujo centro for a *causa de pedir*, as *questões de fato* versarão sobre a *causa de pedir remota*, ao passo que as *questões de direito* serão referentes à *causa de pedir próxima*.

3.1.1.2 Possibilidade de decomposição do pedido

A circunstância de não haver multiplicidade de elementos da demanda – haver apenas um *autor*, um *réu*, uma *causa de pedir remota*, uma *causa de pedir próxima* e um *pedido* – não impede que o *único* pedido formulado seja *decomponível* e que, com isso, a parte ré apresente algum fundamento para impugnar apenas uma parcela dele.

Imagine-se, por exemplo, que um sujeito proponha, contra um Município, uma demanda cujo *único* pedido seja o de imposição ao réu da obrigação de pagar a exata quantia de R$ 123.456,78, a título de restituição de valores que teriam sido indevidamente recolhidos, ao longo dos últimos vinte anos, como pagamento do Imposto sobre a Propriedade Predial e Territorial Urbana (IPTU).

O réu poderá, nesse caso, alegar, por exemplo, que estão prescritas todas as pretensões do autor relativas aos valores recolhidos *mais* de cinco anos antes da data da propositura da demanda.

Perceba-se que, por meio desse fundamento, a parte ré impugnará apenas uma parcela do *único* pedido formulado, já que esse específico argumento não atinge as pretensões relativas aos valores recolhidos *menos* de cinco anos antes da data da propositura da demanda.

Essa noção a respeito da *possibilidade* de que, em alguns casos, um pedido possa sofrer decomposição é muito importante para a identificação dos quadros capazes de ensejar o julgamento parcial do processo. O texto do *caput* do art. 356[2] do CPC é um exemplo do reflexo, no âmbito legislativo, dessa possibilidade.

---

[2] Rigorosamente, a inserção, no CPC, do enunciado do art. 356, cujo *caput* deve ser interpretado de modo a se concluir que o juiz "decidirá parcialmente o mérito quando um ou mais dos pedidos formulados ou parcela deles" já "estiver em condições de imediato julgamento", não trouxe uma inovação *normativa* ao sistema jurídico processual civil, mas mera inovação *legislativa*. Para se chegar a tal conclusão, basta imaginar que a situação trazida no exemplo dado tenha ocorrido *antes* da entrada em vigor do CPC (à época do CPC/1973, pois). Perceba-se que, num caso desse, era, à época do CPC revogado, e é, sob a égide do atual CPC, plenamente possível, por exemplo,

3.1.2 Multiplicidade de elementos da demanda

> **QUANDO HOUVER MAIS DE UM AUTOR, MAIS DE UM RÉU, MAIS DE UMA CAUSA DE PEDIR OU MAIS DE UM PEDIDO, HÁ CUIDADOS ESPECÍFICOS A ADOTAR?**

Se houver, no processo, *multiplicidade* de elementos da demanda, é imprescindível que a atenção do julgador seja intensificada.

Efetivamente, se houver mais de um *autor*, mais de um *réu*, mais de uma *causa de pedir remota*, mais de uma *causa de pedir próxima* ou mais de um *pedido* – ou pluralidade simultânea de mais de um desses elementos –, o caso exige cuidados especiais, já que, nesse quadro, são amplas as possibilidades de surgimento das mais diversificadas situações, o que dilata o universo das informações a serem colhidas.

3.1.2.1 Cumulação subjetiva

Tratando-se de multiplicidade do elemento *partes*, o quadro será de *cumulação subjetiva*.

A admissibilidade, ou mesmo a necessidade, de que esse tipo de cumulação ocorra está atrelada à disciplina do litisconsórcio (CPC, arts. 113 a 118) e das diversas formas de intervenção de terceiros.

Quanto às intervenções de terceiros, é importante que se registre que as possibilidades de haver intervenção de um terceiro no processo vão para além do elenco constante nos arts. 119 a 138 do CPC, já que abrangem, também, apenas a título de exemplo, as situações disciplinadas nos enunciados dos arts. 338 e 339; 343, §§ 3º e 4º; 383, § 1º; 401 a 404; 675, parágrafo único; 792, § 4º; 799, I a VII, X e XI; 804, *caput*, §§ 1º a 6º; 842; 843, §§ 1º e 2º; e 889, I a VIII, todos também do CPC.

---

que o juiz, ao tempo em que concluir que, de fato, ocorreu a prescrição alegada, também entenda que há necessidade de realização de prova pericial contábil, para verificação a respeito do valor passível de restituição. Nesse caso, não haverá sentido em fazer com que a prova pericial recaia sobre o período atinente às pretensões prescritas, já que se trataria de ato inútil e, pois, violador do princípio da *eficiência*. O magistrado, então, na mesma decisão interlocutória em que ordenar a realização da perícia relativamente a uma parcela do pedido (a parcela não atingida pela prescrição), reconhecerá a ocorrência da prescrição no que toca à outra parcela. Por óbvio, ao reconhecer a ocorrência da prescrição, o julgador estará resolvendo uma parcela do mérito da causa (CPC/1973, art. 269, IV, e CPC, art. 487, II). Bem se vê, pois, que, independentemente da existência do enunciado do art. 356, já havia situações em que o juiz resolvia parcialmente o mérito, por meio de decisão interlocutória. É bom registrar que tal decisão interlocutória, no capítulo atinente ao reconhecimento da ocorrência da prescrição, tinha, à época do CPC revogado, e tem, sob a égide do atual CPC, total aptidão para ser acobertada pelos efeitos da coisa julgada material.

3.1.2.2 Cumulação objetiva

A multiplicidade dos elementos *pedido* e/ou *causas de pedir remota* e *próxima* conduz à chamada *cumulação objetiva*.

Esse tipo de cumulação será admissível desde que atendidas as exigências a que se referem os arts. 325 a 327 do CPC. Malgrado não seja comum, há situações em que o sistema jurídico *impõe* que a parte autora cumule pedidos, a exemplo da situação descrita no art. 968, I, do CPC.

Nesse ponto, é importante lembrar que é plenamente possível que um só *pedido* seja formulado com base em mais de uma *causa de pedir*. O inverso, porém, não é verdadeiro: não é possível que uma só *causa de pedir* embase mais de um *pedido*. É que cada pedido terá, sempre, a sua específica *causa de pedir próxima*.

Efetivamente, pode-se, por exemplo, pedir a rescisão de um contrato (*pedido* único), com base no fato de ter havido inadimplemento de determinada obrigação (*causa de pedir remota* única), tendo em vista a existência de cláusula contratual prevendo que, na hipótese de ocorrer aquele específico inadimplemento, o efeito jurídico será a rescisão contratual (*causa de pedir próxima* única). Também é possível formular o mesmo pedido (*pedido* único) com base no inadimplemento de diversas obrigações, cada uma suficiente, por si só, para conduzir à rescisão (multiplicidade de *causas de pedir*).

De outro lado, todavia, se forem formulados os pleitos (*i*) de rescisão do contrato e (*ii*) de pagamento de multa (multiplicidade de *pedidos*), ainda que ambos os pleitos derivem da mesma base fática, que corresponde à mesma *causa de pedir remota* (a celebração do contrato, seguida do inadimplemento de certa obrigação), as *causas de pedir próximas* sempre serão distintas, por mínima que seja a diferença: o pleito de rescisão estará baseado na norma segundo a qual o inadimplemento gera como efeito a rescisão e o pleito de cobrança de multa estará baseado na norma segundo a qual o inadimplemento gera como efeito a obrigação de pagar uma multa, mesmo que tais normas sejam extraíveis do texto de uma só cláusula contratual.

3.1.2.3 *Cumulações decorrentes da propositura de demanda incidental*

A cumulação de elementos da demanda pode ser consequência da propositura de demandas incidentais.

A *reconvenção*, a *denunciação da lide pelo réu* e o *incidente de desconsideração da personalidade jurídica* (se a instauração do incidente não houver sido requerida já na petição inicial – CPC, art. 134, § 2º) são exemplos claros de demandas propostas incidentalmente, gerando, como consequência, um quadro simultâneo de cumulação subjetiva e de cumulação objetiva.

3.2 Dados concernentes aos fundamentos da defesa

Estando a parte ré *atuante* no processo, é imperioso que o julgador, ao lado de colher as informações relativas à iniciativa da parte autora, também colete os dados que a parte ré tenha trazido em sua defesa.

E aí vale lembrar que há possibilidade de a *tutela definitiva* ser prestada *sem* que a parte ré tenha tido ainda oportunidade de apresentar defesa, como se dá nos casos de indeferimento, no todo ou em parte, da petição inicial (CPC, art. 330), bem como nas situações de improcedência liminar, total ou parcial, do pedido (CPC, art. 332).

> **?** É POSSÍVEL QUE O RÉU REVEL SEJA CONSIDERADO ATUANTE NUM PROCESSO?

Ao lado disso, é importante que se registre que *atuante* não é apenas a parte ré que tenha apresentado contestação. Também deve ser considerada *atuante* a parte ré que, apesar de haver incorrido em revelia, possua curador especial nomeado (CPC, art. 72, II) ou tenha intervindo no processo posteriormente, recebendo-o no estado em que se encontrava (CPC, art. 346, parágrafo único).

É sempre adequado lembrar que o réu, mesmo revel, ainda dispõe de um arsenal significativamente amplo para resistir à pretensão da parte autora, podendo, por exemplo, alegar, em sua defesa, qualquer das matérias a que se refere o art. 342 do CPC e, até, produzir provas que se contraponham às alegações fáticas feitas pela parte autora (CPC, art. 349).

3.2.1 Divisão prática dos fundamentos da defesa

Tratando-se de processo em que a parte ré esteja *atuante*, não é raro que, ao se defender, independentemente de fazê-lo por meio da apresentação da peça de contestação, apresente ela uma defesa fértil em fundamentos.

Mesmo nesse caso há um elemento tranquilizador, no que se refere à identificação e à coleta dos dados úteis: quaisquer que sejam os argumentos apresentados na defesa, eles estarão inevitavelmente destinados a habitar (*a*) o campo dos fundamentos *formais* ou (*b*) o campo dos fundamentos referentes ao *mérito da causa*.

Essa percepção a respeito das informações a serem extraídas da defesa facilita, em muito, a coleta, a organização e o uso adequado dos dados colhidos.

Demais disso, produz fortes reflexos na montagem da *sequência lógica* de resolução das questões.

3.2.2 Relação entre fundamentos formais e fundamentos relativos ao mérito da causa

O cotejo entre os fundamentos *formais* e os referentes ao *mérito da causa* pode revelar a existência de relação entre eles.

Se tal relação existir, há três possibilidades dela decorrentes:

a) os fundamentos *formais* têm aptidão para *impedir*, em definitivo, que o exame do mérito da causa se realize, como é o caso da arguição de ausência de interesse de agir;

b) os fundamentos *formais* não têm aptidão para impedir definitivamente o exame do mérito da causa, mas podem *impedir* que tal exame se dê em determinado momento, produzindo, com isso, uma *dilatação* do processo, a exemplo da arguição de suspeição ou de impedimento do juiz ou da arguição de nulidade da citação; e

c) os fundamentos *formais* não possuem aptidão nem para impedir, em definitivo, o exame do mérito, nem para dilatar o momento em que tal exame se dará. Esses são os fundamentos formais *stricto sensu*, de que é exemplo a arguição de que a petição inicial estaria assinada por vários advogados, mas, dentre eles, há um ao qual o autor não teria outorgado mandato.

PARA NÃO ESQUECER

*A adequada **identificação** e a **coleta** dos dados úteis estão a serviço do cumprimento da norma segundo a qual não se considera fundamentada qualquer decisão judicial na qual não tenha havido o enfrentamento, pelo magistrado, de todos os argumentos deduzidos no processo que, em tese, sejam capazes de infirmar a conclusão a que ele chegou (CPC, art. 489, § 1º, I).*

*Nessa linha, se o juiz conclui pelo acolhimento do pedido – o que implica o reconhecimento de que há causas de pedir remota e próxima aptas a justificar o acolhimento –, deve enfrentar **todos** os fundamentos trazidos pelo réu (fundamentos da defesa) que, em tese, seriam suficientes para conduzir a conclusão diversa.*

*De outro lado, se o magistrado conclui de modo a contrariar o autor, deve enfrentar **todos** os fundamentos por ele apresentados (causas de pedir remota e próxima) que, em tese, seriam suficientes para levar ao acolhimento do pedido.*

NO CONCURSO PÚBLICO

*Num concurso público em que se exija do candidato a elaboração de uma **sentença**, por exemplo, é **frequente** que o enunciado do quesito se caracterize pela existência de um conjunto de informações indicativo de **multiplicidade** de elementos da demanda.*

MANUAL DA SENTENÇA CÍVEL

> É nesse contexto que, comumente, os enunciados fazem referência a situações envolvendo **pluralidade** de sujeitos, **cumulação** de pedidos e **cumulação** de causas de pedir.
>
> Também é constante que sejam descritos quadros em que a parte ré apresenta **múltiplos** motivos para resistir às pretensões deduzidas pela parte autora.
>
> Por isso, tratando-se de concurso público, a nossa sugestão de que sejam realizadas **anotações** e de que as anotações sejam feitas com a necessária **atenção** cresce significativamente de importância.

3.3 Roteiro prático para verificação dos dados colhidos, concernentes aos elementos da demanda e aos fundamentos da defesa

> **?** COLETADAS AS INFORMAÇÕES RELATIVAS AOS ELEMENTOS DA DEMANDA E AOS FUNDAMENTOS DA DEFESA, EXISTE UM MODO PRÁTICO PARA VERIFICAR SE, DE FATO, COLHI TODOS OS DADOS ESSENCIAIS?

Há uma técnica que recomendamos para facilitar, *na prática*, a verificação quanto a se foram adequadamente *identificados* os dados úteis atinentes aos elementos da demanda e aos argumentos constantes na defesa.

É bastante que o julgador, sempre com os olhos postos no *caso concreto*, faça algumas *indagações* para si mesmo.

O conteúdo de tais *indagações*, conforme demonstraremos nos itens seguintes, varia de acordo com a existência ou não de multiplicidade dos elementos da demanda, bem como em conformidade com o conteúdo da defesa apresentada.

Na medida em que for mais ampla a pluralidade de elementos da demanda e houver multiplicidade de fundamentos da defesa, o número de indagações, por óbvio, cresce.

Mas *não* há motivo para preocupações.

É que, também à medida que o julgador vai entrando em contato com um volume maior de processos, tais indagações passam a ser por ele feitas *intuitivamente*.

O nosso propósito, portanto, ao expor a *técnica* que se encontra nos itens seguintes, *não é* criar um quadro de engessamento do modo de verificar se os elementos da demanda e os fundamentos da defesa foram adequadamente colhidos.

Bem *ao contrário disso*, o nosso objetivo é fazer com que o leitor desperte para a necessidade de sistematizar, ele próprio, o modo de *coletar* as informações e de *verificar* se a coleta se deu adequadamente, evitando, com isso, que deixem de ser colhidos dados imprescindíveis para a elaboração da decisão judicial.

> **NO CONCURSO PÚBLICO**
>
> *Já registramos, anteriormente, que aquele que está postulando ocupar um cargo de juiz deve **treinar**, previamente – e **muito**! –, a elaboração de decisões judiciais.*
>
> *Dissemos, também, que as dificuldades vivenciadas por ocasião da elaboração das três ou quatro primeiras decisões judiciais – em especial, sentenças – serão significativamente **reduzidas** depois que dez a doze decisões forem minutadas.*
>
> *É isso – exatamente isso! – que ocorrerá com a verificação quanto a se foram adequadamente identificados os dados úteis atinentes aos elementos da demanda e aos argumentos constantes na defesa.*
>
> *Por isso, não há motivos para se preocupar com o volume de indagações que será a seguir exposto.*
>
> *Por meio de tal exposição sistemática, o nosso propósito é **estimular** o leitor a despertar para a necessidade de que ele próprio sistematize o seu modo de decidir, desenvolvendo uma técnica própria para coletar as informações e verificar se a coleta se deu adequadamente.*
>
> *Nesse contexto, há uma certeza: o **treinamento** conduzirá a que o candidato desenvolva, **naturalmente**, a percepção a respeito do assunto e fará com que as indagações a seguir sistematizadas brotem **espontaneamente**, de forma a que não sejam esquecidos dados indispensáveis para a elaboração do texto da decisão judicial.*
>
> *Por isso, não deixaremos de lembrar: para a produção de uma boa decisão judicial, é indispensável **decidir**. No caso especial da sentença, **sentenciar**.*

3.3.1 Petição inicial sem multiplicidade de elementos da demanda

Como registramos, os casos que *não* trazem multiplicidade de elementos da demanda (*partes, causa de pedir remota, causa de pedir próxima* e *pedido*) são, em geral, mais simples.

Nesses casos, para verificação, *na prática*, quanto a se houve adequada identificação dos dados úteis existentes na petição inicial, no que toca a tais elementos, é bastante que o julgador faça, para si mesmo, as seguintes indagações:

1) quem propôs a demanda (*parte autora*)?
2) contra quem a demanda foi proposta (*parte ré*)?
3) qual o conjunto de argumentos fáticos que embasa o pedido (*causa de pedir remota*)?
4) quais as normas ou os conjuntos normativos que a parte autora entende incidir sobre o conjunto de argumentos fáticos que embasa o pedido (*causa de pedir próxima*)?
5) qual o pedido formulado (*pedido*)?

3.3.2 Petição inicial com multiplicidade de elementos da demanda

Havendo cumulação de elementos da demanda, multiplicam-se as chances de aparecimento dos mais variados quadros, o que alarga, sobremaneira, o volume das informações que deverão ser coletadas.

Nos itens seguintes, constam diversas possibilidades de combinação de cumulações de elementos da demanda, com a indicação das indagações que o julgador poderá fazer para si mesmo, com o intuito de verificar se, de fato, foram colhidos os dados mínimos necessários.

3.3.2.1 Multiplicidade de autores e de réus

Num processo em que exista mais de um *autor* e mais de um *réu*, são variadas as possibilidades relativas à ocorrência ou não de multiplicidade também de *pedidos* e de *causas de pedir*. Tudo dependerá da natureza da(s) relação(ões) jurídica(s) travada(s) entre os diversos sujeitos.

Nessa linha, é possível, até, que, apesar de haver mais de um *autor* (litisconsórcio ativo) e mais de um *réu* (litisconsórcio passivo), somente exista uma *causa de pedir remota*, uma *causa de pedir próxima* e um *pedido*. Esse cenário poderá se desenhar se os litisconsórcios ativo e passivo forem unitários[3].

O mais comum, porém, é que a existência de multiplicidade de *autores* e de *réus* decorra da propositura de demandas cumuladas. Nesse caso, a verificação, *na prática*, quanto a se foram colhidas as informações úteis pode se dar mediante a formulação das seguintes perguntas:

1) quem propôs as demandas cumuladas?

2) contra quem as demandas cumuladas foram propostas?

3) todos os autores propuseram demandas contra todos os réus?

4) há autores que propuseram demanda apenas contra certos réus?

3.3.2.2 Multiplicidade de autores e de pedidos

Pode ser que, no processo, exista multiplicidade de *autores* e de *pedidos*, independentemente da existência ou não de multiplicidade de *réus*.

Havendo múltiplos *pedidos*, já demonstramos que, forçosamente, haverá pluralidade de *causas de pedir*, uma vez que, malgrado possa haver unidade quanto à *causa de pedir remota* (o conjunto fático que embasa os pedidos for-

---

[3] Imagine-se um caso em que três irmãos se consideram coproprietários de um bem imóvel indivisível (um apartamento, por exemplo), que teria sido por eles adquirido por sucessão hereditária, em razão do falecimento do sujeito "A", e disputem a propriedade do bem com dois outros sujeitos, igualmente irmãos entre si, e que também se consideram coproprietários, por sucessão hereditária, em razão do óbito do sujeito "B".

mulados pode ser o mesmo), sempre haverá uma *causa de pedir próxima* para cada pedido, já que cada pleito será, necessariamente, alicerçado numa norma ou num conjunto normativo pertinente exclusivamente a ele.

Havendo cumulação de *autores* e de *pedidos*, a averiguação do julgador quanto a se, de fato, colheu ele os dados merecedores de destaque pode ser feita mediante a formulação, para si próprio, dos seguintes questionamentos:

1) quem propôs as demandas cumuladas?
2) quais os pedidos formulados?
3) os pedidos foram formulados por todos os demandantes?
4) há pedidos formulados apenas por certos demandantes?

3.3.2.3 Multiplicidade de autores e de causas de pedir

Se a situação for de multiplicidade de *autores* e de *causas de pedir*, pode haver ou não multiplicidade de *réus* e de *pedidos*.

Como já anotamos, é plenamente possível que um só *pedido* seja formulado com base em mais de uma *causa de pedir*.

Também pontuamos a existência de dois núcleos na *causa de pedir*: o fático (*causa de pedir remota*), correspondente ao conjunto de fatos invocados, e o jurídico (*causa de pedir próxima*), atinente às normas ou aos conjuntos normativos que a parte autora afirma incidir sobre o conjunto de fatos.

Tomadas essas bases, se o julgador quiser testar se as informações coletadas abrangem as peculiaridades decorrentes dessa específica cumulação, é bastante que ele faça para si próprio as inquirições a seguir:

1) quem propôs as demandas cumuladas?
2) quais os conjuntos fáticos invocados pelos demandantes?
3) os conjuntos fáticos invocados são pertinentes a todos os demandantes?
4) há conjuntos fáticos invocados que somente são pertinentes a certos demandantes?
5) quais as normas ou os conjuntos normativos invocados pelos demandantes?
6) as normas ou os conjuntos normativos invocados são pertinentes a todos os demandantes?
7) há normas ou conjuntos normativos invocados que somente são pertinentes a certos demandantes?

3.3.2.4 Multiplicidade de réus e de pedidos

Existindo ou não mais de um *autor*, é possível que múltiplos *pedidos* tenham sido formulados contra mais de um *réu*.

Tal como registramos anteriormente, havendo mais de um *pedido* formulado, pode ser que a *causa de pedir remota* seja a mesma, mas sempre haverá cumulação no que toca às *causas de pedir próximas*.

Se o quadro processual se apresentar de um modo tal que seja identificada multiplicidade de *réus* e de *pedidos*, uma forma de ser feita a averiguação quanto a se os dados merecedores de atenção foram, de fato, colhidos é lançar, para si próprio, as seguintes perquirições:

1) contra quem as demandas cumuladas foram propostas?
2) quais os pedidos formulados?
3) todos os pedidos foram formulados indistintamente contra todos os demandados?
4) há pedidos formulados apenas contra certos demandados?

3.3.2.5 Multiplicidade de réus e de causas de pedir

Se o quadro sob exame revelar multiplicidade de *réus* e de *causas de pedir*, pode ocorrer ou não multiplicidade de *autores* e de *pedidos*.

Assim, sem perder de vista que a *causa de pedir* é composta pelos núcleos fático (*causa de pedir remota*) e jurídico (*causa de pedir próxima*), a perquirição quanto a se houve a adequada coleta dos dados importantes, relativamente a essa específica cumulação, abrange a formulação, para si mesmo, das indagações a seguir elencadas:

1) contra quem as demandas cumuladas foram propostas?
2) quais os conjuntos fáticos invocados contra os demandados?
3) os conjuntos fáticos invocados são pertinentes a todos os demandados?
4) há conjuntos fáticos invocados que somente são pertinentes a certos demandados?
5) quais as normas ou os conjuntos normativos invocados contra os demandados?
6) as normas ou os conjuntos normativos invocados são pertinentes a todos os demandados?
7) há normas ou conjuntos normativos invocados que somente são pertinentes a certos demandados?

3.3.2.6 Multiplicidade de pedidos e de causas de pedir

A multiplicidade de *pedidos* e de *causas de pedir* pode acontecer independentemente de haver multiplicidade de *autores* e de *réus*, já que um só *autor* pode formular, contra um único *réu*, diversos *pedidos*, baseados em distintas *causas de pedir*.

Como ficou demonstrado, a existência de multiplicidade de *pedidos* já conduz, por si só, à multiplicidade, pelo menos, de *causas de pedir próximas*. Mas há, por óbvio, situações em que *pedidos* distintos são embasados em *causas de pedir remota* e *próxima* também completamente distintas.

Observadas essas particularidades, se o julgador se deparar com um caso em que se constata que há cumulação de *pedidos* e de *causas de pedir*, uma maneira *prática* de verificar se foram por ele colhidas as informações adequadas consiste em fazer, para si mesmo, as seguintes perguntas:

1) quais os pedidos formulados?
2) quais os conjuntos fáticos invocados para embasar os pedidos?
3) os conjuntos fáticos invocados são pertinentes a todos os pedidos?
4) há conjuntos fáticos invocados que embasam mais de um pedido?
5) há conjuntos fáticos invocados que somente são pertinentes a certos pedidos?
6) quais as normas ou os conjuntos normativos invocados pertinentes a cada pedido?

3.3.3 *Fundamentos da defesa nos casos em que não houver multiplicidade de elementos da demanda*

Já demonstramos que a circunstância de não haver pluralidade de elementos da demanda – há apenas um *autor*, um *réu*, uma *causa de pedir remota*, uma *causa de pedir próxima* e um *pedido* – não exclui a possibilidade de o único pedido formulado ser decomponível, o que abre espaço para que a parte ré impugne apenas uma parcela dele.

Posta essa base, o julgador poderá verificar se, efetivamente, foram por ele colhidas as informações úteis, lançando, para si próprio, os seguintes questionamentos:

1) foi apresentado fundamento formal com aptidão para impedir, em definitivo, o exame do pedido?
2) foi apresentado fundamento formal com aptidão para impedir, em definitivo, o exame de apenas uma parcela do pedido?
3) foi apresentado fundamento formal sem aptidão para impedir definitivamente o exame do pedido, mas com aptidão para dilatar o momento em que tal exame se dará?
4) foi apresentado fundamento formal sem aptidão para impedir definitivamente o exame do pedido, mas com aptidão para dilatar o momento do exame de uma parcela do pedido?
5) foi apresentado fundamento formal *stricto sensu*, sem aptidão nem para impedir definitivamente o exame do pedido, nem para dilatar o momento em que tal exame se dará?

6) foi apresentado fundamento referente ao mérito?

7) foi apresentado fundamento referente ao mérito que atinge apenas uma parcela do pedido?

3.3.4 Fundamentos da defesa nos casos em que houver multiplicidade de elementos da demanda

Como já registramos, a pluralidade de elementos da demanda, combinada com as variadas possibilidades de que, na defesa, constem fundamentos *formais* e fundamentos relativos ao *mérito*, torna significativamente mais largo o conjunto de dados úteis a ser coletado.

Por óbvio, tal amplitude também conduz a uma amplificação do volume de indagações que o julgador fará para si próprio, caso queira testar se, de fato, colheu ele, quanto à defesa apresentada, as informações mais importantes. Nessa hipótese, deve ele lançar para si mesmo as seguintes inquirições:

1) todos os demandados apresentaram defesa?

2) foi apresentado fundamento formal com aptidão para impedir, em definitivo, qualquer dos exames a seguir?

    2.1) exame de todos os pedidos formulados por todos os demandantes;

    2.2) exame de determinado pedido;

    2.3) exame de pedido formulado por determinado demandante; e

    2.4) exame de parcela de certo pedido;

3) foi apresentado fundamento formal com aptidão para impedir definitivamente o exame do mérito, que beneficie todos os demandados?

4) foi apresentado fundamento formal com aptidão para impedir definitivamente o exame do mérito, que beneficie apenas certos demandados?

5) foi apresentado fundamento formal sem aptidão para impedir definitivamente o exame dos pedidos, mas com aptidão para dilatar o momento em que ocorrerão os exames elencados a seguir?

    5.1) exame de todos os pedidos formulados por todos os demandantes;

    5.2) exame de determinado pedido;

    5.3) exame de pedido formulado por determinado demandante; e

    5.4) exame de parcela de certo pedido;

6) foi apresentado fundamento formal sem aptidão para impedir definitivamente o exame dos pedidos, mas com aptidão para dilatar o momento em que tal exame se dará, que beneficie todos os demandados?

7) foi apresentado fundamento formal sem aptidão para impedir definitivamente o exame dos pedidos, mas com aptidão para dilatar o momento em que tal exame se dará, que beneficie apenas certos demandados?

8) foi apresentado fundamento formal *stricto sensu*, sem aptidão nem para impedir definitivamente o exame dos pedidos, nem para dilatar o momento em que tal exame se dará?

9) foi apresentado fundamento referente ao mérito, com aptidão para atingir, por um dos seguintes modos, os pedidos formulados?

   9.1) todos os pedidos formulados por todos os demandantes;

   9.2) apenas determinado pedido;

   9.3) apenas pedido formulado por determinado demandante; e

   9.4) apenas parcela de determinado pedido;

10) foi apresentado fundamento referente ao mérito que beneficie todos os demandados?

11) foi apresentado fundamento referente ao mérito que beneficie apenas certos demandados?

4. DADOS RELATIVOS A MATÉRIAS QUE DEVEM SER CONHECIDAS DE OFÍCIO

> A IDENTIFICAÇÃO E A COLETA ABRANGEM TAMBÉM AS MATÉRIAS A RESPEITO DAS QUAIS TENHO DE ME MANIFESTAR DE OFÍCIO?

Independentemente das *peculiaridades* que o caso sob exame apresente, fruto do *debate* travado entre os litigantes, o julgador precisa estar sempre atento, em cada processo, para a existência de matérias a respeito das quais deve ele tomar conhecimento de ofício.

São matérias específicas, que não foram *expressamente* suscitadas pelas partes, mas que *deverão* ser objeto de manifestação pelo Poder Judiciário, caso contrário o ato decisório padecerá do vício da *omissão*, que, como vimos, é uma das expressões da falta de *congruência* na decisão judicial[4].

---

[4] No que se refere às questões a respeito das quais o Poder Judiciário deve tomar conhecimento de ofício, jamais pode o julgador olvidar a aplicação, na sua plenitude, do princípio do *contraditório*, tanto na sua dimensão formal como na sua dimensão substancial. O CPC é repleto de dispositivos cujo texto se destina, apenas, à extração de normas voltadas para assegurar a concretização do princípio do *contraditório*. Assim, a regra geral é a de que não pode o juiz decidir contra a parte que não tenha tido oportunidade para atuar de modo a poder influir na formação da convicção do magistrado a respeito do assunto, mesmo que se trate de matéria a respeito da qual o juiz deva tomar conhecimento de ofício (*v. g.* dos arts. 9º, 10 e 487, parágrafo único). Nesse ponto, é, ainda, importante salientar que a circunstância de ser aberta oportunidade para manifestação não desnatura o fato de o órgão julgador poder tomar conhecimento de ofício, já que tomar conhecimento

É sobremaneira extenso o elenco de tais matérias. Verdadeiramente, não é possível criar uma lista que esgote *todas* as possibilidades.

Muitas dessas matérias são de natureza *formal*. Outras são relativas ao próprio *mérito da causa*.

Dentre as de natureza *formal*, há algumas mais importantes que outras, por possuírem aptidão para impedir definitivamente que o exame do mérito da causa se dê ou mesmo dilatar o momento em que tal exame deverá ocorrer.

4.1 Matérias de natureza formal

> **?** TRATANDO-SE DE MATÉRIA DE NATUREZA FORMAL, O JUIZ SEMPRE PODERÁ TOMAR CONHECIMENTO, DE OFÍCIO?

Quase todas as matérias de natureza formal exigem manifestação de ofício pelo juiz, independentemente do grau da sua importância para o julgamento da causa.

Entre tais matérias estão as atinentes aos chamados *pressupostos processuais*[5], que não escapam à *regra geral*: sobre elas deve o magistrado se manifestar de ofício.

---

de ofício implica trazer à tona assunto que as partes não chegaram a discutir, o que não significa que o assunto não deva ser posto sob o crivo do contraditório. Essa ubiquidade processual que caracteriza o princípio do *contraditório* não exclui a possibilidade de que, em alguns casos *específicos*, possa o juiz decidir questões versando sobre temas a respeito dos quais as partes *não* tenham ainda se manifestado. Situações assim são objeto de exame no Capítulo VII.

[5] De acordo com a classificação mas difundida, os *"pressupostos processuais"* se dividem em dois grandes grupos: o dos *"pressupostos de existência"* e o dos *"requisitos de validade"*. Cada um desses grupos, de sua vez, se subdivide, de modo que há *"pressupostos de existência" subjetivos* e *objetivos*, bem como *"requisitos de validade" subjetivos* e *objetivos*. Os ditos *"pressupostos processuais de existência" subjetivos* englobam o *referente às partes* (capacidade de ser parte do sujeito indicado como autor) e o *referente ao juiz* (existência de um órgão investido de jurisdição), ao passo que há apenas um *"pressuposto processual de existência" objetivo* (o ato de propositura da demanda). De sua vez, quanto aos *"requisitos de validade" subjetivos*, podem eles, à semelhança do que se dá com os ditos *"pressupostos processuais de existência" subjetivos*, também ser *referentes ao juiz* (competência e imparcialidade) ou *referentes às partes* (capacidade de ser parte do sujeito indicado como réu, capacidade processual de ambas as partes e legitimidade *ad causam* de ambas as partes). No que se refere aos *"requisitos de validade" objetivos*, identificam-se os *extrínsecos*, um dos quais é *positivo* (interesse de agir) e os demais *negativos* (inexistência de perempção, de litispendência, de coisa julgada e de convenção de arbitragem), e os *intrínsecos* (obediência às exigências formais que não se incluírem especificamente em qualquer das categorias mencionadas). Os rótulos empregados e as divisões feitas estão em harmonia com a proposta do brilhante Fredie Didier Jr. (*Curso de direito processual civil*. 20. ed. Salvador: JusPodivm, 2018, v. 1, p. 368), que, de sua vez, toma como base a classificação proposta por José Orlando de Carvalho (*Teoria dos pressupostos e dos requisitos processuais*. Rio de Janeiro: Lumen Juris, 2005). É importante perceber que entre os *"pressupostos processuais"* estão incluídos o interesse de agir e a

Capítulo V ♦ Identificação e coleta dos dados úteis

Mas há matérias de natureza formal, integrantes dos chamados pressupostos processuais, a respeito das quais *não* pode o órgão julgador se manifestar de ofício. A *incompetência relativa*[6] e a *existência de convenção de arbitragem* são exemplos bem evidentes (CPC, art. 337, § 5º).

Também não pode o órgão julgador tomar conhecimento, de ofício, de uma específica situação que envolve *capacidade processual*: a referente à falta de consentimento do cônjuge ou do(a) companheiro(a), nos casos de propositura de demanda que verse sobre direito real imobiliário, quando a parte autora for pessoa casada sob regime diverso do da separação convencional (*absoluta*) de bens ou for pessoa que viva em regime de união estável cuja existência esteja provada nos autos (CPC, art. 73, *caput* e § 3º). Nesse caso, a falta do consentimento somente pode ser alegada pela pessoa a quem cabia consentir ou por seus herdeiros (CC, art. 1.650).

No âmbito recursal, não sendo eletrônicos os autos, também é matéria formal da qual o Poder Judiciário *não* pode tomar conhecimento de ofício o descumprimento da exigência consistente no requerimento de juntada, aos autos do processo em que foi proferida a decisão agravada, no prazo de três dias a contar da data da interposição do recurso, de cópia da petição do agravo de

---

legitimidade *ad causam*, que, antes da entrada em vigor do CPC, integravam as chamadas "condições da ação", categoria cuja existência, à luz do modo como está atualmente organizado o campo da admissibilidade do exame do mérito, não mais se justifica. Anotamos, por fim, que o uso, por nós, nesta nota, de aspas ao aludirmos a *alguns* dos rótulos empregados decorre do fato de fazermos reservas à escolha de tais rótulos. A exposição a respeito dos motivos das nossas reservas não cabe neste livro, que não se propõe a ser uma obra a respeito do Direito Processual Civil, mas um manual sobre a elaboração de decisões judiciais.

[6] Vale o registro de que, por vezes, o sistema normativo torna *absoluto* um critério que, ordinariamente, determinaria competência *relativa*. Por óbvio, em situações assim, o órgão julgador *pode* se manifestar *de ofício*. É o que acontece com alguns casos de *competência em razão do valor* (Lei n. 10.259, de 12 de julho de 2001, art. 3º, § 3º; e Lei 12.153, de 22 de dezembro de 2009, art. 2º, § 4º, por exemplo). Também é o que se dá com algumas situações de *competência territorial* (CPC, art. 47, §§ 1º, segunda parte, e 2º; Lei n. 7.347, de 24 de julho de 1985 – Lei da Ação Civil Pública, art. 2º, *caput*; Lei n. 8.069, de 13 de julho de 1990 – Estatuto da Criança e do Adolescente, art. 209; e Lei n. 10.741, de 1º de outubro de 2003 – Estatuto do Idoso, art. 80, por exemplo). Ainda no que se refere a situações que envolvem o critério *territorial* de determinação da competência, é muitíssimo importante atinar para o quadro específico do microssistema normativo dos Juizados Especiais Cíveis: o entendimento consagrado pelo Fórum Nacional de Juizados Especiais – FONAJE, por meio do enunciado cível n. 89, é o de que "*A incompetência territorial pode ser reconhecida de ofício no sistema dos juizados especiais cíveis*". Por fim, já agora no que toca a execuções fiscais, é útil lembrar que o STJ, depois de editar o enunciado n. 33 da súmula da sua jurisprudência dominante ("*A incompetência relativa não pode ser declarada de ofício*"), consignou, invocando julgamento de recurso especial repetitivo (AgRg no AREsp 459.691/RJ, julgado em 27-3-2014, *DJe* de 7-4-2014, no qual há referência ao REsp 1.146.194/SC, julgado sob o regime de repetitividade), que "*Era assente neste STJ o entendimento de que a competência para processar e julgar Execução Fiscal é relativa, porquanto estabelecida em razão do território, e, portanto, insusceptível de modificação por ato judicial praticado de ofício*", mas que, nas situações que envolvem a remessa dos autos para o foro do local do domicílio do executado, a decisão "*não está sujeita ao enunciado da Súmula 33 do Superior Tribunal de Justiça*", uma vez que, nesse caso, "*a norma legal visa facilitar tanto a defesa do devedor, quanto o aparelhamento da execução*".

instrumento, do comprovante de sua interposição e da relação dos documentos que instruíram a peça recursal (CPC, art. 1.018, §§ 1º e 3º).

A seguir, elencamos *exemplos* de temas de natureza formal, sobre os quais o juiz *deve* se manifestar de ofício:

> ### NO CONCURSO PÚBLICO
>
> *O candidato a ocupar um cargo de juiz precisa estar **sempre atento** para a possibilidade de que, numa prova de concurso público, em especial no caso de elaboração de uma sentença, sejam descritas, no enunciado da questão, situações geradoras de questões formais a respeito das quais o juiz **deve** se manifestar de ofício e que já estejam suficientemente maduras para resolução.*
>
> *É significativamente **amplo** o conjunto de situações desse tipo.*
>
> *Essa combinação, aparentemente inquietante, entre **necessidade** de manifestação e **amplitude** do número de situações nos animou a mergulhar nos meandros das normas processuais para elaborar, em **solidariedade aos candidatos**, o elenco de exemplos apresentado a seguir. Por óbvio, não há possibilidade real de que, em um só processo, esse robusto conjunto esteja presente de uma só vez.*

1) impedimento do juiz (CPC, art. 144);
2) suspeição do juiz (CPC, art. 145, § 1º);
3) ocorrência de erro na distribuição (CPC, art. 288);
4) falta de adiantamento dos valores relativos a custas processuais e a despesas decorrentes do ato de propositura da demanda (CC, art. 290);
5) falta de caução ou de outra prestação que a lei exige que seja previamente cumprida para exercício do direito de ação (CPC, arts. 83; 92; 337, XII, § 5º; e 486, § 2º, por exemplo);
6) posição do processo, quanto à ordem cronológica de conclusão para julgamento (CPC, art. 12, §§ 2º a 6º);
7) incompetência absoluta do juízo (CPC, art. 64, § 1º);
8) ineficácia de cláusula abusiva de eleição de foro, desde que o juiz reconheça a abusividade antes da citação (CPC, art. 63, § 3º);
9) necessidade de formação de litisconsórcio (CPC, arts. 114 e 115, parágrafo único);
10) existência de conexão (CPC, arts. 55 e 337, VIII, § 5º);
11) existência de continência (CPC, arts. 56 e 57);
12) falta de capacidade de ser parte (CPC, art. 485, IV, § 3º);

13) ocorrência de morte de qualquer das partes no curso do processo (CPC, art. 313, I), incluída a morte da parte nos casos em que a demanda versa sobre direito intransmissível (CPC, art. 485, IX, § 3º);

14) falta de capacidade processual (CPC, arts. 70 a 72; 75; 76; 313, I; e 485, IV, § 1º), exceto quando decorrer ela da falta de consentimento do cônjuge (desde que o casamento seja sob regime diverso do da separação convencional – absoluta – de bens) ou do(a) companheiro(a) (quando a união estável estiver provada nos autos), nos casos de propositura de demanda que verse sobre direito real imobiliário (CPC, art. 73, *caput*, e § 3º, e CC, art. 1.650);

15) falta de capacidade postulatória (CPC, arts. 313, I, e 485, IV, § 3º);

16) irregularidade da representação processual (CPC, arts. 76; 313, I; e 485, IV, § 3º);

17) ausência de pedido (CPC, arts. 319, IV; 322, *caput*; e 330, I, § 1º, I);

18) formulação de pedido genérico fora das previsões legais (CPC, arts. 319, IV; 324, §§ 1º e 2º; e 330, I, § 1º, II);

19) formulação de pedido que não decorre logicamente da causa de pedir (CPC, art. 330, I, § 1º, III);

20) cumulação de pedidos incompatíveis entre si, fora das permissões legais (CPC, arts. 326, parágrafo único; 327, § 1º, I; e 330, I, § 1º, IV);

21) ausência de causa de pedir (CPC, arts. 319, III, e 330, I, § 1º, I);

22) existência de perempção (CPC, arts. 337, V, § 5º; 485, V, § 3º; e 486, § 3º);

23) existência de litispendência (CPC, arts. 337, §§ 1º, 2º, 3º e 5º; e 485, V, § 3º);

24) existência de coisa julgada (CPC, arts. 337, §§ 1º, 2º, 4º e 5º; e 485, V, § 3º);

25) ilegitimidade de qualquer das partes (CPC, arts. 17; 18; e 485, VI, § 3º);

26) falta de interesse de agir (CPC, arts. 16; 19; 20; e 485, VI, § 3º);

27) decadência do direito de lançar mão de determinado procedimento[7], como pode acontecer com o procedimento de mandado de segurança (Lei n. 12.016, de 7 de agosto de 2009, art. 23) e com os procedimentos especiais possessórios (CPC, art. 558 e seu parágrafo único);

---

[7] São muito comuns, infelizmente, equívocos envolvendo o reconhecimento da ocorrência de *decadência* nos casos em que se discute se houve extinção, em razão do fator tempo, do direito potestativo de lançar mão de determinado procedimento. Há órgãos julgadores, aí incluídos tribunais, que, certamente impressionados pelo fato de se tratar do tema *"decadência"*, resultam expressando a compreensão, ao reconhecer a sua ocorrência em casos dessa natureza, de que teria havido julgamento do mérito da causa (*v. g.* dos julgamentos, pelo STJ, do AgRg no RMS 27353/RJ e do MS 10670/DF). É preciso compreender, todavia, que a *decadência*, nessa situação, *não* atinge o direito material que a parte autora pretende discutir no processo. Ela atinge, apenas, o direito potestativo da parte autora de lançar mão de determinado *procedimento*. Por isso, na decisão que reconhece esse tipo de *decadência* não há, nem de longe, resolução do mérito da causa. Trata-se, em verdade, de questão relativa à admissibilidade do exame do mérito.

MANUAL DA SENTENÇA CÍVEL

28) falta de adequação do procedimento quando houver cumulação de pedidos (CPC, arts. 321 e 327, § 2º) ou mesmo que não exista tal cumulação (CPC, art. 321);

29) incorreção do valor atribuído à causa (CPC, arts. 292, § 3º, e 337, III, § 5º);

30) irregularidade da prática do ato de citação (CPC, arts. 238 a 259; 280; e 337, I, § 5º);

31) irregularidade da prática de atos de intimação (CPC, arts. 269 a 275 e 280);

32) necessidade de intervenção do Ministério Público (CPC, art. 279);

33) necessidade de que sejam riscadas dos autos expressões ofensivas (CPC, art. 78, § 2º);

34) invalidade de negócio jurídico processual, típico ou atípico, que não verse sobre o objeto litigioso do processo (CPC, art. 190, parágrafo único);

35) necessidade de anotação, junto à distribuição, da ocorrência de alteração na composição de qualquer dos polos da demanda (CPC, arts. 108; 109, § 1º; 110; 113, § 1º; 115, parágrafo único; 119 a 138; 286; 313, I; 338; 339; 343, §§ 3º e 4º; 382, § 1º; 401; 644; e 687 a 692, por exemplo);

36) necessidade de anotação, junto à distribuição, da ocorrência de alteração no objeto litigioso do processo (CPC, arts. 286, parágrafo único, 329), incluído o caso de desistência parcial (CPC, art. 485, VIII, §§ 4º e 5º); e

37) remessa necessária (CPC, art. 496).

NO CONCURSO PÚBLICO

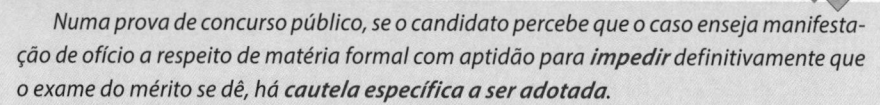

Numa prova de concurso público, se o candidato percebe que o caso enseja manifestação de ofício a respeito de matéria formal com aptidão para *impedir* definitivamente que o exame do mérito se dê, há **cautela específica a ser adotada**.

É que, por exemplo, havendo um só autor, se for reconhecida a sua ilegitimidade para formular os pedidos que formulou, não haverá exame de qualquer das matérias relativas ao mérito da causa.

Essa realidade entra em **choque frontal** com uma constatação lógica: a melhor forma de a banca examinadora do concurso aferir o grau de conhecimento do candidato é criar um quadro que enseje a sua manifestação sobre o *maior* número possível de matérias.

Por isso, nos concursos públicos, é frequente que o quesito seja elaborado de modo a que a manifestação do candidato a respeito de matérias como essas *não* feche as portas para que outras matérias possam ser examinadas.

Ao lado disso, *quando* ocorre de a situação posta no quesito exigir que o mérito *não* seja examinado, deve-se estar atento para a possibilidade de que esse específico capítulo do ato decisório atinja apenas uma *parcela* do processo.

Seria o caso, por exemplo, de uma situação em que, havendo vários autores, somente um deles não esteja legitimado para propor a demanda. Nesse caso, apenas o pedido por

> *ele formulado não terá o seu mérito apreciado. Como haverá legitimidade dos demais autores, os pedidos por eles formulados terão os seus méritos examinados.*
>
> *Ainda para a situação de o candidato, num concurso público, perceber que o caso é de manifestação de ofício a respeito de matéria com aptidão para impedir, em definitivo, o exame do mérito, é imprescindível que se tenha atenção à possível incidência, dentre outros, do princípio da **primazia da decisão de mérito**.*
>
> *No Capítulo VII, fizemos um cuidadoso exame a respeito da verificação quanto a se determinada questão já está suficientemente amadurecida para resolução. Nesse exame, entra em cena, diversas vezes, o princípio da **primazia da decisão de mérito**.*

4.2 Matérias relativas ao mérito

> **HÁ MATÉRIAS RELATIVAS AO MÉRITO, A RESPEITO DAS QUAIS O JUIZ PODE TOMAR CONHECIMENTO DE OFÍCIO?**

Assim como é inexequível a tarefa de listar *todas* as matérias de natureza formal que exigem manifestação de ofício pelo juiz, também é impossível elencar *todas* as matérias de mérito a respeito das quais *deve* o órgão julgador se manifestar, *independentemente* de provocação das partes.

Nessa linha, vale a pena lembrar dos *exemplos* a seguir:

1) identificação da norma ou do conjunto normativo que incide sobre o conjunto fático invocado por qualquer das partes (o que corresponde às chamadas *matérias de direito*);

2) decadência legal[8] (CC, art. 210, e CPC, arts. 332, § 1º, e 487, II);

3) prescrição (CPC, arts. 332, § 1º; 487, II; e 921, § 5º; e Lei n. 6.830, de 22 de setembro de 1980, art. 40, § 4º);

4) pedido contrário a precedente judicial vinculante (CPC, art. 332, *caput*);

5) existência de precedente judicial vinculante sobre matéria referente ao mérito da causa (CPC, art. 489, § 1º, VI);

6) produção do efeito da revelia, consistente na presunção de veracidade das alegações fáticas feitas pela parte autora (CPC, arts. 344 a 346);

---

[8] Diferentemente do que ocorre com a *decadência legal*, se a decadência for *convencional* o juiz *não pode* suprir a falta de alegação pela parte a quem aproveitaria o reconhecimento da sua ocorrência (CC, art. 211). Sobre os temas, *"prescrição e decadência"*, confira-se o *Novo curso de direito civil* (21. ed., v. I: Parte Geral), de Pablo Stolze Gagliano e Rodolfo Pamplona Filho, publicado pela Editora Saraiva.

7) ocorrência, depois de proposta a demanda, de fato constitutivo, modificativo ou extintivo do direito (CPC, art. 493);

8) ocorrência de simulação ou de colusão entre as partes, a fim de fraudar a lei (CPC, art. 142);

9) invalidade de negócio jurídico processual, típico ou atípico, que verse sobre o objeto litigioso do processo, como o reconhecimento da procedência do pedido, a transação e a renúncia à pretensão formulada (CPC, arts. 190, parágrafo único, e 487, III);

10) inclusão de prestações sucessivas, quando a demanda tiver por objeto o cumprimento de obrigação em prestações com tal característica (CPC, art. 323);

11) extensão da obrigação de pagar quantia, na decisão que reconhecer a sua exigibilidade, ainda que formulado pedido genérico (CPC, art. 491);

12) correção monetária, bem como o termo inicial da sua incidência, na decisão que reconhecer a exigibilidade da obrigação de pagar quantia, ainda que formulado pedido genérico (CPC, arts. 322, § 1º, e 491);

13) taxa de juros de mora, bem como o termo inicial da sua incidência, na decisão que reconhecer a exigibilidade da obrigação de pagar quantia, ainda que formulado pedido genérico (CPC, arts. 322, § 1º, e 491);

14) periodicidade de capitalização de juros, na decisão que reconhecer a exigibilidade da obrigação de pagar quantia, ainda que formulado pedido genérico (CPC, art. 491);

15) necessidade de adoção de medidas como a imposição de multa (aí incluída a modificação do valor ou da periodicidade da multa vincenda), a busca e apreensão, a remoção de pessoas e coisas, o desfazimento de obras, o impedimento de atividades nocivas, a requisição de força policial ou outras medidas que o juiz reputar imprescindíveis à satisfação da parte vencedora (CPC, arts. 536, § 1º; 537, *caput* e §§ 1º e 5º; e 538, § 3º);

16) distribuição dos ônus da sucumbência, quanto às despesas do processo (CPC, arts. 82, § 2º, e 84);

17) distribuição dos ônus da sucumbência, quanto a honorários advocatícios (CPC, arts. 81; 85 a 87; 90; 98, VI, § 2º; 322, § 1º; 338, parágrafo único; 339, § 1º; 485, § 2º; 520, § 2º; 523, §§ 1º e 2º; 526, § 2º; 546; 603, § 1º; 718; 775, parágrafo único, I; e 827, § 2º);

18) ocorrência de litigância de má-fé (CPC, arts. 81; 96; 142; e 536, § 3º);

19) prática de ato atentatório à dignidade da justiça (CPC, arts. 77, IV e VI, §§ 1º a 8º; 334, § 8º; 774; e 918, parágrafo único); e

20) remessa, ao Ministério Público, de cópias das peças dos autos que documentarem a prática de ato ensejador da propositura de ação penal pública (CPP, art. 40) ou de ação civil pública (Lei n. 7.347, de 24 de julho de 1985 – Lei da Ação Civil Pública, art. 7º).

5. DADOS REFERENTES AO FATOR TEMPO

> **MESMO QUE AS PARTES NADA DIGAM A RESPEITO, DEVO ESTAR ATENTO A DATAS E A PERÍODOS?**

Cuidados especiais devem ser dedicados pelo julgador às informações que possuam relação com o fator *tempo*.

Assim é que *nunca* devem ser desprezados dados relativos, por exemplo, à *data* em que um eventual *direito potestativo* teria sido incorporado à esfera jurídica daquele que invoca a sua titularidade. Afinal, é com base em tal data que se abre a possibilidade de o juiz, atuando de ofício, reconhecer a ocorrência, no âmbito do Direito Civil[9], da *decadência legal*, quando o direito potestativo estiver submetido a prazo para exercício.

Por igual, não podem ser desconsideradas informações alusivas ao momento do surgimento da *pretensão*[10], já que pode o magistrado reconhecer de ofício a ocorrência da *prescrição*.

Nessa mesma linha, há procedimentos especiais que somente estão ao alcance da parte autora se a demanda for proposta dentro de certo prazo, como é o caso do procedimento de mandado de segurança (Lei n. 12.016, de 7 de agosto de 2009, art. 23) e dos procedimentos especiais possessórios (CPC, art. 558 e seu parágrafo único).

Diante disso, é imperioso reconhecer que há datas que são sobremaneira importantes, a *exemplo* das elencadas a seguir:

1) data em que teria sido violado o direito cuja existência a parte pretende que o Poder Judiciário reconheça (CC, art. 189);

2) data em que o direito potestativo submetido a prazo para exercício teria sido incorporado à esfera jurídica daquele que invoca a sua titularidade (CC, art. 210);

---

[9] *Prescrição* e *decadência* são institutos submetidos à realidade normativa que determinado ordenamento jurídico, em certo momento, lhes impuser. Assim, apesar de a base de toda a teoria a respeito do tema estar assentada no Direito Civil, a *prescrição* e a *decadência* estão submetidas, por exemplo, a normas específicas no campo do Direito Tributário. No que toca à *prescrição*, vale, ainda, lembrar que, no âmbito do Direito Penal, a sua disciplina é completamente diversa.

[10] "Pretensão é a expressão utilizada para caracterizar o poder de exigir de outrem coercitivamente o cumprimento de um dever jurídico, vale dizer, é o poder de exigir a submissão de um interesse subordinado (do devedor da prestação) a um interesse subordinante (do credor da prestação) amparado pelo ordenamento jurídico" (GAGLIANO, Pablo Stolze; PAMPLONA FILHO, Rodolfo. *Manual de direito civil*. 2. ed. São Paulo: Saraiva, 2018, p. 212). Nessa linha, a *pretensão* é fulminada pela *prescrição*, quando não formulada em juízo no prazo de lei (CC, arts. 189, 205 e 206). Por exemplo, a pretensão de reparação civil derivada de uma colisão de trânsito prescreverá em 3 anos (CC, art. 206, § 3º, V).

3) datas relacionadas com períodos ou com fatos com aptidão para repercutir na contagem de prazos prescricionais ou para obstar a ocorrência da decadência, a exemplo do elenco referido nos arts. 197 a 206 do CC, nos arts. 26 e 27 da Lei n. 8.078, de 11 de setembro de 1990 – Código de Defesa do Consumidor e no art. 19, § 2º, da Lei n. 9.307, de 23 de setembro de 1996 – Lei da Arbitragem;

4) data da ciência, pelo interessado, da ocorrência do ato que se pretende impugnar por meio de mandado de segurança (Lei n. 12.016, de 7 de agosto de 2009, art. 23);

5) data da ocorrência da turbação ou do esbulho (CPC, art. 558 e seu parágrafo único);

6) data do inadimplemento de obrigação positiva e líquida (CPC, art. 240, *caput*, e CC, art. 397);

7) data da prática de ato ilícito (CPC, art. 240, *caput*, e CC, art. 398)

8) data do ato de propositura da demanda (CPC, art. 240, §§ 1º e 4º);

9) data do pronunciamento judicial por meio do qual foi ordenada a citação (CC, art. 202, I; CTN, art. 174, parágrafo único, I; Lei n. 6.830, de 22 de setembro de 1980, art. 8º, § 2º; e CPC, art. 240, §§ 1º e 4º); e

10) data da prática do ato de citação (CPC, art. 240, §§ 2º e 3º; e CC, arts. 405, 478, 563, 822, 1.480, parágrafo único, e 1.826, parágrafo único).

NO CONCURSO PÚBLICO

*Numa prova de concurso público, se o candidato percebe que o caso enseja manifestação a respeito da ocorrência, por exemplo, de decadência legal ou de prescrição, há **cautela específica a ser adotada**.*

*É que a decisão por meio da qual é reconhecida a ocorrência de decadência ou de prescrição tem natural aptidão para **impedir o exame de outras matérias**.*

Assim, por exemplo, reconhecida a prescrição da pretensão de obter o pagamento de um valor a título de indenização, nada será dito a respeito da fixação da quantia que seria devida caso não houvesse ocorrido a prescrição.

*Essa é **uma** das situações a que nos referimos anteriormente, com potencial para entrar em **choque frontal** com uma constatação lógica: a melhor forma de a banca examinadora do concurso aferir o grau de conhecimento do candidato é criar um quadro que enseje a sua manifestação sobre o **maior** número possível de matérias.*

*Por isso, nos concursos públicos, é frequente que o quesito seja elaborado de modo a que a conclusão do candidato a respeito de matérias como essas **não** feche as portas para que outras matérias possam ser examinadas.*

*Assim, **por exemplo**, pode ser que, no enunciado do quesito, conste, dentre diversos outros dados, a informação de que as partes celebraram um negócio jurídico por meio do qual **convencionaram** estabelecer um prazo **decadencial** para o exercício de certo direito*

> e o candidato constate que o aludido prazo já foi ultrapassado, com o que a decadência convencional já teria se operado. Se, apesar disso, **não** houver referência, no enunciado do quesito, ao fato de a parte a quem aproveitaria o reconhecimento da ocorrência da decadência haver alegado que a decadência convencional se operou, o juiz **não** pode suprir a falta de tal alegação (CC, art. 211). Numa situação dessa, portanto, apesar de a decadência haver se operado, o juiz não reconhecerá a sua ocorrência, o que manterá aberta a porta para que outras questões, subordinadas à questão relativa à ocorrência de decadência, possam ser apreciadas.
>
> Ao lado disso, **quando** ocorre de a situação posta no quesito exigir que seja reconhecida a ocorrência de decadência ou de prescrição, deve-se estar atento para a possibilidade de que esse específico capítulo do ato decisório atinja apenas uma **parcela** dos direitos discutidos (no caso da decadência) ou uma **parcela** da pretensão deduzida (no caso da prescrição).

6. DADOS ALUSIVOS A QUESTÕES QUE JÁ DEVERIAM TER SIDO RESOLVIDAS

Com a leitura prévia de *todo* o conteúdo dos autos, o magistrado passa a dispor de *todos* os elementos de que precisa para saber se o caso já comporta ou não a prestação da tutela definitiva.

E não é raro que ocorra de o juiz chegar à conclusão de que a tutela definitiva *já pode* ser prestada, mas, simultaneamente, constatar que há questões que deveriam ter sido resolvidas e que ainda *não* foram objeto de exame.

Entre elas, é possível que existam algumas que, se forem resolvidas em determinado sentido, *não* será possível o imediato proferimento da sentença, com o que seria produzida uma *dilatação* do processo. Outras, independentemente do modo como sejam resolvidas, não têm aptidão para interferir no momento da prestação da tutela definitiva.

O fato de não ter havido análise anterior de tais questões pode ser fruto (*i*) de um indevido silêncio do julgador sobre o tema, (*ii*) de um pronunciamento judicial no sentido de que a questão seria resolvida posteriormente ou (*iii*) do fato de a questão haver surgido numa fase do procedimento em que o primeiro momento no qual o seu exame se tornou possível corresponde exatamente ao momento da prestação da tutela definitiva.

6.1 Questões com aptidão para impedir o imediato proferimento da sentença

> **?** E SE HOUVER, NO PROCESSO, REQUERIMENTOS QUE NÃO CHEGARAM A SER EXAMINADOS E CUJO DEFERIMENTO IMPLICARIA A PRÁTICA DE OUTROS ATOS ANTES DO PROFERIMENTO DA SENTENÇA?

Por óbvio, se o magistrado *já* concluiu que a tutela definitiva *pode* ser prestada, depreende-se que a resolução que ele dará a uma eventual questão com aptidão para impedir o imediato proferimento da sentença será uma resolução que *não* implicará postergação do momento de sentenciar. Não haverá, portanto, necessidade de *"converter o julgamento em diligência"*[11].

Eis um elenco *exemplificativo* de temas com potencial para fazer surgir questões desse tipo, com a observação de que os *seis* primeiros, tendo em vista a importância que têm e as peculiaridades que os cercam, serão objeto de análise em capítulos específicos, referentes à elaboração da fundamentação da sentença:

1) impedimento e suspeição do magistrado;

2) erro na distribuição da petição inicial;

3) competência do juízo;

4) gratuidade da justiça para a parte autora;

5) adiantamento de custas processuais e despesas decorrentes do ato de propositura da demanda;

6) cumprimento de exigência específica para que o direito de ação possa ser exercitado;

7) produção de determinada espécie de prova, a exemplo das provas pericial e testemunhal;

8) complementação de determinado tipo de prova, a exemplo da apresentação de novos quesitos para que o perito e/ou os assistentes técnicos respondam;

9) adoção de providências atinentes ao ingresso de outros sujeitos no processo, a exemplo da necessidade de formação de litisconsórcio (CPC, arts. 114 e 115, parágrafo único) e das intervenções de terceiros a que se referem os arts. 119 a 138 do CPC; e

10) realização de diligências junto a entidades privadas ou a órgãos públicos, a exemplo das requisições (*i*) de certidões (CPC, art. 438, I), (*ii*) de autos de procedimentos administrativos (CPC, art. 438, II, §§ 1º e 2º) e (*iii*) de informações junto a instituições financeiras e à administração tributária, em especial a Secretaria da Receita Federal do Brasil (CPC, arts. 378, 380, 772, III, e 773)[12].

---

[11] Estando os autos *conclusos* para proferimento da *decisão* por meio da qual será prestada a tutela definitiva – o proferimento da *sentença*, por exemplo –, o natural é que o próximo ato judicial seja o ato decisório esperado, que é o ato consistente em *"julgar"* (o verbo *julgar* está, aqui, utilizado no sentido amplo). Se o juiz constatar, porém, que ainda há necessidade de praticar outro(s) ato(s) antes de a decisão ser proferida, ele, que iria *"julgar"*, ordenará a realização da(s) *diligência(s)* que considerou necessária(s). Foi nesse contexto que surgiu a expressão *"conversão do julgamento em diligência"*.

[12] Havendo ingresso, nos autos, de informações protegidas por qualquer espécie de sigilo, a exemplo dos sigilos bancário e fiscal, deve o juiz ordenar que o processo passe a tramitar em regime de segredo de justiça (CPC, arts. 11, parágrafo único, 26, III, 107, I, 152, V, 189, 195, e 773, parágrafo único).

Capítulo V ◆ Identificação e coleta dos dados úteis

> **NO CONCURSO PÚBLICO**
>
> *Quanto a questões com aptidão para impedir o imediato proferimento da sentença, gerando, com isso, a chamada "conversão do julgamento em diligência", no Capítulo VII, que versa sobre a verificação quanto a se a questão está suficientemente madura para resolução, há informações que reputamos de **grande utilidade** para o candidato.*
>
> *Efetivamente, no mencionado capítulo, demonstramos a existência de caminhos que podem ser trilhados, em certos casos, para a resolução de questões **sem a necessidade de "conversão do julgamento em diligência"**.*
>
> *É que uma das situações mais **delicadas** com as quais pode o candidato se deparar, quando provocado a redigir uma sentença numa prova de concurso, ocorre quando o cenário desenhado conduz, **em tese**, à **impossibilidade** de que seja proferida, naquele momento, a sentença, em face da aparente necessidade de que, **antes**, sejam praticados outros atos. Casos como esse envolvem, frequentemente, questões a respeito das quais o julgador deve tomar conhecimento de ofício.*
>
> *Portanto, é **fundamental** saber **identificar** as situações em que **não é necessária a prática de mais atos**.*
>
> *Para tanto, como demonstraremos, é indispensável que o candidato esteja afinado com temas como principio do **contraditório**, principio da **primazia da decisão de mérito** e **sistema de invalidades**.*

6.2 Questões sem aptidão para impedir o imediato proferimento da sentença

É possível que o magistrado constate a existência de questões *ainda* sem resolução, mas que, independentemente do resultado da sua análise, *não* possuem potencial para impedir a imediata prestação da tutela definitiva.

Tais questões deverão ser objeto de exame no momento em que a tutela definitiva for prestada.

Exemplos evidentes são os dos pleitos, ainda não analisados pelo juiz, de concessão de tutela provisória ou de revogação de tutela provisória que já tenha sido concedida. Perceba-se que o resultado da análise de requerimentos assim tem pendor para repercutir na eficácia imediata da sentença (CPC, art. 1.012, § 1º, V).

7. DADOS ATINENTES A OUTRAS OCORRÊNCIAS IMPORTANTES

> **?** E QUANTO ÀS QUESTÕES QUE JÁ ESTIVEREM RESOLVIDAS NO PROCESSO? PRECISO ME OCUPAR DELAS?

Na essência, os dados merecedores de *identificação*, de *coleta* e de posterior *organização* correspondem exatamente àqueles que serão úteis para a *re-*

solução das questões cujo enfrentamento o julgador exporá ao elaborar o texto da *sentença*.

Há informações, porém, que, pela importância que possuem, apesar de serem relativas a questões já definitivamente *resolvidas* e sem força mais para interferir no conteúdo do ato decisório, devem ser identificadas e colhidas. Elas serão *mencionadas* – realce-se: apenas *mencionadas* – no *relatório* da *sentença* (CPC, art. 489, *caput*, I).

Tais informações, uma vez colhidas, deverão ser *separadas* dos demais dados úteis, já que, por serem relativas a questões já superadas, não são dotadas de potencial para interferir na montagem do encadeamento lógico a ser empregado na resolução das questões ainda pendentes.

Vale, aqui, uma observação: se o dado, apesar de atinente a questão já *resolvida*, for *útil* para a resolução de *outra* questão, ele deverá, por óbvio, ser incluído entre os dados que serão organizados.

A título de exemplo, imagine-se uma situação em que a parte autora tenha pleiteado a concessão dos benefícios da gratuidade da justiça, o magistrado tenha resolvido a questão de modo favorável a ela e a parte ré não tenha alegado que a concessão foi indevida. Trata-se de questão já *resolvida*. Porém, se o autor sucumbir, a resolução da questão atinente à gratuidade repercutirá fortemente nos efeitos da decisão que lhe imporá as obrigações decorrentes da sucumbência, uma vez que tais obrigações permanecerão com a exigibilidade suspensa (CPC, art. 98, § 3º).

Por meio do elenco que apresentamos a seguir, pretendemos estimular a *lembrança* a respeito de várias das informações que devem ser identificadas e coletadas para que sejam *mencionadas* no *relatório* da decisão judicial.

Vale observar que a *alusão*, no relatório, a tais informações deverá ser *resumida* e feita sem que fiquem dúvidas quanto ao fato de que elas passam ao largo das questões objeto de resolução.

Eis um elenco *exemplificativo*:

1) incidente envolvendo a distribuição da petição inicial, a exemplo de formulação de pleito e decisão sobre distribuição por dependência e de qualquer situação da qual tenha derivado a necessidade de o processo ser submetido a nova distribuição (CPC, arts. 284 a 290);

2) arguição e decisão respectiva, ou manifestação de ofício, a respeito de competência (CPC, arts. 54 a 66);

3) formulação de pleito e decisão denegatória a respeito de tutela provisória[13] (CPC, arts. 294 a 311);

---

[13] O *indeferimento*, no curso do procedimento, do pleito de concessão de tutela provisória não tem potencial para produzir reflexos quanto à eficácia imediata da sentença (CPC, art. 1.012, § 1º, V).

Capítulo V ◆ Identificação e coleta dos dados úteis

4) apresentação de requerimento e decisão sobre prioridade na tramitação do processo (CPC, art. 1.048);

5) formulação de pleito e decisão denegatória da concessão dos benefícios da gratuidade da justiça[14] (CPC, arts. 98 a 102);

6) decisão por meio da qual tenha sido parcialmente indeferida a petição inicial (CPC, arts. 330 e 354, parágrafo único);

7) decisão por meio da qual tenha sido julgado liminarmente improcedente um ou mais dos pedidos formulados ou parcela deles (CPC, art. 332);

8) decisão por meio da qual tenha sido reconhecida a impossibilidade de exame do mérito, relativamente a parcela do processo (CPC, arts. 354, parágrafo único, e 485);

9) decisão por meio da qual tenha sido reconhecida a ocorrência de prescrição ou de decadência, relativamente a uma parcela do mérito da causa (CPC, arts. 332, § 1º, 354, parágrafo único, e 487, II);

10) citação (CPC, arts. 238 a 259);

11) atos voltados para a promoção da autocomposição, especificamente previstos na sequência natural dos atos do procedimento (CPC, arts. 334 e 694 a 696);

12) decisão por meio da qual tenha havido homologação de transação, de reconhecimento da procedência do pedido ou de renúncia à pretensão formulada, relativamente a uma parcela do mérito da causa (CPC, arts. 354, parágrafo único, e 487, III);

13) decisão por meio da qual tenha sido parcialmente julgado o mérito da causa (CPC, art. 356);

Por isso, trata-se de informação importante, mas *sem* aptidão para influenciar na resolução de questões por ocasião da prestação da tutela definitiva. A situação será bem diferente no caso de ter havido *concessão* de tutela provisória no curso do procedimento, em favor da parte autora. É que, tendo havido *concessão*, será preciso combinar esse dado com a conclusão a que o juiz chegar a respeito do pedido principal. Se tiver havido *concessão* de tutela provisória e o caso for de *acolhimento* do pedido principal, será obrigatório que o julgador se manifeste, na sentença, a respeito da "confirmação" da tutela provisória, já que, sendo ela "confirmada", a sentença produzirá efeitos imediatamente (CPC, art. 1.012, V). De outro lado, a combinação entre *deferimento*, no curso do processo, do pleito de concessão de tutela provisória e *improcedência*, ao final, do pedido principal conduz a que o magistrado tenha atenção, na redação da sentença, para a possibilidade de ser necessário disciplinar os efeitos decorrentes da execução da decisão concessiva, pois, nesses casos, há potencial para que o cumprimento da decisão concessiva da tutela provisória tenha gerado prejuízos para a parte ré (CPC, arts. 297, 302 e 520, I, do CPC).

[14] Perceba-se que, se tiver havido *concessão* dos benefícios da gratuidade da justiça, mesmo que a questão já esteja definitivamente resolvida, tratar-se-á de informação útil para a resolução de *outras* questões. De fato, se o beneficiário sucumbir, a resolução da questão atinente à gratuidade repercutirá fortemente nos efeitos da decisão que lhe imporá as obrigações decorrentes da sucumbência, uma vez que tais obrigações permanecerão com a exigibilidade suspensa (CPC, art. 98, § 3º). De outro lado, se for ele o vencedor da causa, muito provavelmente não será imposta ao perdedor a obrigação de restituir valores, já que, como beneficiário, ele não foi obrigado a fazer adiantamentos relativamente a qualquer das obrigações mencionadas no art. 98, § 1º, do CPC.

14) decisão por meio da qual tenha havido reconhecimento da ocorrência de revelia (CPC, arts. 344 a 346);

15) decisão por meio da qual tenha havido reconhecimento de que o pedido será julgado sem que sejam produzidas outras provas (CPC, art. 355);

16) decisão de saneamento e de organização do processo, bem como qualquer ato decisório que verse sobre um dos temas que integram a decisão de saneamento e de organização (CPC, art. 357);

17) manifestação de ofício sobre impedimento ou suspeição de magistrado (CPC, arts. 144 e 145);

18) arguição de impedimento ou de suspeição de magistrado e decisão do tribunal sobre a questão (CPC, arts. 144 a 146);

19) manifestação sobre impedimento ou suspeição expressada, de ofício, por membro do Ministério Público, por auxiliar da justiça ou por qualquer outro sujeito cuja atuação no processo deva ser pautada na imparcialidade (CPC, art. 148);

20) arguição e decisão sobre impedimento ou suspeição de membro do Ministério Público, de auxiliar da justiça ou de qualquer outro sujeito imparcial do processo (CPC, art. 148);

21) ocorrência de alteração na composição de qualquer dos polos da demanda (CPC, arts. 108; 109, § 1º; 110; 113, § 1º; 115, parágrafo único; 119 a 138; 313, I; 338; 339; 343, §§ 3º e 4º; 382, § 1º; 401; 644; e 687 a 692, por exemplo);

22) arguição e decisão respectiva, ou manifestação de ofício, a respeito de perempção (CPC, art. 486, § 3º);

23) arguição e decisão respectiva, ou manifestação de ofício, a respeito de litispendência (CPC, art. 337, §§ 1º, 2º e 3º);

24) arguição e decisão respectiva, ou manifestação de ofício, a respeito de coisa julgada (CPC, art. 337, §§ 1º, 2º e 4º);

25) arguição e decisão respectiva, ou manifestação de ofício, a respeito da legitimidade das partes (CPC, arts. 17 e 18);

26) arguição e decisão respectiva, ou manifestação de ofício, sobre interesse de agir (CPC, arts. 16, 19 e 20);

27) arguição e decisão respectiva, ou manifestação de ofício, concernente à regularidade da citação (CPC, arts. 238 a 259 e 280);

28) decisão a respeito da validade e/ou da eficácia de negócio jurídico processual, típico ou atípico (CPC, art. 190, parágrafo único);

29) ocorrência de situação que tenha ensejado a suspensão da prática dos atos do procedimento (CPC, arts. 135, § 3º; 146, § 2º; 313 a 315; 377; 525, §§ 6º a 10; 694, parágrafo único; 919, §§ 1º a 5º; 921 a 923; 982, I, § 3º; 989, II; 1.029, § 4º; 1.035, § 5º; 1.036, § 1º; e 1.037, II);

30) notícia de que houve interposição de recurso de agravo de instrumento contra decisão proferida no processo (CPC, art. 1.018);
31) decisão no exercício do juízo de retratação em agravo de instrumento, independentemente de o juízo de retratação haver sido positivo ou não (CPC, art. 1.018, § 1º);
32) decisão proferida, pelo tribunal, no julgamento de recurso interposto contra decisão proferida no processo;
33) notícia do ajuizamento de reclamação contra ato judicial praticado no processo (CPC, arts. 988 a 993);
34) prestação de informações em reclamação contra ato judicial praticado no processo (CPC, art. 989, I);
35) decisão proferida, pelo tribunal, no processamento e no julgamento de reclamação contra ato judicial praticado no processo (CPC, arts. 989, II, 992 e 993);
36) ocorrência de julgamento anterior, por meio de ato decisório (sentença ou decisão interlocutória) posteriormente invalidado pelo tribunal;
37) instituição e posterior extinção de arbitragem, por ausência de jurisdição (Lei n. 9.307, de 23 de setembro de 1996 – Lei da Arbitragem, art. 19, § 2º);
38) atos voltados para a promoção da autocomposição, que não estejam especificamente previstos na sequência natural dos atos do procedimento (CPC, art. 139, V);
39) apresentação de réplica (CPC, arts. 350 e 351);
40) ocorrência de anterior conversão do julgamento em diligência;
41) realização de audiência de instrução e julgamento (CPC, arts. 358 a 368);
42) realização de interrogatório das partes (CPC, art. 139, VIII);
43) tomada de depoimento pessoal das partes (CPC, arts. 385 a 388);
44) ocorrência de incidente de exibição de documento ou coisa (CPC, arts. 396 a 404);
45) produção de prova testemunhal (CPC, arts. 450 a 463);
46) produção de prova pericial (CPC, arts. 464 a 480);
47) realização de inspeção judicial (CPC, arts. 481 a 484);
48) determinação de que sejam riscadas dos autos expressões ofensivas (CPC, art. 78, § 2º) e advertência ao ofensor de que não deve repetir a conduta (CPC, art. 78, § 1º);
49) reconhecimento da ocorrência de litigância de má-fé (CPC, arts. 81; 96; 142; e 536, § 3º);
50) reconhecimento de que houve prática de ato atentatório à dignidade da justiça (CPC, arts. 77, IV e VI, §§ 1º a 8º; 334, § 8º; 774; e 918, parágrafo único); e
51) decisão de remessa, ao Ministério Público, de cópias das peças dos autos que documentarem a prática de ato ensejador da propositura de ação penal pública (CPP, art. 40) ou de ação civil pública (Lei n. 7.347, de 24 de julho de 1985 – Lei da Ação Civil Pública, art. 7º).

CAPÍTULO VI

DIVISÃO DOS DADOS ÚTEIS: QUESTÕES FORMAIS E QUESTÕES RELATIVAS AO MÉRITO DA CAUSA

◆ **SUMÁRIO**

1. Aspectos gerais – **2.** Forma: mentalmente ou por meio de anotações – **3.** Percepção da existência de subordinação entre questões – **4.** Questões suscitadas pelas partes e questões suscitadas de ofício – **5.** Critério prático para identificação das questões relativas ao mérito da causa – **6.** Impropriedade do vínculo entre resolução de questão de mérito e aplicação exclusiva de normas de Direito Material – **7.** Vínculo entre resolução de questão formal e aplicação de normas de Direito Processual – **8.** Rol das questões formais – **9.** Rol das questões relativas ao mérito da causa: **9.1** Questões específicas do caso concreto; **9.2** Questões inespecíficas, referentes a matérias que o juiz deve conhecer de ofício.

1. ASPECTOS GERAIS

Identificadas e coletadas as informações *úteis* existentes nos autos, a próxima etapa é dividir, em duas listas, os dados colhidos: a lista das *questões formais* e a das *questões relativas ao mérito da causa*.

Essa divisão proporcionará os passos seguintes: a verificação a respeito da regularidade do procedimento que antecedeu o momento do proferimento da *sentença*, de modo a concluir se, de fato, as questões identificadas estão suficientemente maduras para resolução, e a montagem da sequência lógica de resolução das questões.

NO CONCURSO PÚBLICO

*Num concurso público, o controle do tempo é **fundamental**.*

*A organização dos dados em separado não exigirá grande investimento de tempo – e, ao final, implicará **ganho** de tempo – se o candidato, ao se preparar para o concurso, houver **treinado** bem a elaboração de decisões judiciais, em especial a elaboração de sentenças.*

*É que, estando com as informações **colhidas** e adequadamente **organizadas**, o candidato reduzirá consideravelmente a chance de cometer o equívoco consistente em dedicar tempo excessivo a um capítulo do ato decisório, em prejuízo de outro capítulo, igualmente ou, até, mais importante.*

> *Comumente, a construção de uma decisão judicial durante a prova de um concurso público implica a produção de textos extensos.*
>
> *Por isso, **não** recomendamos – a não ser que se tenha **absoluta certeza** de que o fator tempo está sob **total controle** – que se elabore um rascunho para que, depois, seja ele "passado a limpo".*
>
> *O candidato, ao concluir a primeira leitura do enunciado do quesito – aquela leitura rápida já mencionada, sem preocupação com anotações, com o objetivo apenas de obter uma **visão genérica** –, deve fazer uma previsão do tempo necessário para a(s) posterior(es) **leitura(s) atenta(s)**, para as **anotações**, para a **organização dos dados** e para a **estruturação da sequência lógica** que será utilizada na exposição da resolução das questões, deixando margem de tempo suficiente para o **essencial**, que é a **redação da sentença**.*
>
> *Na construção dessa previsão, o candidato deve admitir que não é incomum que, ao ser iniciada a redação, perceba-se que a existência de certa informação demandará a necessidade de desenvolvimento, no texto, de determinado raciocínio que **não** foi originalmente previsto. Tal "descoberta" pode implicar a necessidade de um pouco mais de tempo.*
>
> *Circunstâncias assim são reveladoras de que o treinamento **prévio** e a disciplina da distribuição do tempo são **fundamentais**.*

2. FORMA: MENTALMENTE OU POR MEIO DE ANOTAÇÕES

Muitas vezes, mormente quando o processo *não* é complexo, a identificação, a coleta e a divisão dos dados se dá *mentalmente*, na medida do desenvolvimento da leitura.

Também é possível que, *mentalmente*, seja feito o exame quanto a se as questões já estão aptas a resolução e seja estruturada a sequência lógica que será utilizada no enfrentamento das questões, por ocasião da redação do texto do ato decisório.

Com isso, completada a leitura prévia, já se desenham, na mente do julgador, os conteúdos do *relatório*, da *fundamentação* e do *dispositivo* da *sentença*.

Todavia, nem sempre isso acontece, seja em razão da complexidade do caso, seja simplesmente porque o julgador está dando os primeiros passos na prática de elaboração de decisões judiciais.

O fato é que, independentemente de os dados úteis estarem retidos na *mente* do magistrado ou constarem de *anotações* em separado, as informações colhidas por meio da leitura dos autos devem ser adequadamente *organizadas*.

O início da *redação* do ato decisório, portanto, deverá ser, *sempre, precedido* de uma *organização* tal que permita verificar a regularidade do procedimento que antecedeu o momento do proferimento da *sentença* e estruturar a *sequência lógica* que será utilizada, na redação, para exposição a respeito da resolução das diversas questões existentes no processo.

Capítulo VI ◆ Divisão dos dados úteis: questões formais e questões relativas...

3. PERCEPÇÃO DA EXISTÊNCIA DE SUBORDINAÇÃO ENTRE QUESTÕES

Ao tempo em que são colhidas as informações úteis para a elaboração do texto da *sentença*, já será possível perceber, dentre outras coisas, a existência ou não de *relação de subordinação* entre as diversas questões que serão resolvidas.

Essa *relação de subordinação* exsurge nas situações em que o julgador conclui que determinada questão somente poderá ser solucionada se outra questão já houver sido apreciada. Há, pois, entre duas ou mais questões, um quadro em que a resolução de uma deve anteceder logicamente a resolução de outra.

A questão que deve ser resolvida primeiro é a chamada *questão subordinante* (também rotulada de *vinculante* ou *prévia* ou *prioritária*). A outra é a *questão subordinada* (também denominada de *vinculada* ou *dependente* ou *submissa*).

Os exemplos a seguir trazem situações em que esse vínculo de subordinação é bastante evidente:

a) havendo questão a respeito da existência de coisa julgada, as questões relativas ao mérito da causa somente poderão ser apreciadas se a conclusão for a de que não existe coisa julgada;

b) diante de uma alegação de ilegitimidade relativamente a um dos autores, o pedido por ele formulado somente poderá ser examinado se a alegação de ilegitimidade não for acolhida;

c) numa demanda em que o pedido de imposição de obrigação alimentícia é baseado na afirmação de que o réu é pai do autor, havendo alegação de que inexiste paternidade, somente poderá haver imposição da obrigação de pagar alimentos se a conclusão for a de que o réu é pai do autor; e

d) apresentada alegação de que certa cláusula contratual é nula, somente haverá apreciação do pedido de cobrança de multa em razão do inadimplemento de obrigação prevista na aludida cláusula se a conclusão for a de que o caso não é de nulidade.

Não é preciso qualquer esforço para se concluir que esse vínculo de *subordinação* repercute fortemente na elaboração do ato decisório, já que ele é que determinará a *sequência* a ser empregada na redação do texto no qual será exposta a resolução das questões.

Apesar da clareza com que esse quadro se apresentou nos quatro exemplos dados, se houver pluralidade de alegações, a tarefa, por vezes, não é simples.

Por isso, é importante que, à medida que forem sendo inseridos novos dados nas listas das *questões formais* e das *questões relativas ao mérito da causa*, o julgador já se disponha a raciocinar de modo a perceber se há ou não relação de subordinação entre as questões identificadas.

Trata-se de raciocínio que a mente do julgador deve estar sempre disposta a fazer, desde o momento em que é posto em contato com as questões que serão objeto de resolução.

De mais a mais, dependendo do caso, a resolução da questão subordinante pode *influenciar* na resolução da questão subordinada (relação de subordinação por *prejudicialidade*) ou até *impedir* que a questão subordinada seja definitivamente apreciada ou que seja apreciada em dado momento (relação de subordinação por *preliminaridade*).

Colocando-se de lado, agora, tudo que poderia ser dito a respeito da importância da identificação do *tipo* da *questão*, a verdade é que, nesse momento, é imperioso perceber que a elaboração do ato decisório deve obedecer a parâmetros que resultem na utilização de uma *sequência lógica* para resolução das questões.

4. QUESTÕES SUSCITADAS PELAS PARTES E QUESTÕES SUSCITADAS DE OFÍCIO

Ao tratarmos, no Capítulo V, da identificação e da coleta dos dados concernentes aos fundamentos da defesa, demonstramos que os possíveis argumentos da parte ré estão destinados a ocupar um dos dois seguintes campos: o dos fundamentos *formais* ou o dos fundamentos referentes ao *mérito da causa*.

É essencial constatar, entretanto, que o surgimento de *questões* no processo não decorre apenas de *controvérsia* expressamente instaurada entre os litigantes, a partir de *argumentos* apresentados.

As *questões* nascem, também, quando se instaura um quadro de *incerteza*, suscitado pelo próprio juiz, relativamente a matérias a respeito das quais pode ele tomar conhecimento de ofício.

Assim, ao proceder à divisão dos dados *úteis*, o julgador deve levar em consideração as informações necessárias para a resolução não só das questões que sejam fruto de *controvérsia* como das questões relativas a matérias a respeito das quais o Poder Judiciário deve se manifestar *de ofício*.

À luz desse parâmetro, na *organização* dos dados úteis, é imprescindível que sejam incluídas no rol das *questões formais* e no rol das *questões relativas ao mérito da causa* tanto aquelas surgidas em razão de *controvérsia* entre as partes como as referentes a temas sobre os quais o juiz deve tomar conhecimento *de ofício*.

5. CRITÉRIO PRÁTICO PARA IDENTIFICAÇÃO DAS QUESTÕES RELATIVAS AO MÉRITO DA CAUSA

> **COMO DISTINGUIR AS QUESTÕES RELATIVAS AO MÉRITO DA CAUSA DAS QUESTÕES FORMAIS?**

Capítulo VI ♦ Divisão dos dados úteis: questões formais e questões relativas...

Toda postulação possui *mérito*. O *mérito* da postulação correspondente à *questão principal* do processo é o *mérito da causa*.

Como já realçado, quem propõe uma demanda faz uma *postulação* (formula um *pedido*) e aponta o conjunto fático-jurídico que a sustenta e em razão do qual entende que deve ela ser acolhida (indica as *causas de pedir, remota e próxima*). De outro lado, pode haver motivos para que a postulação lançada seja integral ou parcialmente rejeitada.

Entre tais motivos pode estar o exercício, pela parte ré, do chamado *contradireito*, que é um direito de que a parte ré se considera titular, exercitado como defesa, e que, havendo reconhecimento da existência do direito afirmado pela parte autora, tem aptidão para extinguir tal direito ou impedir que a parte autora possa extrair, do reconhecimento, os efeitos por ela desejados[1]. São exemplos de *contradireito* a prescrição (CC, art. 189), a exceção do contrato não cumprido (CC, art. 476), o benefício de ordem do fiador (CC, art. 827), a retenção pelo locatário (CC, art. 578) e a compensação (CC, art. 368).

O exame do *mérito da causa* se dá nas situações em que for procedido a um *cotejo* entre o *pedido* e os motivos existentes para que seja ele integralmente acolhido, acolhido em parte ou rejeitado, aí incluído o exercício de *contradireitos*[2].

Todas as questões que surgirem no âmbito desse cotejo serão, pois, questões relativas ao *mérito da causa*.

Há, ainda, questões que *ampliam* o campo do *mérito* do processo, sem que sejam fruto *direto* do cotejo entre o *pedido* e os motivos existentes para que seja ele integralmente acolhido, acolhido em parte ou rejeitado.

É o que se dá, por exemplo, com questões que versem sobre a necessidade de adoção de medidas como a imposição de multa (aí incluída a modificação do valor ou da periodicidade da multa vincenda), a busca e apreensão, a remoção de pessoas e coisas, o desfazimento de obras, o impedimento de atividades nocivas, a requisição de força policial e outras medidas que o juiz reputar imprescindíveis à satisfação da parte vencedora (CPC, arts. 536, § 1º; 537, *caput* e §§ 1º e 5º; e 538, § 3º).

Também é o que acontece com as questões a respeito (*i*) da distribuição dos ônus da sucumbência, (*ii*) da ocorrência de litigância de má-fé, (*iii*) da prática de ato atentatório à dignidade da justiça e (*iv*) da remessa ao Ministério Público de cópias das peças dos autos que documentarem a prática de ato ensejador da propositura de ação penal pública (CPP, art. 40) ou de ação civil pública (Lei n. 7.347, de 24 de julho de 1985 – Lei da Ação Civil Pública, art. 7º).

---

[1] DIDIER JR., Fredie. *Curso de direito processual civil*. 20. ed. Salvador: JusPodivm, 2018, v. 1, p. 726-729.

[2] DIDIER JR., Fredie. *Curso de direito processual civil*. 20. ed. Salvador: JusPodivm, 2018, v. 1, p. 511.

São muitíssimo importantes os reflexos *práticos* da identificação de questões assim como *questões de mérito*. Um deles é alusivo à recorribilidade do ato decisório. É que, se a resolução de uma dessas questões se der por meio de decisão interlocutória, tratar-se-á de decisão que desafia a imediata interposição de recurso de agravo de instrumento (CPC, art. 1.015, II).

6. IMPROPRIEDADE DO VÍNCULO ENTRE RESOLUÇÃO DE QUESTÃO DE MÉRITO E APLICAÇÃO EXCLUSIVA DE NORMAS DE DIREITO MATERIAL

> AS QUESTÕES RELATIVAS AO MÉRITO DA CAUSA SÃO SEMPRE QUESTÕES CUJA RESOLUÇÃO ENVOLVE A APLICAÇÃO DE NORMAS DE DIREITO MATERIAL?

O mais *comum* é que o exame do *mérito da causa* se dê por meio da aplicação de normas de Direito Material.

É o que acontece quando se discute se é devida ou não uma quantia, a título de multa por rescisão contratual. Também é o que se dá quando há uma controvérsia a respeito da propriedade de um bem. É o que ocorre, por igual, quando o debate é a respeito da existência ou não da obrigação de alguém tolerar a passagem do vizinho pelo interior do seu imóvel.

Não há empecilho, porém, para que o exame do mérito de uma causa envolva questões de natureza processual.

É o que se dá, por exemplo, com uma demanda proposta estritamente com o objetivo de ver reconhecida a nulidade de uma cláusula contratual que materialize a celebração de um negócio jurídico processual (CPC, art. 190) consistente num acordo de instância única, mediante a renúncia prévia e bilateral ao direito de recorrer de qualquer decisão que venha a ser proferida num processo ainda inexistente. Nesse caso, a aferição a respeito da possibilidade de que tal renúncia se dê envolverá, por óbvio, questões de cunho processual.

Na mesma linha, o exame do mérito de uma demanda rescisória proposta com fundamento na alegação de que a decisão rescindenda foi proferida por juízo absolutamente incompetente (CPC, art. 966, II) ou ofende coisa julgada (CPC, art. 966, IV) somente poderá se dar mediante a aplicação de normas processuais.

Assim, as questões relativas ao mérito da causa *não* são questões cuja resolução envolve *somente* a aplicação de normas do Direito Material, embora a ocorrência de situações em que incidem normas materiais seja, de fato, mais frequente.

Capítulo VI ◆ Divisão dos dados úteis: questões formais e questões relativas...

A indevida vinculação do exame do mérito com a exclusiva aplicação de normas de Direito Material é um dos equívocos mais usuais na rotina forense[3].

7. VÍNCULO ENTRE RESOLUÇÃO DE QUESTÃO FORMAL E APLICAÇÃO DE NORMAS DE DIREITO PROCESSUAL

> **?** AS QUESTÕES FORMAIS SÃO SEMPRE QUESTÕES CUJA RESOLUÇÃO ENVOLVE A APLICAÇÃO DE NORMAS DE DIREITO PROCESSUAL?

As questões formais têm, sempre, natureza processual e, por isso, são resolvidas mediante a aplicação de normas de Direito Processual.

Como registramos no Capítulo V, ao serem *cotejadas* com as questões referentes ao mérito da causa, as questões formais podem revelar aptidão (*i*) para *impedir*, em definitivo, que o exame do mérito da causa ocorra, como se dá com uma questão a respeito da existência ou não de interesse de agir, ou (*ii*) para *impedir* que tal exame se dê em certo momento, *dilatando*, assim, o tempo para que o exame do mérito da causa aconteça, como é o caso de uma questão que verse sobre suspeição ou impedimento do magistrado ou nulidade da citação.

Há também as questões formais *stricto sensu*, que não possuem aptidão *nem* para impedir em definitivo o exame do mérito da causa, *nem* para dilatar o momento em que tal exame se dará, adstringindo-se à mera aplicação de norma de cunho processual. É o caso de uma questão a respeito da falta de outorga de mandato, pela parte autora, a um dos vários advogados que assinaram a petição inicial, num quadro em que tenha sido outorgado mandato aos demais causídicos subscritores.

Nas duas primeiras categorias incluem-se, claramente, questões que *subordinam* questões de mérito. A existência desse vínculo de *subordinação* é um motivo mais do que suficiente para que o rol das *questões formais* não se confunda com o rol das *questões relativas ao mérito da causa*.

8. ROL DAS QUESTÕES FORMAIS

Diante da óbvia necessidade de que as *questões formais* sejam separadas *das questões relativas ao mérito da causa*, é imprescindível que o julgador, especialmente nos casos em que haja pluralidade de alegações dessa natureza,

---

[3] Esse equívoco assume proporções bastante sensíveis no que toca ao *mérito* de incidentes processuais e ao *mérito* recursal. O tema, porém, desborda os limites da nossa proposta nesta obra.

elabore, mentalmente ou por escrito, uma lista que contenha todas as *questões formais* existentes no processo.

A título de *exemplo*, apresentaremos, a seguir, um rol de *questões de natureza formal*, englobando matérias sobre as quais o juiz deve se manifestar de ofício e temas sobre os quais o magistrado somente pode se manifestar se for provocado.

Tal como se deu com as listas que apresentamos anteriormente, não há possibilidade de um específico processo alojar *todo* o elenco das questões mencionadas no rol.

O nosso intuito é apenas *lembrar* questões formais dos mais diversos matizes.

Ao fazê-lo, *não* nos utilizamos, intencionalmente, de uma ordem lógica entre os diversos itens.

NO CONCURSO PÚBLICO

*É bastante **numeroso** o conjunto de questões formais.*

*Esse fator, combinado com o **relevo** que cada uma delas pode assumir em determinado processo – mormente nos casos postos para exame em **quesitos de provas** para ingresso na magistratura –, nos estimulou a dedicar um tempo especial, em **solidariedade** aos candidatos, para construir o elenco de exemplos apresentado a seguir.*

Eis o rol:

1) impedimento do juiz (CPC, art. 144);
2) suspeição do juiz (CPC, art. 145, § 1º);
3) impedimento de membro do Ministério Público, de auxiliar da justiça ou de qualquer outro sujeito imparcial do processo (CPC, art. 148);
4) suspeição de membro do Ministério Público, de auxiliar da justiça ou de qualquer outro sujeito imparcial do processo (CPC, art. 148);
5) ocorrência de erro na distribuição (CPC, art. 288);
6) concessão dos benefícios da gratuidade da justiça (CPC, arts. 98 a 102);
7) concessão do benefício de prioridade de tramitação (CPC, art. 1.048);
8) falta de adiantamento dos valores relativos a custas processuais e a despesas decorrentes do ato de propositura da demanda (CPC, art. 290);
9) falta de caução ou de outra prestação que a lei exige que seja previamente cumprida para exercício do direito de ação (CPC, arts. 83; 92; 337, XII, § 5º; e 486, § 2º, por exemplo);
10) posição do processo, quanto à ordem cronológica de conclusão para julgamento (CPC, art. 12, §§ 2º a 6º);

Capítulo VI ♦ Divisão dos dados úteis: questões formais e questões relativas...

11) incompetência absoluta do juízo (CPC, art. 64, § 1º);
12) incompetência relativa do juízo (CPC, arts. 63, § 3º, 64, *caput*, e 337, II, § 5º);
13) comunicação de desistência pelo autor (CPC, art. 485, VIII, §§ 4º e 5º);
14) ineficácia de cláusula abusiva de eleição de foro (CPC, art. 63, §§ 3º e 4º);
15) necessidade de formação de litisconsórcio (CPC, arts. 114 e 115, parágrafo único);
16) existência de convenção de arbitragem (CPC, arts. 337, X, § 5º, e 485, VII);
17) reconhecimento, pelo juízo arbitral, da sua própria competência (CPC, art. 485, VII, e Lei n. 9.307, de 23 de setembro de 1996 – Lei da Arbitragem, art. 8º, parágrafo único);
18) existência de conexão (CPC, arts. 55 e 337, VIII, § 5º);
19) existência de continência (CPC, arts. 56 e 57);
20) paralisação do processo durante mais de um ano, por negligência das partes, de modo a caracterizar o abandono bilateral da causa (CPC, art. 485, II, §§ 1º e 2º);
21) abandono da causa pelo autor (CPC, art. 485, III, §§ 1º, 2º e 6º);
22) falta de capacidade de ser parte (CPC, art. 485, IV, § 3º);
23) ocorrência de morte de qualquer das partes no curso do processo (CPC, art. 313, I), incluída a morte da parte nos casos em que a demanda versa sobre direito intransmissível (CPC, art. 485, IX, § 3º);
24) falta de capacidade processual (CPC, arts. 70 a 76; 313, I; e 485, IV, § 1º);
25) falta de capacidade postulatória (CPC, arts. 313, I, e 485, IV, § 3º);
26) irregularidade da representação processual (CPC, arts. 76; 313, I; e 485, IV, § 3º);
27) ausência de pedido (CPC, arts. 319, IV; 322, *caput*; e 330, I, § 1º, I);
28) formulação de pedido genérico fora das previsões legais (CPC, arts. 319, IV; 324, §§ 1º e 2º; e 330, I, § 1º, II);
29) formulação de pedido que não decorre logicamente da causa de pedir (CPC, art. 330, I, § 1º, III);
30) cumulação de pedidos incompatíveis entre si, fora das permissões legais (CPC, arts. 326, parágrafo único; 327, § 1º, I; e 330, I, § 1º, IV);
31) ausência de causa de pedir (CPC, arts. 319, III, e 330, I, § 1º, I);
32) existência de perempção (CPC, arts. 337, V, § 5º; 485, V, § 3º; e 486, § 3º);
33) existência de litispendência (CPC, arts. 337, §§ 1º, 2º, 3º e 5º; e 485, V, § 3º);
34) existência de coisa julgada (CPC, arts. 337, §§ 1º, 2º, 4º e 5º; e 485, V, § 3º);
35) ilegitimidade de qualquer das partes (CPC, arts. 17; 18; e 485, VI, § 3º);

36) falta de interesse de agir (CPC, arts. 16; 19; 20; e 485, VI, § 3º);

37) decadência do direito de lançar mão de determinado procedimento, como pode acontecer com o procedimento de mandado de segurança (Lei n. 12.016, de 7 de agosto de 2009, art. 23) e com os procedimentos especiais possessórios (CPC, art. 558 e seu parágrafo único);

38) falta de adequação do procedimento quando houver cumulação de pedidos (CPC, arts. 321 e 327, § 2º) ou mesmo que não exista tal cumulação (CPC, art. 321);

39) incorreção do valor atribuído à causa (CPC, arts. 292, § 3º, e 337, III, § 5º);

40) irregularidade da prática do ato de citação (CPC, arts. 238 a 259; 280; e 337, I, § 5º);

41) irregularidade da prática de atos de intimação (CPC, arts. 269 a 275 e 280);

42) necessidade de intervenção do Ministério Público (CPC, art. 279);

43) ocorrência de situação que enseje a suspensão da prática dos atos do procedimento (CPC, arts. 135, § 3º; 146, § 2º; 313 a 315; 377; 525, §§ 6º a 10; 694, parágrafo único; 919, §§ 1º a 5º; 921 a 923; 982, I, § 3º; 989, II; 1.029, § 4º; 1.035, § 5º; 1.036, § 1º; e 1.037, II);

44) necessidade de que sejam riscadas dos autos expressões ofensivas (CPC, art. 78, § 2º);

45) expedição de certidão com inteiro teor de expressões ofensivas que tenham sido utilizadas por qualquer dos sujeitos do processo (CPC, art. 78, § 2º);

46) invalidade de negócio jurídico processual, típico ou atípico, que não verse sobre o objeto litigioso do processo (CPC, art. 190, parágrafo único);

47) descumprimento de negócio jurídico processual, típico ou atípico, que não verse sobre o objeto litigioso do processo (CPC, art. 190, *caput*);

48) necessidade de anotação, junto à distribuição, da ocorrência de alteração na composição de qualquer dos polos da demanda (CPC, arts. 108; 109, § 1º; 113, § 1º; 115, parágrafo único; 119 a 138; 338; 339; 343, §§ 3º e 4º; 382, § 1º; 401; 644; e 687 a 692, por exemplo);

49) necessidade de anotação, junto à distribuição, da ocorrência de alteração no objeto litigioso do processo (CPC, arts. 286, parágrafo único, 329), incluído o caso de desistência parcial (CPC, art. 485, VIII, §§ 4º e 5º); e

50) remessa necessária (CPC, art. 496).

9. ROL DAS QUESTÕES RELATIVAS AO MÉRITO DA CAUSA

Elaborada a lista com todas as questões de natureza *formal* existentes no processo, deve ser composta uma segunda lista, contendo o elenco de todas as questões relativas *ao mérito da causa*.

Observe-se que essa segunda lista deve ser elaborada antes mesmo que se proceda a uma análise voltada para a estruturação da sequência lógica a ser empregada para resolução das questões constantes na primeira lista. E assim deve ser porque não é raro, mormente em processos mais complexos, que, por ocasião da composição dessa segunda lista, seja percebida a existência de outras questões que devem integrar a primeira lista.

Com a conclusão do rol das questões relativas ao *mérito da causa*, confere-se estabilidade ao conteúdo de ambas as listas, de modo a que possam elas, nas etapas seguintes, servir de base para estruturação do encadeamento lógico que será usado, por ocasião da redação do texto da sentença, para exposição a respeito da resolução das questões nelas elencadas.

9.1 Questões específicas do caso concreto

O conteúdo da lista das questões relativas ao exame do *mérito da causa* dependerá, por óbvio, das características do caso concreto, especificamente quanto à situação litigiosa que ensejou a propositura da demanda.

Assim, por exemplo, tratando-se de uma demanda proposta para o fim de se obter prestação alimentícia decorrente de vínculo de paternidade, é comum que as questões de mérito sejam relativas a temas como os seguintes:

1) inexistência do vínculo de paternidade;
2) identificação das efetivas necessidades da parte autora;
3) identificação da possibilidade de a parte ré prestar alimentos; e
4) identificação do valor que, a um só tempo, seja suficiente para satisfazer, tanto quanto possível, as efetivas necessidades da parte autora e esteja dentro dos limites da possibilidade da parte ré.

Ainda a título de exemplo, se o processo versar sobre a cobrança, que a parte autora faz em relação à parte ré, de um valor a título de multa, em decorrência do descumprimento de uma cláusula contratual, as questões de mérito podem ser referentes aos seguintes temas:

1) existência do contrato;
2) invalidação do contrato, como um todo;
3) invalidação da cláusula contratual, especificamente;
4) cumprimento da obrigação consubstanciada na cláusula contratual;
5) existência de obrigação que a parte autora deveria ter adimplido antes, sem o que não poderia exigir o cumprimento da obrigação assumida pela parte ré; e
6) pagamento anterior da multa.

9.2 Questões inespecíficas, referentes a matérias que o juiz deve conhecer de ofício

Ao lado das questões umbilicalmente vinculadas às especificidades do caso concreto, há aquelas que, como vimos, são também relativas ao *mérito* da causa e devem ser examinadas de ofício pelo juiz.

Quanto a elas, utilizaremos, apenas a título de exemplo, a *mesma* lista exemplificativa que apresentamos ao tratarmos da identificação e da coleta dos dados úteis:

1) identificação da norma ou do conjunto normativo que incide sobre o conjunto fático invocado por qualquer das partes (o que corresponde às chamadas *matérias de direito*);

2) decadência legal (CC, art. 210, e CPC, arts. 332, § 1º, e 487, II);

3) prescrição (CPC, arts. 332, § 1º; 487, II; e 921, § 5º; e Lei n. 6.830, de 22 de setembro de 1980, art. 40, § 4º);

4) pedido contrário a precedente judicial vinculante (CPC, art. 332, *caput*);

5) existência de precedente judicial vinculante sobre matéria referente ao mérito da causa (CPC, art. 489, § 1º, VI);

6) produção do efeito da revelia, consistente na presunção de veracidade das alegações fáticas feitas pela parte autora (CPC, arts. 344 a 346);

7) ocorrência, depois de proposta a demanda, de fato constitutivo, modificativo ou extintivo do direito (CPC, art. 493);

8) ocorrência de simulação ou de colusão entre as partes, a fim de fraudar a lei (CPC, art. 142);

9) invalidade de negócio jurídico processual, típico ou atípico, que verse sobre o objeto litigioso do processo, como o reconhecimento da procedência do pedido, a transação e a renúncia à pretensão formulada (CPC, arts. 190, parágrafo único, e 487, III);

10) inclusão de prestações sucessivas, quando a demanda tiver por objeto o cumprimento de obrigação em prestações com tal característica (CPC, art. 323);

11) extensão da obrigação de pagar quantia, na decisão que reconhecer a sua exigibilidade, ainda que formulado pedido genérico (CPC, art. 491);

12) correção monetária, bem como o termo inicial da sua incidência, na decisão que reconhecer a exigibilidade da obrigação de pagar quantia, ainda que formulado pedido genérico (CPC, arts. 322, § 1º, e 491);

13) taxa de juros de mora, bem como o termo inicial da sua incidência, na decisão que reconhecer a exigibilidade da obrigação de pagar quantia, ainda que formulado pedido genérico (CPC, arts. 322, § 1º, e 491);

14) periodicidade de capitalização de juros, na decisão que reconhecer a exigibilidade da obrigação de pagar quantia, ainda que formulado pedido genérico (CPC, art. 491);

15) necessidade de adoção de medidas como a imposição de multa (aí incluída a modificação do valor ou da periodicidade da multa vincenda), a busca e apreensão, a remoção de pessoas e coisas, o desfazimento de obras, o impedimento de atividades nocivas, a requisição de força policial e outras medidas que o juiz reputar imprescindíveis à satisfação da parte vencedora (CPC, arts. 536, § 1º; 537, *caput* e §§ 1º e 5º; e 538, § 3º);

16) distribuição dos ônus da sucumbência, quanto às despesas do processo (CPC, arts. 82, § 2º, e 84);

17) distribuição dos ônus da sucumbência, quanto a honorários advocatícios (CPC, arts. 81; 85 a 87; 90; 98, VI, § 2º; 322, § 1º; 338, parágrafo único; 339, § 1º; 485, § 2º; 520, § 2º; 523, §§ 1º e 2º; 526, § 2º; 546; 603, § 1º; 718; 775, parágrafo único, I; e 827, § 2º);

18) ocorrência de litigância de má-fé (CPC, arts. 81; 96; 142; e 536, § 3º);

19) prática de ato atentatório à dignidade da justiça (CPC, arts. 77, IV e VI, §§ 1º a 8º; 334, § 8º; 774; e 918, parágrafo único); e

20) remessa ao Ministério Público de cópias das peças dos autos que documentarem a prática de ato ensejador da propositura de ação penal pública (CPP, art. 40) ou de ação civil pública (Lei n. 7.347, de 24 de julho de 1985 – Lei da Ação Civil Pública, art. 7º).

CAPÍTULO VII

A QUESTÃO ESTÁ SUFICIENTEMENTE MADURA PARA RESOLUÇÃO?

◆ **SUMÁRIO**

1. Consideração introdutória – **2.** Roteiros práticos – **3.** Resolução de questões antes da citação ou do comparecimento espontâneo da parte ré ao processo: **3.1** Questões formais que não versam sobre defeito processual; **3.1.1** Questões relativas ao falecimento de qualquer das partes, depois da propositura da demanda; **3.1.2** Questões relativas ao falecimento do advogado da parte autora; **3.1.3** Questões relativas à renúncia do advogado da parte autora; **3.1.4** Questões relativas a abandono do processo; **3.1.5** Questões relativas à desistência da demanda; **3.2** Questões formais que versam sobre defeito processual; **3.2.1** Defeito sanável; **3.2.2** Defeito insanável; **3.3** Questões relativas ao mérito da causa; **3.3.1** Tema debatido previamente pela parte autora; **3.3.2** Tema não debatido previamente pela parte autora – **4.** Resolução de questões depois da citação ou do comparecimento espontâneo da parte ré ao processo: **4.1** Questões formais que não versam sobre defeito processual; **4.1.1** Questões relativas ao falecimento de qualquer das partes, depois da propositura da demanda; **4.1.2** Questões relativas ao falecimento do advogado de qualquer das partes; **4.1.3** Questões relativas à renúncia do advogado de qualquer das partes; **4.1.4** Questões relativas a abandono do processo pela parte autora; **4.1.5** Questões relativas a abandono do processo por ambas as partes; **4.1.6** Questões relativas à desistência da demanda; **4.2** Questões formais que versam sobre defeito processual; **4.2.1** Suscitação por uma das partes; **4.2.2** Suscitação de ofício, pelo juiz; **4.3** Questões relativas ao mérito da causa; **4.3.1** Suscitação por uma das partes; **4.3.2** Suscitação de ofício, pelo juiz.

> **PRECISO PRATICAR OUTROS ATOS ANTES DE RESOLVER DETERMINADA QUESTÃO?**

1. CONSIDERAÇÃO INTRODUTÓRIA

A resolução de *qualquer* questão, seja ela *formal*, seja relativa ao *mérito da causa*, deve ser cercada de cuidados voltados para a verificação a respeito da regularidade do procedimento que *antecede* o momento em que a decisão será proferida.

Trata-se de uma verificação quanto a se foram ou não praticados os atos procedimentais que devem *preceder* a prática do ato decisório.

A existência de defeito no procedimento que antecede a *sentença* pode contaminar, em diversos graus, a saúde do ato, podendo chegar à necessidade de que seja ele invalidado, o que, definitivamente, *não* é desejável.

Assim é que, feita a leitura dos autos (Capítulo IV), identificados e colhidos, mentalmente ou por escrito, os dados úteis (Capítulo V), com a elaboração dos róis das questões formais e das questões relativas ao mérito da causa (Capítulo VI), é preciso que, antes da etapa seguinte, em direção à identificação da sequência lógica a ser seguida na resolução das questões (Capítulo VIII), o julgador apure se, de fato, as questões identificadas encontram-se suficientemente *maduras*, aptas à resolução.

É esse o objeto deste capítulo.

2. ROTEIROS PRÁTICOS

> **EXISTE ALGUM ROTEIRO PRÁTICO QUE EU POSSA SEGUIR PARA VERIFICAR SE A QUESTÃO ESTÁ SUFICIENTEMENTE MADURA PARA RESOLUÇÃO?**

É possível estabelecer *roteiros práticos*, a serem seguidos pelo julgador, por ocasião da verificação a respeito da regularidade do procedimento que antecede o momento em que a *sentença* será proferida.

Na utilização de tais roteiros, é importante perceber que a observância do princípio do *contraditório* está no *centro* da verificação a ser feita, uma vez que, tratando-se de decisão – ato com evidente potencial para contrariar interesses –, é preciso que seja ela tomada com os olhos postos no direito fundamental de ser ouvido e de contribuir para a formação do panorama no qual o ato será praticado, de modo a poder influir eficazmente na construção da convicção do juiz.

> **AO VERIFICAR SE A QUESTÃO ESTÁ SUFICIENTEMENTE MADURA PARA RESOLUÇÃO, É PRECISO ATINAR PARA A INCIDÊNCIA DE OUTRAS NORMAS FUNDAMENTAIS DO DIREITO PROCESSUAL CIVIL OU BASTA ESTAR ATENTO À INCIDÊNCIA DO PRINCÍPIO DO CONTRADITÓRIO?**

Porém, vale lembrar que o princípio do *contraditório*, tal como se dá com qualquer princípio, não atua isoladamente.

Em cada caso, será sempre adequado ponderar a respeito da incidência *simultânea* de outras normas fundamentais do Direito Processual Civil.

Dentre elas, as que mais frequentemente se fazem presentes por ocasião da verificação a respeito da maturidade da questão são os princípios da *primazia da decisão de mérito*, da *duração razoável do processo*, da *eficiência*, do *respeito à autodisciplina da vontade no processo* e da *cooperação*, além da regra do *desenvolvimento do processo por impulso oficial*.

À luz desse contexto, e considerando a pujança com que o princípio do *contraditório* se apresenta, há uma realidade a ser considerada: como o processo já *existe*, um sujeito *já* exercitou o direito de ação. Há, pois, um sujeito que praticou o ato de propositura da demanda. Há, portanto, no processo, uma *parte autora*, que é titular do direito fundamental ao contraditório.

Quanto à *parte ré*, porém, o fato de o processo *existir* não implica que ela já esteja integrada ao complexo de relações jurídicas processuais. Para o adequado dimensionamento da aplicação do princípio do *contraditório*, pois, é preciso saber se a *parte ré* já foi ou não regularmente integrada ao processo, por meio da citação (CPC, art. 238) ou do seu comparecimento espontâneo (CPC, art. 239, § 1º).

Por isso, os roteiros a serem seguidos tomam por base dois pontos de partida: um para a hipótese de a questão se apresentar *antes* de a parte ré ser citada ou comparecer espontaneamente ao processo e o outro para o caso de a questão surgir *depois* que a parte ré foi citada ou compareceu espontaneamente.

3. RESOLUÇÃO DE QUESTÕES ANTES DA CITAÇÃO OU DO COMPARECIMENTO ESPONTÂNEO DA PARTE RÉ AO PROCESSO

Os cenários que envolvem a resolução de questões *antes* da citação ou do comparecimento espontâneo da parte ré ao processo têm como centro, na grande maioria das vezes, questões de natureza *formal*. Entre elas, há as que *não versam* e as que *versam* sobre defeitos processuais, dentre as quais se destacam as que possuem pendor para gerar o indeferimento da petição inicial (CPC, art. 330).

Ao lado disso, é preciso considerar (*i*) que existe possibilidade de o *mérito da causa* ser apreciado *sem* que a parte ré tenha sido citada ou comparecido espontaneamente ao processo, se o caso for de improcedência liminar do pedido (CPC, art. 332), e (*ii*) que a parte ré, mesmo não tendo sido citada, nem comparecido espontaneamente, é também titular do direito de obter, em prazo razoável, a solução integral do *mérito da causa* (CPC, art. 4º).

3.1 Questões formais que não versam sobre defeito processual

Apesar do vínculo que é comumente feito entre questão formal e possibilidade de existência de defeito no processo, a verdade é que há questões formais que *não* versam sobre defeito processual.

Esse tipo de questão pode surgir tanto *antes* como *depois* que a parte ré tenha sido citada ou comparecido espontaneamente. Neste momento, interessam-nos apenas os casos em que esse tipo de questão surge *antes* da citação ou do comparecimento espontâneo.

As questões decorrentes dos fatos a seguir elencados são bons exemplos:

1) falecimento de qualquer das partes, depois de proposta a demanda (arts. 110, 313, I, §§ 1º e 2º, e 689, todos do CPC);
2) falecimento do advogado que esteja atuando como único patrono da parte autora (CPC, art. 313, § 3º);
3) renúncia do advogado da parte autora ao mandato que lhe foi por ela outorgado (CPC, art. 112);
4) abandono do processo (CPC, art. 485, III, § 1º);
5) apresentação, pela parte autora, de pleito de homologação de desistência da demanda proposta (CPC, art. 485, VIII, § 5º);
6) parto da advogada que esteja atuando como única patrona da parte autora ou obtenção, pela causídica, de concessão de adoção (CPC, art. 313, IX, § 6º); e
7) início da paternidade do advogado que esteja atuando como único patrono da parte autora (CPC, art. 313, X, § 7º).

Dentre as situações elencadas acima, dedicaremos as nossas atenções às que têm aptidão para, a depender do cenário, gerar a extinção do processo, *sem* que o mérito da causa seja resolvido.

3.1.1 Questões relativas ao falecimento de qualquer das partes, depois da propositura da demanda

> SE A PARTE RÉ AINDA NÃO FOI CITADA E A PARTE AUTORA FALECEU, COMO A NOTÍCIA DO FALECIMENTO PODE CHEGAR AO PROCESSO?

São diversas as formas como, no cotidiano, a notícia de que uma das partes faleceu[1] no curso do processo chega aos autos, nos casos em que ainda não tenha havido citação, nem comparecimento espontâneo do réu ao processo.

---

[1] A extinção da pessoa jurídica equipara-se à morte da pessoa natural (EDcl no REsp 465.580/RS, rel. Min. Castro Meira, Segunda Turma, julgado em 3-4-2008, *DJe* 18-4-2008).

Capítulo VII ♦ A questão está suficientemente madura para resolução?

Tratando-se de falecimento da parte autora, o mais comum é que o advogado por ela constituído compareça em juízo, em nome próprio[2], para comunicar a ocorrência do óbito.

Se foi o réu que faleceu depois da propositura da demanda, mas *antes* da citação, a notícia chega ao julgador, comumente, em razão da frustração da diligência citatória ou mesmo por comunicação feita pela parte autora.

Em qualquer caso, além da necessidade de apresentação de prova suficiente a respeito da ocorrência do óbito[3], é de suma importância aferir se o direito de que a parte autora se entende titular é ou não *transmissível*[4].

---

[2] Tendo ocorrido a morte do seu constituinte, o advogado não mais atuará na qualidade de representante judicial, uma vez que, com o óbito, o contrato de mandato se extingue (CC, art. 682, II). Assim, a sua atuação no processo deverá se dar em nome próprio, a menos que venha ele a receber novo mandato, outorgado, já agora, pelo sujeito que vier a suceder a pessoa falecida (CPC, art. 110).

[3] O ideal é que seja apresentada a certidão de registro do óbito, a ser obtida junto ao cartório do registro civil de pessoas naturais em que o óbito houver sido registrado (Lei n. 6.015/73, art. 29, III). Por esse motivo, devem o juiz e os sujeitos que remanescem no processo, em regime de cooperação (CPC, art. 6º), adotar as providências que estiverem ao seu alcance para que tal certidão seja acostada aos autos. A falta de apresentação da certidão, porém, *não* pode ser erigida a fator de impedimento absoluto para que se considere que o óbito ocorreu. Assim, pode o magistrado, diante da impossibilidade ou da excessiva dificuldade de acesso a tal certidão (imagine-se, por exemplo, que não se saiba em que cartório o acontecimento do óbito foi registrado), formar a sua convicção a respeito da ocorrência do evento *morte* à luz da robustez do conjunto de dados que emergir do processo.

[4] Estando certa a ocorrência do *óbito*, a *transmissibilidade* ou não do direito sob discussão é o verdadeiro *núcleo* para definição a respeito dos efeitos, no processo, do falecimento de uma das partes. A falta de percepção a respeito dessa circunstância tem gerado uma desnecessária oscilação jurisprudencial. Assim é que, no que concerne ao procedimento de *mandado de segurança*, há clara predominância de acórdãos, do STF e do STJ, no sentido de que, pelo só fato de se tratar de *mandado de segurança*, o falecimento do impetrante gera a extinção do processo (*v. g.* do julgamento, pelo STF, dos ED no ED no EDv no AgR no AgR no ED no RE 221.452/DF, rel. Min. Edson Fachin, Tribunal Pleno, julgados em 1º-7-2016, Acórdão Eletrônico publicado no *DJe*-167 em 10-8-2016, e dos julgamentos, pelo STJ, dos EDcl no AgInt no AREsp 1277839/SP, rel. Min. Mauro Campbell Marques, Segunda Turma, julgados em 25-9-2018, *DJe* 3-10-2018, e dos EDcl no AgInt nos EDcl nos EDcl no RE nos EDcl no AgRg no RMS 31.126/RJ, rel. Min. Humberto Martins, Corte Especial, julgados em 7-3-2018, *DJe* 23-3-2018). Porém, igualmente em procedimento de *mandado de segurança*, o mesmo STJ, atinando para a *transmissibilidade* do direito sob discussão, admitiu, no julgamento do AgInt no MS 22.909/DF (rel. Min. Francisco Falcão, Primeira Seção julgado em 25-10-2017, *DJe* 10-11-2017), a habilitação do espólio do falecido autor. Quadro similar acontece com o procedimento especial de *exigir contas* (equivalente ao procedimento de *prestação de contas*, previsto nos arts. 914 a 919 do CPC/1973): há diversos precedentes do STJ no sentido de que, simplesmente por se tratar desse procedimento especial, o evento *morte* geraria a extinção do processo sem resolução do mérito (*v. g.* do julgamento do AgInt no AREsp 684.116/RS, rel. Min. Lázaro Guimarães (desembargador convocado do TRF da 5ª Região), Quarta Turma, julgado em 18-9-2018, *DJe* 21-9-2018), ao lado de julgamentos, igualmente pelo STJ, em que se admite que o espólio suceda a parte (*v. g.* dos julgamentos do REsp 1480810/ES, rel. Min. Nancy Andrighi, Terceira Turma, julgado em 20-3-2018, *DJe* 26-3-2018, e do REsp 1444677/SP, rel. Min. João Otávio Norinha, Terceira Turma, julgado em 3-5-2016, *DJe* 9-5-2016).

> **SE O ÓBITO DA PESSOA INDICADA COMO PARTE AUTORA OU COMO PARTE RÉ HOUVER OCORRIDO ANTES DA PROPOSITURA DA DEMANDA, A FORMA DE RESOLVER A SITUAÇÃO É A MESMA?**

Por fim, é de todo útil atinar para a possibilidade de o óbito do sujeito indicado como parte – independentemente de se tratar de parte autora ou de parte ré – haver ocorrido *antes* da data da propositura da demanda. Essa situação *não* se confunde com a que estamos examinando *neste* momento, pois remete à existência de um quadro processual em que há indicação, como parte processual principal, de sujeito sem *capacidade de ser parte*.

3.1.1.1 Intransmissibilidade do direito sob discussão

Tratando-se de direito *intransmissível*, a morte de qualquer das partes conduzirá ao encerramento do procedimento, *sem* que o mérito da causa seja resolvido (CPC, art. 485, IX[5], § 3º).

É o que se dará, por exemplo, se qualquer das partes falecer num processo em que o único pedido formulado seja o de decretação do divórcio.

Em casos assim, não tendo sido ainda citada a parte ré ou não tendo ela comparecido espontaneamente ao processo, se a notícia da ocorrência do óbito chegou aos autos por meio da própria parte autora, que comunicou o falecimento da parte ré, ou do advogado da parte autora, que informou o falecimento do seu constituinte, a questão já estará apta a ser resolvida, sem a necessidade de que qualquer outro ato seja praticado antes. Cabe ao julgador, simplesmente, proferir a sentença, *extinguindo* o processo, sem resolução do mérito da causa (CPC, art. 485, IX).

Na hipótese, porém, de a notícia haver chegado ao processo por qualquer *outra via*[6], tratando-se de notícia de ocorrência do óbito do réu, à parte autora deve

---

[5] No inciso IX do art. 485 do CPC há um *aparente* condicionamento à existência de texto legal que diga expressamente que o direito sob discussão é intransmissível: o juiz não resolverá o mérito quando, "em caso de morte da parte, a ação for considerada intransmissível por disposição legal". Ante as infinitas possibilidades de alegação de titularidade de direitos, não é preciso esforço para se concluir pela impropriedade do raciocínio segundo o qual *somente* se pode tratar um direito como intransmissível *se* houver texto legal a respeito. Assim, a melhor interpretação a ser dada ao texto do inciso IX é no sentido, simplesmente, de que não haverá resolução do mérito se, em caso de morte da parte, o direito sob discussão for intransmissível, *independentemente* de haver texto legal que aluda à intransmissibilidade.

[6] A título de exemplo, imagine-se a situação em que o falecimento da parte seja fato público e notório. Outro exemplo é o decorrente da certificação pelo oficial de justiça, que, ao tentar realizar a diligência citatória, foi informado do óbito do citando. Pode ocorrer, também, certificação, pela secretaria do juízo, de que, nos autos de *outro* processo, houve apresentação de certidão de

Capítulo VII ◆ A questão está suficientemente madura para resolução?

ser dada oportunidade de se manifestar, antes que a *sentença* seja proferida. Já no caso de a informação ser a de que houve óbito da parte autora, é adequado que se determine a intimação do advogado a quem a parte autora outorgou mandato, para que se manifeste, em nome próprio. A adoção de tais medidas antes do proferimento da *sentença* é salutar, pelo potencial que elas possuem para prevenir o surgimento de incidentes, tais como os decorrentes de homonímia.

NA PRÁTICA

*Exemplos de pronunciamentos judiciais, diante da notícia de ocorrência de **óbito** de uma das partes, num caso em que **não** há litisconsórcio, ainda **não** houve citação, **nem** comparecimento espontâneo da parte ré ao processo, o direito sob discussão é **intransmissível** e a notícia é trazida ao processo por outra via, que não a parte autora ou o seu advogado:*

*Notícia da ocorrência de óbito do **demandado**:*

DESPACHO

Tendo em vista a notícia de que a parte ré teria falecido, manifeste-se a parte autora, no prazo de 15 (quinze) dias. Registro que o direito sob discussão é intransmissível, em razão do que a ocorrência de óbito da parte é causa para extinção do processo sem resolução do mérito (CPC, art. 485, IX). Na hipótese de silêncio da parte autora, haverá presunção de que ela não se opõe à extinção, caso em que os autos deverão voltar conclusos, para sentença.

Intime-se.

[local e data].

*Notícia da ocorrência de óbito do **demandante**:*

DESPACHO

Tendo em vista a notícia de que a parte autora teria falecido, intime-se o advogado que foi por ela constituído para que se manifeste a respeito, no prazo de 15 (quinze) dias. Registro que o direito sob discussão é intransmissível, em razão do que a ocorrência de óbito da parte é causa para extinção do processo sem resolução do mérito (CPC, art. 485, IX). Na hipótese de silêncio do causídico, haverá presunção de que inexiste motivo para outras ponderações a respeito da notícia do óbito, caso em que os autos deverão voltar conclusos, para sentença.

[local e data].

*Perceba-se que, por meio de pronunciamentos assim, são cumpridas, com rigor, a um só tempo, normas como o princípio da **eficiência** (já que, mediante a indicação dos efeitos*

---

registro do óbito de uma partes, se a pessoa falecida estivesse como parte em ambos os processos ou mesmo se estava ela atuando no outro processo com outra qualidade (testemunha, perito, intérprete, mediador, conciliador, dentre outras possibilidades).

> *decorrentes do silêncio, abre-se campo para redução do número de atos processuais), o princípio da **segurança jurídica** (uma vez que há prévia informação a respeito das consequências jurídicas de eventual silêncio) e o princípio da **cooperação** (já que o magistrado estará se desincumbindo dos deveres de prevenção e de esclarecimento, que integram o conteúdo de tal princípio).*
>
> *E cabe um acréscimo, quanto a um pequenino detalhe de ordem prática, relativo ao despacho proferido no caso em que houve notícia do óbito do demandante: ao final, **não** foi inserida a ordem de intimação ("Intime-se"). É que, quanto ao **único** sujeito a ser intimado – o advogado que havia sido constituído pela parte autora –, tal ordem já consta no próprio texto do pronunciamento, em razão do que não há motivo para que seja ela repetida.*

3.1.1.2 Transmissibilidade do direito sob discussão

Sendo *transmissível* o direito sob discussão e *não* tendo sido ainda citada a parte ré, nem tendo ela comparecido espontaneamente ao processo, o evento *morte* gera caminhos distintos, a depender de quem tenha falecido.

Por isso, a verificação quanto a se a questão já se encontra apta a ser resolvida atende a diferentes exigências.

3.1.1.2.1 Falecimento da parte autora

Havendo morte da parte autora *antes* de a parte ré ser citada ou comparecer espontaneamente ao processo, se o direito objeto de discussão for *transmissível*, a questão relativa aos efeitos jurídico-processuais decorrentes do falecimento somente estará apta a ser resolvida se já houver sido ultrapassada a sequência de atos prevista nos textos dos arts. 110, 313, I, §§ 1º e 2º, II, e 689, todos do CPC.

Assim é que cabe ao espólio da parte autora, a quem for o seu sucessor ou, se for o caso, aos seus herdeiros tomar a iniciativa de ocupar o polo ativo da demanda, mediante a apresentação de pleito de habilitação (CPC, arts. 110 e 689).

Se o requerimento de habilitação não for apresentado, abre-se o campo para a prática dos atos a que alude o art. 313, I, § 2º, II, do CPC.

Por isso, é preciso que, antes do proferimento de uma eventual decisão que implique a não resolução do mérito, seja determinada a suspensão da prática dos atos do procedimento[7], com a intimação do espólio do autor, de quem

---

[7] São diversas as referências existentes no CPC à *suspensão do processo*. Primeiro, é preciso que se perceba que o que é, de fato, suspenso é o curso do *procedimento*. Quanto ao feixe de relações jurídicas de natureza processual, ele não sofre qualquer "suspensão" decorrente dos fatos indicados como causa para a chamada *suspensão do processo*. Tanto isso é verdade que, mesmo que esteja *suspenso o processo*, não é admissível que demanda idêntica seja proposta, o que revela que, apesar da *suspensão*, continua havendo litispendência. A *suspensão*, pois, atinge apenas a prática dos atos do procedimento.

Capítulo VII ◆ A questão está suficientemente madura para resolução?

for o seu sucessor ou, se for o caso, dos seus herdeiros, pelos meios de divulgação que o magistrado reputar mais adequados, para que manifestem interesse na sucessão processual e promovam a habilitação no prazo que o juiz designar (CPC, art. 313, § 2º, II).

Observe-se que se o magistrado, diante do caso concreto, não possuir meios para identificar se a intimação deverá ser do espólio, de algum eventual sucessor ou de herdeiros, as providências relativas à intimação deverão ser dirigidas para *todos* esses sujeitos, concomitantemente.

> **HÁ ALGUMA PROVIDÊNCIA DE ORDEM PRÁTICA QUE PODERIA SER ADOTADA PARA TENTAR EVITAR O COMPLEXO DE ATOS A QUE SE REFERE O ART. 313, § 2º, II, DO CPC?**

Há, entretanto, uma providência que é fruto da experiência propiciada pela observação do que ordinariamente acontece e que pode evitar a adoção desse complexo de medidas: a simples intimação do advogado que representava a parte autora no processo.

É que são grandes as chances de o próprio profissional possuir meios, mediante contato com pessoas vinculadas ao seu falecido constituinte, para que a sucessão processual se dê sem a necessidade de maiores dispêndios de energia.

Nesse caso, o profissional será instado a *cooperar* para o prosseguimento do processo (CPC, art. 6º), mediante o fornecimento das informações de que dispuser, ressalvadas as referentes a fato a respeito do qual deva o advogado guardar sigilo profissional (Lei n. 8.906/94, art. 7º, XIX).

Tomadas *todas* essas providências, se ainda assim o sujeito que está legitimado para ocupar o polo ativo da demanda, sucedendo o autor, não se apresentar, a questão estará apta a ser decidida, com a extinção do processo, sem que o mérito da causa seja resolvido (CPC, art. 313, I, § 2º, II, trecho final).

Segundo, é muito importante que se perceba que a suspensão do curso do procedimento *não* significa, necessariamente, uma proibição de que sejam praticados atos dentro do processo. É bastante ver que, em diversas das previsões do art. 313 do CPC, ao tempo em que há alusão a *suspensão*, há também referência expressa à prática de diversos outros atos processuais (*v. g.* dos §§ 2º e 3º do próprio art. 313). A referência a *suspensão*, nesses casos, deve ser interpretada como *suspensão* da prática dos atos que seriam direcionados para o julgamento da causa, de modo a que possam ser praticados atos cujo objetivo é resolver a situação que gerou a *suspensão*. Por fim, *terceiro*, todos – absolutamente todos – os textos normativos que aludirem a *suspensão do processo* devem ser interpretados de modo a que a *suspensão* atinja *somente* os atos do procedimento cuja prática for *dependente* do motivo que gerou a *suspensão*. Assim, se, por exemplo, no processo houver mais de um autor, em litisconsórcio simples, e um deles falecer, não há qualquer impedimento a que continuem a ser praticados atos relativamente ao processamento das demandas propostas pelos demais autores. Nessa linha, se a situação de algum dos autores já comportar a prestação da tutela definitiva, enquanto a de outros, não, o juiz prestará a tutela definitiva, proferindo, para tanto, uma decisão interlocutória por meio da qual será julgado parcialmente o processo, com ou sem resolução do mérito (CPC, art. 354, parágrafo único, e 356).

MANUAL DA SENTENÇA CÍVEL

NA PRÁTICA

*Exemplo de pronunciamento judicial, diante da ocorrência de óbito do **único autor**, num caso em que ainda **não** houve citação, **nem** comparecimento espontâneo da parte ré ao processo, o direito sob discussão é **transmissível** e **ninguém** requereu habilitação:*

D E C I S Ã O

Tendo em vista que a parte autora faleceu, que o direito sob discussão é transmissível e que não foi apresentado requerimento de habilitação pelo(s) sujeito(s) que houver(em) de suceder a parte autora no processo, determino que seja suspensa a prática dos atos do procedimento (CPC, art. 313, I, § 2º, II), até a integral efetivação das diligências a seguir ordenadas.

Intime-se o espólio do autor, quem for o seu sucessor e os seus herdeiros para que, no prazo de 2 (dois) meses, manifestem interesse na sucessão processual e promovam a respectiva habilitação, sob pena de extinção do processo sem resolução do mérito da causa (CPC, art. 313, § 2º II).

Para o fim de obter dados que possibilitem a intimação dos mencionados sujeitos, intime-se, antes, o advogado que, até a ocorrência do óbito, representava judicialmente o(a) autor(a) falecido(a), para que, no prazo de 15 (quinze) dias, forneça a este juízo as informações de que dispuser (CPC, art. 6º), ressalvadas as referentes a fato a respeito do qual deva guardar sigilo profissional (Lei n. 8.906/94, art. 7º, XIX).

Na hipótese de não serem fornecidas informações que facilitem a prática dos atos voltados para que se opere a sucessão da parte autora, a secretaria cuidará de intimar, pelo correio e por edital, os sujeitos que, em tese, têm legitimidade para se habilitar.

Quanto à intimação pelo correio, determino que seja dirigida correspondência para o endereço indicado na petição inicial como sendo o da parte autora, bem como para outros endereços, igualmente vinculados à parte autora, eventualmente referidos nos autos ou obtidos, pela própria secretaria, mediante consulta às bases de dados a que tem acesso, em razão de convênios celebrados pelo Poder Judiciário com outros órgãos públicos e com concessionárias de serviços públicos. Na(s) correspondência(s), o campo reservado para a indicação do destinatário deverá ser preenchido com a expressão "espólio, sucessor ou herdeiros de **[nome do(a) autor(a) falecido(a)]**".

No que se refere ao edital, será ele publicado no sítio do tribunal e na plataforma de editais do Conselho Nacional de Justiça. As publicações deverão ser certificadas nos autos e o prazo de dilação do edital, que fixo em 30 (trinta) dias, passará a fluir a partir da data da primeira publicação que ocorrer.

Intime-se.
[local e data].

---

*Perceba-se que, por meio de pronunciamentos assim, são cumpridas, com rigor, as regras aplicáveis à situação, dentre as quais se destacam o princípio da **primazia da decisão de mérito** (já que, com as medidas adotadas, o que se almeja é que o processo possa ter continuidade, de modo a que o mérito da causa possa ser resolvido) e o princípio da **cooperação** (uma vez que o advogado foi instado a cooperar e a estrutura do Poder Judiciário foi colocada a serviço, no sentido de se obter, em tempo razoável, decisão de mérito – CPC, art. 6º).*

*Ao lado disso, vale destacar que, tendo em vista que houve **deliberação** no sentido de que seja suspensa a prática dos atos do procedimento, o pronunciamento judicial dado como exemplo tem natureza **decisória**, em razão do que não foi ele rotulado de "despacho", mas de "**decisão**".*

Capítulo VII ◆ A questão está suficientemente madura para resolução?

> **PARA NÃO ESQUECER**
>
> *É importante notar que um pronunciamento judicial como o constante acima poderá ser utilizado em tantos casos similares quantos surjam, uma vez que o seu texto não o vincula a um específico processo.*
>
> *O magistrado que dispuser, no exercício da atividade jurisdicional, de um bom acervo de pronunciamentos judiciais, cada um com conteúdo tão completo quanto possível, todos redigidos de modo a que possam ser facilmente adaptados a outros processos, terá a sua atividade profissional significativamente facilitada, sem qualquer perda de qualidade.*
>
> *O cuidado com a elaboração do pronunciamento implicará investimento de tempo por uma só vez. De outro lado, os ganhos decorrentes do fato de já se dispor de um pronunciamento substancioso, pronto para ser utilizado, se estendem indefinidamente, ao longo do tempo.*
>
> *Ademais, em razão dos cuidados adotados pelo juiz, os trabalhos dos serviços auxiliares da Justiça serão facilitados e os demais sujeitos do processo terão mais segurança jurídica.*

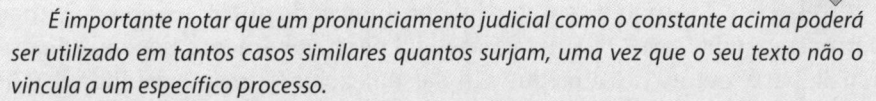

3.1.1.2.2 Falecimento da parte ré

No caso de falecimento da parte ré, antes mesmo de ser ela citada ou de comparecer espontaneamente ao processo, sendo *transmissível* o direito objeto de discussão, a decisão a respeito das consequências processuais do evento *morte* somente poderá ser proferida depois que, suspensa a prática dos atos do procedimento, houver sido dada oportunidade à parte autora para que promova, no prazo que o juiz designará, de no mínimo dois e de no máximo seis meses, a citação do espólio do réu, de quem for o seu sucessor ou, se for o caso, dos seus herdeiros (CPC, arts. 110, 313, I, §§ 1º e 2º, I, e 689).

Adotadas, pela parte autora, as providências para que se proceda à regular citação do sujeito que, de acordo com o entendimento da própria parte autora, possui legitimidade para ocupar o polo passivo da demanda, sucedendo o réu originalmente indicado, a situação estará superada e o processo estará apto a ter prosseguimento, independentemente de o sujeito citado apresentar contestação. No caso de não apresentação da contestação, o sujeito que sucedeu o réu primitivo incorrerá em revelia.

> **?** SE A PARTE RÉ HOUVER FALECIDO E O AUTOR NÃO TOMAR AS PROVIDÊNCIAS MENCIONADAS NO ART. 313, § 2º, I, DO CPC, O JUIZ PODE ADOTAR TAIS PROVIDÊNCIAS DE OFÍCIO?

Pode acontecer, entretanto, de a parte autora *não* se desincumbir do cumprimento das diligências a seu cargo: não promover, no prazo designado, a citação do espólio do réu, de quem for o seu sucessor ou, se for o caso, dos seus herdeiros.

Nesse cenário, não há como o juiz promover, de ofício, o desenvolvimento do processo (CPC, art. 2º), uma vez que tal desenvolvimento depende da prática, pela parte autora, de atos que são da sua exclusiva responsabilidade (CPC, art. 313, I, § 2º, I).

Perceba-se, nesse passo, que cabe à parte autora – e não ao Poder Judiciário – indicar o sujeito que ela entende que deverá suportar os efeitos decorrentes do acolhimento do pedido por ela formulado, já que uma indicação equivocada pode gerar graves consequências, inclusive no campo da responsabilização pelo pagamento de honorários advocatícios sucumbenciais, por exemplo, e por eventuais prejuízos causados.

> NO ART. 313, § 2º, I, DO CPC NÃO SÃO INDICADAS AS CONSEQUÊNCIAS, PARA A PARTE AUTORA, SE O RÉU HOUVER FALECIDO E ELA NÃO TOMAR AS PROVIDÊNCIAS ALI PREVISTAS. QUAIS SERIAM TAIS CONSEQUÊNCIAS?

Por isso, se a parte autora persistir na inércia, sem promover a regular citação do sujeito que, de acordo com o seu entendimento, possui legitimidade para ocupar o polo passivo da demanda, sucedendo o réu originalmente indicado, estará caminhando para incorrer em *abandono* da causa[8] (CPC, art. 485, III). Nesse caso, a verificação a respeito da regularidade do procedimento que antecede a resolução da questão deverá seguir as diretrizes que são próprias da ocorrência de *abandono*.

NA PRÁTICA

Exemplo de pronunciamento judicial, diante da ocorrência de óbito do único réu, num caso em que ainda não houve citação, nem o réu chegou a comparecer espontaneamente ao processo, e o direito sob discussão é transmissível:

DECISÃO

Tendo em vista que a parte ré faleceu sem que houvesse sido citada e que o direito sob discussão é transmissível, determino que seja suspensa a prática dos atos do procedimento (CPC, art. 313, I, § 1º), até que sejam ultimadas as diligências ordenadas neste pronunciamento.

---

[8] Nesse sentido, os julgamentos, pelo STJ, do AgRg no AREsp 623.375/MA, rel. Min. Maria Isabel Gallotti, Quarta Turma, julgado em 10-3-2015, *DJe* 23-3-2015, e do REsp 937.378/PE, rel. Min. Aldir Passarinho Júnior, Quarta Turma, julgado em 3-5-2007, *DJ* 18-6-2007, p. 275.

Capítulo VII ◆ A questão está suficientemente madura para resolução?

> Intime-se a parte autora para que, de acordo com o seu entendimento a respeito de quem possui legitimidade para ocupar o polo passivo da demanda, sucedendo o réu originalmente indicado, promova, no prazo de 2 (dois) meses, a citação do espólio do réu, de quem for o seu sucessor ou, se for o caso, dos seus herdeiros (CPC, art. 313, § 2º, I).
>
> Na hipótese de a parte autora não cumprir, injustificadamente, a determinação dada, aguarde-se por mais 30 (trinta) dias.
>
> Passados mais de 30 (trinta) dias e persistindo o quadro de descumprimento injustificado, proceda-se à intimação pessoal da parte autora para que supra a falta no prazo de 5 (cinco) dias, sob pena de extinção do processo, sem resolução do mérito da causa, por abandono (CPC, art. 485, III, § 1º).
>
> Intime-se.
> **[local e data]**.

*Perceba-se que, por meio de pronunciamentos assim, são cumpridas, com rigor, a um só tempo, normas como o princípio do **contraditório** (já que, antes da prática do ato decisório, terá sido dada oportunidade à parte interessada para se manifestar, de modo a influir na construção da convicção do julgador), o princípio da **primazia da decisão de mérito** (já que é ordenada a prática de atos com aptidão para impedir que ocorra a extinção do processo sem resolução do mérito), o princípio da **eficiência** (já que, mediante a indicação dos efeitos decorrentes de eventuais silêncios, abre-se campo para redução do número de atos processuais), o princípio da **segurança jurídica** (uma vez que há prévia informação a respeito das consequências jurídicas de eventuais silêncios) e o princípio da **cooperação** (já que o magistrado estará se desincumbindo dos deveres de prevenção e de esclarecimento, que integram o conteúdo de tal princípio).*

3.1.2 *Questões relativas ao falecimento do advogado da parte autora*

Se a parte autora estiver representada nos autos por apenas um advogado e vier ele a falecer *antes* da citação ou do comparecimento espontâneo do réu ao processo, a resolução da questão decorrente do falecimento somente poderá se dar *depois* que, suspensa a prática dos atos do procedimento, a parte autora houver sido pessoalmente intimada para, no prazo de quinze dias, constituir novo advogado (CPC, art. 313, I, § 3º).

É útil anotar, nesse ponto, que, apesar de a falta de outorga de mandato a um novo advogado constituir, em verdade, um quadro de *irregularidade* na representação da parte, o caso não enseja a aplicação das normas extraíveis do texto do art. 76 do CPC. E assim é porque, para esse específico quadro, houve a opção político-legislativa consistente em estabelecer, no art. 313, I, § 3º, do CPC, uma disciplina fechada, pontual, que, por não conter lacunas, não permite a aplicação de outro conjunto normativo.

Pessoalmente intimada a parte, se um novo mandatário for nomeado, o assunto estará superado e o processo prosseguirá. Se, porém, não vier aos autos a notícia de que houve a constituição de outro advogado, o processo estará apto a ser extinto, sem resolução do mérito da causa.

NA PRÁTICA

*Exemplo de pronunciamento judicial, diante da ocorrência do óbito do **único** advogado da **parte autora**, num caso em que ainda **não** houve citação, **nem** o réu chegou a comparecer espontaneamente ao processo:*

D E C I S Ã O

Tendo em vista que o único causídico que representava a parte autora no processo faleceu, ordeno que seja suspensa a prática dos atos do procedimento (CPC, art. 313, I). Intime-se pessoalmente a parte autora para que, no prazo de 15 (quinze) dias, constitua novo(s) mandatário(s), sob pena de o processo ser extinto, sem que o mérito da causa seja resolvido (CPC, art. 313, I, § 3º).

[local e data].

---

*Trata-se de pronunciamento simples, mas que atende, simultaneamente, a normas como o princípio do **contraditório** (já que, antes da prática do ato decisório, terá sido dada oportunidade à parte interessada para se manifestar, de modo a influir na construção da convicção do julgador), o princípio da **primazia da decisão de mérito** (já que é ordenada a prática de atos com aptidão para impedir que ocorra a extinção do processo sem resolução do mérito), o princípio da **segurança jurídica** (uma vez que há prévia informação a respeito das consequências jurídicas de eventual descumprimento) e o princípio da **cooperação** (já que o magistrado estará se desincumbindo dos deveres de prevenção e de esclarecimento, que integram o conteúdo de tal princípio).*

3.1.3 Questões relativas à renúncia do advogado da parte autora

Estando a parte representada por apenas *um* advogado, para que a renúncia do causídico ao mandato que lhe foi outorgado produza efeitos no processo é preciso que esteja nos autos a prova de que o profissional da advocacia fez a comunicação ao seu constituinte, para o fim de que outro advogado seja constituído (CPC, art. 112, *caput*)[9]. Caso a parte esteja representada por *mais de um* causídico e nem todos renunciem, a comunicação não será necessária (CPC, art. 112, § 2º).

Durante os dez dias seguintes ao ato de comunicação da renúncia – e desde que outro advogado não tenha sido ainda constituído –, o advogado renun-

---

[9] MANDATO OUTORGADO A ADVOGADO. RENÚNCIA. NOTIFICAÇÃO INEQUÍVOCA DO MANDANTE. NECESSIDADE. RESPONSABILIDADE. 1. Conforme precedentes, a renúncia do mandato só se aperfeiçoa com a notificação inequívoca do mandante. 2. Incumbe ao advogado a responsabilidade de cientificar o seu mandante de sua renúncia. 3. Enquanto o mandante não for notificado e durante o prazo de dez dias após a sua notificação, incumbe ao advogado representá-lo em juízo, com todas as responsabilidades inerentes à profissão. 4. Recurso especial não conhecido (REsp 320.345/GO, rel. Min. Fernando Gonçalves, Quarta Turma, julgado em 5-8-2003, *DJ* 18-8-2003, p. 209).

Capítulo VII ❖ A questão está suficientemente madura para resolução?

ciante continuará responsável pela prática, em favor do mandante, dos atos que forem indispensáveis para que a parte não sofra prejuízos (CPC, art. 112, § 1º).

Tendo havido comunicação da renúncia, se a parte autora constituir novo advogado, o incidente estará solucionado.

Todavia, para o caso de não constituição, pela parte autora, de novo mandatário, o Superior Tribunal de Justiça tem jurisprudência *firme* no sentido de que a comunicação anteriormente feita pelo causídico *dispensa* determinação judicial no sentido de que a parte seja intimada para regularizar a sua representação processual[10].

Com a aplicação dessa linha de entendimento, num caso em que ainda não tenha havido citação, nem comparecimento espontâneo do réu, somente restará ao juiz extinguir o processo sem resolução do mérito.

Há, nesse ponto, entretanto, uma ponderação a ser feita.

É que a *visibilidade* alcançada pelo princípio da *primazia da decisão de mérito*, após a entrada em vigor do CPC, recomenda que a adoção dessa posição se dê com parcimônia.

Com efeito, todos os sujeitos do processo – aí incluído o órgão julgador, independentemente de tratar-se de juízo singular ou de juízo de composição plural – têm o dever de se empenhar para que, sempre que possível, o mérito da causa seja resolvido.

Nessa linha, a falta de constituição, pela parte autora, de novo mandatário, num caso em que lhe tenha sido comunicada a renúncia do(s) seus(s) patrono(s), deve conduzir a que o julgador perceba que, em razão da falta de indicação expressa de consequências jurídicas no texto do art. 112 do CPC, o quadro atrairá a incidência do conjunto normativo que se colhe do texto do art. 76, § 1º, I, do mesmo código.

Com isso, a menos que se detecte, no caso concreto, que a conduta omissiva da parte revela, em verdade, um comportamento contrário à boa-fé objetiva, deverá ser suspensa a prática dos atos do procedimento, com a concessão, à parte autora, de oportunidade para suprir a falta de representação judicial.

Para tanto, é preciso designar prazo para suprimento da falta, e, quanto a tal prazo, há, no texto legal, uso da locução *"prazo razoável"* (CPC, art. 76, *caput*). Inexistindo a atuação de outros fatores, que tornem peculiar o quadro processual, a aferição da razoabilidade do prazo a ser designado pelo julgador deve levar em consideração, por aplicação analógica, o prazo de quinze dias que a parte teria na hipótese de falecimento do seu advogado (CPC, art. 313, I, § 3º).

---

[10] São exemplos de julgamentos nesse sentido os ocorridos no AgInt no AREsp 979.062/RJ, rel. Min. Moura Ribeiro, Terceira Turma, julgado em 24-4-2018, *DJe* 4-5-2018, nos EDcl no AgInt no REsp 1558743/RJ, rel. Min. Luis Felipe Salomão, Quarta Turma, julgados em 12-12-2017, *DJe* 18-12-2017, e no REsp 1696916/SP, rel. Min. Herman Benjamin, Segunda Turma, julgado em 16-11-2017, *DJe* 19-12-2017.

Caso a parte autora, no prazo assinado, permaneça inerte, o processo – aí, sim! – estará apto a ser extinto, sem resolução do mérito (CPC, art. 76, § 1º, I).

NA PRÁTICA

Levando-se em consideração um quadro de ocorrência de renúncia do **único** advogado da parte autora ou de **todos** os seus patronos, num caso em que ainda **não** houve citação, **nem** o réu chegou a comparecer espontaneamente ao processo, e o(s) advogado(s) apresentou(aram), de imediato, nos autos, a **notícia** da renúncia e a **prova** da comunicação ao mandante, **se** o juízo singular optar pelo caminho por nós sugerido, consistente na abertura de oportunidade para que seja regularizada a representação judicial da parte autora, tal opção abrirá espaço para pronunciamentos judiciais cujos conteúdos, a depender do momento processual, poderiam ser os que estão postos a seguir.

No caso de o ato judicial ser praticado **dentro** do prazo de dez dias que a parte autora terá para constituir novo patrono:

DECISÃO

Tendo em vista a renúncia, aos poderes que lhe(s) foram outorgados, do(s) advogado(s) que representava(m) a parte autora no processo, aguarde-se a constituição, pelo demandante, de novo(s) patrono(s), no prazo de 10 (dez) dias, contados a partir da data em que foi ele comunicado, pelo(s) causídico(s), da renúncia ocorrida. Durante o mencionado prazo, o(s) advogado(s) renunciante(s) continuará(ão) a representar a parte autora, desde que seja necessário para lhe evitar prejuízo (CPC, art. 112).

Na hipótese de a parte autora não constituir novo(s) advogado(s) dentro do aludido prazo, fica determinada, de logo, a suspensão da prática dos atos do procedimento, devendo a secretaria providenciar, em seguida, a sua intimação pessoal para que, no prazo de 15 (quinze) dias, constitua novo(s) mandatário(s), sob pena de o processo ser extinto, sem que o mérito da causa seja resolvido (CPC, art. 76, § 1º, I).

Intime-se.

[local e data].

Na hipótese de o ato judicial ser praticado **depois** de passado o prazo de dez dias que a parte autora teve para constituir novo patrono e não constituiu:

DESPACHO

A parte autora, apesar de comunicada a respeito da renúncia, pelo(s) advogado(s) que a representava(m) em juízo, aos poderes que lhe(s) foram outorgados, não cuidou de constituir, no prazo de 10 (dez) dias, novo(s) patrono(s).

Diante disso, fica determinada, de logo, a suspensão da prática dos atos do procedimento, devendo a secretaria providenciar, em seguida, a intimação pessoal da parte autora para que, no prazo de 15 (quinze) dias, constitua novo(s) mandatário(s), sob pena de o processo ser extinto, sem que o mérito da causa seja resolvido (CPC, art. 76, § 1º, I).

Intime-se.

[local e data].

Capítulo VII ◆ A questão está suficientemente madura para resolução?

> *Trata-se de pronunciamentos por meio dos quais o conjunto normativo previsto no art. 112 do CPC é integrado pelas normas extraíveis do enunciado do art. 76 do mesmo código.*
>
> *Nele são atendidas, concomitantemente, várias normas fundamentais do Direito Processual Civil, como o princípio da segurança jurídica (uma vez que há prévia informação a respeito das consequências jurídicas de eventual descumprimento), o princípio da cooperação (já que o magistrado estará se desincumbindo dos deveres de prevenção e de esclarecimento, que integram o conteúdo de tal princípio), o princípio da primazia da decisão de mérito (já que o que se objetiva é que, com a regularização da representação judicial, possa o processo ter prosseguimento, de modo a que o caminho para a resolução do mérito da causa continue aberto) e o princípio da eficiência (uma vez que o pronunciamento traz um roteiro previamente traçado, a ser seguido pela secretaria, sem a necessidade de que nova conclusão dos autos seja feita, caso a parte autora não constitua advogado dentro do prazo de dez dias a que se refere o art. 112, § 1º).*

3.1.4 *Questões relativas a abandono do processo*

> **❓ COMO CONCILIAR O QUADRO DE ABANDONO DO PROCESSO COM A REGRA FUNDAMENTAL MENCIONADA NO ART. 2º DO CPC, QUE IMPÕE QUE O PROCESSO SE DESENVOLVA POR IMPULSO OFICIAL?**

O quadro de abandono processual *antes* da citação ou do comparecimento espontâneo do réu somente se materializa se a parte autora se abstiver, por mais de trinta dias, da prática de atos que *somente* ela pode praticar e sem os quais *não* há como o juiz promover, de ofício, o desenvolvimento do processo.

É importante perceber que não se pode falar em *abandono* se a situação se subsumir à regra fundamental que impõe que o processo se desenvolva por *impulso oficial* (CPC, art. 2º).

Ademais, a só ocorrência do *abandono* não é suficiente para produzir, como efeito, a extinção do processo sem resolução do mérito. É preciso que, ao abandono, já configurado pela inércia superior a trinta dias (CPC, art. 485, III), seja *acrescida* outra circunstância fática: a parte autora deve ter sido pessoalmente intimada para suprir a falta do ato e não a supriu (CPC, art. 485, III, § 1º).

Assim, o proferimento da sentença por meio da qual é extinto o processo por abandono, *antes* da citação ou do comparecimento espontâneo do réu, depende da ocorrência de um complexo fático que abrange a *inércia* da parte autora, por prazo superior a trinta dias, quanto a um ato cuja falta o Poder Judiciário *não* pode suprir, e o *não* suprimento da falta, pela parte autora, no prazo de cinco dias, contados a partir da sua intimação pessoal.

Por óbvio, tratando-se de um quadro de abandono instaurado *sem* que tenha sido praticado qualquer ato de integração do réu ao processo, não é aplicável a regra que se extrai do texto do § 6º do art. 485 do CPC.

> **NA PRÁTICA**
>
> *Exemplo de pronunciamento judicial, diante de **abandono** da causa pela parte autora, num caso em que ainda **não** houve citação, **nem** o réu chegou a comparecer espontaneamente ao processo:*
>
> ---
> **DESPACHO**
>
> Mais de 30 (trinta) dias se passaram desde que a parte autora foi intimada e não cuidou ela de praticar o ato que lhe foi especificamente indicado. Ao lado disso, trata-se de ato que somente a parte autora pode praticar, sem o que não há como o Poder Judiciário promover o desenvolvimento do processo. Está, assim, configurado o quadro de abandono processual (CPC, art. 485, III). Intime-se pessoalmente a parte autora para que supra a falta no prazo de 5 (cinco) dias, sob pena de extinção do processo sem resolução do mérito da causa (CPC, art. 485, III, § 1º).
> **[local e data]**.
>
> ---
>
> *Trata-se de pronunciamento simples, mas que atende, simultaneamente, a várias normas fundamentais do Direito Processual Civil, como o princípio da **segurança jurídica** (uma vez que há prévia informação a respeito das consequências jurídicas de eventual descumprimento) e o princípio da **primazia da decisão de mérito** (já que o objetivo é que, por meio da prática do ato, o processo possa ter prosseguimento, mantendo-se, com isso, aberto o caminho para que o mérito da causa possa ser resolvido).*
>
> *Ao lado disso, é atendido o princípio da **cooperação**, já que o magistrado estará se desincumbindo dos deveres de prevenção e de esclarecimento, que integram o conteúdo de tal princípio.*
>
> *Ainda quanto ao princípio da **cooperação**, vale o realce de que é possível, pela leitura do pronunciamento, perceber que o julgador está, de logo, esclarecendo que o seu entendimento é o de que, no caso concreto, não há como aplicar a regra fundamental segundo a qual o processo se desenvolve por impulso oficial (CPC, art. 2º).*

3.1.5 *Questões relativas à desistência da demanda*

Ao *desistir* de dar continuidade ao processo, a parte autora revoga um ato anterior seu: o ato de propositura da demanda.

Comunicada a ocorrência da desistência *antes* da citação ou do comparecimento espontâneo do réu ao processo, o caminho natural é o imediato proferimento da sentença de homologação (CPC, arts. 200, parágrafo único, e 485, VIII), desde que o ato de *desistir* tenha sido praticado pela parte autora pessoalmente ou por meio de advogado com poderes especiais para tanto (CPC, art. 105, *caput*)[11].

O ato de desistência somente pode ser praticado se ainda não houver sido prestada a tutela definitiva (CPC, art. 485, § 5º).

Por isso, mesmo que a parte ré ainda não tenha sido citada, nem tenha comparecido espontaneamente ao processo, não é dado ao autor desistir, por exemplo, depois de proferida uma *sentença* de indeferimento da petição inicial ou de improcedência liminar do pedido.

Nessa mesmíssima linha, tendo sido prestada a tutela definitiva relativamente a apenas uma parcela do processo, por meio de *decisão interlocutória*, quanto a tal parcela já *não* é mais possível desistir. Assim, se tiver havido indeferimento parcial da petição inicial (CPC, arts. 330, 354, parágrafo único, e 485, I) ou uma fração do pedido tenha sido julgada liminarmente improcedente, é *inadmissível* a desistência a respeito da parcela do processo que já foi examinada.

3.2 Questões formais que versam sobre defeito processual

Se a questão formal versa sobre *defeito* suficientemente grave para *impedir*, em definitivo, que o mérito da causa seja examinado ou para *impedir* que tal exame se dê em determinado momento, a verificação a respeito da regularidade do procedimento que antecede o proferimento da decisão deverá ser centrada na possibilidade ou não de o defeito ser *corrigido*.

Efetivamente, a *corrigibilidade* ou não do defeito é responsável pela determinação do caminho que deve ser trilhado para que se considere que a questão está apta a ser resolvida.

3.2.1 Defeito sanável

A detecção, pelo juiz, numa fase *anterior* à citação ou ao comparecimento espontâneo da parte ré ao processo, de questão relativa a defeito que *pode* ser sanado, remete a duas possibilidades: ou a parte autora abordou ou não abor-

---

[11] É preciso distinguir o ato de *desistência* do ato de *requerimento de homologação da desistência*. A *desistência* é ato unilateral que, para produzir efeitos processuais, necessita de homologação pelo Poder Judiciário (CPC, art. 200, parágrafo único). O ato de *desistência*, para ser praticado, exige, como um dos seus suportes fáticos, que seja ele protagonizado pessoalmente pela parte autora ou por advogado ao qual a parte autora tenha outorgado poder especial para *desistir* (CPC, art. 105, *caput*). Por isso, é plenamente possível que o advogado *sem* poder para *desistir* apresente em juízo um *requerimento de homologação da desistência* que tenha sido manifestada pela própria parte autora, pessoalmente, em um documento separado, acostado aos autos pelo advogado. Também é possível que, não tendo sido outorgado poder ao advogado para *desistir*, o causídico apresente em juízo uma peça por meio da qual é requerida a *homologação da desistência*, desde que conste, no mesmo documento, assinatura do constituinte, manifestando concordância com o ato praticado pelo causídico (CC, art. 112).

dou, na petição inicial, o tema, mediante o enfrentamento do específico fundamento que o juiz entende aplicável ao caso.

É com base nessas duas possibilidades que o magistrado deverá verificar se a questão relativa a defeito processual *sanável* está ou não suficientemente madura para resolução.

3.2.1.1 Tema debatido previamente pela parte autora

Muitas vezes, por meio do exame da petição inicial, o julgador constata que a parte autora, percebendo a forte possibilidade de que a questão formal viesse a ser suscitada, antecipou-se e, já na petição inicial, tratou da situação, com o intuito de convencer previamente o juiz da causa.

Num caso desse, ou a parte autora apresentou fundamentos convincentes ou o juiz discorda dos fundamentos apresentados.

> SE A PARTE AUTORA SE ANTECIPOU E, JÁ NA PETIÇÃO INICIAL, SE EMPENHOU PARA DEMONSTRAR QUE NÃO EXISTE DETERMINADO DEFEITO, MAS O JUIZ, QUANTO AO MESMO ASSUNTO, ENTENDER QUE O FUNDAMENTO A SER EMPREGADO É OUTRO, PODE-SE DIZER QUE O TEMA FOI DEBATIDO PELA PARTE AUTORA?

É de absoluta importância a percepção de que somente se pode considerar que o tema foi debatido previamente pela parte autora se tiver havido enfrentamento, por ela, do *específico* fundamento que o juiz entende aplicável ao caso (CPC, art. 10).

Assim, se a parte autora, mesmo tendo cuidado previamente do assunto, *não* chegou a enfrentar, especificamente, o *fundamento* que o magistrado entender aplicável, a verificação a respeito dos atos que antecederam a prática do ato decisório deverá ser feita à luz do roteiro a ser empregado nas situações em que o tema *não* foi debatido previamente (item *3.2.1.2*).

3.2.1.1.1 Apresentação, pela parte autora, de fundamentos convincentes

Nas situações em que os elementos previamente trazidos pela parte autora forem aparentemente suficientes para *convencer* o magistrado de que, quanto ao tema, a parte autora tem razão, *não* é adequado que o juiz se manifeste, de modo decisivo, sobre a matéria, a menos que exista motivo que torne necessária a manifestação[12].

---

[12] A título de exemplo, um motivo com aptidão para impor que o assunto seja objeto de deliberação judicial *antes* da integração da parte ré ao processo é o exame de um pleito de concessão *liminar*

Capítulo VII ♦ A questão está suficientemente madura para resolução?

Basta lembrar que um eventual pronunciamento judicial decisório a respeito do tema, num contexto desse, seria favorável à parte autora e contrário aos interesses da parte ré. Sucede que a parte ré, num quadro em que não houve citação, nem compareceu ela espontaneamente ao processo, não pôde ainda exercitar o seu direito fundamental ao contraditório, o que remete à norma geral segundo a qual *não* deve o órgão julgador proferir decisões contrárias a quem não foi previamente ouvido e não teve oportunidade de colaborar para a formação do panorama no qual a decisão será proferida (CPC, art. 9º), de modo a poder influir eficazmente na construção da convicção do juiz.

O *silêncio* do juiz, pois, é o melhor caminho. Mas não é adequado que seja um silêncio total.

Observe-se que, tendo a parte autora tratado do tema na petição inicial, ao *silenciar* totalmente sobre ele, o julgador pode gerar o entendimento, no autor, de que teria havido omissão, o que, em tese, abre espaço para a interposição de recurso de embargos de declaração.

Por isso, mais do que recomendável, é necessário, à luz da aplicação do princípio da *cooperação* (CPC, art. 6º), cujo conteúdo abrange os deveres de *esclarecimento* e de *prevenção*, que o julgador faça constar, expressamente, no pronunciamento, que a preservação do direito fundamental ao contraditório exige que se aguarde eventual manifestação da parte ré sobre o assunto.

Surgindo, no decorrer do procedimento, controvérsia a respeito, a questão – aí, sim – será decidida pelo magistrado.

NA PRÁTICA

A título de exemplo, veja-se o seguinte pronunciamento judicial, por meio do qual é ordenada a citação da parte ré, num caso em que (i) a parte autora, antecipando-se, tenha apresentado, já na petição inicial, fundamentos **convincentes** a respeito da inexistência de defeito sanável (no exemplo dado, trata-se de regularidade da sua representação judicial) e (ii) **não exista** motivo que imponha que o assunto seja objeto de deliberação judicial antes da integração da parte ré ao processo.

A segunda parte do pronunciamento, em que há a ordem de citação, é aplicável aos casos em que o direito sob discussão admite **autocomposição**:

---

de tutela provisória, uma vez que, para deliberar, liminarmente, sobre a *evidência* da existência do direito (tutela provisória da evidência – CPC, art. 311, II e III) ou sobre a presença do *fumus boni juris* e do *periculum in mora* (tutela provisória de urgência – CPC, art. 300, *caput*), o magistrado teria de tomar posição a respeito da plausibilidade da linha de raciocínio esposada pela parte autora, o que fatalmente implicará manifestação, mesmo que com base em cognição sumária, quanto a se atende ela ou não a todas as exigências postas pelo sistema jurídico para obter o exame do mérito da pretensão que formulou.

> **DESPACHO**
>
> Quanto às ponderações da parte autora a respeito da regularidade da sua representação processual, o tema será objeto de deliberação após encerrado o prazo para que a parte ré apresente contestação.
>
> Cite-se a parte ré e intime-se a parte autora para que compareçam à audiência de conciliação ou de mediação, cuja data deverá ser designada pela secretaria deste juízo. Adote a secretaria as cautelas necessárias para que, quanto aos aludidos atos de comunicação, sejam preservados os interregnos mínimos mencionados no "caput" do art. 334 e no § 2º do art. 218, ambos do CPC.
>
> Intime-se.
>
> **[local e data]**.

*Perceba-se que o primeiro trecho do pronunciamento está integralmente voltado para atender ao princípio da **cooperação** (CPC, art. 6º), cujo conteúdo abrange, dentre outros, os deveres de esclarecimento e de prevenção.*

Por meio do texto, esclarece-se que a preservação do direito fundamental ao contraditório exige que se aguarde eventual manifestação da parte ré sobre o assunto e previne-se que a parte autora trilhe o caminho da alegação de ocorrência de omissão.

3.2.1.1.2 Apresentação, pela parte autora, de fundamentos inconvincentes

Como já registrado, num painel em que ainda não foi praticado qualquer ato apto a integrar a parte ré ao processo e a parte autora houver debatido previamente o tema, mediante o enfrentamento do específico fundamento que o juiz entende aplicável ao caso, o magistrado somente deve suscitar de ofício a questão relativa à existência de defeito formal *sanável* se os elementos previamente trazidos pela parte autora *não* o convencerem.

E, como se trata de tema previamente debatido pela parte autora, o pronunciamento judicial *não* deve ser no sentido de que a parte autora simplesmente se manifeste. Manifestação dela já houve. O pronunciamento do juiz, nesse caso, deve ser voltado para demonstrar que o defeito *existe* – o que exigirá fundamentação que afaste as alegações previamente postas pela parte autora – e que o autor *deverá* corrigir a falha.

> **NA PRÁTICA**
>
> *A título de exemplo, veja-se o seguinte pronunciamento judicial, por meio do qual é ordenado à parte autora que corrija **defeito** existente na sua representação processual e a parte autora, antecipando-se, tenha apresentado, já na petição inicial, fundamentos **inconvincentes** sobre a situação, num quadro em que a parte ré **não** tenha sido ainda citada, nnem compareceu espontaneamente ao processo:*

Capítulo VII ♦ A questão está suficientemente madura para resolução?

DECISÃO

Quanto às ponderações contidas na petição inicial, a respeito da regularidade da representação processual da parte autora, elas não merecem amparo.

Com efeito, a petição inicial está subscrita apenas pelo advogado **[nome do advogado]**, profissional que exibe, como prova de que possui poderes para atuar em juízo em nome da parte autora, o instrumento de substabelecimento de fl. x, que lhe teria sido passado pelos advogados a quem a parte autora outorgara originariamente o mandato (fl. y).

Sucede que a data constante no instrumento de substabelecimento é anterior à data da outorga do mandato e, por óbvio, não pode um subcontrato ser celebrado antes do contrato.

Nesse ponto, padece de falta de consistência a tese, defendida na petição inicial, de que, por se tratar de um substabelecimento sem reserva de poderes, a disciplina jurídica a ele aplicável deve ser a mesma que rege a outorga originária de um mandato, em razão do que teria ele autonomia. Não. O substabelecimento, independentemente de haver sido ele passado com ou sem reserva de poderes, como subcontrato que é, exige, para a sua celebração, que exista, antes, um contrato, no caso, um contrato de mandato judicial.

Assim, é forçoso reconhecer que há irregularidade na representação judicial da parte autora, quadro que atrai a incidência do conjunto normativo extraível do enunciado art. 76, § 1º, I, do CPC.

Diante do exposto, ordeno que seja suspensa a prática dos atos do procedimento para que, no prazo de quinze dias, ocorra a correção do vício, mediante a apresentação de prova de que o advogado **[nome do advogado]** tinha poderes para praticar, em nome da parte autora, o ato que praticou, de propositura da demanda. Anoto, de logo, que, na hipótese de o documento que vier a ser apresentado possuir data posterior à da petição inicial, deverá constar, no próprio instrumento, a ratificação do ato de propositura da demanda, caso contrário o aludido ato será reputado ineficaz relativamente ao sujeito em cujo nome tenha sido praticado (CPC, art. 104, § 2º). Em caso de descumprimento da determinação no prazo assinado – que poderá ser prorrogado por igual período (CPC, art. 104, § 1º) –, o processo será extinto, sem que o mérito da causa seja resolvido (CPC, art. 76, § 1º, I).

Intime-se.
[local e data].

*Perceba-se que se trata de ato decisório por meio do qual é cumprido o dever de **fundamentação** (CF, art. 93, IX, e CPC, art. 11) e são aplicados o princípio da **primazia da decisão de mérito** (já que é adotada a medida necessária para que permaneça aberto o campo para que o mérito da causa seja apreciado) e o princípio da **segurança jurídica** (ante o fato de serem anunciadas, de logo, consequências decorrentes de determinadas condutas).*

*Quanto ao princípio da **cooperação**, o dever de esclarecimento é amplamente cumprido, uma vez que são informados, previamente, os efeitos de certas condutas, além de haver esclarecimento quanto à possibilidade de prorrogação do prazo. Em conjugação com isso, cumpre-se o dever de prevenção, que também integra o conteúdo do princípio da cooperação, já que, alertada, a parte pode prevenir a ocorrência de situações que lhe sejam adversas.*

Assim, num processo em que não houve ainda citação, nem a parte ré compareceu espontaneamente, a questão relativa a defeito formal *sanável* – na situação em que a parte autora tenha debatido previamente o tema, apresentando, quanto ao *específico* fundamento que o magistrado entende aplicável ao caso, argumentos inconvincentes – *somente* estará suficientemente madura para resolução *depois* que houver sido aberta oportunidade para que a parte autora, no prazo assinado, corrija a falha detectada.

3.2.1.2 Tema não debatido previamente pela parte autora

Na situação em que, ao analisar a petição inicial, o magistrado constata que nada foi dito pela parte autora sobre matérias com potencial para *impedir* que o mérito da causa seja resolvido, a presunção é a de que a parte autora não identifica obstáculos, no que se refere ao juízo de admissibilidade, para que o exame do mérito se dê. Não se pode descartar, também, que, por meio do seu silêncio, o objetivo da parte autora seja não despertar as atenções do Poder Judiciário e da parte contrária para o assunto.

Pode ocorrer – e, no mais das vezes, acontece – de a primeira impressão do juiz também ser no sentido de que não há óbice para que o mérito da causa seja resolvido. Essa primeira impressão tanto pode ser fruto de detido exame da petição inicial como de um exame superficial da peça.

Se for esse o quadro, deve o julgador restringir-se a dar processamento à demanda proposta, silenciando sobre assuntos que digam respeito à admissibilidade do exame do mérito, o que implicará um juízo *tácito* de admissibilidade.

Esse juízo *tácito* de admissibilidade, por óbvio, *não* constituirá obstáculo para que a parte ré, integrada ao processo, alegue, junto ao mesmo órgão julgador, que há motivos para inadmissibilidade do exame do mérito. Havendo alegação, o órgão julgador decidirá livremente a questão, mediante a prévia adoção do procedimento próprio[13].

O cenário, todavia, será outro se o juiz constatar que *não* foram atendidas todas as exigências postas pelo sistema jurídico para que o mérito da causa seja resolvido, que o defeito percebido é *sanável* e que o tema *não* foi objeto de abordagem pela parte autora já na petição inicial.

Nesse panorama, há dois caminhos possíveis: (*a*) um que decorre da *necessidade* de abertura de oportunidade para exercício prévio do direito ao contraditório e (*b*) outro que é fruto da constatação de que é *desnecessário* abrir oportunidade para que o contraditório seja exercitado.

---

[13] Vale lembrar que, na hipótese de o órgão julgador constatar, *depois* da integração da parte ré ao processo, que o caso, em verdade, ensejava a incidência de uma das normas extraíveis do texto do art. 330, a decisão que vier a ser proferida, no sentido da inadmissibilidade do exame do mérito, não será mais uma decisão de *indeferimento da petição inicial*, uma vez que o ato de indeferimento da petição inicial está vinculado a um juízo a ser procedido *liminarmente* pelo órgão julgador, *antes* de ser dada a ordem de citação. Há repercussões práticas decorrentes disso, já que o processamento do recurso de apelação contra a sentença por meio da qual é indeferida a petição inicial tem peculiaridades (CPC, art. 331), quando cotejado com o mesmo recurso, quando interposto contra outras sentenças em que há inadmissibilidade do exame do mérito (CPC, arts. 485, § 7º, e 1.010, §§ 1º a 3º).

Capítulo VII ♦ A questão está suficientemente madura para resolução?

3.2.1.2.1 Exercício prévio do direito ao contraditório

Num processo em que a parte ré ainda não foi citada, nem compareceu espontaneamente, o roteiro *comum* do raciocínio a ser empreendido nas situações em que surge questão referente a defeito *sanável*, com potencial para ser resolvida de modo adverso aos interesses da parte autora, passa pelo reconhecimento da obrigatoriedade de que, *antes* da resolução da questão, tenha sido aberta oportunidade para que a parte autora se manifeste e, se for o caso, corrija a falha.

Tal obrigatoriedade decorre da aplicação dos princípios da *primazia da decisão de mérito* e do *contraditório*. De fato, se, ao se manifestar, a parte autora corrigir o defeito, será removido um óbice para que o mérito da causa seja apreciado (CPC, arts. 4º, 6º e 317) e, além disso, com a abertura de oportunidade para manifestação, reverencia-se o direito fundamental ao contraditório (CPC, arts. 9º e 10).

Assim, no *comum* das situações, somente depois de ultrapassado o prazo para que, relativamente ao defeito detectado, a parte autora pratique o ato que ela reputar adequado é que o magistrado poderá resolver a questão.

Esse, como realçado, é o roteiro do raciocínio a ser *comumente* seguido.

NA PRÁTICA

A título de exemplo, veja-se um pronunciamento judicial por meio do qual é ordenada a correção de defeito que atinge apenas parcialmente a petição inicial, num quadro em que a parte ré não foi citada, nem compareceu espontaneamente ao processo:

DECISÃO

A parte autora indicou dois réus e cumulou, ao pedido de indenização por danos materiais, um pleito de indenização por danos morais. Quanto aos danos materiais, teve ela o cuidado de especificar os atos praticados por cada demandado e quanto seria devido por cada um deles. Todavia, no que se refere aos danos morais, o autor se limitou a indicar um valor total, sem esclarecer, com precisão, quais os atos lesivos que cada um dos demandados teria praticado, nem dizer quanto seria devido por cada um dos réus ou, se for o caso, se há solidariedade entre eles. Assim, no que concerne ao pleito de imposição da obrigação de indenizar em razão de danos morais, a petição inicial não atende, com exatidão, às exigências a que se referem os incisos III e IV do art. 319 do CPC.

Diante do exposto, determino que a parte autora, no prazo de 15 (quinze) dias, corrija as falhas apontadas. Na hipótese de descumprimento da determinação, será proferida decisão de inadmissibilidade do exame do mérito do pedido relativo à indenização por danos morais (CPC, art. 321, parágrafo único).

Intime-se.

[local e data].

3.2.1.2.2 Desnecessidade de exercício prévio do direito ao contraditório

> **❓ É POSSÍVEL, LOGO NO INÍCIO DO PROCESSO, PROFERIR DECISÃO CONTRA A PARTE AUTORA, SEM QUE TENHA SIDO DADA A ELA OPORTUNIDADE PARA CORRIGIR UM DEFEITO SANÁVEL?**

Há uma situação que *exclui* a necessidade de que tenha sido dada, previamente, oportunidade à parte autora para se manifestar sobre questão que verse sobre defeito *sanável*, detectada *antes* da citação ou do comparecimento espontâneo da parte ré ao processo, mesmo que a decisão a ser proferida seja *adversa* aos interesses do autor.

É o que ocorre se o juiz perceber que o cenário, *independentemente* da correção ou não do defeito, enseja, *de logo*, o proferimento de decisão por meio da qual se reconheça a improcedência liminar do pedido (CPC, art. 332).

Essa possibilidade de proferimento *imediato* de decisão de mérito será analisada mais adiante, no item *3.3.1.2* – ocasião em que será examinada a regularidade do procedimento que deve anteceder a prática desse específico ato decisório –, mas a verdade é que, nessa tela fática, a decisão de mérito será favorável à parte ré, mesmo *não* tendo ela sido ainda citada, nem comparecido espontaneamente ao processo

Trata-se aqui de aplicação da regra segundo a qual deve o juiz resolver o mérito *sempre* que a decisão a ser proferida for favorável à parte a quem aproveitaria a não apreciação do mérito (CPC, arts. 282, § 2º, e 488).

Numa situação dessa, a abertura de oportunidade para correção do defeito – bem assim a própria correção do defeito – seria ato inútil, já que desprovido de vocação para alterar a conclusão quanto à improcedência liminar do pedido.

Não se pode, assim, no que se refere à existência do defeito, falar em violação ao direito fundamental ao contraditório. Ademais, ao decidir imediatamente a respeito do mérito, a conduta do julgador estará em perfeita harmonia com os princípios da *primazia da decisão de mérito*, da *eficiência* e da *duração razoável do processo*.

3.2.2 *Defeito insanável*

Nas situações em que, antes da citação ou do comparecimento espontâneo da parte ré ao processo, o juiz detectar que há incerteza quanto a se será possível o exame do mérito e que tal questão é referente a defeito *insanável*, o cenário comporta algumas variantes.

Capítulo VII ◆ A questão está suficientemente madura para resolução?

Na base dessas variantes está o exame quanto a se o fundamento que o juiz entende aplicável ao caso foi ou não objeto de tratamento pela parte autora na petição inicial.

3.2.2.1 Tema debatido previamente pela parte autora

Como anotado anteriormente, não é raro que o magistrado constate que a parte autora, já na petição inicial, por antever que há reais possibilidades de que determinada questão seja suscitada, adiante-se e cuide de logo da situação, com o propósito de convencer previamente o órgão julgador.

Nesse caso, a sequência adequada dos atos judiciais que antecedem o proferimento da decisão é extraída a partir da impressão do magistrado quanto à juridicidade dos fundamentos apresentados.

Aqui, mais uma vez, é importante realçar que se a parte autora, mesmo tendo tratado previamente do assunto, *não* enfrentou, *especificamente*, o fundamento que o magistrado entender aplicável ao caso, não se pode considerar que o tema tenha sido debatido previamente (CPC, art. 10).

3.2.2.1.1 Apresentação, pela parte autora, de fundamentos convincentes

Caso a parte autora, ao tratar previamente do tema, tenha apresentado fundamentos *convincentes* e não existir motivo que imponha que o assunto seja objeto de deliberação judicial antes da citação ou do comparecimento espontâneo da parte ré ao processo, não há, rigorosamente, *necessidade*, tampouco *conveniência*, de o juiz se manifestar, de modo decisivo, sobre o assunto.

Perceba-se, que, nessa situação, caso houvesse decisão a respeito, seria ela favorável à parte autora e desfavorável à parte ré, mas à parte ré não teria sido dada ainda oportunidade de exercitar o seu direito fundamental ao contraditório. Como já anotado, o magistrado deve se empenhar para que, na medida do possível, não sejam proferidas decisões contra uma das partes, sem que ela seja previamente ouvida (CPC, art. 9º).

Por isso, numa situação dessa, é bastante que o julgador, *sem* se manifestar sobre o assunto, dê atenção aos demais aspectos do processo.

O *silêncio*, entretanto, não pode ser total.

De fato, ao *não* se manifestar sobre a matéria, é de todo adequado que o juiz, diante da circunstância de o tema haver sido suscitado pela própria parte autora, e para reduzir as chances de interposição, por ela, de recurso de embargos de declaração baseado na alegação de omissão, diga *expressamente* o motivo pelo qual não se manifestará, registrando que, quanto ao tema, deve-se aguardar eventual manifestação da parte ré.

Assim agindo, o juiz estará cumprindo os deveres de *esclarecimento* e de *prevenção*, que integram o conteúdo do princípio da *cooperação* (CPC, art. 6º).

Na sequência, se, no curso do procedimento, surgir controvérsia sobre a matéria, haverá – aí, sim – decisão a respeito.

> **NA PRÁTICA**
>
> A título de exemplo, veja-se o seguinte pronunciamento judicial, por meio do qual é ordenada a **citação** da parte ré, num caso em que (i) a parte autora, antecipando-se, tenha apresentado, já na petição inicial, fundamentos **convincentes** a respeito da inexistência de defeito insanável (no caso, a legitimidade para propor a demanda) e (ii) **não** exista motivo que imponha que o assunto seja objeto de deliberação judicial antes da integração da parte ré ao processo. A segunda parte do pronunciamento, em que há a ordem de **citação**, é aplicável aos casos em que o direito sob discussão admite **autocomposição**:
>
> > **DESPACHO**
> >
> > Quanto às ponderações da parte autora a respeito da sua própria legitimidade para integrar o polo ativo da demanda, o tema será objeto de deliberação após encerrado o prazo para que a parte ré apresente contestação.
> >
> > Cite-se a parte ré e intime-se a parte autora para que compareçam à audiência de conciliação ou de mediação, cuja data deverá ser designada pela secretaria deste juízo. Adote a secretaria as cautelas necessárias para que, quanto aos aludidos atos de comunicação, sejam preservados os interregnos mínimos mencionados no "caput" do art. 334 e no § 2º do art. 218, ambos do CPC.
> >
> > **[local e data]**.
>
> Perceba-se que o primeiro trecho do pronunciamento está integralmente voltado para atender ao princípio da **cooperação** (CPC, art. 6º), cujo conteúdo abrange, dentre outros, os deveres de esclarecimento e de prevenção. Por meio do texto, esclarece-se que a preservação do direito fundamental ao contraditório exige que se aguarde eventual manifestação da parte ré sobre o assunto e previne-se que a parte autora trilhe o caminho da alegação de ocorrência de omissão.

3.2.2.1.2 Apresentação, pela parte autora, de fundamentos inconvincentes

Na hipótese de o órgão julgador, *dentro* do campo dos fundamentos trazidos pela parte autora, *não* se convencer de que ela tem razão, o caso será de proferimento, diretamente, *sem* abertura de nova oportunidade para que a parte autora se manifeste, de decisão interlocutória ou de sentença, a depender do caso.

Perceba-se que, nesse caso, em razão da *insanabilidade* do defeito, o imediato proferimento da decisão não gerará lesão ao princípio da *primazia da decisão de mérito*, uma vez que a conduta imposta pela aplicação de tal princípio é a consistente na prática de todos os atos indispensáveis para que, diante da *possibilidade* de o mérito ser examinado, ele o seja.

Capítulo VII ◆ A questão está suficientemente madura para resolução?

Nessa mesma linha, fica fácil perceber que, num caso desse, também não é aplicável o conjunto normativo extraível dos textos dos arts. 282, § 2º, e 488 do CPC.

Também não ocorrerá lesão ao princípio do *contraditório*, uma vez que o *fundamento* empregado na resolução da questão foi previamente discutido pela parte autora.

3.2.2.2 Tema não debatido previamente pela parte autora

Como registrado anteriormente, o *silêncio*, na petição inicial, a respeito de temas com aptidão para impedir o exame do mérito da causa gera a presunção de que a parte autora não reconhece a existência de qualquer motivo que impeça o exame do mérito. Também é possível que se trate de opção estratégica, por não ser útil ao autor que as atenções do Poder Judiciário e da parte contrária se voltem para o assunto.

Nessa situação, se a primeira impressão do magistrado for *coincidente* com a da parte autora, no sentido de que, aparentemente, não há óbice para que o mérito da causa seja resolvido, o juiz deverá, simplesmente, dar processamento à demanda proposta, sem nada dizer a respeito de temas relativos à admissibilidade do exame do mérito.

Esse juízo positivo – e tácito – de admissibilidade não impede, por óbvio, que, integrada ao processo, a parte ré suscite, perante o próprio juiz, a existência de questões relativas à admissibilidade do exame do mérito da causa, tampouco impede que o Poder Judiciário, que *não* se manifestou a respeito do assunto, decida livremente a questão.

O quadro ganha outras cores, entretanto, se o magistrado concluir que *não* foram atendidas todas as exigências postas pelo sistema jurídico para que o mérito da causa seja apreciado, que o defeito é *insanável* e que o tema *não* foi objeto de abordagem pela parte autora já na petição inicial ou, mesmo tendo a parte autora tratado do assunto, o *específico* fundamento que o magistrado entende aplicável ao caso *não* houver sido enfrentado.

Nesse panorama, há dois caminhos possíveis: (*a*) abrir oportunidade para exercício *prévio* do direito ao contraditório ou (*b*) entender que é possível que o exercício do direito ao contraditório seja *diferido*.

3.2.2.2.1 Exercício prévio do direito ao contraditório

Se o magistrado, antes da citação ou do comparecimento espontâneo da parte ré ao processo, perceber que há incerteza quanto à admissibilidade do exame do mérito, que tal situação decorre de possível defeito *insanável* e que o tema *não* foi debatido previamente pela parte autora, o caminho *adequado* consiste em abrir oportunidade para o exercício *prévio* do direito fundamental ao contraditório.

Com isso, será aplicada a importantíssima regra de concretização do princípio do *contraditório* de que trata o art. 10 do CPC.

É essa a linha de entendimento por nós adotada.

> **NA PRÁTICA**
>
> *A título de exemplo, veja-se um pronunciamento judicial por meio do qual é dada oportunidade para que a parte autora exercite o direito fundamental ao **contraditório**, diante de um quadro em que, **não** tendo ainda sido citada a parte ré, **nem** tendo ela comparecido espontaneamente ao processo, o julgador constata a possibilidade de haver defeito **insanável**, com potencial para **impedir** que o mérito da causa seja resolvido:*
>
> **DESPACHO**
>
> Dentre os documentos que instruem a petição inicial, há um – o de fl. xx – em cujo conteúdo há referência a um julgamento definitivo, com trânsito em julgado da sentença de mérito, ocorrido nos autos de um processo que teve curso junto a um Juizado Especial Cível. Ao lado disso, são fortes os indícios de que, no mencionado processo, as partes e o objeto litigioso coincidem com os deste processo. Há, assim, possibilidade de que já exista coisa julgada.
>
> Diante do exposto, determino que a parte autora, no prazo de 15 (quinze) dias, se manifeste sobre a situação descrita (CPC, art. 10). Na hipótese de silêncio, será proferida sentença de extinção do processo sem resolução do mérito da causa (CPC, art. 485, V).
>
> Intime-se.
>
> **[local e data]**

3.2.2.2.2 Diferimento do exercício do direito ao contraditório

Pelo caminho do *diferimento* do exercício do direito fundamental ao contraditório, o ato decisório que reconhece a impossibilidade de que o mérito da causa seja apreciado seria praticado diretamente, *sem* abertura de oportunidade para que a parte autora se pronuncie previamente.

Na visão dos que trilham essa linha de entendimento, há vantagens na adoção desse caminho, já que a decisão proferida nesse contexto, diante da *impossibilidade* de correção do defeito, *não* seria violadora do princípio da *primazia da decisão de mérito*, uma vez que o campo de aplicabilidade de tal princípio se restringe às situações em que o mérito da causa puder ser apreciado. Tampouco seria possível, em razão da mesma *impossibilidade*, aplicar as regras a que se referem os arts. 282, § 2º, e 488 do CPC.

Porém, o aspecto mais delicado da adoção desse caminho envolve a aplicação do princípio do *contraditório*, uma vez que a decisão seria proferida com base em fundamento a respeito do qual a parte autora *não* teve oportunidade de se manifestar previamente, o que implicaria afastamento da norma extraível do texto do art. 10 do CPC.

Capítulo VII ◆ A questão está suficientemente madura para resolução?

Em situação mais *grave*, envolvendo reconhecimento da improcedência liminar do pedido – decisão, portanto, de mérito e, pois, com plena aptidão para ser acobertada pelos efeitos da coisa julgada material –, há, na doutrina, a defesa da tese segundo a qual a previsão de existência de juízo de retratação no processamento do recurso já seria suficiente para preservação do direito fundamental ao contraditório, de que é titular a parte autora: a "previsão de um juízo de retratação e do recurso de apelação assegura ao autor, com a necessária adequação, um contraditório suficiente para o amplo debate em torno da questão de direito enfrentada e *solucionada in limine litis*"[14].

Assim, a adoção dessa trilha, consistente no proferimento *imediato* da decisão que dá pela improcedência liminar do pedido, criaria um quadro de *diferimento* do exercício do direito fundamental ao contraditório, o que, para quem perfilha essa linha de entendimento, *não* poderia ser confundido com *lesão* a tal direito fundamental.

Tendo em vista a semelhança entre a disciplina dos recursos cabíveis contra a decisão que dá pela improcedência liminar do pedido e contra a decisão que dá pelo indeferimento da petição inicial, o raciocínio aplicável à primeira, no que toca ao *diferimento* do exercício do direito ao contraditório, seria também aplicável à segunda.

Não se pode negar que é verdade que, nesse caso particular, qualquer que seja a espécie do ato decisório praticado – decisão interlocutória ou sentença –, a parte autora ainda disporá de meio para obter a revisão, pelo próprio magistrado, da decisão por ele proferida, mediante a formulação do pleito de *retratação*[15].

Ademais, defende-se que, por essa via, a forma de preservação do direito fundamental ao contraditório se ajustaria, com mais conforto, à aplicação, simultaneamente, dos princípios da *duração razoável* e da *eficiência*, que também são normas fundamentais do Direito Processual Civil (CF, arts. 5º, LXVIII, e 37, *caput*, e CPC, arts. 4º, 6º e 8º).

Pedindo vênia aos que adotam essa linha de raciocínio, é preciso advertir que o direito fundamental ao contraditório é integrado não só pela garantia de ser ouvido *previamente*, como pela garantia de poder influir eficazmente na *construção* da convicção do juiz. Por isso, o diferimento do exercício desse di-

---

[14] THEODORO JÚNIOR, Humberto. *Curso de direito processual civil*. 58. ed. Rio de Janeiro: Forense, 2017, v. I, p. 787-788.

[15] Efetivamente, tratando-se de sentença, o processamento do recurso de apelação passará pela etapa em que o magistrado poderá se *retratar* (CPC, art. 331, *caput*). Se, em vez de sentença, houver sido proferida decisão interlocutória – caso, pois, de indeferimento parcial da petição inicial – e a parte autora quiser demonstrar para o juiz que ele deve se retratar, poderá ela, mediante a interposição do recurso de agravo de instrumento (CPC, art. 354, parágrafo único), independentemente de tratar-se de autos físicos ou eletrônicos, agir na forma do art. 1.018, *caput*, do CPC, requerendo ao juiz que exercite o juízo de *retratação* e que, na sequência, comunique a reforma da decisão ao relator do recurso (CPC, art. 1.018, § 1º).

reito fundamental não pode ser instrumento disponível para uso no cotidiano da atividade judicante. Ele somente é admissível se houver um quadro de *necessidade*[16], fruto da *peculiaridade* de determinado caso concreto.

De qualquer modo, se o entendimento for o de que o exercício do direito ao contraditório pode ser *diferido*, indistintamente, em todos os casos de indeferimento da petição inicial, é de todo útil atentar para a possibilidade de que a parte autora, diante da decisão que lhe foi adversa, interponha recurso de embargos de declaração, baseando-se na alegação de omissão, por falta de apresentação de fundamentos quanto à não aplicação, ao caso, da norma que se extrai do texto do art. 10 do CPC. Também poderá a parte autora optar por arguir, na apelação ou no agravo de instrumento, a nulidade do ato decisório praticado, por violação ao direito fundamental ao contraditório.

Por isso, se esse for o caminho escolhido, deverá o juiz, em atenção à regra que se colhe do texto do art. 489, § 2º, do CPC, dedicar um trecho da decisão para a demonstração de que a opção feita é a que melhor preserva a incidência, a um só tempo, dos princípios do *contraditório* (mediante o uso da técnica do diferimento do seu exercício), da *duração razoável do processo* e da *eficiência*.

3.3 Questões relativas ao mérito da causa

Nas situações que ensejam a improcedência liminar, no todo em parte, do pedido, o mérito da causa será apreciado *sem* que a parte ré tenha sido citada ou comparecido espontaneamente ao processo (CPC, art. 332, *caput*).

Além das hipóteses previstas no art. 332 do CPC, que são hipóteses *típicas* de improcedência liminar do pedido, deve também ser rejeitado, *liminarmente*, o pedido cuja improcedência for manifesta, identificável pelo só exame da petição inicial, já à primeira vista. Esse quadro, revelador da chamada *improcedência macroscópica*, apesar de não ser mencionado no art. 332, também enseja o proferimento de uma decisão de improcedência liminar do pedido. Trata-se de hipótese *atípica*[17].

---

[16] "O exame da necessidade não é, porém, de modo algum singelo. Isso porque [...] a comparação do grau de restrição dos direitos fundamentais e do grau de promoção da finalidade preliminarmente pública pode envolver certa complexidade. Quando são comparados meios cuja intensidade de promoção do fim é a mesma, só variando o grau de restrição, fica fácil escolher o meio menos restritivo. Os problemas começam, porém, quando os meios são diferentes não só no grau de restrição dos direitos fundamentais, mas também no grau de promoção da finalidade. Como escolher entre um meio que restringe pouco um direito fundamental mas, em contrapartida, promove pouco o fim, e um meio que promove bastante o fim mas, em compensação, causa muita restrição a um direito fundamental? A ponderação entre o grau de restrição e o grau de promoção é inafastável" (ÁVILA, Humberto. *Teoria dos princípios:* da definição à aplicação dos princípios jurídicos. 13. ed. São Paulo: Malheiros, 2012, p. 194-195).

[17] DIDIER JR., Fredie. *Curso de direito processual civil.* 20. ed. Salvador: JusPodivm, 2018, v. 1, p. 698-699.

Capítulo VII ◆ A questão está suficientemente madura para resolução?

Nessa linha, é preciso lembrar, novamente, que, mesmo não tendo sido ainda citada, nem comparecido espontaneamente ao processo, a parte ré é também titular do direito de obter, em prazo razoável, a solução integral do mérito da causa (CPC, art. 4º).

O exame quanto a se a questão relativa à improcedência liminar do pedido está ou não suficientemente madura para resolução está ligado à verificação quanto a se as razões que o magistrado entende aplicáveis ao caso foram ou não objeto de abordagem na petição inicial. E é de todo útil, quanto a isso, lembrar, sempre, que, para que se considere que o tema foi previamente debatido, é imprescindível que o *específico* fundamento que o juiz entende aplicável tenha sido expressamente enfrentado pela parte.

Trata-se, pois, de um roteiro cuja estrutura básica coincide com a do roteiro a ser empregado nos casos em que a questão versa sobre defeito formal insanável.

3.3.1 *Tema debatido previamente pela parte autora*

Não é rara a ocorrência de situações em que a parte autora, já na petição inicial, se antecipa a possíveis discussões quanto a temas que podem ser trazidos, como defesa, pela parte ré, quanto ao *mérito* da causa.

É nesse contexto que, por vezes, já na petição inicial, a parte autora se empenha para demonstrar que o pedido formulado *não* contraria precedente judicial vinculante (CPC, art. 332, *caput*), que o seu direito *não* foi extinto pela decadência ou que a sua pretensão *não* foi atingida pela prescrição (CPC, art. 332, § 1º).

Em situações assim, na verificação quanto a se a questão está suficientemente madura para resolução, o magistrado levará em consideração se os fundamentos apresentados são ou não convincentes.

3.3.1.1 *Apresentação, pela parte autora, de fundamentos convincentes*

Se a parte autora optar por abordar, já na petição inicial, matéria de mérito relativa a situações com aptidão para gerar a improcedência liminar do pedido, apresentando fundamentos *convincentes*, contrários a essa improcedência, e *não houver* razão determinante de que tal matéria seja objeto de manifestação judicial antes de a parte ré ser citada, a postura adequada do julgador deverá ser, tanto quanto possível, a de não se posicionar, de imediato, sobre o assunto.

É que um eventual pronunciamento decisório, nesse caso, por ser favorável à parte autora, teria natural aptidão para gerar uma situação adversa para a parte ré, que, de sua vez, não teve ainda oportunidade de exercer o seu direito fundamental ao contraditório.

Esse tipo de painel recomenda que o magistrado *não* se manifeste sobre o assunto e, para reduzir as chances de interposição, pela parte autora, de recurso de embargos de declaração por omissão, já que a própria parte autora suscitou o tema, é também recomendável que conste, *expressamente*, no pronunciamento judicial, a razão pela qual o órgão julgador não se manifestará imediatamente a respeito do assunto.

NA PRÁTICA

*A título de exemplo, veja-se o seguinte pronunciamento judicial, por meio do qual é ordenada a **citação** da parte ré, num caso em que (i) a parte autora, antecipando-se, tenha apresentado, já na petição inicial, fundamentos **convincentes** de que o caso não enseja a improcedência liminar do pedido e (ii) **não** exista motivo que imponha que o assunto seja objeto de deliberação judicial antes da integração da parte ré ao processo.*

*A segunda parte do pronunciamento, em que há a ordem de **citação**, é aplicável aos casos em que o direito sob discussão admite **autocomposição**:*

DESPACHO

Quanto às ponderações da parte autora a respeito da não ocorrência da prescrição, o tema será objeto de deliberação após encerrado o prazo para que a parte ré apresente contestação.

Cite-se a parte ré e intime-se a parte autora para que compareçam à audiência de conciliação ou de mediação, cuja data deverá ser designada pela secretaria deste juízo. Adote a secretaria as cautelas necessárias para que, quanto aos aludidos atos de comunicação, sejam preservados os interregnos mínimos mencionados no "caput" do art. 334 e no § 2º do art. 218, ambos do CPC.

[local e data].

---

*Perceba-se que o primeiro trecho do pronunciamento está integralmente voltado para atender ao princípio da **cooperação** (CPC, art. 6º), cujo conteúdo abrange, dentre outros, os deveres de esclarecimento e de prevenção. Por meio do texto, esclarece-se que a preservação do direito fundamental ao contraditório exige que se aguarde eventual manifestação da parte ré sobre o assunto e previne-se que a parte autora trilhe o caminho da alegação de ocorrência de omissão.*

3.3.1.2 Apresentação, pela parte autora, de fundamentos inconvincentes

No item *3.2.1.2.2*, fizemos alusão a um cenário que *exclui* a necessidade de que tenha sido dada, previamente, oportunidade à parte autora para se manifestar sobre situações com potencial para *impedir* a resolução do mérito, mesmo que a decisão a ser proferida seja *adversa* aos seus interesses.

E anunciamos que é o que aconteceria se o juiz percebesse que o quadro, *independentemente* da prática do ato, ensejava, *de logo*, o proferimento de de-

Capítulo VII ◆ A questão está suficientemente madura para resolução?

cisão que versasse sobre o mérito da causa, por meio da qual se reconhecesse a improcedência liminar do pedido (CPC, art. 332).

Estávamos nos referindo exatamente à situação que é objeto de tratamento *neste* item.

De fato, na hipótese de a parte autora optar por discutir, no bojo da petição inicial, tema referente a situações com potencial para ensejar a improcedência liminar do pedido e, ao fazê-lo, apresentar fundamentos *inconvincentes*, o campo estará aberto para a *imediata* prática, *sem* nova oportunidade para que a parte autora se manifeste, do ato decisório cabível.

Nessa situação, será proferida uma sentença, caso o motivo da improcedência liminar atinja todo(s) o(s) pedido(s), ou uma decisão interlocutória, se apenas um ou mais dos pedidos formulados, ou parcela deles, for atingido pelo motivo que conduz à improcedência liminar.

Por óbvio, em razão de o tema já haver sido debatido na petição inicial, não se pode cogitar que a imediata prática do ato decisório implique violação ao direito fundamental ao contraditório.

Ao lado disso, se o campo estiver aberto para a *imediata* prática do ato decisório por meio do qual é reconhecida a improcedência liminar do pedido, não há qualquer motivo para que sejam praticados atos atinentes, por exemplo, à correção de defeito *sanável*, uma vez que a decisão de mérito será favorável à parte que, em tese, seria beneficiada por uma eventual falta de correção da falha.

Afinal, vale insistir na lembrança de que é *dever* do órgão julgador resolver o mérito *sempre* que a decisão a ser proferida for favorável à parte a quem aproveitaria a não apreciação do mérito (CPC, arts. 282, § 2º, e 488).

NO CONCURSO PÚBLICO

O raciocínio desenvolvido neste item tem um núcleo **fundamental** para um candidato num concurso público.

A importância **não** está na situação fática consistente na possibilidade de proferimento imediato de uma sentença de mérito, de **improcedência liminar do pedido**, sem que seja ordenada a correção de um vício sanável. Esse tipo de situação fática, envolvendo sentença de improcedência liminar do pedido, **não** é comumente explorado em concursos públicos.

O que é importante é o raciocínio: se o campo estiver aberto para a imediata prática do ato decisório por meio do qual é resolvido o **mérito**, não há qualquer motivo para que sejam praticados atos atinentes à **correção** de defeito sanável, uma vez que a decisão de **mérito** será **favorável** à parte que, em tese, seria beneficiada por uma eventual falta de correção da falha.

3.3.2 Tema não debatido previamente pela parte autora

Se, na petição inicial, não houver qualquer referência a situações com potencial para gerar a improcedência liminar do pedido (CPC, art. 332), presume-se que a parte autora não reconhece a existência de qualquer motivo para que o pedido seja julgado liminarmente improcedente. Também pode se tratar de opção consciente da parte autora, que não pretende despertar as atenções do Poder Judiciário e da parte contrária para o tema.

Nesse quadro de silêncio, se a compreensão do juiz for a de que, de fato, aparentemente *inexistem* motivos para que o pedido seja julgado liminarmente improcedente, o adequado é que o magistrado simplesmente *não* se manifeste sobre o assunto, o que, obviamente, não impede que a parte ré, integrada ao processo, suscite questões referentes à formulação de pedido contrário a precedentes judiciais obrigatórios ou à ocorrência de prescrição ou de decadência[18].

A situação será outra, porém, se o magistrado entender que *existem* motivos para que o pedido seja julgado liminarmente improcedente e o tema *não* houver sido abordado pela parte autora já na petição inicial.

Sendo esse o quadro, o juiz terá uma opção a fazer: ou (*a*) ele abrirá oportunidade para o exercício *prévio*, pela parte autora, do direito ao contraditório ou (*b*) ele praticará, de imediato, o ato decisório por meio do qual será julgado liminarmente improcedente, no todo ou em parte, o pedido, por entender que é possível, em casos assim, *diferir* o exercício, pela parte autora, do direito ao contraditório.

3.3.2.1 Exercício prévio do direito ao contraditório

A abertura de oportunidade para que a parte autora exercite *previamente* o seu direito fundamental ao contraditório é a medida *adequada* a ser adotada, num caso em que o magistrado, antes da citação ou do comparecimento espontâneo da parte ré ao processo, perceber que o quadro enseja o reconhecimento, *liminarmente*, da improcedência do pedido (CPC, art. 332) e que o fundamento a ser empregado na decisão *não* foi debatido previamente pela parte autora.

---

[18] Se, *depois* que a parte ré estiver integrada ao processo, o juiz vier a reconhecer que o pedido contraria precedente judicial obrigatório ou que o caso é de reconhecimento da ocorrência de prescrição ou de decadência, o ato decisório respectivo já não será de improcedência *liminar* do pedido. É importante atentar para o fato de que há reflexos práticos decorrentes dessa circunstância. É que o processamento do recurso de apelação contra a sentença por meio da qual é julgado *liminarmente* improcedente o pedido passará por uma etapa, a de exercício de juízo de retratação (CPC, art. 332, § 3º), que não existe no comum dos casos de apelação interposta contra outras sentenças em que o mérito da causa é igualmente apreciado (CPC, art. 1.010, §§ 1º a 3º). Ao lado disso, nos casos de improcedência *liminar* do pedido, como a parte ré não está atuante no processo, não há espaço para imposição, à parte autora, da obrigação de pagar honorários advocatícios sucumbenciais, ao passo que, estando a parte ré atuante no processo, o julgamento da causa com base em contrariedade a precedente judicial obrigatório ou reconhecimento da ocorrência de prescrição ou de decadência tem aptidão para gerar, para o autor, a obrigação de pagar os aludidos honorários.

Capítulo VII ♦ A questão está suficientemente madura para resolução?

Trata-se de cumprimento da regra que se colhe do texto do art. 10 do CPC: uma relevante regra de concretização do princípio do *contraditório*.

No exercício das nossas atividades judicantes, é a linha de entendimento que adotamos.

NA PRÁTICA

*A título de exemplo, veja-se um pronunciamento judicial por meio do qual é **dada oportunidade** para que a parte autora exercite o direito fundamental ao **contraditório**, diante de um quadro em que, **não** tendo ainda sido citada a parte ré, **nem** tendo ela comparecido espontaneamente ao processo, o julgador constata a possibilidade de ser julgado liminarmente improcedente o pedido e o tema não foi previamente debatido pela parte autora:*

DESPACHO

O documento de fl. x traz elementos indicativos de que o direito de que a parte autora se entende titular teria sido violado em **[data]**, mesmo dia em que a ela teria sido dado conhecimento da existência do dano e de sua autoria. De seu turno, a petição inicial foi apresentada em **[data]**. Ao lado disso, a pretensão deduzida em juízo é relativa à reparação por danos que teriam sido causados por fato do serviço, numa relação de consumo, em razão do que o prazo prescricional é de 5 (cinco) anos (CDC, art. 27). Há, assim, possibilidade de que a pretensão tenha sido atingida pela prescrição.

Diante do exposto, determino que a parte autora, no prazo de 15 (quinze) dias, se manifeste sobre a situação descrita (CPC, art. 10). Na hipótese de silêncio, será proferida sentença de improcedência liminar do pedido (CPC, art. 332, § 1º).

Intime-se.

[local e data].

---

*Perceba-se que, por meio de um pronunciamento com esse teor são cumpridas, com rigor, a um só tempo, normas como o princípio do **contraditório** (já que, **antes** da prática do ato decisório, terá sido dada oportunidade à parte interessada para se manifestar e para influir na construção da convicção do órgão julgador), o princípio da **segurança jurídica** (uma vez que há prévia informação a respeito das consequências jurídicas de eventual silêncio) e o princípio da **cooperação** (já que o magistrado estará se desincumbindo dos deveres de prevenção e de esclarecimento, que integram o conteúdo de tal princípio).*

3.3.2.2 Diferimento do exercício do direito ao contraditório

> É POSSÍVEL PROFERIR, LIMINARMENTE, DECISÃO DE MÉRITO, CONTRA A PARTE AUTORA, COM BASE EM FUNDAMENTO A RESPEITO DO QUAL NÃO SE TENHA DADO A ELA OPORTUNIDADE PARA SE MANIFESTAR?

A adoção da linha de entendimento segundo a qual é possível *diferir* o momento do exercício do direito fundamental ao contraditório abre espaço para o proferimento, pelo juiz, imediatamente, *sem* possibilitar que a parte autora se manifeste, da sentença ou da decisão interlocutória, a depender do caso, por meio da qual será julgado liminarmente improcedente, no todo ou em parte, o pedido.

Trata-se de entendimento que toma como premissa o raciocínio segundo o qual o *diferimento* do exercício do direito ao contraditório *não* implica *lesão* a tal direito fundamental, uma vez que, por meio do juízo de retratação, previsto como etapa do processamento do recurso, a parte autora terá acesso a um contraditório suficiente o bastante para permitir o amplo debate a respeito da questão[19].

Com efeito, é verdade que, independentemente da espécie do ato decisório a ser praticado – se decisão interlocutória ou se sentença –, a parte autora poderá, mediante a interposição do recurso adequado, provocar o próprio órgão julgador prolator da decisão para que exerça o juízo de *retratação*.

Esse seria, portanto, um caminho que, para os que o têm como viável, além de preservar o direito fundamental ao contraditório, mediante a utilização da técnica do *diferimento* do momento do seu exercício, atenderia às normas fundamentais da duração razoável do processo e da eficiência (CF, arts. 5º, LXVIII, e 37, *caput*, e CPC, arts. 4º, 6º e 8º).

Registramos, mais uma vez, que a supressão do *prévio* exercício do direito ao contraditório é violadora das duas garantias que integram o conteúdo de tal direito fundamental: a garantia de ser *previamente* ouvido e a garantia de poder influir eficazmente na *construção* da convicção do juiz. Com base nisso, o nosso posicionamento é o de que *somente* em casos de *necessidade*[20], determinada por *peculiaridades* do caso concreto, seria justificável a adoção da técnica do *diferimento*.

Apenas como alerta para prevenir incidentes decorrentes da adoção do entendimento de que sempre é possível *diferir* o exercício do direito ao contraditório, nos casos de improcedência liminar do pedido, vale o registro de que, por óbvio, insatisfeita com a decisão que lhe foi adversa, a parte autora poderá entender que o caso autoriza a interposição do recurso de embargos de declaração, baseado na alegação de omissão, por falta de apresentação de fundamentos quanto à não aplicação, ao caso, da norma que se extrai do texto do art. 10

---

[19] "A previsão de um juízo de retratação e do recurso de apelação assegura ao autor, com a necessária adequação, um contraditório suficiente para o amplo debate em torno da questão de direito enfrentada e solucionada *in limine litis*" (THEODORO JÚNIOR, Humberto. *Curso de direito processual civil*. 58. ed. Rio de Janeiro: Forense, 2017, v. I, p. 787-788).

[20] Sobre a *necessidade* como integrante dos exames inerentes à aplicação do *postulado da proporcionalidade*, ver Humberto Ávila (*Teoria dos princípios:* da definição à aplicação dos princípios jurídicos. 13. ed. São Paulo: Malheiros, 2012, p. 194-195).

do CPC. Também não é descartável que a parte autora opte por arguir, na apelação ou no agravo de instrumento, a nulidade do ato decisório, por haver sido praticado sem que lhe fosse dada oportunidade para o exercício prévio do direito fundamental ao contraditório.

Em razão desse contexto, deve o juiz, em cumprimento à regra que se extrai do texto do art. 489, § 2º, do CPC, fazer constar, na decisão, a demonstração de que a opção pelo diferimento do exercício do direito ao contraditório é a que melhor articula a incidência simultânea do próprio princípio do *contraditório* e dos princípios da *duração razoável do processo* e da *eficiência*.

NO CONCURSO PÚBLICO

*É **muitíssimo importante** que, num concurso público, o candidato a ocupar o cargo de juiz tenha conhecimento da **existência** dessa linha de entendimento.*

*Como dissemos, **não** concordamos com ela.*

Trata-se, porém, de uma linha de compreensão defendida pelo eminente professor Humberto Theodoro Júnior (Curso de Direito Processual Civil, vol. 1. 58ª edição, Rio de Janeiro, Forense, 2017, pp. 787/788), o que, por si só, é suficiente para que seja ela coberta de respeitabilidade.

A sua adoção abre ensejo ao raciocínio segundo o qual, havendo previsão de juízo de retratação no processamento do recurso, seria possível o proferimento de decisão sem abertura de oportunidade para o prévio exercício do direito ao contraditório, uma vez que tal direito estaria suficientemente preservado mediante a utilização da técnica do diferimento do momento do seu exercício e, além disso, com o proferimento imediato da decisão, seriam cumpridas, pelo magistrado, as normas fundamentais da duração razoável do processo e da eficiência (CF, arts. 5º, LXVIII, e 37, caput, e CPC, arts. 4º, 6º e 8º).

4. RESOLUÇÃO DE QUESTÕES DEPOIS DA CITAÇÃO OU DO COMPARECIMENTO ESPONTÂNEO DA PARTE RÉ AO PROCESSO

Ocorrida a citação da parte ré ou o seu comparecimento espontâneo ao processo, há uma natural ampliação do universo de possibilidades de surgimento de questões, tanto *formais* quanto relativas ao *mérito da causa*, trate-se ou não de tema a respeito do qual pode o Poder Judiciário se manifestar de ofício.

No caso das questões de natureza *formal*, tal qual se dá com o quadro em que a parte ré ainda não foi citada e não compareceu espontaneamente ao processo, a atenção deverá recair, primeiro, no exame quanto a se a questão está atrelada ou não à existência de *defeito*, e, estando, deve-se verificar se o defeito é *sanável* ou *insanável*.

Quanto às questões referentes ao mérito, não se pode esquecer que *ambas* as partes, e não apenas a parte autora, são titulares do direito de obter, em prazo razoável, a solução integral do mérito da causa. Aliás, é exatamente por isso que, no bojo do CPC, existem dispositivos como os arts. 4º, 6º, 282, § 2º, 317, 485, §§ 4º e 6º, e 488.

4.1 Questões formais que não versam sobre defeito processual

Como registrado anteriormente, há questões de natureza *formal* cujo objeto *não* versa sobre a existência de *defeito* processual, e tais questões podem surgir tanto *antes* quanto *depois* da citação ou do comparecimento espontâneo da parte ré ao processo.

O foco das nossas atenções, agora, está nos cuidados a serem adotados para verificação da *maturidade* de tais questões, de modo a que se possa constatar se elas já se encontram habilitadas à resolução, quando o seu surgimento é *posterior* à prática dos atos aptos a promover a integração da parte ré ao processo.

Os melhores exemplos de fatos com potencial para gerar questões desse tipo, como não poderia deixar de ser, são os mesmos trazidos quando o surgimento da questão se dá *antes* da citação ou do comparecimento espontâneo do réu, mas a análise dos quadros decorrentes de tais exemplos – que ficará restringida aos cenários em que há potencial para que o processo seja extinto sem resolução do mérito – ficará, por óbvio, enriquecida pelas possibilidades decorrentes da participação da parte ré no debate.

Os exemplos são os seguintes:

1) falecimento de qualquer das partes, depois de proposta a demanda (arts. 110, 313, I, §§ 1º e 2º, e 689, todos do CPC);

2) falecimento do advogado que esteja atuando como único patrono de uma das partes (CPC, art. 313, § 3º);

3) renúncia do advogado de uma das partes ao mandato que lhe foi outorgado (CPC, art. 112);

4) abandono do processo pela parte autora (CPC, art. 485, III, §§ 1º e 6º);

5) apresentação, pela parte autora, de pleito de homologação de desistência da demanda proposta (CPC, art. 485, VIII, §§ 4º e 5º);

6) parto da advogada que esteja atuando como única patrona de uma das partes ou obtenção, pela causídica, de concessão de adoção (CPC, art. 313, IX, § 6º); e

7) início da paternidade do advogado que esteja atuando como único patrono de uma das partes (CPC, art. 313, X, § 7º).

A tais exemplos deve ser acrescentado o abandono do processo por *ambas* as partes, que se materializa pela paralisação do curso do procedimento durante mais de um ano, por negligência das partes (CPC, art. 485, II, § 1º), quadro que somente é possível de ocorrer se a parte ré estiver integrada ao processo.

Capítulo VII ◆ A questão está suficientemente madura para resolução?

4.1.1 *Questões relativas ao falecimento de qualquer das partes, depois da propositura da demanda*

Como registramos anteriormente, é o exame a respeito da *transmissibilidade* ou não do direito sob discussão que determina o caminho a ser seguido[21] para que se possa concluir a respeito da maturidade da questão decorrente do falecimento de qualquer das partes, depois de proposta a demanda. A circunstância de a parte ré já haver sido citada ou haver comparecido espontaneamente ao processo *não* altera esse quadro.

E tal como acontece com os casos em que a parte ré ainda não tenha sido integrada ao processo, tratando-se de direito *transmissível*, há, também aqui, *diferença* quanto aos atos que devem ser praticados, a depender de a parte falecida haver sido a autora ou a ré.

> **?** A CERTIDÃO DO REGISTRO DO ÓBITO É INDISPENSÁVEL PARA COMPROVAÇÃO DO FALECIMENTO DA PARTE?

Para que se proceda a tal exame, todavia, é preciso que, nos autos, existam provas suficientes de que o óbito ocorreu.

O instrumento adequado para comprovação da ocorrência do falecimento de uma pessoa é a certidão do registro do óbito, documento que é fornecido pelo cartório do registro civil de pessoas naturais em que o óbito houver sido registrado (Lei n. 6.015/73, art. 29, III).

Assim, é de todo adequado que, à luz da aplicação do princípio da *cooperação* (CPC, art. 6º), haja empenho do juiz e dos sujeitos que remanescerem no processo para que tal certidão seja acostada aos autos.

Se o magistrado, entretanto, constatar que, no caso concreto, é impossível ou excessivamente difícil obter tal certidão – o que poderá acontecer, por exemplo, se não for identificável o cartório em que o acontecimento do óbito

---

[21] Apesar de os efeitos, no processo, do falecimento de uma das partes serem determinados, em verdade, pela *transmissibilidade* ou não do direito sob discussão, vale recordar que a falta de percepção a respeito dessa circunstância tem gerado uma desnecessária oscilação jurisprudencial. Assim, como registramos em nota de rodapé anterior – na qual indicamos *diversos* acórdãos demonstrativos dessa oscilação –, há clara predominância de acórdãos, do STF e do STJ, no que concerne ao procedimento de *mandado de segurança*, no sentido de que, pelo só fato de se tratar de *mandado de segurança*, o falecimento do impetrante gera a extinção do processo. Porém, igualmente em procedimento de *mandado de segurança*, o mesmo STJ, atinando para a *transmissibilidade* do direito sob discussão, admitiu, num caso concreto, a habilitação do espólio do falecido autor. Quadro similar acontece com o procedimento especial de *exigir contas* (equivalente ao procedimento de *prestação de contas*, previsto nos arts. 914 a 919 do CPC/1973): há diversos precedentes do STJ no sentido de que, simplesmente por se tratar desse procedimento especial, o evento *morte* geraria a extinção do processo sem resolução do mérito, ao lado de julgamentos, igualmente pelo STJ, em que se admite que o espólio suceda a parte.

teria sido registrado – e que, nos autos, há elementos que conduzem, fortemente, à conclusão de que, de fato, o óbito ocorreu, poderá ele formar a sua convicção com base em tais elementos.

Por último, vale lembrar que se o óbito da pessoa indicada como parte houver ocorrido *antes* da data da propositura da demanda, a situação *não* será a mesma que, *neste* momento, estamos examinando, já que o caso será de indicação, como parte processual principal, de um sujeito sem *capacidade de ser parte*.

4.1.1.1 Intransmissibilidade do direito sob discussão

Se o direito sob discussão for *intransmissível*, o fato jurídico *morte* produzirá, como efeito, a extinção do processo, sem que o mérito da causa seja resolvido (CPC, art. 485, IX).

> **QUAL A MELHOR INTERPRETAÇÃO A SER DADA À EXPRESSÃO "AÇÃO CONSIDERADA INSTRANSMISSÍVEL POR DISPOSIÇÃO LEGAL", CONTIDA NO ART. 485, IX, DO CPC?**

Não há motivos para preocupações com o fato de haver, no inciso IX do art. 485 do CPC, alusão à necessidade de *"disposição legal"* que considere intransmissível o direito[22], já que a *intransmissibilidade* decorre da própria natureza do direito, e não da existência de texto legal a respeito.

Assim, por exemplo, num processo em que seja réu um município e o único pedido formulado pela parte autora, pessoa natural, seja o de imposição, ao réu, da obrigação de adotar as providências para que a parte autora seja internada num estabelecimento hospitalar, o falecimento superveniente do autor implicará encerramento do procedimento, sem que o mérito da causa seja resolvido, já que o direito sob discussão é, claramente, *intransmissível*.

Por óbvio, até mesmo em razão da gravidade do fundamento fático que embasará a prática do ato decisório – a afirmação de que uma das partes teria falecido –, cautelas devem ser adotadas *antes* da resolução da questão, de modo a que sejam reduzidas as chances de ocorrência de incidentes indesejáveis. A existência de pessoas homônimas é um fator que possui potencial para gerar incidentes nesse campo.

---

[22] O uso do vocábulo "ação", no inciso IX do art. 485 do CPC, somente pode ser assimilado no sentido de "direito". Infelizmente, não tem havido, no desempenho da atividade legislativa, a tradição, que seria salutar, de envidar esforços para evitar os problemas interpretativos decorrentes do uso indiscriminado de um só vocábulo em mais de um sentido.

Capítulo VII ◆ A questão está suficientemente madura para resolução?

Nessa linha, se a informação a respeito da ocorrência do óbito de uma das partes veio ao processo por meio da *parte contrária*, o cuidado a ser tomado consistirá na abertura de oportunidade para que o advogado da parte que teria falecido se pronuncie, em nome próprio, a respeito da situação.

De sua vez, se foi o próprio *advogado* que noticiou o falecimento do seu constituinte, deve ser dada oportunidade para que a parte contrária se manifeste.

Há possibilidade, ainda, de a informação a respeito do óbito haver aportado no processo por *outro* caminho, como seria o caso de uma certidão lavrada pela secretaria do juízo, dando conhecimento, por exemplo, de que, em outro processo, no qual a pessoa atuava, consta a ocorrência do falecimento. Num caso desse, antes da resolução da questão, deve ser aberta oportunidade para manifestação não só da parte contrária como do advogado a quem foi outorgado mandato pela parte que teria falecido.

Tendo sido praticados, de acordo com a origem da notícia, os atos respectivos, a questão decorrente do falecimento de qualquer das partes, num caso em que o direito sob discussão é *intransmissível*, já estará suficientemente madura para ser resolvida.

NA PRÁTICA

*Exemplos de pronunciamentos judiciais, diante da notícia de ocorrência de **óbito** de uma das partes, num caso em que **não** há litisconsórcio, a parte ré está **atuante** no processo e o direito sob discussão é **intransmissível**:*

*Notícia da ocorrência de **óbito** de uma das partes, trazida aos autos pela parte contrária:*

DESPACHO

Tendo em vista a notícia de que a parte **[autora ou ré]** teria falecido, intime-se o advogado que foi por ela constituído para que se manifeste a respeito, no prazo de 15 (quinze) dias. Registro que o direito sob discussão é intransmissível, em razão do que a ocorrência de óbito da parte é causa para extinção do processo sem resolução do mérito (CPC, art. 485, IX). Na hipótese de silêncio do causídico, haverá presunção de que inexiste motivo para outras ponderações a respeito da notícia do óbito, caso em que os autos deverão voltar conclusos, para sentença. A respeito deste pronunciamento, deverá também ser intimada a parte **[ré ou autora, a depender de quem não tenha falecido]**.
[local e data].

*Notícia da ocorrência de **óbito** de uma das partes, trazida aos autos pelo advogado a quem a parte falecida outorgara mandato:*

DESPACHO

Tendo em vista a notícia de que a parte **[autora ou ré]** teria falecido, intime-se a parte contrária para que se manifeste a respeito, no prazo de 15 (quinze) dias. Registro que o

> direito sob discussão é intransmissível, em razão do que a ocorrência de óbito da parte é causa para extinção do processo sem resolução do mérito (CPC, art. 485, IX). Na hipótese de silêncio da parte contrária, haverá presunção de que ela não se opõe à extinção, caso em que os autos deverão voltar conclusos, para sentença. A respeito deste pronunciamento, deverá também ser intimado o advogado que representava judicialmente a parte falecida.
>
> [local e data].

*Notícia da ocorrência de **óbito** de uma das partes, trazida aos autos por outra via, distinta da parte contrária e do advogado a quem a parte falecida outorgara mandato:*

> **DESPACHO**
>
> Tendo em vista a notícia de que a parte **[autora ou ré]** teria falecido, intimem-se o advogado que foi por ela constituído e a parte **[ré ou autora, a depender de quem não tenha falecido]** para que se manifestem a respeito, no prazo de 15 (quinze) dias. Registro que o direito sob discussão é intransmissível, em razão do que a ocorrência de óbito da parte é causa para extinção do processo sem resolução do mérito (CPC, art. 485, IX). Na hipótese de silêncio dos mencionados sujeitos, haverá presunção de que inexistem óbices para a extinção do processo, caso em que os autos deverão voltar conclusos, para sentença.
>
> [local e data].

*Perceba-se que, por meio de pronunciamentos assim, são cumpridas, com rigor, a um só tempo, normas como o princípio do **contraditório** (uma vez que, em qualquer das situações, todos os interessados – aí incluídos os advogados, em nome próprio – terão oportunidade para se manifestar e influir na construção da convicção do órgão julgador), o princípio da **eficiência** (já que, mediante a indicação dos efeitos decorrentes do silêncio, abre-se campo para redução do número de atos processuais), o princípio da **segurança jurídica** (uma vez que há prévia informação a respeito das consequências jurídicas de eventual silêncio dos intimandos) e o princípio da **cooperação** (já que o magistrado estará se desincumbindo dos deveres de prevenção e de esclarecimento, que integram o conteúdo de tal princípio).*

4.1.1.2 *Transmissibilidade do direito sob discussão*

Sendo *transmissível* o direito sob discussão, num processo em que a parte ré já tenha sido citada ou tenha comparecido espontaneamente, a ocorrência da morte de qualquer das partes implicará percursos distintos para verificação a respeito da *maturidade* da questão, a depender de quem tenha falecido.

Ambos os percursos, porém, são disciplinados pelo conjunto normativo que se colhe dos textos dos arts. 110, 313, I, §§ 1º e 2º, e 689, todos do CPC.

4.1.1.2.1 Falecimento da parte autora

Tendo ocorrido óbito da parte autora, cumpre ao seu espólio, a quem for o seu sucessor ou, se for o caso, aos seus herdeiros adotar, o quanto antes, as providências indispensáveis para ocupação do polo ativo da demanda, mediante a apresentação do pleito de habilitação (CPC, arts. 110 e 689).

Se não tiver havido requerimento de habilitação, segue-se a prática dos atos a que se refere o art. 313, I, § 2º, II, do CPC e se, ainda assim, não for promovida a habilitação, a previsão legal expressa, contida no trecho final do aludido inciso II do § 2º do art. 313, é a de que o processo deverá ser extinto, sem que o mérito da causa seja resolvido.

Não se pode perder de vista, todavia, que, assim como a parte autora, o sujeito que integra o polo passivo da demanda também tem direito de obter, em prazo razoável, a solução integral do mérito, de modo justo e efetivo (CPC, arts. 4º e 6º).

Além disso, há pelo menos uma medida de ordem prática que pode ser adotada e que possui potencial para permitir que a sucessão processual da parte autora se dê de modo mais simples.

Ante essas circunstâncias, os passos que integram o caminho a ser percorrido merecem ser melhor debulhados.

Assim é que, falecido o autor, se o sujeito legitimado a ocupar o polo ativo da demanda, sucedendo-o processualmente (CPC, arts. 110 e 313, I, § 2º, II), não houver apresentado o pleito de habilitação (CPC, arts. 110 e 689), é indispensável que tenham sido praticados os atos a que se refere o art. 313, I, § 2º, II, do CPC, mediante a determinação de que se proceda à intimação do espólio do autor, do seu sucessor ou, se for o caso, dos seus herdeiros, pelos meio de divulgação que o juiz reputar mais adequados, para que manifestem interesse na sucessão processual e promovam a respectiva habilitação no prazo que o próprio magistrado designar.

Vale lembrar que, na hipótese de o julgador, diante das características do caso concreto, não dispor de meios para identificar, com precisão, qual o sujeito que está legitimado para ocupar o polo ativo da demanda – se o espólio do autor falecido, algum eventual sucessor seu ou, ainda, seus herdeiros –, os atos relativos à intimação deverão ser praticados tendo como destinatários *todos* os possíveis sujeitos, simultaneamente.

A experiência adquirida ao longo dos anos de exercício da atividade judicante demonstra que *também* são significativas as possibilidades de o advogado que representava a parte autora no processo dispor, na qualidade de quem atuou como mandatário, de meios para entrar em contato com pessoas vinculadas ao falecido mandante, gerando uma situação propícia a que a sucessão processual ocorra com menos dispêndio de energia.

Ao lado disso, é possível que a parte ré, estando *atuante* no processo, coopere, fornecendo informações de que disponha.

Por isso, o bom senso – bem como a aplicação do princípio da *eficiência* – recomenda que, *antes* da prática dos atos mencionados no inciso II do § 2º do art. 313 do CPC, seja promovida a intimação da parte ré e do advogado que representava a parte autora no processo, instando tais sujeitos a fornecer as informações que possuírem – ressalvadas, obviamente, quanto ao advogado, as referentes a fato a respeito do qual deva ele guardar sigilo profissional (Lei n. 8.906/94, art. 7º, XIX) –, de modo a que, assim, todos *cooperem* para que o procedimento tenha sequência (CPC, art. 6º).

Adotado *todo* esse conjunto de medidas, a questão estará apta a ser decidida, com a extinção do processo, sem que o mérito da causa seja resolvido (CPC, art. 313, I, § 2º, II, trecho final), caso o sujeito que estaria legitimado para ocupar o polo ativo da demanda, sucedendo o autor, não tenha se apresentado.

NA PRÁTICA

*Exemplo de pronunciamento judicial, diante da ocorrência de **óbito do único autor**, num caso em que o direito sob discussão é **transmissível**, **ninguém** requereu habilitação e a parte ré está **atuante** no processo:*

DECISÃO

Tendo em vista que a parte autora faleceu, que o direito sob discussão é transmissível e que não foi apresentado requerimento de habilitação pelo(s) sujeito(s) que houver(em) de suceder a parte autora no processo, determino que seja suspensa a prática dos atos do procedimento (CPC, art. 313, I, § 2º, II), até a integral efetivação das diligências a seguir ordenadas.

Intime-se o espólio do autor, quem for o seu sucessor e os seus herdeiros para que, no prazo de 2 (dois) meses, manifestem interesse na sucessão processual e promovam a respectiva habilitação, sob pena de extinção do processo sem resolução do mérito da causa (CPC, art. 313, § 2º II).

Para o fim de obter dados que possibilitem a intimação dos mencionados sujeitos, intime-se, antes, o advogado que, até a ocorrência do óbito, representava judicialmente o(a) autor(a) falecido(a), para que, no prazo de 15 (quinze) dias, forneça a este juízo as informações que dispuser (CPC, art. 6º), ressalvadas as referentes a fato a respeito do qual deva guardar sigilo profissional (Lei n. 8.906/1994, art. 7º, XIX).

Para a mesma finalidade – e também por aplicação do princípio da cooperação –, deverá ser intimada a parte ré.

Na hipótese de não serem fornecidas informações que facilitem a prática dos atos voltados para que se opere a sucessão da parte autora, a secretaria cuidará de intimar, pelo correio e por edital, os sujeitos que, em tese, têm legitimidade para se habilitar.

Quanto à intimação pelo correio, determino que seja dirigida correspondência para o endereço indicado na petição inicial como sendo o da parte autora, bem como para outros endereços, igualmente vinculados à parte autora, eventualmente referidos nos autos ou obtidos, pela própria secretaria, mediante consulta às bases de dados a que tem acesso, em razão de convênios celebrados pelo Poder Judiciário com outros órgãos públicos e com concessionárias de serviços públicos. Na(s) correspondência(s), o campo reservado para a indicação do destinatário deverá ser preenchido com a expressão "espólio, sucessor ou herdeiros de **[nome do(a) autor(a) falecido(a)]**".

Capítulo VII ◆ A questão está suficientemente madura para resolução?

> No que se refere ao edital, será ele publicado no sítio do tribunal e na plataforma de editais do Conselho Nacional de Justiça. As publicações deverão ser certificadas nos autos e o prazo de dilação do edital, que fixo em 30 (trinta) dias, passará a fluir a partir da data da primeira publicação que ocorrer.
>
> Intime-se.
>
> **[local e data]**.

4.1.1.2.2 Falecimento da parte ré

Se o direito objeto de discussão for *transmissível* e, num processo em que já tenha havido citação ou comparecimento espontâneo do réu, aportar a notícia de que o demandado faleceu, cabe ao espólio da parte ré, a quem for o seu sucessor ou, se for o caso, aos seus herdeiros, tomar a iniciativa de ocupar o polo passivo da demanda, mediante a apresentação de pleito de habilitação (CPC, arts. 110 e 689).

Não apresentado o pleito de habilitação, é preciso que, antes do proferimento da decisão quanto aos efeitos processuais do óbito, o magistrado abra oportunidade para que a parte autora, no prazo mínimo de dois meses e máximo de seis meses, promova a citação do espólio do réu, de quem for o seu sucessor ou, se for o caso, dos seus herdeiros (CPC, arts. 110, 313, I, §§ 1º e 2º, I, e 689).

Tendo a parte autora tomado as medidas para que a citação do sujeito que possuir legitimidade para ocupar o polo passivo da demanda, sucedendo o primitivo réu, seja levada a cabo, o incidente estará resolvido e os próximos atos do procedimento dependerão, agora, da conduta que o sujeito citado vier a adotar nos autos.

Todavia, se a parte autora *não* se desincumbir da prática dos atos necessários, instaurar-se-á, no processo, um quadro de impossibilidade de prosseguimento da prática dos atos do procedimento, uma vez que somente a parte autora pode indicar o sujeito que, à luz da sua própria compreensão, deverá sofrer os efeitos decorrentes da procedência do pedido por ela formulado.

É importante lembrar, sempre, que uma equivocada indicação pode gerar consequências de diversas ordens, aí incluídas a responsabilização civil e a obrigação de pagar honorários advocatícios sucumbenciais, o que exclui qualquer chance de o próprio Poder Judiciário ordenar, de ofício, que determinado sujeito seja citado.

Trata-se, pois, de situação em que *não* é aplicável a regra fundamental do Direito Processual Civil segundo a qual o processo se desenvolve por impulso oficial (CPC, art. 2º).

Em razão desse contexto, caso a parte autora persista na inércia por mais trinta dias além do prazo que lhe foi assinado, o quadro será, já aí, de *abandono* da causa[23] (CPC, art. 485, III), o que remete a que a verificação a respeito da regularidade do procedimento que antecede a resolução da questão siga as diretrizes próprias dos casos de *abandono*.

NA PRÁTICA

Exemplo de pronunciamento judicial, diante da ocorrência de *óbito do único réu*, num caso em que estava ele **atuante** no processo, o direito sob discussão é *transmissível* e **não** foi apresentado requerimento de habilitação pelo(s) sujeito(s) que houver(em) de suceder a parte ré no processo:

DECISÃO

Tendo em vista que a parte ré faleceu, que o direito sob discussão é transmissível e que não foi apresentado requerimento de habilitação pelo(s) sujeito(s) que houver(em) de suceder a parte ré no processo, determino que seja suspensa a prática dos atos do procedimento (CPC, art. 313, I, § 1º), até o esgotamento das diligências ordenadas neste pronunciamento.

Intime-se a parte autora para que, de acordo com o seu entendimento a respeito de quem possui legitimidade para ocupar o polo passivo da demanda, sucedendo o réu originalmente indicado, promova, no prazo de 2 (dois) meses, a citação do espólio do réu, de quem for o seu sucessor ou, se for o caso, dos seus herdeiros (CPC, art. 313, § 2º, I).

Na hipótese de a parte autora não cumprir, injustificadamente, a determinação dada, aguarde-se por mais 30 (trinta) dias.

Passados mais de 30 (trinta) dias e persistindo o quadro de descumprimento injustificado, proceda-se à intimação pessoal da parte autora para que supra a falta no prazo de 5 (cinco) dias, sob pena de extinção do processo, sem resolução do mérito da causa, por abandono (CPC, art. 485, III, § 1º).

Intime-se.

[local e data].

4.1.2 Questões relativas ao falecimento do advogado de qualquer das partes

Se o único advogado que representa uma das partes vier a falecer, a definição a respeito das consequências jurídicas decorrentes do óbito somente poderá ocorrer *depois* que o mandante houver sido pessoalmente intimado para, no prazo de quinze dias, constituir novo advogado (CPC, art. 313, I, § 3º).

Constituído um novo mandatário, o incidente estará resolvido.

---

[23] Nesse sentido, os julgamentos, pelo STJ, do AgRg no AREsp 623.375/MA, rel. Min. Maria Isabel Gallotti, Quarta Turma, julgado em 10-3-2015, *DJe* 23-3-2015, e do REsp 937.378/PE, rel. Min. Aldir Passarinho Júnior, Quarta Turma, julgado em 3-5-2007, *DJ* 18-6-2007, p. 275.

Capítulo VII ◆ A questão está suficientemente madura para resolução?

Na hipótese, entretanto, de a parte não cuidar de nomear um novo advogado, as consequências serão distintas, a depender de a parte responsável ser a autora ou a ré. Em razão disso, a verificação a ser feita relativamente à maturidade da questão a ser resolvida segue, também, roteiros distintos.

Nesse ponto, vale o registro de que, rigorosamente, a falta de constituição de novo advogado produzirá um quadro de *irregularidade* na representação da parte, o que, à primeira vista, atrairia a incidência do conjunto normativo extraível do art. 76 do CPC.

Sucede que, se a irregularidade na representação da parte decorrer do fato de ela, diante do falecimento do seu único advogado, não constituir um novo patrono, mesmo tendo sido intimada para tanto, o sistema jurídico estabeleceu, no art. 313, I, § 3º, do CPC, uma disciplina específica, fechada, que não abre espaço para a aplicação de outro conjunto normativo.

4.1.2.1 *Falta de constituição de novo advogado pela parte autora*

No caso de a parte autora não tomar a providência adequada, mesmo pessoalmente intimada para, no prazo de quinze dias, constituir novo advogado em razão do falecimento do seu único patrono, há previsão legal no sentido de que o processo seja extinto sem resolução do mérito da causa.

É o que consta no texto do art. 313, I, § 3º, do CPC[24].

---

[24] Tendo em vista que, com a entrada em vigor do CPC, o princípio da *primazia de decisão de mérito* ganhou uma *visibilidade* que, antes, não possuía, já é tempo de se lançar alguns questionamentos a respeito da aplicação acrítica de normas diretamente extraíveis de textos legais – aí incluídos textos do próprio CPC – que conduzem, aparentemente, à *inexorável* extinção do processo sem resolução do mérito. Tome-se como base, para essa *análise crítica*, a situação sob exame, referente ao falecimento do único advogado da parte autora, em que, mesmo intimada, a parte não nomeia novo mandatário. De acordo com a norma extraível do texto do § 3º do art. 313 do CPC, seria caso de extinção do processo sem que o mérito da causa seja examinado. Todavia, parece-nos que, para a adequada reverência ao princípio da *primazia da decisão de mérito*, é indispensável que o magistrado esteja atento para a possibilidade de resolução do mérito da causa, *ainda* que a parte autora não tenha constituído novo advogado. Nesse passo, é importante lembrar, sempre, que não só a parte autora, mas também a parte ré, é titular do direito de obter, em prazo razoável, a solução integral do mérito, de modo justo e efetivo (CPC, arts. 4º e 6º). Em acréscimo, não se pode olvidar que, num Estado Democrático de Direito, deve ser respeitado o direito das pessoas de promover a autodisciplina da sua vontade, em razão do que, diante de quadros processuais que possam conduzir a mais de um resultado, é imprescindível que haja abertura para que aqueles sujeitos que estejam em condição de se manifestar se manifestem, escolhendo, se for o caso, o caminho que melhor lhes aprouver. Nesse cenário, portanto, em vez do proferimento automático de uma sentença de extinção do processo, sem resolução do mérito da causa, o julgador deverá verificar se o réu está *atuante* no processo. Considera-se *atuante* no processo o réu que *não* incorreu em revelia. E, mesmo tendo incorrido em revelia, deve também ser considerado *atuante* o réu que possui curador especial nomeado (CPC, art. 72, II) ou que, valendo-se da faculdade a que se refere o parágrafo único do art. 346 do CPC, interveio no processo, recebendo-o no estado em que se encontrava. Na hipótese de o réu estar *atuante* no processo, deverá o juiz abrir oportunidade para que ele se pronuncie a respeito do quadro processual, uma vez que, de acordo com a sua vontade, um dos três efeitos seguintes poderá

NA PRÁTICA

*Exemplo de pronunciamento judicial, diante da ocorrência de **óbito** do **único advogado da parte autora**, num caso em que o réu está atuante no processo e o magistrado percebe que o quadro dos autos conduz à extinção do processo sem resolução do mérito:*

DESPACHO

Tendo em vista que o único causídico que representava a parte autora no processo faleceu, ordeno que seja suspensa a prática dos atos do procedimento (CPC, art. 313, I). Intime-se pessoalmente a parte autora para que, no prazo de 15 (quinze) dias, constitua novo(s) mandatário(s), sob pena de o processo ser extinto, sem que o mérito da causa seja resolvido (CPC, art. 313, I, § 3º). A respeito deste pronunciamento, intime-se, também, a parte ré, por meio do seu advogado.

[local e data].

---

ser produzido: *a*) julgamento do mérito da causa em favor da parte ré, consequência que somente poderá ser colhida se o caso já comportar o proferimento de sentença de mérito e a sentença houver de ser favorável à parte ré (CPC, art. 488); *b*) prosseguimento do processo, para posterior apreciação do mérito da causa, efeito que é possível de ser obtido se a parte ré assim o requerer, o que exige que o procedimento esteja numa fase em que ainda não é possível o julgamento do mérito (e um alerta aqui é de ser feito: caso a parte ré opte pela produção desse efeito, o posterior julgamento do mérito da causa poderá se dar tanto de modo favorável como prejudicial a ela, já que, por não ser possível o imediato julgamento do mérito, não se trata de caso em que incide a regra a que se refere o art. 488 do CPC); ou *c*) extinção do processo, sem resolução do mérito da causa, que é a consequência prevista no texto do § 3º do art. 313 do CPC. Perceba-se que o ato consistente em abrir oportunidade para que a parte ré se manifeste resulta da incidência, a um só tempo, dos princípios da *primazia da decisão de mérito* e do *respeito à autodisciplina da vontade no processo*. De fato, malgrado, em tese, a situação não ensejasse a resolução do mérito da causa, com o pronunciamento da parte ré cria-se um quadro de possibilidade de que o mérito seja resolvido. Além disso, como o réu está atuante no processo, é indispensável que ele expresse a sua vontade, ante a possibilidade de o processo tomar mais de um rumo. No mesmo cenário, composto (*i*) pela falta de constituição de novo advogado pela parte autora e (*ii*) pela adequada reverência ao princípio da *primazia da decisão de mérito*, a circunstância de a parte ré *não* estar atuante no processo conduz a *outro* painel. De fato, se o réu *não* estiver atuante, é obrigatório que o juiz, de ofício, examine se o caso se submete à previsão contida no art. 488 do CPC e, se for essa a situação, deverá julgar imediatamente o mérito da causa em favor da parte ré, uma vez que, mesmo não estando *atuante* nos autos, o demandado – relembre-se sempre – é titular do direito de obter, em prazo razoável, a solução integral do mérito da causa, de modo justo e efetivo (CPC, arts. 4º e 6º). Nesse passo, é importante perceber (*i*) que foram praticados todos os atos indispensáveis a que a parte autora constituísse novo advogado (CPC, art. 313, I, § 3º), (*ii*) que a falta de outorga de mandato a novo causídico, pela parte autora, não pode gerar qualquer tipo de consequência negativa para a parte ré e não impede que o mérito da causa seja resolvido, (*iii*) que a decisão de mérito a ser proferida será favorável à parte ré e (*iv*) que o fato de parte ré, citada, não estar *atuante* no processo não gera impedimento para que o mérito da causa seja julgado em seu favor. Trata-se de quadro evidente de aplicação da regra segundo a qual o juiz deve resolver o mérito sempre que a decisão a ser proferida for favorável à parte a quem aproveitaria a não apreciação do mérito (CPC, art. 488). Caso o processo ainda *não* esteja apto a ter o seu mérito julgado ou, estando apto, a decisão seria prejudicial à parte ré *não* atuante, a situação – aí, sim – ensejará a imediata extinção do processo *sem* resolução do mérito, por aplicação da norma que se extrai do texto do art. 313, I, § 3º, do CPC. Trata-se, já agora, de imposição, pelo sistema jurídico, de sanção decorrente da indevida inércia em que incorreu a parte autora.

Capítulo VII ◆ A questão está suficientemente madura para resolução?

4.1.2.2 Falta de constituição de novo advogado pela parte ré

Se a parte ré, após intimada pessoalmente para constituir novo advogado no prazo de quinze dias, em razão do falecimento do seu único patrono, não outorgar mandato a outro profissional, o processo terá prosseguimento e o réu receberá o mesmo tratamento que é dispensado ao réu revel que não tenha patrono nos autos (CPC, art. 313, § 3º).

NA PRÁTICA

*Exemplo de pronunciamento judicial, diante da ocorrência de **óbito** do **único advogado da parte ré**:*

> **DESPACHO**
>
> Tendo em vista que o único causídico que representava a parte ré no processo faleceu, ordeno que seja suspensa a prática dos atos do procedimento (CPC, art. 313, I) e que seja intimada pessoalmente a parte ré para que, no prazo de 15 (quinze) dias, constitua novo(s) advogado(s) (CPC, art. 313, I, § 3º). Ao ser intimada, a parte ré deverá ser alertada para o fato de que, caso ela não constitua novo(s) advogado(s), o processo prosseguirá à sua revelia (CPC, art. 313, I, § 3º). Encerrada a quinzena, os autos deverão voltar conclusos. A respeito deste pronunciamento, deverá também ser intimada a parte autora, por meio do seu advogado.
>
> **[local e data]**.

> **(?)** DIANTE DO FALECIMENTO DO SEU ÚNICO ADVOGADO, SE O RÉU, MESMO TENDO SIDO PESSOALMENTE INTIMADO PARA CONSTITUIR NOVO PATRONO, NADA FIZER, HÁ, NO § 3º DO ART. 313 DO CPC, ALUSÃO AO "PROSSEGUIMENTO DO PROCESSO À REVELIA DO RÉU". ISSO SIGNIFICA QUE SERÃO PRESUMIDAS VERDADEIRAS AS ALEGAÇÕES FÁTICAS FEITAS PELA PARTE AUTORA?

É importante perceber que, já tendo sido *apresentada* a peça contestatória, o só fato de haver sido utilizada, no texto legal, a expressão "prosseguimento do processo à revelia do réu", não significa, nem de longe, que haverá presunção de veracidade das alegações fáticas feitas pela parte autora.

De sua vez, os prazos contra o réu que não constituiu novo mandatário fluirão normalmente, a partir da data de publicação do ato decisório no órgão oficial (CPC, art. 346, *caput*), mesmo não tendo ele patrono nos autos. Caso, posteriormente, o réu venha a constituir novo mandatário, voltará ele a atuar livremente no processo, sem direito, porém, à repetição de atos que já tenham sido praticados.

4.1.3 Questões relativas à renúncia do advogado de qualquer das partes

Como registrado anteriormente, se a parte estiver representada nos autos por apenas um advogado, para que a renúncia do causídico ao mandato que lhe foi outorgado produza efeitos no processo é indispensável que ele acoste aos autos a prova de que comunicou o seu constituinte a respeito da renúncia levada a cabo, para o fim de que outro advogado seja constituído (CPC, art. 112, *caput*)[25].

Estando a parte representada nos autos por mais de um advogado, a comunicação somente será necessária se *todos* renunciarem (CPC, art. 112, § 2º).

Para que a parte não sofra prejuízos, o advogado renunciante continuará responsável pela prática, em favor do mandante, dos atos que forem indispensáveis. Essa responsabilidade do profissional da advocacia perdura por dez dias, contados a partir da data em que a comunicação aconteceu e desde que outro advogado não tenha sido ainda constituído (CPC, art. 112, § 1º).

Se a parte, em face da renúncia ocorrida, constituir novo advogado, o incidente estará superado. O quadro com potencial para gerar questões é o consistente na *falta* de nomeação de novo advogado pela parte.

E aí, independentemente de a inércia haver sido da parte autora ou da parte ré, deverá ser levado em consideração o fato de que o Superior Tribunal de Justiça tem jurisprudência *firme* no sentido de que a comunicação feita pelo causídico dispensa a determinação judicial de que a parte seja intimada para regularizar a sua representação processual[26].

---

[25] Como, num contrato de mandato, as partes contratantes são o mandante e o mandatário, é fácil depreender que a renúncia do mandatário, que é uma das formas de extinção do contrato de mandato, somente pode produzir efeitos para o mandante se ele for adequadamente comunicado a respeito. Por isso, é indispensável que, no processo, aquele que renunciou ao mandato judicial que lhe foi outorgado comprove que houve adequada comunicação ao mandante, sem o que não há como o órgão julgador extrair a conclusão de que o contrato de mandato efetivamente foi extinto (CC, arts. 682, I, e 692, e CPC, art. 112). Sem que a prova de que houve comunicação da renúncia esteja nos autos, o advogado continuará, no processo, na qualidade de representante judicial da parte, com todas as responsabilidades inerentes ao exercício da sua atividade profissional. Nesse sentido, o julgamento do REsp 320.345/GO (rel. Min. Fernando Gonçalves, Quarta Turma, julgado em 5-8-2003, *DJ* 18-8-2003, p. 209).

[26] Anotamos, anteriormente, que, nos julgamentos do AgInt no AREsp 979.062/RJ, rel. Min. Moura Ribeiro, Terceira Turma, julgado em 24-4-2018, *DJe* 4-5-2018, dos EDcl no AgInt no REsp 1558743/RJ, rel. Min. Luis Felipe Salomão, Quarta Turma, julgados em 12-12-2017, *DJe* 18-12-2017, e do REsp 1696916/SP, rel. Min. Herman Benjamin, Segunda Turma, julgado em 16-11-2017, *DJe* 19-12-2017, o STJ se posicionou, claramente, no sentido de que a comunicação feita pelo causídico dispensa a determinação judicial de que a parte seja intimada para regularizar a sua representação processual. A nossa compreensão, entretanto, é a de que se trata de entendimento cuja aplicação deve se dar com parcimônia, uma vez que, no caso de a inércia ser da parte autora, a consequência decorrente dessa linha de intelecção resulta por não valorizar, adequadamente, o princípio da *primazia da decisão de mérito*. De fato, a aplicação de tal princípio conduz a que, em razão da falta de indicação expressa de consequências jurídicas no texto do art. 112 do CPC, seja aplicado o conjunto normativo que se colhe do texto do art. 76, § 1º, I, do mesmo código.

Capítulo VII ♦ A questão está suficientemente madura para resolução?

Assim, na hipótese de a parte autora, diante da renúncia do seu advogado, não constituir novo patrono no prazo de dez dias (CPC, art. 112, *caput*), contados a partir da data da comunicação feita pelo advogado renunciante, o processo estará, em tese, à luz da posição externada pelo STJ, mencionada acima, em condição de ser extinto sem resolução do mérito[27].

Já se for a parte ré que, diante da renúncia do seu advogado ao mandato que lhe foi outorgado, não constituir novo patrono no prazo de dez dias (CPC, art. 112, *caput*), contados a partir da data da comunicação feita pelo advogado renunciante, o processo prosseguirá e ao réu será dispensado o mesmo tratamento que ele teria se houvesse incorrido em revelia e, revel, permanecesse sem patrono nos autos. Trata-se de solução que decorre da aplicação, por analogia,

---

[27] À semelhança do que foi registrado no que se refere às questões decorrentes do falecimento do advogado da parte autora, também aqui é bastante questionável a produção imediata do efeito consistente na extinção do processo sem resolução do mérito da causa. E tudo decorre, mais uma vez, da reverência a ser prestada ao princípio da *primazia de decisão de mérito*. O raciocínio segue a mesma linha lógica anteriormente exposta. Com efeito, mesmo que a parte autora *não* tenha constituído novo patrono, o magistrado deverá verificar se há possibilidade de resolução do mérito da causa, uma vez que, assim como a parte autora, também a parte ré tem direito à obtenção, em prazo razoável, da solução integral do mérito, de modo justo e efetivo (CPC, arts. 4º e 6º). Não bastasse isso, num sistema alicerçado num Estado Democrático de Direito, como já observamos, não se pode desconsiderar o direito a que seja respeitada a autodisciplina da vontade, o que conduz a que seja imperativo que, diante de cenários processuais capazes de levar a mais de um resultado, ocorra abertura para que os sujeitos que estejam em condição de manifestar a sua vontade possam manifestá-la, escolhendo o caminho que se afigurar mais conveniente para eles. Por isso, diante de um panorama processual em que a parte autora não constituir novo advogado, o passo seguinte será verificar se o réu está *atuante* no processo. Estando o réu *atuante*, deverá o julgador, em vez de proferir diretamente a sentença de extinção do processo sem resolução do mérito, ordenar que seja intimada a parte ré para que se manifeste. Intimada, a parte ré poderá optar por um dos seguintes caminhos: *a*) postular que seja julgado o mérito da causa em seu favor, por aplicação da norma extraível do texto do art. 488 do CPC, o que somente será possível se o processo já comportar o proferimento de sentença de mérito e a sentença a ser proferida houver de ser favorável à parte ré; *b*) requerer que o processo prossiga, para que posteriormente seja resolvido o mérito da causa, o que exigirá que o procedimento esteja numa fase em que ainda não é possível o julgamento do mérito, razão pela qual a parte ré não pode vincular o prosseguimento do processo a um futuro julgamento do mérito em seu favor (a opção da parte ré pelo simples prosseguimento do processo materializará o exercício, por ela, do seu direito à obtenção da solução integral do mérito, objetivo para o qual todos os demais sujeitos do processo deverão cooperar, aí incluído o juiz – CPC, arts. 4º e 6º); ou *c*) pleitear que o processo seja extinto sem julgamento do mérito da causa. É de todo útil chamar a atenção, mais uma vez, para o fato de que a abertura de oportunidade para que a parte ré se manifeste é a conduta *devida*, ante a evidente incidência, no caso, dos princípios da *primazia da decisão de mérito* e do *respeito à autodisciplina da vontade no processo*. E alerte-se, ainda, para o fato de que, se a parte ré *não* estiver atuante no processo, a sentença de extinção sem resolução do mérito *não* deverá, ainda assim, ser *automaticamente* proferida. Efetivamente, tendo sido praticados os atos suficientes para a integração da parte ré ao processo, mesmo que *não* esteja ela atuante, caberá ao juiz analisar se é possível resolver imediatamente, em seu favor, o mérito da causa (CPC, art. 488). Somente se o magistrado concluir que ainda não há como resolver o mérito da causa ou que, havendo como resolver, a resolução seria prejudicial à parte ré *não* atuante é que será proferida a sentença de extinção do processo, sem resolução do mérito.

do conjunto normativo extraível do texto do art. 76, II, do CPC, ante a semelhança entre as situações[28].

4.1.4 Questões relativas a abandono do processo pela parte autora

Como já realçamos anteriormente, a situação de *abandono da causa* somente tem espaço para surgir se o quadro processual *não* se submeter à regra fundamental que impõe que o processo se desenvolva por impulso oficial (CPC, art. 2º).

Assim, para que se fale em *abandono*, é indispensável que, sem a prática do ato pelo autor, o juiz *não* tenha como promover, de ofício, o desenvolvimento do processo.

Estando a parte ré *atuante* no processo (não incorreu ela em revelia ou, mesmo tendo incorrido, possui curador especial nomeado ou interveio no processo, recebendo-o no estado em que se encontrava – CPC, arts. 72, II, e 346, parágrafo único), para que do *abandono* pelo autor seja extraído o efeito do encerramento do procedimento, sem que o mérito da causa seja resolvido, é indispensável, ainda, (*i*) que a parte autora tenha sido pessoalmente intimada para suprir a falta do ato e não a tenha suprido (CPC, art. 485, III, § 1º) e (*ii*) que a parte ré tenha requerido a extinção do processo por abandono da causa (CPC, art. 485, III, § 6º).

NA PRÁTICA

*Exemplo de pronunciamento judicial, diante de **abandono** da causa pela parte autora, num caso em que a parte ré está **atuante** no processo:*

DESPACHO

Mais de 30 (trinta) dias se passaram desde que a parte autora foi intimada e não cuidou ela de praticar o ato que lhe foi especificamente indicado. Ao lado disso, trata-se de ato que somente a parte autora pode praticar, sem o que não há como o Poder Judiciário promover o desenvolvimento do processo. Está, assim, configurado o quadro de abandono processual (CPC, art. 485, III).

---

[28] Aqui é útil que seja feito um registro semelhante ao que foi feito no caso de o réu não constituir novo advogado, na hipótese de falecimento do seu único patrono (CPC, art. 313, § 3º). É que a expressão "o réu será considerado revel", presente no texto do inciso II do § 1º do art. 76 do CPC, exige cuidados na sua interpretação. Com efeito, já tendo sido *apresentada* contestação anteriormente, não se pode, *jamais*, extrair do mencionado excerto o sentido de que o só fato de o réu não haver promovido a regularização da sua representação judicial implicaria presunção de veracidade das alegações fáticas feitas pela parte autora. De seu turno, enquanto a parte ré continuar sem advogado nos autos, os prazos contra ela fluirão normalmente, a partir da data de publicação do ato decisório no órgão oficial (CPC, art. 346, *caput*). Constituindo novo patrono, a parte ré estará em plena condição para atuar no processo, sem que, todavia, tenha direito à repetição de atos que tenham sido levados a cabo enquanto estava ela sem representação judicial.

Capítulo VII ◆ A questão está suficientemente madura para resolução?

> Intime-se pessoalmente a parte autora para que supra a falta no prazo de 5 (cinco) dias, sob pena de extinção do processo, sem resolução do mérito da causa (CPC, art. 485, III, § 1º).
>
> Na hipótese de a parte autora permanecer inerte, intime-se a parte ré, por meio do seu advogado, para que, querendo, requeira a extinção do processo por abandono da causa (CPC, art. 485, § 6º).
>
> [local e data].

Na verdade, o texto do § 6º do art. 485 do CPC – oferecida contestação, a extinção do processo por abandono da causa pelo autor depende de requerimento do réu – deve ser interpretado com certa cautela.

É preciso lembrar, primeiro, que não é apenas a apresentação da contestação que torna necessário que os olhos do juiz se voltem para o réu antes de extinguir o processo por abandono do autor. Essa atenção deve se manifestar *todas* as vezes que o réu estiver *atuante* no processo e, como já registrado por mais de uma vez, é plenamente possível que o réu não tenha apresentado contestação, mas se torne atuante no processo (CPC, arts. 72, II, 346, parágrafo único, e 349).

Além disso, é preciso estar atento para o fato de que a configuração do *abandono* exige uma situação em que *não seja possível* ao Poder Judiciário, de ofício, desenvolver o processo, a menos que o ato faltante seja praticado. Portanto, o ato *terá* que ser praticado, caso contrário não haverá como dar prosseguimento ao processo.

> **?** NÃO HÁ POSSIBILIDADE DE QUE SEJA DADO PROSSEGUIMENTO AO PROCESSO SEM QUE O AUTOR PRATIQUE DETERMINADO ATO; O AUTOR ABANDONOU A CAUSA E, INTIMADO, NÃO SUPRIU A FALTA DO ATO; NÃO HÁ POSSIBILIDADE DE O RÉU PRATICAR O ATO QUE O AUTOR NÃO PRATICOU; E O RÉU SE RECUSA A REQUERER A EXTINÇÃO DO PROCESSO POR ABANDONO DA CAUSA. DIANTE DO TEXTO DO ART. 485, § 6º, DO CPC, O QUE FAZER COM O PROCESSO?

Como a parte autora *não* está se dispondo a praticar o ato e a sua prática é *indispensável*, o prosseguimento do processo, então, somente poderá se dar se a parte ré, interessada em que o mérito da causa seja resolvido, se dispuser a praticar o ato que o autor não praticou.

Por isso, a exigência de requerimento do réu a que se refere o enunciado do § 6º do art. 485 do CPC somente tem sentido se o caso for daqueles em que o réu poderia suprir a falta do ato que o autor não praticou, mas prefere que o processo seja extinto, sem que o mérito da causa seja resolvido.

MANUAL DA SENTENÇA CÍVEL

A conclusão, portanto, é a de que, tendo a parte autora abandonado a causa, se o caso for daqueles em que *não* há possibilidade de a parte ré suprir a falta do ato que o autor não praticou, não se pode exigir o requerimento a que se refere o § 6º do art. 485 do CPC, mesmo que se trate de réu *atuante* no processo.

4.1.5 Questões relativas a abandono do processo por ambas as partes

A referência à possibilidade de o processo ficar parado durante mais de um ano por negligência das partes (CPC, art. 485, III) deve ser interpretada como um quadro de *abandono bilateral*: o autor e o réu abandonaram a causa.

Ao lado disso, já ficou claro que a situação de *abandono da causa* somente tem espaço para surgir se o quadro processual *não* se submeter à regra fundamental que impõe que o processo se desenvolva por impulso oficial (CPC, art. 2º).

Disso se depreende que qualquer cogitação em torno de *abandono* somente poderá ser feita após a conclusão de que, sem a prática do ato, o juiz *não* tem como promover, de ofício, o desenvolvimento do processo.

E, como a previsão do inciso III do art. 485 é de *abandono bilateral*, esse quadro somente poderá se consumar se o réu estava *atuante* no processo e, depois, abandonou a causa.

Postas essas bases, se, por *negligência* das partes, o processo ficar parado por mais de um ano, o quadro de *abandono bilateral* se consumará.

Entretanto, o simples *abandono bilateral* não é suficiente para que o processo seja extinto sem resolução do mérito: é preciso que, antes do proferimento da sentença de extinção, tenham sido intimadas pessoalmente ambas as partes para suprir a falta no prazo de cinco dias e as partes não a tenham suprido (CPC, art. 485, II, § 1º).

NA PRÁTICA

*Exemplo de pronunciamento judicial, diante de **abandono** da causa por **ambas** as partes, mediante **negligência**, por mais de um ano:*

DESPACHO

O processo se encontra parado há mais de um ano, sem que as partes praticassem os atos que lhes foram especificamente indicados e que são da sua incumbência, apesar de haverem sido intimadas para tanto. Sem que as partes tomem a iniciativa, não há como o Poder Judiciário, neste caso concreto, promover, de ofício, o desenvolvimento do processo. Está, assim, configurado o quadro de abandono processual bilateral (CPC, art. 485, II). Intimem-se pessoalmente ambas as partes, para que supram a falta no prazo de 5 (cinco) dias, sob pena de extinção do processo, sem resolução do mérito da causa (CPC, art. 485, II, § 1º).

[local e data].

Capítulo VII ◆ A questão está suficientemente madura para resolução?

O quadro apto a conduzir à extinção do processo, sem resolução do mérito, por abandono bilateral *não* é de ocorrência comum.

Basta atinar para a circunstância de que o suporte fático que autoriza a aplicação da norma exige o seguinte conjunto: (*i*) que não haja possibilidade de prosseguimento do processo, por atuação do órgão julgador, sem que determinado ato seja praticado, (*ii*) que o ato faltante, para ser praticado, necessite da atuação de ambas as partes, (*iii*) que a parte autora e a parte ré permaneçam inertes, sem praticar o ato, por mais de um ano, (*iv*) que ambas as partes sejam pessoalmente intimadas para suprir a falta no prazo de cinco dias e (*v*) que as partes, pessoalmente intimadas, não supram a falta.

Somente após configurado esse quadro é que o juiz estará apto a proferir a sentença de extinção do processo, sem resolução do mérito da causa, por abandono bilateral (CPC, art. 485, II, § 1º).

4.1.6 *Questões relativas à desistência da demanda*

Como realçamos anteriormente, a parte autora, ao *desistir* de dar continuidade ao processo, pratica, em verdade, um ato de revogação do ato de propositura da demanda. Trata-se de ato unilateral que, para produzir efeitos processuais, necessita de homologação pelo Poder Judiciário (CPC, art. 200, parágrafo único).

O ato de *desistir* – ato de revogação – somente pode ser levado a cabo pela própria parte autora, pessoalmente ou por meio de advogado com poder especial para tanto (CPC, art. 105, *caput*).

> **?** É PRECISO QUE O ADVOGADO TENHA PODERES ESPECIAIS PARA REQUERER QUE A DESISTÊNCIA SEJA HOMOLOGADA?

É importante perceber que o ato que exige poder especial para ser praticado é o próprio ato de *desistir*, e não o ato de *requerimento de homologação da desistência*.

Assim, se o ato de *desistência* for praticado pela própria parte, por meio de um documento em separado, não há necessidade de poderes especiais para que o advogado promova o ingresso de tal documento no processo e requeira a *homologação da desistência*.

Prestada a tutela definitiva, já não é mais possível praticar o ato de *desistência* (CPC, art. 485, § 5º). Por tal motivo, não se pode admitir *desistência* depois de proferida a sentença, tampouco é possível *desistir* relativamente a parcela do processo que já tenha sido julgada por meio de decisão interlocutória (CPC, arts. 354, parágrafo único, e 356).

Segundo o enunciado do § 4º do art. 485 do CPC, oferecida a contestação, o autor não poderá, sem o consentimento do réu, desistir de dar continuidade ao processo.

Trata-se de outro dispositivo cuja interpretação precisa ser cautelosa.

Com efeito, uma vez citada, ou tendo comparecido espontaneamente ao processo, a parte ré poderá ou não apresentar contestação (CPC, art. 344). Apresentando, a parte ré é considerada *atuante*.

Mas, como já demonstramos, mesmo não tendo apresentado contestação, pode a parte ré ingressar no processo a qualquer tempo, recebendo-o no estado em que se encontrar (CPC, art. 346, parágrafo único), com o que se tornará, igualmente, *atuante*. Nessa linha, poderá ela, até, produzir provas que se contraponham às alegações da parte autora (CPC, art. 349).

Será também *atuante* a parte ré se, tendo incorrido em revelia, possuir curador especial nomeado (CPC, art. 72, II).

Disso tudo, fica fácil depreender que, sendo apresentado um pleito de *homologação de desistência*, a necessidade de consentimento da parte ré *não* está, em verdade, atrelada à circunstância de ter havido ou não apresentação de *contestação*, tal como consta no texto legal, mas ao fato de a parte ré, revel ou não, estar *atuante* no processo.

Assim, diante de um pleito de *homologação de desistência*, num processo em que a parte ré esteja *atuante*, é indispensável que seja ela intimada para que se pronuncie, consentindo ou não com a desistência manifestada.

Não consentindo – o que deverá se dar expressamente –, a parte ré estará exercitando o direito de obter a resolução do mérito da causa (CPC, art. 4º).

Havendo consentimento da parte ré – o que poderá ser manifestado tácita ou expressamente –, a desistência deverá ser homologada (CPC, art. 485, VIII, §§ 4º e 5º).

Por fim, é importante lembrar que o art. 775, parágrafo único, I, e o art. 1.040, § 3º, ambos do CPC, disciplinam duas situações em que, independentemente de a parte ré estar *atuante* no processo, a parte autora poderá desistir, mesmo sem que a parte ré consinta[29].

---

[29] No que se refere ao Sistema dos Juizados Especiais Cíveis, vale lembrar o teor do enunciado cível n. 90 do Fórum Nacional de Juizados Especiais – FONAJE, com a redação que lhe foi dada no XXXVIII Encontro Nacional, ocorrido em Belo Horizonte, MG, no período de 25 a 27 de novembro de 2015: *"A desistência da ação, mesmo sem a anuência do réu já citado, implicará a extinção do processo sem resolução do mérito, ainda que tal ato se dê em audiência de instrução e julgamento, salvo quando houver indícios de litigância de má-fé ou lide temerária"*.

Capítulo VII ◆ A questão está suficientemente madura para resolução?

NA PRÁTICA

A título de exemplo, segue um pronunciamento por meio do qual a parte ré é instada a se **manifestar** a respeito de um pleito de **homologação de desistência**:

> **DESPACHO**
>
> Sobre o pleito de homologação de desistência, manifeste-se a parte ré, no prazo de 15 (quinze) dias. Registro, de logo, que o eventual silêncio da parte ré será interpretado como consentimento tácito com o pleito apresentado pela parte autora.
> Intime-se.
> **[local e data]**.

Perceba-se que, por meio de um pronunciamento com esse teor, além de se **evitar o surgimento de incidentes** desnecessários, a respeito da possibilidade de a concordância poder ser tácita ou não, são cumpridas, com rigor, normas como o princípio da **eficiência** (já que se abre campo para redução do número de atos processuais), o princípio da **segurança jurídica** (uma vez que ambas as partes ficam previamente informadas a respeito das consequências jurídicas de eventual silêncio) e o princípio da **cooperação** (já que o magistrado estará se desincumbindo dos deveres de prevenção e de esclarecimento, que integram o conteúdo de tal princípio).

4.2 Questões formais que versam sobre defeito processual

Se a questão formal a ser resolvida, num processo em que a parte ré já foi citada ou compareceu espontaneamente, versar sobre *defeito* processual, a verificação da regularidade do procedimento que antecedeu o momento do proferimento da decisão deverá levar em consideração o sujeito que suscitou a questão – se uma das partes ou o próprio órgão julgador – e, tratando-se de questão suscitada pelo órgão julgador, se a parte ré está ou não *atuante* no processo.

4.2.1 *Suscitação por uma das partes*

Nas situações em que a questão que será resolvida houver sido suscitada por uma das partes, o caminho natural é que, antes da resolução, seja dada oportunidade à parte contrária para se manifestar.

Há, porém, situações em que não é necessário que se abra espaço para manifestação prévia.

NO CONCURSO PÚBLICO

A partir deste ponto há, neste Capítulo, observações que são **muitíssimo úteis**, sob o aspecto **prático**, para utilização na resposta a um quesito consistente na elaboração de uma **sentença**.

> *É que é frequente a presença, no enunciado de quesitos assim, de situações que, em tese, conduziriam a que a sentença **não** pudesse ser proferida naquele exato momento, ante a aparente necessidade de praticar outros atos.*
>
> *Por óbvio, o que a banca examinadora do concurso deseja é que o candidato **sentencie**.*
>
> *Para tanto, será **indispensável** que o candidato encontre saídas técnicas adequadas para **evitar** a chamada "conversão do julgamento em diligência", de modo a que fique claro que a sentença pode ser proferida, sem que o proferimento imediato gere prejuízos para qualquer das partes.*

4.2.1.1 Exercício prévio do direito ao contraditório

A trilha que *mais comumente* se apresenta nos casos em que uma das partes suscita questão relativa a defeito processual, cuja resolução tenha potencial para contrariar interesse da outra parte, é a consistente no reconhecimento de que é obrigatório que, *antes* da resolução da questão, tenha sido aberta oportunidade para que a outra parte se manifeste.

Aliás, previsões como as contidas nos arts. 338, 339 e 351 do CPC revelam exatamente isso, em situações específicas, nas quais a questão foi suscitada pela parte ré. Assim, as regras cuja aplicação ensejam a apresentação, pela parte autora, da chamada *réplica* são claras regras de concretização do princípio do *contraditório* e, no *comum* das situações, é preciso que elas tenham sido seguidas para que, só então, a questão possa ser resolvida pelo magistrado.

É importante observar que há possibilidade de que a própria parte em relação a quem foi arguida a existência do defeito já tenha se antecipado e debatido o tema previamente, por perceber a possibilidade de que a questão viesse a ser suscitada.

4.2.1.1.1 Tema debatido previamente pela parte contrária

Num caso em que a questão relativa à existência de defeito processual tenha sido suscitada por uma das partes, a regra é a de que é preciso que à parte contrária tenha sido dada oportunidade para enfrentar, *especificamente*, o fundamento em que a outra parte se ancorou para suscitar a questão.

Ao lado disso, não se pode descartar a possibilidade de o magistrado, ao se deparar com a questão suscitada por uma das partes, perceber a possibilidade de que venha ela a ser resolvida por meio da utilização de um fundamento *distinto* daquele utilizado pela parte que suscitou a questão.

Numa situação assim, para que se considere que o tema foi *previamente* submetido a debate, é indispensável que a parte em relação à qual a questão foi suscitada *tenha tido* oportunidade de enfrentar, *especificamente*, não só o fundamento de que lançou mão a parte que suscitou a questão como o fundamento que o juiz admite ter possibilidade de ser aplicável ao caso.

Capítulo VII ◆ A questão está suficientemente madura para resolução?

E, se o fundamento que o juiz admite ter possibilidade de ser aplicável ao caso tiver potencial para contrariar interesse da própria parte que suscitou a questão, também a ela deve ter sido dada oportunidade de exercitar o contraditório em relação a tal fundamento.

Concluindo que o tema foi *previamente* submetido a debate, a questão suscitada por uma das partes já estará apta para resolução, sem a necessidade de que seja praticado qualquer outro ato antes do ato decisório.

4.2.1.1.2 Tema não debatido previamente pela parte contrária

Se o tema *não* foi *previamente* submetido a debate pela parte em relação à qual a questão foi suscitada, a resolução da questão, no *comum* dos casos, dependerá de *prévia* abertura de espaço para que ela se manifeste.

NA PRÁTICA

A título de exemplo, segue um pronunciamento por meio do qual uma parte é instada a se manifestar a respeito de questão suscitada pela outra parte:

DESPACHO

Sobre a alegação de que o instrumento de mandato apresentado pelo advogado que subscreve a petição inicial estaria assinado por pessoa que não possui poderes para representar a pessoa jurídica demandante, manifeste-se a parte autora, no prazo de 15 (quinze) dias. Registro, de logo, que, de fato, não há, nos autos, prova documental de que a pessoa que assinou a procuração poderia praticar tal ato, em razão do que deverá a parte autora, se efetivamente o subscritor da procuração tiver poderes para representá-la, trazer ao processo as provas respectivas.

Intime-se.

[local e data].

Provocada, a parte poderá adotar uma postura que enseje a resolução, *logo em seguida*, da questão suscitada.

A questão estará imediatamente *apta* à resolução se a parte contrária (*a*) permanecer em silêncio, (*b*) corrigir o defeito, caso se trate de defeito sanável, *exatamente* da forma como a parte que suscitou a questão defendeu que deveria ser, (*c*) tentar convencer o julgador de que o defeito inexiste, contrapondo-se aos fundamentos apresentados pela parte que suscitou o defeito, *sem* se valer de fundamento distinto, ou, (*d*) mesmo admitindo que o defeito existe, tentar convencer o juiz, mediante o uso de fundamentos que se contraponham *diretamente* aos fundamentos utilizados pela parte que suscitou a questão, de que tal defeito não tem potencial para gerar as consequências pretendidas.

Desse modo, preserva-se, em favor da parte contrária à que suscitou a questão, o exercício do direito fundamental ao contraditório (CPC, arts. 9º e 10) e, se o defeito for sanável e do tipo que tem potencial para impedir o exame do mérito, atende-se, também, ao princípio da *primazia da decisão de mérito* (CPC, arts. 4º, 6º e 317).

> **SE UMA DAS PARTES SUSCITA A QUESTÃO E A OUTRA SE MANIFESTA A RESPEITO, É POSSÍVEL QUE SE TORNE NECESSÁRIO ABRIR OPORTUNIDADE PARA NOVA MANIFESTAÇÃO DA PARTE QUE SUSCITOU A QUESTÃO?**

Pode ser, todavia, que se torne necessária a abertura de oportunidade para que a parte que suscitou o defeito se manifeste *novamente*.

Essa situação ocorrerá se a parte contrária, no prazo que lhe foi assinado, (*a*) tratando-se de defeito sanável, praticar ato que ela considera suficiente para corrigir o defeito, *distinto* do ato que a parte que suscitou a questão entende ser o adequado, (*b*) apresentar, com o objetivo de demonstrar para o magistrado que o defeito não existe, fundamento a respeito do qual a parte que suscitou a questão *não* se manifestou ou (*c*) ponderar que, mesmo existindo o defeito, não tem ele potencial para lhe gerar prejuízo, apresentando, quanto a isso, fundamento a respeito do qual a parte que apontou o defeito *não* se pronunciou.

Nesse ponto, é preciso lembrar que, como veremos no item seguinte, há situações em que o julgador percebe que *não há necessidade de qualquer manifestação prévia*.

4.2.1.2 Desnecessidade de prévia manifestação

> **HÁ POSSIBILIDADE DE QUE A QUESTÃO SEJA RESOLVIDA SEM A ABERTURA DE OPORTUNIDADE PARA PRÉVIA MANIFESTAÇÃO DE QUEM QUER QUE SEJA?**

NO CONCURSO PÚBLICO

*Este é um dos itens deste Capítulo em que, como anunciamos, as observações são **muitíssimo úteis**, sob o ponto de vista **prático**, para utilização na resposta a um quesito consistente na elaboração de uma **sentença**, num cenário em que a aparência é a de que a sentença **não** poderia ser imediatamente proferida, ante a necessidade de praticar **outros** atos.*

Capítulo VII ◆ A questão está suficientemente madura para resolução?

> *É **importante** que o candidato perceba a existência de caminhos técnicos para que seja evitada a chamada "conversão do julgamento em diligência".*
>
> *Com isso, o candidato demonstrará que a sentença **pode** ser **imediatamente** proferida, **sem** que o imediato proferimento gere prejuízos para qualquer das partes.*

Não é rara a ocorrência de situações em que é *desnecessária* a abertura de oportunidade para manifestações prévias.

Atente-se, ademais, para o fato de que situações assim podem ocorrer, até, em casos em que a decisão a ser proferida será *contrária* à parte que se manifestaria.

Esses cenários exigem, por óbvio, uma atenção especial, com precisa identificação do quadro, de modo a que a supressão da oportunidade para prévio pronunciamento *não* abra espaço para a posterior invalidação da decisão, com base na alegação de que teria havido violação ao princípio do *contraditório*.

Em razão disso, é de todo adequado que, ao decidir sem abrir oportunidade para prévia manifestação, o julgador esclareça o motivo pelo qual está adotando tal caminho.

4.2.1.2.1 Percepção de que a questão será resolvida em favor da parte que se manifestaria

Se o magistrado constatar que a questão será resolvida de forma *favorável* à parte que se manifestaria em seguida, *não* há, rigorosamente, *necessidade* de que, antes da decisão, seja dada a ela oportunidade para se manifestar.

Não se descarta que, num quadro desse, o juiz, ainda assim, queira ouvir previamente a parte que ele, intimamente, já sabe que será beneficiada pela decisão. Pode ser, por exemplo, que o julgador queira colher mais elementos para sustentar o ato decisório que praticará.

O que é certo, porém, é que, caso opte por *não* ouvir previamente a parte, a falta de oportunidade para exercício do direito fundamental ao contraditório *não* tem aptidão para causar prejuízo para a parte que se manifestaria, já que a decisão lhe terá sido favorável. Por isso, não haverá espaço para defesa da tese de que a decisão respectiva deve ser invalidada, por violação ao princípio do *contraditório*.

Além disso, em razão da redução do número de atos praticados, haverá menos dispêndio de energia processual e abreviação do procedimento, com o que a conduta do julgador atenderá, a um só tempo, aos princípios da *eficiência* e da *duração razoável do processo*.

MANUAL DA SENTENÇA CÍVEL

> **NO CONCURSO PÚBLICO**
>
> É bastante que se imagine a presença, no enunciado de um quesito cuja resposta implique elaboração de uma **sentença**, de uma situação que, em tese, conduziria a que a sentença **não** pudesse ser proferida naquele exato momento, ante a aparente necessidade de praticar outros atos, para se perceber a **importância** da constatação, pelo candidato, de que o cenário se ajusta à previsão contida neste item.
>
> Não se pode olvidar, jamais, que o que a banca examinadora do concurso deseja é que o candidato **sentencie**, o que exige que o candidato demonstre que a sentença **pode** ser **imediatamente** proferida, **sem** que o imediato proferimento gere prejuízos para qualquer das partes.

Assim, por exemplo, se o réu suscitar uma questão cuja resolução tenha potencial para gerar a extinção do processo sem resolução do mérito e o juiz perceber que os fundamentos por ele apresentados não têm substância, a questão poderá ser, de imediato, resolvida, *sem* a necessidade de que seja dada oportunidade ao autor para se pronunciar.

Situação similar acontecerá se houve suscitação, pela parte ré, de questão cuja resolução pode conduzir à extinção do processo sem exame do mérito, a parte autora, de sua vez, com base em outro fundamento, que não foi objeto de discussão pela parte ré, defendeu a tese de que o caso não enseja a extinção do processo sem resolução do mérito e o juiz concluir que, de fato, a parte ré tem razão. Nesse caso, o magistrado não precisará ouvir a parte ré sobre o *novo* fundamento apresentado pela parte autora, já que decidirá favoravelmente a ela.

4.2.1.2.2 Percepção de que pode ser imediatamente proferida decisão de mérito favorável à parte que suscitou a questão

O segundo cenário em que *não* há *necessidade* de abertura para prévia manifestação da parte em relação à qual foi suscitada a questão se instala quando houver alegação da ocorrência de defeito *sanável*, acompanhada do *pleito* de que, independentemente da correção ou não do defeito, ocorra logo o proferimento de decisão de *mérito* em favor da parte que suscitou a questão.

Nesse caso, se o juiz concluir que, de fato, a situação enseja o proferimento da decisão de mérito, *não* ordenará a correção da falha e, invocando a regra extraível do enunciado do art. 282, § 2º, do CPC, proferirá a decisão de *mérito*. Se o ato decisório de mérito a ser praticado for a *sentença*, a invocação do enunciado do art. 488 será mais adequada, por se tratar de enunciado mais específico do que o do § 2º do art. 282.

Num cenário desse, seria *inútil* abrir oportunidade para correção do defeito, assim como seria inútil a própria correção do defeito, uma vez que tais

Capítulo VII ◆ A questão está suficientemente madura para resolução?

atos não teriam aptidão para alterar a conclusão quanto ao julgamento do mérito.

Perceba-se que, assim, o imediato julgamento do mérito é ato que está em consonância com os princípios da *primazia da decisão de mérito*, da *eficiência* e da *duração razoável do processo*.

> **NO CONCURSO PÚBLICO**
>
> É *indispensável* que o candidato abra espaço, no seu raciocínio, para a possibilidade de que ocorra um quadro como o mencionado neste item.
>
> Trata-se – perceba-se – de uma situação que permite que seja *imediatamente* proferida uma *sentença* em *favor da parte que suscitou* determinada questão, *sem* a necessidade de que seja previamente ouvida a parte em relação a quem a questão foi suscitada.
>
> A falta de abertura para esse tipo de raciocínio ensejaria a adoção do caminho – inadequado, nesse caso – consistente na chamada "conversão do julgamento em diligência".

4.2.2 Suscitação de ofício, pelo juiz

> **HÁ DEFEITOS FORMAIS A RESPEITO DOS QUAIS O JUIZ NÃO PODE SE MANIFESTAR DE OFÍCIO?**

Na *quase* totalidade das vezes, a ocorrência de defeito processual envolve matéria a respeito da qual o juiz *pode* se manifestar de ofício.

Existem, porém, situações em que, apesar de o quadro versar sobre defeito processual, o Poder Judiciário *não* pode suscitar a questão.

É o que se dá com a *incompetência relativa*[30] e a existência de *convenção de arbitragem* (CPC, art. 337, § 5º).

---

[30] Como lembramos em nota de rodapé anterior, o sistema normativo, por vezes, torna *absoluto* um critério que, ordinariamente, determinaria competência *relativa*. Por óbvio, em situações assim, o órgão julgador *pode* se manifestar *de ofício*. É o que acontece com alguns casos de *competência em razão do valor* (Lei 10.259, de 12 de julho de 2001, art. 3º, § 3º; e Lei 12.153, de 22 de dezembro de 2009, art. 2º, § 4º, por exemplo). Também é o que se dá com algumas situações de *competência territorial* (CPC, art. 47, §§ 1º, segunda parte, e 2º; Lei n. 7.347, de 24 de julho de 1985 – Lei da Ação Civil Pública, art. 2º, *caput*; Lei n. 8.069, de 13 de julho de 1990 – Estatuto da Criança e do Adolescente, art. 209; e Lei n. 10.741, de 1º de outubro de 2003 – Estatuto do Idoso, art. 80, por exemplo). Ainda no que se refere a situações que envolvem o critério *territorial* de determinação da competência, é muitíssimo importante atinar para o quadro específico do microssistema normativo dos Juizados Especiais Cíveis: o entendimento consagrado pelo Fórum Nacional de Juizados Especiais – FONAJE, por meio do enunciado cível n. 89, é o de que "*A incompetência territorial pode ser reconhecida de ofício no sistema dos juizados especiais cíveis*". Por fim, já agora no

Também é o que acontece com a *capacidade processual*, no específico caso em que há falta de consentimento do cônjuge ou do(a) companheiro(a), quando houver propositura de demanda que verse sobre direito real imobiliário, tendo como autora pessoa casada sob regime diverso do da separação absoluta (convencional) de bens, ou pessoa que viva em regime de união estável cuja existência esteja provada nos autos, (CPC, art. 73, *caput*, e § 3º). Nesse caso, a falta do consentimento somente pode ser alegada pela pessoa a quem cabia consentir ou por seus herdeiros (CC, art. 1.650).

Tratando-se de questão que *pode* ser suscitada de ofício, a sua resolução, em geral, deverá ser antecedida, pelo menos, de prévia manifestação da parte que, em tese, sofrerá as consequências negativas decorrentes do reconhecimento da existência do defeito.

O que é mais recomendável, porém, é que haja oportunidade para a prévia manifestação de *ambas* as partes.

Essa é a opção que se anuncia mais segura e mais democrática.

Há, ainda, cenários em que o juiz deverá abrir oportunidade *específica* para pronunciamento da parte que, em tese, seria *beneficiada* pela decisão sobre a existência do defeito.

Não podem ser descartadas, em acréscimo, as situações em que é *desnecessária* a prévia manifestação de quem quer que seja.

4.2.2.1 Exercício prévio do direito ao contraditório por ambas as partes

> TRATANDO-SE DE QUESTÃO SUSCITADA DE OFÍCIO, QUE VERSE SOBRE DEFEITO PROCESSUAL, OUVE-SE APENAS A PARTE COM POTENCIAL PARA TER O SEU INTERESSE CONTRARIADO OU É MELHOR ABRIR OPORTUNIDADE PARA QUE AMBAS AS PARTES SE MANIFESTEM?

---

que toca a execuções fiscais, é útil lembrar que o STJ, depois de editar o enunciado n. 33 da súmula da sua jurisprudência dominante ("*A incompetência relativa não pode ser declarada de ofício*"), consignou, invocando julgamento de recurso especial repetitivo (AgRg no AREsp 459.691/RJ, julgado em 27-3-2014, DJe de 7-4-2014, no qual há referência ao REsp 1.146.194/SC, julgado sob o regime de repetitividade), que "*Era assente neste STJ o entendimento de que a competência para processar e julgar Execução Fiscal é relativa, porquanto estabelecida em razão do território, e, portanto, insusceptível de modificação por ato judicial praticado de ofício*", mas que, nas situações que envolvem a remessa dos autos para o foro do local do domicílio do executado, a decisão "*não está sujeita ao enunciado da Súmula 33 do Superior Tribunal de Justiça*", uma vez que, nesse caso, "*a norma legal visa facilitar tanto a defesa do devedor, quanto o aparelhamento da execução*".

Capítulo VII ◆ A questão está suficientemente madura para resolução?

A resolução de toda questão tem, em tese, potencial para contrariar interesse de pelo menos uma das partes. Por isso, no procedimento que antecede o proferimento da decisão, o comum é que tenha havido oportunidade para manifestação, *pelo menos*, da parte cujo interesse pode vir a ser contrariado (CPC, art. 9º, *caput*).

Um exame mais cuidadoso do quadro, todavia, conduz à conclusão de que a trilha que *melhor* atende aos interesses de *ambas* as partes, com a consequente redução das chances de futuras alegações de defeitos no ato decisório, é a consistente em assegurar que *ambas* as partes tenham tido oportunidade para se manifestar.

Para tanto, é necessário que o juiz examine se o tema já foi ou não debatido previamente, por uma ou por ambas as partes e, a depender do que tenha ocorrido, abra oportunidade para que quem ainda não se manifestou possa se manifestar.

Perceba-se que, assim, ficam aumentadas as chances de o magistrado encontrar a adequada solução a ser dada à questão, já que lhe serão fornecidos argumentos de *ambos* os lados.

NA PRÁTICA

*A título de exemplo, segue um pronunciamento por meio do qual **ambas as partes** são instadas a se manifestar a respeito de questão suscitada **de ofício**.*

*No caso, trata-se de questão que versa sobre **competência absoluta**, nos autos de um procedimento de execução fiscal cuja petição inicial foi distribuída por dependência (CPC, art. 285), em razão de já estar em tramitação, na unidade, um processo de conhecimento, em que o pedido é de anulação do lançamento fiscal no qual a Fazenda Pública se embasou para propor a execução:*

DESPACHO

O entendimento do STJ é no sentido da "impossibilidade de serem reunidas execução fiscal e ação anulatória de débito precedentemente ajuizada, quando o juízo em que tramita esta última não é Vara Especializada em Execução Fiscal, nos termos consignados nas normas de organização judiciária" (AgInt no REsp 1700752/SP, rel. Min. Mauro Campbell Marques, Segunda Turma, julgado em 24-4-2018, *DJe* 3-5-2018). Ao lado disso, esta unidade julgadora não é especializada no processamento de execuções fiscais e há, nesta mesma base territorial, unidade com tal especialização. Diante desse contexto, assino o prazo de 15 (quinze) dias para que as partes se manifestem a respeito da competência absoluta deste juízo.

Intimem-se.
[local e data].

*Perceba-se que, por meio de um pronunciamento com esse teor, são cumpridas, com rigor, normas como a que se extrai do texto do art. 10 do CPC, que é uma regra de concretização do princípio do **contraditório**, e o princípio da **cooperação** (já que o magistrado estará se desincumbindo dos deveres de prevenção e de esclarecimento, que integram o conteúdo de tal princípio).*

Acrescente-se, ainda, que, tendo *ambas* as partes se manifestado, ficará fácil, para o juiz, diante de questões que envolvam defeitos sanáveis, identificar um quadro em que a parte que seria, em tese, beneficiada pela suscitação da questão, tenha interesse na correção do defeito, de modo a que o mérito da causa possa ser resolvido e, em razão disso, se prontifique ela a praticar, no lugar da outra parte, os atos que forem necessários para que o julgador possa examinar o mérito.

É de se sopesar, ademais, que a medida consistente em ouvir, antes, *ambas* as partes não gerará dilação indevida do processo no tempo, uma vez que o prazo que vier a ser designado poderá, no mais das vezes, ser um prazo comum à parte autora e à parte ré.

E, mesmo que o juiz – ou norma específica – estabeleça que os prazos serão sucessivos, o acréscimo na duração do processo dificilmente será fator negativo dotado de força suficiente para justificar que não sejam obtidos os efeitos positivos que a ouvida de *ambas* as partes pode propiciar.

4.2.2.2 *Exercício prévio do direito ao contraditório apenas pela parte que pode vir a ser prejudicada pela decisão*

Tratando-se de questão suscitada de ofício, cuja resolução tenha potencial para contrariar interesse de uma das partes, é indispensável que, no procedimento que antecede o proferimento da decisão, tenha havido oportunidade, *pelo menos*, para manifestação da parte cujo interesse pode vir a ser contrariado (CPC, art. 9º, *caput*).

Esses casos em que é aberta oportunidade para manifestação de *apenas* uma das partes são mais comuns quando a parte com potencial para ser prejudicada pela futura decisão é a autora e a parte ré *não* está atuante no processo.

Antes, porém, de abrir espaço especificamente para que a parte que pode vir a ser prejudicada pela decisão se manifeste, é preciso que o juiz verifique se o tema já foi ou não debatido previamente por ela. É que a parte pode ter se antecipado e trazido o assunto à baila, com o objetivo de convencer previamente o juiz a respeito do acerto da sua conduta.

4.2.2.2.1 Tema debatido previamente

Como já realçamos, para que se considere que o tema foi previamente submetido a debate, é indispensável que a parte tenha tido oportunidade de enfrentar *especificamente*, o fundamento que o magistrado entende aplicável ao caso (CPC, art. 10). Tendo havido oportunidade para tal enfrentamento, o exercício do direito fundamental ao contraditório já foi assegurado.

Perceba-se, ao lado disso, que, num processo em que a parte ré já foi citada ou compareceu espontaneamente – ambas as partes estão gabaritadas, pois, para

Capítulo VII ♦ A questão está suficientemente madura para resolução?

praticar os atos que entenderem adequados –, se a questão foi suscitada pelo juiz é porque a parte a quem interessaria suscitar a questão não tomou tal iniciativa.

Nesse panorama, para que a questão venha à tona por iniciativa do magistrado, é preciso que os fundamentos já apresentados pela parte que pode vir a ser prejudicada pela decisão *não* tenham convencido o julgador. Efetivamente, se o magistrado houvesse se convencido, a sua conduta natural, diante da falta de suscitação da questão pela outra parte, seria o silêncio.

Esse conjunto conduz à conclusão de que, para resolução da questão, não há necessidade de abertura para nova manifestação da parte que debateu previamente o tema.

Assim, tratando-se de defeito *sanável*, o magistrado já estará apto a demonstrar que o defeito existe e determinar que seja ele corrigido no prazo que, para tanto, designará.

Se o defeito for *insanável*, caberá ao juiz decidir de imediato a questão, mediante o proferimento, a depender do caso, de decisão interlocutória ou de sentença.

4.2.2.2.2 Tema não debatido previamente

Na hipótese de o julgador constatar que é preciso suscitar questão relativa à existência de defeito formal, cuja resolução tenha potencial para prejudicar uma das partes, e que o tema *não* foi objeto de abordagem pela parte que pode ser prejudicada, há *necessidade* de abertura de oportunidade para exercício prévio do direito fundamental ao contraditório.

Ademais, se a questão versar sobre defeito formal *sanável*, com potencial para impedir que o mérito da causa seja resolvido, a abertura de oportunidade para manifestação – e, portanto, para correção do defeito – atenderá à incidência do princípio da *primazia da decisão de mérito*.

NA PRÁTICA

A título de exemplo, segue um pronunciamento por meio do qual a parte a quem incumbe **corrigir** *o defeito é instada a se manifestar a respeito de questão suscitada de ofício:*

DESPACHO

Não há, nos autos, prova documental de que o instrumento de mandato apresentado pelo advogado que está atuando na defesa dos interesses da pessoa jurídica ré foi assinado por sujeito com poderes para representar a mencionada pessoa jurídica. A respeito dessa situação, manifeste-se a demandada, no prazo de 15 (quinze) dias, trazendo aos autos as provas respectivas.

Intimem-se.

[local e data].

Não se descarta que a parte, ao se manifestar, apresente fundamentos que gerem, na mente do magistrado, dúvida quanto à adequada resolução a ser dada à questão, o que pode ensejar a necessidade de que a outra parte – aquela que, em tese, seria *beneficiada* pela suscitação da questão – também se pronuncie antes do proferimento da decisão.

Conforme realçamos anteriormente, é preciso lembrar, quanto ao quadro em que o tema *não* foi previamente submetido a debate pela parte, que há entendimento doutrinário no sentido de que a previsão de existência de juízo de retratação no processamento do recurso cabível já seria, por si só, suficiente para assegurar o exercício do direito ao contraditório[31].

A adoção dessa linha de raciocínio conduz a que, no caso de a decisão a ser proferida pelo juízo singular, versando sobre defeito processual, desafiar a imediata interposição de recurso com previsão de juízo de retratação, possa o ato decisório ser praticado imediatamente, *sem* a necessidade de abertura de oportunidade para prévia manifestação pela parte prejudicada.

Por óbvio, esse caminho, consistente no chamado *diferimento* do exercício do direito ao contraditório, por implicar afastamento da regra que se colhe do enunciado do art. 10 do CPC e por suprimir, com a falta da prévia oitiva, a possibilidade de a parte poder influir eficazmente na construção da convicção do magistrado, *não* pode ser o caminho preferencial, conforme já acentuamos anteriormente. Não descartamos, porém, que, em razão de alguma *peculiaridade* de um específico *caso concreto*, exista possibilidade de ele ser trilhado.

4.2.2.3 Abertura de oportunidade para prévia manifestação da parte beneficiada pela suscitação da questão

> TRATANDO-SE DE DEFEITO SANÁVEL QUE NÃO FOI CORRIGIDO PELA PARTE A QUEM CABERIA CORRIGIR, APESAR DE HAVER ELA SIDO INTIMADA PARA TANTO, É POSSÍVEL QUE SE TORNE NECESSÁRIO ABRIR OPORTUNIDADE PARA MANIFESTAÇÃO DA PARTE CONTRÁRIA, ANTES DE DECIDIR?

No caso em que o cenário processual for desenhado no entorno de uma questão que verse sobre defeito *sanável*, é plenamente possível que a parte con-

---

[31] Efetivamente, como registramos no item 3.3.2.2, no que se refere às decisões que reconhecem a improcedência liminar do pedido – ato decisório por meio do qual é julgado o mérito da causa e, portanto, um ato decisório com consequências mais graves – existe a linha de entendimento segundo a qual *"previsão de um juízo de retratação e do recurso de apelação assegura ao autor, com a necessária adequação, um contraditório suficiente para o amplo debate em torno da questão de direito enfrentada e solucionada 'in limine litis'"* (THEODORO JÚNIOR, Humberto. *Curso de direito processual civil*. 58. ed. Rio de Janeiro: Forense, 2017, v. I, p. 787-788).

trária à que seria responsável pela correção do defeito, não tendo sido ainda ouvida, tenha interesse em que o defeito seja corrigido, com o que o mérito da causa poderá ser apreciado e, por isso, queira praticar, no lugar da parte contrária, os atos necessários para que o processo tenha regular prosseguimento, em direção à resolução do mérito.

Basta imaginar um caso em que a parte autora, uma sociedade empresária, instada a demonstrar que a pessoa natural que subscreveu a procuração apresentada pelo advogado que a representa em juízo detém poderes, de acordo com os seus estatutos, para praticar o ato que praticou, permaneça inerte. Numa situação dessa, poderá a parte ré, interessada em que o defeito seja corrigido, de modo a que desapareça o óbice à apreciação do mérito, obter, por exemplo, da Junta Comercial, uma certidão por meio da qual fique demonstrado que, de fato, a pessoa natural que assinou a procuração apresentada pelo advogado da parte autora podia fazê-lo.

Se a situação for desse tipo, o juiz, antes de decidir a questão relativa ao defeito, deverá abrir oportunidade para manifestação da parte que, em tese, seria beneficiada pela suscitação da questão.

Para tanto, é necessário que o julgador perceba a conjunção de quatro fatores: (*i*) impossibilidade de o mérito ser examinado, se o defeito não for sanado; (*ii*) falta de correção da falha pela parte, mesmo tendo sido instada a corrigir; (*iii*) possibilidade de o defeito, apesar de ser da responsabilidade de uma das partes, ser sanado pela outra; e (*iv*) disposição da outra parte em adotar a providência necessária para que o defeito seja corrigido.

Nesse panorama, entram em cena os princípios do *contraditório* (CPC, arts. 9º e 10), da *cooperação* (CPC, art. 6º) e do *respeito à autodisciplina da vontade no processo*. E, como se trata de defeito com potencial para impedir o exame do mérito da causa, incide, também, o princípio da *primazia da decisão de mérito* (CPC, arts. 4º, 6º e 317).

4.2.2.4 Desnecessidade de exercício prévio do direito ao contraditório

Há uma situação em que, mesmo tendo sido citada a parte ré, ou tendo ela comparecido espontaneamente ao processo, o juiz deverá julgar *imediatamente* o mérito, *sem* abertura de oportunidade, quanto à existência ou não do defeito, para manifestação de quem quer que seja.

Para que tal aconteça, é preciso que o quadro apresente as seguintes características:

(*i*) a questão suscitada de ofício verse sobre defeito *sanável*;

(*ii*) independentemente da correção do defeito, o processo enseje o proferimento, de logo, de decisão por meio da qual será resolvido o mérito da causa em favor da parte ré;

(*iii*) quanto ao fundamento a ser empregado na resolução do mérito, já tenha sido dada oportunidade, a ambas as partes, para exercício do direito ao contraditório, mesmo que tal oportunidade não tenha sido aproveitada; e

(*iv*) a parte ré *não* esteja atuante no processo (incorreu em revelia e não possui curador especial nomeado, nem interveio no processo a qualquer tempo, recebendo-o no estado em que se encontrava – CPC, arts. 72, II, e 346, parágrafo único).

Esse quadro atrai a incidência das normas extraíveis dos textos dos arts. 282, § 2º, e 488, ambos do CPC.

É importante notar o motivo pelo qual, nesse caso, o proferimento *imediato* da decisão de mérito pressupõe que a parte ré *não* esteja atuante no processo. É que, estando ela *atuante*, deveria ser aberta oportunidade para sua manifestação, antes da prática do ato decisório, uma vez que, ouvida, poderá ela optar entre obter, de imediato, o julgamento do mérito, por aplicação da norma extraível do texto do art. 488 do CPC, ou, se for do seu interesse, obter uma decisão de extinção do processo sem que o mérito da causa seja examinado.

Trata-se de aplicação do princípio do *respeito à autodisciplina da vontade no processo*. Afinal, ninguém está mais habilitado do que a própria parte para dizer se, de fato, o melhor para ela é que ocorra a resolução do mérito.

4.3 Questões relativas ao mérito da causa

O procedimento que antecede a resolução de uma questão relativa ao *mérito da causa*, num processo em que a parte ré já foi citada ou compareceu espontaneamente, deverá levar em consideração qual o sujeito que suscitou a questão: se uma das partes ou o próprio órgão julgador.

Ao lado disso, caso a questão tenha sido suscitada pelo órgão julgador, é importante perceber se a parte ré está ou não *atuante* no processo.

4.3.1 *Suscitação por uma das partes*

Tratando-se de questão de mérito suscitada por uma das partes, o natural é que o caminho percorrido, antes da resolução, passe pela constatação quanto a se a parte contrária à que suscitou teve oportunidade para se manifestar.

É exatamente em razão disso que, nas situações comuns, há previsão legal de necessidade de abertura de espaço para manifestação, pela parte autora, a respeito de questão de mérito que tenha sido suscitada pela parte ré, tal como se vê no enunciado do art. 350 do CPC.

Como há possibilidade de que a parte a quem caberia se manifestar tenha se antecipado e debatido o tema previamente, a análise sobre a regularidade do procedimento que antecede o ato de resolução da questão passa pela necessidade de examinar se houve ou não oportunidade para que o debate prévio se instalasse.

Capítulo VII ◆ A questão está suficientemente madura para resolução?

A configuração de um quadro em que se possa afirmar que *houve* oportunidade para debate prévio depende, sempre, de haver sido dado, à parte a quem caberia se manifestar, espaço para enfrentar, *especificamente*, o fundamento que a outra parte invocou como base para suscitação da questão.

Ademais, na hipótese de o magistrado, diante da questão de mérito suscitada por uma das partes, constatar que há chance de que ela seja resolvida com base em fundamento *distinto* daquele utilizado pela parte que suscitou a questão, torna-se imperativo que a parte a quem caberia se manifestar tenha tido chance de enfrentar, também, o *específico* fundamento que o julgador entende que há possibilidade de ser aplicado.

Postas essas bases, tratando-se de questão de mérito suscitada por uma das partes, em que o tema tenha sido previamente submetido a debate, o ato decisório estará apto a ser praticado, sem que haja necessidade da prática de qualquer outro ato anteriormente.

NO CONCURSO PÚBLICO

Está aqui mais uma situação na qual o candidato, diante de um quesito cuja resposta implica a elaboração de uma **sentença**, confrontado com a aparente necessidade de que outros atos sejam praticados antes de a sentença ser proferida, percebe a existência de um **caminho técnico adequado** para justificar a **imediata** prática do ato decisório.

Diferentemente, se *não* houve oportunidade para debate prévio pela parte contrária, a questão, para ser resolvida, dependerá de prévia abertura de espaço para que ela exercite o seu direito fundamental ao contraditório.

NA PRÁTICA

A título de exemplo, veja-se o seguinte pronunciamento, num caso em que a parte ré, no curso do processo, alega a **ocorrência de prescrição**:

> **DESPACHO**
>
> Quanto à alegação da parte ré de que a pretensão deduzida na petição inicial teria sido atingida pela prescrição, manifeste-se a parte autora, no prazo de 15 (quinze) dias.
> Intime-se.
> **[local e data].**

Por meio de um pronunciamento simples como esse, assegura-se o pleno exercício do direito fundamental ao **contraditório**.

> *Vale a pena o julgador verificar se os elementos existentes nos autos conduzem a que a resolução da questão se dê de modo favorável à parte que se manifestaria. Se for esse o quadro, cabe ao magistrado **ponderar se, efetivamente, haverá necessidade da manifestação prévia**.*

Nesse contexto, se a parte contrária permanecer em silêncio ou se adstringir a se contrapor diretamente ao fundamento apresentado pela parte que suscitou a questão, sem se valer de fundamento distinto, a questão já estará apta à resolução.

De outro lado, pode acontecer o surgimento de necessidade de que a parte que suscitou a questão se manifeste *novamente*, caso a parte contrária, ao redarguir, tenha apresentado fundamento a respeito do qual a parte que suscitou a questão não teve ainda oportunidade de se pronunciar.

Diante dessas possibilidades de seguidas manifestações, de um e/ou de outro lado, o magistrado deve se lembrar, sempre, que *não há necessidade* de manifestação prévia se a questão for resolvida em favor da parte a quem caberia se manifestar, independentemente de tratar-se de manifestação da parte contrária à que suscitou a questão ou de nova manifestação da própria parte que suscitou a questão.

Nessa situação, a falta de oportunidade para exercício prévio do direito fundamental ao contraditório *não* tem potencial para gerar prejuízo para a parte que se manifestaria, já que a decisão lhe terá sido favorável, o que afasta a possibilidade de posterior invalidação por violação ao princípio do *contraditório*.

De mais a mais, como a opção pela não abertura de oportunidade implicará redução do número de atos praticados, o juiz, ao assim agir, estará atuando em harmonia com os princípios da *eficiência* e da *duração razoável do processo*.

NO CONCURSO PÚBLICO

> *Mais uma vez, chamamos a atenção para um panorama em que o candidato, desafiado a elaborar uma **sentença** como resposta a um quesito, se depara com a aparente necessidade de que outros atos sejam praticados antes de a sentença ser proferida, mas, simultaneamente, percebe a existência de um **caminho técnico adequado** para justificar a **imediata** prática do ato decisório.*

4.3.2 Suscitação de ofício, pelo juiz

São diversas as possibilidades de o juiz suscitar, de ofício, questão relativa ao *mérito da causa*.

Capítulo VII ❖ A questão está suficientemente madura para resolução?

Basta lembrar de questões que versem (*a*) sobre a identificação da norma ou do conjunto normativo que incide sobre o conjunto fático invocado por qualquer das partes (o que corresponde às chamadas *matérias de direito*), (*b*) sobre decadência legal (CC, art. 210, e CPC, arts. 332, § 1º, e 487, II), (*c*) sobre prescrição (CPC, arts. 332, § 1º; 487, II; e 921, § 5º; e Lei n. 6.830, de 22 de setembro de 1980, art. 40, § 4º); (*d*) sobre a existência de precedente judicial vinculante a respeito do objeto litigioso do processo (CPC, art. 489, § 1º, VI) e (*e*) sobre a ocorrência, depois de proposta a demanda, de fato constitutivo, modificativo ou extintivo do direito (CPC, art. 493).

No capítulo em que tratamos da identificação e da coleta dos dados úteis há um elenco *substancioso* de exemplos de questões relativas ao *mérito da causa*, que podem ser suscitadas de ofício pelo Poder Judiciário.

Tratando-se de questão de *mérito* suscitada de ofício, a sua resolução, em geral, deverá ser antecedida de oportunidade para prévia manifestação de *ambas* as partes ou, *pelo menos*, para prévia manifestação da parte que, em tese, sofrerá as consequências decorrentes da suscitação da questão.

4.3.2.1 *Exercício prévio do direito ao contraditório por ambas as partes*

Como é cediço, o comum, no procedimento que antecede o proferimento da decisão de mérito, é que tenha havido oportunidade para manifestação, *pelo menos*, da parte cujo interesse pode vir a ser contrariado (CPC, art. 9º, *caput*).

Porém, a trilha consistente em assegurar que *ambas* as partes tenham tido oportunidade para se manifestar é a que *melhor* atende aos interesses dos litigantes, com a consequente redução das chances de futuras alegações de defeitos no ato decisório.

Nessa linha, tratando-se de questão suscitada de ofício pelo juiz, perceba-se, a título de exemplo, que há previsão expressa, no parágrafo único do art. 487 do CPC, da necessidade de que, antes do reconhecimento da ocorrência de prescrição da pretensão ou de decadência legal do direito sob discussão – ambas matérias relativas ao mérito da causa –, é preciso que, antes, seja dada às partes oportunidade de se manifestar.

Se a ambas as partes será dada oportunidade para se manifestar a respeito da questão de mérito suscitada de ofício pelo órgão julgador, é indispensável que o magistrado verifique se o assunto já foi ou não debatido previamente, por uma ou por ambas as partes.

De acordo com o que houver ocorrido, deverá ser aberta oportunidade para que quem ainda não se manifestou possa se manifestar.

Trata-se de medida que se ajusta, confortavelmente, aos ditames de um Estado Democrático de Direito dentro do processo, uma vez que, assim, ampliam-se as possibilidades de a questão ser resolvida com base em fundamentação mais substanciosa, tendo em vista os argumentos colidentes que serão apresentados por ambas as partes.

> **NA PRÁTICA**
>
> A título de exemplo, veja-se um pronunciamento judicial por meio do qual é dada **oportunidade**, num processo em que a parte ré esteja **atuante**, para que **ambas** as partes se manifestem a respeito de questão relativa ao **mérito da causa**, suscitada **de ofício**:
>
> > **DESPACHO**
> >
> > O documento de fl. x traz elementos indicativos de que o direito de que a parte autora se entende titular teria sido violado em **[data]**, mesmo dia em que a ela teria sido dado conhecimento da existência do dano e de sua autoria. Ao lado disso, a petição inicial foi apresentada em **[data]**. De seu turno, a pretensão deduzida em juízo é relativa a reparação por danos que teriam sido causados por fato do serviço, numa relação de consumo, em razão do que o prazo prescricional é de 5 (cinco) anos (CDC, art. 27). Há, assim, possibilidade de que a pretensão tenha sido atingida pela prescrição.
> >
> > Diante do exposto, assino a ambas as partes o prazo de 15 (quinze) dias para que se manifestem sobre a situação descrita (CPC, arts. 10 e 487, parágrafo único). Na hipótese de silêncio, voltem-me os autos conclusos, para proferimento da sentença.
> >
> > Intimem-se.
> >
> > **[local e data]**.

Demais disso, não se pode descartar a hipótese de a parte a quem, em tese, beneficia a suscitação da questão entender que o fundamento a que se referiu o magistrado é frágil e que há outro fundamento, mais robusto, que se prestará a sustentar a mesma conclusão.

Vale lembrar, em complemento, que há meios para evitar que a oitiva de ambas as partes reflita negativamente na duração do processo: basta que o prazo que o magistrado designar seja aberto simultaneamente para que ambas as partes se manifestem.

Ao lado disso, mesmo que o prazo para manifestação seja designado para correr sucessivamente, primeiro para uma parte e depois para a outra, é profundamente questionável, ante os efeitos positivos que a ouvida de ambas as partes pode produzir, a linha de entendimento segundo a qual haveria uma dilação indevida do processo.

4.3.2.2 Exercício prévio do direito ao contraditório apenas pela parte que pode vir a ser prejudicada pela decisão

Se a resolução da questão suscitada de ofício tiver potencial – como, de resto, a resolução de quase todas as questões tem – para contrariar interesse de

Capítulo VII ◆ A questão está suficientemente madura para resolução?

uma das partes, o prévio exercício do direito fundamental ao contraditório deve ser assegurado, *pelo menos*, à parte cujo interesse pode vir a ser contrariado (CPC, art. 9º, *caput*).

De sua vez, pode ser que a parte já tenha se antecipado e debatido previamente o tema.

4.3.2.2.1 Tema debatido previamente

Se a parte cujo interesse pode vir a ser prejudicado por meio da resolução da questão já houver enfrentado, prévia e *especificamente*, o fundamento de mérito que o magistrado entende aplicável ao caso (CPC, art. 10), o direito fundamental ao contraditório já terá sido exercitado, e, portanto, a questão já estará suficientemente madura para ser resolvida.

É importante notar que, num processo em que ambas partes se encontram aptas a praticar os atos que entenderem adequados – afinal, a parte ré já foi citada ou compareceu espontaneamente ao processo –, o fato de a questão de mérito haver sido suscitada pelo juiz é revelador de que a parte a quem interessaria suscitá-la não tomou a iniciativa.

4.3.2.2.2 Tema não debatido previamente

Haverá *necessidade* de abertura de oportunidade para exercício prévio do direito fundamental ao contraditório na hipótese de o julgador constatar que é preciso suscitar questão de mérito e que o tema não foi objeto de abordagem pela parte que pode vir ser prejudicada pela resolução da questão.

NA PRÁTICA

*A título de exemplo, segue um pronunciamento por meio do qual a parte que pode vir a ser **prejudicada** pela resolução da questão é instada a se manifestar a respeito de questão suscitada de ofício:*

DESPACHO

No julgamento do IRDR n. **[número dos autos do incidente]**, o Tribunal de Justiça do Estado do Rio de Janeiro, ao qual este juízo singular está vinculado, fixou a tese segundo a qual "**[texto do precedente vinculante]**". De outro lado, o exame da petição inicial revela que é forte a possibilidade de a tese jurídica na qual a parte autora embasa o pedido não estar em harmonia com o entendimento fixado pelo mencionado tribunal. À luz desse contexto, manifeste-se a parte autora, no prazo de 15 (quinze) dias.

Intimem-se.

[local e data].

É possível que surja a *necessidade* de que a outra parte – aquela que, em tese, seria *beneficiada* pela suscitação da questão – se pronuncie, na sequência, *antes* do proferimento da decisão. Tal ocorrerá se a parte que pode vir a ser prejudicada pela resolução da questão, ao se manifestar, apresentar fundamentos capazes de gerar dúvida, na formação da convicção do julgador, quanto à adequada resolução a ser dada.

De outro lado, não pode o juiz perder vista que *não haverá necessidade* de manifestação prévia se a questão for resolvida em favor da parte a quem caberia se manifestar.

CAPÍTULO VIII

ORGANIZAÇÃO DA SEQUÊNCIA DE RESOLUÇÃO DAS QUESTÕES

◆ **SUMÁRIO**

1. Necessidade de utilização de um roteiro para resolução das questões – **2.** Relação de subordinação entre questões formais – **3.** Relação de subordinação entre questões relativas ao mérito da causa – **4.** Relação de subordinação entre questões formais e questões relativas ao mérito da causa – **5.** Reflexos do princípio da primazia da decisão de mérito – **6.** Avaliação dos efeitos decorrentes da resolução de questões subordinantes com aptidão para impedir o exame de questões de mérito – **7.** Possibilidade de que remanesçam questões não subordinadas – **8.** Existência de questão subordinante anteriormente resolvida – **9.** Momento para resolução das questões.

> **?** HAVENDO DIVERSAS QUESTÕES NO PROCESSO, QUAL A SEQUÊNCIA QUE DEVO SEGUIR PARA RESOLVÊ-LAS?

1. NECESSIDADE DE UTILIZAÇÃO DE UM ROTEIRO PARA RESOLUÇÃO DAS QUESTÕES

Com a leitura de *todo* o teor dos autos, o magistrado pôde identificar e colher os dados úteis e, na sequência, compor as duas listas contendo *todas* as questões existentes no processo, tanto as de natureza *formal* como as relativas ao *mérito da causa*.

Constatando-se que tais questões já estão suficientemente maduras para resolução, chega-se a uma etapa capital, consistente na estruturação da *sequência lógica* a ser empregada na resolução das questões.

Essa *sequência* deverá ser estabelecida à luz da constatação de que sempre haverá possibilidades diversificadas de que as questões existentes no processo mantenham, entre si, um vínculo de *subordinação*, o que torna indispensável que as questões *subordinantes* sejam resolvidas antes das questões *subordinadas*.

É que a resolução que vier a ser dada à questão subordinante pode ter potencial para *influenciar* na resolução da questão subordinada ou mesmo *impedir*, definitiva ou provisoriamente, que a questão subordinada seja resolvida.

Por óbvio, padeceria de falta de racionalidade o ato decisório em que uma questão subordinada houvesse sido resolvida antes da questão que a subordina.

Esse quadro torna imprescindível que o julgador se utilize de um *roteiro* que lhe permita estruturar a *sequência lógica* a ser empregada na elaboração da decisão judicial, em especial da *sentença*.

2. RELAÇÃO DE SUBORDINAÇÃO ENTRE QUESTÕES FORMAIS

> **AS QUESTÕES FORMAIS TAMBÉM DEVEM SER RESOLVIDAS DE ACORDO COM UMA SEQUÊNCIA LÓGICA?**

É bastante passar os olhos no rol *exemplificativo* de questões de natureza *formal*, apresentado no capítulo em que cuidamos da divisão dos dados úteis, para depreender que, havendo diversas questões dessa categoria, há necessidade de ser estruturada uma *sequência lógica* para a resolução de todas elas.

De fato, inevitavelmente, haverá situações em que a resolução de uma questão formal se anteporá logicamente à resolução de outras questões também formais, revelando a existência de um vínculo de *subordinação* entre elas.

Basta lembrar que a lógica impõe que uma questão a respeito da existência de impedimento ou de suspeição do juiz seja resolvida *antes* de todas as demais que no processo existirem, uma vez que o destino que comumente aguarda os atos praticados quando já presente o motivo do impedimento ou da suspeição é a invalidação (CPC, art. 146, §§ 6º e 7º).

Igualmente, não é possível resolver, por exemplo, uma questão que verse sobre o cumprimento, pela parte autora, da obrigação de adiantar o valor relativo às custas processuais sem que, *antes*, tenha sido resolvida uma questão sobre a existência ou não do direito da parte autora aos benefícios da gratuidade da justiça. Afinal, se for reconhecido o direito a todos os benefícios decorrentes da concessão da gratuidade (CPC, art. 98, § 1º), a obrigação de adiantar o valor atinente às custas do processo ficará com a sua exigibilidade suspensa (CPC, art. 98, § 3º).

Em boa parte das situações – como nos exemplos dados –, é fácil perceber qual das questões formais é subordinante e, por isso, deve ser resolvida primeiro. Em outros casos, porém, o cenário não é tão nítido.

3. RELAÇÃO DE SUBORDINAÇÃO ENTRE QUESTÕES RELATIVAS AO MÉRITO DA CAUSA

Assim como é possível que questões de natureza *formal* mantenham, entre si, um vínculo de subordinação, também pode ser que tal vínculo seja identificado entre questões relativas ao *mérito da causa*.

Com efeito, uma questão que verse sobre a existência de um contrato deverá ser resolvida *antes* de uma questão em que a discussão tenha como centro o cumprimento ou não de uma obrigação que seria decorrente do contrato cuja existência é impugnada. Afinal, se a conclusão for a de que não existe contrato, não haverá obrigação contratual a ser cumprida.

Nessa mesma linha, uma questão a respeito da existência de paternidade terá de ser resolvida *antes* de uma questão em que se discuta a existência da obrigação de prestar alimentos com base no vínculo de paternidade.

4. RELAÇÃO DE SUBORDINAÇÃO ENTRE QUESTÕES FORMAIS E QUESTÕES RELATIVAS AO MÉRITO DA CAUSA

É extremamente comum o surgimento de situações em que são suscitadas questões *formais* cuja resolução subordina a resolução de questões relativas ao *mérito da causa*.

Essa relação de subordinação pode se dar de um modo tal que, a depender de como a questão formal seja resolvida, haverá *impedimento definitivo* para que o mérito da causa seja resolvido, a exemplo da questão que verse sobre falta de interesse de agir.

Também pode acontecer de a questão formal não possuir aptidão para impedir, *em definitivo*, o exame das questões relativas ao mérito da causa, mas tenha aptidão para impedir que o exame seja feito em *certo momento*, determinando, assim, uma *dilação* do momento em que o exame do mérito da causa será realizado. É o que se dá com as questões que versem sobre impedimento ou suspeição do magistrado, já que, independentemente do reconhecimento de que o juiz é impedido ou suspeito, as questões de mérito serão resolvidas, pelo mesmo ou por outro julgador.

Por isso, a regra *comum* é a de que as questões formais sejam resolvidas *antes* que se dê a resolução das questões de mérito.

5. REFLEXOS DO PRINCÍPIO DA PRIMAZIA DA DECISÃO DE MÉRITO

> **?** É POSSÍVEL RESOLVER QUESTÃO RELATIVA AO MÉRITO DA CAUSA, MESMO QUE A QUESTÃO FORMAL, QUE A SUBORDINA, SEJA RESOLVIDA NO SENTIDO DE SE RECONHECER, POR EXEMPLO, A EXISTÊNCIA DE UM DEFEITO PROCESSUAL?

Num cenário em que a resolução de uma questão *formal* subordine a resolução de questões relativas ao *mérito da causa*, há um dado que *jamais* pode ser desprezado pelo julgador e que, pela importância que tem, será destacado por nós, nesta obra, todas as vezes que tivermos oportunidade: o nosso sistema jurídico inclui, entre as normas fundamentais do Direito Processual Civil, o princípio da *primazia da decisão de mérito*.

Trata-se de princípio cuja existência decorre diretamente do Estado Democrático de Direito no âmbito das relações processuais. Mesmo sendo uma norma cuja presença no sistema jurídico independe da existência de texto normativo infraconstitucional que se refira expressamente a ela, há, nos enunciados dos arts. 4º e 6º do CPC, alusões claras a tal princípio.

Ademais, são vários os dispositivos do CPC de cujos textos são extraíveis regras que estão expressamente a serviço da concretização do princípio da *primazia da decisão de mérito*. Dentre eles, destacam-se os arts. 282, § 2º, 317 e 488.

Portanto, mesmo que constate que nem todas as exigências formais estão atendidas, *deve* o julgador verificar se, ainda assim, é possível a apreciação do *mérito da causa*.

No Capítulo VII cuidamos da verificação quanto a se a questão a ser resolvida já está suficientemente madura para tanto. Nele, chamamos, em *diversas* oportunidades, a atenção para esse *dever* do juiz.

Diante disso, é plenamente possível, por exemplo, que seja suscitada, por uma das partes, uma questão *formal*, atinente a um defeito processual sanável, e que a suscitação da questão seja acompanhada do pleito de que, independentemente da correção ou não do defeito, ocorra logo o proferimento de decisão de mérito em favor da parte que suscitou a questão, de modo a que somente seja ordenada a correção do defeito se *não* for possível o *imediato* proferimento da decisão de mérito a ela favorável.

Numa situação dessa, na hipótese de o juiz constatar que, efetivamente, o cenário processual conduz ao *imediato* proferimento de decisão de mérito favorável à parte que seria beneficiada pelo reconhecimento da existência do defeito, é *dever* seu *não ordenar* a correção da falha. Em vez disso, com base na norma extraível dos enunciados dos arts. 282, § 2º, e 488, ambos do CPC, o julgador *deverá* proferir a decisão de mérito.

Trata-se de conduta *devida* pelo órgão julgador. E a sua adoção não decorre apenas da aplicação do princípio da *primazia da decisão de mérito*, mas também da incidência, simultaneamente, dos princípios da *eficiência* e da *duração razoável do processo*, já que o ato de abertura de oportunidade para correção do defeito, bem como a própria correção do defeito, não teria aptidão para alterar a conclusão quanto ao julgamento do mérito.

NO CONCURSO PÚBLICO

Há um *aviso* que é preciso ser dado.

É que devem ser *evitadas* as tentativas de vincular o rótulo "questão preliminar" a "questão de natureza processual" e "questão prejudicial" a "questão relativa ao mérito da causa".

Capítulo VIII ♦ Organização da sequência de resolução das questões

> *Tais vínculos são **equivocados**, já que as relações por preliminaridade e por prejudicialidade podem estar presentes (i) entre duas questões de admissibilidade do exame do mérito (ii) entre duas questões de mérito e (iii) entre uma questão de admissibilidade e uma questão de mérito.*
>
> *Há, quanto a esse tema, um amadurecimento doutrinário[1] que não pode ser ignorado por um candidato a ocupar o cargo de juiz.*

PARA NÃO ESQUECER

*Nas nossas aulas, costumamos apresentar uma imagem que consideramos útil não só para ajudar a compreender a relação entre **questão subordinante** e **questão subordinada** como para facilitar a distinção entre uma relação de subordinação por **preliminaridade** e uma relação de subordinação por **prejudicialidade**, sem olvidar a aplicação do **princípio da primazia da decisão de mérito**.*

---

[1] A respeito do assunto, recomendamos, mais uma vez, os ensinamentos de Fredie Didier Jr. (*Curso de direito processual civil*. 20. ed. Salvador: JusPodivm, 2018. v. 1, p. 514-518). O equívoco mais frequente consiste em vincular *questões preliminares* com *questões formais*. Há total possibilidade de uma questão *subordinar* outra por *preliminaridade* e ambas estarem no campo do *mérito*. Os exemplos a seguir bem demonstram. Suponha-se que o autor, com base em determinado fato, postule que seja imposta ao réu uma obrigação de fazer. O réu, ao apresentar a sua defesa, alega, a uma, que a pretensão do demandante está prescrita e, a duas, que o fato invocado como suporte do pedido não produz as consequências jurídicas que o autor está querendo extrair. Ao postular que o juiz reconheça a ocorrência da prescrição, o réu suscitou – nunca é demais lembrar – uma questão de *mérito* (CPC, art. 487, II), já que a prescrição atinge a pretensão de exercitar o direito. Com a tese de que o fato que ancora o pedido não produz as consequências jurídicas desejadas pelo autor, levantou outra questão de *mérito*. Ao lado disso, a depender de como a primeira questão – a relativa à ocorrência da prescrição – seja solucionada, pode ocorrer de a segunda sequer ser examinada. Tem-se, aqui, portanto, um exemplo claro de uma questão que é de *mérito* e que guarda uma relação de *preliminaridade* em relação a outra, igualmente de mérito, a revelar o rematado erro de vincular as *questões preliminares* apenas às *questões formais*. E miríade de exemplos de questões preliminares que são questões de mérito poderia ser dada. Veja-se o caso de uma demanda rescisória. Nela há, sempre, um pedido de que seja desconstituída a coisa julgada material. Um pedido, pois, para que o Poder Judiciário exerça o chamado juízo rescindente (*judicium rescindens*). Essa é, sem dúvida, uma questão de *mérito*. Na maior parte dos casos de demanda rescisória, sucessivamente ao pedido de rescisão deve ser formulado o pedido de que o tribunal proceda a um novo julgamento da causa. Esse segundo pedido está voltado, portanto, para que o Poder Judiciário, logo após rescindir o julgado (*judicium rescindens* positivo), exerça o chamado juízo rescisório (*judicium rescissorium*). Essa é outra questão de mérito. Ocorre que, se o tribunal rejeitar o pedido de desconstituição da coisa julgada (*judicium rescindens* negativo), a questão referente ao conteúdo do novo julgamento não será sequer apreciada. De outro lado, se o tribunal concluir que a coisa julgada deve ser desconstituída (*judicium rescindens* positivo), a questão alusiva ao conteúdo do novo julgamento poderá ser livremente solucionada e o pedido respectivo (aquele pedido que foi apreciado por meio da decisão rescindida) poderá ser acolhido, acolhido em parte ou rejeitado, sem que o *judicium rescindens* possa exercer qualquer influência. Portanto, a questão em torno do pedido de rescisão (que, além de ser uma questão de mérito é uma das duas questões principais do processo) é nitidamente *preliminar* da questão em torno do pedido de rejulgamento (que também é uma questão de mérito e corresponde à outra questão principal do processo).

Imagine-se que estamos diante de um imóvel com dois cômodos, em que a **questão subordinante** *(independentemente de tratar-se de questão preliminar ou de questão prejudicial)* e a **questão subordinada** ocupem, cada uma, um dos cômodos.

Observando o imóvel de fora, ficamos sabendo exatamente qual o conteúdo de cada um desses cômodos (ficamos sabendo, pois, sobre o que versa cada uma das questões) e constatamos que a *única* entrada que o imóvel possui **somente** dá acesso ao cômodo em que se encontra a questão **subordinante**.

Ao ingressarmos no imóvel por meio do cômodo em que está alojada a questão subordinante, será possível discernir se a relação de subordinação é por **preliminaridade** ou por **prejudicialidade**.

RELAÇÃO DE SUBORDINAÇÃO POR PRELIMINARIDADE.

Tratando-se de **questão subordinante de natureza preliminar**, o quadro equivale à existência, entre os cômodos, de uma divisória opaca, de modo que, do interior do cômodo ocupado pela questão preliminar, não há como enxergar a questão subordinada, malgrado já se saiba que ela existe.

A **solução** da questão preliminar, então, pode resultar na **permanência** ou na **remoção** da divisória opaca.

Se a resolução da questão preliminar implicar **remoção** da divisória, pode-se passar para o cômodo em que se encontra a questão **subordinada** e, lá, solucioná-la livremente, sem que a solução anteriormente dada à questão preliminar possa exercer qualquer tipo de influência.

De outro lado, a solução da questão preliminar pode implicar a **permanência** da divisória.

Nesse caso, a **regra geral** é a de que a questão subordinada **não** poderá ser solucionada ou, pelo menos, **não** poderá ser solucionada naquele momento. Sabe-se da sua existência, mas **não** se pode solucioná-la, já que a permanência da divisória **impede** o acesso a ela.

A título de **exemplo**, imagine-se que o autor, afirmando haver sofrido danos no seu patrimônio material, esteja a cobrar do réu uma quantia em dinheiro a título de indenização. O réu, ao contestar, adota duas linhas de defesa: alega, primeiro, que o autor não é a pessoa legitimada para ocupar o polo ativo da demanda proposta e, na sequência, nega que o evento danoso tenha ocorrido.

Ao alegar a ilegitimidade ativa para a causa, o réu suscitou uma questão formal. E, ao afirmar que o evento danoso não ocorreu, suscitou uma questão de mérito.

Perceba-se que, a depender de como a primeira questão seja solucionada, pode ocorrer de a segunda questão sequer ser apreciada, o que revela a existência de uma **relação de subordinação por preliminaridade**.

Utilizando a imagem do imóvel com dois cômodos, para se chegar ao cômodo em que está a questão referente à negativa da ocorrência do evento danoso é preciso, primeiro, ingressar no cômodo em que está a questão referente à ilegitimidade ativa, para resolvê-la.

Capítulo VIII ◆ Organização da sequência de resolução das questões

*Dando continuidade, se a conclusão for a de que não há legitimidade ativa para a causa, o processo será extinto sem resolução do mérito, e, por conseguinte, a questão em torno da ocorrência ou não do evento danoso **não** será sequer **apreciada**. Assim, no caso de a resolução dada à questão subordinante ser essa, a divisória que separa os dois cômodos permanecerá no mesmo local, **impedindo** o acesso à questão subordinada.*

*De outro lado, se se constatar que o autor possui legitimidade, a questão referente à ocorrência do evento danoso será apreciada. De acordo com a imagem apresentada, a divisória opaca entre os dois cômodos será, nesse caso, retirada, o que permitirá o amplo acesso à questão subordinada. Tal questão, então, poderá ser **livremente** solucionada, seja concluindo-se pela ocorrência, seja pela inocorrência do evento danoso, sem que a constatação da existência da legitimidade ativa possa exercer qualquer influência.*

*Voltando ao exame geral da situação, é preciso lembrar que, **antes** de entrar no imóvel, foi possível saber o conteúdo de **ambos** os cômodos, e, diante disso, é imperioso indagar se a questão subordinante é uma questão de **admissibilidade do exame do mérito** e se a questão subordinada é uma **questão de mérito**.*

*Tratando-se dessa **combinação** de questões, um raciocínio complementar deve ser feito, de modo a que seja dada aplicação, se for o caso, ao **princípio da primazia da decisão de mérito**.*

*O raciocínio implicará uma verificação quanto à existência de elementos que permitam saber, de já, se a resolução que a **questão subordinada de mérito** teria é ou não **mais benéfica** para a parte que, em tese, seria beneficiada pela extinção do processo sem resolução do mérito.*

*Se a conclusão for no sentido de que o julgamento do mérito trará mais benefícios, a questão de mérito deverá ser resolvida. Assim, voltando à imagem, apesar da impressão inicial de que a divisória opaca permaneceria incólume, nela será aberta uma porta que permitirá o acesso à **questão subordinada de mérito**, sem que qualquer providência seja adotada no que se refere à solução dada à questão preliminar de **admissibilidade do exame do mérito**.*

*Essa porta tem uma peculiaridade: o acesso que ela permite que se tenha à **questão subordinada de mérito** é de um modo tal que a solução a ser dada a tal questão será, **necessariamente**, aquela solução que se constatou que é mais benéfica para a parte que, em tese, seria beneficiada pela não resolução do mérito.*

*Nessa linha, perceba-se que o exemplo já trazido, referente à questão sobre ilegitimidade ativa e à questão sobre a ocorrência do evento danoso, **não** é do tipo que se possa dizer que a resolução da questão subordinada de mérito em favor da parte ré seria mais útil para ela do que a extinção sem resolução do mérito. E assim o é porque, se o caso é de ilegitimidade ativa, não haverá qualquer lógica no proferimento de uma decisão no sentido de que o evento não aconteceu, uma vez que tal questão, diante da ilegitimidade, não diria respeito à parte autora. A sua resolução somente teria utilidade num processo em que o autor possuísse legitimidade. Essa, pois, é uma situação em que **não** é possível aplicar o princípio da primazia da decisão de mérito, razão pela qual o processo deverá, sim, ser extinto sem resolução do mérito.*

Imagine-se, agora, um processo em que o réu esteja atuante e, no curso do procedimento, ocorre o falecimento do único advogado que representa a parte autora. Imagine-se, mais, que, mesmo pessoalmente intimada para, no prazo de quinze dias, constituir novo advogado, a parte autora permaneça inerte. Seria o caso, em tese, de extinção do processo sem resolução do mérito da causa (CPC, art. 313, I, § 3º). Porém, é possível que o réu, diante do quadro, compareça em juízo e, defendendo os raciocínios (i) de que já existem nos autos elementos suficientes para o julgamento do mérito e (ii) de que tal julgamento deverá lhe ser favorável, invoque a norma extraível do texto do art. 488 do CPC, postulando, com isso, que, em vez de o processo ser extinto sem resolução do mérito, ocorra o imediato julgamento do mérito da causa em seu favor.

Diante de um quadro desse, o juiz, atento para o fato de que ambas as partes – e não apenas a parte autora – são titulares do direito à solução integral do mérito (CPC, arts. 4º e 6º), deverá verificar se, de fato, é possível o proferimento da sentença, mediante a resolução do mérito em favor da parte ré.

Sendo possível, o magistrado deverá reconhecer tal situação (o que equivale a abrir a porta na divisória opaca) e, sem tomar providência relativamente à questão preliminar (afinal, a parte autora teve oportunidade para constituir novo patrono e nada fez), acessar a questão de mérito (o que corresponde a ingressar no cômodo em que se encontra a questão subordinada de mérito), julgando-a em favor da parte ré.

Com isso, fica ratificada a imagem segundo a qual o acesso que a porta permite que se tenha à *questão subordinada de mérito* se dá de um modo tal que a solução a ser dada a ela será, *necessariamente*, a solução que se constatou que é mais favorável para a parte que, em tese, seria beneficiada pela não resolução do mérito.

RELAÇÃO DE SUBORDINAÇÃO POR PREJUDICIALIDADE

O quadro será diferente quando se tratar de *questão subordinante de natureza prejudicial*. Nessa situação, *não* haverá uma divisória opaca entre os cômodos. A imagem, aqui, é a da existência, entre os dois cômodos, de uma divisória de vidro transparente, na qual há mais de uma porta dando acesso ao cômodo em que se encontra a questão subordinada. Tais portas permanecem sempre abertas, mas somente se pode chegar até elas depois que for resolvida a questão subordinante.

Por se tratar de uma divisória de vidro transparente, do cômodo em que se encontra a *questão prejudicial* é possível enxergar claramente a questão subordinada.

Além disso, em razão de as portas estarem abertas, já se sabe que fatalmente a questão subordinada será solucionada, apesar de ainda não se saber qual será a solução.

Nesse contexto, a escolha da porta que será utilizada para se chegar à questão subordinada não é livre: o uso de determinada porta está atrelado ao tipo de solução que vier a ser dado à questão prejudicial.

No caso, a depender de como seja resolvida a questão prejudicial, a sua resolução poderá *influenciar* ou não a resolução que será dada à questão subordinada. É essa a principal característica reveladora da existência de uma *relação de subordinação por prejudicialidade*.

> *Assim, de acordo com a solução que a questão prejudicial tiver, será utilizada uma porta que necessariamente conduzirá a uma determinada solução da questão subordinada ou uma porta que deixará o caminho aberto para que a questão subordinada possa ser livremente solucionada, sem que a solução anteriormente dada à questão prejudicial influencie.*
>
> *Vamos a um exemplo.*
>
> *Num processo, o autor, afirmando haver celebrado um contrato com o réu, cobra uma quantia em dinheiro do demandado, a título de multa, em razão do inadimplemento de determinada cláusula contratual. De sua vez, o réu se defende alegando que nunca celebrou qualquer contrato com o autor e que, mesmo que houvesse celebrado, não teria ocorrido o fato que o demandante aponta como causa do surgimento da obrigação de pagar multa.*
>
> *Das alegações do réu, a referente à inexistência do contrato equivale à suscitação de uma questão **subordinante** da questão referente à cobrança da multa. Efetivamente, se o contrato não houver sido celebrado, a multa cobrada é indevida. Essa será, pois, uma solução que, se for dada à primeira questão, influenciará na solução da segunda.*
>
> *Outrossim, se a primeira questão for resolvida no sentido de que o contrato chegou a ser celebrado, o valor cobrado a título de multa poderá ser devido ou não, a depender da conclusão a que se vier a chegar quanto à ocorrência ou não do fato que a parte autora invocou como causa do surgimento da obrigação de pagar multa. Nessa hipótese, a solução dada à primeira questão não tem qualquer aptidão para influenciar na resolução da segunda questão.*
>
> *Lançando mão da imagem criada, a questão relativa à celebração ou não do contrato ocupa o cômodo que é o único que permite o ingresso no imóvel, e, sem passar por ele, não é possível chegar ao segundo cômodo, onde está a questão referente à cobrança da multa.*
>
> *Entre os cômodos existe uma divisória de vidro transparente, contendo mais de uma porta, e as portas estão abertas, já que a questão relativa à celebração ou não do contrato permite enxergar claramente a questão referente à cobrança da multa. De seu turno, a questão referente à multa será necessariamente solucionada, apesar de ainda não se saber qual será a solução.*
>
> *Se for usada a porta relativa à conclusão de que não houve celebração de contrato, o ingresso no cômodo em que se encontra a questão subordinada será necessariamente para resolvê-la de modo a se concluir que não existe dívida a título de multa. De outro lado, o uso da porta referente à conclusão de que houve celebração do contrato conduzirá ao ingresso no cômodo em que está a questão relativa à multa, de maneira tal que a questão poderá ser livremente solucionada, sem que a solução anteriormente dada à questão prejudicial influencie.*

6. AVALIAÇÃO DOS EFEITOS DECORRENTES DA RESOLUÇÃO DE QUESTÕES SUBORDINANTES COM APTIDÃO PARA IMPEDIR O EXAME DE QUESTÕES DE MÉRITO

Pelo quanto já expusemos, é fácil concluir que, a depender de como seja resolvida uma questão formal, há possibilidade de surgimento de um quadro de *impedimento* do exame de questões relativas ao mérito da causa.

Também é plenamente possível que a resolução de uma questão referente ao mérito da causa gere um cenário de *impedimento* do exame de outras questões, igualmente atinentes ao mérito.

Esse contexto, combinado com a circunstância de o princípio da *primazia da decisão de mérito* constituir-se em uma das normas fundamentais do Direito Processual Civil, conduz à necessidade de que o julgador esteja sempre atento para avaliar, adequadamente, os efeitos da resolução de questões subordinantes com aptidão para impedir o exame, no todo ou em parte, do mérito da causa.

Nessa linha, cumpre lembrar que o óbice para a apreciação, no todo ou em parte, de questões relativas ao mérito da causa pode resultar de quadros que tenham relação com o sistema de nulidades. E aí é imprescindível que se tenha em mente, sempre, que *não* se pode confundir a existência de *defeito* num ato com a *invalidação* do próprio ato, já que a invalidação é uma *sanção* que se aplica a certos atos defeituosos.

Por isso, *ato defeituoso* não é sinônimo de *ato inválido*. O *ato inválido* é o *ato defeituoso* que sofreu a aplicação da *sanção* de invalidação. Portanto, um ato somente pode ser rotulado de *inválido* se houver sido *invalidado*.

Assim, fica fácil perceber que é perfeitamente possível a ocorrência de situações em que, apesar ser inevitável o reconhecimento de que há *defeito* – e, por vezes, defeito grave –, de tal reconhecimento *não* resulte a aplicação da sanção de invalidação.

Exemplo disso se dá quando a parte que alegou a ocorrência do defeito é a mesma que lhe deu causa (CPC, art. 276). A parte que assim atuar estará violando o princípio da *boa-fé*, uma vez que uma das regras de concretização da boa-fé objetiva é a vedação à adoção de conduta contraditória (proibição do *venire contra factum proprium*). Numa situação dessa, pois, apesar de o defeito *existir*, o ato *não* deverá ser invalidado.

Também é possível que, apesar de ser obrigatório o reconhecimento da ocorrência do defeito, constate-se, simultaneamente, que tal defeito não impediu que o ato alcançasse a finalidade a que se destinava. Essa constatação, por igual, *impedirá* a invalidação do ato (CPC, art. 277).

Não se pode descartar, ainda, que se trate de defeito do qual o juiz não pode tomar conhecimento de ofício e que a parte a quem cabia fazer a alegação não a tenha lançado na primeira oportunidade em que lhe coube falar nos autos, nem exista legítimo impedimento para que a alegação houvesse sido tempestivamente feita pela parte. Com isso, apesar da ocorrência do defeito, a preclusão *impedirá* a invalidação do ato (CPC, art. 278, parágrafo único).

Vale lembrar, ademais, que, mesmo que seja inevitável o reconhecimento da ocorrência de defeito em determinado ato, *não* deve ser ordenada a sua repetição ou o suprimento da falta geradora do defeito, se dele não advier prejuízo (CPC, art. 282, § 1º).

Nessa mesmíssima linha, o juiz *não* invalidará o ato, nem ordenará a sua repetição, tampouco determinará o suprimento da falta geradora do defeito, se puder decidir o mérito a favor da parte a quem aproveitaria a invalidação do ato (CPC, art. 282, § 2º).

É nesse ponto que entra em cena um raciocínio fundamental para a boa compreensão do Direito Processual.

É que, como se sabe, a maior parte das situações capazes de gerar impossibilidade de resolução do mérito da causa é fruto da constatação da ocorrência de *defeitos* no curso do *procedimento*.

Esse quadro remete à necessidade de se perceber que o proferimento da *sentença* de extinção do processo sem resolução do mérito, em razão de *defeito* no *procedimento*, consiste, na verdade, em *sancionar*, com a invalidação, esse grande ato jurídico que é o procedimento (um ato jurídico complexo de formação sucessiva[2]).

É por isso que a norma extraível do texto do art. 282, § 2º, do CPC – que é uma norma que integra o sistema normativo das *nulidades* – é plenamente aplicável nos casos em que o juiz se vê na iminência de decidir pela extinção do processo sem resolução do mérito, em razão da ocorrência de defeito no procedimento.

E há algo a acrescentar: como vimos no capítulo em que tratamos da verificação quanto a se a questão está suficientemente madura para resolução, nem sempre as questões formais, com potencial para impedir a resolução do mérito da causa, são relativas à ocorrência de defeitos.

Por isso, a norma que se colhe do enunciado do art. 488 do CPC – segundo a qual, desde que possível, o juiz resolverá o mérito da causa, sempre que a de-

---

[2] No exame do procedimento, a visão do operador do Direito precisa ser, tanto quanto possível, panorâmica, de modo a permitir que o *procedimento* seja visto na sua unicidade, como um todo, como um corpo único. É que tem prevalecido o hábito de enxergar cada ato jurídico processual como um ato jurídico simples. Olvida-se, com isso, que muitos dos atos jurídicos processuais são formados por outros atos jurídicos – basta lembrar de uma audiência – e que, de sua vez, um ato jurídico que, na sua formação, envolva vários outros atos jurídicos pode ser um mero integrante da estrutura de um ato jurídico ainda mais complexo. Nas aulas que ministramos, costumamos lançar mão de uma imagem auxiliar, bastante ilustrativa. Invocamos as cenas finais do filme *MIB – Homens de Preto* (*Men in Black* – EUA, 1997), o primeiro da série, do diretor novaiorquino Barry Sonnenfeld, protagonizado por Tommy Lee Jones e Will Smith. Em tais cenas, conclui-se que uma pequena esfera que ornamenta a coleira de um gato é, na verdade, um planeta habitado e tecnologicamente desenvolvido, no qual vivem milhões de seres. Na sequência, como que a demonstrar que a eventual incredulidade do espectador não se justifica, a câmera vai se afastando para planos cada vez mais amplos, até que, primeiro, o planeta Terra fica diminuto e, depois, a própria Via Láctea passa a ser vista como um pequenino objeto. Dando prosseguimento, a última cena dessa sequência mostra que esse "objeto", no qual está a Via Láctea e, por conseguinte, o planeta Terra não passa de um pequenino brinquedo com o qual outro ser se diverte. Nessa mesma linha, afastando-se os olhos e passando-se a examinar o *procedimento*, não à luz de cada um dos atos nele praticados, mas à luz dele, *procedimento*, na sua unicidade, como um todo, como um corpo uno, é inevitável a conclusão de que ele é, na verdade, um único ato jurídico. Não um ato jurídico simples, mas um ato jurídico complexo, uma vez que a sua estrutura executiva, o seu suporte fático, é formado por vários atos jurídicos, alguns dos quais também complexos, que se sucedem de acordo com uma ordem previamente estabelecida. Por isso tudo, o *procedimento* é um ato jurídico complexo de formação sucessiva.

cisão for favorável à parte a quem aproveitaria eventual pronunciamento que resulte na não resolução do mérito – abrange não só os casos em que a não resolução do mérito decorre da existência de defeito no procedimento, como também dos casos em que o impedimento para exame do mérito é resultado de situações que, a rigor, não têm relação com defeito procedimental, tal como pode se dar com questões relativas ao falecimento, no curso do processo, do único advogado da parte autora.

É em contextos assim que a norma extraível do art. 488 do CPC entra em cena para abarcar situações em que o impedimento para exame do mérito não tem relação com *defeito* no *procedimento*.

Esse conjunto de informações é mais do que revelador da imprescindibilidade de o julgador estar sempre atento para medir as consequências decorrentes da resolução de questões subordinantes com aptidão para, em tese, *impedir* o exame, no todo ou em parte, do mérito da causa, já que há situações em que esse *impedimento* é afastado.

7. POSSIBILIDADE DE QUE REMANESÇAM QUESTÕES NÃO SUBORDINADAS

É perfeitamente possível – e até comum – que ocorram situações em que a resolução de uma questão subordine a resolução de certas questões, mas *não* subordine a resolução de outras.

Assim, por exemplo, questões de natureza formal podem subordinar a resolução de apenas algumas das questões relativas ao mérito, de sorte que, independentemente da resolução que seja dada à questão formal, sempre haverá uma parcela do mérito da causa que poderá ser apreciada.

Imagine-se um quadro em que, havendo vários autores, litisconsorciados com base na regra que se colhe do texto do art. 113, III, do CPC, seja alegada a ilegitimidade para a causa de apenas um ou de alguns deles. Obviamente, o fato de o juiz reconhecer que há ilegitimidade poderá impedir o exame do mérito no que concerne aos pleitos formulados por quem não possui legitimidade, mas nenhum reflexo causará no exame dos pedidos formulados pelos sujeitos legitimados.

Por vezes, o quadro apresentado no processo torna fácil identificar quais as questões cuja resolução está subordinada à resolução de uma específica questão. Há situações, entretanto, em que tal quadro não é de fácil identificação.

NO CONCURSO PÚBLICO

*É muitíssimo importante atentar, num concurso público, para a possibilidade de que, em determinado quesito da prova, entre em cena o **princípio da primazia da decisão de mérito**. A sua entrada no palco decorrerá da incidência, no caso, de uma das regras extraíveis dos textos dos arts. 282, § 2º, e 488.*

Capítulo VIII ◆ Organização da sequência de resolução das questões

A *atenção* deverá ser *redobrada* numa prova em que se exija a elaboração de uma *sentença* e se constate que a resolução de determinada questão formal *impede*, em tese, a resolução de uma questão de mérito a ela subordinada.

Não por acaso, já realçamos que situações assim guardam íntima relação com os quadros em que o candidato se depara com alegações de nulidade – ou com casos em que a nulidade deve ser reconhecida de ofício – cujo acolhimento impediria a resolução de outra(s) questão(ões).

Por isso, aproveitamos a oportunidade para registrar que, num concurso público, os mesmos cuidados a serem adotados com questões com aptidão para impedir o exame do mérito da causa deve ser adotado *todas* as vezes que o candidato se deparar com um quadro em que a resolução de determinada questão, seja ela formal ou não, subordine a resolução de outra(s) questão(ões), seja(m) ela(s) de mérito ou não, de modo a gerar uma situação de *impedimento* de que a(s) questão(ões) subordinada(s) seja(m) resolvida(s).

Num quadro assim, uma boa forma de aumentar a margem de segurança na elaboração da resposta ao quesito consiste em o candidato fazer, para si mesmo, algumas indagações, de acordo com as etapas postas a seguir.

Primeira etapa:
É ESSA, EFETIVAMENTE, A RESOLUÇÃO ADEQUADA A SER DADA À QUESTÃO SUBORDINANTE?

Essa *primeira* indagação, relativa à adequação da resolução a ser dada à questão subordinante, é a mais básica. Afinal, se a resolução se der em outro sentido, não haverá impedimento de que a(s) questão(ões) subordinada(s) seja(m) resolvida(s).

Chegando-se à conclusão de que, efetivamente, a solução a ser dada é aquela que, em tese, tem aptidão para impedir a resolução de outra(s) questão(ões), surge a necessidade de passar para a etapa seguinte.

Segunda etapa:
TENDO EM VISTA QUE NÃO HÁ COMO DEIXAR DE RECONHECER A OCORRÊNCIA DE DEFEITO EM DETERMINADO ATO, SERÁ QUE TAL RECONHECIMENTO IMPLICARÁ INVALIDAÇÃO DO ATO?

Essa linha de questionamento decorre da aplicação do sistema de nulidades, e as respostas a serem colhidas são exatamente as que já foram por nós expostas, à luz da constatação de que *não* se pode confundir a existência de *defeito* num ato com a *invalidação* do próprio ato.

É esse contexto técnico que conduz a que, com certa frequência, sejam exploradas, em concursos públicos, situações que exigem que o candidato perceba que, apesar do defeito, *não* deverá haver invalidação.

As situações já mencionadas acima deverão ser sempre *lembradas* pelo candidato, no decorrer de uma prova de elaboração de *sentença*: (i) se a parte que alegou a ocorrência do defeito é a mesma que lhe deu causa, o ato não deverá ser invalidado, mesmo que o defeito exista (CPC, art. 276): (ii) se, apesar do defeito, o ato alcançou a finalidade a que se destinava, também não deverá haver invalidação (CPC, art. 277); (iii) caso se trate de defeito do

MANUAL DA SENTENÇA CÍVEL

qual o juiz não pode tomar conhecimento de ofício e a parte a quem cabia fazer a alegação não a tenha feito na primeira oportunidade em que lhe coube falar nos autos, nem exista legítimo impedimento para que a alegação fosse tempestivamente feita pela parte, a preclusão impedirá a invalidação do ato (CPC, art. 278, parágrafo único); (iv) mesmo que seja inevitável o reconhecimento da ocorrência de defeito em determinado ato, não deve ser ordenada a sua repetição ou o suprimento da falta geradora do defeito, se dele não advier prejuízo (CPC, art. 282, § 1º); e, (v) se puder decidir o mérito a favor da parte a quem aproveitaria a invalidação do ato, o ato não deverá ser invalidado, nem deverá ser ordenada a sua repetição, tampouco deverá ser determinado o suprimento da falta geradora do defeito (CPC, art. 282, § 2º).

Ademais, como já realçado, nem sempre as questões formais, com potencial para impedir a resolução do mérito da causa, são relativas à ocorrência de defeitos, o que remete à terceira etapa da sequência de indagações.

Terceira etapa:
SE O MÉRITO DA CAUSA FOSSE APRECIADO, A SUA RESOLUÇÃO SERIA FAVORÁVEL À PARTE A QUEM, EM TESE, APROVEITARIA A NÃO RESOLUÇÃO DO MÉRITO?

Essa indagação é cabível num caso em que, apesar de a situação *não* envolver a ocorrência de defeito, há um quadro que conduz a que *não* seja apreciado o mérito da causa, hipótese que, como visto, é abrangida pela norma que se colhe do texto do art. 488 do CPC.

Nessa sequência, um quadro delicado se instalará se o candidato concluir que, de fato, não há como escapar: a resolução da questão subordinante realmente *impedirá* que seja(m) examinada(s) a(s) questão(ões) subordinada(s).

Esse cenário remete à quarta e última etapa.

Quarta etapa:
JÁ QUE É INEVITÁVEL A CONCLUSÃO DE QUE A RESOLUÇÃO DA QUESTÃO SUBORDINANTE IMPEDIRÁ QUE SEJA(M) RESOLVIDA(S) A(S) QUESTÃO(ÕES) SUBORDINADA(S), ESSE QUADRO ATINGIRÁ TODO O PROCESSO OU APENAS PARCELA DELE?

Esta última indagação conduzirá o candidato a um necessário raciocínio quanto à verificação a respeito das questões que *efetivamente* estão subordinadas à questão sob exame.

Basta imaginar um cenário em que determinada questão seja suscitada pela parte ré com o objetivo de conduzir o juiz a extinguir o processo sem resolução do mérito, mas o magistrado constata que o réu, quanto à questão suscitada, tem razão apenas em relação a alguns dos autores, e não a outros.

O exemplo a seguir é simples e a estrutura do raciocínio para a resolução do caso é a mesma a ser utilizada em casos aparentemente mais complexos: diante de um litisconsórcio ativo facultativo simples (formado, pois, com esteio no art. 113, III, do CPC), é alegada a ilegitimidade para a causa de todos os autores, mas o juiz conclui que apenas um ou alguns dos demandantes não possui legitimidade. A circunstância de ser reconhecida a ilegitimidade de uns impedirá o exame do mérito da causa quanto aos que não possuem legitimidade, mas não gerará reflexos quanto aos que possuírem legitimação.

> **Conclusão:**
>
> É por tudo isso que insistimos em lembrar que, numa prova de **concurso público**, o candidato deve estar sempre atento para a **forte possibilidade** de que, diante de uma específica questão a ser enfrentada no ato decisório, com aptidão para **impedir** o exame de outras questões, a solução mais adequada seja resolvê-la de modo a que se torne **possível** a apreciação das demais questões ou, pelo menos, de modo a que, sendo inevitável o reconhecimento de uma situação de **impedimento** do exame de outras questões, tal impedimento atinja apenas uma **parcela** do processo.
>
> Não se pode, **jamais**, perder de vista que a melhor forma de a banca examinadora do concurso aferir o grau de conhecimento do candidato é criar um quadro que enseje a sua manifestação sobre o **maior** número possível de assuntos.
>
> Por isso, é frequente que a elaboração de quesitos se dê de modo a que a resolução de questões com aptidão para impedir o exame de outras questões **não** feche as portas para que o candidato se manifeste a respeito de **outros** temas.

8. EXISTÊNCIA DE QUESTÃO SUBORDINANTE ANTERIORMENTE RESOLVIDA

Por óbvio, *antes* de resolver qualquer questão, deverá o juiz verificar se a resolução dada, em momento anterior do procedimento, a outras questões tem potencial para repercutir na resolução das questões que estão sob apreciação.

É que, como visto, a depender de como tenha sido resolvida a questão subordinante, a sua resolução poderá *impedir*, em definitivo, a resolução da questão subordinada, poderá *impedir* que a resolução da questão subordinada se dê em determinado momento ou poderá *influenciar* na resolução da questão subordinada.

Assim, já tendo sido resolvida uma questão subordinante de outra cuja resolução se dará no ato decisório sob elaboração, é preciso que a resolução anteriormente dada seja respeitada, uma vez que, excetuadas situações muito especiais, nenhum juiz decidirá novamente as questões já decididas (CPC, art. 505).

9. MOMENTO PARA RESOLUÇÃO DAS QUESTÕES

Como veremos na medida em que formos palmilhando, nos capítulos respectivos, cada passo da elaboração da sentença, é preciso ponderar que é plenamente possível que questões próprias de determinada etapa do procedimento somente surjam, em razão de peculiaridades do caso concreto, em etapa posterior.

Basta imaginar um quadro que envolva questão relativa ao adiantamento das custas processuais e das despesas decorrentes do ato de propositura da demanda. Trata-se, por óbvio, de questão com natural propensão para surgir na etapa inicial do procedimento (CPC, arts. 82 e 290).

Porém, essa mesma questão poderá surgir em etapa mais avançada do curso do processo. É bastante, para tanto, que, concedidos os benefícios da gratuidade da justiça à parte autora, a parte ré apresente impugnação na contestação (CPC, arts. 100 e 337, XIII), o juiz revogue o ato anterior, de concessão, e a parte autora interponha recurso de agravo de instrumento (CPC, art. 101, *caput*), cujo julgamento, pela negativa de provimento ao recurso, somente se dê quando o procedimento, junto ao juízo singular, já estiver em fase avançada. Tendo em vista que o recurso de agravo de instrumento, nesse específico caso, é dotado de natural efeito suspensivo (CPC, art. 101, § 1º), a questão relativa ao adiantamento das custas processuais e das despesas decorrentes do ato de propositura da demanda somente surgirá quando o procedimento já estiver avançado.

Também é perfeitamente plausível, como ficará claro, que, apesar de a questão já haver surgido há algum tempo, o julgador somente perceba a sua existência tardiamente.

Diante desse contexto, a atenção do magistrado, ao elaborar o ato decisório – em especial a *sentença* –, deverá ser dedicada à resolução de *todas* as questões que, naquele momento, se fazem presentes e exigem resolução imediata, sem perder de vista as resoluções dadas, anteriormente, a outras questões.

CAPÍTULO IX

INÍCIO DA ELABORAÇÃO DA SENTENÇA: INSERÇÃO DE DADOS PREAMBULARES

◆ **SUMÁRIO**

1. Considerações iniciais – **2.** Cabeçalho: **2.1** Identificação do órgão julgador; **2.1.1** Juízo de Direito; **2.1.2** Juízo federal; **2.1.3** Inserção do nome do magistrado; **2.2** Indicação do número dos autos; **2.2.1** Distinção entre número do processo e número dos autos; **2.2.2** Diferença entre formação de novos autos e abertura de novo volume de autos; **2.2.3** Local, no ato decisório, da indicação do número dos autos; **2.3** Indicação do tipo de procedimento no qual o ato decisório está sendo praticado; **2.3.1** Uso do termo "ação" na acepção de "procedimento"; **2.3.2** Indicação, pela parte autora, de um procedimento em vez de outro; **2.3.3** Existência de normas administrativas que designam o procedimento de modo inadequado; **2.4** Indicação dos nomes dos principais sujeitos interessados; **2.4.1** Existência de litisconsórcio; **2.4.2** Alteração ou ampliação subjetiva do processo em razão de alegação da parte ré; **2.4.3** Reconvenção; **2.4.4** Intervenção de terceiros; **2.4.5** Mandado de segurança; **2.4.6** Embargos à execução – **3.** Denominação do ato: "sentença" ou "decisão" – **4.** Ementa – **5.** Expressão "vistos etc.".

> ❓ NAS SENTENÇAS, HÁ SEMPRE UM CONJUNTO DE DADOS QUE ANTECEDE O INÍCIO DO TEXTO. QUE CUIDADOS PRECISO ADOTAR AO INSERIR TAIS DADOS?

1. CONSIDERAÇÕES INICIAIS

Ao tratar da estrutura material da *sentença*, o legislador elenca os seus *elementos essenciais*: o *relatório*, a *fundamentação* e o *dispositivo* (CPC, art. 489, *caput*).

Como ficará claro na medida em que cada um desses elementos for examinado, eles são essenciais, não só para a *sentença*, tal como é definido o ato no § 1º do art. 203 do CPC, mas para *todos* os atos decisórios.

Ao lado dos chamados *elementos essenciais*, os hábitos forenses consolidaram a prática de incluir na estrutura material das decisões judiciais excertos que *não* são mencionados em textos normativos.

Tais fragmentos, a rigor, em nada interferem nos exames da validade e da eficácia do ato judicial. Mas há alguns deles cuja presença está fortemente assi-

MANUAL DA SENTENÇA CÍVEL

milada pelos operadores do Direito. Outros, malgrado não sejam de uso disseminado, também são encontrados com alguma frequência, o que justifica que sejam objeto, pelo menos, de breve referência nesta obra.

Neste capítulo, cuidaremos de tais excertos.

2. CABEÇALHO

> **NO CONCURSO PÚBLICO**
>
> *O mais comum é que, em provas de concurso público para a magistratura, **não** se exija a elaboração de relatório formal, o que **implicaria** a **desnecessidade**, por extensão, de elaborar o cabeçalho.*
>
> *De fato, na maior parte dos casos, há, no enunciado do quesito, orientação no sentido de que o candidato tome o próprio enunciado **como se relatório fosse**.*
>
> *Se o candidato, porém, entender que é adequado fazer constar o cabeçalho, deverá ter a adequada dimensão a respeito da distribuição do **tempo** e, se for o caso de quesito em que houver estipulação de um número máximo de linhas ou de páginas para resposta, todo o cuidado será necessário também para **evitar** que o espaço ocupado pelo cabeçalho prejudique a redação dos demais excertos da sentença.*
>
> *A forma abaixo é um exemplo de como inserir o cabeçalho num caso em que o quesito está elaborado de um modo tal que o próprio enunciado deve ser tomado como relatório.*
>
> **AUTOS N. 012345-78.2019.8.05.0001**
> **PROCEDIMENTO COMUM**
> **PARTE AUTORA:** Eneopequê da Silva Esseteuvê
> **PARTE RÉ:** Abecedefegê Comercial Ltda.
>
> S E N T E N Ç A
>
> [RELATÓRIO]
> É o relatório. Passo a decidir.
> [...].
>
> *Lançando mão de um modelo como o acima exposto, o candidato tem a oportunidade de demonstrar que tem boas noções (i) a respeito da elaboração do **cabeçalho**, (ii) no que toca à indicação do **rótulo** do ato que está praticando e (iii) da disposição estética da peça.*

Os pronunciamentos do juiz em autos virtuais, quando redigidos diretamente no ambiente *interno* do sistema informatizado respectivo, já são automaticamente vinculados aos autos por meio do próprio sistema. Em razão disso, sob o prisma da simples verificação quanto a se o ato decisório é, efetivamente, relativo àqueles autos, seria *dispensável* a elaboração de um *cabeçalho*.

Capítulo IX ♦ Início da elaboração da sentença: inserção de dados preambulares

Entretanto, tendo em vista que o conjunto de informações alojado em um cabeçalho completo vai muito além da mera vinculação do ato a determinados autos, é de todo recomendável que o cabeçalho esteja presente mesmo no caso de atos decisórios praticados diretamente no ambiente *interno* do sistema informatizado. A recomendação se robustece se o caso for de ato decisório redigido em ambiente *externo* ao dos autos virtuais, para posterior inserção neles[1].

Ante tal constatação, o início do texto da decisão deve ser *antecedido* da inserção de dados básicos, voltados para a identificação do *número dos autos* e da *espécie de procedimento* em que o ato está sendo praticado, além da identificação dos *sujeitos interessados* no julgamento. Também é encontradiça a referência ao *órgão julgador* que está praticando o ato.

Como anotado, a presença, ou não, de um *cabeçalho* em nada influenciará os exames da validade e da eficácia do ato decisório. Sua inclusão, entretanto, tem a evidente *utilidade* de possibilitar que a identificação de importantes características do caso se dê mediante a consulta, de uma só vez, a um representativo conjunto de informações, concentrado num pequeno espaço[2].

A seguir, examinaremos cada um dos dados que, comumente, integram o cabeçalho. Para tanto, obedeceremos à sequência que é geralmente utilizada pelos magistrados.

> **NA PRÁTICA**
>
> • **ESTA É A SEQUÊNCIA MAIS COMUMENTE USADA PELOS MAGISTRADOS NA ELABORAÇÃO DOS CABEÇALHOS**
>
> 1º: IDENTIFICAÇÃO DO ÓRGÃO JULGADOR
> 2º: INDICAÇÃO DO NÚMERO DOS AUTOS
> 3º: INDICAÇÃO DA ESPÉCIE DE PROCEDIMENTO
> 4º: INDICAÇÃO DO NOME DA PARTE AUTORA
> 5º: INDICAÇÃO DO NOME DA PARTE RÉ
>
> • NA MEDIDA EM QUE TRATARMOS DE CADA UM DOS ITENS ACIMA, COM AS VARIAÇÕES MAIS COMUNS, APRESENTAREMOS A NOSSA SUGESTÃO A RESPEITO DE COMO DEVE SER FEITA, NA PRÁTICA, A INSERÇÃO DA INFORMAÇÃO.

---

[1] Referimo-nos à possibilidade de o ato decisório, depois de redigido por meio de um dos diversos *softwares* de edição de texto, a exemplo do *Microsoft Word*, do *OpenOffice* e do *Apple Pages*, dentre outros, ter o seu conteúdo copiado e inserido num arquivo do ambiente interno dos autos virtuais.

[2] Em geral, o cabeçalho está presente apenas no alto da primeira página da decisão. Entretanto, há magistrados que adotam a prática de encimar cada página com uma reprodução do cabeçalho existente na primeira página. Outros, ainda, em vez de repetir, em todas as folhas, a íntegra do cabeçalho, limitam-se a colocar o cabeçalho na primeira página, mantendo nas demais apenas a referência ao número dos autos. O julgador pode adotar, livremente, qualquer dessas práticas. E, se lançar mão dos amplos recursos gráficos que os *softwares* de edição de texto colocam à disposição, a opção que vier a ser feita não implicará acréscimo de carga de trabalho.

MANUAL DA SENTENÇA CÍVEL

2.1 Identificação do órgão julgador

Somente há sentido em fazer constar, no cabeçalho do texto de um ato decisório, a referência ao órgão julgador que está praticando o ato, se tal dado *não* for inserido, automaticamente, pelo sistema informatizado. Aqui, tendo em vista o foco desta obra, interessam-nos diretamente apenas os atos da lavra de juízos singulares.

Assim, havendo necessidade – e *apenas* se houver *necessidade* –, deve ser identificado, no cabeçalho, com precisão, o *juízo* que está praticando o ato decisório.

Com a inclusão de tal informação, possibilita-se a verificação imediata do juízo singular agente do ato, sem a necessidade de visita a outras folhas dos autos, de modo a que se possa concluir se o agente do ato coincide com o *juízo natural* da causa.

Ao se fazer tal identificação, deve-se estar atento para as normas de *organização judiciária*[3] que regem o órgão julgador, de modo a que se obedeça a uma ordem lógica.

E, como se trata de mera *inserção* de dados, sem natureza expositiva, dois caminhos são possíveis: tanto se pode partir da referência mais ampla, até chegar à individualização do próprio juízo singular (sequência decrescente), como se pode trilhar uma sequência inversa (sequência crescente).

As situações a seguir, que envolvem casos de decisões proferidas por juízos de Direito e por juízos federais, elucidarão eventuais dúvidas.

2.1.1 *Juízo de Direito*

Tratando-se de ato decisório praticado por um juízo de Direito de uma Comarca em que há mais de uma Vara, a identificação do órgão julgador pode atender à seguinte sequência exemplificativa: *Estado da Bahia – Poder Judiciário – Comarca de Salvador – 2ª Vara Cível*.

NA PRÁTICA

ESTADO DA BAHIA – PODER JUDICIÁRIO – COMARCA DE SALVADOR – 2ª VARA CÍVEL
2º: *INDICAÇÃO DO NÚMERO DOS AUTOS*
3º: *INDICAÇÃO DA ESPÉCIE DE PROCEDIMENTO*
4º: *INDICAÇÃO DO NOME DA PARTE AUTORA*
5º: *INDICAÇÃO DO NOME DA PARTE RÉ*

---

[3] Não é demais lembrar que cada Estado da federação tem competência legislativa para organizar o respectivo aparelho judiciário (CF, art. 125, *caput*). No âmbito da Justiça Federal, há um amplo campo para atuação administrativa dos Tribunais Regionais Federais, no que se refere à organização dos seus diversos órgãos julgadores, cabendo ao Conselho da Justiça Federal, que funciona junto ao Superior Tribunal de Justiça, exercer a supervisão administrativa, como órgão central do sistema (CF, art. 105, parágrafo único, II).

Capítulo IX ◆ Início da elaboração da sentença: inserção de dados preambulares

Se houver somente um juízo na Comarca, o roteiro fica reduzido: *Estado da Bahia – Poder Judiciário – Comarca de Amélia Rodrigues*.

> **NA PRÁTICA**
>
> **ESTADO DA BAHIA – PODER JUDICIÁRIO – COMARCA DE AMÉLIA RODRIGUES**
> *2º: INDICAÇÃO DO NÚMERO DOS AUTOS*
> *3º: INDICAÇÃO DA ESPÉCIE DE PROCEDIMENTO*
> *4º: INDICAÇÃO DO NOME DA PARTE AUTORA*
> *5º: INDICAÇÃO DO NOME DA PARTE RÉ*

Nos mesmos exemplos, se a preferência for por palmilhar o caminho inverso, as sequências serão as seguintes: *2ª Vara Cível da Comarca de Salvador, Estado da Bahia*; ou *Comarca de Amélia Rodrigues, Estado da Bahia*.

> **NA PRÁTICA**
>
> **2ª VARA CÍVEL DA COMARCA DE SALVADOR, ESTADO DA BAHIA**
> *2º: INDICAÇÃO DO NÚMERO DOS AUTOS*
> *3º: INDICAÇÃO DA ESPÉCIE DE PROCEDIMENTO*
> *4º: INDICAÇÃO DO NOME DA PARTE AUTORA*
> *5º: INDICAÇÃO DO NOME DA PARTE RÉ*
>
> **COMARCA DE AMÉLIA RODRIGUES, ESTADO DA BAHIA**
> *2º: INDICAÇÃO DO NÚMERO DOS AUTOS*
> *3º: INDICAÇÃO DA ESPÉCIE DE PROCEDIMENTO*
> *4º: INDICAÇÃO DO NOME DA PARTE AUTORA*
> *5º: INDICAÇÃO DO NOME DA PARTE RÉ*
>
> **OBSERVE-SE QUE, EM AMBOS OS EXEMPLOS EM QUE FOI EMPREGADA A ORDEM CRESCENTE, NÃO HOUVE REFERÊNCIA A "PODER JUDICIÁRIO". TAL SE DÁ EM RAZÃO DO FATO DE A REFERÊNCIA ANTERIOR A "COMARCA" JÁ PRESSUPOR TRATAR-SE DO PODER JUDICIÁRIO DE UMA DAS UNIDADES DA FEDERAÇÃO.**

2.1.2 *Juízo federal*

Se o ato decisório for praticado por um juiz federal, as normas de organização judiciária remetem, por óbvio, à alusão aos órgãos que integram a estrutura da Justiça Federal[4].

Destarte, num exemplo de uso da sequência decrescente, assim poderia ser identificado o órgão julgador, no caso de estar ele situado em uma Subseção Judiciária[5]: *Justiça Federal – Seção Judiciária da Bahia – Vara Única da Subseção Judiciária de Jequié.*

> **NA PRÁTICA**
>
> JUSTIÇA FEDERAL – SEÇÃO JUDICIÁRIA DA BAHIA – VARA ÚNICA DA SUBSEÇÃO JUDICIÁRIA DE JEQUIÉ
> 2º: *INDICAÇÃO DO NÚMERO DOS AUTOS*
> 3º: *INDICAÇÃO DA ESPÉCIE DE PROCEDIMENTO*
> 4º: *INDICAÇÃO DO NOME DA PARTE AUTORA*
> 5º: *INDICAÇÃO DO NOME DA PARTE RÉ*

Valendo-se do mesmo exemplo, seria a seguinte a sequência, se utilizada uma ordem crescente: *Vara Única da Subseção Judiciária de Jequié, Seção Judiciária da Bahia.*

---

[4] Tratando-se da Justiça Federal, é de se ter a cautela de verificar qual a sistemática utilizada pelo Tribunal Regional Federal respectivo, no que se refere à ordem numérica das varas de uma Seção Judiciária na qual existam Subseções. A maior parte dos Tribunais Regionais Federais adota o critério de numerar as varas de acordo com a sua localização. Assim, de um modo geral, as Subseções e as sedes das Seções Judiciárias alojam varas numeradas com base em sequências independentes, de modo que, assim como existem a 1ª e a 2ª Varas da sede da Seção Judiciária de Minas Gerais, existem também a 1ª e a 2ª Varas da Subseção Judiciária de Juiz de Fora, que integra a Seção Judiciária mineira. Outra forma de identificação das varas consiste em numerá-las de acordo com a ordem cronológica de instalação, independentemente da sua localização dentro da Seção Judiciária (se na capital do Estado ou em município distinto). Por isso, é possível encontrar, na Seção Judiciária do Ceará, por exemplo, a 14ª Vara situada em Fortaleza (que é a sede da Seção Judiciária), a 15ª Vara localizada no Município de Limoeiro do Norte, a 16ª e a 17ª Varas sediadas no Município de Juazeiro do Norte, a 18ª e a 19ª Varas sediadas no Município de Sobral e a 20ª Vara instalada em Fortaleza.

[5] Com a crescente interiorização da Justiça Federal, torna-se necessário que seja avivada a distinção entre a *sede* de uma *Seção Judiciária* e as *Subseções Judiciárias*. É que, nos termos do art. 110 da Constituição Federal, cada Estado, bem como o Distrito Federal, constitui uma *Seção Judiciária* que, no caso dos Estados, tem por *sede* a respectiva capital. Além disso, podem ser instaladas varas em municípios distintos daquele que corresponde à capital. Quando uma vara é instalada num município distinto da capital, surge uma *Subseção Judiciária*. Assim, uma *Seção Judiciária* é composta pela sua *sede* e pelas *Subseções Judiciárias*. Por óbvio, a competência territorial das varas localizadas na *sede* é distinta da competência territorial das varas situadas nas *Subseções*. Outrossim, comumente, as *Subseções Judiciárias* recebem a denominação do município no qual está localizado o fórum da Justiça Federal. Por isso, fala-se na *Subseção Judiciária de Jequié* (integrante da *Seção Judiciária* da Bahia) ou na *Subseção Judiciária de Blumenau* (que faz parte da *Seção Judiciária* de Santa Catarina). Na 2ª e na 3ª Regiões, os tribunais respectivos consideram as *sedes* das *Seções Judiciárias* como mais uma das *Subseções*. Assim, a *sede da Seção Judiciária do Rio de Janeiro* é designada como *Subseção da Capital*. Já na 3ª Região, o Tribunal Regional Federal optou por utilizar um critério de numeração ordinal, no qual, além de a *sede* da *Seção Judiciária* (a Capital do Estado de São Paulo) ser considerada, também, uma *Subseção*, é ela designada como *1ª Subseção Judiciária da Seção Judiciária de São Paulo*. Na sequência, apenas a título de exemplo, a *2ª*, a *3ª*, a *4ª* e a *5ª Subseções Judiciárias da Seção Judiciária de São Paulo* (que são as de numeração ordinal mais baixa dentre algumas dezenas de *Subseções* daquela *Seção*) estão abrigadas nos Municípios de Ribeirão Preto, São José dos Campos, Santos e Campinas, respectivamente.

Capítulo IX ♦ Início da elaboração da sentença: inserção de dados preambulares

> **NA PRÁTICA**
>
> **VARA ÚNICA DA SUBSEÇÃO JUDICIÁRIA DE JEQUIÉ, SEÇÃO JUDICIÁRIA DA BAHIA**
> *2º: INDICAÇÃO DO NÚMERO DOS AUTOS*
> *3º: INDICAÇÃO DA ESPÉCIE DE PROCEDIMENTO*
> *4º: INDICAÇÃO DO NOME DA PARTE AUTORA*
> *5º: INDICAÇÃO DO NOME DA PARTE RÉ*
>
> **ATENTE-SE PARA A CIRCUNSTÂNCIA DE QUE, NA ORDEM CRESCENTE, NÃO CONSTOU A EXPRESSÃO "JUSTIÇA FEDERAL". A EXCLUSÃO DECORRE DO FATO DE AS ALUSÕES A "SUBSEÇÃO JUDICIÁRIA" E A "SEÇÃO JUDICIÁRIA" JÁ SITUAREM, AUTOMATICAMENTE, O ÓRGÃO JULGADOR NO ÂMBITO DA ESTRUTURA DA JUSTIÇA FEDERAL (CF, ART. 110).**

Se a situação for de decisão proferida por um juízo federal localizado na *sede* de uma Seção Judiciária, a identificação do órgão julgador pode ser feita nos moldes dos seguintes exemplos: *Justiça Federal – Sede da Seção Judiciária da Bahia – 20ª Vara*; ou *20ª Vara da sede da Seção Judiciária da Bahia*[6].

> **NA PRÁTICA**
>
> **JUSTIÇA FEDERAL – SEDE DA SEÇÃO JUDICIÁRIA DA BAHIA – 20ª VARA**
> *2º: INDICAÇÃO DO NÚMERO DOS AUTOS*
> *3º: INDICAÇÃO DA ESPÉCIE DE PROCEDIMENTO*
> *4º: INDICAÇÃO DO NOME DA PARTE AUTORA*
> *5º: INDICAÇÃO DO NOME DA PARTE RÉ*
>
> **20ª VARA DA SEDE DA SEÇÃO JUDICIÁRIA DA BAHIA**
> *2º: INDICAÇÃO DO NÚMERO DOS AUTOS*
> *3º: INDICAÇÃO DA ESPÉCIE DE PROCEDIMENTO*
> *4º: INDICAÇÃO DO NOME DA PARTE AUTORA*
> *5º: INDICAÇÃO DO NOME DA PARTE RÉ*
>
> **OBSERVE-SE, MAIS UMA VEZ, QUE, NA ORDEM CRESCENTE, NÃO CONSTOU A EXPRESSÃO "JUSTIÇA FEDERAL". A EXCLUSÃO DECORRE DO FATO DE A ALUSÃO A "SEÇÃO JUDICIÁRIA" JÁ SITUAR, AUTOMATICAMENTE, O ÓRGÃO JULGADOR NO ÂMBITO DA ESTRUTURA DA JUSTIÇA FEDERAL (CF, ART. 110).**

---

[6] É importante lembrar o tratamento dado à numeração das varas pelo Tribunal Regional Federal da 5ª Região, que, como registrado em nota de rodapé anterior, preferiu levar em consideração apenas a ordem cronológica de instalação, independentemente da localização da vara dentro da Seção Judiciária (se localizada na capital ou em outro município). No caso da 5ª Região, a referência, por exemplo, à 2ª Vara da Seção Judiciária do Ceará é suficiente para a individualização do órgão julgador, ante a *impossibilidade* de existir, na estrutura daquela Seção Judiciária, outra vara identificada pelo mesmo número ordinal.

2.1.3 Inserção do nome do magistrado

> **DEVO INSERIR O NOME DO MAGISTRADO NO CABEÇALHO?**

No cabeçalho, não se pode confundir a identificação do *órgão julgador*, que é o *juízo* singular que está praticando o ato decisório, com a referência, ainda no cabeçalho, ao *nome do juiz*, que é a pessoa natural que, naquele momento, integra o órgão julgador e que, uma vez praticado o ato, nele aporá, ao final, a sua assinatura, eletrônica[7] ou física.

É que todos os atos judiciais são atos do Estado-juiz. Assim, por mais que as características pessoais de cada magistrado influenciem na condução do processo e no julgamento da causa, os atos judiciais têm como agente, sempre, o Estado-juiz, materializado na pessoa natural que ocupa o cargo de magistrado.

Nessa linha, vale lembrar a razão da existência das vestes talares, cujo uso, tanto pelos magistrados como pelos advogados, membros do Ministério Público e auxiliares da justiça, tem por objetivo exatamente promover a despersonalização dos atos praticados. Com o uso da toga, a pessoa natural do magistrado cede espaço para a figura do agente político do Poder Judiciário[8].

Por isso, tratando-se de ato judicial sob a forma escrita, é, a rigor, *desnecessária* a referência, no cabeçalho ou em timbres, ao nome do magistrado, uma vez que já é suficiente a presença, ao final, da sua assinatura, eletrônica ou física.

Todavia, se o magistrado, ainda assim, *quiser* inserir o seu nome no cabeçalho, pode fazê-lo. Deverá, entretanto, adotar a cautela de lançar mão de uma forma redacional que demonstre que se trata de um mero *fragmento* informativo. O uso de dois-pontos (sinal de pontuação) entre o nome oficial do cargo e o nome do magistrado auxilia na consecução deste objetivo (por exemplo, *Juiz de Direito: Elevedeó de Assis Kaerregê*).

---

[7] De acordo com o art. 1º, § 2º, III, da Lei n. 11.419, de 19 de dezembro de 2006, que dispõe sobre a informatização do processo judicial, *assinatura eletrônica*, nos autos virtuais, é o meio de identificação inequívoca do signatário e pode se dar sob a forma de *assinatura digital*, baseada em certificado digital emitido por autoridade certificadora credenciada, nos termos da lei específica, ou mediante *cadastro de usuário* no Poder Judiciário, conforme disciplinado pelos órgãos respectivos. De sua vez, a Medida Provisória n. 2.200-2, de 24 de agosto de 2001 (que ainda está em vigor, em razão do disposto no art. 2º da Emenda Constitucional n. 32, de 11 de setembro de 2001), institui e disciplina a Infraestrutura de Chaves Públicas Brasileira – ICP-Brasil.

[8] Um exemplo emblemático da utilização de paramentos com o propósito de promover a despersonalização é o uso, pelos juízes ingleses, da conhecida cabeleira postiça branca.

Capítulo IX ♦ Início da elaboração da sentença: inserção de dados preambulares

Demais disso, como tal fragmento jamais poderá substituir a identificação do juízo singular que está praticando o ato, a sua inserção somente pode ser feita *depois* que o *juízo* estiver identificado.

NA PRÁTICA

2ª VARA CÍVEL DA COMARCA DE BLUMENAU, ESTADO DE SANTA CATARINA
JUIZ DE DIREITO: Elevedeó de Assis Kaerregê
2º: *INDICAÇÃO DO NÚMERO DOS AUTOS*
3º: *INDICAÇÃO DA ESPÉCIE DE PROCEDIMENTO*
4º: *INDICAÇÃO DO NOME DA PARTE AUTORA*
5º: *INDICAÇÃO DO NOME DA PARTE RÉ*

OBSERVE-SE QUE A EVENTUAL RETIRADA DOS DOIS-PONTOS ("JUIZ DE DIREITO ELEVEDEÓ DE ASSIS KAERREGÊ") OU A INVERSÃO DAS REFERÊNCIAS (ELEVEDEÓ DE ASSIS KAERREGÊ – JUIZ DE DIREITO) RESULTARIA NA INDESEJADA PERSONALIZAÇÃO DO ATO.

No exercício das nossas atividades judicantes, *não* procedemos à inserção dos nossos nomes nos cabeçalhos dos atos que praticamos, por considerá-la *desnecessária*. Por isso, nos passos seguintes da estruturação do cabeçalho, optamos pelo modelo no qual *não* há a inserção do nome do magistrado.

NO CONCURSO PÚBLICO

Como é do conhecimento geral, numa prova de **concurso público**, o candidato *não deve inserir qualquer dado que permita a identificação da sua prova.*

Por óbvio, no caso de a resposta a um quesito implicar a elaboração de uma decisão judicial, em especial uma sentença, a eventual inserção, no cabeçalho, do nome do magistrado, **mesmo que se trate de um nome fictício**, pode ser interpretada como uma **tentativa de identificação**.

Assim, **tratando-se de uma prova de concurso público**, seja porque a indicação do nome do magistrado no cabeçalho é, como visto, um dado dispensável, seja porque a inserção de tal dado pode gerar o grave efeito da exclusão do candidato do certame, **não recomendamos – em nenhuma hipótese – a adoção de tal prática**.

Esse mesmo cuidado deve ser tomado, **também**, no caso de a resposta ao quesito implicar a produção de um ato judicial em que seria aposta, no trecho final, a **assinatura física do juiz**. Nessa situação, é de todo recomendável que o candidato faça constar, no espaço respectivo, que seria destinado à assinatura do agente do ato judicial, **apenas vocábulos ou locuções genéricos**, a exemplo de *"assinatura"*, *"assinatura do magistrado"*, *"assinatura do julgador"*, *"assinatura do Juiz de Direito Substituto"*, *"assinatura do Juiz de Direito"*, *"assinatura do Juiz Federal Substituto"* e *"assinatura do Juiz Federal"*.

2.2 Indicação do número dos autos

Como é cediço, a formação de *autos* é acompanhada da atribuição de um número de registro junto ao sistema informatizado[9].

Por meio da Resolução n. 65, de 16 de dezembro de 2008 (e seus anexos I a VII), o Conselho Nacional de Justiça (CNJ) uniformizou o sistema de numeração de autos em todo o Poder Judiciário. Para tanto, foi utilizada a estrutura *NNNNNNN-DD.AAAA.J.TR.0000*, composta por seis campos obrigatórios (*N-D-A-J-TR-0*), em que cada campo tem a sua função.

Nessa linha, o simples exame do número de registro dos autos no sistema informatizado permite saber, por exemplo, o ano em que o processo foi iniciado (campo *AAAA*) e o órgão ou o segmento do Poder Judiciário junto ao qual o processo tramita (campo *J*: *1* – STF; *2* – CNJ; *3* – STJ; *4* – Justiça Federal; *5* – Justiça do Trabalho; *6* – Justiça Eleitoral; *7* – Justiça Militar da União; *8* – Justiça dos Estados e do Distrito Federal e Territórios; e *9* – Justiça Militar Estadual)[10].

Portanto, por meio do número dos *autos*, obtém-se, de imediato, um significativo conjunto de informações.

Tratando-se de pronunciamento judicial em autos virtuais, redigido diretamente no ambiente *interno* do sistema informatizado respectivo, há automática inclusão do número dos autos pelo próprio sistema. Diante disso, é *desnecessário* – e, por isso mesmo, inadequado, à luz da aplicação do princípio da *eficiência* – que no interior do cabeçalho seja repetido o número de registro dos autos.

Porém, se o caso for de ato decisório redigido em ambiente *externo* ao dos autos, para posterior inclusão neles, a indicação do número dos autos no cabe-

---

[9] Na época em que era utilizado, para registro dos autos, o sistema de livros impressos, tal registro era feito no chamado *"livro tombo"*. Daí decorre o uso, na praxe forense, de expressões como "autos *tombados* nesse juízo", para indicar que determinados autos estão vinculados a certo juízo.

[10] Observada a estrutura *NNNNNNN-DD.AAAA.J.TR.0000*, são as seguintes as funções dos campos: (***a***) – *NNNNNNN*, campo com sete dígitos, identifica o número sequencial do processo por unidade de origem (a unidade de origem corresponde ao campo *OOOO*, cuja função está identificada a seguir). Trata-se de numeração que é reiniciada a cada ano; (***b***) – *DD*, com dois dígitos, é o campo que identifica o dígito verificador do campo *NNNNNNN*; (***c***) – *AAAA*, campo com quatro dígitos, identifica o ano em que o processo foi iniciado; (***d***) – campo *J*, com um dígito, identifica o órgão ou segmento do Poder Judiciário (*1* – STF, *2* – CNJ, *3* – STJ, *4* – Justiça Federal, *5* – Justiça do Trabalho, *6* – Justiça Eleitoral, *7* – Justiça Militar da União, *8* – Justiça dos Estados e do Distrito Federal e Territórios e *9* – Justiça Militar Estadual); (***e***) – *TR*, com dois dígitos, é o campo que identifica o tribunal do respectivo segmento do Poder Judiciário e, na Justiça Militar da União, a Circunscrição Judiciária. Assim, por exemplo, nos processos da Justiça Federal, os Tribunais Regionais Federais são identificados no campo *TR* pelo número correspondente ao da Região respectiva (*01* – TRF da Primeira Região, *02* – TRF da Segunda Região e assim sucessivamente). Tratando-se de processo do Poder Judiciário dos Estados e do Distrito Federal e Territórios, os Tribunais de Justiça são identificados no campo *TR* pelos números 01 a 27, observando-se os Estados da Federação e o Distrito Federal, em ordem alfabética; e (***f***) – *0000*, campo com quatro dígitos, identifica a unidade de origem do processo, observadas as estruturas administrativas dos segmentos do Poder Judiciário.

Capítulo IX ♦ Início da elaboração da sentença: inserção de dados preambulares

çalho ganha importância, como forma de possibilitar a verificação quanto a se, de fato, o ato decisório inserido é relativo àqueles *autos*.

2.2.1 Distinção entre número do processo e número dos autos

Na praxe forense, é usual a alusão genérica a *número do processo*, em vez de *número dos autos*.

A verdade, porém, é que, tecnicamente, *autos* e *processo* não se confundem.

Os *autos* são a exteriorização do conjunto dos atos praticados no *processo*, e é frequente o surgimento, em um só *processo*, de incidentes que resultam na formação de *autos* apartados, *sem* que um novo *processo* tenha surgido.

É o que se dá, por exemplo, com o incidente originado do não reconhecimento, pelo juiz, da ocorrência de impedimento ou de suspeição alegada por qualquer das partes (CPC, art. 146, § 1º), bem como com o incidente fruto da alegação de impedimento ou de suspeição de auxiliares da justiça (CPC, art. 148, § 2º)[11]. Em tais casos, os novos *autos* formados também recebem numeração, e, por óbvio, o número atribuído não corresponde ao número de um novo *processo*, mas ao número dos *autos* de um mero incidente surgido em um *processo* preexistente. Em casos assim, bem se vê que, se a intenção for a de se referir aos autos do incidente, é equivocado aludir-se a *número do processo*.

Por tudo isso, muitos equívocos serão evitados se, no cabeçalho de qualquer ato decisório, em vez de haver referência a "*número do processo*", seja utilizada uma locução de sentido mais amplo: "*número dos autos*"[12].

---

[11] Nesse ponto, é importante lembrar que há casos de surgimento de *incidente processual* e casos de instauração de *processo incidental*. Ao lado das situações a que se referem os arts. 146, § 1º, e 148, § 2º, os arts. 509, § 1º, 512, 531, § 1º, 553, *caput*, 623, parágrafo único, 642, § 1º, e 702, § 7º, todos do CPC, também retratam situações de surgimento de novos *autos*, sem que um novo *processo* tenha nascido. São casos de ocorrência de *incidentes processuais*. Se, todavia, os novos *autos* materializarem o nascimento de novo *processo*, instaurado em razão de processo já existente, terá surgido um *processo incidental*. É o que se dá, por exemplo, com os embargos à execução fundada em título extrajudicial (CPC, art. 914, § 1º), com os embargos de terceiro (CPC, art. 676, *caput*) e com a oposição (CPC, art. 685, *caput*).

[12] Frequentemente, encontra-se o substantivo *número* abreviado por meio da letra *n* seguida da letra *o* à direita e ao alto (*nº*). Essa prática, apesar de extremamente comum, *não* é unanimemente aceita por estudiosos da língua portuguesa. Argumenta-se que a colocação da letra *o* à direita e ao alto somente deve ocorrer após um número (1º, 2º, 3º...), de modo a indicar o ordinal a ele correspondente (1º: primeiro; 2º: segundo; 3º: terceiro...), e não após uma letra. Já no que se refere à letra *a*, seriam duas as hipóteses de ela ser colocada à direita e ao alto. Ela pode estar à direita e ao alto de um número (1ª, 2ª, 3ª...), indicando o ordinal a ele correspondente no feminino (1ª: primeira; 2ª: segunda; 3ª: terceira...), ou à direita e ao alto de certas abreviaturas, indicando, com isso, a forma feminina respectiva (*prof.*: professor; *profª*: professora). Por isso, há estudiosos da língua portuguesa que recomendam que, ao se abreviar o substantivo *número*, deve-se usar simplesmente a letra *n* seguida de um ponto (*n.*), em vez da forma *nº*. A opção feita nesta obra foi a de abreviar o substantivo número por meio da forma "*n.*".

2.2.2 Diferença entre formação de novos autos e abertura de novo volume de autos

Não se pode confundir uma situação de abertura de um novo *volume* dos mesmos *autos* com a formação de novos *autos*.

É que, se os *autos* de um processo ou de um incidente processual ultrapassarem um número de folhas que dificulte a sua visualização ou o seu manuseio, deve ser aberto um novo volume daqueles mesmos *autos*.

O novo volume será identificado, obviamente, pelo *mesmo* número que identifica o primeiro volume, e as suas folhas serão numeradas dando *seguimento* à numeração das folhas do volume anterior.

Num caso desse, pois, não ocorre a formação de novos *autos*, mas a simples abertura de um novo *volume* dos *autos* que já existem.

2.2.3 Local, no ato decisório, da indicação do número dos autos

Tratando-se de ato decisório redigido em ambiente *externo* ao dos autos, para posterior inserção neles, a referência ao *número dos autos* deve constar no cabeçalho que encima a primeira página do ato decisório.

Ao lado disso, a menos que se trate de pronunciamento judicial em autos eletrônicos, redigido diretamente no ambiente *interno* do sistema informatizado respectivo (caso em que há automática inserção do número dos autos pelo próprio sistema), é de todo salutar que se faça constar o *número dos autos* (sem os demais dados mencionados no cabeçalho) também na parte mais alta ou mais baixa de cada uma das demais páginas da decisão[13].

NA PRÁTICA

OBSERVE-SE QUE OS CAMPOS "J" E "TR" ESTÃO PREENCHIDOS COM OS NÚMEROS "8" E "12". O NÚMERO "8" INDICA QUE SE TRATA DE PROCESSO EM CURSO POR PODER JUDICIÁRIO DE UM DOS ESTADOS DA FEDERAÇÃO OU DO DISTRITO FEDERAL. JÁ O NÚMERO "12" INDIVIDUALIZA O TRIBUNAL A QUE ESTÁ VINCULADO O ÓRGÃO JULGADOR: NO CASO, O TRIBUNAL DE JUSTIÇA DO ESTADO DE MATO GROSSO DO SUL

2ª VARA CÍVEL DE COMPETÊNCIA RESIDUAL DA COMARCA DE CAMPO GRANDE
ESTADO DE MATO GROSSO DO SUL
AUTOS N. 012345-67.2018.8.12.0001
3º: INDICAÇÃO DA ESPÉCIE DE PROCEDIMENTO
4º: INDICAÇÃO DO NOME DA PARTE AUTORA
5º: INDICAÇÃO DO NOME DA PARTE RÉ

---

[13] Como já registrado anteriormente, o juiz pode optar pela prática que mais lhe agradar, pois tem à sua disposição os recursos gráficos dos *softwares* de edição de texto, que permitem que a opção feita não implique acréscimo de carga de trabalho.

Capítulo IX ◆ Início da elaboração da sentença: inserção de dados preambulares

> 5ª VARA DA SEDE DA SEÇÃO JUDICIÁRIA DE MINAS GERAIS
> AUTOS N. 012345-67.2018.4.01.3800
> *3º: INDICAÇÃO DA ESPÉCIE DE PROCEDIMENTO*
> *4º: INDICAÇÃO DO NOME DA PARTE AUTORA*
> *5º: INDICAÇÃO DO NOME DA PARTE RÉ*
>
> OBSERVE-SE QUE OS CAMPOS "J" E "TR" ESTÃO PREENCHIDOS COM OS NÚMEROS "4" E "01". O NÚMERO "4" INDICA QUE SE TRATA DE PROCESSO EM CURSO PELA JUSTIÇA FEDERAL, ENQUANTO O NÚMERO "01" INDIVIDUALIZA O TRIBUNAL A QUE ESTÁ VINCULADO O ÓRGÃO JULGADOR: NO CASO, O TRIBUNAL REGIONAL FEDERAL DA 1ª REGIÃO (TRF1).

2.3 Indicação do tipo de procedimento no qual o ato decisório está sendo praticado

Independentemente da espécie do ato decisório, ao se fazer constar, no cabeçalho, a indicação do tipo de procedimento no qual ele está sendo praticado, uma importante informação é fornecida.

Há, porém, alguns aspectos que precisam ser esclarecidos relativamente à indicação do tipo de procedimento.

2.3.1 *Uso do termo "ação" na acepção de "procedimento"*

Nesse ponto, entra em cena a praxe forense.

É que é extremamente comum que, por ocasião da propositura de uma demanda, a parte autora faça constar, na petição inicial, o rótulo que ela entende que deve ser dado ao ato que está praticando.

Por vezes, a rotulação acompanha a dicção legal, tal como se dá com os casos em que a parte autora, ao lançar mão de procedimentos especiais, afirma estar propondo, por exemplo, uma *ação de consignação em pagamento* (CPC, arts. 539 a 549), ou uma *ação monitória* (CPC, arts. 700 a 702), ou uma *ação possessória* (CPC, arts. 554 a 568), ou uma *ação de despejo* (Lei n. 8.245, de 18 de outubro de 1991, arts. 59 a 66). Nesses casos, o substantivo *"ação"* está empregado no sentido de *procedimento*[14].

Em outras situações, a demanda proposta será submetida ao *procedimento comum* (CPC, arts. 318 a 512). Nesse cenário, é bastante frequente que a parte autora *crie* um rótulo por meio do qual ela resulta fazendo um verdadeiro resumo do pedido ao final formulado. A referência, frequentemente utilizada, à

---

[14] Observe-se que, apesar de haver referência a "ação" nos rótulos dados a diversos Capítulos do Título III do Livro I da Parte Especial do CPC, na denominação do aludido Livro I foi utilizada corretamente a expressão *procedimentos especiais*.

propositura de uma *"ação de revisão de contrato cumulada com repetição de indébito"* é um bom exemplo.

Situações como essas – sejam as decorrentes do próprio texto legal, sejam as que são fruto da criatividade da parte autora – não revelam o uso da melhor técnica processual.

São elas, em verdade, reflexo, no âmbito do Direito Processual Civil, do fenômeno linguístico consistente na alteração do sentido das palavras, em razão do reiterado uso em situações diferentes daquela para a qual o vocábulo originalmente se destina.

Reconhece-se que a língua de um povo é uma instituição viva e em constante evolução, em que novos termos surgem, outros se tornam antiquados e outros, ainda, adquirem novos sentidos ou, até, mudam de sentido. Trata-se de um fenômeno inevitável.

Nessa linha, o termo *"ação"*, ao longo do tempo, vem sendo utilizado, indistintamente, (*i*) para designar o próprio direito fundamental à obtenção de uma tutela jurisdicional adequada, efetiva e tempestiva[15] (*"José exercitou o direito de ação"*), (*ii*) como sinônimo de *demanda* (*"José propôs uma ação contra João"*), (*iii*) na acepção de *pedido* (*"o juiz julgou procedente a ação"*) e (*iv*) no sentido de procedimento (*"ação de consignação em pagamento"*).

Não é possível esquecer, porém, que a atuação na área jurídica exige *técnica* adequada, e, no ambiente *técnico*, deve-se, tanto quanto possível, *proteger* o sentido das palavras.

Uma das formas de *proteção* consiste em, tanto quanto possível, evitar atribuir a um só vocábulo significados diversos. O abandono dessa forma de proteção resulta por impor que o sentido no qual a palavra está sendo empregada somente se torne perceptível se houver um cotejo com o contexto em que o emprego se deu.

Por isso, excetuadas as amplas possibilidades de uso fora do ambiente processual, o vocábulo *"ação"* deve ser reservado, na medida do possível, apenas para integrar a expressão que designa o direito fundamental à obtenção de uma tutela jurisdicional adequada, efetiva e tempestiva (*direito de ação*). Os usos nos sentidos de *demanda*, de *pedido* e de *procedimento* devem, sempre na medida do possível, ser evitados.

Assim, se no texto legal houver alusão especificamente a um procedimento, atribuindo-lhe um rótulo mediante o uso do vocábulo *"ação"*, cabe ao operador do Direito atento desconsiderar o deslize cometido por ocasião da elaboração da lei e, em tais casos, referir-se, por exemplo, ao *procedimento de consignação em pagamento*, ao *procedimento monitório*, aos *procedimentos possessórios*, ao *procedimento de despejo* etc.

---

[15] DIDIER JR., Fredie. *Curso de direito processual civil*. 20. ed. Salvador: JusPodivm, 2018, v. 1, p. 219.

Capítulo IX ♦ Início da elaboração da sentença: inserção de dados preambulares

Há situações, porém, em que o uso de certos rótulos com a inclusão do vocábulo *"ação"* já está de tal maneira arraigado que o seu ajuste técnico já não se torna mais recomendável. É o que se dá com expressões como *"ação civil pública"* e *"ação popular"*.

Na hipótese de tratar-se de um caso submetido ao *procedimento comum* ou ao *procedimento sumariíssimo* (aquele que tem curso junto aos Juizados Especiais Cíveis), é descabido o uso das denominações habitualmente criadas pela parte autora das inúmeras demandas que diariamente são propostas. Nesses casos, independentemente do rótulo dado, o procedimento em que está sendo praticado o ato decisório é, simplesmente, um *procedimento comum* ou um *procedimento sumariíssimo*.

2.3.2 Indicação, pela parte autora, de um procedimento em vez de outro

Não é raro que a parte autora cometa equívocos, na *petição inicial*, ao fazer a indicação de determinado procedimento, quando, em verdade, a demanda por ela proposta está submetida a outro tipo de procedimento.

Se a parte autora erra, o erro, seja ele qual for, não pode contaminar o juízo singular por ocasião da inserção dos dados no *cabeçalho* do ato decisório.

Assim, o procedimento a ser indicado no *cabeçalho* é aquele a que, de fato, está submetido o processamento da demanda proposta, independentemente da referência errônea que tenha sido feita pela parte autora.

Por óbvio, a existência de equívoco na indicação do procedimento *deverá* ser objeto de referência no corpo da decisão.

2.3.3 Existência de normas administrativas que designam o procedimento de modo inadequado

O juízo singular pode estar vinculado a normas administrativas que, ao designar o procedimento, empregam expressões contidas em sistemas classificatórios produzidos pela administração do tribunal respectivo ou por órgãos como o Conselho Nacional de Justiça. Em razão de tais normas, cada processo está incluído em determinada *classe* ou *subclasse*, por exemplo.

Nesses casos, entre os objetivos da administração do Poder Judiciário está o de utilizar tais informações para o fim de obter, com facilidade, por meio de sistemas informatizados, dados reputados úteis, tais como o número de processos da *classe "mandado de segurança"* que se encontra em tramitação em determinada vara, em certa comarca, ou mesmo no tribunal. Nessa linha, pode-se dizer que são infinitas as utilidades, para a administração do Poder Judiciário – e, portanto, para toda a sociedade –, do uso de sistemas classificatórios.

Todavia, também em tais situações, nem sempre as expressões eleitas são as mais recomendáveis tecnicamente. As impropriedades mais comuns vão desde a utilização de rótulos claramente inadequados para certos procedimentos até o uso reiterado, apesar de evitável, do vocábulo *"ação"* na acepção de *procedimento*.

Se a situação for esta, cabe ao magistrado avaliar as consequências administrativas do uso ou não do rótulo equivocado no *cabeçalho*.

Quanto a isso, vale lembrar que, independentemente do conteúdo do *cabeçalho*, o processo *já* se encontra registrado no sistema informatizado e está incluído em determinada *classe* ou *subclasse*, administrativamente instituída. Assim, o fato de o *cabeçalho*, elaborado em harmonia com a boa técnica processual, identificar o procedimento de modo distinto daquele que a administração do Poder Judiciário criou *não* tem potencial para gerar reflexos no cômputo de dados estatísticos.

NO CONCURSO PÚBLICO

*Numa prova de concurso público para provimento de cargos de juiz, em que a tarefa consista na elaboração de uma sentença, o **recomendável** é que o candidato utilize, na medida do possível, para designar o procedimento, o **mesmo rótulo que houver sido utilizado, no enunciado do quesito, como sendo o rótulo correto**.*

*Assim, se o caso posto para exame decorrer, segundo o próprio enunciado do quesito, da propositura, por exemplo, de uma "ação de consignação em pagamento", ou de uma "ação monitória", ou de uma "ação possessória", ou de uma "ação de despejo", **não é recomendável que se altere o rótulo** que o elaborador da questão elegeu.*

*É muito importante que o candidato tenha a percepção de que, **por vezes**, o examinador **não** é dotado de conhecimento num grau de profundidade tal que lhe permita alcançar o apuro técnico no uso dos vocábulos tipicamente processuais.*

*E **não há** qualquer demérito na afirmação que fizemos.*

*É perfeitamente **compreensível** que o examinador de um concurso público, na esfera jurídica – tal como ocorre com **qualquer** estudioso, de **qualquer** campo do conhecimento humano –, dedique-se a uma específica área, na qual concentre o seu interesse e os seus estudos, e que, quanto a outros ramos do Direito, o seu nível de conhecimento esteja num patamar médio.*

*Um desses **outros** ramos do Direito pode ser exatamente o Direito Processual Civil. Sucede que o Direito Processual, mormente o Direito Processual Civil, ocupa um terreno que, com frequência, é obrigatoriamente visitado pelos diversos profissionais da área jurídica, o que torna **inevitável** que mesmo aqueles que se dedicam a estudos em outros campos tenham de lidar com institutos que são próprios desse específico ramo do Direito.*

Capítulo IX ◆ Início da elaboração da sentença: inserção de dados preambulares

> **NA PRÁTICA**
>
> 2ª VARA CÍVEL DA COMARCA DE SALVADOR, ESTADO DA BAHIA
> AUTOS N. 012345-67.2018.8.05.0001
> PROCEDIMENTO DE DISSOLUÇÃO PARCIAL DE SOCIEDADE
> 4º: *INDICAÇÃO DO NOME DA PARTE AUTORA*
> 5º: *INDICAÇÃO DO NOME DA PARTE RÉ*
>
> 20ª VARA DA SEDE DA SEÇÃO JUDICIÁRIA DA BAHIA
> AUTOS N. 012345-67.2018.4.01.3300
> PROCEDIMENTO COMUM
> 4º: *INDICAÇÃO DO NOME DA PARTE AUTORA*
> 5º: *INDICAÇÃO DO NOME DA PARTE RÉ*

2.4 Indicação dos nomes dos principais sujeitos interessados

Ao se incluir no cabeçalho de uma sentença as referências à *parte autora* e à *parte ré*, permite-se que o leitor da peça decisória possa verificar, de imediato, de forma simples e rápida, quem são, em tese, os sujeitos mais *diretamente* interessados no julgamento da causa.

No capítulo em que cuidamos das formas de aludir aos diversos sujeitos do processo, ao tratarmos das *partes processuais principais* da demanda originária, chamamos a atenção para o fato de que, a rigor, quem quer que atue com *parcialidade* no processo, sem isenção, praticando atos em favor de outro sujeito ou de si mesmo, pode ser considerado *parte processual*.

Nesse contexto, incluem-se a *parte autora* e a *parte ré*, que são as *partes processuais principais*, o *assistente simples* de uma das partes, que é *parte processual auxiliar*, e, até, sujeitos cuja atuação no processo se caracteriza, originariamente, pela isenção, mas que podem assumir a posição de *parte incidental*, como se dá com o juiz, o membro do Ministério Público ou o auxiliar da justiça por ocasião do processamento de uma alegação de suspeição ou de impedimento, em que aquele a quem é imputada a qualidade de suspeito ou de impedido nega tal qualidade.

Também registramos, no mesmo capítulo, (*i*) que o sujeito que propõe uma demanda, qualquer que seja ele, é dela, demanda, o *autor*, e (*ii*) que é comum ocorrer, no curso do procedimento, a propositura de demandas incidentais. Assim, por exemplo, havendo *reconvenção* (CPC, art. 343), o *réu* da demanda originária é *autor* da demanda reconvencional. Do mesmo modo, ocorrendo denunciação da lide feita pela parte ré (CPC, art. 128), o *réu* que denuncia a existência da lide é *autor* da litisdenunciação.

Esse quadro geral resulta por exigir que sejam utilizadas convenções adequadas, de modo a facilitar a comunicação, evitando-se, com isso, dificuldades para identificar qual dos sujeitos do processo está sendo mencionado.

Em razão disso, as locuções *parte autora* e *parte ré* ficam comumente reservadas para designar as *partes processuais principais da demanda originária*, ao passo que, tratando-se, por exemplo, de reconvenção, fala-se em *reconvinte* e *reconvindo* e, no caso da denunciação da lide, em *denunciante* e *denunciado* (ou *litisdenunciante* e *litisdenunciado*).

Também ficou certo que os mesmos sujeitos para os quais deve ser destinado o uso das expressões *parte autora* e *parte ré* podem também ser designados simplesmente como *autor/réu*, ou *demandante/demandado*.

No cabeçalho, a preferência pela utilização das locuções *parte autora* e *parte ré* é significativamente facilitadora, já que liberta o magistrado da necessidade de flexionar quanto ao gênero e quanto ao número (*autor/autora/autores/autoras, demandante/demandantes, réu/ré/réus/rés, demandado/demandada/demandados/demandadas*).

Por tudo isso, a indicação dos nomes das partes no cabeçalho, num caso em que há somente um *autor*, um *réu* e apenas a demanda originalmente proposta, é sobremaneira simples.

> **NA PRÁTICA**
>
> 2ª VARA CÍVEL DE COMPETÊNCIA RESIDUAL DA COMARCA DE CAMPO GRANDE
> ESTADO DE MATO GROSSO DO SUL
> AUTOS N. 012345-67.2018.8.12.0001
> PROCEDIMENTO COMUM
> PARTE AUTORA: *Eneopequê da Silva Esseteuvê*
> PARTE RÉ: *Abecedefegê Comercial Ltda.*

2.4.1 Existência de litisconsórcio

> **?** HAVENDO LITISCONSÓRCIO, PRECISO INSERIR NO CABEÇALHO OS NOMES DE TODOS OS LITISCONSORTES?

Já registramos, no capítulo referente às formas de aludir aos diversos sujeitos do processo, que a circunstância de haver, quanto a uma específica demanda, mais de um autor e/ou mais de um réu (litisconsórcios ativo e passivo, respectivamente) *não* implica multiplicidade dos polos da demanda.

Capítulo IX ♦ Início da elaboração da sentença: inserção de dados preambulares

Com efeito, mesmo que sejam vários os autores, há, em *cada* demanda, somente uma *parte autora* e, mesmo que sejam vários os réus, a *parte ré* é uma só.

Por isso, tratando-se de apenas *uma* demanda, é absolutamente impróprio falar em *"partes autoras"* e *"partes rés"*, razão pela qual o cabeçalho, nesse ponto, não sofre alterações: independentemente da existência de litisconsórcio, nele constarão as expressões *parte autora* e *parte ré*.

Ao lado disso, não se pode confundir a indicação dos *nomes das partes*, contida no *cabeçalho*, com a indicação dos *nomes das partes* que o legislador exige que conste no *relatório* da decisão judicial (CPC, art. 489, *caput*, I).

E é exatamente em razão de a inclusão dos nomes das partes, no *cabeçalho*, não resultar de imposição legal que não está ela atrelada às mesmas exigências impostas para a elaboração do *relatório*.

Assim, diferentemente do que se dá com o *relatório*, se houver litisconsórcio, *não* há necessidade de fazer constar no cabeçalho os *nomes* de *todos* os litisconsortes. É bastante que se aluda ao *nome* da pessoa que encabeça a lista de *autores* ou de *réus*, acrescentando-se, na sequência, a expressão *"e outro"* ou suas variações: *"e outros"*, *"e outra"* ou *"e outras"*.

NA PRÁTICA

2ª VARA CÍVEL DA COMARCA DE SALVADOR, ESTADO DA BAHIA
AUTOS N. 012345-78.2018.8.05.0001
PROCEDIMENTO COMUM
PARTE AUTORA: *Eneopequê da Silva Esseteuvê e outros*
PARTE RÉ: *Abecedefegê Comercial Ltda. e outro*

2.4.2 *Alteração ou ampliação subjetiva do processo em razão de alegação da parte ré*

De acordo com o conjunto normativo extraível dos textos dos arts. 338 e 339 do CPC, é dado à parte ré alegar, na contestação, que não é parte legítima ou que não é a responsável pelo prejuízo a que alude a parte autora. Nesse caso, desde que tenha conhecimento, a parte ré deverá indicar o efetivo sujeito passivo da relação jurídica discutida.

De sua vez, cabe à parte autora, no prazo de quinze dias, adotar uma das três condutas seguintes: (*a*) não aceitar a alegação da parte ré; (*b*) aceitar a alegação da parte ré e alterar a petição inicial, para o fim de reconhecer o equívoco, indicando o sujeito que deverá ocupar o lugar do réu primitivo; ou (*c*) ampliar a composição do polo passivo da demanda, mediante a manutenção do réu primitivo e a inclusão do sujeito indicado pela própria parte ré, com o que será formado um litisconsórcio passivo.

O conteúdo do *cabeçalho*, quanto à indicação do nome da parte ré, num caso desse, dependerá da posição que tenha sido adotada pela parte autora.

Assim, (*a*) ou haverá referência, no *cabeçalho*, *apenas* ao nome do réu originalmente indicado (se a parte autora não houver aceitado a alegação da parte ré), (*b*) ou haverá alusão *apenas* ao nome do novo réu (se a parte autora alterou a petição inicial para proceder à troca do réu primitivo por outro), ou (*c*) haverá indicação da existência de litisconsórcio passivo (se a parte autora optou por incluir, no polo passivo da demanda, ao lado do réu primitivo, o sujeito que o próprio réu primitivo indicou).

Em qualquer das situações, *não* haverá, no *cabeçalho*, dados que permitam ao leitor perceber que teria ocorrido, no curso do procedimento, incidente referente à alteração ou à ampliação subjetiva do processo.

E é muito simples o motivo: a inclusão, no *cabeçalho*, das referências à *parte autora* e à *parte ré* é feita para que se permita ao leitor da decisão verificar, de imediato, de forma simples e rápida, quem são, em tese, os sujeitos mais *diretamente* interessados no proferimento da decisão.

Assim, a eventual circunstância de um sujeito, em certo momento, haver participado do processo, tendo sido dele excluído depois, não tem importância para a elaboração do cabeçalho. É o que acontece quando o réu alega, na contestação, que não é parte legítima ou que não é o responsável pelo prejuízo a que alude a parte autora e a parte autora aceita a alegação, altera a petição inicial, reconhecendo o seu equívoco, e indica o novo sujeito que deverá ocupar o lugar da parte ré original.

Do mesmo modo, são desimportantes, para a elaboração do *cabeçalho*, as circunstâncias de a parte ré haver alegado, na contestação, que não é parte legítima ou que não é a responsável pelo prejuízo a que alude a parte autora e, de sua vez, a parte autora (*a*) não haver aceitado tal alegação ou (*b*) haver optado por ampliar a composição do polo passivo da demanda, mediante a manutenção do réu original e a inclusão do sujeito indicado pela própria parte ré.

O *cabeçalho* retratará, pois, a composição do polo passivo *no momento* em que o ato decisório está sendo praticado.

Por óbvio, diferentemente do que se dá com o *cabeçalho*, é *indispensável* que, no *relatório*, conste a narrativa referente à ocorrência, no curso do procedimento, de incidente envolvendo a alteração ou a ampliação subjetiva do processo.

2.4.3 *Reconvenção*

Consignamos, no capítulo em que cuidamos das formas de aludir aos diversos sujeitos do processo, que o *réu* da demanda originária pode propor, contra o *autor* da demanda originária, dentro do mesmo processo e na mesma peça em que é veiculada a contestação, uma demanda *incidental*, conexa com a demanda originária ou com os fundamentos da própria defesa.

Capítulo IX ◆ Início da elaboração da sentença: inserção de dados preambulares

Essa demanda incidental é rotulada de *reconvenção* (CPC, art. 343, *caput*), e o seu *autor*, que é designado como *reconvinte*, é o mesmo sujeito que corresponde ao *réu* da demanda originariamente proposta. Na mesma linha, o *réu* da reconvenção, denominado de *reconvindo*, corresponde ao *autor* da demanda originária.

Como já vimos – e veremos novamente logo a seguir –, há possibilidade de a composição dos polos ativo e passivo da demanda originária não corresponder, com exatidão, aos integrantes dos polos ativo e passivo da demanda reconvencional.

Neste momento, porém, interessa-nos o quadro mais simples, caracterizado pela existência de apenas um *autor*, um *réu*, um *reconvinte* e um *reconvindo*.

Sendo esse o panorama, é bastante que, no *cabeçalho*, constem as referências a *autor/reconvindo* e a *réu/reconvinte*.

Quanto ao uso de tais expressões, contendo referências combinadas (*autor/reconvindo* e *réu/reconvinte*), fizemos uma observação interessante no capítulo que versa sobre as formas de aludir aos diversos sujeitos do processo. Afirmamos, naquele capítulo, que *não* aconselhamos que, no curso do *texto* do ato decisório, tais locuções sejam utilizadas.

De fato, a existência, no processo, de mais de uma demanda multiplica a necessidade de o juiz lançar mão de recursos redacionais que facilitem a compreensão do leitor, o que implica utilizar expedientes que deixem claro, na medida em que o *texto* evolui, qual das demandas está sendo examinada naquele específico trecho do ato decisório.

Por isso, se a questão sob análise em certo *trecho* do ato decisório disser respeito *apenas* à demanda originária, deve ser evitada qualquer referência à *reconvenção*, e, por conseguinte, não deverá ser feita alusão a "*reconvinte*" ou a "*reconvindo*". Nessa mesma linha, no excerto da decisão em que a atenção estiver *exclusivamente* focada na *reconvenção*, somente deverá ser feita menção a "*reconvinte*" e a "*reconvindo*".

A nossa observação – bem se vê – está direcionada para o *texto* da decisão.

Neste momento, contudo, estamos cuidando dos dados a serem inseridos no *cabeçalho*, e não no *texto*.

E, no *cabeçalho*, a utilização das locuções *autor/reconvindo* e *réu/reconvinte* é sobremaneira *útil*, já que cumpre o papel essencial de informar o leitor a respeito do fato de que, no processo, além da demanda originariamente proposta, há uma *reconvenção*. E se, no mesmo *cabeçalho*, não houver referência à existência de *outros reconvintes* e/ou de *outros reconvindos*, estará transmitida, de forma *eficiente*, para o leitor do ato decisório, a informação de que os integrantes dos polos ativo e passivo da demanda originariamente proposta são *exatamente* os mesmos da demanda reconvencional.

MANUAL DA SENTENÇA CÍVEL

> **NA PRÁTICA**
>
> 2ª VARA CÍVEL DA COMARCA DE SALVADOR, ESTADO DA BAHIA
> AUTOS N. 012345-78.2017.8.05.0001
> PROCEDIMENTO COMUM
> PARTE AUTORA / RECONVINDA: *Eneopequê da Silva Esseteuvê*
> PARTE RÉ / RECONVINTE: *Abecedefegê Comercial Ltda.*
>
> NESTE EXEMPLO, AS PARTES PROCESSUAIS PRINCIPAIS, TANTO NO QUE SE REFERE À DEMANDA ORIGINÁRIA COMO NO QUE TOCA À DEMANDA RECONVENCIONAL, SÃO AS MESMAS.

A situação exigirá um pouco mais de cautela no caso de o *réu* da demanda originária, ao reconvir, fazê-lo em conjunto com outros sujeitos, que não sejam *réus* da demanda originária, gerando, com isso, um quadro em que, na *reconvenção*, passa a existir um litisconsórcio ativo, sem que exista, na demanda cuja propositura deu nascimento ao processo, um correspondente litisconsórcio passivo (CPC, art. 343, § 4º).

O mesmo grau de cautela será exigido se, ao reconvir, o *réu* da demanda originária o fizer mediante a inclusão, no polo passivo da reconvenção, de sujeitos que não integram o polo ativo da demanda originária, formando, assim, um cenário em que se identifica, na *reconvenção*, um litisconsórcio passivo, sem que um correspondente litisconsórcio ativo tenha sido formado na demanda originária (CPC, art. 343, § 3º).

Em complemento, pode acontecer de os dois quadros anteriormente descritos se desenharem a um só tempo. É bastante que o *réu* da demanda originária reconvenha em conjunto com sujeitos que não integram o polo passivo da demanda originária e que, além disso, os *reconvintes* indiquem, como integrantes do polo passivo da reconvenção, sujeitos que não compõem o polo ativo da demanda originária. Nesse cenário, haverá, na reconvenção, litisconsórcios ativo e passivo, sem que exista litisconsórcio nos polos ativo e passivo da demanda cuja propositura deflagrou o nascimento do processo.

Quadros como esses – que, na verdade, materializam formas de *intervenção de terceiros* no processo, já que sujeitos que, originariamente, não integravam o processo passaram a integrá-lo[16] – *não* podem ser ignorados por ocasião

---

[16] Perceba-se que, se o *réu* da demanda originária, ao reconvir, o fizer em conjunto com outros sujeitos, que não sejam *réus* da demanda originária, tais sujeitos estarão intervindo no processo de forma *voluntária*, como *autores* da reconvenção. Outras formas de intervenção *voluntária* de terceiros no processo são a *assistência* (CPC, art. 119) e o requerimento de quem pretende ingressar como *amicus curiae* (CPC, art. 138, *caput*). De sua vez, caso o *réu* da demanda originária reconvenha de modo a incluir no polo passivo da reconvenção sujeitos que não integram o polo ativo da demanda originária, tais sujeitos estarão *compelidos* a intervir no processo, assim como acontece com o *litisdenunciado* (CPC, art. 125), o *chamado ao processo* (CPC, art. 130) e o requerido no *incidente de desconsideração da personalidade jurídica* (CPC, art. 135). Essas são formas *coactas* de intervenção de terceiros no processo.

Capítulo IX ◆ Início da elaboração da sentença: inserção de dados preambulares

da elaboração do cabeçalho, já que é obrigatório que, havendo *cabeçalho*, as informações nele contidas permitam, na medida do possível, que o leitor possa perceber se houve propositura de demanda incidental, e, tendo havido, qual é a composição básica dos polos ativo e passivo de tal demanda.

Por isso, nessas situações, é útil a utilização de expressões como *outro reconvinte/outros reconvintes* e *outro/reconvindo/outros reconvindos*.

NA PRÁTICA

2ª VARA CÍVEL DA COMARCA DE SALVADOR, ESTADO DA BAHIA
AUTOS N. 012345-78.2017.8.05.0001
PROCEDIMENTO COMUM
PARTE AUTORA / RECONVINDA: *Eneopequê da Silva Esseteuvê*
PARTE RÉ / RECONVINTE: *Abecedefegê Comercial Ltda.*
OUTROS RECONVINTES: *Dezoitodoistrês Pereira Quatrocinco e outros*

- NESTE EXEMPLO, AO RECONVIR, O RÉU DA DEMANDA ORIGINÁRIA O FEZ EM CONJUNTO COM SUJEITOS QUE NÃO SÃO RÉUS DA DEMANDA ORIGINÁRIA. COM ISSO, HÁ UM LITISCONSÓRCIO ATIVO NA RECONVENÇÃO, SEM QUE EXISTA O CORRESPONDENTE LITISCONSÓRCIO PASSIVO NA DEMANDA ORIGINÁRIA.

2ª VARA CÍVEL DA COMARCA DE SALVADOR, ESTADO DA BAHIA
AUTOS N. 012345-78.2017.8.05.0001
PROCEDIMENTO COMUM
PARTE AUTORA / RECONVINDA: *Eneopequê da Silva Esseteuvê*
PARTE RÉ / RECONVINTE: *Abecedefegê Comercial Ltda.*
OUTROS RECONVINDOS: *Zekadáblio Gonçalves de Teozê e outros*

- NESTE EXEMPLO, O RÉU DA DEMANDA ORIGINÁRIA, AO RECONVIR, INCLUIU NO POLO PASSIVO DA DEMANDA RECONVENCIONAL SUJEITOS QUE NÃO INTEGRAM O POLO ATIVO DA DEMANDA ORIGINÁRIA. EM RAZÃO DISSO, HÁ UM LITISCONSÓRCIO PASSIVO NA RECONVENÇÃO, SEM QUE EXISTA O CORRESPONDENTE LITISCONSÓRCIO ATIVO NA DEMANDA ORIGINÁRIA.

2ª VARA CÍVEL DA COMARCA DE SALVADOR, ESTADO DA BAHIA
AUTOS N. 012345-78.2017.8.05.0001
PROCEDIMENTO COMUM
PARTE AUTORA / RECONVINDA: *Eneopequê da Silva Esseteuvê*
PARTE RÉ / RECONVINTE: *Abecedefegê Comercial Ltda.*
OUTROS RECONVINTES: *Dezoitodoistrês Pereira Quatrocinco e outros*
OUTROS RECONVINDOS: *Zekadáblio Gonçalves de Teozê e outros*

- NESTE EXEMPLO, O RÉU DA DEMANDA ORIGINÁRIA, AO RECONVIR, NÃO SÓ O FEZ EM CONJUNTO COM SUJEITOS QUE NÃO SÃO RÉUS DA DEMANDA ORIGINÁRIA COMO INCLUIU NO POLO PASSIVO DA DEMANDA RECONVENCIONAL SUJEITOS QUE NÃO INTEGRAM O POLO ATIVO DA DEMANDA ORIGINÁRIA. COM ISSO, HÁ LITISCONSÓRCIO MISTO (ATIVO E PASSIVO, SIMULTANEAMENTE) NA RECONVENÇÃO, SEM QUE EXISTA, NOS POLOS ATIVO E PASSIVO DA DEMANDA ORIGINÁRIA, QUALQUER LITISCONSÓRCIO.

2.4.4 Intervenção de terceiros

Tratando-se de caso em que ocorra qualquer das modalidades de *intervenção de terceiros* mencionadas nos arts. 119 a 138 do CPC, deve ser feita, no *cabeçalho*, a referência respectiva.

Assim, deve ser incluída a alusão à existência de *assistente da parte autora*, de *assistente da parte ré*, de *litisdenunciado pela parte autora*, de *litisdenunciado pela parte ré*, de *litisdenunciado sucessivo*, de *chamado ao processo*, de *requerido no incidente de desconsideração da personalidade jurídica* e de *amicus curiae*[17].

2.4.4.1 Assistência

Se houve, no curso do procedimento, ingresso de *assistente*, é fácil identificar qual das partes está sendo assistida. Faz-se, pois, no cabeçalho, referência ao *assistente da parte autora* e/ou ao *assistente da parte ré*.

Como cediço, a *assistência* pode ser *simples* (CPC, arts. 121 a 123) ou *litisconsorcial* (CPC, art. 124). Se o exame dos autos revelar, com clareza, qual a modalidade de *assistência* em que o assistente se inclui, a referência a ela se torna muito útil, uma vez que, pela mera leitura do cabeçalho, será possível identificar se o assistente atua subordinado ao *assistido* (*assistência simples*) ou com autonomia em relação ao assistido (*assistência litisconsorcial*).

A alusão à existência de *assistente* deve se dar logo após a referência à *parte processual principal* assistida.

NA PRÁTICA

2ª VARA CÍVEL DA COMARCA DE SALVADOR, ESTADO DA BAHIA
AUTOS N. 012345-78.2017.8.05.0001
PROCEDIMENTO COMUM
PARTE AUTORA: *Eneopequê da Silva Esseteuvê*
ASSISTENTE DA PARTE AUTORA: *Geagaijota dos Santos Elemeneopê*
PARTE RÉ: *Abecedefegê Comercial Ltda.*
ASSISTENTE DA PARTE RÉ: *Seisseteoito Industrial S.A.*

NESTE EXEMPLO, HÁ, NO PROCESSO, ASSISTENTE DA PARTE AUTORA E ASSISTENTE DA PARTE RÉ. PERCEBA-SE QUE AS REFERÊNCIAS AOS ASSISTENTES – QUE SÃO PARTES PROCESSUAIS AUXILIARES – ESTÃO POSTAS LOGO EM SEGUIDA À INDICAÇÃO DA PARTE PROCESSUAL PRINCIPAL ASSISTIDA RESPECTIVA.

---

[17] Vale lembrar, mais uma vez, que, é possível identificar, dentro do próprio CPC, outras possibilidades de *intervenção de terceiros*, tais como aquelas a que se referem os arts. 338/339, 343, §§ 3º e 4º, 799 e 889, II a VII. Demais disso, há institutos de *intervenção de terceiros* previstos em outras leis, como é o caso das intervenções de entes públicos disciplinadas pelo art. 5º e seu parágrafo único da Lei n. 9.469, de 10 de julho de 1997, e da intervenção de parentes, num processo em que se pleiteia a imposição de obrigação alimentícia, mencionada no art. 1.698 do Código Civil.

Capítulo IX ◆ Início da elaboração da sentença: inserção de dados preambulares

2.4.4.2 Denunciação da lide

A *denunciação da lide*[18], ou *litisdenunciação*, pode ser feita pela parte autora, pela parte ré ou por ambas as partes.

Quando levada a cabo pela parte autora, a *denunciação da lide* consiste na formulação, já na petição inicial, de um pedido principal e de um pedido subsidiário dirigidos contra pessoas distintas, num caso que se subsuma a uma das hipóteses previstas no art. 125 do CPC.

O exemplo a seguir colaborará para a compreensão.

Imagine-se que *A*ntônio, por se considerar proprietário de um bem imóvel que adquiriu junto a *D*anilo, proponha, contra *R*ubens, que também se considera dono do mesmo bem, uma demanda, com o propósito de ver reconhecido o seu domínio sobre o imóvel, afastando-se, com isso, a possibilidade de *R*ubens ser considerado dono do bem. Na mesma petição inicial, *A*ntônio, ante o temor de ser vencido no seu embate com *R*ubens, dirige, contra *D*anilo, o pleito de que seja imposta a ele, *D*anilo, a obrigação de lhe indenizar, *caso* o pedido dirigido contra *R*ubens seja rejeitado. Percebe-se, aí, claramente, a relação de subsidiariedade: o que *A*ntônio quer é o reconhecimento do domínio em face de *R*ubens; não sendo possível obter tal reconhecimento, ele quer ser indenizado por *D*anilo.

Nesse quadro, *A*ntônio é o *autor* da demanda principal[19], proposta contra *R*ubens, que é o *réu* da demanda principal. Simultaneamente, *A*ntônio é, também,

---

[18] Chamamos a atenção em nota de rodapé anterior, no capítulo em que tratamos das formas de aludir aos diversos sujeitos do processo, e chamaremos a atenção mais uma vez, tendo em vista a frequência com que a situação ocorre: é tecnicamente *inadequado* o uso de expressões como "*denunciação à lide*" e "*denunciado à lide*", já que nenhum sujeito pode ser denunciado "*à*" lide. A existência da lide é que é denunciada a determinado sujeito, para que esse sujeito fique obrigado a indenizar regressivamente o denunciante, no caso de o denunciante ser derrotado quanto à demanda principal. Malgrado essa evidência, a expressão "*denunciação à lide*" pode ser encontrada até em acórdãos de tribunais superiores (*v. g.* dos acórdãos proferidos pelo STJ no AgInt no AREsp 938098/RJ, j. em 18-10-2018, no AgInt no AREsp 997269/BA, j. em 23-8-2018, no AgInt no AREsp 1214878/SC, j. em 14-8-2018, no AgInt no AREsp 1226260/RS, j. em 7-6-2018, no REsp 1718906/SP, j. em 17-4-2018, no AgInt no AREsp 704352/MG, j. em 6-2-2018, e no AgInt no REsp 1514462/SP, j. em 28-11-2017, e pelo STF na ACO 478 ED/TO, j. 31-8-2016, e na ARE 911392 AgR/SP, j. em 16-2-2016).

[19] Deixamos claro, anteriormente, que destinamos a utilização do rótulo "*demanda originária*" para designar a demanda cuja propositura deu ensejo ao nascimento do processo. Apesar disso, usamos, nessa passagem, a expressão "*demanda principal*", em vez da locução "*demanda originária*". O mesmo ocorreu quando tratamos do instituto da *denunciação da lide*, no capítulo em que cuidamos das formas de aludir aos diversos sujeitos do processo. No mencionado capítulo também explicamos a razão. Trata-se de uma razão de ordem técnica, já que, na *denunciação da lide* feita pelo *autor*, é perfeitamente identificável a existência de *duas demandas* propostas *simultaneamente*, já na petição inicial (CPC, art. 126). Uma das demandas é dirigida contra um sujeito que se convencionou designar de "*réu*", ao passo que a outra é proposta contra outro sujeito, que se convencionou rotular de "*denunciado*" (réu da denunciação). Com isso, o nascimento do processo é fruto simultâneo da propositura de *ambas* as demandas, sendo que há um pedido principal (dirigido contra o

autor da demanda subsidiária (que é rotulada de *denunciação da lide*), proposta contra *D*anilo. Quanto a essa demanda subsidiária, *A*ntônio recebe o rótulo de *denunciante* (autor da *denunciação*) e *D*anilo é o *denunciado* (réu da *denunciação*).

Assim, na *denunciação da lide* feita pelo *autor*, o pedido subsidiário por ele formulado é voltado para a exigência do cumprimento, pelo *denunciado*, de uma obrigação *regressiva*, na hipótese de haver insucesso dele, *autor*, relativamente ao pedido principal.

Há, pois, em verdade, na litisdenunciação feita pelo *autor*, dois *réus*, ambos indicados já na petição inicial: o da *demanda principal*, a quem o legislador rotula simplesmente de *réu*, e o da *demanda subsidiária*, a quem o legislador se refere como *denunciado*.

Quanto à *denunciação da lide* feita pelo *réu*, possui ela a mesma estrutura: há a propositura, pelo *réu*, de uma demanda contra um sujeito em relação a quem ele afirma ser titular do direito de ser indenizado *regressivamente* na hipótese de ele, *réu*, sair derrotado no embate com o autor da demanda principal.

O mesmo exemplo dado anteriormente é útil, só que, agora, colocando o *réu* como *denunciante*.

Assim, *A*ntônio, que se considera proprietário de um bem imóvel, propõe, contra *R*ubens, que também se considera dono do mesmo bem, uma demanda, com o propósito de ver reconhecido o seu domínio sobre o imóvel. *R*ubens, que adquiriu o bem junto a *D*emóstenes, é citado e, no momento de elaborar a sua peça de defesa, ante o temor de ser vencido no seu embate com *A*ntônio, dirige, contra *D*emóstenes, na mesma peça em que está alojada a defesa, o pleito de que seja imposta a ele, *D*emóstenes, a obrigação de lhe indenizar, *caso* o pedido formulado por *A*ntônio seja acolhido. A relação de subsidiariedade é bastante clara: o que *R*ubens quer é que o pedido que *A*ntônio dirigiu contra ele seja rejeitado; não sendo possível obter tal rejeição, ele quer ser indenizado por *D*emóstenes.

Nesse quadro, *A*ntônio é o *autor* da demanda principal, proposta contra *R*ubens, que é o *réu* da demanda principal. Simultaneamente, *R*ubens é, também, *autor* da demanda subsidiária (que é rotulada de *denunciação da lide*), proposta contra *D*emóstenes. Quanto a essa demanda subsidiária, incidentalmente proposta, *R*ubens recebe o rótulo de *denunciante* (autor da *denunciação*) e *D*emóstenes é o *denunciado* (réu da *denunciação*).

---

réu) e um pedido subsidiário (dirigido contra o outro réu, designado como *denunciado*). Por isso, o mais adequado, para promover a diferenciação entre as duas demandas, é utilizar os termos *"demanda principal"* (em vez de *"demanda originária"*) e *"demanda subsidiária"*. Essa situação é completamente *diferente* da que ocorre na *reconvenção*, campo em que o uso da expressão *"demanda principal"* não é tecnicamente apropriado para designar a *demanda originária*, já que a relação entre o pleito formulado pela parte autora da demanda originária e a postulação feita pela parte reconvinte *não* é marcada por um vínculo de *necessária* subsidiariedade. No texto do CPC, porém, há utilização, no *caput* do art. 343, que trata da *reconvenção*, da expressão *"ação principal"*.

Capítulo IX ♦ Início da elaboração da sentença: inserção de dados preambulares

Assim, a *denunciação da lide*, seja ela feita pelo autor da demanda principal, seja feita pelo réu da demanda principal, será sempre uma demanda *regressiva* que o *denunciante* propõe em caráter subsidiário, já que o que o *denunciante* deseja, primordialmente, é sair vencedor no julgamento da demanda principal.

Num processo em que tenha ocorrido *denunciação da lide*, o juiz, ao redigir o ato decisório, julgará, primeiro, a demanda principal.

Se, no julgamento da demanda principal, o *denunciante* (tenha sido ele o autor ou o réu da demanda principal) sair *vencido*, o magistrado, então, dando continuidade ao ato decisório, passa ao julgamento da *denunciação da lide*, para decidir a respeito da existência ou não da obrigação de o *denunciado* indenizar regressivamente o *denunciante* (CPC, art. 129). Tratar-se-á, pois, de uma peça decisória única, na qual duas demandas serão julgadas: a principal e a subsidiária (*denunciação da lide*).

Na hipótese de o vencedor no julgamento da demanda principal haver feito a *denunciação da lide*, o pleito subsidiário por ele formulado (que corresponde à própria *denunciação*) *não* terá o seu mérito apreciado e arcará ele, quanto à *denunciação*, com os ônus da sucumbência em relação ao *denunciado* (CPC, art. 129, parágrafo único).

Por tudo isso, fica óbvio que é extremamente *útil* a informação, já constante no cabeçalho, de que, naqueles autos, além de uma demanda principal (cujas partes processuais principais são rotuladas simplesmente de *parte autora* e *parte ré*), existe uma demanda subsidiária (em que as partes são denominadas de *denunciante*, ou *litisdenunciante*, e *denunciado*, ou *litisdenunciado*)[20].

NA PRÁTICA

2ª VARA CÍVEL DA COMARCA DE SALVADOR, ESTADO DA BAHIA
AUTOS N. 012345-78.2017.8.05.0001
PROCEDIMENTO COMUM
PARTE AUTORA: *Eneopequê da Silva Esseteuvê*
PARTE RÉ: *Abecedefegê Comercial Ltda.*
DENUNCIADO PELA PARTE AUTORA: *Efegeagá dos Anjos Xisipisilonzê*
DENUNCIADO PELA PARTE RÉ: *Opequê da Hora Erressetê*

● NESTE EXEMPLO, HOUVE DENUNCIAÇÃO DA LIDE LEVADA A CABO TANTO PELA PARTE AUTORA COMO PELA PARTE RÉ.

---

[20] Vale lembrar que há, possibilidade, ainda, de o *denunciado*, de sua vez, fazer a *denunciação da lide* a outro sujeito, para que esse outro o indenize regressivamente, caso ele sofra prejuízo em razão do julgamento da primeira *denunciação*. Nesse caso, terá havido *denunciação sucessiva* (CPC, art. 125, § 2º), o que, por igual, exige referência no interior do cabeçalho, uma vez que, com isso, haverá o registro da existência de mais uma demanda no processo. Sendo esse o quadro, no cabeçalho haverá referências a *"denunciado sucessivo da denunciação da parte autora"* e/ou a *"denunciado sucessivo da denunciação da parte ré"*.

2.4.4.3 Chamamento ao processo

Por meio do *chamamento ao processo*, o sujeito originariamente indicado, pela parte autora, como *réu* postula que seja incluído, igualmente no polo passivo da demanda originária, sujeito que mantém, com ele, um vínculo de *solidariedade* em relação à obrigação cujo cumprimento está sendo exigido pela parte autora (CPC, arts. 130 a 132).

O réu da demanda originária é o *chamador* (também rotulado de *chamante*), e o sujeito em relação a quem ele afirma existir o vínculo de solidariedade é o *chamado*.

Com o *chamamento*, o *chamado* se torna *corréu* no processo, ao lado do *chamador*, que já era *réu* da demanda originária. Assim, em razão do *chamamento ao processo*, forma-se um *litisconsórcio passivo ulterior*.

O exemplo a seguir é de um *chamamento ao processo* realizado com base na norma que se extrai do texto do art. 130, III, do CPC.

Imagine-se que *A*ntônio tenha vendido a *R*ubens, *C*arlos e *C*ésar determinado bem, mediante o pagamento futuro de certo preço, tendo os três compradores assumido, solidariamente, a obrigação de pagar. Vencido o prazo para adimplemento da obrigação, *A*ntônio, afirmando que o pagamento não ocorreu, ajuizou a cobrança contra *R*ubens. Em razão da solidariedade, ele poderia cobrar de um, de dois ou dos três compradores. Todavia, escolheu *R*ubens, por entender que, cobrando apenas dele, haveria maior chance de recebimento do seu crédito. Citado, *R*ubens, ao elaborar a sua peça de defesa, pode *chamar ao processo C*arlos e *C*ésar, na qualidade de devedores solidários. Em razão do *chamamento*, os *chamados* (*C*arlos e *C*ésar) passam a ocupar, ao lado de *R*ubens, o polo passivo da demanda proposta por *A*ntônio.

Em qualquer das hipóteses de *chamamento* (incisos I, II ou III do art. 130 do CPC), ao julgar a causa, o juiz decidirá quanto ao pedido formulado pelo autor relativamente ao réu original e dirá a respeito da existência ou não de corresponsabilidade dos *chamados* (que se tornaram réus supervenientemente).

Se o autor ganhar a causa e, além disso, houver sido reconhecida a corresponsabilidade dos *chamados*, o autor vencedor poderá direcionar o requerimento de cumprimento da decisão judicial contra *qualquer* dos coobrigados: tanto contra o réu original (que foi o *chamador*) como contra qualquer dos *chamados* (que, em razão do *chamamento*, também se tornaram réus).

Aquele, dentre os coobrigados, que, ao final, vier a ser compelido a cumprir a obrigação em face do autor vencedor torna-se titular do direito de ser reembolsado, total ou parcialmente, pelos demais coobrigados, na proporção da cota de responsabilidade de cada um.

Nessa linha, se o coobrigado que cumpriu a obrigação encontrar resistência de qualquer dos demais para receber o reembolso poderá utilizar a decisão judicial como título executivo em seu favor.

Capítulo IX ◆ Início da elaboração da sentença: inserção de dados preambulares

Somente não há direito de reembolso, por motivos óbvios, quando, num *chamamento* feito pelo fiador, relativamente ao afiançado, a obrigação vier a ser cumprida pelo próprio afiançado (CPC, art. 130, I).

Tanto é suficiente para se concluir a respeito da importância de que, por meio do *cabeçalho*, seja dado ao leitor acesso imediato à informação de que, naquele ato decisório, o juízo singular se manifestará a respeito de uma situação com tais características.

NA PRÁTICA

AUTOS N. 012345-78.2017.8.05.0001
PROCEDIMENTO COMUM
PARTE AUTORA: *Eneopequê da Silva Esseteuvê*
PARTE RÉ: *Abecedefegê Comercial Ltda.*
CHAMADO AO PROCESSO: *Onzedeznove de Ferreira Seteoito*

2.4.4.4 Incidente de desconsideração da personalidade jurídica

A instauração do *incidente de desconsideração da personalidade jurídica* está atrelada à *afirmação*, pela parte ou pelo Ministério Público, este quando lhe couber atuar no processo na qualidade de fiscal da ordem jurídica, da existência de um cenário fático que, de acordo com as normas do Direito Material, autoriza que seja desconsiderada, direta ou inversamente, a personalidade jurídica.

O pleito de instauração do incidente pode ser apresentado em qualquer processo. Não importa que o processo no qual o pleito será lançado esteja disciplinado no CPC ou por meio de legislação extravagante. Tampouco importa que se trate de processo da competência originária de tribunal (CPC, arts. 136, parágrafo único, 932, VI).

A instauração do incidente é cabível também no procedimento trabalhista (CLT, art. 855-A), e, apesar da regra geral de *vedação* de intervenção de terceiros nos processos da competência dos Juizados Especiais Cíveis (Lei n. 9.099, de 26 de setembro de 1995, art. 10), pode ocorrer, igualmente, em tais casos (CPC, art. 1.062).

Não há um momento específico para que seja apresentada a postulação. O pleito pode estar contido em peça apresentada em qualquer das fases do processo de conhecimento, na fase de cumprimento da decisão judicial e na execução fundada em título extrajudicial (CPC, art. 134), aí incluída a possibilidade de estar ele inserido na própria petição inicial.

Em qualquer das situações, o pleito de desconsideração, independentemente de tratar-se de desconsideração direta ou inversa, consiste, na essência, na propositura de uma *demanda* contra o sujeito cujo patrimônio se busca alcançar.

Com isso, materializa-se, necessariamente, um quadro de *cumulação de demandas*.

Por óbvio, a existência de mais de uma *demanda* no processo deve ser noticiada no *cabeçalho* do ato decisório. Não é por outro motivo, aliás, que, de acordo com o art. 134, § 1º, do CPC, a instauração do incidente deve ser imediatamente comunicada ao setor de distribuição, para que sejam feitas as anotações devidas.

Como ficou anotado no capítulo em que tratamos das formas de aludir aos diversos sujeitos do processo, não existe um rótulo legal para designar o sujeito cujo patrimônio se busca alcançar por meio da desconsideração, apesar de ser claro que ele é *réu* dessa específica demanda.

Por isso, com o objetivo de se permitir uma comunicação mais efetiva – e considerando o histórico legislativo que demonstra que o emprego dos substantivos *"requerente/requerido"*, nos textos legais, sempre esteve vinculado às situações não litigiosas e aos *incidentes processuais* –, uma boa solução é designar tal sujeito de *requerido*, com a indicação de que se trata de um *incidente de desconsideração da personalidade jurídica*.

NA PRÁTICA

2ª VARA CÍVEL DA COMARCA DE SALVADOR, ESTADO DA BAHIA
AUTOS N. 012345-78.2017.8.05.0001
PROCEDIMENTO COMUM
PARTE AUTORA: *Eneopequê da Silva Esseteuvê*
PARTE RÉ: *Abecedefegê Comercial Ltda.*
REQUERENTE NO INCIDENTE DE DESCONSIDERAÇÃO DA PERSONALIDADE JURÍDICA: *Ministério Público*
REQUERIDO NO INCIDENTE DE DESCONSIDERAÇÃO DA PERSONALIDADE JURIDICA: *Kaesse Bedezê*

2.4.4.5 "Amicus curiae"

A requerimento de qualquer das partes, do Ministério Público, nos processos em que o órgão atuar na qualidade de fiscal da ordem jurídica, ou mesmo do próprio sujeito que pretende se manifestar, o magistrado responsável pela condução do processo, num juízo singular ou num tribunal, poderá admitir a participação, na qualidade de *amicus curiae*, de pessoa natural ou jurídica, órgão ou entidade especializada, com representatividade adequada. O ingresso do *amicus curiae* também pode decorrer de solicitação, de ofício, do órgão julgador.

Em qualquer caso, tal intervenção estará vinculada ao reconhecimento de que há relevância da matéria, de que a especificidade do tema objeto da demanda assim recomenda ou de que há repercussão social da controvérsia (CPC, art. 138).

Por meio da solicitação ou da admissão da intervenção do *amicus curiae*, o propósito é abrir campo para o fornecimento de subsídios que colaborem para o aprimoramento técnico da decisão judicial.

O fato de haver, no processo, intervenção de *amicus curiae* deve ser mencionado no *cabeçalho* da decisão judicial, ante a sua óbvia importância, já que, além de o *amicus curiae*, num processo em curso por um juízo singular, possuir poder pelo menos para interpor o recurso de embargos de declaração[21], o conteúdo da sua manifestação *não* pode ser desconsiderado pelo magistrado, que tem o *dever* de se pronunciar a respeito.

NA PRÁTICA

JUSTIÇA FEDERAL – SEÇÃO JUDICIÁRIA DE MINAS GERAIS
VARA ÚNICA DA SUBSEÇÃO JUDICIÁRIA DE TEÓFILO OTONI
AUTOS N. 012345-67.2018.4.01.3812
AÇÃO CIVIL PÚBLICA
PARTE AUTORA: *Ministério Público Federal*
PARTE RÉ: *Cemilhões Gás Poluente S.A.*
AMICUS CURIAE: *Associação Queteuvexiszê de Proteção Ambiental*

2.4.5 *Mandado de segurança*

Consignamos, no capítulo em que cuidamos das formas de aludir aos diversos sujeitos do processo, que é muito comum a *impressão* de que o polo passivo de uma demanda submetida ao procedimento de *mandado de segurança* é ocupado pela autoridade a quem o demandante imputa a prática do ato inquinado de coator, a chamada *autoridade coatora*.

---

[21] Os poderes do *amicus curiae* são definidos pelo juiz ou pelo relator (CPC, art. 138, § 2º), mas há os poderes que a própria lei confere e que não podem ser reduzidos pelo órgão julgador: o de se manifestar no prazo de quinze dias (CPC, art. 138, *caput*), o de interpor recurso de embargos de declaração (CPC, art. 138, § 1º) e o de interpor recurso contra decisão que julga casos repetitivos (CPC, art. 138, § 3º). Nesta obra, o objeto do nosso interesse restringe-se ao processo em curso por um juízo singular, que, como é cediço, não possui competência para julgamento de casos repetitivos (CPC, art. 928). Por isso, num juízo singular, tratando-se de recurso interposto por *amicus curiae*, somente há espaço para os embargos de declaração. Vale anotar, ainda, que, apesar de haver referência, no art. 138, § 3º, apenas à possibilidade de interposição de recurso contra decisão que julga o incidente de resolução de demandas repetitivas, a aplicação da analogia se impõe para que se reconheça que esse mesmo poder recursal do *amicus curiae* se estende às decisões proferidas no julgamento de recursos especial e extraordinário repetitivos, uma vez que os três institutos integram um microssistema de julgamento de casos repetitivos (CPC, art. 928).

Em vez disso, a verdade é que o polo passivo da demanda é ocupado pela *pessoa jurídica* integrada pela autoridade a quem é imputada a prática do ato, à qual tal autoridade se encontra vinculada ou junto à qual a mencionada autoridade exerce as suas atribuições.

Essa constatação técnica conduziria a que, num caso de *mandado de segurança*, prevalecesse a linha geral de se fazer constar, no *cabeçalho*, apenas os nomes da parte autora e da parte ré. Com isso, *não* haveria alusão à *autoridade impetrada*, o que, reconheça-se, pareceria estranho, considerando o que comumente se vê na praxe forense, em que é intensa a valorização da figura da *autoridade impetrada*.

Esse contexto torna recomendável a manutenção da prática corrente, consistente nas referências, no *cabeçalho*, apenas ao *impetrante* (que é o rótulo consagrado, no meio jurídico, para designar, nesse caso, o autor) e à *autoridade impetrada*. Em socorro dessa opção existe o fato de que, no mais das vezes, a referência à *autoridade impetrada* – que deverá se dar mediante a indicação do *cargo* ocupado e/ou da *função* exercida, *sem* alusão ao nome da pessoa natural respectiva – permite extrair uma conclusão a respeito de qual é a pessoa jurídica a que está ela vinculada.

Nesse ponto, é útil lembrar, ainda, que é razoável que a parte autora aluda à autoridade impetrada como *autoridade coatora*. Essa expressão, porém, deve ser evitada pelo órgão julgador, mormente na elaboração do *cabeçalho*.

É que a parte autora viu-se estimulada a propor a demanda exatamente por considerar que o ato praticado pela autoridade é um ato *coator*: um ato, pois, que não conta com o amparo do sistema jurídico. Diferentemente disso, o julgador somente pode adjetivar de *coatora* a autoridade *após* chegar à conclusão de que o ato por ela levado a cabo efetivamente *não* está em harmonia com o sistema jurídico. Por óbvio, por ocasião da inserção dos dados no *cabeçalho*, não há, ainda, qualquer informação, na peça decisória, que possa conduzir a tal conclusão.

Assim, no *cabeçalho*, deve ser utilizada a locução *autoridade impetrada*, em vez de *autoridade coatora*.

NA PRÁTICA

5ª VARA DA SEDE DA SEÇÃO JUDICIÁRIA DE MINAS GERAIS
AUTOS N. 012345-67.2018.4.01.3800
PROCEDIMENTO DE MANDADO DE SEGURANÇA
IMPETRANTE: *Seisseteoito Industrial S.A.*
AUTORIDADE IMPETRADA: *Delegado da Receita Federal do Brasil em Belo Horizonte*

- OBSERVE-SE QUE A AUTORIDADE IMPETRADA, NO EXEMPLO, É VINCULADA À UNIÃO. COM ISSO, É POSSÍVEL DEPREENDER QUE O POLO PASSIVO DA DEMANDA É OCUPADO, EM VERDADE, PELA UNIÃO.

2.4.6 *Embargos à execução*

Tratando-se de execução fundada em título extrajudicial, o caminho clássico para a resistência do executado é a propositura de uma demanda incidental de conhecimento, rotulada de *embargos à execução* (CPC, art. 914, *caput*). Com a propositura de tal demanda nasce um *processo incidental* ao procedimento de execução[22].

Assim, é de todo adequado que, no *cabeçalho*, conste a informação de que aquele ato decisório está sendo praticado num procedimento específico, incidental a uma execução fundada em título extrajudicial.

Por tal razão, o procedimento deve ser identificado como *procedimento de embargos à execução* e, nele, as partes autora e ré são designadas de *parte embargante* e *parte embargada*.

É útil lembrar que, se o ato decisório cujo *cabeçalho* está sendo elaborado será praticado nos autos dos *embargos à execução*, que são autos distintos dos da execução, devem ser evitados os vocábulos *"exequente/executado"* e *"credor/devedor"*, sendo, igualmente, desaconselhável o uso de rótulos compostos como *"embargante-executado"* e *"embargado-exequente"*, já que não há motivo que justifique a evocação, nos autos dos embargos, de termos que são próprios dos autos da execução.

NA PRÁTICA

2ª VARA CÍVEL DA COMARCA DE SALVADOR, ESTADO DA BAHIA
AUTOS N. 012345-78.2017.8.05.0001
PROCEDIMENTO DE EMBARGOS À EXECUÇÃO
PARTE EMBARGANTE: *Eneopequê da Silva Esseteuvê*
PARTE EMBARGADA: *Abecedefegê Comercial Ltda.*

3. DENOMINAÇÃO DO ATO: "SENTENÇA" OU "DECISÃO"

Não é a mera denominação dada a um ato decisório que fará com que o ato corresponda ao rótulo que a ele foi atribuído.

Apesar disso, é sobremaneira importante que, *antes* de ser iniciado o *relatório* da decisão, conste o anúncio, pelo juízo singular, de que aquele procedimento está sendo *sentenciado* ou de que se trata de uma *decisão interlocutória*.

---

[22] Nos processos da competência dos Juizados Especiais Cíveis, a resistência à execução fundada em título *judicial*, malgrado se dê mediante a apresentação de uma peça rotulada de *embargos*, materializa um *incidente processual* (Lei n. 9.099, de 26 de setembro de 1995, art. 52, IX). Não enseja, pois, o surgimento de um *processo incidental*.

Essa importância se torna ainda mais perceptível se for levado em consideração o modo como está disciplinado o sistema recursal.

Efetivamente, o anúncio de que o ato é de proferimento de uma *sentença* transmite, de logo, a informação de que, a menos que se trate de procedimento especial com disposição expressa em contrário[23], está havendo o encerramento da fase cognitiva do procedimento comum ou está havendo o encerramento do procedimento de execução (CPC, arts. 203, § 1º, e 925).

Em ambos os casos, o proferimento da *sentença* pode se dar com ou sem resolução do mérito da causa (CPC, arts. 485, 487 e 924) e o ato é impugnável por meio do recurso de *apelação* (CPC, art. 1.009, *caput*).

Nos demais casos, o rótulo a ser empregado é, simplesmente, *decisão* e, como já assentado, as nossas atenções, nesta obra, estão centradas na *sentença*, o que alcança, por extensão, duas específicas *decisões interlocutórias*: aquelas por meio das quais (*a*) é parcialmente inadmitida a resolução do mérito da causa ou (*b*) é parcialmente resolvido o mérito da causa.

As decisões interlocutórias de *inadmissibilidade parcial* da resolução do mérito da causa, num procedimento comum, podem ser proferidas já por ocasião do exame da petição inicial, se um motivo que justifique o indeferimento da petição inicial atingir apenas uma parcela da peça postulatória (CPC, art. 330). Também podem ser proferidas posteriormente, nos casos mencionados no art. 354, parágrafo único, em combinação com o art. 485, ambos do CPC. Tais decisões, quando proferidas no curso de um procedimento comum, desafiam recurso de agravo de instrumento, e a base legal para interposição do recurso está nos arts. 354, parágrafo único, e 1.015, XIII, também do CPC[24].

De seu turno, as *decisões interlocutórias* por meio das quais é *parcialmente resolvido* o mérito da causa, sempre tendo em vista o procedimento comum, também podem ser proferidas no momento do exame da petição inicial, se o caso for de improcedência liminar de um ou mais de um dos pe-

---

[23] O procedimento comum atende a um padrão em que, encerrada a fase cognitiva – e o encerramento se dá por meio da sentença –, segue-se a fase de cumprimento da sentença, que tem natureza executiva. No âmbito dos procedimentos especiais, todavia, esse padrão nem sempre prevalece. É o que se dá, por exemplo, com o procedimento de demarcação de terras particulares, em que há expressa previsão de proferimento de duas sentenças (CPC, arts. 581 e 587).

[24] Tratando-se de processo em curso por *juízo singular*, tudo indica que houve um empenho, no decorrer do processo legislativo, para que, no elenco do art. 1.015 do CPC, constassem todas as referências *específicas* ao cabimento de recurso de agravo de instrumento existentes no corpo do próprio código. Com isso, buscou-se evitar, tanto quanto possível, o uso, nesses casos, da previsão *genérica* do inciso XIII do mesmo artigo ("*outros casos expressamente referidos em lei*"). Todavia, há, no CPC, *duas* previsões *específicas* de cabimento de recurso de agravo de instrumento *sem* correspondência direta no elenco do art. 1.015: a do art. 354, parágrafo único, e a do art. 1.037, § 13, I. Em tais casos, aplica-se a previsão *genérica* do inciso XIII do art. 1.015.

Capítulo IX ◆ Início da elaboração da sentença: inserção de dados preambulares

didos formulados ou parcela deles (CPC, art. 332), ou posteriormente, nas hipóteses mencionadas no art. 354, parágrafo único (em combinação com o art. 487, I e II), e no art. 356. Elas também desafiam recurso de agravo de instrumento, mas a base legal para a interposição do recurso é outra: o art. 1.015, II, do CPC.

Tratando-se de *sentença* ou de *decisão interlocutória*, o anúncio é feito, pelo juízo singular, por meio da inserção, geralmente logo em seguida ao *cabeçalho* e de forma destacada, do vocábulo respectivo: *sentença* ou *decisão*.

NA PRÁTICA

2ª VARA CÍVEL DA COMARCA DE SALVADOR, ESTADO DA BAHIA
AUTOS N. 012345-78.2019.8.05.0001
PROCEDIMENTO COMUM
PARTE AUTORA: Eneopequê da Silva Esseteuvê
PARTE RÉ: Abecedefegê Comercial Ltda.

S E N T E N Ç A

ENEOPEQUÊ DA SILVA ESSETEUVÊ propôs, contra **ABECEDEFEGÊ COMERCIAL LTDA.**, demanda submetida ao procedimento comum.
[...].

2ª VARA CÍVEL DA COMARCA DE SALVADOR, ESTADO DA BAHIA
AUTOS N. 012345-78.2019.8.05.0001
PROCEDIMENTO COMUM
PARTE AUTORA: Eneopequê da Silva Esseteuvê
PARTE RÉ: Abecedefegê Comercial Ltda.

D E C I S Ã O

ENEOPEQUÊ DA SILVA ESSETEUVÊ propôs, contra **ABECEDEFEGÊ COMERCIAL LTDA.**, demanda submetida ao procedimento comum.
[...].

---

4. EMENTA

A ementa, consoante norma extraível do texto do art. 943, § 1º, do CPC, é obrigatória nos *acórdãos*. Nos demais atos decisórios, *não*.

MANUAL DA SENTENÇA CÍVEL

E, como se trata de um excerto cuja elaboração demanda algum esforço, a ementa não é de uso disseminado pelos juízos singulares, malgrado alguns juízes tenham o costume de utilizá-la por ocasião do proferimento da sentença.

Ao elaborar uma ementa, o órgão julgador antecipa, para o interessado, de maneira sintética, as normas geral e individualizada do caso concreto. Além disso, o uso da ementa facilita a indexação em sistemas informatizados, de modo a que se possa identificar a posição de determinado órgão julgador ao apreciar certas matérias.

Ela é composta de duas partes. A primeira, chamada de *verbetação*, contém expressões ou palavras-chave separadas por pontos de continuação. Ela antecede o *dispositivo*, que é a segunda parte da ementa, onde estão expostas as normas aplicadas pelo julgador no caso concreto.

NO CONCURSO PÚBLICO

Não aconselhamos que o candidato elabore ementa ao redigir uma sentença numa prova.

*E o motivo é muito simples: a **administração do tempo** é um dos grandes fatores com os quais o candidato, numa prova de concurso público, precisa lidar, e, como **não há exigência legal** de que o ato decisório **distinto** do acórdão seja ementado, a elaboração da ementa implicará **dispêndio desnecessário de tempo e de energia**.*

*O domínio da prática de elaboração de ementas exige exercícios específicos, já que toda ementa consiste numa espécie de **resumo do conteúdo** do ato decisório. Assim, tratando-se de ato decisório da lavra de um juízo singular, torna-se extremamente **arriscado** elaborar a ementa **antes** que o ato decisório esteja integralmente pronto, já que é muito comum que, no curso da elaboração de uma decisão, o juiz se veja compelido a desenvolver raciocínios cuja necessidade ele **não** previu.*

*Por isso, a ementa somente deve ser elaborada **depois** que a decisão estiver concluída.*

Aliás, é assim que acontece com os acórdãos: a ementa é o fruto da conclusão a que chegou o órgão julgador colegiado, depois que os seus integrantes já expuseram as suas posições.

*Em razão disso, o melhor caminho a ser seguido para a elaboração de uma ementa num ato decisório da lavra de um só julgador implica redigir, **primeiro**, a própria decisão. **Depois** de redigida a decisão, será elaborada a parte dispositiva da ementa, com base na análise e na solução que já houver sido dada às questões no corpo da decisão. E **somente depois** que estiver pronta a parte dispositiva da ementa é que deve ser elaborada a verbetação, que terá como base exatamente a parte dispositiva da própria ementa.*

*Trilha-se, destarte, um **caminho inverso** àquele com o qual o leitor se deparará, já que ele, o leitor, será apresentado, primeiro, à verbetação da ementa, passando, depois, para a sua parte dispositiva, e na sequência é que será posto em contato com o texto da decisão.*

Capítulo IX ♦ Início da elaboração da sentença: inserção de dados preambulares

> *Bem se vê que, se a decisão com ementa for elaborada com o auxílio de um software de edição de texto, o trabalho será significativamente facilitado. Se, todavia, tratar-se de uma peça manuscrita – como de resto acontece nos concursos públicos –, as **dificuldades** se multiplicam consideravelmente.*

5. EXPRESSÃO "VISTOS ETC."

Em um passado remoto, quando as decisões dos órgãos julgadores não precisavam ser fundamentadas, nem conter relatório, a expressão *"vistos etc."*[25], inserida imediatamente antes do início da redação do ato decisório, era utilizada com o propósito de demonstrar que o magistrado conhecia os *autos* do processo e tinha consciência da melhor fundamentação para solução do caso. Tratava-se, pois, de expressão que, a um só tempo, substituía o *relatório* e a *fundamentação*[26].

Hodiernamente, entretanto, *todos* os atos decisórios do Poder Judiciário devem ser *fundamentados* (CF, art. 93, IX). Além disso, como será demonstrado ao tratarmos do *relatório*, a entrada em vigor do atual CPC tornou clara a necessidade de elaboração do relatório em *todas* as decisões (CPC, art. 489, *caput*, I). Assim, o uso da expressão *vistos etc.* tornou-se absolutamente inócuo[27].

Se o magistrado, apesar disso, fizer a opção pelo uso da expressão, deve ela ser inserida entre o rótulo do ato (*sentença* ou *decisão*) e o início da redação do seu conteúdo.

---

[25] A expressão latina *et coetera* já traz em si a conjunção aditiva *e*, pois significa *e outras coisas*. Assim, a rigor, não há razão para o uso da conjunção *e* antecedendo a expressão latina (deve-se, pois, evitar a forma *e etc.*), nem para o uso da vírgula antes de *etc*. É a posição adotada nesta obra. Há, porém, quem defenda a necessidade da vírgula em razão de o acordo ortográfico dos países de língua portuguesa utilizar a expressão sempre precedida de vírgula. Também há quem defenda que o uso da vírgula é opcional.

[26] Como uma das acepções possíveis da expressão *vistos etc.* seria "vistos, relatados e discutidos os autos do processo", chega-se a afirmar que somente seria adequado o seu uso nos *acórdãos*, uma vez que somente haveria *discussão* nos julgamentos feitos por órgãos colegiados, já que o juízo singular decide sozinho. Assim, por essa ótica, a expressão *vistos etc.* não deveria ser utilizada nos atos decisórios praticados por um só julgador (decisões da lavra de juízes singulares e de órgãos julgadores unipessoais integrantes de órgãos colegiados, como é o caso do relator de um processo no tribunal). Entretanto, o preciosismo existente nessa lição é de todo estéril, seja porque o próprio uso da expressão *vistos etc.* é *dispensável* em qualquer situação, seja porque afirmar que o ato decisório da lavra de um só julgador não é fruto de *discussão* equivale a encapsular a *discussão* do caso aos integrantes do Poder Judiciário, ignorando, com isso, as amplas dimensões do princípio do *contraditório*, que exige, sim, *discussão* do tema, por todos os interessados, antes que a decisão seja proferida.

[27] No mesmo sentido, Jailton Jackson de Freitas Lopes Junior (*Sentença cível descomplicada*: técnicas de construção e esquemas de estruturação. 3. ed. Brasília: Editora CP Iuris, 2018, p. 35-36).

MANUAL DA SENTENÇA CÍVEL

NA PRÁTICA

2ª VARA CÍVEL DA COMARCA DE SALVADOR, ESTADO DA BAHIA
AUTOS N. 012345-78.2019.8.05.0001
PROCEDIMENTO COMUM
PARTE AUTORA: Eneopequê da Silva Esseteuvê
PARTE RÉ: Abecedefegê Comercial Ltda.

S E N T E N Ç A

Vistos etc.

ENEOPEQUÊ DA SILVA ESSETEUVÊ propôs, contra **ABECEDEFEGÊ COMERCIAL LTDA.**, demanda submetida ao procedimento comum.

[...].

NO CONCURSO PÚBLICO

Em um concurso público, o candidato deve sopesar que o uso da expressão "vistos etc." *não* implica, a rigor, um cometimento de erro, e, de outro lado, o não uso pode ensejar algum tipo de crítica por um examinador mais apegado às formas tradicionais.

No efetivo exercício das atividades judicantes, porém, a aludida expressão deve ser extirpada da prática diária.

CAPÍTULO X

ELABORAÇÃO DO RELATÓRIO: ASPECTOS GERAIS

◆ **SUMÁRIO**

1. Funções: **1.1** Função interna ou endoprocessual; **1.2** Funções externas ou exoprocessuais – **2.** Indispensabilidade: **2.1** Base legal; **2.2** "Dispensa" legal; **2.3** Efeitos da falta de relatório formal – **3.** Relação com o sistema de precedentes judiciais – **4.** Relação com a fundamentação e com o dispositivo – **5.** Aspectos redacionais específicos: **5.1** Narração fiel do conjunto de fatos, sem tomadas de posição; **5.2** Maior ou menor destaque, de acordo com a importância do fato; **5.3** Sequência cronológica dos fatos ocorridos dentro dos autos – **6.** Situações com potencial para dificultar a elaboração do relatório e sugestões para lidar com elas: **6.1** Peças postulatórias de conteúdo extenso; **6.2** Imperfeições em peças postulatórias de conteúdo importante; **6.3** Constatação de que a sequência de fatos dentro do processo não retrata a ordem cronológica dos fatos ocorridos fora do processo.

1. FUNÇÕES

A inclusão do *relatório* como requisito essencial dos atos decisórios, ao lado da *fundamentação* e do *dispositivo*, tem tripla função.

Delas, uma produz efeitos *dentro* do próprio processo – é *interna* ou *endoprocessual*, portanto – e duas são voltadas para produzir efeitos *fora* do processo no qual a decisão é proferida – são, pois, *externas* ou *exoprocessuais*.

1.1 Função interna ou endoprocessual

Quando examinado estritamente à luz da sua função interna, o *relatório* corresponde à *primeira* etapa da sequência lógica clássica a que está submetido o ato decisório.

De fato, tal sequência é revelada por um encadeamento em que, *primeiro*, o órgão jurisdicional expõe o caso sob julgamento, indicando as questões que serão apreciadas – *relata*, pois –, para, em seguida, *analisar*, na *fundamentação*, as mencionadas questões – identificando, com isso, a norma geral a ser aplicada no caso concreto – e, ao final, estabelecer a norma individualizada do caso concreto, que regerá a relação entre os diversos interessados, *dispondo* a respeito da postulação que lhe foi dirigida.

Está aí, nessa sequência, a relação lógica entre o *relatório*, a *fundamentação* e o *dispositivo* de um ato decisório.

1.2 Funções externas ou exoprocessuais

Uma das funções externas do *relatório* consiste no atendimento a uma necessidade de ordem política, já que é por meio dele e da fundamentação que o magistrado demonstra, não só às partes e a outros eventuais interessados no processo, mas à sociedade de um modo geral, que está exercitando, de modo responsável, o poder de que foi constitucionalmente investido.

Assim, ao demonstrar (*i*) que sabe quem são os litigantes, (*ii*) que identifica, com exatidão, o caso, (*iii*) que percebe quais as questões que foram postas sob a sua apreciação e (*iv*) que tem ciência das principais ocorrências havidas no curso do procedimento, o juiz, sob o aspecto político, presta uma reverência, no palco processual, ao Estado Democrático de Direito.

A outra função externa desempenhada pelo *relatório* será objeto de análise em item separado. Resumidamente, trata-se da função de possibilitar a interpretação do precedente judicial, uma vez que é no *relatório* que se situa a exposição do caso concreto, e sem tal exposição não é possível identificar os *fundamentos determinantes* da decisão judicial, a chamada *ratio decidendi*. Como a *ratio decidendi* possui aptidão para ser universalizada, mediante a sua aplicação em casos concretos similares, fica clara a função exoprocessual desempenhada, no particular, pelo *relatório*.

Bem se vê, pois, que a intensa valorização dos precedentes judiciais pelo sistema processual elevou, em muito, a importância do *relatório* nas decisões judiciais, em especial na *sentença*.

2. INDISPENSABILIDADE

Basta pousar os olhos na tripla função do relatório para perceber que a sua presença é *indispensável* em *todo* ato decisório, seja pela circunstância de ele compor a tela que confere ao ato decisório um sequenciamento lógico, seja por reverência ao Estado Democrático de Direito, seja pelo fato de toda decisão judicial ser dotada, em tese, de potencial para que dela seja extraído um precedente[1].

Exatamente por isso é imprescindível que, no sistema jurídico, existam textos legais dos quais se colham normas reveladoras da *indispensabilidade* do *relatório* nas decisões judiciais.

---

[1] Por óbvio, nem todo precedente é dotado do chamado efeito *vinculante* ou *obrigatório*. Por isso, ao aludirmos ao fato de que toda decisão judicial é dotada, em tese, de potencial para que dela seja extraído um precedente, apenas nos referimos a precedentes em geral.

Ao lado de tais textos, porém, há outros em que se veem referências expressas à *"dispensa"* de elaboração do relatório. É o que se dá com o enunciado do *caput* do art. 38 da Lei n. 9.099, de 26 de setembro de 1995, no qual consta que o juízo singular, ao proferir a *sentença* em processo em curso por Juizado Especial Cível, estaria *dispensado* de elaborar o relatório. No art. 770 do CPC, que integra a disciplina da ratificação dos protestos marítimos e dos processos testemunháveis formados a bordo, também há alusão à *dispensa* do relatório.

Diante desse panorama, é preciso (*i*) identificar a base legal em que se assenta a norma da *indispensabilidade* do relatório em *todas* as decisões, (*ii*) atribuir a adequada dimensão a enunciados normativos em que há alusão à *"dispensa"* de elaboração de relatório e (*iii*) determinar os efeitos decorrentes da falta de relatório formal.

NO CONCURSO PÚBLICO

*O mais comum é que, em provas de concurso público para a magistratura, **não** se exija a elaboração de relatório formal. Na maior parte dos casos, há, no enunciado do quesito, orientação no sentido de que o candidato tome o próprio enunciado como se relatório fosse.*

***Atenção**, porém: a menos que a **dispensa** de elaboração de relatório formal esteja **expressamente** prevista em lei, nas regras gerais que regem o concurso ou no próprio enunciado da questão, o candidato **deverá** destinar um trecho do ato decisório à elaboração do relatório.*

*Nessa hipótese, é de suma importância que o candidato tenha a adequada dimensão a respeito da distribuição do **tempo**, de modo a que seja destinado um interregno suficiente para a fundamentação e o dispositivo, que são capítulos do ato decisório que exigem maior empenho para elaboração.*

*E, se for o caso de quesito em que houver estipulação de um número máximo de linhas ou de páginas para resposta, todo o cuidado será necessário para **evitar** que o espaço ocupado pelo relatório prejudique a redação dos demais excertos da sentença.*

*Em resumo, tratando-se de quesito que exija a elaboração de **relatório**, deverá o candidato lançar mão de uma redação precisa, de modo a que sejam atendidas as exigências legais (CPC, art. 489, caput, I) com o máximo de economia de palavras.*

2.1 Base legal

O texto do *caput* do art. 489 do CPC anuncia os elementos essenciais da *sentença*, fazendo alusão, no inciso I, ao *relatório*.

É preciso que se compreenda que ali o vocábulo *sentença* é utilizado em sentido amplo, como sinônimo de *decisão judicial*, e não no sentido estrito, tal como definido no enunciado do § 1º do art. 203 do mesmo código.

Assim, por força de norma diretamente extraída de texto legal (CPC, art. 489, I), em *toda* decisão judicial deve haver *relatório*.

E não se pode estranhar o fato de haver textos legais em que o vocábulo *sentença* é empregado como gênero, sinônimo de *decisão judicial*.

Efetivamente, há, no CPC, diversas situações assim. Os exemplos a seguir – e são apenas alguns, dentre dezenas de exemplos possíveis – bem demonstram:

a) nos enunciados dos arts. 502 e 503, que integram a disciplina da coisa julgada, há alusões a *decisão*. De fato, independentemente da espécie, o ato decisório que se subsuma às previsões dos arts. 502 e 503 do CPC estão submetidos aos efeitos previstos nos aludidos dispositivos. Ao lado disso, nos arts. 504 a 506, que também disciplinam a coisa julgada, há diversas referências a *sentença*, e não a *decisão*. Obviamente, levando-se em consideração os textos dos arts. 502 e 503, a única forma de se obter uma interpretação razoável dos enunciados dos arts. 504 a 506 é atribuindo ao vocábulo *sentença*, utilizado em tais dispositivos, o sentido de *ato decisório*, independentemente da espécie;

b) no rótulo do Capítulo XIV do Título I do Livro I da Parte Especial, bem como nos textos dos arts. 509 a 512, que integram o aludido Capítulo e cuidam da disciplina da liquidação das decisões judiciais, há referência, apenas, a liquidação da *sentença*. Nenhuma dúvida pode haver, porém, de que a decisão interlocutória a que se refere o art. 356 também é passível de liquidação (art. 356, §§ 2º e 4º). Igualmente, é passível de liquidação o acórdão ilíquido proferido pelo tribunal no julgamento, por exemplo, de causa da sua competência originária. É bastante isso para se depreender que todo o conjunto normativo extraível dos textos dos art. 509 a 512, que tratam da liquidação da *sentença*, é aplicável, em verdade, a *todas* as *decisões judiciais*, e não apenas às *sentenças* em sentido estrito, donde a conclusão de que, também nesse caso, o vocábulo *sentença* está empregado como sinônimo de *decisão judicial*; e

c) o Título II e seus Capítulos II a VI do Livro I da Parte Especial contêm o vocábulo *sentença* nos seus rótulos: eles tratam do chamado cumprimento da *sentença*. Ao lado disso, uma grande quantidade de dispositivos que fazem parte do aludido Título tem o substantivo *sentença* no seu enunciado. É óbvio, entretanto, que também é possível requerer o cumprimento, provisório ou definitivo, da decisão interlocutória de que trata o art. 356 (§§ 2º a 4º), do mesmo modo como é possível que o comando contido num acórdão seja submetido ao regime do cumprimento provisório. Também podem se submeter a tal regime decisões unipessoais, da lavra do relator de um processo no tribunal. E o reconhecimento legislativo dessa possibilidade é revelado pelo fato de haver outro tanto de dispositivos, nesse mesmo trecho do código, em que a referência é feita a *decisão*, e não a *sentença* (*v. g.* dos arts. 522, parágrafo único, I; 523, *caput*; 525, § 15; e 535, § 8º). Percebe-se, portanto, que o que é passível de *cumprimento* não é apenas a *sentença*, em sentido estrito, mas a *decisão judicial*, donde a inferência lógica de que as alusões a *sentença*, em todo esse trecho do código, são, em verdade, menções a qualquer *ato judicial decisório*.

Também na Constituição Federal o vocábulo *sentença* é utilizado em sentido amplo. Basta lembrar que no texto da alínea *m* do inciso I do art. 102[2] ele é expressamente empregado como sinônimo de ato decisório praticado pelo Supremo Tribunal Federal.

Repita-se, pois: por força de norma diretamente extraída de texto legal (CPC, art. 489, I), em *toda* decisão judicial deve haver *relatório*.

Aliás, há, no CPC, diversos dispositivos nos quais constam menções ao *relatório*, como elemento essencial da decisão, seja mediante alusão expressa, seja indiretamente, por meio de referências às circunstâncias fáticas que marcam o caso concreto (*v. g.* dos arts. 489, § 2º, 926, § 2º, 931, 971, *caput*, e 1.038, § 2º).

Nessa mesma linha, vale lembrar, ainda, que *não* há, no CPC, texto similar ao que constava no art. 165 do CPC/73[3]. O mencionado dispositivo do código revogado vinculava o *relatório* apenas às sentenças e aos acórdãos, gerando a compreensão, à época, de que as demais decisões prescindiam de *relatório*.

Destarte, o relatório é elemento essencial, não só da *sentença* em sentido estrito, mas de *todos* os atos decisórios, aí incluídos aqueles aos quais o nosso interesse se estende: as decisões interlocutórias por meio das quais é prestada a tutela definitiva (CPC, arts. 354, parágrafo único, e 356).

2.2 "Dispensa" legal

Há texto normativo na Lei n. 9.099, de 26 de setembro de 1995, no sentido de que o juízo singular, ao proferir a *sentença* em processo em curso por Juizado Especial Cível, está "*dispensado*" de elaborar o relatório: "*A sentença mencionará os elementos de convicção do juiz, com breve resumo dos fatos relevantes ocorridos em audiência, dispensado o relatório*" (art. 38, *caput*).

Tal *dispensa* é estendida aos processos em curso pelos Juizados Especiais da Fazenda Pública (Lei n. 12.153, de 22 de dezembro de 2009, art. 27[4]) e pelos Juizados Especiais Federais (Lei n. 10.259, de 12 de julho de 2001, art. 1º[5]).

---

[2] Art. 102. Compete ao Supremo Tribunal Federal, precipuamente, a guarda da Constituição, cabendo-lhe:
I – processar e julgar, originariamente: [...]
m) a execução de *sentença* nas causas de sua competência originária, facultada a delegação de atribuições para a prática de atos processuais.

[3] Art. 165. As sentenças e acórdãos serão proferidos com observância do disposto no art. 458; as demais decisões serão fundamentadas, ainda que de modo conciso.

[4] Art. 27. Aplica-se subsidiariamente o disposto nas Leis n. 5.869, de 11 de janeiro de 1973 – Código de Processo Civil, 9.099, de 26 de setembro de 1995, e 10.259, de 12 de julho de 2001.

[5] Art. 1º São instituídos os Juizados Especiais Cíveis e Criminais da Justiça Federal, aos quais se aplica, no que não conflitar com esta Lei, o disposto na Lei n. 9.099, de 26 de setembro de 1995.

Comumente, a justificativa para tanto é dada com base no texto do art. 2º da Lei n. 9.099: "*O processo orientar-se-á pelos critérios da oralidade, simplicidade, informalidade, economia processual e celeridade, buscando, sempre que possível, a conciliação ou a transação*".

É preciso, porém, atribuir a adequada dimensão a essa *dispensa*.

Efetivamente, é importante notar que, no mesmo dispositivo em que há referência à *dispensa* do relatório, existe, também, alusão à necessidade de que o juiz faça um "*breve resumo dos fatos relevantes ocorridos em audiência*"[6].

Ao lado disso, tratando-se de procedimento cível no âmbito dos Juizados Especiais, a previsão da Lei n. 9.099 é a de que, com exceção dos atos (*i*) de apresentação, de registro, de distribuição e de autuação do pedido, (*ii*) de designação da sessão de conciliação e (*iii*) de citação (arts. 14, 16 e 18), *todos* os demais atos do procedimento estão previstos para ocorrer preferencialmente *em audiência*.

Esse conjunto é revelador de que o "*breve resumo dos fatos relevantes ocorridos em audiência*" corresponde, em verdade, a um *relato resumido* dos fatos relevantes ocorridos no processo. Trata-se, pois, sem qualquer sombra de dúvida, de um *relatório*.

Ademais, ainda segundo texto da mesma Lei n. 9.099, tendo havido produção de prova oral, deve "*a sentença referir, no essencial, os informes trazidos nos depoimentos*" (art. 36).

Não há dificuldade, portanto, para se assimilar que, no microssistema normativo dos Juizados Especiais Cíveis, há, de um lado, texto normativo que alude à *dispensa* de elaboração de relatório e, de outro, textos normativos que estabelecem que, na *sentença*, o juiz faça um "*breve resumo dos fatos relevantes ocorridos em audiência*", sendo que, no caso de ter havido produção de prova oral, deve ser feita referência, "*no essencial*", aos "*informes trazidos nos depoimentos*".

Mas há mais dois fatores a sopesar.

O *primeiro* decorre da obviedade de que o juízo singular, ao proferir a *sentença* num processo em curso por Juizado Especial Cível, deverá fazer alusão aos *nomes das partes*.

Já o *segundo* é fruto da constatação, igualmente óbvia, de que, ao fundamentar a resolução das questões – e nenhuma dúvida pode haver de que, em razão da sua origem constitucional, não há como ser flexibilizada, no âmbito dos Juizados Especiais Cíveis, a regra da fundamentação das decisões judiciais (CF, art. 93, IX[7]) –, o órgão julgador, por força da necessidade de redigir

---

[6] Um *resumo* já é, por si só, uma "exposição abreviada" (FERREIRA, Aurélio Buarque de Holanda. *Novo dicionário Aurélio da língua portuguesa*. 4. ed. Curitiba: Positivo, 2009, p. 1748-1749). Por isso, é inegável a existência de superfetação na expressão legal *breve resumo*.

[7] Art. 93. Lei complementar, de iniciativa do Supremo Tribunal Federal, disporá sobre o Estatuto da Magistratura, observados os seguintes princípios: [...]

um texto inteligível, se vê obrigado a mencionar a origem do surgimento das controvérsias.

Os exemplos a seguir, envolvendo expressões comumente encontradas na redação da fundamentação de atos decisórios, são reveladores desse fato: *"quanto à alegação de incompetência"* (excerto redacional que *relata* o fato de que houve alegação de incompetência do juízo para processar e julgar a causa); *"no que se refere ao argumento de que há ilegitimidade"* (frase que *relata* a ocorrência de alegação de ilegitimidade); *"não tem razão a parte ré ao defender a tese de que"* (expressão que *relata* o fato de a parte ré haver defendido determinada tese).

Assim, bem observado o texto da fundamentação, é perfeitamente possível extrair, por meio da soma de fragmentos seus, o conjunto dos eventos que marcaram o curso do procedimento.

Perceba-se, agora, numa visão global, o panorama formado, quanto ao *relatório*, tratando-se de ato decisório praticado em processo cível em curso por Juizado Especial:

1) há previsão legal de *dispensa* de elaboração de relatório (Lei n. 9.099, art. 38, *caput*);

2) há exigência legal de que, na *sentença*, o juiz faça um *"breve resumo dos fatos relevantes ocorridos em audiência"* (Lei n. 9.099, art. 38, *caput*);

3) a lei exige que, no caso de ter havido produção de prova oral, a *sentença* deve conter referência, *"no essencial"*, aos *"informes trazidos nos depoimentos"* (Lei n. 9.099, art. 36);

4) os nomes das partes são necessariamente indicados; e

5) por meio da soma de fragmentos do texto da fundamentação, é possível compor a sequência de eventos que marcou o processo.

A conclusão, portanto, é uma só: a *dispensa* do relatório a que se refere o art. 38 da Lei n. 9.099 não passa de uma *dispensa* legal expressa da elaboração, na redação da sentença, de um *capítulo formal* e *exclusivamente* dedicado ao *relatório*.

A mesmíssima linha de raciocínio é aplicável quanto à *dispensa* mencionada no art. 770 do CPC.

Na verdade, tais *dispensas*, na prática, resultam, apenas, na *pulverização* do relatório ao longo da fundamentação.

Normas desse tipo, pois, produzem eficácia apenas no plano cosmético do ato decisório. Na essência, nada muda.

IX – todos os julgamentos dos órgãos do Poder Judiciário serão públicos, e *fundamentadas todas as decisões*, sob pena de nulidade [...].

2.3 Efeitos da falta de relatório formal

Como em *toda* decisão judicial deve haver *relatório*, é preciso identificar, agora, as consequências decorrentes da *ausência*, no ato decisório, de um capítulo *formalmente* dedicado ao *relatório*, numa decisão que *não* se encontre abrangida por norma que *dispense* a existência de *relatório* formal.

A identificação de tais consequências é rigorosamente dependente da resposta que se dê à seguinte indagação: examinado o caso concreto, a falta de capítulo especificamente destinado ao *relatório* conduziu a que o ato decisório gerasse *prejuízo* para algum dos sujeitos do processo?

Se a resposta for *negativa*, nenhum motivo haverá para que o ato decisório sofra a sanção de invalidação (CPC, art. 283, parágrafo único).

Há, porém, uma tendência jurisprudencial no sentido de que a só falta do relatório já conduziria à ocorrência de prejuízo, uma vez que prejudicaria a análise da controvérsia[8].

Na verdade, um exame mais detido de situações assim revela que a causa do prejuízo *não* é a ausência de *relatório*, mas a inexistência da própria análise da controvérsia. O defeito gerador da invalidação, pois, não estaria na falta do *relatório*, mas na ausência da *fundamentação*. Basta lembrar que, se a controvérsia houver sido *analisada*, será possível extrair da *análise* as ocorrências processuais que fizeram com que a controvérsia se instalasse. Assim, o caso, rigorosamente, seria de ausência de um *capítulo* do ato decisório *formalmente* destinado ao *relatório*, o que não se confunde com falta de relatório.

Por fim, cumpre lembrar que, mesmo que se trate de situação em que seja identificada a ocorrência de *prejuízo* para qualquer dos sujeitos do processo em razão da falta de *relatório*, posta a questão da nulidade do ato para apreciação por tribunal, deve a corte julgadora estar atenta para que se evite, tanto quanto possível, o retorno dos autos para que o juízo prolator da decisão recorrida pratique novo ato decisório.

Assim é que, se o processo estiver em situação que comporte imediato julgamento do mérito, deve o tribunal julgar o mérito, *mesmo* que tenha invalidado a decisão.

Efetivamente, se assim se deve dar com a decisão judicial *incongruente* com os limites do pedido ou da causa de pedir (CPC, art. 1.013, § 3º, II) e com a

---

[8] "*A falta do relatório do acórdão recorrido é imprescindível para o exame da controvérsia concernente à existência de nulidade no acórdão, porquanto é nele que consta a aventada nulidade e omissão*" (AgRg no Ag 971.008/RJ, rel. Min. Luis Felipe Salomão, Quarta Turma, julgado em 27-9-2011, *DJe* 4-10-2011). Na mesma linha, "*O relatório é requisito essencial e indispensável da sentença e a sua ausência prejudica a análise da controvérsia, suprimindo questões fundamentais para o julgamento do processo*" (RMS 25.082/RJ, rel. Min. Denise Arruda, Primeira Turma, julgado em 21-10-2008, *DJe* 12-11-2008).

decisão *sem fundamentação* (CPC, art. 1.013, § 3º, IV), outra não pode ser a solução para o caso de uma decisão da qual não seja possível extrair o *relatório*.

3. RELAÇÃO COM O SISTEMA DE PRECEDENTES JUDICIAIS

Não é recente o histórico do respeito aos precedentes judiciais no sistema processual brasileiro. Ele teve origem nos *assentos* da Casa de Suplicação, no Brasil ainda submetido ao domínio português, passou pelas decisões do então Supremo Tribunal de Justiça, após a independência, ainda no século XIX, ganhou mais corpo com o CPC/73 e cresceu significativamente com o atual CPC[9].

De fato, o CPC não só ampliou consideravelmente o elenco de precedentes judiciais com eficácia vinculante, disciplinando a formação da maioria deles, como estruturou um conjunto normativo francamente voltado para conduzir o operador do Direito a cultuar os precedentes.

São exemplos evidentes disso os dispositivos que versam sobre tutela da evidência (art. 311, II), improcedência liminar do pedido (art. 332, *caput*), fundamentação da decisão judicial (art. 489, § 1º, V e VI), remessa necessária (art. 496, § 4º), prestação de caução em cumprimento provisório de decisão judicial (521, IV), deveres dos tribunais quanto à sua jurisprudência (art. 926), poder do relator para proferir decisão unipessoal (art. 932, IV e V, e 955, parágrafo único) e ação rescisória (art. 966, § 5º).

É bastante a referência a esse elenco de situações em que os precedentes são venerados para se concluir que se tornou impossível o exercício responsável de qualquer atividade no mundo jurídico sem que o operador do Direito dedique a adequada atenção aos precedentes judiciais, mormente aqueles dotados de eficácia vinculante.

Perceba-se, ademais, que uma comparação entre o texto do art. 489, *caput*, I, do CPC e o texto do art. 458, I, do CPC/73 revela que, quanto ao conteúdo do relatório, houve, no atual código, a manutenção das mesmas exigências constantes no código revogado, com o *acréscimo* de uma expressão: o relatório deverá conter também a *identificação do caso*.

Trata-se de exigência umbilicalmente ligada à circunstância de que toda decisão judicial é dotada, em tese, de potencial para que dela seja extraído um *precedente*. E *"Não se pode aplicar ou deixar de aplicar um precedente, sem saber se os fatos da causa a ser decidida se assemelham ou se distinguem dos fatos da causa que gerou o precedente. Daí a importância do relatório, onde deve estar a correta e minuciosa exposição da causa"*[10].

---

[9] CRAMER, Ronaldo. *Precedentes judiciais*: teoria e dinâmica. Rio de Janeiro: Forense, 2016, p. 42-49.
[10] DIDIER JR., Fredie; BRAGA, Paula Sarno; OLIVEIRA, Rafael Alexandria de. *Curso de direito processual civil*. 13. ed. Salvador: JusPodivm, 2018, v. 2, p. 361.

Esse conjunto formado *(i)* pela intensa valorização dos precedentes judiciais, claramente perceptível ao longo da história e agudizada pelo atual CPC, *(ii)* pela impossibilidade de interpretação e aplicação do precedente sem que se identifique, por meio do relatório (esteja ele, ou não, *formalmente* posto num capítulo do ato decisório), o caso concreto e *(iii)* pelo fato de o CPC, quando cotejado com o CPC/73, haver aumentado as exigências legais quanto ao conteúdo do relatório revela a íntima relação entre o *relatório* das decisões judiciais e o sistema de precedentes, do que se depreende que o *relatório* cresceu de importância na mesma medida em que os precedentes foram valorizados.

4. RELAÇÃO COM A FUNDAMENTAÇÃO E COM O DISPOSITIVO

O *relatório*, a *fundamentação* e o *dispositivo* são partes estruturais de um todo lógico que é o *ato decisório*.

Assim, não se deve *analisar*, na *fundamentação*, questão que não tenha sido objeto de referência no *relatório*. Do mesmo modo, não se deve *resolver*, no *dispositivo*, questão que não houver sido objeto de *análise* na *fundamentação*.

> **PARA NÃO ESQUECER**
>
> Resumidamente, não se deve **fundamentar** a respeito do que não houver sido **relatado**; nem se deve **decidir** sobre o que não houver sido **fundamentado**.
>
> Nas nossas aulas, costumamos enunciar, repetidamente, uma frase construída com o propósito de facilitar a fixação do assunto: *"não fundamento sobre o que não relatei, nem decido sobre o que não fundamentei"*.

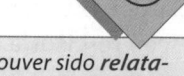

5. ASPECTOS REDACIONAIS ESPECÍFICOS

O *relatório* da sentença, tal como acontece com os excertos concernentes à *fundamentação* e ao *dispositivo*, deve ser redigido à luz das *peculiaridades* que marcam esse específico trecho do ato decisório.

A existência de *peculiaridades*, porém, em *nada* altera o conjunto de orientações contido no capítulo em que tratamos dos aspectos redacionais gerais, já que tais orientações, *gerais* que são, abrangem o conteúdo da *íntegra* do ato decisório.

Na linha das *peculiaridades*, há um fator que exerce *substancial* influência na redação do relatório, determinando o que deverá merecer ou não destaque especial na narrativa. É que o juiz, ao iniciar a redação do relatório, *já sabe* como serão resolvidas as questões que enfrentará e, pois, fará a descrição dos autos de acordo com a importância que cada fato possuir para que tal resolução se dê.

Capítulo X ◆ Elaboração do relatório: aspectos gerais

5.1 Narração fiel do conjunto de fatos, sem tomadas de posição

O relatório *não* é o trecho do ato decisório adequado para a tomada de qualquer tipo de posição.

Trata-se de um texto *narrativo*, ao qual são agregadas características de um texto *descritivo objetivo*.

Nele é *narrada* a sucessão de acontecimentos registrados nos autos, desde a apresentação da petição inicial até o momento em que os autos foram feitos conclusos para que o órgão julgador profira a decisão, mediante o uso de uma linguagem *denotativa*, que retrate, com o máximo de exatidão, o conteúdo dos autos, *sem* opiniões.

> **PARA NÃO ESQUECER**
>
> *Sempre com o propósito de facilitar o aprendizado dos nossos alunos, costumamos lançar mão, nas nossas aulas, de uma comparação que acreditamos contribuir para a adequada percepção a respeito dos cuidados redacionais a serem adotados na elaboração do relatório.*
>
> *Assim é que é comum realçarmos que o órgão julgador deve utilizar, no relatório, uma redação que aproxime o texto, ao máximo, das características físicas da água: o relatório deve ser **insípido**, **inodoro** e **incolor**.*

E, como se trata da narração de um conflito – o que conduz a que a atuação dos personagens seja marcada pela *parcialidade* das suas posições –, ao elaborar o *relatório*, o magistrado deve se valer de recursos redacionais[11] que permitam ao leitor perceber, com clareza, quais são as afirmações das partes e as conclusões a que elas chegaram, sem confundi-las com as afirmações e as conclusões do juiz.

> **NA PRÁTICA**
>
> *Para que o leitor da sentença possa distinguir, com clareza, aquilo que, no texto, corresponde às afirmações das partes, e não a assertivas do juiz, a utilização de determinados verbos no pretérito perfeito muito contribui para deixar claro que se trata de uma descrição do conteúdo dos autos.*

---

[11] Os *recursos redacionais* a que nos referimos abrangem as situações em que o ato decisório é praticado oralmente, em audiência (CPC, art. 366; Lei n. 9.099/95, art. 28). Efetivamente, não se pode perder de vista que a *documentação* da decisão proferida oralmente se dá por meio de um *texto* cujo conteúdo deve corresponder, com exatidão, ao quanto foi dito pelo juiz. Tanto é suficiente para se perceber que tudo quanto se disser relativamente a uma decisão *digitada* diretamente pelo magistrado é plenamente aplicável para o caso de uma decisão *ditada* pelo magistrado.

> *É o caso do uso de termos como "disse", "declarou", "afirmou", "alegou", "asseriu", "asseverou", "narrou", "expôs", "relatou", "informou", "respondeu", "redarguiu", "retrucou" e outros de sentido semelhante.*
>
>> *a) – "Na sequência, **disse** a parte autora que [...]";*
>> *b) – "Ao responder, a parte ré **asseverou** que [...];*
>> *c) – "O demandado, de sua vez, **afirmou** que [...]".*
>
> *Já relativamente às conclusões a que as partes chegarem nas suas respectivas peças, é aconselhável o uso, sempre que possível, do verbo no futuro do pretérito, como se vê nos excertos a seguir:*
>
>> *a) – "... e como, segundo a parte autora, a cobrança do tributo está embasada em norma inconstitucional, **teria** ela, então, o direito de reaver o quanto pagou";*
>> *b) – "Entende a parte ré que, por falta interesse de agir, o caso **seria** de extinção do processo sem resolução do mérito";*
>> *c) – "Baseada na alegação de que detém a guarda do filho incapaz do casal, a parte ré defendeu o raciocínio de que o juízo competente para o processamento e o julgamento do pleito de dissolução da relação de união estável **seria** o Juízo da Vara de Família da Comarca de [nome da comarca]".*
>
> *Nessa mesma linha, **não** é – nem de longe! – aconselhável a utilização de termos que revelem **tendência** do órgão julgador para resolver certa questão de determinado modo. Por isso, o uso de adjetivos, locuções adjetivas, advérbios e locuções adverbiais deve ser, tanto quanto possível, **evitado** na redação do relatório.*
>
> *A título de exemplo, se o magistrado lançar mão, no relatório, de expressões como **"apesar de** regularmente citado..." ou **"tempestivamente** apresentada a contestação", estará ele tomando, de forma velada ou clara, posição a respeito da regularidade do ato citatório e da tempestividade da apresentação da contestação.*
>
> *Repetimos: **o relatório não é o local adequado para tomadas de posição**.*
>
> *Por fim, cumpre lembrar – ainda dentro da necessidade de que se demonstre que está havendo narração **fiel** do conjunto de fatos ocorridos dentro do processo – que o julgador deve, sempre, fazer a indicação precisa do **local dos autos** em que foram colhidos os dados por ele utilizados[12].*

5.2 Maior ou menor destaque, de acordo com a importância do fato

Não se pode, jamais, perder de vista que, ao *iniciar* a redação do ato decisório, o julgador *já* procedeu à leitura de todo o conteúdo dos autos; *já* identifi-

---

[12] A precisa indicação do local dos autos em que se encontram os dados utilizados pelo juiz pode se dar de diversas formas, a depender de os autos serem *físicos* ou *eletrônicos*. Assim é que, tratando-se de

cou e coletou os dados úteis; *já* distinguiu, dentre tais dados, os que são referentes à admissibilidade do exame do mérito dos atinentes ao exame do próprio mérito da causa; *já* concluiu que as questões postas sob apreciação se encontram suficientemente maduras para resolução; e *já* organizou a sequência em que as questões serão resolvidas, considerando a possibilidade de elas manterem, entre si, relação de subordinação.

Assim, ao *começar* a redigir, o magistrado *já sabe*, com precisão, o que constará no texto. Ele – e isso é fundamental! – sabe *exatamente* qual a resolução que dará a cada uma das questões que enfrentará.

Esse fator é *substancialmente* relevante para a forma como, no relatório, serão descritos os fatos, mormente quanto ao *destaque* que a eles deverá ser dado, uma vez que, fatalmente, haverá informações com graus distintos de importância para os raciocínios que serão desenvolvidos no ato decisório.

Apenas a título de exemplo, tome-se por base a formulação, na petição inicial, de um pleito de concessão de tutela provisória. O fato de o pleito haver sido formulado deverá ser mencionado no relatório, independentemente de outros fatores. Perceba-se, porém, que a importância desse pleito será maior ou menor a depender de haver sido ele deferido ou não no curso do processo e, principalmente, a depender de o caso ser de acolhimento ou de rejeição do pedido principal.

Assim, se o juiz, por exemplo, estiver diante de um caso em que o pedido principal será *rejeitado* e, no curso do processo, o pleito de concessão de tutela provisória foi *indeferido*, bastará que, no relatório, no momento em que estiver sendo descrita a petição inicial, haja referência ao fato de que houve pleito de concessão de tutela provisória e, depois, de acordo com a ordem cronológica dos fatos dentro do processo, seja feita referência à decisão por meio da qual o pleito foi denegado.

A situação será bem diferente se, por exemplo, o pleito de concessão de tutela provisória houver sido *parcialmente deferido* e o juiz constatar que o caso é de *acolhimento total* do pedido principal. Nesse caso, o magistrado deverá, na sentença, se manifestar a respeito da "confirmação" da tutela provisória, do que resultará, como reflexo prático, a produção imediata de efeitos da sentença quanto ao acolhimento do pedido principal (CPC, art. 1.012, V). Essa imediata produção de efeitos, entretanto, somente se dará quanto ao trecho do acolhimento do pedido principal que *coincidir* com a tutela provisória anteriormente concedida. Numa situação dessa, será fundamental que, no *relatório*,

---

autos *físicos*, deve ser indicada a *folha* dos autos. Se os autos forem *eletrônicos*, tudo dependerá da forma utilizada pelo sistema respectivo, que pode aludir, por exemplo, ao identificador de certo documento ("*Id*"), ao "*evento*" ocorrido nos autos ou mesmo à "*folha*" dos autos. Seja qual for a forma, a indicação do local dos autos deve ser feita logo em seguida à utilização das informações, entre parênteses.

conste, expressamente, o que foi postulado na petição inicial, a título de tutela provisória, e o que foi concedido, também a tal título, para que se possa distinguir, com precisão, qual o trecho do acolhimento do pedido principal que produzirá efeitos imediatamente.

5.3 Sequência cronológica dos fatos ocorridos dentro dos autos

A opção mais confortável para redação do *relatório* de um ato decisório é a consistente em narrar os fatos em atendimento à *sequência cronológica* ocorrida *dentro* dos autos[13].

Imagine-se, por exemplo, que a parte autora, após a apresentação da petição inicial, valendo-se da norma que se colhe do enunciado do art. 329 do CPC, tenha apresentado uma peça de *aditamento*, acrescentando mais causas de pedir e mais pedidos às causas de pedir e aos pedidos originalmente apresentados. A redação do *relatório* fluirá melhor, sem dúvida, se o conteúdo da petição inicial for descrito tal qual foi ela apresentada e, depois, o fato consistente na apresentação do aditamento for narrado, com a descrição da peça respectiva. Com toda a certeza, o exercício consistente na produção de um texto que organize, de uma só vez, todas as causas de pedir e todos os pedidos, à luz do conjunto formado pelas duas peças, tem grande potencial para ser um exercício penoso.

Por isso, a *nossa* opção é pela elaboração do *relatório* em obediência à *sequência cronológica* dos fatos ocorridos *dentro* do processo.

6. SITUAÇÕES COM POTENCIAL PARA DIFICULTAR A ELABORAÇÃO DO RELATÓRIO E SUGESTÕES PARA LIDAR COM ELAS

São três as situações que mais comumente revelam potencial para, em tese, dificultar a elaboração do *relatório*.

Uma delas decorre da existência, nos autos, de peças postulatórias de conteúdo extenso, o que exige a adoção de estratégia redacional eficiente para que o relatório, a um só tempo, não fique indevidamente longo, nem seja omisso.

Outra é fruto de imperfeições em peças integrantes dos autos, cujo conteúdo, pela importância que tem, deva ser objeto de referência no relatório. É o caso de uma petição inicial ou de uma contestação redigidas sem apego à boa técnica.

---

[13] O magistrado pode, se assim quiser, optar por uma narrativa que não atenda à ordem *cronológica* de ocorrência dos fatos *dentro* do processo. Isso, por si só, não impedirá a produção de um texto claro, coerente e congruente. Mas implicará – e isso será percebido com facilidade – mais dispêndio de energia.

Finalmente, a terceira deriva da percepção, pelo juiz, de que a sequência de atos *dentro* do processo não retrata, com exatidão, a ordem cronológica dos fatos relevantes ocorridos *fora* do processo.

Não é incomum, infelizmente, a ocorrência simultânea de mais de uma dessas situações.

6.1 Peças postulatórias de conteúdo extenso

A existência, nos autos, de peças postulatórias de conteúdo extenso é, sem dúvida, um fator que pode dificultar a elaboração do *relatório*.

Nesses casos, cabe ao julgador utilizar, com nível especial de atenção, a sequência consistente na leitura *prévia* de *toda* a peça, com a identificação e a coleta dos dados úteis nela existentes.

As peças com maior potencial para conter essa indesejável característica são, sem dúvida, a petição inicial e a contestação.

No capítulo em que tratamos da identificação e da coleta dos dados úteis, inserimos um *roteiro prático* que reputamos proveitoso para verificação quanto a se a identificação e a coleta levadas a cabo pelo juiz se deram de maneira adequada, não só no que se refere à demanda proposta, ou às demandas cumulativamente propostas, como no que toca ao conjunto de fundamentos da defesa.

Ultrapassada a etapa consistente na precisa identificação e na coleta dos dados úteis, serão significativamente reduzidos os riscos de produção de um relatório *desnecessariamente longo* ou de um relatório *omisso*.

6.2 Imperfeições em peças postulatórias de conteúdo importante

A constatação, pelo juiz, de que há, nos autos, peças *importantes*, de conteúdo postulatório – a exemplo da petição inicial e da contestação –, redigidas em desarmonia com normas técnico-jurídicas ou mesmo em desconformidade com regras atinentes ao uso da língua portuguesa[14], é fator que, se não for ade-

---

[14] Os defeitos consistentes na redação em desarmonia com normas técnico-jurídicas ou em desconformidade com regras atinentes ao uso da língua portuguesa *não* podem ser confundidos com a existência de *obscuridade* no texto. Há *obscuridade* num texto quando uma pessoa com mediana capacidade de interpretação não consegue extrair dele o exato sentido. A *obscuridade* é, pois, um defeito inaceitável em qualquer texto. Não é por outro motivo que, tratando-se de um *pronunciamento judicial*, tal defeito enseja embargos de declaração (CPC, art. 1.022, I). No caso de peças apresentadas por outros sujeitos processuais, em especial as partes, a existência de *obscuridade* atrai a incidência do princípio da *cooperação*, que vincula *todos* os sujeitos do processo e cujo conteúdo abrange o *dever de esclarecimento*. Assim, tratando-se de uma peça postulatória *obscura*, cabe ao magistrado e/ou a outros sujeitos do processo a quem interesse o conteúdo da peça apontar o fato, abrindo-se, no procedimento, espaço adequado para que o defeito seja expungido, mediante o necessário *esclarecimento*.

quadamente enfrentado, gerará a necessidade de empenho acima do comum para construção do relatório.

Com efeito, esse tipo de ocorrência pode seduzir o juiz a tentar descrever o conteúdo da peça com suas próprias palavras, mediante a construção de um texto substitutivo daquele contido na peça. Trata-se de tarefa com amplo potencial para absorver tempo e energia.

Por isso, deparando-se com imperfeições na redação de peças apresentadas ao longo do procedimento, um recurso redacional importante, pois poupador de tempo e de energia, é lançar mão da transcrição *literal* do texto, com o uso de aspas, seguido da palavra "*sic*"[15].

Vale lembrar que, uma vez procedida à transcrição literal do excerto, *deve* ser indicado, com *precisão*, o local dos autos em que tal excerto se encontra[16].

6.3 Constatação de que a sequência de fatos dentro do processo não retrata a ordem cronológica dos fatos ocorridos fora do processo

Já deixamos claro que a construção da narrativa referente aos fatos que importam para a resolução das questões será facilitada se o julgador optar por atender à *sequência cronológica* ocorrida *dentro* dos autos.

Ao lado disso, o mais comum é que as alegações feitas pelas partes também estejam de acordo com a cronologia dos fatos por elas mencionados.

Pode ocorrer, porém, *discrepância* entre a sequência de fatos *dentro* do processo e a ordem cronológica dos fatos relevantes ocorridos *fora* do processo.

O exemplo anteriormente dado pode ser potencializado. Assim, suponha-se que, em determinado processo, o julgador, ao proceder à leitura prévia dos autos, constate que a parte autora promoveu o aditamento da petição inicial (CPC, art. 329), mediante o acréscimo de mais causas de pedir e de mais pedidos. Percebe, ainda, que os novos suportes fáticos apresentados são referentes a eventos ocorridos *antes* dos fatos que estão descritos na petição inicial originalmente apresentada.

Pode acontecer, também, de o juiz se deparar com um caso em que a parte ré, ao se defender, tenha aduzido a ocorrência de um fato *anterior* ao conjunto fático descrito pela parte autora na petição inicial e que a parte autora, ouvida a respeito, reconheça que, efetivamente, o evento, que é importante para o julgamento da causa, aconteceu.

---

[15] O uso do "*sic*", normalmente entre parênteses ou entre colchetes, posposto a uma citação, ou nela intercalado, indica que o texto original foi transcrito com exatidão, mesmo que contenha *erro* ou cause *estranheza* (FERREIRA, Aurélio Buarque de Holanda. *Novo dicionário Aurélio da língua portuguesa*. 4. ed. Curitiba: Positivo, 2009, p. 1842).

[16] A precisa indicação do local dos autos em que o trecho literalmente transcrito se encontra deve ser feita logo em seguida à transcrição, entre parênteses, após o fechamento das aspas.

Capítulo X ◆ Elaboração do relatório: aspectos gerais

Em situações assim, se o magistrado – que já está ciente de todo o conteúdo dos autos, pois procedeu à leitura prévia – ceder à tentação, ao redigir o relatório, de ordenar a sequência fática de acordo com a ordem dos acontecimentos *fora* do processo, estará se candidatando a despender considerável quantidade de energia, para muito além daquela que seria consumida mediante o uso de uma narrativa com base exclusivamente na sequência ocorrida *dentro* dos autos.

Portanto, quanto ao primeiro exemplo, o juiz simplesmente descreverá o conteúdo da petição inicial, exatamente do modo como ela foi apresentada. Depois, de acordo com o momento da ocorrência, *dentro* dos autos, da apresentação do aditamento, descreverá o conteúdo da peça respectiva.

No que se refere ao segundo exemplo, a notícia a respeito da alegação fática apresentada pela parte ré na contestação somente será relatada no momento em que o foco da atenção for a peça contestatória. Do mesmo modo, a referência ao fato de a parte autora haver reconhecido que efetivamente o evento aconteceu somente se dará quando, na sequência, houver alusão ao fato de que a parte autora foi ouvida a respeito.

CAPÍTULO XI

ELABORAÇÃO DO RELATÓRIO: CONTEÚDO DA PETIÇÃO INICIAL

◆ SUMÁRIO

1. Considerações iniciais – **2.** Primeiro parágrafo: nomes das partes, procedimento e outros (poucos) dados: **2.1** Nomes das partes; **2.1.1** Existência de litisconsórcio; **2.1.2** Superveniente alteração, redução ou ampliação subjetiva do processo; **2.1.3** Desnecessidade de indicação dos dados qualificativos das partes; **2.2** Procedimento a que está submetida a demanda proposta; **2.2.1** Uso do termo "ação" na acepção de "procedimento"; **2.2.2** Indicação, pela parte autora, de um procedimento em vez de outro; **2.2.3** Embargos à execução; **2.2.4** Mandado de segurança; **2.3** Outras informações eventualmente úteis, relativas à apresentação ou ao conteúdo da petição inicial; **2.3.1** Data da apresentação da petição inicial; **2.3.2** Requerimento de distribuição da petição inicial para determinado juízo; **2.3.3** Distribuição da petição inicial para certo juízo, se ocorreu posterior redistribuição do processo; **2.3.4** Pleito de concessão dos benefícios da gratuidade da justiça; **2.3.5** Pleito de atribuição de prioridade na tramitação do processo – **3.** Segundo parágrafo e parágrafos imediatamente seguintes: causas de pedir remota e próxima – **4.** Encerramento: **4.1** Requerimentos diversos; **4.2** Manifestação de desinteresse na autocomposição; **4.3** Pleito de concessão de tutela provisória; **4.4** Pedido – **5.** Constatação de que existem pleitos que deveriam ter sido examinados antes do momento do proferimento da sentença.

1. CONSIDERAÇÕES INICIAIS

Como ficou claro ao longo dos capítulos anteriores, o *início* da redação do ato decisório é atividade que deve ser *antecedida* (*i*) da leitura de todo o conteúdo dos autos, (*ii*) da identificação e da coleta dos dados úteis, (*iii*) da divisão de tais dados, separando-se os que são referentes à admissibilidade do exame do mérito daqueles que são atinentes ao próprio exame do mérito da causa, (*iv*) da verificação quanto a se as questões postas já se encontram suficientemente maduras para resolução e (*v*) da organização da sequência em que as questões serão resolvidas, à luz da possibilidade de elas manterem, entre si, relação de subordinação.

Assim, ao ingressar na fase em que o ato decisório começará a ser *redigido*, o julgador *já sabe* qual é o conteúdo do ato que praticará. Ele sabe quais os temas que abordará e – o que é de máxima importância! – *sabe* como serão resolvidas as questões que enfrentará.

Diante disso, estará ele munido de *todos* os elementos necessários para que, no texto, sejam dados os *destaques* adequados, em *maior* ou em *menor* grau, a certas informações, de acordo com a *importância* que elas tiverem para os raciocínios que serão desenvolvidos ao longo da decisão.

Assim é que, concentradas as atenções no conteúdo da *petição inicial*, registramos, no capítulo sobre a identificação e a coleta dos dados úteis, que em *todo* quadro litigioso descrito na petição inicial de um processo, independentemente do grau de complexidade fática ou jurídica, há um painel integrado (*i*) pelo sujeito que formulou o pedido (*parte autora*), (*ii*) pelo sujeito contra quem o pedido foi formulado (*parte ré*), (*iii*) pelo conjunto fático-jurídico que embasa o pedido (*causas de pedir remota e próxima*) e (*iv*) e pela pretensão deduzida (*pedido*). Trata-se dos elementos da demanda: *partes*, *causas de pedir* (*remota* e *próxima*) e *pedido*.

Essas são informações que deverão ser identificadas e coletadas em *qualquer* processo, e é comum a ocorrência de quadros em que há multiplicidade de alguns ou de todos esses elementos: mais de um *autor*, mais de um *réu*, mais de uma *causa de pedir remota*, mais de uma *causa de pedir próxima* e mais de um *pedido*.

É imperativo que, no *relatório*, tais dados estejam *presentes*. No capítulo que versa sobre a identificação e a coleta dos dados úteis, propusemos roteiros práticos que contribuem para que se proceda à verificação quanto a se a coleta dos dados se deu de forma adequada.

Além disso, é preciso estar atento para a possibilidade de o interior da petição inicial alojar *outros* dados merecedores da atenção do julgador: (*i*) os relativos a matérias que devem ser conhecidas de ofício, (*ii*) os referentes ao fator tempo, (*iii*) os alusivos a requerimentos pendentes de resolução e (*iv*) os atinentes a outras ocorrências importantes. Também falamos, minuciosamente, sobre tal possibilidade, no capítulo em que cuidamos da identificação e da coleta dos dados úteis.

2. PRIMEIRO PARÁGRAFO: NOMES DAS PARTES, PROCEDIMENTO E OUTROS (POUCOS) DADOS

O parágrafo inicial do *relatório* – que corresponde, também, ao primeiro parágrafo da *sentença* – é o trecho adequado para indicação, pelo menos, dos *nomes das partes* e do *procedimento* a que está submetida a demanda proposta.

Além disso, como veremos a seguir, há alguns outros dados, referentes a situações que merecem destaque inicial, que podem ser confortavelmente alojados já no primeiro parágrafo do relatório.

Capítulo XI ❖ Elaboração do relatório: conteúdo da petição inicial

2.1 Nomes das partes

Os *nomes das partes* devem estar contidos logo no primeiro parágrafo do *relatório*, com o que será atendida, de imediato, uma das exigências mencionadas no inciso I do art. 489 do CPC.

> **NA PRÁTICA**
>
> **AUTOS N. 012345-78.2019.8.05.0001**
> **PROCEDIMENTO COMUM**
> **PARTE AUTORA:** Eneopequê da Silva Esseteuvê
> **PARTE RÉ:** Abecedefegê Comercial Ltda.
>
> **S E N T E N Ç A**
>
> **ENEOPEQUÊ DA SILVA ESSETEUVÊ** propôs, contra **ABECEDEFEGÊ COMERCIAL LTDA.**, [...].

2.1.1 Existência de litisconsórcio

Havendo *litisconsórcio*, é imprescindível que sejam mencionados, no *relatório*, os nomes de *todos* os litisconsortes.

Perceba-se que, nesse ponto da decisão judicial, *diferentemente* do que ocorre com a elaboração do *cabeçalho*, há disciplina legal a respeito e o texto respectivo faz expressa referência aos *nomes das partes* (CPC, art. 489, I).

Assim, se houver indicação, na petição inicial, de mais de um sujeito, relativamente a um ou a ambos os polos da demanda proposta, *todos* os nomes indicados devem ser mencionados no *relatório*.

Essa regra deverá ser observada mesmo que se trate de caso em que o número de litisconsortes seja elevado: *todos os nomes* dos integrantes de *ambos* os polos da demanda devem ser referidos.

Em razão disso, *não* é dado ao magistrado lançar mão, no *relatório*, no que toca ao atendimento da exigência legal de menção aos *nomes das partes*, de expressões como "*Eneopequê da Silva Esseteuvê* **e outros** propuseram...".

Demais disso, cumpre registrar que *não* atende à melhor técnica processual o método consistente em incluir no *cabeçalho* os nomes de todos os integrantes de ambos os polos da demanda e, no *relatório*, trocar a referência expressa aos nomes das partes por mera alusão ao conteúdo do *cabeçalho*. Assim, devem ser *evitados* artifícios redacionais como "*Os autores, cujos nomes constam no cabeçalho* supra, *propuseram...*"[1].

O *cabeçalho* – vale lembrar sempre – não decorre de exigência legal e se restringe a um excerto em que são concentrados dados que facilitam o trabalho de quem está consultando os autos. Não pode, pois, em nenhuma hipótese, ser equiparado a um trecho do *relatório*, nem substituir qualquer fragmento que o sistema jurídico exige que conste no *relatório*.

NA PRÁTICA

AUTOS N. 012345-78.2019.8.05.0001
PROCEDIMENTO COMUM
PARTE AUTORA: Eneopequê da Silva Esseteuvê e outros
PARTE RÉ: Abecedefegê Comercial Ltda. e outras

S E N T E N Ç A

ENEOPEQUÊ DA SILVA ESSETEUVÊ, ZEKADÁBLIO GONÇALVES DE TEOZÊ e **DEZOITODOISTRÊS PEREIRA QUATROCINCO** propuseram, contra **ABECEDEFEGÊ COMERCIAL LTDA., SEISSETEOITO INDUSTRIAL S.A.** e **EFEGEAGÁ DISTRIBUIDORA LTDA.**, [...].

2.1.2 *Superveniente alteração, redução ou ampliação subjetiva do processo*

A referência aos *nomes das partes*, logo no primeiro parágrafo do relatório, deve se dar à luz do conteúdo da *petição inicial*, independentemente da ocorrência, posteriormente, de situações que tenham implicado alteração, redução ou ampliação na composição dos polos da demanda.

Na hipótese de se tratar de caso em que a composição de um ou de ambos os polos da demanda tenha sido alterada, reduzida ou ampliada no curso do procedimento, tal fato será descrito no trecho adequado do *relatório*, de acordo com a *cronologia* dos acontecimentos *dentro* dos autos.

---

[1] Nem todo defeito que macule um ato jurídico conduz a que o ato seja invalidado. Uma situação como essa, em que os nomes de *todos* os integrantes de ambos os polos da demanda, em vez de constarem no *texto* do *relatório*, estão mencionados apenas no *cabeçalho*, dificilmente será geradora de prejuízo e, por isso, são poucas as chances de ela justificar a invalidação do ato decisório. Isso, porém, *não* pode servir de estímulo para uso desse artifício. Trata-se, sem dúvida, de uma atecnia, e, como atecnia que é, deve ser evitada. Afinal, o que se deseja não é a produção de atos defeituosos não invalidáveis, mas a prática de atos em consonância com as exigências postas pelo sistema jurídico.

Capítulo XI ◆ Elaboração do relatório: conteúdo da petição inicial

Assim, se a demanda foi originalmente proposta contra apenas um réu e, *depois*, diante, por exemplo, da constatação de que havia necessidade de formação de um litisconsórcio, outro(s) sujeito(s) tenha(m) passado a integrar o polo passivo, deve-se fazer constar, no primeiro parágrafo, *apenas* o nome do réu original[2].

O mesmo se dará no caso de a parte ré, ao se defender, haver lançado mão do conjunto normativo que se extrai dos textos dos art. 338 e 339 do CPC e, em razão disso, a parte autora tenha indicado *outro* sujeito para ocupar o lugar do réu primitivo ou tenha requerido a *inclusão*, no polo passivo, do sujeito indicado pelo próprio réu primitivo. Independentemente da *posterior* ocorrência de tais fatos, no primeiro parágrafo constará a referência ao quadro desenhado na *petição inicial*, e não ao quadro surgido supervenientemente.

Nada será diferente se, no curso do processo, tiver havido, por exemplo, desistência por um dos autores ou tiver havido reconhecimento, pelo juiz, da ilegitimidade ativa de um ou de alguns dos autores, que são situações das quais pode resultar redução subjetiva do processo.

É importante observar que, diante de tais circunstâncias, há possibilidade de que o primeiro parágrafo do *relatório* se refira a sujeitos *distintos* dos que se encontram indicados no *cabeçalho*.

Com efeito, ao tratarmos da elaboração do *cabeçalho*, registramos que, nele, deverá ser retratada a composição dos polos da demanda *no momento* em que o ato decisório está sendo praticado, ao passo que, quanto ao *relatório*, a opção mais confortável para quem redige o ato decisório é a consistente em narrar os fatos em atendimento à sequência *cronológica* ocorrida *dentro* dos autos. Com isso, o primeiro parágrafo do relatório fará referência, apenas, aos sujeitos que foram indicados, na *petição inicial*, como partes.

Obviamente, no decorrer do *relatório* haverá o momento em que, finalmente, o leitor perceberá a razão pela qual os dados do *cabeçalho* não coincidem com o conteúdo do primeiro parágrafo do *relatório*.

2.1.3 *Desnecessidade de indicação dos dados qualificativos das partes*

É importante observar que no inciso I do art. 489 do CPC *não* há qualquer referência à necessidade de que sejam indicados os dados qualificativos das partes.

---

[2] O magistrado pode, se assim quiser, optar, conscientemente, por uma narrativa que não atenda à ordem *cronológica* de ocorrência dos fatos *dentro* do processo. Não é a forma mais prática de elaborar o relatório de uma decisão judicial, mas, mesmo sem atendimento à ordem cronológica, é plenamente possível a construção de um texto claro, coerente e congruente.

A exigência legal é a de que constem *apenas* os *nomes*. Nada mais.

Aliás, nos casos em que a opção legislativa é pela indicação, em determinadas peças processuais, de dados qualificativos de sujeitos do processo, tal opção é expressamente posta, como se dá nos arts. 156, § 4º, 319, II, 450, 457, *caput*, 517, § 2º, 588, II, 610, § 2º, 620, I e II, 733, § 2º, 846, § 4º, e 1.010, *caput*, todos do CPC.

Nessa linha, assim como não há razão para inclusão, no relatório, de dados qualificativos das partes, também não há qualquer motivo para que, logo após a indicação dos nomes das partes, constem expressões como *"qualificado na petição inicial"*, *"qualificado na contestação"* ou *"devidamente qualificado"*, dentre outras[3].

Reconhece-se que há situações em que um determinado dado qualificativo de uma ou de ambas as partes seja importante para a resolução de alguma questão.

Ainda assim, não se deve ceder à tentação de inserir tal dado logo ao lado do nome da parte. Em vez disso, é aconselhável que a informação seja veiculada em outro excerto, tão logo ela se torne necessária, sem prejuízo para o bom fluxo redacional.

NA PRÁTICA

AUTOS N. 012345-78.2019.8.05.0001
PROCEDIMENTO COMUM
PARTE AUTORA: Eneopequê da Silva Esseteuvê
PARTE RÉ: Abecedefegê Comercial Ltda.

SENTENÇA

ENEOPEQUÊ DA SILVA ESSETEUVÊ propôs, contra **ABECEDEFEGÊ COMERCIAL LTDA.**, demanda submetida ao procedimento comum.

Afirma que é engenheiro e que, nessa qualidade, celebrou, com a parte ré, um contrato [...].

---

[3] Nessa situação, o uso, pelo juiz, da expressão *"devidamente qualificado"* traz embutidos um *equívoco* e um *risco*. O *equívoco* consiste na tomada de posição, por meio do uso de um advérbio, no que se refere aos dados qualificativos fornecidos pela parte. O *risco*, de sua vez, decorre da circunstância de o juiz – que, muitas vezes, não tem, nos autos, elementos para se certificar a respeito da correção de todos os dados qualificativos apresentados – estar considerando corretas informações que podem não ser precisas.

Capítulo XI ♦ Elaboração do relatório: conteúdo da petição inicial

> **NO CONCURSO PÚBLICO**
>
> Já registramos que **não é comum** a exigência de elaboração de relatório formal em provas de concurso público para a magistratura, já que, na maioria das vezes, consta, no enunciado do quesito, orientação no sentido de que o candidato tome o próprio enunciado como se relatório fosse.
>
> Tratando-se, todavia, de caso em que o relatório **deva** ser elaborado, cabe ao candidato dimensionar adequadamente a **distribuição do tempo**, de modo a preservar um interregno suficiente para a redação da fundamentação e do dispositivo do ato decisório, que são capítulos que exigem maior empenho para elaboração.
>
> O quadro demandará ainda um pouco mais de cuidado se no quesito houver limitação do número total de linhas ou de páginas para resposta. Nesse caso, o candidato deverá zelar para que o **espaço** ocupado pelo relatório **não prejudique** a redação dos demais capítulos da sentença.
>
> Esses dois fatores são mais do que suficientes para que o candidato perceba que é bastante questionável a opção por investir, durante a realização da prova, **tempo** e **espaço** para inclusão de dados que **não são exigidos** pelo sistema jurídico, como é o caso dos dados qualificativos das partes.

2.2 Procedimento a que está submetida a demanda proposta

É o primeiro parágrafo do relatório o trecho adequado da decisão para que seja indicado o *procedimento* a que está submetida a demanda proposta.

Entram em cena, aqui, algumas ponderações que se relacionam com o quanto dissemos, quando cuidamos da elaboração do *cabeçalho*.

2.2.1 Uso do termo "ação" na acepção de "procedimento"

Há casos em que os procedimentos recebem rótulos existentes na lei, como acontece com a *ação de consignação em pagamento* (CPC, arts. 539 a 549), a *ação monitória* (CPC, arts. 700 a 702), a *ação possessória* (CPC, arts. 554 a 568) e a *ação de despejo* (Lei n. 8.245, de 18 de outubro de 1991, arts. 59 a 66). Percebe-se, nessas situações, que o termo *"ação"* está empregado no sentido de *procedimento*[4].

Ao lado disso, nos quadros em que a demanda proposta está submetida ao *procedimento comum* (CPC, arts. 318 a 512), é rotineira a criação, pela parte autora, de rótulos que contêm uma espécie de *sumário* do pedido ao final apresentado. Exemplos de casos desse tipo estão nas seguintes frases, encontradiças

---

[4] Observe-se que, apesar de haver referência a "ação" nos rótulos dados a diversos Capítulos do Título III do Livro I da Parte Especial do CPC, na denominação do aludido Livro I foi utilizada corretamente a expressão *procedimentos especiais*.

na rotina forense: "... *vem, ante V. Exª, propor 'ação de indenização por danos materiais e morais'*"; "*o autor ajuizou 'ação de cobrança'*"; e "*foi ajuizada 'ação de obrigação de fazer cumulada com multa diária'*"[5].

Não bastasse isso, o termo *"ação"* é também usado nos sentidos de *demanda* ("*na ação que Antônio propôs contra Francisco*") e de pedido ("*pede a V. Exª que julgue procedente a ação*").

Nenhuma dúvida pode haver, pois, de que o vocábulo *"ação"*, no campo jurídico, tem como uma das suas características a polissemia.

Essa multiplicidade de sentidos revela a ocorrência, no âmbito do Direito Processual Civil, do fenômeno linguístico que resulta do uso reiterado de certa palavra em sentidos diversos daquele que originalmente lhe era atribuído.

Reconhecemos que se trata de um fenômeno linguístico inevitável e que a língua de um povo é uma instituição viva e em constante mutação.

Defendemos, porém, a linha de entendimento segundo a qual o operador do Direito, que tem a *palavra* como principal instrumento de trabalho, deve zelar, tanto quanto possível, pela *proteção* do sentido original dos termos dotados de significado técnico-jurídico.

Assim é que, quanto ao vocábulo *"ação"*, no sentido processual que reputamos mais adequado, está ele atrelado ao direito fundamental, de que todos os sujeitos com capacidade de ser parte são titulares, de fazer com que as engrenagens do Poder Judiciário – que estavam inertes, aguardando por uma provocação – sejam postas em movimento. Tais engrenagens, são, assim, mobilizadas, *acionadas*. Por meio do exercício desse direito, *aciona-se* o funcionamento do Poder Judiciário. Trata-se, por isso, de um "*direito de ação*"[6].

É com base nisso que, no palco processual, reservamos o uso do vocábulo *"ação"* para as situações em que ele integra a locução "*direito de ação*", designando o direito fundamental à obtenção de uma tutela adequada, efetiva e tempestiva[7]. Por conseguinte, evitamos utilizá-lo nas acepções de *procedimento*, de *demanda* e de *pedido*.

Há casos, todavia, de rótulos nos quais o vocábulo *"ação"* já está entranhado de tal modo que a tentativa de proceder a ajustes técnicos resultaria por dificultar

---

[5] Rótulo que precisa ser definitivamente esquecido é "*ação ordinária*". Trata-se de alusão à propositura de uma demanda de natureza cognitiva, submetida ao procedimento comum ordinário previsto no CPC revogado. O CPC em vigor não traz mais, quanto ao procedimento comum, a divisão, constante no código anterior, em procedimento comum ordinário e procedimento comum sumário.

[6] Não ignoramos que o "*direito de ação*" engloba um significativo conjunto de direitos. Apenas temos a firme convicção de que, desse conjunto de direitos, o que está na origem da expressão "*direito de ação*" é o direito de acionar as engrenagens da máquina do Poder Judiciário. Somos, também, convencidos de que a preservação do vocábulo *ação* para uso, tanto quanto possível, apenas em tal sentido, muito contribui para facilitar a compreensão do próprio fenômeno processual.

[7] DIDIER JR., Fredie. *Curso de direito processual civil*. 20. ed. Salvador: JusPodivm, 2018, v. 1, p. 219.

a própria comunicação, como se dá com locuções como *"ação civil pública"* e *"ação popular"*, que têm base constitucional (CF, arts. 5º, LXXIII, e 129, III).

Nessa linha, aproveitando os exemplos acima, as referências, no texto do relatório, estarão bem mais afinadas com a boa técnica se as expressões *ação de consignação em pagamento, ação monitória, ação possessória* e *ação de despejo* forem substituídas por *procedimento de consignação em pagamento, procedimento monitório, procedimento possessório* e *procedimento de despejo*.

NA PRÁTICA

AUTOS N. 012345-78.2019.8.05.0001
PROCEDIMENTO DE CONSIGNAÇÃO EM PAGAMENTO
PARTE AUTORA: Eneopequê da Silva Esseteuvê
PARTE RÉ: Abecedefegê Comercial Ltda.

S E N T E N Ç A

ENEOPEQUÊ DA SILVA ESSETEUVÊ propôs, contra ***ABECEDEFEGÊ COMERCIAL LTDA.***, demanda submetida ao procedimento de consignação em pagamento.
[...]

E, quanto aos casos em que a demanda proposta está submetida ao *procedimento comum* (CPC, arts. 318 a 512) e a parte autora cria rótulos como *"ação de indenização por danos materiais e morais"*, o mais adequado é que seja feita alusão, no relatório, apenas ao fato de que se trata de demanda submetida ao *procedimento comum*.

NA PRÁTICA

AUTOS N. 012345-78.2019.8.05.0001
PROCEDIMENTO COMUM
PARTE AUTORA: Eneopequê da Silva Esseteuvê
PARTE RÉ: Abecedefegê Comercial Ltda.

S E N T E N Ç A

ENEOPEQUÊ DA SILVA ESSETEUVÊ propôs, contra ***ABECEDEFEGÊ COMERCIAL LTDA.***, demanda submetida ao procedimento comum.
[...]

Na hipótese, porém, de o julgador preferir usar a expressão de que se valeu a parte, poderá lançar mão de recursos redacionais que deixem claro que se trata de rótulo atribuído pela parte autora, e não pelo juiz. Nesse caso, a transcrição literal da expressão utilizada pela parte, entre aspas, seguida da indicação precisa do local dos autos em que o excerto se encontra, é uma boa solução.

NA PRÁTICA

AUTOS N. 012345-78.2019.8.05.0001
PROCEDIMENTO COMUM
PARTE AUTORA: Eneopequê da Silva Esseteuvê
PARTE RÉ: Abecedefegê Comercial Ltda.

S E N T E N Ç A

ENEOPEQUÊ DA SILVA ESSETEUVÊ propôs, contra **ABECEDEFEGÊ COMERCIAL LTDA.**, demanda que rotulou de "ação de indenização por danos morais e materiais" (fl. 3).
[...]

NO CONCURSO PÚBLICO

Na elaboração de uma sentença, numa prova de concurso público, é recomendável que o candidato, ao designar o procedimento, lance mão, sempre que possível, do mesmo rótulo que houver sido utilizado, no enunciado do quesito, como sendo o rótulo correto.

Portanto, havendo, no enunciado, uso do vocábulo "ação" no sentido de "procedimento", não há qualquer motivo para que, ao redigir a sentença, o candidato insira críticas.

Nessa linha, se no enunciado do quesito constar a informação de que foi proposta, por exemplo, uma "ação de consignação em pagamento", ou uma "ação monitória", ou uma "ação possessória", ou uma "ação de despejo", não recomendamos que o candidato altere o rótulo.

2.2.2 Indicação, pela parte autora, de um procedimento em vez de outro

O cometimento, pela parte autora, na petição inicial, do equívoco consistente na indicação de certo procedimento, num caso em que a demanda por ela proposta está, em verdade, submetida a outro tipo de procedimento, produz efeitos distintos no *cabeçalho* e no *relatório* do ato decisório.

É que, quanto ao *cabeçalho*, já pontuamos que o erro cometido pela parte autora *não* pode contaminar o juízo singular por ocasião da inserção dos dados. Assim, deverá constar, no *cabeçalho*, o procedimento a que, efetivamente, está submetido o processamento da demanda proposta, e não aquele que tenha sido erroneamente indicado pela parte autora na petição inicial.

Já no primeiro parágrafo do *relatório* – e o *relatório*, não é demais lembrar, consiste numa *narrativa* – deverá constar a indicação que a parte autora fez. Nesse caso, é aconselhável que o juiz se utilize de recursos redacionais que conduzam o intérprete a entender que a indicação foi feita pela parte, e não pelo magistrado.

Esse é mais um cenário em que há possibilidade de ocorrer dissonância entre as informações lançadas no *cabeçalho* e o conteúdo do primeiro parágrafo do *relatório*. Tal dissonância, porém, será dissolvida no curso do *relatório*, precisamente no trecho em que houver alusão à detecção do equívoco e à medida corretiva adotada.

NA PRÁTICA

AUTOS N. 012345-78.2019.8.05.0001
PROCEDIMENTO COMUM
PARTE AUTORA: Eneopequê da Silva Esseteuvê
PARTE RÉ: Abecedefegê Comercial Ltda.

S E N T E N Ç A

ENEOPEQUÊ DA SILVA ESSETEUVÊ propôs, contra **ABECEDEFEGÊ COMERCIAL LTDA.**, demanda que rotulou de "ação de consignação em pagamento" (fl. 3).
[...]

2.2.3 *Embargos à execução*

Como é cediço, a resistência, pelo executado, à execução fundada em título extrajudicial se dá por meio da propositura de uma demanda incidental de conhecimento: os *embargos à execução* (CPC, art. 914, *caput*)[8].

Assim, na narrativa a respeito do ato de apresentação da petição inicial dos embargos, é imprescindível a alusão à execução respectiva, de modo a que fique claro que a parte autora da demanda incidental está se opondo a uma execução.

---

[8] A nulidade da execução, com base nas situações elencadas no *caput* do art. 803 do CPC, pode ser arguída por meio de peça apresentada nos próprios autos do procedimento executivo. Independentemente, pois, da apresentação de embargos (CPC, art. 803, parágrafo único).

MANUAL DA SENTENÇA CÍVEL

É esse detalhe que marca o conteúdo do primeiro parágrafo do relatório, no caso de um procedimento de embargos à execução.

NA PRÁTICA

AUTOS N. 012345-78.2019.8.05.0001
PROCEDIMENTO DE EMBARGOS À EXECUÇÃO
EMBARGANTE: Eneopequê da Silva Esseteuvê
EMBARGADO: Banco Abecedefegê S.A.

S E N T E N Ç A

ENEOPEQUÊ DA SILVA ESSETEUVÊ opôs-se, por meio de embargos, à execução por quantia certa que lhe move o **BANCO ABECEDEFEGÊ S.A.**
[...]

Perceba-se que, no caso, não foi feita qualquer referência ao fato de tratar-se de uma execução fundada em *título extrajudicial*.

Os motivos são lógicos. E são dois.

O primeiro decorre da opção político-legislativa no sentido de denominar o procedimento executivo, quando a execução é fundada em *título judicial*, de procedimento de "cumprimento da sentença" (CPC, arts. 513 a 538). Assim, o só uso, no primeiro parágrafo do relatório, da expressão "execução por quantia certa" já remete à execução fundada em *título extrajudicial*.

O segundo também é fruto da política legislativa. É que a resistência à execução, quando estiver ela fundada em *título judicial*, não se dá por meio de embargos, mas por meio de uma peça rotulada de "impugnação" (CPC, arts. 520, § 1º, 525, 528, § 8º, e 535). Portanto, a utilização do substantivo "embargos", no primeiro parágrafo do relatório, já conduz à conclusão de que se trata de resistência a uma execução fundada em *título extrajudicial*.

No caso específico da execução fiscal, que é regida pela Lei n. 6.830, de 22 de setembro de 1980, trata-se de procedimento que somente pode estar embasado em um específico *título executivo extrajudicial*: a Certidão da Dívida Ativa (CDA).

AUTOS N. 012345-78.2019.8.05.0001
PROCEDIMENTO DE EMBARGOS À EXECUÇÃO FISCAL
EMBARGANTE: Eneopequê da Silva Esseteuvê
EMBARGADO: Conselho Regional de Contabilidade do Estado de São Paulo

S E N T E N Ç A

ENEOPEQUÊ DA SILVA ESSETEUVÊ opôs-se, por meio de embargos, à execução fiscal que lhe move o **CONSELHO REGIONAL DE CONTABILIDADE DO ESTADO DE SÃO PAULO**.
[...]

2.2.4 *Mandado de segurança*

As peculiaridades legislativas que marcam o procedimento de *mandado de segurança* muito contribuem para que se instaure, no operador do Direito, a equivocada impressão de que tal procedimento estaria, em grande parte, à margem do conhecimento construído à luz da Teoria Geral do Processo.

A verdade, entretanto, é que, independentemente do conteúdo de textos legais, o exame, no âmbito processual, de uma demanda submetida ao procedimento de *mandado de segurança* não difere, *estruturalmente*, da análise a ser procedida quanto a uma demanda qualquer, submetida, por exemplo, ao procedimento comum.

Assim, o fato de tratar-se de *mandado de segurança* apenas insere o caso no contexto das normas que disciplinam esse específico procedimento *especial*, naquilo que ele possuir de *especial*, tal como se dá com *qualquer* procedimento *especial*.

Por isso, é adequado que, no primeiro parágrafo do relatório da sentença, num caso de *mandado de segurança*, ocorra referência ao fato de tratar-se desse procedimento.

NA PRÁTICA

AUTOS N. 012345-78.2019.8.05.0001
PROCEDIMENTO DE MANDADO DE SEGURANÇA
IMPETRANTE: Eneopequê da Silva Esseteuvê
AUTORIDADE IMPETRADA: Delegado da Receita Federal do Brasil em Cuiabá

S E N T E N Ç A

ENEOPEQUÊ DA SILVA ESSETEUVÊ insurgiu-se, por meio da impetração de mandado de segurança, contra ato que afirma estar na iminência de ser praticado pelo Delegado da Receita Federal do Brasil em Cuiabá.

[...]

2.3 Outras informações eventualmente úteis, relativas à apresentação ou ao conteúdo da petição inicial

Há questões cujos dados para resolução estão vinculados ao ato de *apresentação* da petição inicial.

Também há cenários processuais decorrentes do fato de constarem na petição inicial pleitos relativos a questões incidentais, já resolvidas ou não, que merecem referência no relatório. No capítulo em que cuidamos da identificação e da coleta dos dados úteis, há um elenco de situações desse tipo.

Em boa parte dessas situações, a informação respectiva pode ser alojada no primeiro parágrafo do relatório, mediante a utilização de uma frase curta, que não comprometa a clareza do texto.

2.3.1 Data da apresentação da petição inicial

A data em que foi apresentada a petição inicial *não é*, no mais das vezes, um dado útil para a resolução das questões postas sob apreciação. Por isso, na quase totalidade das situações, *não* há razão para que essa informação conste no relatório.

Esse panorama pode, todavia, assumir outras cores se, por exemplo, será resolvida, na sentença, questão versando sobre *prescrição*.

Nesse caso, o julgador, ao proceder à prévia leitura dos autos, já obteve elementos para aquilatar se a informação relativa à data da propositura da demanda tem ou não potencial para influir na resolução da questão atinente à ocorrência da prescrição (CPC, art. 240, § 1º; CC, art. 202, I; CTN, art. 174, parágrafo único, I; e Lei n. 6.830, de 22 de setembro de 1980, art. 8º, § 2º).

Tratando-se de informação *útil*, deverá ela, como vimos no capítulo a respeito da identificação e da coleta dos dados úteis, ser incluída no relatório. E o primeiro parágrafo é o trecho do relatório em que tal informação se encaixa mais confortavelmente.

NA PRÁTICA

AUTOS N. 012345-78.2019.8.05.0001
PROCEDIMENTO COMUM
PARTE AUTORA: Eneopequê da Silva Esseteuvê
PARTE RÉ: Abecedefegê Comercial Ltda.

S E N T E N Ç A

ENEOPEQUÊ DA SILVA ESSETEUVÊ, por meio de petição inicial apresentada em **[data]** (fl. 3), propôs, contra **ABECEDEFEGÊ COMERCIAL LTDA.**, demanda submetida ao procedimento comum.
[...]

2.3.2 Requerimento de distribuição da petição inicial para determinado juízo

Outro dado que se aloja comodamente no primeiro parágrafo do *relatório* é o referente à existência de manifestação de vontade da parte autora no sentido de que a demanda seja processada e julgada por determinado juízo, que ela, por algum motivo, entende ser o juízo natural da causa.

No caso de autos *físicos*, tal vontade se expressa por meio de *requerimento*, adequadamente fundamentado, de que a petição inicial seja distribuída para certo juízo.

Tratando-se de processo que tramita em autos *eletrônicos*, é possível que o próprio sistema informatizado possibilite que a parte autora, ao proceder à apresentação da petição inicial, lance mão de meios para que a distribuição, independentemente da participação de auxiliares da justiça no ato, se dê *diretamente* para determinado juízo, mesmo que existam outros juízos com idêntica competência. Nesse caso, há admissibilidade, pelo sistema informatizado, de que a própria parte autora *indique* um específico juízo como o juízo prevento.

Rigorosamente, a possibilidade de a parte autora assim atuar em autos eletrônicos não a desonera de *requerer*, fundamentadamente, na petição inicial, que seja reconhecida a existência da prevenção. É inegável, porém, que, com ou sem o requerimento e a demonstração dos motivos da prevenção, a parte autora, caso o sistema informatizado admita, terá expressado, por meio da distribuição por dependência por ela própria promovida, a sua pretensão de que a demanda seja processada e julgada por determinado juízo.

Em qualquer das hipóteses, independentemente de tratar-se de autos físicos ou de autos eletrônicos, mesmo que, depois, tenha havido *redistribuição* do processo, é importante que no *relatório* conste a referência à ocorrência, já que informações como essa são diretamente ligadas à preservação da aplicação do princípio do *juízo natural*.

NA PRÁTICA

Autos físicos (requerimento de que a distribuição da petição inicial se dê por dependência):

AUTOS N. 012345-78.2019.8.05.0001
PROCEDIMENTO COMUM
PARTE AUTORA: Eneopequê da Silva Esseteuvê
PARTE RÉ: Abecedefegê Comercial Ltda.

S E N T E N Ç A

ENEOPEQUÊ DA SILVA ESSETEUVÊ, requerendo que a distribuição da petição inicial se desse diretamente para o MM. Juízo da 5ª Vara Cível desta Comarca (fl. 3), propôs, contra **ABECEDEFEGÊ COMERCIAL LTDA.**, demanda submetida ao procedimento comum.

[...]

> *Autos eletrônicos (distribuição da petição inicial realizada pela própria parte autora):*
>
> **AUTOS N. 012345-78.2019.8.05.0001**
> **PROCEDIMENTO COMUM**
> **PARTE AUTORA:** Eneopequê da Silva Esseteuvê
> **PARTE RÉ:** Abecedefegê Comercial Ltda.
>
> <u>S E N T E N Ç A</u>
>
> **ENEOPEQUÊ DA SILVA ESSETEUVÊ**, por meio de petição inicial distribuída diretamente para o MM. Juízo da 5ª Vara Cível desta Comarca (fl. 2), propôs, contra **ABECEDEFEGÊ COMERCIAL LTDA.**, demanda submetida ao procedimento comum.
> [...]

2.3.3 Distribuição da petição inicial para certo juízo, se ocorreu posterior redistribuição do processo

Ao levar a cabo a leitura prévia de *todo* o conteúdo dos autos, o magistrado pode constatar que o processo no qual está ele praticando o ato decisório foi originalmente distribuído para *outro* juízo e, depois, veio a ser tombado no juízo em que se encontra.

Qualquer situação em que o juízo no qual está sendo praticado o ato decisório seja *distinto* daquele para o qual foi distribuída a petição inicial é merecedora de registro no *relatório*. Trata-se de reverência ao conjunto normativo voltado para proteção do juízo natural da causa, já que o *comum* é que a causa seja julgada pelo juízo para onde a petição inicial tenha sido distribuída.

São diversas as situações em que eventos como esse ocorrem.

Uma situação comum é a decorrente de o processo haver sido redistribuído em razão do reconhecimento da incompetência, absoluta ou relativa, do juízo para o qual ocorreu a distribuição da petição inicial.

Outro quadro possível é o resultante da instalação de novas unidades julgadoras na mesma base territorial, tal como pode acontecer com uma comarca na qual havia duas varas cíveis e, em dado momento, outra vara, com idêntica competência, seja instalada[9].

---

[9] Em situações assim, é frequente que o tribunal respectivo, com o objetivo de preservar a equanimidade quanto ao número de processos por unidade, adote, administrativamente, medida consistente em promover uma redistribuição dos processos em curso pelas varas anteriormente existentes, de modo a que a nova unidade inicie as suas atividades com um acervo quantitativamente compatível com o acervo das demais, de idêntica competência. Apesar de ser frequente esse tipo de medida administrativa, é preciso que se pontue que, sob o ponto de vista da incidência do princípio do *juízo natural*, trata-se de providência passível de críticas.

Capítulo XI ◆ Elaboração do relatório: conteúdo da petição inicial

Nesse contexto, a informação primária, que será complementada pela posterior referência, em trecho mais avançado do relatório, à redistribuição do processo, é a alusiva à distribuição original, que pode ser inserida no primeiro parágrafo do relatório.

> **NA PRÁTICA**
>
> **AUTOS N. 012345-78.2019.8.05.0001**
> **PROCEDIMENTO COMUM**
> **PARTE AUTORA:** Eneopequê da Silva Esseteuvê
> **PARTE RÉ:** Abecedefegê Comercial Ltda.
>
> **S E N T E N Ç A**
>
> **ENEOPEQUÊ DA SILVA ESSETEUVÊ**, por meio de petição inicial originalmente distribuída para o MM. Juízo da Vara da Fazenda Pública desta Comarca (fl. 2), propôs, contra **ABECEDEFEGÊ COMERCIAL LTDA.**, demanda submetida ao procedimento comum.
>
> [...]

Num caso desse, mais adiante, ainda no relatório, o caminho trilhado pelo processo será naturalmente revelado, sem prejuízo da ordem temporal dos acontecimentos, de modo a que os registros ocorram exatamente nas fases em que os respectivos atos foram praticados.

Basta imaginar trechos posteriores do relatório em que constem, por exemplo, excertos com o seguinte teor: (a) "Ao se defender, a parte ré alegou que o juízo para o qual a petição inicial foi originalmente distribuída era incompetente, em termos absolutos, para processar e julgar a causa" e, mais adiante, "Acolhida a alegação de incompetência absoluta, os autos foram submetidos a nova distribuição, vindo a ser tombados nesta 3ª Vara Cível"; ou (b) "conclusos os autos para sentença, foi o processo redistribuído para este juízo, em razão da instalação desta 3ª Vara Cível".

2.3.4 Pleito de concessão dos benefícios da gratuidade da justiça

A apresentação do pleito de concessão dos benefícios da gratuidade da justiça é ocorrência que *deve* ser noticiada no *relatório*, independentemente do teor da decisão que tenha sido posteriormente proferida a respeito do assunto.

Efetivamente, para se perceber a importância da informação, basta lembrar dos reflexos que os benefícios da gratuidade produzem quanto à exigibilidade das obrigações atinentes, por exemplo, às custas processuais e às demais despesas decorrentes do ato de propositura da demanda. A exigibilidade da obrigação de pagar honorários advocatícios sucumbenciais também pode sofrer fortes consequências em decorrência da decisão que vier a ser proferida quanto ao pleito. E vários outros reflexos podem ser produzidos (CPC, art. 98, § 1º).

Como esse tipo de pleito é apresentado, comumente, logo no início da petição inicial, o primeiro parágrafo do relatório acolhe, com conforto, a informação atinente à formulação do requerimento, sem que isso gere qualquer prejuízo para a qualidade do texto.

NA PRÁTICA

AUTOS N. 012345-78.2019.8.05.0001
PROCEDIMENTO COMUM
PARTE AUTORA: Eneopequê da Silva Esseteuvê
PARTE RÉ: Abecedefegê Comercial Ltda.

S E N T E N Ç A

ENEOPEQUÊ DA SILVA ESSETEUVÊ, requerendo a concessão dos benefícios da gratuidade da justiça (fl. 3), propôs, contra **ABECEDEFEGÊ COMERCIAL LTDA.**, demanda submetida ao procedimento comum.

[...]

2.3.5 Pleito de atribuição de prioridade na tramitação do processo

A circunstância de haver sido deferido um requerimento de atribuição de *prioridade na tramitação* do processo é fator que tem aptidão para fazer com que a causa tenha preferência para julgamento (CPC, art. 1.048).

De fato, tendo sido deferido o pleito, um dos efeitos decorrentes da decisão é produzido quando os autos estão prontos para que seja prestada a tutela definitiva: o processo passará a integrar uma lista específica, no que toca à ordem cronológica de conclusão (CPC, art. 12, § 2º, VII, e § 3º).

Por isso, é importante que eventual requerimento de *prioridade na tramitação* conste no *relatório*, independentemente de haver ele sido deferido ou não.

E, como se trata de postulação que é comumente apresentada logo no início da petição inicial, antes mesmo da descrição dos fatos, o trecho do *relatório* mais adequado para veicular tal informação é, também, o primeiro parágrafo.

Capítulo XI ◆ Elaboração do relatório: conteúdo da petição inicial

> **NA PRÁTICA**
>
> **AUTOS N. 012345-78.2019.8.05.0001**
> **PROCEDIMENTO COMUM**
> **PARTE AUTORA:** Eneopequê da Silva Esseteuvê
> **PARTE RÉ:** Abecedefegê Comercial Ltda.
>
> **S E N T E N Ç A**
>
> **ENEOPEQUÊ DA SILVA ESSETEUVÊ**, requerendo que seja dada prioridade na tramitação do processo (fl. 3), propôs, contra **ABECEDEFEGÊ COMERCIAL LTDA.**, demanda submetida ao procedimento comum.
>
> [...]

3. SEGUNDO PARÁGRAFO E PARÁGRAFOS IMEDIATAMENTE SEGUINTES: CAUSAS DE PEDIR REMOTA E PRÓXIMA

Num quadro em que a demanda proposta não possua peculiaridades, o segundo parágrafo do relatório *inaugura* a narrativa referente ao conjunto fático-jurídico (*causas de pedir remota* e *próxima*) que embasa o pedido. Somente em situações muito simples será possível esgotar tal narrativa num único parágrafo.

Nesse passo, tendo em vista que, no texto do inciso I do *caput* do art. 489 do CPC, somente há alusão à "suma do *pedido*", não havendo referência expressa à indicação das *causas de pedir remota* e *próxima*, cumpre trazer à tona duas lembranças.

A primeira é relativa ao fato de que são *duas* as acepções processuais para o vocábulo *pedido*. Em sentido estrito, ele envolve apenas um dos elementos da demanda, o seu *objeto*. Em sentido amplo, ele é sinônimo de *libelo* e abrange o *objeto* (ou *pedido* em sentido estrito) e as *causas de pedir remota* e *próxima*. É como sinônimo de *libelo* que o vocábulo *pedido* está empregado no inciso I do *caput* do art. 489 do CPC.

A segunda decorre da circunstância de que, no mesmo inciso I, há alusão à necessidade de que seja *identificado o caso*. Como já vimos no capítulo em que tratamos de aspectos gerais do relatório, esta é uma exigência umbilicalmente ligada à intensa valorização a que foi submetido o sistema de precedentes judiciais no CPC. É por meio da *identificação do caso* que se torna possível uma definição quanto a se determinado precedente é ou não aplicável a *certo* caso. Esse raciocínio depende, sempre, do cotejo entre os *fatos da causa* a ser decidida e os *fatos da causa* que serviu de base para a fixação do precedente. Os *fatos da causa* correspondem exatamente à *causa de pedir remota*.

Assim, o *relatório* da *sentença* deve, sem qualquer sombra de dúvida, conter um resumo das *causas de pedir remota* e *próxima*.

A descrição da *causa de pedir remota* é feita, comumente, no segundo parágrafo do relatório, podendo ou não haver utilização, para o mesmo fim, dos parágrafos seguintes.

NA PRÁTICA

AUTOS N. 012345-78.2019.8.05.0001
PROCEDIMENTO COMUM
PARTE AUTORA: Eneopequê da Silva Esseteuvê
PARTE RÉ: Abecedefegê Comercial Ltda.

S E N T E N Ç A

ENEOPEQUÊ DA SILVA ESSETEUVÊ, requerendo a concessão dos benefícios da gratuidade da justiça e a prioridade na tramitação do processo (fl. 3), propôs, contra ***ABECEDEFEGÊ COMERCIAL LTDA.***, demanda submetida ao procedimento comum.

Afirma que celebrou, com a parte ré, um contrato por meio do qual a demandada se comprometeu, mediante o pagamento, pelo demandante, de uma quantia mensal, a entregar, sempre no primeiro dia útil de cada semana, na residência do demandante, **[determinada coisa]** (fl. 5). Diz, mais, que, após seis meses de vigência do contrato, a parte ré teria passado a adotar uma conduta instável quanto ao cumprimento da obrigação que assumira, o que culminou, a partir do oitavo mês de vigência contratual, no inadimplemento integral da obrigação (fl. 6). Informa, ainda, que continuou a efetuar, nos três meses seguintes ao dia em que a demandada deixou de cumprir a sua obrigação, os pagamentos mensais do valor contratualmente previsto (fl. 6).

[...].

Na sequência, deve o julgador fazer constar no relatório o raciocínio jurídico empreendido pela parte autora.

Esse raciocínio inclui a indicação, feita na petição inicial, das normas ou dos conjuntos normativos que a parte autora entende que incidem sobre a base fática, de modo a que de tal incidência seja extraída, como efeito, aquilo que a própria parte autora aponta como pedido.

Trata-se da indicação da *causa de pedir próxima*.

NA PRÁTICA

AUTOS N. 012345-78.2019.8.05.0001
PROCEDIMENTO COMUM
PARTE AUTORA: Eneopequê da Silva Esseteuvê
parte ré: Abecedefegê Comercial Ltda.

Capítulo XI ◆ Elaboração do relatório: conteúdo da petição inicial

> **SENTENÇA**
>
> ***ENEOPEQUÊ DA SILVA ESSETEUVÊ***, requerendo a concessão dos benefícios da gratuidade da justiça e a prioridade na tramitação do processo (fl. 3), propôs, contra ***ABECEDEFEGÊ COMERCIAL LTDA.***, demanda submetida ao procedimento comum.
>
> Afirma que celebrou, com a parte ré, um contrato por meio do qual a demandada se comprometeu, mediante o pagamento, pelo demandante, de uma quantia mensal, a entregar, sempre no primeiro dia útil de cada semana, na residência do demandante, **[determinada coisa]** (fl. 5). Diz, mais, que, após seis meses de vigência do contrato, a parte ré teria passado a adotar uma conduta instável quanto ao cumprimento da obrigação que assumira, o que culminou, a partir do oitavo mês de vigência contratual, no inadimplemento integral da obrigação (fl. 6). Informa, ainda, que continuou a efetuar, nos três meses seguintes ao dia em que a demandada deixou de cumprir a sua obrigação, os pagamentos mensais do valor contratualmente previsto (fl. 6).
>
> Invocando o teor das cláusulas 8ª a 10ª do contrato celebrado, conclui que o comportamento da parte ré enseja a aplicação de uma multa, no valor de R$ **[valor]**, além de ser causa suficiente para rescisão do contrato, com a consequente devolução dos valores que chegaram a ser pagos no período posterior à interrupção, pela parte ré, do cumprimento da obrigação por ela assumida (fls. 7/8).
>
> [...]

*Nos trechos do relatório referentes à descrição do conteúdo de peças postulatórias apresentadas pelas partes, o magistrado deve ter sempre ao alcance da sua mente a possibilidade de lançar mão de uma técnica que em muito **simplifica** a elaboração do relatório e **previne** a ocorrência de defeitos na sentença: dar preferência à **transcrição literal** – e aspeada – do texto elaborado pela própria parte.*

O uso de tal fórmula redacional reduz, significativamente, as chances de proferimento de sentenças maculadas pelo vício da incongruência externa.

*Mas há uma utilidade **prática** ainda maior.*

É que o trabalho consistente em resumir o conteúdo de peças postulatórias torna-se consideravelmente penoso quando o juiz se depara com imperfeições na redação da peça apresentada. Nesse caso, o tempo que seria necessário para a construção de um texto substitutivo daquele que consta na peça pode ser significativamente poupado pela só transcrição literal do texto, com o uso de aspas, seguido da palavra "sic" e da indicação precisa do local em que o trecho transcrito se encontra.

4. ENCERRAMENTO

Feito o resumo das *causas de pedir próxima* e *remota*, chega-se à etapa final da descrição da petição inicial.

Nessa etapa, é importante que seja registrada a existência (*i*) de eventuais requerimentos secundários, de diversas ordens, (*ii*) de eventual manifestação de desinteresse na composição consensual do conflito (CPC, arts. 319, VII, e 334, § 5º) e (*iii*) de eventual pleito de concessão de tutela provisória.

Por fim – o que é mais importante –, deve ser descrito o pleito de concessão da tutela definitiva, que corresponde ao *pedido*.

4.1 Requerimentos diversos

Tal como foi pontuado no capítulo em que tratamos da identificação e da coleta dos dados úteis, é comum a formulação, pelas partes, de postulações das mais diversas, na órbita do que entendem elas que é necessário para demonstrar que o *seu* interesse, e não o interesse da parte contrária, é o protegido pelo Direito.

Nessa linha, é comum que sejam encontrados, na petição inicial, requerimentos de natureza probatória, que abrangem desde a utilização de determinado meio de prova – provas pericial e testemunhal, por exemplo – até a realização de diligências, junto a entidades privadas ou a órgãos públicos, tal como se dá com a requisição de certidões (CPC, art. 438, I), com a requisição de autos de procedimentos administrativos (CPC, art. 438, II, §§ 1º e 2º) e com a requisição de informações – geralmente informações atinentes à parte ré – junto a instituições financeiras e à administração tributária, em especial a Secretaria da Receita Federal do Brasil (CPC, arts. 378, 380, 772, III, e 773).

O mesmo pode se dar com pleitos de adoção de providências atinentes ao ingresso, no processo, de outros sujeitos, distintos do réu, que, de acordo com a visão da parte autora, deveriam também atuar no palco processual.

NA PRÁTICA

AUTOS N. 012345-78.2019.8.05.0001
PROCEDIMENTO COMUM
PARTE AUTORA: Eneopequê da Silva Esseteuvê
PARTE RÉ: Abecedefegê Comercial Ltda.

S E N T E N Ç A

ENEOPEQUÊ DA SILVA ESSETEUVÊ, requerendo a concessão dos benefícios da gratuidade da justiça e a prioridade na tramitação do processo (fl. 3), propôs, contra **ABECEDEFEGÊ COMERCIAL LTDA.**, demanda submetida ao procedimento comum.

Afirma que **[parágrafo(s) destinado(s) à narrativa referente à indicação das causas de pedir remota e próxima, conforme anotamos anteriormente]**.

Na sequência, requereu a produção de prova pericial, bem como a requisição, junto à Secretaria da Receita Federal do Brasil, de cópias das declarações relativas ao imposto de renda, prestadas pela parte ré nos últimos três anos (fl. 9), e formulou, ao final, o seguinte pedido: [...].

[...]

4.2 Manifestação de desinteresse na autocomposição

No procedimento comum, tratando-se de causa que versa sobre direito que admite autocomposição, o magistrado, após constatar que o caso *não* enseja o indeferimento da petição inicial e que o pedido *não* deve ser julgado liminarmente improcedente, tem o dever de determinar a convocação das partes para comparecimento à audiência de conciliação ou de mediação (CPC, art. 334, *caput* e § 3º). Trata-se de regra de concretização do princípio do *estímulo estatal à autocomposição*, norma fundamental do processo (CPC, art. 3º, §§ 3º e 4º).

Nesse panorama, a audiência somente *não* será realizada se houver manifestação expressa, de *ambas* as partes, no sentido de que não têm interesse na composição consensual do conflito (CPC, art. 334, § 4º, I).

O sistema está estruturado, portanto, de um modo tal que a realização da audiência de conciliação ou de mediação, no procedimento comum, é a *regra*, ao passo que a *exceção* é o cancelamento da sua realização.

Por isso, eventual silêncio ou manifestação expressa da parte autora, no sentido de que *tem* interesse na autocomposição *não* é, no comum das vezes, evento merecedor de referência no relatório, já que mantém o procedimento no seu leito natural.

O procedimento será igualmente mantido no seu leito natural, mesmo que a parte autora tenha expressamente manifestado desinteresse na autocomposição, se a parte ré não apresentar, até dez dias antes da data designada para realização da audiência, petição por meio da qual expresse desinteresse na composição consensual do conflito.

Diferentemente, se houve cancelamento da realização da audiência, é importante que conste, no relatório, a referência ao fato de a parte autora haver manifestado, na petição inicial (CPC, art. 334, § 5º), desinteresse na autocomposição. O mesmo se dará com a manifestação da parte ré.

Diante disso, ao iniciar a redação da sentença, o julgador, que já procedeu à leitura dos autos e sabe se houve ou não cancelamento da realização da audiência, tem plena condição de aquilatar se a manifestação do autor, quanto ao seu *desinteresse* em promover a autocomposição, é ou não um dado relevante.

NA PRÁTICA

AUTOS N. 012345-78.2019.8.05.0001
PROCEDIMENTO COMUM
PARTE AUTORA: Eneopequê da Silva Esseteuvê
PARTE RÉ: Abecedefegê Comercial Ltda.

MANUAL DA SENTENÇA CÍVEL

> **SENTENÇA**
>
> ***ENEOPEQUÊ DA SILVA ESSETEUVÊ***, requerendo a concessão dos benefícios da gratuidade da justiça e a prioridade na tramitação do processo (fl. 3), propôs, contra ***ABECEDEFEGÊ COMERCIAL LTDA.***, demanda submetida ao procedimento comum.
>
> Afirma que **[parágrafo(s) destinado(s) à narrativa referente à indicação das causas de pedir remota e próxima, conforme anotamos anteriormente]**.
>
> Na sequência, após manifestar desinteresse na composição consensual do conflito (fl. 8), [...].

4.3 Pleito de concessão de tutela provisória

É muitíssimo frequente que a parte autora formule, na petição inicial, simultaneamente com o *pedido* – que corresponde ao pleito de concessão de tutela *definitiva* –, o pleito de concessão liminar de tutela *provisória*, de urgência ou da evidência[10].

Neste trecho da obra, em que a tutela *provisória* está no centro da análise, todas as vezes que nos referirmos ao pleito de concessão de tutela *definitiva*, acrescentaremos ao substantivo *pedido*, apenas com o propósito de facilitar a comunicação, o adjetivo *principal*, de modo a evitar confusão com o pleito de concessão de tutela *provisória*.

Feito esse registro, não se pode olvidar que, ao proferir a sentença, o magistrado *já* procedeu à leitura de *todo* o teor dos autos e *já* tem total conhecimento a respeito do conteúdo que a sua decisão terá relativamente ao *pedido principal*. Portanto, possui os elementos necessários para discernir qual a importância que terá, no texto da sentença, o pleito de concessão de tutela *provisória*.

Assim, por exemplo, se o *pedido principal* será *rejeitado*, o grau de importância do pleito de concessão de tutela provisória cai, independentemente de haver ele sido deferido ou indeferido[11] no curso do processo. Nessa situação, ao ser descrita a petição inicial, é *bastante* que seja feita uma breve *referência*

---

[10] *Não* estamos aludindo, aqui, aos casos em que a tutela provisória de urgência (antecipada ou cautelar) é requerida em *caráter antecedente* (CPC, arts. 303 a 310). Estamos – isso, sim – cuidando de situações em que a prestação da tutela provisória de urgência (antecipada ou cautelar) ou da tutela provisória da evidência é requerida simultaneamente com a prestação da tutela definitiva. Trata-se das situações clássicas em que, ao lado de o autor formular o pedido, também postula, por exemplo, a concessão liminar de uma medida antecipatória dos efeitos da tutela.

[11] Nos casos em que tenha havido, no curso do processo, *deferimento* do pleito de concessão de tutela provisória e a decisão final será pela *improcedência* do pedido, o julgador, ao redigir a sentença, deverá estar atento para a eventual necessidade de disciplinar os efeitos decorrentes da execução da decisão concessiva, uma vez que há potencial para que, do cumprimento das ordens provisoriamente dadas, tenham decorrido prejuízos para a parte contrária (CPC, arts. 297, 302 e 520, I, do CPC).

ao fato de ter havido postulação nesse sentido, sem qualquer necessidade de transcrição ou de alusão ao *conteúdo* do pleito apresentado.

> **NA PRÁTICA**
>
> **AUTOS N. 012345-78.2019.8.05.0001**
> **PROCEDIMENTO COMUM**
> **PARTE AUTORA:** Eneopequê da Silva Esseteuvê
> **PARTE RÉ:** Abecedefegê Comercial Ltda.
>
> **S E N T E N Ç A**
>
> **ENEOPEQUÊ DA SILVA ESSETEUVÊ**, requerendo a concessão dos benefícios da gratuidade da justiça e a prioridade na tramitação do processo (fl. 3), propôs, contra **ABECEDEFEGÊ COMERCIAL LTDA.**, demanda submetida ao procedimento comum.
>
> Afirma que **[parágrafo(s) destinado(s) à narrativa referente à indicação das causas de pedir remota e próxima, conforme anotamos anteriormente]**.
>
> Na sequência, após manifestar desinteresse na composição consensual do conflito (fl. 8), requereu a concessão de tutela provisória (fl. 9) e formulou o seguinte pedido: [...].

De outro lado, se o caso for de *acolhimento* do *pedido principal*, é preciso que o julgador, ao redigir o *relatório*, esteja atento para o tratamento que, ao longo do processo, foi dado à postulação atinente à tutela provisória.

Assim, se tal pleito foi *indeferido*, não há motivo para que, no relatório, seja dado qualquer *destaque* ao conteúdo do pleito, em razão do que será *suficiente* uma breve *referência* ao fato de ter havido postulação nesse sentido. No decorrer do relatório, haverá o momento em que será feita alusão ao indeferimento da postulação.

Tratando-se, de sua vez, de caso em que o pleito de concessão de tutela provisória foi parcial ou totalmente *deferido*, deverá o juiz, no relatório, ao descrever a petição inicial, dar *destaque* ao fato de ter havido postulação nesse sentido. O *destaque* consistirá na descrição da íntegra do conteúdo do pleito[12].

Obviamente que, no trecho do relatório referente à descrição da petição inicial, ainda não haverá referência ao fato de o pleito haver sido deferido. Tal

---

[12] É que, tendo havido deferimento anterior da prestação de tutela provisória, será obrigatório que o juiz se manifeste, na sentença, a respeito da sua "confirmação", de modo a que, ocorrendo tal "confirmação", a sentença possa produzir efeitos imediatamente, já que *não* será automaticamente aplicada a regra segundo a qual o recurso de apelação é naturalmente dotado de efeito suspensivo (CPC, art. 1.012, § 1º, V).

MANUAL DA SENTENÇA CÍVEL

notícia será inserida no relatório depois, mediante o atendimento da *sequência temporal* dos acontecimentos *dentro* dos autos.

NA PRÁTICA

AUTOS N. 012345-78.2019.8.05.0001
PROCEDIMENTO COMUM
PARTE AUTORA: Eneopequê da Silva Esseteuvê
PARTE RÉ: Abecedefegê Comercial Ltda.

S E N T E N Ç A

ENEOPEQUÊ DA SILVA ESSETEUVÊ, requerendo a concessão dos benefícios da gratuidade da justiça e a prioridade na tramitação do processo (fl. 3), propôs, contra **ABECEDEFEGÊ COMERCIAL LTDA.**, demanda submetida ao procedimento comum.

Afirma que **[parágrafo(s) destinado(s) à narrativa referente à indicação das causas de pedir remota e próxima, conforme anotamos anteriormente]**.

Na sequência, após manifestar desinteresse na composição consensual do conflito (fl. 8), requereu a concessão de tutela provisória, mediante a expedição de ordem para a imediata retirada do seu nome do SPC e do SERASA (fl. 9). Ao final, formulou o seguinte pedido: **[...]**.

No exemplo dado, optamos por fazer referência ao pleito de concessão de tutela provisória mediante uma narrativa em que o próprio magistrado construiu a oração. Essa técnica pode ser utilizada nos casos em que a medida postulada for simples.

*Há situações, porém, em que o pleito formulado é recheado de detalhes, o que torna plenamente aconselhável a adoção de uma estratégia redacional **prática e segura**: proceder à transcrição literal, com o uso de aspas, do excerto da petição inicial em que foi formulado o pleito. A transcrição deverá ser seguida da indicação precisa, entre parênteses, logo em seguida ao fechamento das aspas, do local dos autos em que o trecho transcrito se encontra.*

Nesse caso, se o trecho a ser transcrito for extenso, é de todo adequado que seja ponderada a possibilidade de que o pleito de concessão de tutela provisória e o pedido principal sejam descritos em parágrafos distintos.

AUTOS N. 012345-78.2019.8.05.0001
PROCEDIMENTO COMUM
PARTE AUTORA: Eneopequê da Silva Esseteuvê
PARTE RÉ: Abecedefegê Comercial Ltda.

S E N T E N Ç A

ENEOPEQUÊ DA SILVA ESSETEUVÊ, requerendo a concessão dos benefícios da gratuidade da justiça e a prioridade na tramitação do processo (fl. 3), propôs, contra **ABECEDEFEGÊ COMERCIAL LTDA.**, demanda submetida ao procedimento comum.

Capítulo XI ◆ Elaboração do relatório: conteúdo da petição inicial

> Afirma que **[parágrafo(s) destinado(s) à narrativa referente à indicação das causas de pedir remota e próxima, conforme anotamos anteriormente]**.
>
> Na sequência, após manifestar desinteresse na composição consensual do conflito (fl. 8), requereu a concessão de tutela provisória, mediante a expedição de ordem para **[transcrição, entre aspas, do trecho da petição inicial em que é formulado o pleito relativo à tutela provisória]** (fl. 9).
>
> Ao final, formulou o seguinte pedido: **[...]**.

Vale observar que, no exemplo acima, a transcrição do trecho da petição inicial em que é formulado o pleito relativo à tutela provisória foi inserida como continuidade natural da frase cuja redação foi construída pelo magistrado ("Na sequência, requereu a concessão de tutela provisória, mediante a expedição de ordem para..."). Por vezes, todavia, tendo em vista o modo como está redigida a petição inicial, não é possível lançar mão dessa técnica redacional. Nesse caso, recomendamos simplesmente anunciar, por meio do uso dos dois-pontos (sinal de pontuação), o trecho que virá a seguir.

> **AUTOS N. 012345-78.2019.8.05.0001**
> **PROCEDIMENTO COMUM**
> **PARTE AUTORA:** Eneopequê da Silva Esseteuvê
> **PARTE RÉ:** Abecedefegê Comercial Ltda.
>
> S E N T E N Ç A
>
> **ENEOPEQUÊ DA SILVA ESSETEUVÊ**, requerendo que seja dada prioridade na tramitação do processo, propôs, contra **ABECEDEFEGÊ COMERCIAL LTDA.**, demanda submetida ao procedimento comum.
>
> Afirma que **[parágrafo(s) destinado(s) à narrativa referente à indicação das causas de pedir remota e próxima, conforme anotamos anteriormente]**.
>
> Na sequência, após manifestar desinteresse na composição consensual do conflito (fl. 8), requereu a concessão de tutela provisória, nos seguintes termos: **[transcrição, entre aspas, do trecho da petição inicial em que é formulado o pleito relativo à tutela provisória]** (fl. 9).
>
> Ao final, formulou o pedido que se segue: **[...]**.

Cumpre anotar que, ao aludirmos à transcrição, entre aspas, do trecho da petição inicial em que é formulado o pleito de concessão de tutela provisória, estamos nos referindo, **apenas**, *ao* **pleito em si mesmo**. *Não há qualquer necessidade de que sejam feitas referências à* **fundamentação** *que a parte autora tenha apresentado para justificar a formulação do pleito, a menos que tal informação vá repercutir na resolução de alguma questão.*

Do mesmo modo, se, na redação empregada pela parte autora, houver trechos suscetíveis de **supressão**, *sem que o texto perca o sentido, tais trechos devem ser suprimidos, de modo a que conste, no relatório da sentença, a transcrição literal apenas do que for* **essencial**.

A título de exemplo, imagine-se que, na formulação do pleito de concessão da tutela provisória, conste o trecho a seguir: "Diante do exposto, requer a V. Exª que conceda, liminarmente, tutela provisória de urgência, para o fim de que, salvaguardando a parte autora das intempéries a que vem sendo submetida, todas decorrentes do fato de o seu nome haver sido inserido em cadastros de maus pagadores, seja ordenado à ré que adote, no prazo de 24 horas, todas as medidas necessárias para que o nome da parte autora seja retirado do SPC e do SERASA".

Num caso assim, ao ser procedida à transcrição literal, é perfeitamente possível expungir, do conjunto do texto, o trecho que nada acresce ao pleito ("salvaguardando a parte autora das intempéries a que vem sendo submetida, todas decorrentes do fato de o seu nome haver sido inserido em cadastros de maus pagadores"), substituindo-o por colchetes com reticências no seu interior:

> **AUTOS N. 012345-78.2019.8.05.0001**
> **PROCEDIMENTO COMUM**
> **PARTE AUTORA:** Eneopequê da Silva Esseteuvê
> **PARTE RÉ:** Abecedefegê Comercial Ltda.
>
> S E N T E N Ç A
>
> **ENEOPEQUÊ DA SILVA ESSETEUVÊ**, requerendo a concessão dos benefícios da gratuidade da justiça e a prioridade na tramitação do processo (fl. 3), propôs, contra **ABECEDEFEGÊ COMERCIAL LTDA.**, demanda submetida ao procedimento comum.
>
> Afirma que **[parágrafo(s) destinado(s) à narrativa referente à indicação das causas de pedir remota e próxima, conforme anotamos anteriormente]**.
>
> Na sequência, após manifestar desinteresse na composição consensual do conflito (fl. 8), requereu a concessão de tutela provisória de urgência, "para o fim de que [...] seja ordenado à ré que adote, no prazo de 24 horas, todas as medidas necessárias para que o nome da parte autora seja retirado do SPC e do SERASA" (fl. 9).
>
> Ao final, formulou o seguinte pedido: [...]

4.4 Pedido

Entre todos os trechos da *petição inicial*, aquele que mais *cuidados* enseja, por ocasião da elaboração do relatório, é o *pedido*.

Afinal, se algum trecho do *pedido* deixar de ser mencionado no relatório, serão grandes as chances de o julgador se omitir, ao proferir a sentença.

Exatamente por isso, quanto à descrição do *pedido*, recomendamos que, tanto quanto possível, o julgador lance mão da transcrição *literal* do texto, com o uso de aspas, seguido da palavra *"sic"*, se houver necessidade[13], e da precisa indicação do local dos autos em que o excerto transcrito se encontra.

---

[13] Os casos em que se torna necessário o uso do *"sic"*, normalmente entre parênteses ou entre colchetes, posposto a uma citação, ou nela intercalado, são aqueles em que o texto originalmente transcrito contém *erro* ou tenha aptidão para causar *estranheza* (FERREIRA, Aurélio Buarque de Holanda. *Novo dicionário Aurélio da língua portuguesa*. 4. ed. Curitiba: Positivo, 2009, p. 1842).

Capítulo XI ◆ Elaboração do relatório: conteúdo da petição inicial

A opção pelo uso desse recurso redacional promove economia de tempo e poupa a energia que seria necessária para a construção de um texto substitutivo daquele contido na petição inicial.

NA PRÁTICA

AUTOS N. 012345-78.2019.8.05.0001
PROCEDIMENTO COMUM
PARTE AUTORA: Eneopequê da Silva Esseteuvê
PARTE RÉ: Abecedefegê Comercial Ltda.

SENTENÇA

ENEOPEQUÊ DA SILVA ESSETEUVÊ, requerendo a concessão dos benefícios da gratuidade da justiça e a prioridade na tramitação do processo (fl. 3), propôs, contra **ABECEDEFEGÊ COMERCIAL LTDA.**, demanda submetida ao procedimento comum.

Afirma que **[parágrafo(s) destinado(s) à narrativa referente à indicação das causas de pedir remota e próxima, conforme anotamos anteriormente]**.

Na sequência, requereu a concessão de tutela provisória, mediante a expedição de ordem para a imediata retirada do seu nome do SPC e do SERASA (fl. 9). Ao final, formulou o seguinte pedido: **[transcrição, entre aspas, do trecho da petição inicial em que é formulado o pedido]** (fls. 9/10).

[...]

Por óbvio, se o pedido formulado for **simples**, *a opção do julgador pela construção de um texto que substitua,* **com precisão**, *o texto constante na petição inicial deve ser considerada. Mesmo nesse caso, é de todo adequado que seja feita a indicação precisa do local dos autos em que foram colhidas as informações em que o texto construído se baseou.*

AUTOS N. 012345-78.2019.8.05.0001
PROCEDIMENTO COMUM
PARTE AUTORA: Eneopequê da Silva Esseteuvê
PARTE RÉ: Abecedefegê Comercial Ltda.

SENTENÇA

ENEOPEQUÊ DA SILVA ESSETEUVÊ ENEOPEQUÊ DA SILVA ESSETEUVÊ, requerendo a concessão dos benefícios da gratuidade da justiça e a prioridade na tramitação do processo (fl. 3), propôs, contra **ABECEDEFEGÊ COMERCIAL LTDA.**, demanda submetida ao procedimento comum.

Afirma que **[parágrafo(s) destinado(s) à narrativa referente à indicação das causas de pedir remota e próxima, conforme anotamos anteriormente]**.

Na sequência, requereu a concessão de tutela provisória, mediante a expedição de ordem para que **[transcrição, entre aspas, do trecho da petição inicial em que é formulado o pleito relativo à tutela provisória]** (fl. 9).

> Ao final, formulou o pedido de que seja imposta, à parte ré, a obrigação de lhe pagar a quantia de R$ 500.000,00, a ser monetariamente corrigida pelo IPCA, a partir do dia **[data]**, que corresponde à data da ocorrência do fato, e acrescida de juros de mora de 1% ao mês, incidentes desde a citação (fl. 10).
>
> [...]

5. CONSTATAÇÃO DE QUE EXISTEM PLEITOS QUE DEVERIAM TER SIDO EXAMINADOS ANTES DO MOMENTO DO PROFERIMENTO DA SENTENÇA

Há possibilidade de que, chegado o momento de prestação da tutela definitiva, ainda existam, no processo, pleitos *pendentes* de resolução, apresentados já na *petição inicial*, cujos exames deveriam, em tese, *anteceder* o momento do proferimento da sentença.

No capítulo em que tratamos da identificação e da coleta dos dados úteis, fizemos referência a esse tipo de situação e apresentamos exemplos de postulações que se encaixam nesse quadro.

Na verdade, *não* é *desejável* que tal aconteça. Apesar disso, não é raro acontecer.

Situações assim podem se dar, por exemplo, com o pleito de concessão de tutela provisória que o juiz não tenha analisado no momento próprio[14].

Os pleitos de adoção de providências atinentes ao ingresso de outros sujeitos no processo (*v. g.* dos casos mencionados nos arts. 119 a 138 do CPC) tam-

---

[14] Se o pleito de concessão de tutela provisória não houver sido ainda apreciado e o caso for de acolhimento do pedido principal, é preciso que o juiz, ao iniciar a redação do ato decisório, *já* esteja com o seu convencimento formado a respeito de o caso ser ou não de "concessão de tutela provisória" na sentença (CPC, art. 1.012, § 1º, V). Quanto a isso, *duas* anotações se fazem úteis. A *primeira* é relativa à referência a uma tutela *provisória* "concedida" na *sentença*. A expressão é absolutamente inadequada. É que uma das características da tutela *provisória* é exatamente a sua aptidão para ser, depois, substituída pela tutela *definitiva*. Ao lado disso, por meio da *sentença*, será sempre prestada uma tutela *definitiva*. Assim, rigorosamente, não há como ser prestada uma tutela *provisória* na sentença. O que se dá, na verdade, nesses casos em que se afirma que a tutela provisória teria sido "concedida" na sentença, é o reconhecimento, pelo juiz, a requerimento da parte, de que deve ser conferida à sentença exequibilidade provisória e imediata. Na prática, esse reconhecimento importa em retirar, do recurso de apelação, o efeito suspensivo de que é ele naturalmente dotado (CPC, art. 1.012, § 1º, V). A *segunda* é para lembrar que é, sim, plenamente possível que o juiz acolha o *pedido principal* e, ao mesmo tempo, não "conceda" a tutela provisória na sentença. Basta atinar para o fato de que, tratando-se de tutela provisória de *urgência*, a sua concessão está vinculada ao reconhecimento da existência de uma situação de perigo de dano ou de risco ao resultado útil do processo (CPC, art. 300, *caput*). Assim, bem pode acontecer de o juiz reconhecer que o direito existe, tanto assim que o *pedido principal* merece ser acolhido, mas que inexiste situação de risco e, que, portanto, não há motivo para adoção de uma providência que produzirá, como resultado, a retirada do efeito suspensivo natural de que é dotado o recurso de apelação.

bém são postulações que, com alguma frequência, deixam de ser examinadas ao longo do procedimento e, por isso, terão de ser examinadas no momento da prestação da tutela definitiva.

Outros cenários em que quadros assim também se instalam – e, nesse caso, com elevada frequência – são os que envolvem requerimentos de natureza probatória, como os de realização de prova pericial, os de coleta de depoimentos de pessoas e os de realização de diligências junto a entidades privadas ou a órgãos públicos, consistentes, por exemplo, na expedição de ofícios para obtenção de informações, de certidões ou de cópias de autos de procedimentos administrativos (CPC, arts. 378, 380, 438, I e II, §§ 1º e 2º, 772, III, e 773).

É fácil perceber que, entre os exemplos dados, há pleitos cujo deferimento implicaria a *impossibilidade* de prestação *imediata* da tutela definitiva, tal como se dá com os requerimentos de natureza probatória.

Não se pode perder de vista, porém, que, *antes* de iniciar a redação da sentença, o magistrado já procedeu à leitura prévia de *todo* o conteúdo dos autos. Por isso, se o juiz deu início à redação da sentença, é porque *já sabe* que o caso comporta a prestação da tutela definitiva, do que se depreende que o destino de postulações com potencial para impedir o imediato proferimento da sentença será o *indeferimento*.

E há um indispensável complemento a ser feito: havendo, no processo, pleitos pendentes de apreciação, cujo deferimento *impediria* o imediato proferimento da sentença, o seu exame deverá ser feito *antes* do exame de *qualquer* outra questão ligada à prestação da tutela definitiva. Afinal, é fácil perceber que questões assim, relativas ao deferimento ou não de pleitos com tal característica, *subordinam* a questão atinente à possibilidade ou não de proferimento, naquele momento, da decisão por meio da qual será prestada a tutela definitiva.

CAPÍTULO XII

ELABORAÇÃO DO RELATÓRIO: DEPOIS DA PETIÇÃO INICIAL E ANTES DA RESPOSTA DO RÉU

◆ **SUMÁRIO**

1. Considerações iniciais – **2.** Decisão sobre eventuais requerimentos contidos na petição inicial: **2.1** Benefícios da gratuidade da justiça; **2.2** Prioridade na tramitação do processo; **2.3** Tutela provisória – **3.** Data da ordem de citação – **4.** Citação: **4.1** Data da ocorrência; **4.2** Citação para comparecer à audiência de conciliação ou de mediação; **4.3** Citação para apresentar contestação – **5.** Audiência de conciliação ou de mediação: **5.1** Cancelamento da audiência; **5.2** Realização da audiência, sem autocomposição; **5.3** Realização da audiência, com autocomposição.

1. CONSIDERAÇÕES INICIAIS

Na mesmíssima linha do quanto vimos pontuando ao longo dos capítulos que versam sobre o *relatório*, o magistrado cuidará de inserir, no trecho que abrange a sequência de eventos ocorridos *entre* a descrição do conteúdo da petição inicial e o momento anterior à descrição da resposta da parte ré, *apenas* as informações a respeito dos fatos *relevantes*.

Dentre os fatos relevantes, alguns integram naturalmente o procedimento. É o que se dá com a *citação* e, nos processos que versam sobre direitos que admitem autocomposição, com a realização da *audiência de conciliação ou de mediação* a que se refere o art. 334 do CPC.

Outros fatos, apesar de não integrarem naturalmente o procedimento, têm importância em razão de eventuais peculiaridades do caso concreto. Nesse caso, a relevância está vinculada às conclusões a que o juiz chegou *antes* de iniciar a redação da sentença.

2. DECISÃO SOBRE EVENTUAIS REQUERIMENTOS CONTIDOS NA PETIÇÃO INICIAL

Como registramos anteriormente, é comum que a parte autora formule, na petição inicial, requerimentos dos mais diversos, para exame, pelo Poder Judiciário, logo ao *primeiro* contato com os autos.

É o que, por exemplo, pode se dar – e muito frequentemente acontece – com pleitos de concessão dos benefícios da gratuidade da justiça (CPC, arts. 98 a 102), de atribuição de prioridade na tramitação do processo (CPC, art. 1.048) e de concessão de tutela provisória, de urgência ou da evidência (CPC, arts. 300, § 2º, e 311, parágrafo único).

Como a inserção, no *relatório*, de informações sobre a existência de *postulações* como essas já foi feita por ocasião da descrição do conteúdo da petição inicial, a referência, no trecho de que estamos cuidando, deverá ser feita ao *pronunciamento* do julgador a respeito do pleito lançado pela parte autora.

E numa situação em que a parte autora expressamente lança um pleito para que sobre ele o magistrado se manifeste já por ocasião do *primeiro* contato com os autos, o ideal é que o juiz se *pronuncie* a respeito do assunto na *primeira* oportunidade, nem que seja para esclarecer que aquele ainda não é o momento propício para deliberação. Pode ocorrer, porém – e esse tipo de evento *não* é desejável –, de o julgador *silenciar* sobre o assunto, o silêncio *não* produzir consequências negativas para a prática dos atos seguintes do procedimento e, com isso, a questão continuar *pendente* de resolução.

Nas situações em que o juiz tenha esclarecido que o pleito será examinado posteriormente, ou mesmo na hipótese de ter havido silêncio do órgão julgador, *não* há necessidade, no comum das situações, de fazer constar no *relatório* que *não houve* manifestação sobre determinado pleito. Uma referência desse tipo *somente* deverá ser feita se essa informação for *útil* para a resolução de alguma questão específica.

2.1 Benefícios da gratuidade da justiça

Como a decisão por meio da qual são concedidos os benefícios da gratuidade da justiça reflete, fortemente, na exigibilidade de diversas obrigações (CPC, arts. 98, §§ 1º a 3º), é *indispensável* que, havendo decisão a respeito de tal postulação, seja ela mencionada no *relatório*.

E, se a decisão houver sido proferida logo ao *primeiro* contato do juiz com os autos, a menção deve ser feita exatamente no trecho do relatório que descreve os fatos ocorridos imediatamente após a apresentação da petição inicial.

NA PRÁTICA

*Diante do modo como está estruturado o **procedimento** para análise de um pleito de concessão dos benefícios da gratuidade da justiça (CPC, arts. 99 a 102), uma decisão sobre o assunto, proferida logo ao **primeiro** contato do juiz com os autos, será, quase sempre, **concessiva** dos benefícios postulados. É que, nas situações em que o magistrado tenha percebido a existência de elementos para denegação do requerimento, o caminho natural consiste em não decidir sem, antes, determinar à parte que **comprove** o preenchimento das exigências legais para deferimento do pleito (CPC, art. 99, § 2º).*

Capítulo XII ◆ Elaboração do relatório: depois da petição inicial e antes da resposta...

*Tendo havido **deferimento** logo ao primeiro contato com os autos, é bastante a alusão a tal fato.*

AUTOS N. 012345-78.2019.8.05.0001
PROCEDIMENTO COMUM
PARTE AUTORA: Eneopequê da Silva Esseteuvê
PARTE RÉ: Abecedefegê Comercial Ltda.

S E N T E N Ç A

ENEOPEQUÊ DA SILVA ESSETEUVÊ, requerendo a concessão dos benefícios da gratuidade da justiça (fl. 3), propôs, contra ***ABECEDEFEGÊ COMERCIAL LTDA.***, demanda submetida ao procedimento comum.

Afirma que **[parágrafo(s) destinado(s) à narrativa referente à indicação das causas de pedir remota e próxima, conforme anotamos anteriormente]**.

Após requerer a concessão de tutela provisória, mediante a expedição de ordem para **[transcrição, entre aspas, do trecho da petição inicial em que é formulado o pleito relativo à tutela provisória]** (fl. 9), formulou, ao final, o seguinte pedido: **[transcrição, entre aspas, do trecho da petição inicial em que é formulado o pedido]** (fls. 9/10).

Concedidos os benefícios da gratuidade da justiça (fl. 16), **[...]**.

Na hipótese de o magistrado, tendo percebido a existência de elementos para denegação do requerimento, após haver determinado à parte que comprovasse o preenchimento das exigências legais, houver concluído que, de fato, tem ela direito à gratuidade, é suficiente um relato resumido das ocorrências.

Com isso, o último parágrafo do exemplo acima pode ficar com a seguinte redação:

AUTOS N. 012345-78.2019.8.05.0001
PROCEDIMENTO COMUM
PARTE AUTORA: Eneopequê da Silva Esseteuvê
PARTE RÉ: Abecedefegê Comercial Ltda.

S E N T E N Ç A

ENEOPEQUÊ DA SILVA ESSETEUVÊ, requerendo a concessão dos benefícios da gratuidade da justiça (fl. 3), propôs, contra ***ABECEDEFEGÊ COMERCIAL LTDA.***, demanda submetida ao procedimento comum.

Afirma que **[parágrafo(s) destinado(s) à narrativa referente à indicação das causas de pedir remota e próxima, conforme anotamos anteriormente]**.

Após requerer a concessão de tutela provisória, mediante a expedição de ordem para **[transcrição, entre aspas, do trecho da petição inicial em que é formulado o pleito relativo à tutela provisória]** (fl. 9), formulou, ao final, o seguinte pedido: **[transcrição, entre aspas, do trecho da petição inicial em que é formulado o pedido]** (fls. 9/10).

Instada a trazer aos autos provas de que atende às exigências para obtenção dos benefícios da gratuidade da justiça (fl. 16), a parte autora apresentou os documentos de fls. 20/25. Concedida a gratuidade (fl. 27), **[...]**.

*Se houve **indeferimento** do pleito de concessão dos benefícios da gratuidade e, mesmo assim, o processo prosseguiu em direção à citação da parte ré, depreende-se que a parte autora adotou uma das duas seguintes condutas: ou procedeu ao adiantamento dos valores relativos às custas e às demais despesas decorrentes do ato de propositura da demanda, ou, inconformada, impugnou a decisão de indeferimento por meio de recurso de agravo de instrumento (CPC, art. 1.015, V). Se assim não fosse, o caminho natural seria o juiz ordenar o cancelamento do ato de distribuição (CPC, art. 290). Em ambas as situações em que o processo tenha prosseguido, o magistrado teve de aguardar a chegada, aos autos, da notícia respectiva, seja do recolhimento das custas e demais despesas, seja da interposição do recurso, sem o que o processo não poderia ter prosseguido.*

Assim, tendo havido recolhimentos dos valores, pode ser a seguinte a redação:

AUTOS N. 012345-78.2019.8.05.0001
PROCEDIMENTO COMUM
PARTE AUTORA: Eneopequê da Silva Esseteuvê
PARTE RÉ: Abecedefegê Comercial Ltda.

S E N T E N Ç A

ENEOPEQUÊ DA SILVA ESSETEUVÊ, requerendo a concessão dos benefícios da gratuidade da justiça (fl. 3), propôs, contra **ABECEDEFEGÊ COMERCIAL LTDA.**, demanda submetida ao procedimento comum.

Afirma que **[parágrafo(s) destinado(s) à narrativa referente à indicação das causas de pedir remota e próxima, conforme anotamos anteriormente]**.

Após requerer a concessão de tutela provisória, mediante a expedição de ordem para **[transcrição, entre aspas, do trecho da petição inicial em que é formulado o pleito relativo à tutela provisória]** (fl. 9), formulou, ao final, o seguinte pedido: **[transcrição, entre aspas, do trecho da petição inicial em que é formulado o pedido]** (fls. 9/10).

Instada a trazer aos autos provas de que atende às exigências para obtenção dos benefícios da gratuidade da justiça (fl. 16), a parte autora apresentou os documentos de fls. 20/25. Ante o indeferimento da gratuidade (fl. 27), cuidou o demandante de proceder ao recolhimento das custas processuais e das demais despesas decorrentes do ato de propositura da demanda (fls. 29/30).

[...].

Se, em vez de recolher os valores, a parte autora interpôs recurso de agravo de instrumento, o excerto final pode ser substituído pelo seguinte texto:

AUTOS N. 012345-78.2019.8.05.0001
PROCEDIMENTO COMUM
PARTE AUTORA: Eneopequê da Silva Esseteuvê
PARTE RÉ: Abecedefegê Comercial Ltda.

S E N T E N Ç A

ENEOPEQUÊ DA SILVA ESSETEUVÊ ESSETEUVÊ, requerendo a concessão dos benefícios da gratuidade da justiça (fl. 3), propôs, contra **ABECEDEFEGÊ COMERCIAL LTDA.**, demanda submetida ao procedimento comum.

Capítulo XII ◆ Elaboração do relatório: depois da petição inicial e antes da resposta...

> Afirma que [parágrafo(s) destinado(s) à narrativa referente à indicação das causas de pedir remota e próxima, conforme anotamos anteriormente].
>
> Após requerer a concessão de tutela provisória, mediante a expedição de ordem para **[transcrição, entre aspas, do trecho da petição inicial em que é formulado o pleito relativo à tutela provisória]** (fl. 9), formulou, ao final, o seguinte pedido: **[transcrição, entre aspas, do trecho da petição inicial em que é formulado o pedido]** (fls. 9/10).
>
> Instada a trazer aos autos provas de que atende às exigências para obtenção dos benefícios da gratuidade da justiça (fl. 16), a parte autora apresentou os documentos de fls. 20/25. Ante o indeferimento da gratuidade (fl. 27), o demandante interpôs recurso de agravo de instrumento (fls. 29/35).
>
> [...].

Nesse ponto, é importante lembrar que o recurso de agravo de instrumento, quando interposto contra decisão com esse conteúdo, é dotado de natural efeito suspensivo (CPC, art. 101, §§ 1º e 2º), motivo pelo qual a interposição do recurso conduzirá a que o processo tenha prosseguimento, sem que se possa exigir do autor o imediato recolhimento dos valores.

*Por fim, vale o registro de que não se pode descartar, por completo, a possibilidade de o juiz **indeferir liminarmente** o pleito de concessão dos benefícios da gratuidade, diante de uma **improcedência manifesta**, tal qual ocorreria com uma postulação nesse sentido lançada por uma instituição financeira de grande porte, quanto à qual não pairem dúvidas a respeito da solidez econômico-financeira.*

2.2 Prioridade na tramitação do processo

A atribuição ou não de prioridade na tramitação do processo é informação que deve constar no *relatório*, ante os reflexos que tal dado produz na composição das listas de processos aptos a julgamento, de acordo com a ordem cronológica de conclusão dos autos (CPC, arts. 12, § 2º, VII, e § 3º, e 1.048).

Assim, tendo havido exame, logo após a apresentação da petição inicial, do pleito de atribuição de prioridade na tramitação, a informação a respeito da conclusão a que chegou o magistrado deve ser inserida nesse trecho do relatório.

NA PRÁTICA

AUTOS N. 012345-78.2019.8.05.0001
PROCEDIMENTO COMUM
PARTE AUTORA: Eneopequê da Silva Esseteuvê
PARTE RÉ: Abecedefegê Comercial Ltda.

S E N T E N Ç A

ENEOPEQUÊ DA SILVA ESSETEUVÊ, requerendo que seja dada prioridade na tramitação do processo, propôs, contra ***ABECEDEFEGÊ COMERCIAL LTDA.***, demanda submetida ao procedimento comum.

> Afirma que **[parágrafo(s) destinado(s) à narrativa referente à indicação das causas de pedir remota e próxima, conforme anotamos anteriormente]**.
>
> Na sequência, requereu a concessão de tutela provisória, nos seguintes termos: **[transcrição, entre aspas, do trecho da petição inicial em que é formulado o pleito relativo à tutela provisória]** (fl. 9).
>
> Ao final, formulou o pedido que se segue: **[transcrição, entre aspas, do trecho da petição inicial em que é formulado o pedido]** (fls. 9/10).
>
> Deferido **[ou** indeferido] o pleito de prioridade na tramitação do processo (fl. 16), **[...]**

2.3 Tutela provisória

A identificação do grau de relevo a ser dado ao *pronunciamento* do magistrado a respeito do pleito de concessão de tutela de provisória segue exatamente a *mesma* linha de raciocínio exposta, no capítulo anterior, no que se refere ao destaque de que é merecedor o próprio pleito.

Efetivamente, como o julgador, ao iniciar a elaboração da sentença, procedeu, anteriormente, à leitura de *todo* o teor dos autos e *já* tem total conhecimento a respeito do conteúdo que a sua decisão terá relativamente ao *pedido principal*, é ele detentor dos elementos necessários para saber qual o nível de destaque que o pronunciamento judicial a respeito do assunto deverá ter no texto da sentença.

Portanto, se o juiz sabe que o caso é para *rejeição* do *pedido principal*, dificilmente a decisão, seja concessiva, seja denegatória, a respeito do requerimento de concessão de tutela provisória, será merecedora de destaque no *relatório*[1]. Com isso, é *suficiente* a simples *referência* à *existência* da decisão, sem necessidade de transcrição do seu texto ou de descrição do seu *conteúdo*.

NA PRÁTICA

AUTOS N. 012345-78.2019.8.05.0001
PROCEDIMENTO COMUM
PARTE AUTORA: Eneopequê da Silva Esseteuvê
PARTE RÉ: Abecedefegê Comercial Ltda.

---

[1] É sempre importante lembrar que a combinação entre *deferimento*, no curso do processo, do pleito de concessão de tutela provisória e *improcedência*, ao final, do pedido principal, conduz a que o magistrado tenha atenção, na redação da sentença, para a possibilidade de ser necessário disciplinar os efeitos decorrentes da execução da decisão concessiva. É que, nesses casos, há potencial para que o cumprimento da decisão concessiva da tutela provisória tenha gerado prejuízos para a parte ré (CPC, arts. 297, 302 e 520, I, do CPC).

Capítulo XII ♦ Elaboração do relatório: depois da petição inicial e antes da resposta...

> **SENTENÇA**
>
> **ENEOPEQUÊ DA SILVA ESSETEUVÊ**, requerendo a concessão dos benefícios da gratuidade da justiça (fl. 3), propôs, contra **ABECEDEFEGÊ COMERCIAL LTDA.**, demanda submetida ao procedimento comum.
>
> Afirma que **[parágrafo(s) destinado(s) à narrativa referente à indicação das causas de pedir remota e próxima, conforme anotamos anteriormente]**.
>
> Na sequência, após requerer a concessão de tutela provisória (fl. 9), formulou o seguinte pedido: **[transcrição, entre aspas, do trecho da petição inicial em que é formulado o pedido]** (fls. 9/10).
>
> Concedidos os benefícios da gratuidade da justiça (fl. 16) e deferido **[ou indeferido, ou, ainda,** deferido em parte**]** o pleito de concessão de tutela provisória (fls. 16/17), **[...]**.

Tratando-se, porém, de situação em que haverá *acolhimento* do *pedido principal*, é necessário que o juiz, ao redigir o relatório, observe se houve concessão ou denegação da tutela provisória.

Se houve *denegação*, será bastante uma rápida alusão ao fato, sem necessidade de destaque.

Tendo havido *concessão*, porém, o magistrado deve se recordar de que será obrigatório que ele se manifeste, posteriormente, ainda na sentença, a respeito da "confirmação" da tutela provisória, já que, sendo ela "confirmada", a sentença produzirá efeitos imediatamente (CPC, art. 1.012, § 1º, V).

Nesse caso, como vimos no capítulo em que tratamos do trecho do relatório em que é descrita a petição inicial, o *pleito* de concessão de tutela provisória já conta com *destaque*, feito por ocasião da descrição da petição inicial.

Em razão disso, dois panoramas podem estar desenhados: ou a concessão da tutela provisória se deu exatamente nos termos em que foi ela postulada, ou houve concessão apenas parcial do pleito.

Se a decisão concessiva da tutela provisória foi proferida de modo a atender *integralmente* a postulação da parte autora, basta que seja feita referência ao fato de que houve a concessão integral.

> **NA PRÁTICA**
>
> **AUTOS N. 012345-78.2019.8.05.0001**
> **PROCEDIMENTO COMUM**
> **PARTE AUTORA:** Eneopequê da Silva Esseteuvê
> **PARTE RÉ:** Abecedefegê Comercial Ltda.

> **SENTENÇA**
>
> ***ENEOPEQUÊ DA SILVA ESSETEUVÊ***, requerendo a concessão dos benefícios da gratuidade da justiça, propôs, contra ***ABECEDEFEGÊ COMERCIAL LTDA.***, demanda submetida ao procedimento comum.
>
> Afirma que **[parágrafo(s) destinado(s) à narrativa referente à indicação das causas de pedir remota e próxima, conforme anotamos anteriormente]**.
>
> Na sequência, requereu a concessão de tutela provisória, nos seguintes termos: **[transcrição, entre aspas, do trecho da petição inicial em que é formulado o pleito relativo à tutela provisória]** (fl. 9).
>
> Ao final, formulou o pedido que se segue: **[transcrição, entre aspas, do trecho da petição inicial em que é formulado o pedido]** (fls. 9/10).
>
> Concedidos os benefícios da gratuidade da justiça (fl. 16) e deferido, na íntegra, o pleito de concessão de tutela provisória (fls. 16/17), [...].

Na hipótese, entretanto, de ter havido concessão *parcial* da tutela provisória postulada, é de todo adequado que seja feita referência ao conteúdo da decisão, de modo a que se possa distinguir o que foi *deferido* do que foi *indeferido*. É simples o motivo: como o magistrado terá de se manifestar, na sentença, sobre a "confirmação" da tutela provisória, tal "confirmação" somente poderá abranger a parcela do pleito que foi *deferida*, o que remeterá a que a produção imediata dos efeitos da sentença fique restrita a essa parcela (CPC, art. 1.012, § 1º, V).

NA PRÁTICA

> **AUTOS N. 012345-78.2019.8.05.0001**
> **PROCEDIMENTO COMUM**
> **PARTE AUTORA:** Eneopequê da Silva Esseteuvê
> **PARTE RÉ:** Abecedefegê Comercial Ltda.
>
> **SENTENÇA**
>
> ***ENEOPEQUÊ DA SILVA ESSETEUVÊ***, requerendo a concessão dos benefícios da gratuidade da justiça, propôs, contra ***ABECEDEFEGÊ COMERCIAL LTDA.***, demanda submetida ao procedimento comum.
>
> Afirma que **[parágrafo(s) destinado(s) à narrativa referente à indicação das causas de pedir remota e próxima, conforme anotamos anteriormente]**.
>
> Na sequência, requereu a concessão de tutela provisória, nos seguintes termos: **[transcrição, entre aspas, do trecho da petição inicial em que é formulado o pleito relativo à tutela provisória]** (fl. 9).

Capítulo XII ♦ Elaboração do relatório: depois da petição inicial e antes da resposta...

> Ao final, formulou o pedido que se segue: **[transcrição, entre aspas, do trecho da petição inicial em que é formulado o pedido]** (fls. 9/10).
>
> Concedidos os benefícios da gratuidade da justiça (fl. 16), foi deferido, em parte, o pleito de concessão de tutela provisória, para o fim de **[descrição da parte dispositiva da decisão por meio da qual foi concedida, em parte, a tutela provisória]** (fls. 16/17), **[...]**.

A técnica consistente em lançar mão da transcrição literal, com o uso de aspas, seguida da indicação precisa, entre parênteses, logo em seguida ao fechamento das aspas, do local dos autos em que o trecho transcrito se encontra, pode também ser utilizada em relação aos textos de decisões judiciais. Se a opção for esta, o último excerto do exemplo acima poderá ter o seguinte teor:

> **AUTOS N. 012345-78.2019.8.05.0001**
> *procedimento comum*
> *parte autora:* Eneopequê da Silva Esseteuvê
> **PARTE RÉ:** Abecedefegê Comercial Ltda.
>
> **S E N T E N Ç A**
>
> ***ENEOPEQUÊ DA SILVA ESSETEUVÊ***, requerendo a concessão dos benefícios da gratuidade da justiça, propôs, contra **ABECEDEFEGÊ COMERCIAL LTDA.**, demanda submetida ao procedimento comum.
>
> Afirma que **[parágrafo(s) destinado(s) à narrativa referente à indicação das causas de pedir remota e próxima, conforme anotamos anteriormente]**.
>
> Na sequência, requereu a concessão de tutela provisória, nos seguintes termos: **[transcrição, entre aspas, do trecho da petição inicial em que é formulado o pleito relativo à tutela provisória]** (fl. 9).
>
> Ao final, formulou o pedido que se segue: **[transcrição, entre aspas, do trecho da petição inicial em que é formulado o pedido]** (fls. 9/10).
>
> Concedidos os benefícios da gratuidade da justiça (fl. 16), foi deferido, em parte, o pleito de concessão de tutela provisória, por meio de decisão cujo dispositivo tem o seguinte teor: **[transcrição, entre aspas, do trecho do dispositivo da decisão judicial por meio da qual foi deferido, em parte, o pleito de concessão de tutela provisória]** (fls. 16/17), **[...]**.

3. DATA DA ORDEM DE CITAÇÃO

O fato de o juiz haver *ordenado* a realização da citação *não* é, na quase totalidade das vezes, merecedor de registro no *relatório*. Do mesmo modo, também *não* é comum que a *data* em que foi ordenada a prática do ato citatório seja objeto de referência.

Tais informações, entretanto, ganham evidente relevo se uma das questões que serão resolvidas na sentença versar, por exemplo, sobre *prescrição*.

Num caso desse, o magistrado – que já procedeu à *prévia* leitura dos autos e já *sabe* como será resolvida a questão a respeito da *prescrição* – tem pleno discernimento para avaliar se o dado relativo à data em que foi *ordenada* a citação tem ou não pendor para repercutir na resolução da questão (CPC, art. 240, §§ 1º e 4º; CC, art. 202, I; CTN, art. 174, parágrafo único, I; e Lei n. 6.830, de 22 de setembro de 1980, art. 8º, § 2º).

Se a conclusão do juiz for a de que se trata de dado *útil*, deverá ele ser objeto de referência no relatório.

NA PRÁTICA

AUTOS N. 012345-78.2019.8.05.0001
PROCEDIMENTO COMUM
PARTE AUTORA: Eneopequê da Silva Esseteuvê
PARTE RÉ: Abecedefegê Comercial Ltda.

S E N T E N Ç A

ENEOPEQUÊ DA SILVA ESSETEUVÊ, requerendo a concessão dos benefícios da gratuidade da justiça, propôs, contra **ABECEDEFEGÊ COMERCIAL LTDA.**, demanda submetida ao procedimento comum.

Afirma que **[parágrafo(s) destinado(s) à narrativa referente à indicação das causas de pedir remota e próxima, conforme anotamos anteriormente]**.

Na sequência, requereu a concessão de tutela provisória, nos seguintes termos: **[transcrição, entre aspas, do trecho da petição inicial em que é formulado o pleito relativo à tutela provisória]** (fl. 9).

Ao final, formulou o pedido que se segue: **[transcrição, entre aspas, do trecho da petição inicial em que é formulado o pedido]** (fls. 9/10).

Concedidos os benefícios da gratuidade da justiça (fl. 16) e deferido, na íntegra, o pleito de concessão de tutela provisória (fls. 16/17), foi ordenada, em **[data]**, a citação (fl. 20).

[...]

---

4. CITAÇÃO

Independentemente da forma como tenha se operado (CPC, art. 246), a ocorrência do ato de citação *deve* ser mencionada no *relatório* da sentença[2].

E se o juiz, ao proceder à leitura do autos, constatou que houve revelia, é importante que seja feita referência, nesse trecho do relatório, à forma como o ato de citação se operou, uma vez que, tratando-se de citação por mandado com hora certa ou de citação por edital – que são as chamadas citações *fictas*

---

[2] Por igual, se, em vez da citação, tiver havido comparecimento espontâneo da parte ré ao processo, suprindo, assim, a falta ou a nulidade do ato citatório (CPC, art. 238, § 1º), deverá ser feita, no relatório, referência a tal fato.

Capítulo XII ◆ Elaboração do relatório: depois da petição inicial e antes da resposta...

–, haverá necessidade, mais adiante, de registrar, no relatório, a nomeação de curador especial (CPC, art. 72, II, parágrafo único).

Comumente, a referência à *citação* se dá logo no início do primeiro parágrafo seguinte ao parágrafo no qual foi encerrada a descrição da petição inicial.

NA PRÁTICA

Tendo o magistrado, ao proceder à leitura dos autos, constatado que a parte ré incorreu em revelia, é simples a maneira de registrar a forma como a citação se deu:

AUTOS N. 012345-78.2019.8.05.0001
PROCEDIMENTO COMUM
PARTE AUTORA: Eneopequê da Silva Esseteuvê
PARTE RÉ: Abecedefegê Comercial Ltda.

S E N T E N Ç A

ENEOPEQUÊ DA SILVA ESSETEUVÊ, requerendo a concessão dos benefícios da gratuidade da justiça, propôs, contra **ABECEDEFEGÊ COMERCIAL LTDA.**, demanda submetida ao procedimento comum.

Afirma que **[parágrafo(s) destinado(s) à narrativa referente à indicação das causas de pedir remota e próxima, conforme anotamos anteriormente]**.

Na sequência, requereu a concessão de tutela provisória, nos seguintes termos: **[transcrição, entre aspas, do trecho da petição inicial em que é formulado o pleito relativo à tutela provisória]** (fl. 9).

Ao final, formulou o pedido que se segue: **[transcrição, entre aspas, do trecho da petição inicial em que é formulado o pedido]** (fls. 9/10).

Concedidos os benefícios da gratuidade da justiça (fl. 16) e deferido, na íntegra, o pleito de concessão de tutela provisória (fls. 16/17), foi a parte ré citada por edital **[ou** por mandado com hora certa**]** (fl. 22) **[...]**.

[...]

4.1 Data da ocorrência

É relativamente frequente que a *data* em que se deu a citação seja um dado *útil* e, portanto, deva ser mencionada no relatório.

Basta lembrar que, ressalvadas as hipóteses a que aludem os arts. 397[3] e 398[4] do CC, é o ato válido de *citação* que constitui em mora o devedor (CPC,

---

[3] Art. 397. O inadimplemento da obrigação, positiva e líquida, no seu termo, constitui de pleno direito em mora o devedor.
Parágrafo único. Não havendo termo, a mora se constitui mediante interpelação judicial ou extrajudicial.

[4] Art. 398. Nas obrigações provenientes de ato ilícito, considera-se o devedor em mora, desde que o praticou.

art. 240, *caput*), o que conduz a que, nesses casos, os juros de mora sejam contados a partir da data da ocorrência da citação válida (CC, art. 405[5]).

Além disso, há diversas questões de direito material para cuja resolução é importante a identificação da data em que a citação se deu. Os textos dos arts. 478[6], 563[7], 822[8], 1.480, parágrafo único[9], e 1.826, parágrafo único[10], todos do CC, são exemplos evidentes disso.

Portanto, cabe ao magistrado, a partir da leitura que fez dos autos e levando em consideração as conclusões a que já chegou a respeito de como serão resolvidas as questões, aquilatar se a data da citação deve ser ou não mencionada no relatório.

NA PRÁTICA

AUTOS N. 012345-78.2019.8.05.0001
PROCEDIMENTO COMUM
PARTE AUTORA: Eneopequê da Silva Esseteuvê
parte ré: Abecedefegê Comercial Ltda.

SENTENÇA

ENEOPEQUÊ DA SILVA ESSETEUVÊ, requerendo a concessão dos benefícios da gratuidade da justiça, propôs, contra **ABECEDEFEGÊ COMERCIAL LTDA.**, demanda submetida ao procedimento comum.

Afirma que **[parágrafo(s) destinado(s) à narrativa referente à indicação das causas de pedir remota e próxima, conforme anotamos anteriormente]**.

---

[5] Art. 405. Contam-se os juros de mora desde a *citação* inicial.
[6] Art. 478. Nos contratos de execução continuada ou diferida, se a prestação de uma das partes se tornar excessivamente onerosa, com extrema vantagem para a outra, em virtude de acontecimentos extraordinários e imprevisíveis, poderá o devedor pedir a resolução do contrato. Os efeitos da sentença que a decretar retroagirão à data da *citação*.
[7] Art. 563. A revogação por ingratidão não prejudica os direitos adquiridos por terceiros, nem obriga o donatário a restituir os frutos percebidos antes da *citação* válida; mas sujeita-o a pagar os posteriores, e, quando não possa restituir em espécie as coisas doadas, a indenizá-la pelo meio termo do seu valor.
[8] Art. 822. Não sendo limitada, a fiança compreenderá todos os acessórios da dívida principal, inclusive as despesas judiciais, desde a *citação* do fiador.
[9] Art. 1.480. O adquirente notificará o vendedor e os credores hipotecários, deferindo-lhes, conjuntamente, a posse do imóvel, ou o depositará em juízo.
Parágrafo único. Poderá o adquirente exercer a faculdade de abandonar o imóvel hipotecado, até as vinte e quatro horas subsequentes à *citação*, com que se inicia o procedimento executivo.
[10] Art. 1.826. O possuidor da herança está obrigado à restituição dos bens do acervo, fixando-se-lhe a responsabilidade segundo a sua posse, observado o disposto nos arts. 1.214 a 1.222.
Parágrafo único. A partir da *citação*, a responsabilidade do possuidor se há de aferir pelas regras concernentes à posse de má-fé e à mora.

Capítulo XII ♦ Elaboração do relatório: depois da petição inicial e antes da resposta...

> Na sequência, requereu a concessão de tutela provisória, nos seguintes termos: **[transcrição, entre aspas, do trecho da petição inicial em que é formulado o pleito relativo à tutela provisória]** (fl. 9).
>
> Ao final, formulou o pedido que se segue: **[transcrição, entre aspas, do trecho da petição inicial em que é formulado o pedido]** (fls. 9/10).
>
> Concedidos os benefícios da gratuidade da justiça (fl. 16) e deferido, na íntegra, o pleito de concessão de tutela provisória (fls. 16/17), foi a parte ré citada, em **[data]** (fl. 22) [...].

4.2 Citação para comparecer à audiência de conciliação ou de mediação

Tratando-se de processo que versa sobre direito que admite autocomposição, o natural, no procedimento comum, é que a parte ré tenha sido *citada* para comparecer à audiência de conciliação ou de mediação (CPC, art. 334, *caput*). De seu turno, tendo sido ordenada a realização da audiência, a parte autora deverá ter sido *intimada* para participar do ato.

Nesse caso, em reverência ao princípio do *estímulo estatal à autocomposição*, norma fundamental do processo (CPC, art. 3º, §§ 2º e 3º), deve ser feita *referência* ao fato de as partes haverem sido instadas a participar de tal audiência, independentemente de a audiência haver sido ou não realizada (CPC, art. 334, § 4º, I).

NA PRÁTICA

AUTOS N. 012345-78.2019.8.05.0001
PROCEDIMENTO COMUM
PARTE AUTORA: Eneopequê da Silva Esseteuvê
PARTE RÉ: Abecedefegê Comercial Ltda.

S E N T E N Ç A

ENEOPEQUÊ DA SILVA ESSETEUVÊ, requerendo a concessão dos benefícios da gratuidade da justiça, propôs, contra **ABECEDEFEGÊ COMERCIAL LTDA.**, demanda submetida ao procedimento comum.

Afirma que **[parágrafo(s) destinado(s) à narrativa referente à indicação das causas de pedir remota e próxima, conforme anotamos anteriormente]**.

Na sequência, requereu a concessão de tutela provisória, nos seguintes termos: **[transcrição, entre aspas, do trecho da petição inicial em que é formulado o pleito relativo à tutela provisória]** (fl. 9).

Ao final, formulou o pedido que se segue: **[transcrição, entre aspas, do trecho da petição inicial em que é formulado o pedido]** (fls. 9/10).

Concedidos os benefícios da gratuidade da justiça (fl. 16) e deferido, na íntegra, o pleito de concessão de tutela provisória (fls. 16/17), a parte ré foi citada (fl. 22) e a parte autora, intimada (fl. 24) para comparecer à audiência de conciliação ou de mediação [...].

4.3 Citação para apresentar contestação

Se o processo não versar sobre direito que admita autocomposição e a demanda estiver submetida ao procedimento comum, a *citação* da parte ré se dará para que ela exerça diretamente o direito de defesa (CPC, arts. 335, III).

Nesse caso, é bastante fazer alusão ao fato de ter havido a *citação*.

NA PRÁTICA

AUTOS N. 012345-78.2019.8.05.0001
PROCEDIMENTO COMUM
PARTE AUTORA: Eneopequê da Silva Esseteuvê
PARTE RÉ: Abecedefegê Comercial Ltda.

S E N T E N Ç A

ENEOPEQUÊ DA SILVA ESSETEUVÊ, requerendo a concessão dos benefícios da gratuidade da justiça, propôs, contra ***ABECEDEFEGÊ COMERCIAL LTDA.***, demanda submetida ao procedimento comum.

Afirma que **[parágrafo(s) destinado(s) à narrativa referente à indicação das causas de pedir remota e próxima, conforme anotamos anteriormente]**.

Na sequência, requereu a concessão de tutela provisória, nos seguintes termos: **[transcrição, entre aspas, do trecho da petição inicial em que é formulado o pleito relativo à tutela provisória]** (fl. 9).

Ao final, formulou o pedido que se segue: **[transcrição, entre aspas, do trecho da petição inicial em que é formulado o pedido]** (fls. 9/10).

Concedidos os benefícios da gratuidade da justiça (fl. 16) e deferido, na íntegra, o pleito de concessão de tutela provisória (fls. 16/17), a parte ré, citada (fl. 22), **[...]**.

Perceba-se, pela forma como está redigido o último parágrafo acima, que a oração foi construída de modo a que, na sequência, seja feita referência, de imediato, ao exercício do direito de defesa ("... a parte ré, citada, apresentou contestação, na qual..."). No capítulo em que cuidaremos da descrição da contestação, o assunto será adequadamente tratado.

---

5. AUDIÊNCIA DE CONCILIAÇÃO OU DE MEDIAÇÃO

No processo que versar sobre direito que admita autocomposição, tratando-se de demanda submetida ao procedimento comum, logo após a constatação de que o caso *não* enseja o indeferimento da petição inicial e de que o pedido *não* deve ser julgado liminarmente improcedente, é *obrigatório* que o juiz determine que as partes sejam convocadas para comparecer à audiência de conciliação ou de mediação (CPC, art. 334, *caput*). Para tanto, a parte ré deverá ser *citada* e a parte autora, *intimada* (CPC, art. 334, § 3º).

Capítulo XII ♦ Elaboração do relatório: depois da petição inicial e antes da resposta...

A notícia a respeito da ocorrência da audiência ou do cancelamento da sua realização deverá constar no *relatório*.

Uma vez ordenada a realização, a audiência somente não ocorrerá se *ambas* as partes manifestarem, expressamente, desinteresse na composição consensual do conflito (CPC, art. 334, § 4º, I).

A manifestação de desinteresse pela parte autora deverá constar já na petição inicial, ao passo que o réu deverá expressar o seu desinteresse por meio de petição a ser apresentada com pelo menos dez dias de antecedência, em relação à data designada para ocorrer a audiência (CPC, art. 334, § 5º).

Surgem, assim, três possíveis cenários: ou (*i*) foi cancelada a realização da audiência; ou (*ii*) a audiência foi realizada e não houve êxito quanto à busca da autocomposição; ou (*iii*) houve audiência e as partes chegaram à autocomposição.

5.1 Cancelamento da audiência

O cenário ensejador do *cancelamento* da realização da audiência de conciliação ou de mediação somente exsurge se a parte autora, na petição inicial, houver manifestado, *expressamente*, desinteresse na composição consensual e a parte ré, *até*[11] dez dias antes da data designada para realização da audiência, apresentar petição no mesmo sentido.

Percebe-se, pois, que, mesmo que a parte autora já tenha expressado, na petição inicial, o seu desinteresse na autocomposição, o juiz, ainda assim, é obrigado a determinar a citação do réu para comparecer a tal audiência, uma vez que, para que ela não seja realizada, é indispensável a manifestação expressa de desinteresse por *ambas* as partes.

Diante disso, se o caso for de *cancelamento* da audiência, a manifestação do autor, na petição inicial, relativamente ao seu desinteresse na composição consensual do conflito, já deve ter sido objeto de registro no *relatório*, tal como anotamos no capítulo em que cuidamos da descrição do conteúdo da petição inicial.

Por igual, deverão ser registrados, no *relatório*, a manifestação da parte ré, quanto ao desinteresse em buscar a autocomposição, e o cancelamento da realização da audiência.

---

[11] Uma interpretação literal do enunciado do § 5º do art. 334 do CPC conduziria, indevidamente, à conclusão de que a parte ré teria uma *data* certa para apresentar a petição por meio da qual pretende manifestar o seu desinteresse na composição consensual do conflito, já que, no texto, consta que "o réu deverá fazê-lo, por petição, apresentada *com* 10 (dez) dias de antecedência". A interpretação adequada, porém, é no sentido de que a parte ré poderá apresentar tal petição com *até* dez dias de antecedência em relação à data designada para realização da audiência. Qualquer resistência que seja oposta a tal linha de entendimento ruiria ante a norma que se extrai do texto do § 4º do art. 218, também do CPC: "Será considerado tempestivo o ato praticado antes do termo inicial do prazo".

NA PRÁTICA

> **AUTOS N. 012345-78.2019.8.05.0001**
> **PROCEDIMENTO COMUM**
> **PARTE AUTORA:** Eneopequê da Silva Esseteuvê
> **PARTE RÉ:** Abecedefegê Comercial Ltda.
>
> **SENTENÇA**
>
> **ENEOPEQUÊ DA SILVA ESSETEUVÊ**, requerendo a concessão dos benefícios da gratuidade da justiça, propôs, contra **ABECEDEFEGÊ COMERCIAL LTDA.**, demanda submetida ao procedimento comum.
>
> Afirma que **[parágrafo(s) destinado(s) à narrativa referente à indicação das causas de pedir remota e próxima, conforme anotamos anteriormente]**.
>
> Na sequência, após manifestar desinteresse na composição consensual do conflito (fl. 8), requereu a concessão de tutela provisória, nos seguintes termos: **[transcrição, entre aspas, do trecho da petição inicial em que é formulado o pleito relativo à tutela provisória]** (fl. 9).
>
> Ao final, formulou o pedido que se segue: **[transcrição, entre aspas, do trecho da petição inicial em que é formulado o pedido]** (fls. 9/10).
>
> Concedidos os benefícios da gratuidade da justiça (fl. 16) e deferido, na íntegra, o pleito de concessão de tutela provisória (fls. 16/17), ordenei a citação da parte ré e a intimação da parte autora para comparecimento à audiência de conciliação ou de mediação (fl. 17). Citada (fl. 22), a parte ré também manifestou desinteresse na autocomposição (fl. 27), em razão do que foi cancelada a realização da audiência (fl. 30). [...].

5.2 Realização da audiência, sem autocomposição

A realização da audiência, sem que tenha sido alcançada a composição consensual do conflito, é informação merecedora de registro no *relatório*.

Nesse passo, é importante registrar que o não comparecimento de uma ou mesmo de ambas as partes não impede a realização da audiência, uma vez que, para que sejam instalados os trabalhos, é bastante a presença do sujeito que irá presidir a prática dos atos – o juiz ou, ainda, o conciliador ou o mediador (CPC, arts. 165 a 175 e 334, § 1º) – e do sujeito que cuidará de documentar os atos que serão praticados[12].

---

[12] Numa audiência a ser presidida por magistrado, a falta de auxiliar da justiça integrante dos quadros funcionais do Poder Judiciário não impede que o juiz, diante do fato, nomeie, especificamente para atuar na audiência, qualquer pessoa presente, desde que se trate de alguém maior de dezoito anos, sem impedimento ou suspeição para atuar no processo e com habilidade material suficiente para desempenhar a atividade. Trata-se, nesse caso, de uma nomeação *ad hoc*.

Capítulo XII ♦ Elaboração do relatório: depois da petição inicial e antes da resposta...

Assim, tendo comparecido ambas as partes, sem que houvessem chegado à composição consensual, ou constatada a ausência de uma ou de ambas as partes, considera-se frustrada a prática dos atos voltados para a obtenção da autocomposição, com o que ficará fixado o termo inicial do prazo para apresentação da contestação (CPC, art. 335, I).

Vale o registro de que a parte que, imotivadamente, deixar de comparecer – parte autora, parte ré ou ambas – terá praticado ato atentatório à dignidade da justiça e estará sujeita à imposição de multa (CPC, art. 334, § 8º).

NA PRÁTICA

AUTOS N. 012345-78.2019.8.05.0001
PROCEDIMENTO COMUM
PARTE AUTORA: Eneopequê da Silva Esseteuvê
PARTE RÉ: Abecedefegê Comercial Ltda.

S E N T E N Ç A

ENEOPEQUÊ DA SILVA ESSETEUVÊ, requerendo a concessão dos benefícios da gratuidade da justiça, propôs, contra **ABECEDEFEGÊ COMERCIAL LTDA.**, demanda submetida ao procedimento comum.

Afirma que **[parágrafo(s) destinado(s) à narrativa referente à indicação das causas de pedir remota e próxima, conforme anotamos anteriormente]**.

Na sequência, requereu a concessão de tutela provisória, nos seguintes termos: **[transcrição, entre aspas, do trecho da petição inicial em que é formulado o pleito relativo à tutela provisória]** (fl. 9).

Ao final, formulou o pedido que se segue: **[transcrição, entre aspas, do trecho da petição inicial em que é formulado o pedido]** (fls. 9/10).

Concedidos os benefícios da gratuidade da justiça (fl. 16) e deferido, na íntegra, o pleito de concessão de tutela provisória (fls. 16/17), ordenei a citação da parte ré e a intimação da parte autora para comparecimento à audiência de conciliação ou de mediação (fl. 17). Realizada a audiência, as partes não chegaram à composição consensual do conflito (fl. 28). [...].

5.3 Realização da audiência, com autocomposição

Na hipótese de as partes alcançarem a autocomposição *integral* do conflito, a sentença será decorrência lógica desse fato, motivo pelo qual o *relatório* pode – e deve – ser expungido de *todas* as informações que não sejam *úteis* para o ato de homologação da autocomposição.

Inexistindo peculiaridades, o relatório será, pois, muitíssimo simples.

MANUAL DA SENTENÇA CÍVEL

NA PRÁTICA

AUTOS N. 012345-78.2019.8.05.0001
PROCEDIMENTO COMUM
PARTE AUTORA: Eneopequê da Silva Esseteuvê
PARTE RÉ: Abecedefegê Comercial Ltda.

S E N T E N Ç A

ENEOPEQUÊ DA SILVA ESSETEUVÊ propôs, contra **ABECEDEFEGÊ COMERCIAL LTDA.**, demanda submetida ao procedimento comum. Realizada a audiência de conciliação ou de mediação, as partes chegaram à composição consensual do conflito, por meio de ajuste cujos termos estão consignados nas fls. 28/29 dos autos.

É o relatório.

[...]

CAPÍTULO XIII

ELABORAÇÃO DO RELATÓRIO: CONTEÚDO DA RESPOSTA DO RÉU

◆ **SUMÁRIO**

1. Formas de resposta – **2.** Uso da ordem cronológica – **3.** Contestação: **3.1** Alegações feitas "preliminarmente"; **3.2** Pleito de concessão dos benefícios da gratuidade da justiça; **3.3** Alegações relativas à admissibilidade do exame do mérito; **3.4** Alegações de mérito; **3.5** Encerramento; **3.5.1** Requerimentos diversos; **3.5.2** Conclusão.

1. FORMAS DE RESPOSTA

Tão importantes quanto as informações relativas à petição inicial são os dados atinentes à *resposta* da parte ré.

Ao *responder*, a parte ré pode se limitar a exercitar o seu direito de defesa, por meio do oferecimento de *contestação* (CPC, arts. 335 a 342).

Também pode, no mesmo prazo, contra-atacar, exercitando o direito de ação, mediante a propositura de *reconvenção*, no mesmo instrumento em que consta a contestação[1] (CPC, art. 343).

Ao lado disso, é possível que a parte ré argua, por meio de peça apresentada em separado, o *impedimento* e/ou a *suspeição* do juiz (CPC, art. 146).

Dois outros caminhos podem, ainda, ser trilhados pela parte ré, no prazo para contestar: em vez de contestar, requerer a *limitação do número de litis-*

---

[1] O texto do art. 343 do CPC contém uma impropriedade, no trecho inicial, em que consta que "*Na* contestação, é lícito ao réu propor reconvenção". *Contestar* implica exercitar o *direito de defesa*, manifestando resistência à pretensão deduzida pela parte autora. Propor *reconvenção*, de sua vez, importa exercitar, incidentalmente, o *direito de ação*. Fica, assim, claro que não é possível reconvir *na* contestação. A interpretação adequada, portanto, é a de que, no mesmo *instrumento* em que constar a contestação, pode ser proposta a reconvenção. Por isso, independentemente de como o instrumento seja rotulado pelo réu e de como seja ele redigido (com capítulos bem distintos, claramente separados, ou não), tratar-se-á de um só instrumento, em que são veiculadas duas peças processuais. Situação similar se dá com a parte final do texto do § 1º do art. 1.009, que transmite a impressão de que a chamada apelação do vencedor integraria as contrarrazões: em verdade, o que ocorre é que no mesmo *instrumento* em que são apresentadas as contrarrazões da apelação pode ser interposta a apelação do vencedor, para impugnação, por ele, das decisões interlocutórias não agraváveis, proferidas ao longo do procedimento comum.

consortes (CPC, art. 113, §§ 1º e 2º) ou, simplesmente, silenciar, incorrendo em *revelia* (CPC, arts. 344 a 346).

É sempre importante lembrar que o fato de haver permanecido silente no prazo para apresentação da contestação não impede que a parte ré ingresse no processo a qualquer tempo, recebendo-o no estado em que se encontrar (CPC, art. 346, parágrafo único). Nessa linha, poderá ela deduzir todas as alegações passíveis de apresentação depois do prazo para contestar (CPC, art. 342) e, até, produzir provas que se contraponham às alegações da parte autora (CPC, art. 349).

2. USO DA ORDEM CRONOLÓGICA

Como o início da elaboração da sentença exige que o magistrado tenha conhecimento a respeito do inteiro teor do processo e já saiba qual a solução que dará às questões que apreciará, os dados *úteis*, atinentes à *resposta* da parte ré, já foram, a essa altura, identificados, coletados e organizados.

Ademais, o juiz, ao deflagrar a redação da *sentença*, já tem a exata percepção a respeito da sequência lógica que utilizará para resolução das questões, uma vez que é plenamente possível que, em razão da resposta do réu, tenham surgido questões, formais ou de mérito, que mantêm, com outras questões, relação de subordinação. Essa relação de subordinação, tal como demonstramos no capítulo em que tratamos da organização da sequência de resolução das questões, pode existir de um modo tal que a questão subordinante, a depender de como seja resolvida, tenha aptidão (*a*) para *impedir*, em *definitivo*, a resolução da questão subordinada, (*b*) para *impedir* que a questão subordinada seja resolvida em determinado momento ou (*c*) não para impedir, mas para *influir* na resolução da questão subordinada.

Esse conjunto de percepções pode conduzir o magistrado, no *relatório*, a tentar organizar a descrição da resposta do réu de acordo com a sequência que será utilizada para resolução das questões.

Não aconselhamos que o juiz se deixe seduzir por essa opção.

E o motivo é *simples* e de ordem *prática*: muitas vezes, a resposta – que, como vimos, pode abranger, por exemplo, defesa e contra-ataque – é fértil em fundamentos, e nem sempre tais fundamentos são apresentados na mesma sequência lógica que o julgador considera adequada para a posterior resolução das questões, o que implicará a necessidade de um empenho redacional bem *maior* do que aquele necessário para, simplesmente, descrever tudo de acordo com a ordem *cronológica* dos acontecimentos dentro dos autos.

Basta imaginar uma situação em que a parte ré tenha optado por *contestar* e *reconvir* e, ao fazê-lo por meio de um só instrumento (tal como deve ser – CPC, art. 343, *caput*), não tenha tido o cuidado de separar, em capítulos distintos, o que integra a *contestação* e o que faz parte da *reconvenção*. Nesse caso, apesar de o réu haver optado por uma conduta que não colabora para a boa marcha processual, a verdade é que, rigorosamente, desde que seja possível identificar (*i*) os *fundamentos* pelos quais a parte ré está resistindo – a *contestação*, pois – e (*ii*) o atendimento das exigências relativas à propositura da demanda incidental – a *reconvenção*, portanto –, não há necessidade de adoção de providências tendentes à "regularização" da resposta do réu.

É forçoso reconhecer que, diante de um quadro desse tipo, será evidentemente mais confortável descrever o instrumento apresentado pelo réu exatamente do modo como ele o estruturou, do que construir um novo texto, com a intenção de organizar o conteúdo da manifestação da parte ré.

3. CONTESTAÇÃO

A descrição da peça contestatória se encaixa no *relatório* como continuação natural do texto cuja construção já foi iniciada.

Tendo em vista que, antes de iniciar a redação da sentença, o magistrado já identificou quais são os dados úteis contidos na contestação, a ele caberá inserir tais dados no *relatório*, de um modo tal que sejam registrados, no texto, *todos* os elementos necessários para a posterior análise, na fundamentação, das questões existentes.

Por isso, há expressa referência, no texto do art. 489, *caput*, I, do CPC, à necessidade de que conste, no relatório, a *suma* – o resumo – da contestação.

3.1 Alegações feitas "preliminarmente"

No âmbito do Direito Processual, *questão preliminar* é uma questão que se relaciona com outra por subordinação, de um modo tal que a sua resolução se *antepõe* logicamente à resolução da outra e, a depender de como seja ela resolvida, a solução dada pode *impedir*, definitiva ou provisoriamente, que a outra questão seja analisada.

No capítulo em que tratamos da organização da sequência de resolução das questões, fizemos a distinção entre *questões preliminares* e *questões prejudiciais*, deixando claro que é perfeitamente possível que ocorra relação de subordinação por *preliminaridade* (*i*) entre duas questões formais[2]

---

[2] A título de exemplo, a resolução de uma questão a respeito da *capacidade processual* da parte autora antecede, logicamente, a resolução de uma questão sobre *legitimidade ativa para a causa* e, a depender de como seja resolvida a primeira questão, a segunda sequer será examinada: se a conclusão for a de que falta ao autor *capacidade processual*, não haverá exame a respeito da sua *legitimidade para a causa*.

(*ii*) entre questão formal e questão de mérito[3] e (*iii*) entre duas questões de mérito[4].

Abstraído esse sentido *técnico*, que é o sentido *adequado* para uso da locução *questão preliminar*, é comum que tal expressão seja empregada como sinônima de *questão formal*. Trata-se de um equívoco. Mas, infelizmente, é o que ocorre na quase totalidade das contestações apresentadas em juízo. E é exatamente nesse sentido que o advérbio *preliminarmente* é frequentemente utilizado.

O vocábulo *preliminar* é ainda empregado, por vezes, no sentido comum, da linguagem cotidiana, para designar, simplesmente, algo que antecede, que é prévio. É nesse sentido que o aludido vocábulo está cravado no texto do § 1º do art. 1.009 do CPC.

Considerando que o ato de *decidir* é um ato *técnico*, praticado no âmbito do Direito Processual, reservamos o vocábulo *preliminar* para uso *apenas* no seu sentido técnico, designativo de um tipo de questão subordinante, a *questão preliminar*.

Por esse motivo, mesmo que a parte ré, lançando mão da palavra em sentido diverso, afirme que determinada alegação está sendo lançada *preliminarmente*, evitamos que, no *relatório*, tal prática encontre ressonância.

---

[3] Essa é a situação mais comum. Tão comum que passou a ser tomada, indevidamente, como se fosse a única possibilidade de relação entre questões por *preliminaridade*. Como exemplo, uma questão a respeito de *coisa julgada* mantém, com as questões de mérito, relação de subordinação por *preliminaridade*, já que a resolução da questão sobre *coisa julgada* deve ocorrer antes da resolução das questões de mérito e, se for reconhecida a existência de coisa julgada, o mérito da causa não poderá ser apreciado.

[4] É perfeitamente possível a existência de uma relação de subordinação por *preliminaridade* entre duas questões de mérito. Imagine-se que o pedido formulado pela parte autora seja o de imposição, à parte ré, da obrigação de dar dinheiro e que a parte ré, ao se defender, tenha feito duas alegações: a de que a pretensão do demandante está prescrita e a de que os fatos em que a parte autora baseia o pedido não ocorreram do modo como estão descritos na petição inicial. Com isso, ao se defender, o réu suscitou duas questões de mérito e a resolução da questão relativa à ocorrência da prescrição se *antepõe* logicamente à resolução da questão referente aos fatos. Há, portanto, uma relação de *subordinação*. Ademais, a depender de como a questão atinente à prescrição seja resolvida, a questão alusiva à forma como os fatos ocorreram sequer será examinada, o que revela que a relação de *subordinação* é por *preliminaridade*. Outro bom exemplo pode ser colhido no caso de propositura de uma demanda rescisória. Ao propor a rescisória, o autor formulará, sempre, um pedido de desconstituição da coisa julgada e, na maior parte dos casos, a esse pedido deverá ser cumulado o pedido de que o tribunal proceda a um novo julgamento da causa. Há, pois, duas questões em foco: a da rescisão e a do rejulgamento. Por óbvio, a questão referente à rescisão terá de ser resolvida primeiro, pois não é possível julgar novamente uma causa se não tiver havido desconstituição do julgamento anterior. É bem visível, portanto, a relação de *subordinação* entre as questões. E, se o tribunal rejeitar o pedido de desconstituição da coisa julgada, a questão referente ao conteúdo do novo julgamento não será sequer apreciada, o que demonstra que a relação de *subordinação* se dá por *preliminaridade*.

Capítulo XIII ♦ Elaboração do relatório: conteúdo da resposta do réu

3.2 Pleito de concessão dos benefícios da gratuidade da justiça

Tal como deixamos claro ao tratarmos da descrição da petição inicial, a existência de requerimento, pela parte autora, de concessão dos benefícios da gratuidade da justiça é um dado que *deve* ser inserido no *relatório*. Assim como *deve* ele ser inserido se a requerente for a parte autora, também *deverá* ser registrado nas situações em que a parte ré é que formula o pleito. Tal inserção independe do teor da decisão que tenha sido, depois, no decorrer do processo, proferida a respeito do assunto.

A relevância da informação, no que se refere à apresentação do requerimento pela parte ré, decorre dos efeitos que a concessão da gratuidade produz relativamente à exigibilidade das obrigações mencionadas no § 1º do art. 98 do CPC. É perfeitamente possível que o sujeito passivo de tais obrigações, em especial a de pagar honorários advocatícios sucumbenciais, seja a parte ré.

Como, no mais das vezes, o pleito de concessão dos benefícios da gratuidade da justiça é formulado no trecho inicial da contestação, a primeira oração do *relatório*, atinente à descrição da peça contestatória, é, frequentemente, o excerto adequado para fazer constar a informação.

NA PRÁTICA

AUTOS N. 012345-78.2019.8.05.0001
PROCEDIMENTO COMUM
PARTE AUTORA: Eneopequê da Silva Esseteuvê
PARTE RÉ: Abecedefegê Comercial Ltda.

S E N T E N Ç A

ENEOPEQUÊ DA SILVA ESSETEUVÊ, requerendo a concessão dos benefícios da gratuidade da justiça, propôs, contra **ABECEDEFEGÊ COMERCIAL LTDA.**, demanda submetida ao procedimento comum.

Afirma que **[parágrafo(s) destinado(s) à narrativa referente à indicação das causas de pedir remota e próxima, conforme anotamos anteriormente]**.

Na sequência, após manifestar desinteresse na composição consensual do conflito (fl. 8), requereu a concessão de tutela provisória, nos seguintes termos: **[transcrição, entre aspas, do trecho da petição inicial em que é formulado o pleito relativo à tutela provisória]** (fl. 9).

Ao final, formulou o pedido que se segue: **[transcrição, entre aspas, do trecho da petição inicial em que é formulado o pedido]** (fls. 9/10).

Concedidos os benefícios da gratuidade da justiça (fl. 16) e deferido, na íntegra, o pleito de concessão de tutela provisória (fls. 16/17), ordenei a citação da parte ré e a intimação da parte autora para comparecimento à audiência de conciliação ou de mediação (fl. 17). Citada (fl. 22), a parte ré também manifestou desinteresse na autocomposição (fl. 27), em razão do que foi cancelada a realização da audiência (fl. 30).

Na contestação, a demandada, após requerer a concessão dos benefícios da gratuidade da justiça (fl. 33), alegou que [...]

3.3 Alegações relativas à admissibilidade do exame do mérito

No mais das vezes, a contestação é organizada de um modo tal que as questões formais são suscitadas antes da suscitação das questões de mérito. O texto do art. 337 muito contribui para que isso ocorra.

Independentemente, porém, de como a parte ré tenha estruturado a sua contestação, a nossa indicação é no sentido de que ela será descrita de acordo com o exato modo como foi apresentada.

NA PRÁTICA

AUTOS N. 012345-78.2019.8.05.0001
PROCEDIMENTO COMUM
PARTE AUTORA: Eneopequê da Silva Esseteuvê
PARTE RÉ: Abecedefegê Comercial Ltda.

S E N T E N Ç A

ENEOPEQUÊ DA SILVA ESSETEUVÊ, requerendo a concessão dos benefícios da gratuidade da justiça, propôs, contra **ABECEDEFEGÊ COMERCIAL LTDA.**, demanda submetida ao procedimento comum.

Afirma que **[parágrafo(s) destinado(s) à narrativa referente à indicação das causas de pedir remota e próxima, conforme anotamos anteriormente]**.

Na sequência, após manifestar desinteresse na composição consensual do conflito (fl. 8), requereu a concessão de tutela provisória, nos seguintes termos: **[transcrição, entre aspas, do trecho da petição inicial em que é formulado o pleito relativo à tutela provisória]** (fl. 9).

Ao final, formulou o pedido que se segue: **[transcrição, entre aspas, do trecho da petição inicial em que é formulado o pedido]** (fls. 9/10).

Concedidos os benefícios da gratuidade da justiça (fl. 16) e deferido, na íntegra, o pleito de concessão de tutela provisória (fls. 16/17), ordenei a citação da parte ré e a intimação da parte autora para comparecimento à audiência de conciliação ou de mediação (fl. 17). Citada (fl. 22), a parte ré também manifestou desinteresse na autocomposição (fl. 27), em razão do que foi cancelada a realização da audiência (fl. 30).

Na contestação, a demandada, após requerer a concessão dos benefícios da gratuidade da justiça (fl. 33), alegou que há incorreção no valor atribuído à causa, uma vez que **[descrição, de modo tão resumido quanto possível, do(s) fundamento(s) apresentado(s)]** (fl. 34).

Disse, também, que o demandante não tem legitimidade para a causa, sob o fundamento de que **[descrição, de modo tão resumido quanto possível, do(s) fundamento(s) apresentado(s)]**. Com base nisso, manifestou o entendimento de que o processo deve ser extinto, sem resolução do mérito (fls. 34/35).

No mérito, [...].

3.4 Alegações de mérito

As alegações da defesa, que integram o mérito da causa – tal como registramos no capítulo em que cuidamos da divisão dos dados úteis –, são aquelas por meio das quais a parte ré apresenta motivos para que o *pedido* formulado pelo autor seja rejeitado, no todo ou parcialmente, aí incluído o exercício, pelo demandado, de *contradireitos*[5].

É preciso perceber, ainda, que o campo do *mérito* do processo pode ser *ampliado* quando entram em cena questões que versem sobre a necessidade de adoção de medidas como a imposição de multa (o que abrange a modificação do valor ou da periodicidade da multa vincenda), a busca e apreensão, a remoção de pessoas e coisas, o desfazimento de obras, o impedimento de atividades nocivas, a requisição de força policial e outras medidas que o juiz reputar imprescindíveis à satisfação da parte vencedora (CPC, arts. 536, § 1º; 537, *caput* e §§ 1º e 5º; e 538, § 3º).

Ocorre também *ampliação* do *mérito* do processo nas situações em que surgem questões a respeito (*i*) da distribuição dos ônus da sucumbência, (*ii*) da ocorrência de litigância de má-fé, (*iii*) da prática de ato atentatório à dignidade da justiça e (*iv*) da remessa, ao Ministério Público, de cópias das peças dos autos que documentarem a prática de ato ensejador da propositura de ação penal pública (CPP, art. 40) ou de ação civil pública (Lei n. 7.347, de 24 de julho de 1985 – Lei da Ação Civil Pública, art. 7º).

Ao proceder à leitura prévia dos autos e à identificação e coleta dos dados úteis, o magistrado já deverá ter levado em consideração a existência, na contestação, de alegações com as características acima apontadas.

São essas, pois, as alegações que serão descritas nessa etapa do relatório.

NA PRÁTICA

AUTOS N. 012345-78.2019.8.05.0001
PROCEDIMENTO COMUM
PARTE AUTORA: Eneopequê da Silva Esseteuvê
PARTE RÉ: Abecedefegê Comercial Ltda.

---

[5] O chamado *contradireito* é, em verdade, um direito de que a parte ré se considera titular e que é exercitado como defesa, de um modo tal que, se o julgador *reconhecer a existência* do direito afirmado pela parte autora, o exercício do *contradireito* tem aptidão para extinguir tal direito ou impedir que a parte autora possa extrair, do reconhecimento, os efeitos por ela desejados. É o que se dá com a alegação de prescrição (CC, art. 189), com a exceção do contrato não cumprido (CC, art. 476), com a invocação do benefício de ordem do fiador (CC, art. 827), com o exercício do direito de retenção pelo locatário (CC, art. 578) e com a compensação (CC, art. 368).

SENTENÇA

ENEOPEQUÊ DA SILVA ESSETEUVÊ, requerendo a concessão dos benefícios da gratuidade da justiça, propôs, contra ***ABECEDEFEGÊ COMERCIAL LTDA.***, demanda submetida ao procedimento comum.

Afirma que **[parágrafo(s) destinado(s) à narrativa referente à indicação das causas de pedir remota e próxima, conforme anotamos anteriormente]**.

Na sequência, após manifestar desinteresse na composição consensual do conflito (fl. 8), requereu a concessão de tutela provisória, nos seguintes termos: **[transcrição, entre aspas, do trecho da petição inicial em que é formulado o pleito relativo à tutela provisória]** (fl. 9).

Ao final, formulou o pedido que se segue: **[transcrição, entre aspas, do trecho da petição inicial em que é formulado o pedido]** (fls. 9/10).

Concedidos os benefícios da gratuidade da justiça (fl. 16) e deferido, na íntegra, o pleito de concessão de tutela provisória (fls. 16/17), ordenei a citação da parte ré e a intimação da parte autora para comparecimento à audiência de conciliação ou de mediação (fl. 17). Citada (fl. 22), a parte ré também manifestou desinteresse na autocomposição (fl. 27), em razão do que foi cancelada a realização da audiência (fl. 30).

Na contestação, a demandada, após requerer a concessão dos benefícios da gratuidade da justiça (fl. 33), alegou que há incorreção no valor atribuído à causa, uma vez que **[descrição, de modo tão resumido quanto possível, do(s) fundamento(s) apresentado(s)]** (fl. 34).

Disse, também, que o demandante não tem legitimidade para a causa, sob o fundamento de que **[descrição, de modo tão resumido quanto possível, do(s) fundamento(s) apresentado(s)]**. Com base nisso, manifestou o entendimento de que o processo deve ser extinto, sem resolução do mérito (fls. 34/35).

No mérito, alegou que a pretensão da parte autora estaria prescrita, já que **[descrição, de modo tão resumido quanto possível, do(s) fundamento(s) apresentado(s)]** (fl. 35).

Dando prosseguimento, asseverou que os fatos não ocorreram do modo como se encontram descritos na petição inicial. Nessa linha, disse que, em verdade, **[descrição, de modo tão resumido quanto possível, do(s) fundamento(s) apresentado(s) para impugnar a base fática em que a parte autora ancorou o pedido]** (fls. 36/37).

Ademais, defendeu a tese de que as normas invocadas pela parte autora não são aplicáveis ao caso, visto como **[descrição, de modo tão resumido quanto possível, do(s) fundamento(s) apresentado(s) para impugnar o raciocínio jurídico desenvolvido pela parte autora]** (fls. 37/38).

Em acréscimo, [...]

*Perceba-se que, no exemplo acima, o penúltimo parágrafo está dedicado à impugnação do conteúdo da petição inicial relativamente à **causa de pedir remota** (a base fática invocada pela parte autora), ao passo que, no último parágrafo, o alvo é a **causa de pedir próxima** (o raciocínio jurídico exposto na petição inicial).*

*Além disso, há **duas** observações que reputamos úteis, relativamente à alegação de **prescrição**, que consiste no exercício de um contradireito.*

*A **primeira** é para lembrar que, como a prescrição atinge a pretensão, a questão a respeito da ocorrência de prescrição será sempre uma **questão de mérito**. Não é outro o motivo pelo qual consta, no art. 487, II, do CPC, que haverá resolução do **mérito** quando o juiz decidir, de ofício ou a requerimento, sobre a ocorrência de **prescrição**.*

Capítulo XIII ❖ Elaboração do relatório: conteúdo da resposta do réu

> *A **segunda** é para realçar que uma questão envolvendo a ocorrência de prescrição mantém, com as questões referentes à existência ou não do direito de que a parte autora se entende titular, uma relação de subordinação por **preliminaridade**.*
>
> *De fato, havendo reconhecimento da ocorrência de prescrição, **não serão examinadas** as demais questões de mérito a ela vinculadas. Trata-se, pois, de uma questão cuja resolução se antepõe logicamente à resolução de outras, de um modo tal que, a depender de como seja ela resolvida, as questões subordinadas sequer serão analisadas.*
>
> *É por isso que a questão relativa à ocorrência de prescrição é reconhecida como uma **"questão preliminar de mérito".***
>
> *A expressão é corretíssima e está umbilicalmente vinculada à utilização do vocábulo "preliminar" no sentido estritamente **técnico**. Por meio dela, o que se quer dizer é que a questão referente à ocorrência de prescrição é uma **questão de mérito**, que guarda relação de **preliminaridade** com outras questões, igualmente de mérito.*
>
> *Todavia – e infelizmente –, em razão de a expressão "questão preliminar" ser muito frequentemente utilizada como se sinônima fosse – e não é! – de questão de natureza processual, não é raro encontrar contestações – e, até mesmo, decisões judiciais – em que, após defendida a tese da ocorrência de prescrição – ou após reconhecida, na decisão judicial, a inocorrência da prescrição –, são utilizadas expressões que dão a impressão, ao leitor, de que somente após vencida tal etapa é que, finalmente, estaria sendo feito o exame do mérito da causa. Impressões assim, imprópria, são provocadas, por exemplo, quando são usadas, no início da oração seguinte, locuções como "No mérito, [...]" ou "No mérito propriamente dito, [...]".*
>
> *Em razão disso tudo, vale a pena repetir: uma questão sobre **prescrição** se situa no âmbito do **mérito da causa** e é **preliminar** em relação às questões referentes à existência ou não do direito de que a parte autora se entende titular.*

3.5 Encerramento

No encerramento da contestação, é comum que a parte ré, além de lançar as suas conclusões a respeito do que entende ela que deve acontecer com o pedido formulado pela parte autora, apresente requerimentos de diversas ordens.

O ideal é que cada um dos requerimentos apresentados já tenha sido objeto de exame pelo Poder Judiciário ao longo do procedimento.

Não se pode descartar, porém, que ocorra de o magistrado, por ocasião da leitura dos autos, concluir que o caso comporta a prestação da tutela *definitiva* e que, ao lado disso, existem requerimentos ainda não apreciados.

3.5.1 *Requerimentos diversos*

Os requerimentos mais frequentemente apresentados são os de natureza probatória, seja envolvendo a produção de determinada espécie de prova – a exemplo das provas pericial e testemunhal –, seja versando sobre a realização de diligências das mais diversas, mediante, por exemplo, a expedição de ofícios dirigidos a entidades privadas ou a órgãos públicos, para requisição de certidões (CPC, art. 438, I), para requisição de autos de procedimentos administrativos (CPC, art. 438, II, §§ 1º e 2º) e para requisição de informações junto a instituições financeiras e à administração tributária, mormente a Secretaria da Receita Federal do Brasil (CPC, arts. 378, 380, 772, III, e 773).

Outros pleitos que também podem ser identificados na peça contestatória são os concernentes ao ingresso de terceiros no processo. Nessa linha, é relativamente comum que a parte ré alegue a necessidade, por exemplo, de que seja formado um litisconsórcio (CPC, art. 114), ou de que algum sujeito seja citado na qualidade de litisdenunciado (CPC, arts. 125 a 129), ou de que terceiros sejam chamados ao processo (CPC, arts. 130 a 132).

Obviamente, se o juiz concluiu que a tutela *definitiva* já deve ser *prestada* – tanto assim que ele está redigindo a sentença –, é porque, antes, procedeu à leitura da íntegra dos autos e constatou que *todas* as questões se encontram suficientemente maduras para resolução, o que remete à conclusão de que, relativamente às diligências requeridas pela parte ré, cuja realização impediria o imediato proferimento da sentença, os pleitos respectivos devem ser *indeferidos*.

Apesar da constatação de que são pleitos fadados ao indeferimento, é *indispensável* que a sua existência conste no *relatório*, uma vez que eles *deverão* ser objeto de resolução na sentença.

E é fácil entender o motivo dessa indispensabilidade.

É que, se o deferimento do pleito *impediria* o imediato proferimento da sentença, a resolução da questão atinente ao seu deferimento ou indeferimento antecede logicamente a resolução de todas as questões que integram a prestação da tutela *definitiva*. Trata-se de uma relação de subordinação por *preliminaridade*.

NA PRÁTICA

AUTOS N. 012345-78.2019.8.05.0001
PROCEDIMENTO COMUM
PARTE AUTORA: Eneopequê da Silva Esseteuvê
PARTE RÉ: Abecedefegê Comercial Ltda.

S E N T E N Ç A

ENEOPEQUÊ DA SILVA ESSETEUVÊ, requerendo a concessão dos benefícios da gratuidade da justiça, propôs, contra **ABECEDEFEGÊ COMERCIAL LTDA.**, demanda submetida ao procedimento comum.

Afirma que **[parágrafo(s) destinado(s) à narrativa referente à indicação das causas de pedir remota e próxima, conforme anotamos anteriormente]**.

> Na sequência, após manifestar desinteresse na composição consensual do conflito (fl. 8), requereu a concessão de tutela provisória, nos seguintes termos: **[transcrição, entre aspas, do trecho da petição inicial em que é formulado o pleito relativo à tutela provisória]** (fl. 9).
>
> Ao final, formulou o pedido que se segue: **[transcrição, entre aspas, do trecho da petição inicial em que é formulado o pedido]** (fls. 9/10).
>
> Concedidos os benefícios da gratuidade da justiça (fl. 16) e deferido, na íntegra, o pleito de concessão de tutela provisória (fls. 16/17), ordenei a citação da parte ré e a intimação da parte autora para comparecimento à audiência de conciliação ou de mediação (fl. 17). Citada (fl. 22), a parte ré também manifestou desinteresse na autocomposição (fl. 27), em razão do que foi cancelada a realização da audiência (fl. 30).
>
> Na contestação, a demandada, após requerer a concessão dos benefícios da gratuidade da justiça (fl. 33), alegou que há incorreção no valor atribuído à causa, uma vez que **[descrição, de modo tão resumido quanto possível, do(s) fundamento(s) apresentado(s)]** (fl. 34).
>
> Disse, também, que o demandante não tem legitimidade para a causa, sob o fundamento de que **[descrição, de modo tão resumido quanto possível, do(s) fundamento(s) apresentado(s)]**. Com base nisso, manifestou o entendimento de que o processo deve ser extinto, sem resolução do mérito (fls. 34/35).
>
> No mérito, alegou que a pretensão da parte autora estaria prescrita, já que **[descrição, de modo tão resumido quanto possível, do(s) fundamento(s) apresentado(s)]** (fl. 35).
>
> Dando prosseguimento, asseverou que os fatos não ocorreram do modo como se encontram descritos na petição inicial. Nessa linha, disse que, em verdade, **[descrição, de modo tão resumido quanto possível, do(s) fundamento(s) apresentado(s) para impugnar a base fática em que a parte autora ancorou o pedido]** (fls. 36/37).
>
> Ademais, defendeu a tese de que as normas invocadas pela parte autora não são aplicáveis ao caso, visto como **[descrição, de modo tão resumido quanto possível, do(s) fundamento(s) apresentado(s) para impugnar o raciocínio jurídico desenvolvido pela parte autora]** (fls. 37/38).
>
> Em acréscimo, requereu a produção de provas pericial e testemunhal, assim como a requisição dos extratos bancários referentes ao período compreendido entre DD/MM/AAAA e DD/MM/AAAA, da conta n. XXXX-Y, mantida pela parte autora junto à Agência ZZZ-W do Banco Deoeleaerre S.A. (fl. 38).
>
> Por fim, **[...]**.

3.5.2 *Conclusão*

Na descrição do trecho conclusivo da peça contestatória é de todo aconselhável que o juiz lance mão da mesma técnica que indicamos para uso por ocasião da descrição do *pedido* formulado na petição inicial. Trata-se de uma forma mais *prática* e mais *segura*.

Assim, tanto quanto possível, as conclusões a que tenha chegado a parte ré na contestação devem ser descritas por meio da transcrição *literal* do texto respectivo, com o uso de aspas, seguido da palavra *"sic"*, se houver necessidade, e da precisa indicação do local dos autos em que o excerto transcrito se encontra.

MANUAL DA SENTENÇA CÍVEL

Tratando-se, porém, de uma situação em que o trecho conclusivo da defesa é *simples*, a opção, do juiz, pela construção de um texto que substitua, precisamente, o texto existente na contestação pode ser considerada.

NA PRÁTICA

AUTOS N. 012345-78.2019.8.05.0001
PROCEDIMENTO COMUM
PARTE AUTORA: Eneopequê da Silva Esseteuvê
PARTE RÉ: Abecedefegê Comercial Ltda.

S E N T E N Ç A

ENEOPEQUÊ DA SILVA ESSETEUVÊ, requerendo a concessão dos benefícios da gratuidade da justiça, propôs, contra **ABECEDEFEGÊ COMERCIAL LTDA.**, demanda submetida ao procedimento comum.

Afirma que **[parágrafo(s) destinado(s) à narrativa referente à indicação das causas de pedir remota e próxima, conforme anotamos anteriormente]**.

Na sequência, após manifestar desinteresse na composição consensual do conflito (fl. 8), requereu a concessão de tutela provisória, nos seguintes termos: **[transcrição, entre aspas, do trecho da petição inicial em que é formulado o pleito relativo à tutela provisória]** (fl. 9).

Ao final, formulou o pedido que se segue: **[transcrição, entre aspas, do trecho da petição inicial em que é formulado o pedido]** (fls. 9/10).

Concedidos os benefícios da gratuidade da justiça (fl. 16) e deferido, na íntegra, o pleito de concessão de tutela provisória (fls. 16/17), ordenei a citação da parte ré e a intimação da parte autora para comparecimento à audiência de conciliação ou de mediação (fl. 17). Citada (fl. 22), a parte ré também manifestou desinteresse na autocomposição (fl. 27), em razão do que foi cancelada a realização da audiência (fl. 30).

Na contestação, a demandada, após requerer a concessão dos benefícios da gratuidade da justiça (fl. 33), alegou que há incorreção no valor atribuído à causa, uma vez que **[descrição, de modo tão resumido quanto possível, do(s) fundamento(s) apresentado(s)]** (fl. 34).

Disse, também, que o demandante não tem legitimidade para a causa, sob o fundamento de que **[descrição, de modo tão resumido quanto possível, do(s) fundamento(s) apresentado(s)]**. Com base nisso, manifestou o entendimento de que o processo deve ser extinto, sem resolução do mérito (fls. 34/35).

No mérito, alegou que a pretensão da parte autora estaria prescrita, já que **[descrição, de modo tão resumido quanto possível, do(s) fundamento(s) apresentado(s)]** (fl. 35).

Dando prosseguimento, asseverou que os fatos não ocorreram do modo como se encontram descritos na petição inicial. Nessa linha, disse que, em verdade, **[descrição, de modo tão resumido quanto possível, do(s) fundamento(s) apresentado(s) para impugnar a base fática em que a parte autora ancorou o pedido]** (fls. 36/37).

Ademais, defendeu a tese de que as normas invocadas pela parte autora não são aplicáveis ao caso, visto como **[descrição, de modo tão resumido quanto possível, do(s) fundamento(s) apresentado(s) para impugnar o raciocínio jurídico desenvolvido pela parte autora]** (fls. 37/38).

Capítulo XIII ◆ Elaboração do relatório: conteúdo da resposta do réu

> Em acréscimo, requereu a produção de provas pericial e testemunhal, assim como a requisição dos extratos bancários referentes ao período compreendido entre DD/MM/AAAA e DD/MM/AAAA, da conta n. XXXX-Y, mantida pela parte autora junto à Agência ZZZ-W do Banco Deoeleaerre S.A. (fl. 38).
>
> Por fim, postulou que **[transcrição, entre aspas, do trecho da contestação em que a parte ré lança as suas conclusões]** (fls. 39/40).
>
> [...]

*Se o excerto da contestação em que se encontram as conclusões em que chegou a parte ré for **simples**, o magistrado pode considerar a opção pela construção, por ele próprio, de um texto que substitua, **com precisão**, o texto elaborado pela parte ré.*

> **AUTOS N. 012345-78.2019.8.05.0001**
> **PROCEDIMENTO COMUM**
> **PARTE AUTORA:** Eneopequê da Silva Esseteuvê
> **PARTE RÉ:** Abecedefegê Comercial Ltda.
>
> S E N T E N Ç A
>
> [...]
>
> Por fim, reiterando o pleito de concessão dos benefícios da gratuidade da justiça e requerendo que seja corrigido o valor atribuído à causa, postulou que o processo seja extinto, sem resolução do mérito, por faltar legitimidade ao autor. No mérito, propugnou pelo reconhecimento da ocorrência de prescrição e, subsidiariamente, pela rejeição, na íntegra, do pedido formulado pela parte autora (fls. 39/40).
>
> [...]

CAPÍTULO XIV

ELABORAÇÃO DO RELATÓRIO: DEPOIS DA RESPOSTA DO RÉU ATÉ A CONCLUSÃO DOS AUTOS PARA PROFERIMENTO DA SENTENÇA

◆ **SUMÁRIO**

1. Considerações iniciais – **2.** Decisão sobre eventuais requerimentos – **3.** Pleito de concessão, ao réu, dos benefícios da gratuidade da justiça – **4.** Réplica e outras providências preliminares: **4.1** Réplica; **4.2** Outras providências preliminares; **4.2.1** No caso de não haver sido apresentada contestação; **4.2.2** No caso de haver sido apresentada contestação; **4.2.3** Independentemente de haver sido apresentada contestação – **5.** Julgamento conforme o estado do processo: **5.1** Extinção do processo sem resolução do mérito; **5.2** Inadmissibilidade parcial do exame do mérito da causa; **5.3** Extinção do processo por homologação de autocomposição; **5.4** Homologação de autocomposição que verse sobre parcela do processo; **5.5** Extinção do processo por reconhecimento da ocorrência de prescrição ou de decadência; **5.6** Reconhecimento da ocorrência de prescrição ou de decadência relativamente a uma parcela do processo; **5.7** Julgamento imediato do mérito da causa; **5.8** Julgamento parcial do mérito da causa; **5.9** Saneamento e organização do processo – **6.** Audiência de instrução e julgamento – **7.** Encerramento.

1. CONSIDERAÇÕES INICIAIS

Ao redigir o trecho do *relatório* em que são descritos os fatos ocorridos no interior do processo, abrangendo o momento imediatamente posterior à apresentação da resposta da parte ré, até o ato de conclusão[1] dos autos para prestação da tutela definitiva, o magistrado não pode perder de vista que, à luz da

---

[1] Ao tornar os autos disponíveis para que o juiz neles se manifeste, o auxiliar da justiça lavra o chamado "termo de conclusão". A origem da expressão está na circunstância de que, em tese, somente depois de *concluir* a prática dos atos a seu cargo é que o escrivão ou chefe de secretaria poderia devolver os autos ao juiz. O "termo de conclusão", portanto, na sua origem, era o ato processual por meio do qual o escrivão ou chefe de secretaria documentava a *conclusão* da sua atividade, naquela específica etapa do processo. Com o tempo, a expressão foi tomando o sentido que é hoje a ela emprestado: é o termo por meio do qual o auxiliar da justiça documenta que os autos foram tornados disponíveis para o juiz, com o que é marcado o início do prazo para que o magistrado, de sua vez, pratique o ato que lhe cabe praticar (CPC, art. 226). Foi no contexto desse sentido desapegado da origem que surgiram expressões como "conclusão para proferir sentença" (CPC, art. 12, *caput*), "fazer com que os autos sigam à conclusão do juiz" (CPC, art. 152, IV, *a*) e "autos conclusos" (CPC, art. 228, *caput*, 931 e 973, parágrafo único, 1.030, *caput*).

leitura que fez de *todo* o conteúdo dos autos, ele *já* tem conhecimento a respeito de como será resolvida cada uma das questões.

Por isso, deverão ser objeto de registro, no relatório, *apenas* as ocorrências merecedoras de referência.

Essa lembrança cresce de relevo na medida em que se percebe que, depois de encerrado o prazo para apresentação da defesa, estando o réu atuante no processo[2], há uma natural tendência para a prática de múltiplos atos, já que são muitos os caminhos que podem ser trilhados pelo procedimento, a depender do que tenha ocorrido nas etapas anteriores.

Dentre as ocorrências merecedoras de referência, umas devem ser registradas no relatório em razão apenas da sua importância na estrutura do procedimento. Outras, entretanto, mesmo não integrando necessariamente a estrutura do procedimento, merecem destaque em razão da sua importância no caso concreto.

2. DECISÃO SOBRE EVENTUAIS REQUERIMENTOS

O momento logo em seguida à apresentação da resposta é o propício para que o magistrado tenha resolvido eventuais requerimentos apresentados pela parte ré, a exemplo do pleito de concessão dos benefícios da gratuidade da justiça.

Também é o momento propício para que o juiz tenha se pronunciado sobre requerimentos que tenham sido apresentados pela parte autora, a respeito dos quais ainda não houve manifestação, seja porque o julgador silenciou a respeito, seja porque se manifestou ele no sentido de que decidiria após ser dada oportunidade à parte ré para exercitar o direito ao contraditório.

Vale observar, porém, que *não* é esse o momento adequado do processo para que tenha havido deliberação, pelo juiz, a respeito de postulações de natureza probatória, o que inclui, por exemplo, o pleito de expedição de ofícios com o fim de que sejam requisitadas informações junto a instituições públicas ou privadas. O momento adequado para que esse tipo de deliberação tenha ocorrido, nos casos de processos em que a prova a ser produzida vai para além da documental, é o do proferimento da decisão de saneamento e de organização.

3. PLEITO DE CONCESSÃO, AO RÉU, DOS BENEFÍCIOS DA GRATUIDADE DA JUSTIÇA

O requerimento de concessão dos benefícios da gratuidade da justiça pode ser apresentado por qualquer das partes (CPC, art. 98, *caput*), em qualquer fase do processo (CPC, art. 99, § 1º).

---

[2] O réu *atuante* no processo não é *apenas* aquele não incorreu em revelia. É que, mesmo tendo incorrido em revelia, deve também ser considerado *atuante* o réu que possui curador especial nomeado (CPC, art. 72, II) ou que, valendo-se da faculdade a que se refere o parágrafo único do art. 346 do CPC, interveio no processo, recebendo-o no estado em que se encontrava.

Capítulo XIV ◆ Elaboração do relatório: depois da resposta do réu até a conclusão...

Assim como tal pleito é comumente formulado pela parte autora no bojo da petição inicial, o comum é a parte ré apresentar a postulação na peça contestatória.

E tendo havido, na contestação, requerimento nesse sentido, o ideal é que o magistrado o tenha examinado na primeira manifestação seguinte à apresentação da contestação. Tendo ocorrido tal exame, o fato deve ser objeto de registro no relatório.

NA PRÁTICA

AUTOS N. 012345-78.2019.8.05.0001
PROCEDIMENTO COMUM
PARTE AUTORA: Eneopequê da Silva Esseteuvê
PARTE RÉ: Abecedefegê Comercial Ltda.

SENTENÇA

ENEOPEQUÊ DA SILVA ESSETEUVÊ, requerendo a concessão dos benefícios da gratuidade da justiça, propôs, contra **ABECEDEFEGÊ COMERCIAL LTDA.**, demanda submetida ao procedimento comum.

Afirma que **[parágrafo(s) destinado(s) à narrativa referente à indicação das causas de pedir remota e próxima, conforme anotamos anteriormente]**.

Na sequência, após manifestar desinteresse na composição consensual do conflito (fl. 8), requereu a concessão de tutela provisória, nos seguintes termos: **[transcrição, entre aspas, do trecho da petição inicial em que é formulado o pleito relativo à tutela provisória]** (fl. 9).

Ao final, formulou o pedido que se segue: **[transcrição, entre aspas, do trecho da petição inicial em que é formulado o pedido]** (fls. 9/10).

Concedidos os benefícios da gratuidade da justiça (fl. 16) e deferido, na íntegra, o pleito de concessão de tutela provisória (fls. 16/17), ordenei a citação da parte ré e a intimação da parte autora para comparecimento à audiência de conciliação ou de mediação (fl. 17). Citada (fl. 22), a parte ré também manifestou desinteresse na autocomposição (fl. 27), em razão do que foi cancelada a realização da audiência (fl. 30).

Na contestação, a demandada, após requerer a concessão dos benefícios da gratuidade da justiça (fl. 33), alegou que há incorreção no valor atribuído à causa, uma vez que **[descrição, de modo tão resumido quanto possível, do(s) fundamento(s) apresentado(s)]** (fl. 34).

Disse, também, que o demandante não tem legitimidade para a causa, sob o fundamento de que **[descrição, de modo tão resumido quanto possível, do(s) fundamento(s) apresentado(s)]**. Com base nisso, manifestou o entendimento de que o processo deve ser extinto, sem resolução do mérito (fls. 34/35).

No mérito, alegou que a pretensão da parte autora estaria prescrita, já que **[descrição, de modo tão resumido quanto possível, do(s) fundamento(s) apresentado(s)]** (fl. 35).

Dando prosseguimento, asseverou que os fatos não ocorreram do modo como se encontram descritos na petição inicial. Nessa linha, disse que, em verdade, **[descrição, de modo tão resumido quanto possível, do(s) fundamento(s) apresentado(s) para impugnar a base fática em que a parte autora ancorou o pedido]** (fls. 36/37).

MANUAL DA SENTENÇA CÍVEL

> Ademais, defendeu a tese de que as normas invocadas pela parte autora não são aplicáveis ao caso, visto como **[descrição, de modo tão resumido quanto possível, do(s) fundamento(s) apresentado(s) para impugnar o raciocínio jurídico desenvolvido pela parte autora]** (fls. 37/38).
>
> Por fim, postulou que **[transcrição, entre aspas, do trecho da contestação em que a parte ré lança as suas conclusões]** (fls. 39/40).
>
> Após deferidos, à parte ré, os benefícios da gratuidade da justiça (fl. 45), **[...]**.

*Formulado o pleito de gratuidade – independentemente de qual tenha sido o sujeito processual que o formulou –, se o juiz houver percebido a existência de elementos para **denegação** do requerimento, o natural é que tenha ele determinado a **comprovação** do preenchimento das exigências legais (CPC, art. 99, § 2º). Somente **depois** disso é que pode advir uma decisão de indeferimento. Mas é plenamente possível que a parte, no prazo que lhe foi assinado, tenha **comprovado** que atende às exigências legais, afastando, com isso, a impressão de que o caso era para indeferimento da postulação.*

*Tendo havido **comprovação**, o último parágrafo do exemplo acima pode ser assim redigido:*

> *AUTOS N. 012345-78.2019.8.05.0001*
> *PROCEDIMENTO COMUM*
> ***PARTE AUTORA:*** *Eneopequê da Silva Esseteuvê*
> ***PARTE RÉ:*** *Abecedefegê Comercial Ltda.*
>
> <u>S E N T E N Ç A</u>
>
> **[...]**
> Intimada para comprovar que atende às exigências legais para obtenção dos benefícios da gratuidade da justiça (fl. 45), a parte ré apresentou os documentos de fls. 50/55. Concedida a gratuidade (fl. 57), **[...]**.

*Se a parte ré **não** conseguiu comprovar, a redação substitutiva acima poderá ser usada como base. Somente precisará ser mudada no seu trecho final:*

> *AUTOS N. 012345-78.2019.8.05.0001*
> *PROCEDIMENTO COMUM*
> ***PARTE AUTORA:*** *Eneopequê da Silva Esseteuvê*
> ***PARTE RÉ:*** *Abecedefegê Comercial Ltda.*
>
> <u>S E N T E N Ç A</u>
>
> **[...]**
> Intimada para comprovar que atende às exigências legais para obtenção dos benefícios da gratuidade da justiça (fl. 45), a parte ré apresentou os documentos de fls. 50/55. Indeferida a gratuidade (fl. 57), **[...]**.

*Vale lembrar, ainda quanto à gratuidade, que é da parte autora, e não da parte ré, a obrigação de adiantar os valores relativos às custas do processo e às despesas decorrentes do ato de propositura da demanda. Por isso, um eventual **indeferimento** do pleito de gratuidade formulado pela parte ré não tem, em geral, aptidão para produzir, **de imediato**, consequências processuais severas.*

Capítulo XIV ◆ Elaboração do relatório: depois da resposta do réu até a conclusão...

4. RÉPLICA E OUTRAS PROVIDÊNCIAS PRELIMINARES

Após encerrado o prazo para a resposta da parte ré, alguns cenários podem ter se instalado no processo, ensejadores da adoção de medidas voltadas para assegurar a regularidade do procedimento.

Tais medidas constituem as chamadas *providências preliminares* (CPC, art. 347) e decorrem, em geral, de dois fatores.

Um dos fatores é a necessidade de que o direito ao contraditório seja assegurado, na plenitude, a ambas as partes, o que pode ensejar, por exemplo, a abertura de oportunidade para que a parte autora novamente se manifeste, apresentando a chamada *réplica*. Essa é uma das *providências preliminares* mais frequentemente adotadas.

O outro fator é a imprescindibilidade de que sejam atendidas as demais exigências de natureza formal que o sistema jurídico impõe, à vista de eventuais peculiaridades do caso concreto, o que inclui a adoção de medidas relativas à estrutura do procedimento e a determinação de que sejam corrigidos eventuais defeitos sanáveis, de modo a que, tanto quanto possível, sejam mantidos abertos os caminhos para que o mérito da causa seja resolvido.

4.1 Réplica

Diferentemente do que se vê no cotidiano, a abertura de oportunidade para que a parte autora apresente a chamada *réplica* à contestação *não* é um passo processual que deve acontecer *automaticamente* após a apresentação da peça de defesa[3].

Trata-se, em verdade, de uma medida voltada para assegurar à parte *autora* o exercício do direito fundamental ao contraditório, tendo em vista a suscitação, pela parte *ré*, na contestação, de questão que versa sobre matéria a respeito da qual o demandante não teve, ainda, oportunidade de se manifestar.

São exemplos de condutas da parte ré com aptidão para ensejar que a parte autora apresente *réplica* (i) a apresentação de alegações de natureza formal (CPC, art. 351), (ii) a alegação de ocorrência de fato impeditivo, modificativo ou extintivo do direito do autor (CPC, art. 350) e (iii) o exercício de contradireito.

---

[3] No cotidiano forense, há uma espécie de aceitação tácita da ideia de que, apresentada a contestação, deverá *sempre* ser aberta oportunidade para que o autor replique, como se a apresentação de *réplica* correspondesse à concretização do direito do autor de se manifestar sobre a contestação. Trata-se de um equívoco. Perceba-se que, se assim fosse, o procedimento comum estaria estruturado de um modo tal que a parte autora teria o direito de se manifestar *duas* vezes nos autos (petição inicial e réplica), ao passo que a parte ré somente teria oportunidade para se manifestar *uma* vez (contestação). Com isso, seria claramente malferido o princípio da *isonomia*, a menos que também fosse automatizado – e *não é o caso* – o direito do réu à *tréplica*. Por isso, a oportunidade para que o autor replique fica adstrita às situações em que a parte ré, ao se defender, agrega ao processo questões que têm por objeto temas sobre os quais a parte autora *não* teve ainda oportunidade de se manifestar.

Ao lado dessas hipóteses, se o réu, na defesa, alegar ilegitimidade passiva ou afirmar que não é o responsável pelo prejuízo mencionado na petição inicial, a parte autora, no prazo de quinze dias, poderá, em vez de aceitar a alegação (CPC, arts. 338, *caput*, e 339, §§ 1º e 2º), recusá-la. Ao fundamentar a recusa, o autor estará, rigorosamente, apresentando *réplica*.

Nas situações comuns, não há necessidade de que seja descrito, no relatório, o conteúdo da *réplica*, salvo se o magistrado, que – repita-se sempre! – *já* sabe como serão resolvidas as questões, constate que, na peça de réplica, existem dados que serão utilizados na fundamentação e que, portanto, são relevantes para o processo.

NA PRÁTICA

AUTOS N. 012345-78.2019.8.05.0001
PROCEDIMENTO COMUM
PARTE AUTORA: Eneopequê da Silva Esseteuvê
PARTE RÉ: Abecedefegê Comercial Ltda.

S E N T E N Ç A

ENEOPEQUÊ DA SILVA ESSETEUVÊ, requerendo a concessão dos benefícios da gratuidade da justiça, propôs, contra ***ABECEDEFEGÊ COMERCIAL LTDA.***, demanda submetida ao procedimento comum.

Afirma que **[parágrafo(s) destinado(s) à narrativa referente à indicação das causas de pedir remota e próxima, conforme anotamos anteriormente]**.

Na sequência, após manifestar desinteresse na composição consensual do conflito (fl. 8), requereu a concessão de tutela provisória, nos seguintes termos: **[transcrição, entre aspas, do trecho da petição inicial em que é formulado o pleito relativo à tutela provisória]** (fl. 9).

Ao final, formulou o pedido que se segue: **[transcrição, entre aspas, do trecho da petição inicial em que é formulado o pedido]** (fls. 9/10).

Concedidos os benefícios da gratuidade da justiça (fl. 16) e deferido, na íntegra, o pleito de concessão de tutela provisória (fls. 16/17), ordenei a citação da parte ré e a intimação da parte autora para comparecimento à audiência de conciliação ou de mediação (fl. 17). Citada (fl. 22), a parte ré também manifestou desinteresse na autocomposição (fl. 27), em razão do que foi cancelada a realização da audiência (fl. 30).

Na contestação, a demandada, após requerer a concessão dos benefícios da gratuidade da justiça (fl. 33), disse que o demandante não tem legitimidade para a causa, sob o fundamento de que **[descrição, de modo tão resumido quanto possível, do(s) fundamento(s) apresentado(s)]**. Com base nisso, manifestou o entendimento de que o processo deve ser extinto, sem resolução do mérito (fls. 34/35).

No mérito, alegou que a pretensão da parte autora estaria prescrita, já que **[descrição, de modo tão resumido quanto possível, do(s) fundamento(s) apresentado(s)]** (fl. 35).

> Dando prosseguimento, asseverou que os fatos não ocorreram do modo como se encontram descritos na petição inicial. Nessa linha, afirmou que, em verdade, **[descrição, de modo tão resumido quanto possível, do(s) fundamento(s) apresentado(s) para impugnar a base fática em que a parte autora ancorou o pedido]** (fls. 36/37).
>
> Ademais, defendeu a tese de que as normas invocadas pela parte autora não são aplicáveis ao caso, visto como **[descrição, de modo tão resumido quanto possível, do(s) fundamento(s) apresentado(s) para impugnar o raciocínio jurídico desenvolvido pela parte autora]** (fls. 37/38).
>
> Por fim, postulou que **[transcrição, entre aspas, do trecho da contestação em que a parte ré lança as suas conclusões]** (fls. 39/40).
>
> Após deferidos, à parte ré, os benefícios da gratuidade da justiça (fl. 45), a parte autora apresentou, a título de réplica, a peça de fls. 48/52.
>
> [...].

4.2 Outras providências preliminares

É diversificado o universo de situações que ensejam a adoção de *outras* providências preliminares, além da réplica.

Nesse universo, há providências que são próprias dos cenários em que a parte ré incorreu em revelia. Outras são vinculadas aos panoramas em que houve apresentação de contestação.

Independentemente disso, a providência ordenada, no mais das vezes, *deve* ser mencionada no relatório.

4.2.1 *No caso de não haver sido apresentada contestação*

Tendo a parte ré incorrido em *revelia*, tal fato *deverá* ser mencionado no relatório.

Ademais, o magistrado, ao proceder à leitura do inteiro teor dos autos, deve ter percebido se o ato de citação foi ficto ou real. São consideradas fictas as citações realizadas por meio de edital ou por mandado com hora certa. E, conforme mencionamos anteriormente, tendo havido *revelia*, é importante *constar* no relatório a *forma* como a citação se operou.

Assim é que, no caso de *revelia*, em que a citação tenha sido *ficta*, o natural é que tenha havido nomeação de curador especial para a parte ré (CPC, art. 72, II).

Com isso, o relatório deverá conter referência (*i*) à forma como a citação se deu, (*ii*) ao fato de ter ocorrido revelia e (*iii*) ao ato de nomeação de curador especial.

Também deve ser registrado, no relatório, o ato de intimação da Defensoria Pública, para que exerça a curatela especial (CPC, art. 72, parágrafo único), assim como os atos que forem por ela praticados, na medida em que ocorram, de acordo com a ordem cronológica.

NA PRÁTICA

AUTOS N. 012345-78.2019.8.05.0001
PROCEDIMENTO COMUM
PARTE AUTORA: Eneopequê da Silva Esseteuvê
PARTE RÉ: Abecedefegê Comercial Ltda.

S E N T E N Ç A

ENEOPEQUÊ DA SILVA ESSETEUVÊ, requerendo a concessão dos benefícios da gratuidade da justiça, propôs, contra **ABECEDEFEGÊ COMERCIAL LTDA.**, demanda submetida ao procedimento comum.

Afirma que **[parágrafo(s) destinado(s) à narrativa referente à indicação das causas de pedir remota e próxima, conforme anotamos anteriormente]**.

Na sequência, após manifestar desinteresse na composição consensual do conflito (fl. 8), requereu a concessão de tutela provisória, nos seguintes termos: **[transcrição, entre aspas, do trecho da petição inicial em que é formulado o pleito relativo à tutela provisória]** (fl. 9).

Ao final, formulou o pedido que se segue: **[transcrição, entre aspas, do trecho da petição inicial em que é formulado o pedido]** (fls. 9/10).

Concedidos os benefícios da gratuidade da justiça (fl. 16) e deferido, na íntegra, o pleito de concessão de tutela provisória (fls. 16/17), ordenei a citação da parte ré e a intimação da parte autora para comparecimento à audiência de conciliação ou de mediação (fl. 17).

Citada por mandado com hora certa (fl. 22), a parte ré não compareceu à audiência designada, ao passo que a parte autora se fez presente (fl. 27). No prazo para exercício do direito de defesa, a demandada não apresentou contestação (fl. 30).

Nomeada para exercício da curadoria especial da parte ré (fl. 34), foi a Defensoria Pública intimada (fl. 37), em razão do que apresentou a peça de fls. 40/46, na qual disse que **[descrição, de modo tão resumido quanto possível, do(s) fundamento(s) apresentado(s)]**.

[...].

O não comparecimento injustificado do autor ou do réu à audiência de conciliação ou de mediação é considerado **ato atentatório à dignidade da justiça** *e deve ser sancionado com* **multa** *de até dois por cento da vantagem econômica pretendida ou do valor da causa (CPC, art. 334, § 8º).*

A multa deverá ser revertida em favor da pessoa jurídica de direito público à qual está vinculado o órgão julgador em que o processo se encontra tombado.

Assim, tratando-se de processo em curso pelo Poder Judiciário dos Estados, a multa será revertida em favor do Estado-membro respectivo, enquanto, nos processos em trâmite pela Justiça Federal, a reversão da multa será em favor da União.

Diante da ausência injustificada de qualquer das partes à audiência, a aplicação das sanções já poderá se dar, em tese, na própria audiência. Tendo ocorrido um fato dessa natureza, o relatório deverá conter tal informação.

É aconselhável, porém, que o magistrado deixe para se manifestar a respeito da aplicação das sanções em momento posterior, quando, então, já estará definitivamente **claro** *o quadro referente à ausência ocorrida.*

Capítulo XIV ♦ Elaboração do relatório: depois da resposta do réu até a conclusão...

> Com efeito, pode ser que, depois da audiência, venham aos autos, por exemplo, provas de que houve justo motivo para o não comparecimento da parte e que, tendo em vista o momento em que o motivo surgiu, não houve tempo hábil para comunicação antes da abertura dos trabalhos.
>
> Ademais, se o magistrado adotar a conduta consistente em aguardar e houver *revelia*, a sentença será uma peça que alojará, confortavelmente, a aplicação das sanções respectivas.

A mesma necessidade de nomeação de curador especial ocorrerá se o réu revel estiver *preso*, independentemente de a citação haver sido ficta ou real (CPC, art. 72, II).

NA PRÁTICA

AUTOS N. 012345-78.2019.8.05.0001
PROCEDIMENTO COMUM
PARTE AUTORA: Eneopequê da Silva Esseteuvê
PARTE RÉ: Peteuesse da Silva Zeobecê

S E N T E N Ç A

ENEOPEQUÊ DA SILVA ESSETEUVÊ, requerendo a concessão dos benefícios da gratuidade da justiça, propôs, contra **PETEUESSE DA SILVA ZEOBECÊ**, demanda submetida ao procedimento comum.

Afirma que **[parágrafo(s) destinado(s) à narrativa referente à indicação das causas de pedir remota e próxima, conforme anotamos anteriormente]**.

Na sequência, após manifestar desinteresse na composição consensual do conflito (fl. 8), requereu a concessão de tutela provisória, nos seguintes termos: **[transcrição, entre aspas, do trecho da petição inicial em que é formulado o pleito relativo à tutela provisória]** (fl. 9).

Ao final, formulou o pedido que se segue: **[transcrição, entre aspas, do trecho da petição inicial em que é formulado o pedido]** (fls. 9/10).

Concedidos os benefícios da gratuidade da justiça (fl. 16) e deferido, na íntegra, o pleito de concessão de tutela provisória (fls. 16/17), ordenei a citação da parte ré e a intimação da parte autora para comparecimento à audiência de conciliação ou de mediação (fl. 17).

No curso das diligências empreendidas para citação, o oficial de justiça incumbido do cumprimento do mandado constatou que o réu se encontra preso na Penitenciária Desembargador Silvio Porto, nesta Capital, onde foi citado (fl. 22).

Em razão da situação do réu, cancelei a realização da audiência designada (fl. 25) e ordenei que fosse ele intimado a respeito do cancelamento, bem como para que tomasse conhecimento de que o prazo para apresentação da contestação começaria a correr a partir da data da intimação (fl. 23). Decorrido o prazo, o réu não apresentou contestação (fl. 30).

> Nomeada para exercício da curadoria especial da parte ré (fl. 34), foi a Defensoria Pública intimada (fl. 37), em razão do que apresentou a peça de fls. 40/46, na qual disse que **[descrição, de modo tão resumido quanto possível, do(s) fundamento(s) apresentado(s)]**.
> [...].

Tratando-se de caso em que o réu *não* está preso e a citação tenha sido *real*, as possibilidades de adoção de providências preliminares ficam reduzidas.

Efetivamente, pode o juiz ter constatado, por ocasião da leitura dos autos, que se trata de situação em que se opera a presunção de veracidade das alegações feitas pela parte autora. Nesse caso, o próximo passo já é o julgamento da causa[4], *não* havendo, pois, no comum das situações, necessidade de adoção de providências preliminares.

Também poderá haver julgamento imediato da causa numa situação em que *não* se tenha operado o efeito da presunção de veracidade. É bastante, para tanto, que o magistrado tenha constatado que o acervo probatório existente nos autos é suficiente para o julgamento (CPC, art. 355, I). Essa é mais uma situação que, de um modo geral, afasta a necessidade de adoção de providência preliminar.

NA PRÁTICA

AUTOS N. 012345-78.2019.8.05.0001
PROCEDIMENTO COMUM
PARTE AUTORA: Eneopequê da Silva Esseteuvê
PARTE RÉ: Abecedefegê Comercial Ltda.

S E N T E N Ç A

ENEOPEQUÊ DA SILVA ESSETEUVÊ, requerendo a concessão dos benefícios da gratuidade da justiça, propôs, contra **ABECEDEFEGÊ COMERCIAL LTDA.**, demanda submetida ao procedimento comum.

Afirma que **[parágrafo(s) destinado(s) à narrativa referente à indicação das causas de pedir remota e próxima, conforme anotamos anteriormente]**.

Na sequência, após manifestar desinteresse na composição consensual do conflito (fl. 8), requereu a concessão de tutela provisória, nos seguintes termos: **[transcrição, entre aspas, do trecho da petição inicial em que é formulado o pleito relativo à tutela provisória]** (fl. 9).

---

[4] É importante perceber que, mesmo tendo havido revelia e ainda que, no caso, tenha se operado a presunção de veracidade das alegações fáticas feitas pela parte autora, é possível que o pedido formulado pela parte autora seja rejeitado. Basta lembrar que a presunção de veracidade recai, apenas, sobre o aspecto fático, e o juiz pode concluir, por exemplo, que os fatos narrados não são aptos a produzir os efeitos jurídicos que a parte autora pretende extrair deles.

Capítulo XIV ♦ Elaboração do relatório: depois da resposta do réu até a conclusão...

> Ao final, formulou o pedido que se segue: **[transcrição, entre aspas, do trecho da petição inicial em que é formulado o pedido]** (fls. 9/10).
>
> Concedidos os benefícios da gratuidade da justiça (fl. 16) e deferido, na íntegra, o pleito de concessão de tutela provisória (fls. 16/17), ordenei a citação da parte ré e a intimação da parte autora para comparecimento à audiência de conciliação ou de mediação (fl. 17).
>
> Citada por mandado (fl. 22), a parte ré não compareceu à audiência designada, ao passo que a parte autora se fez presente (fl. 27). No prazo para exercício do direito de defesa, a demandada não apresentou contestação (fl. 30).
>
> Vieram-me, então, os autos conclusos.
>
> É o relatório.
>
> [...].

Há, porém, uma *providência preliminar* que, se houver sido adotada num caso de revelia com citação real, tem *potencial* para merecer registro no relatório. É a consistente na determinação de que a parte autora, mesmo tendo a parte ré incorrido em revelia, produza mais provas.

Trata-se de medida que é decorrência, no mais das vezes, das constatações, simultâneas, de que, da revelia, não pode ser extraído o efeito da presunção de veracidade das alegações fáticas feitas pela parte autora[5] (CPC, art. 348) e de que não há, nos autos, acervo probatório suficiente para o julgamento da causa.

Nesse caso, se o julgador, por exemplo, já sabe que a parte autora, na oportunidade que lhe foi dada, não trouxe mais provas aos autos e, portanto, o seu pedido será *rejeitado* por insuficiência de provas, é importante que conste, no relatório, que tal providência preliminar foi ordenada, de modo a que fique registrado que à parte autora foi dada oportunidade para se desincumbir do ônus de provar as suas alegações.

NA PRÁTICA

AUTOS N. 012345-78.2019.8.05.0001
PROCEDIMENTO COMUM
PARTE AUTORA: Eneopequê da Silva Esseteuvê
PARTE RÉ: Abecedefegê Comercial Ltda.

---

[5] São diversas as situações em que da revelia não pode ser extraído o efeito da presunção da veracidade das alegações fáticas feitas pela parte autora. A seguir, alguns exemplos: (*i*) réu preso revel, independentemente da modalidade de citação (CPC, art. 72, II); (*ii*) réu revel citado fictamente (CPC, arts. 72, II, e 341, parágrafo único); (*iii*) ingresso de assistente que, a tempo, apresenta contestação (CPC, art. 121 e seu parágrafo único); (*iv*) havendo pluralidade de réus, algum apresentar contestação impugnando alegação fática comum ao revel (CPC, art. 345, I); (*v*) se o direito material em discussão for do tipo em que a vontade das partes é ineficaz para produzir o efeito jurídico pretendido pela parte autora (CPC, art. 345, II); (*vi*) se a petição inicial não estiver acompanhada do instrumento, público ou particular, que a lei considere indispensável à prova do ato (CPC, art. 345, III); (*vii*) se as alegações fáticas apresentadas pela parte autora forem inverossímeis ou estiverem em contradição com a prova dos autos (CPC, art. 345, IV); e (*viii*) se o réu intervier a tempo de requerer produção de provas (CPC, arts. 346, parágrafo único, e 349).

MANUAL DA SENTENÇA CÍVEL

> **SENTENÇA**
>
> ***ENEOPEQUÊ DA SILVA ESSETEUVÊ***, requerendo a concessão dos benefícios da gratuidade da justiça, propôs, contra ***ABECEDEFEGÊ COMERCIAL LTDA.***, demanda submetida ao procedimento comum.
>
> Afirma que **[parágrafo(s) destinado(s) à narrativa referente à indicação das causas de pedir remota e próxima, conforme anotamos anteriormente]**.
>
> Na sequência, requereu a concessão de tutela provisória e, ao final, formulou o pedido que se segue: **[transcrição, entre aspas, do trecho da petição inicial em que é formulado o pedido]** (fls. 9/10).
>
> Concedidos os benefícios da gratuidade da justiça (fl. 16) e indeferido o pleito de concessão de tutela provisória (fls. 16/17), a parte ré foi citada por mandado (fl. 22) e, no prazo para exercício do direito de defesa, não apresentou contestação (fl. 30).
>
> Na sequência, instei a parte autora a trazer, aos autos, provas a respeito **[indicação das alegações fáticas quanto às quais havia necessidade de que a parte autora carreasse provas aos autos]** (fl. 34). Intimado (fl. 37), o demandante permaneceu silente (fl. 38).
>
> Vieram-me, então, os autos conclusos.
>
> É o relatório.
>
> [...].

*Perceba-se que, no exemplo acima, a parte ré foi citada **diretamente** para apresentar contestação. **Não** houve citação para comparecimento a uma audiência de conciliação ou de mediação. Esse tipo de situação acontece quando o direito sob discussão não admite autocomposição (CPC, art. 334, § 4º, II).*

O quadro que mais frequentemente conduz à impossibilidade de autocomposição é aquele em que o direito material sob discussão é do tipo em que a vontade das partes é ineficaz para produzir o efeito jurídico pretendido pela parte autora. Trata-se da situação que é comumente referida como "direito indisponível" (CPC, art. 345, II).

É muito importante lembrar, porém, que o só fato de se tratar de "direito indisponível" não é, por si só, impedimento para que ocorra autocomposição, já que há casos em que o direito sob discussão é da categoria dos "indisponíveis" e a autocomposição se dá, por exemplo, quanto à forma de fazer prevalecer tal direito.

Nessa linha – apenas para lembrar –, a autocomposição é possível, por exemplo, num caso em que uma pessoa incapaz pede prestação alimentícia: o direito aos alimentos é "indisponível", mas a autocomposição pode ter por objeto o valor a ser pago, a periodicidade do pagamento e/ou outros aspectos referentes à forma de cumprimento da obrigação.

4.2.2 *No caso de haver sido apresentada contestação*

Como vimos, tendo sido apresentada contestação, a abertura de oportunidade para que a parte autora apresente *réplica* é uma *providência preliminar* cuja adoção é frequentemente necessária.

Há outra *providência preliminar* igualmente frequente nessa situação: mesmo que não se trate de caso que enseje a apresentação de réplica, se a contestação estiver acompanhada de documento, deve ser aberta oportunidade para que a parte autora possa se manifestar sobre o documento apresentado (CPC, art. 437, *caput*, e seu § 1º).

No comum das situações, eventos como esse *não* são merecedores de referência no relatório.

4.2.3 *Independentemente de haver sido apresentada contestação*

Há *providências preliminares* cuja adoção *independe* de haver sido ou não apresentada contestação.

Efetivamente, pode ser que o magistrado tenha detectado a existência de defeito sanável e, por isso, tenha dado à parte a quem incumbia corrigir o erro ordem para praticar os atos indispensáveis à correção da falha (CPC, art. 352).

Numa situação dessa, se o magistrado, depois, considerou que o defeito foi corrigido, *não* há, rigorosamente, motivo para que tais fatos sejam mencionados no relatório, uma vez que, a menos que se trate de uma situação peculiar, não há potencial para que eles influam na resolução das questões que serão enfrentadas na fundamentação da sentença.

De outro lado, se a falha não foi sanada e tratar-se de defeito cuja gravidade é suficiente para gerar impedimento definitivo de que o mérito da causa seja apreciado, deverá haver, por óbvio, no relatório, referência ao fato de haver sido dada oportunidade ao autor para reparar a irregularidade.

Ademais, tratando-se de processo em que seja obrigatória a intervenção do Ministério Público, na qualidade de fiscal da ordem jurídica, a abertura de vista dos autos para que o órgão respectivo se manifeste é providência que deverá, *sempre*, ser mencionada no relatório (CPC, art. 178). Por igual, eventuais diligências que tenham sido requeridas pelo Ministério Público devem ser objeto de registro (CPC, art. 179, II).

NA PRÁTICA

AUTOS N. 012345-78.2019.8.05.0001
PROCEDIMENTO COMUM
PARTE AUTORA: Eneopequê da Silva Esseteuvê
PARTE RÉ: Abecedefegê Comercial Ltda.

S E N T E N Ç A

ENEOPEQUÊ DA SILVA ESSETEUVÊ, requerendo a concessão dos benefícios da gratuidade da justiça, propôs, contra **ABECEDEFEGÊ COMERCIAL LTDA.**, demanda submetida ao procedimento comum.

Afirma que **[parágrafo(s) destinado(s) à narrativa referente à indicação das causas de pedir remota e próxima, conforme anotamos anteriormente].**

> Na sequência, após manifestar desinteresse na composição consensual do conflito (fl. 8), requereu a concessão de tutela provisória, nos seguintes termos: **[transcrição, entre aspas, do trecho da petição inicial em que é formulado o pleito relativo à tutela provisória]** (fl. 9).
>
> Ao final, formulou o pedido que se segue: **[transcrição, entre aspas, do trecho da petição inicial em que é formulado o pedido]** (fls. 9/10).
>
> Concedidos os benefícios da gratuidade da justiça (fl. 16) e deferido, na íntegra, o pleito de concessão de tutela provisória (fls. 16/17), a parte ré foi citada (fl. 22).
>
> Na contestação, a demandada, após requerer a concessão dos benefícios da gratuidade da justiça (fl. 33), alegou que há incorreção no valor atribuído à causa, uma vez que **[descrição, de modo tão resumido quanto possível, do(s) fundamento(s) apresentado(s)]** (fl. 34).
>
> Disse, também, que o demandante não tem legitimidade para a causa, sob o fundamento de que **[descrição, de modo tão resumido quanto possível, do(s) fundamento(s) apresentado(s)]**. Com base nisso, manifestou o entendimento de que o processo deve ser extinto, sem resolução do mérito (fls. 34/35).
>
> No mérito, alegou que a pretensão da parte autora estaria prescrita, já que **[descrição, de modo tão resumido quanto possível, do(s) fundamento(s) apresentado(s)]** (fl. 35).
>
> Dando prosseguimento, asseverou que os fatos não ocorreram do modo como se encontram descritos na petição inicial. Nessa linha, disse que, em verdade, **[descrição, de modo tão resumido quanto possível, do(s) fundamento(s) apresentado(s) para impugnar a base fática em que a parte autora ancorou o pedido]** (fls. 36/37).
>
> Ademais, defendeu a tese de que as normas invocadas pela parte autora não são aplicáveis ao caso, visto como **[descrição, de modo tão resumido quanto possível, do(s) fundamento(s) apresentado(s) para impugnar o raciocínio jurídico desenvolvido pela parte autora]** (fls. 37/38).
>
> Por fim, postulou que **[transcrição, entre aspas, do trecho da contestação em que a parte ré lança as suas conclusões]** (fls. 39/40).
>
> Após deferidos, à parte ré, os benefícios da gratuidade da justiça (fl. 45), a parte autora apresentou, a título de réplica, a peça de fls. 48/52.
>
> Aberta vista dos autos para o Ministério Público, o órgão respectivo apresentou a peça de fls. 54/56, na qual manifestou o entendimento de que **[preferencialmente, transcrição, entre aspas, do(s) trecho(s) da manifestação do Ministério Público que deve(m) ser registrado(s)]**.
>
> [...].

Por fim, há casos peculiares, em que, a depender de certos fatores, o sistema jurídico impõe a presença de determinados entes no processo[6]. Em situações assim, as providências adotadas para que a integração se dê, bem como os

---

[6] É o que se dá com a necessidade de intervenção da União, nas causas em que for parte a Empresa Brasileira de Infraestrutura Aeroportuária – INFRAERO (Lei n. 5.862, de 12 de dezembro de 1972, art. 10); com a intervenção da Comissão de Valores Mobiliários, nos processo que tenham por objeto matéria incluída no âmbito das atribuições do órgão (Lei n. 6.385, de 7 de dezembro de 1976, art. 31); com a intervenção do Conselho Administrativo de Defesa Econômica – CADE, nas causas em que se discuta a aplicação da Lei n. 12.529, de 30 de novembro de 2011 (Lei n. 12.529, de 30 de novembro de 2011, art. 118); e com a intervenção da União e da Fundação Nacional do Índio – FUNAI, nas causas que envolvam interesse de silvícolas ou do Patrimônio Indígena, bem como com a intervenção da União nas causas em que a FUNAI for parte (Lei n. 6.001, de 19 de dezembro de 1973, arts. 36, parágrafo único, e 63).

Capítulo XIV ♦ Elaboração do relatório: depois da resposta do réu até a conclusão...

atos que vierem a ser praticados pelo ente respectivo, devem ser objeto de registro no relatório.

5. JULGAMENTO CONFORME O ESTADO DO PROCESSO

Vencida a descrição, no relatório, da etapa do procedimento concernente à adoção de providências preliminares, o registro seguinte está atrelado à fase do procedimento comum que é rotulada, no CPC, de *julgamento conforme o estado do processo* (CPC, arts. 354 a 357).

Essa fase é caracterizada pela definição quanto a se já é possível ou não prestar a tutela definitiva.

A possibilidade de *prestação* da tutela definitiva é revelada pela *desnecessidade* da produção de mais provas, o que pode ocorrer (*a*) porque não será possível resolver o mérito da causa (CPC, arts. 354, *caput*, e 485), ou (*b*) porque houve autocomposição integral do conflito (CPC, arts. 354, *caput*, e 487, III), ou (*c*) porque é caso de reconhecimento da ocorrência de prescrição de toda a pretensão deduzida pela parte autora ou de decadência da íntegra do direito potestativo cuja titularidade a parte autora invoca (CPC, arts. 354, *caput*, e 487, II), ou, finalmente, (*d*) porque o cenário já permite o julgamento imediato da causa, mediante a rejeição ou o acolhimento, parcial ou total, do pedido (CPC, art. 355).

Não se pode descartar, porém, a hipótese de a tutela definitiva já poder ser *prestada*, em razão da *desnecessidade* da produção de mais provas, e a prestação *não* alcançar *todo* o processo, mas apenas uma *parcela* dele. Quanto à outra parcela, em razão da *necessidade* de desenvolvimento da atividade probatória, ainda *não* há possibilidade de prestar a tutela definitiva.

É o que pode se dar (*a*) se não for possível resolver uma parte do mérito da causa (CPC, arts. 354, parágrafo único, e 485), ou (*b*) se tiver havido autocomposição quanto a uma parcela do conflito (CPC, arts. 354, parágrafo único, e 487, III), ou (*c*) se o caso for de reconhecimento da ocorrência de prescrição de uma parcela da pretensão deduzida pela parte autora ou de decadência de uma parcela do direito potestativo cuja titularidade a parte autora invoca (CPC, arts. 354, parágrafo único, e 487, II), ou, finalmente, (*d*) se o cenário já permitir, de imediato, o julgamento parcial do mérito da causa (CPC, art. 356).

Qualquer que seja o quadro em que for possível a prestação da tutela definitiva, ela *deverá* ser prestada, de imediato. A prestação se dará por *sentença*, se abranger *todo* o processo. Se disser respeito a apenas uma parcela do processo, deverá ser proferida uma decisão interlocutória, passível de impugnação por meio do recurso de agravo de instrumento (CPC, arts. 354, parágrafo único, 356, § 5º, e 1.015, II e XIII).

Podendo ser prestada, de imediato, no todo ou em parte, a tutela definitiva, *qualquer* ato que, praticado, implicar postergação do momento da prestação da tutela será potencialmente lesivo dos princípios da *duração razoável do processo* e da *eficiência*.

5.1 Extinção do processo sem resolução do mérito

Se o caso for para extinção do processo sem resolução do mérito – o que, de acordo com o que realçamos ao longo desta obra, não é, na quase totalidade das vezes, desejável –, a *prestação* da tutela definitiva se dará sem a *necessidade* da produção de mais provas (CPC, arts. 354, *caput*, e 485).

Nesse caso, é chegado o momento de encerrar o relatório. Além disso, em razão da perda de importância de todos os dados que não serão objeto de análise na sentença, o relatório *deverá* ser simplificado, de modo a ter como centro, *apenas*, as informações cuja presença for indispensável para o julgamento da causa.

NA PRÁTICA

AUTOS N. 012345-78.2019.8.05.0001
PROCEDIMENTO COMUM
PARTE AUTORA: Eneopequê da Silva Esseteuvê
PARTE RÉ: Abecedefegê Comercial Ltda.

SENTENÇA

ENEOPEQUÊ DA SILVA ESSETEUVÊ, requerendo a concessão dos benefícios da gratuidade da justiça, propôs, contra **ABECEDEFEGÊ COMERCIAL LTDA.**, demanda submetida ao procedimento comum.

Afirma que **[parágrafo(s) destinado(s) à narrativa, tão resumida quanto possível, referente à indicação das causas de pedir remota e próxima, conforme anotamos anteriormente]**.

Na sequência, após manifestar desinteresse na composição consensual do conflito (fl. 8), requereu a concessão de tutela provisória e, ao final, formulou o seguinte pedido: **[transcrição, entre aspas, do trecho da petição inicial em que é formulado o pedido]** (fls. 9/10).

Concedidos os benefícios da gratuidade da justiça (fl. 16) e indeferido o pleito de concessão de tutela provisória (fls. 16/17), ordenei a citação da parte ré e a intimação da parte autora para comparecimento à audiência de conciliação ou de mediação (fl. 17). Citada (fl. 22), a parte ré também manifestou desinteresse na autocomposição (fl. 27), em razão do que foi cancelada a realização da audiência (fl. 30).

Na contestação, a demandada, após requerer a concessão dos benefícios da gratuidade da justiça (fl. 33), alegou que há incorreção no valor atribuído à causa, uma vez que **[descrição, de modo tão resumido quanto possível, do(s) fundamento(s) apresentado(s)]** (fl. 34).

Disse, também, que o demandante não tem legitimidade para a causa, sob o fundamento de que **[descrição, de modo tão resumido quanto possível, do(s) fundamento(s) apresentado(s)]**. Com base nisso, manifestou o entendimento de que o processo deve ser extinto, sem resolução do mérito (fls. 34/35).

No mérito, alegou que a pretensão da parte autora estaria prescrita (fl. 35) e impugnou as alegações fáticas e jurídicas contidas na petição inicial (fls. 36/38).

Capítulo XIV ♦ Elaboração do relatório: depois da resposta do réu até a conclusão...

> Após deferidos, à parte ré, os benefícios da gratuidade da justiça (fl. 45), a parte autora apresentou, a título de réplica, a peça de fls. 48/52, vindo-me os autos, então, conclusos para sentença.
> É o relatório.
> [...].

É importante perceber que, comparativamente com os exemplos dados anteriormente, nos quais a parte ré tenha apresentado contestação, houve significativa redução da descrição dos fatos ocorridos nos autos, permanecendo apenas o que é essencial para o exame das questões que serão enfrentadas na fundamentação: no caso do exemplo, a questão atinente à atribuição de valor à causa e – o que é mais importante – a questão atinente à alegação de falta de legitimidade ativa.

Assim é que permaneceram as referências às causas de pedir remota e próxima e ao pedido, já que, no mais das vezes, a aferição quanto à legitimidade exige incursões a respeito de tais elementos.

Na sequência, foi feita referência à concessão dos benefícios da gratuidade, uma vez que a parte autora sucumbirá e, por isso, deverá haver deliberação a respeito dos ônus que sobre ela recairão.

O indeferimento do pleito de concessão de tutela provisória é merecedor de registro, para que se perceba que, no caso, não há espaço para disciplina a respeito de eventuais prejuízos que a parte ré tenha sofrido em razão do cumprimento de decisão concessiva de tutela provisória.

Quanto aos atos de citação da parte ré e de intimação da parte autora para comparecimento à audiência de conciliação ou de mediação, trata-se de atos integrantes da estrutura básica do procedimento, assim como o ato de citação e os fatos de a parte ré haver manifestado desinteresse na autocomposição, o que gerou o cancelamento da realização da audiência.

Quanto à defesa, as menções se restringiram (i) ao requerimento, pela parte ré, de concessão dos benefícios da gratuidade da justiça, que é um dado sempre importante, em razão dos reflexos sobre obrigações relativas aos ônus sucumbenciais, (ii) à alegação de que há incorreção no valor atribuído à causa, questão que, no exemplo dado, deverá ser resolvida na sentença, (iii) à defesa da tese de que há ilegitimidade ativa para a causa, que é a questão que estará no centro da fundamentação, e (iv), superficialmente, sem a necessidade de alusão a detalhes, ao fato de ter havido impugnação referente ao mérito da causa.

*Por último – e sempre na ordem cronológica dos acontecimentos dentro dos autos –, ficaram as alusões ao deferimento, à parte ré, dos benefícios da gratuidade da justiça, cujo registro é consectário do registro a respeito da apresentação do pleito, e ao fato de haver sido apresentada réplica, o que é **indispensável**, uma vez que a sentença versará sobre questão formal suscitada pela parte ré, o que torna obrigatória a abertura de oportunidade para apresentação de réplica.*

5.2 Inadmissibilidade parcial do exame do mérito da causa

Pode ser que o juiz tenha concluído, em dada fase do procedimento, pela *impossibilidade* de uma parte do mérito da causa ser resolvido, enquanto, no que toca à outra parcela, o mérito ainda seria apreciado.

Todavia, quanto à parcela cujo mérito seria apreciado, ainda havia, à época, *necessidade* de desenvolvimento da atividade probatória, motivo pelo qual ainda não era possível prestar, quanto a essa outra parcela, a tutela definitiva.

Diante desse contexto, o caso terá ensejado o proferimento de uma decisão interlocutória composta, necessariamente, por dois capítulos, mesmo que, sob o ponto de vista formal, não tenha havido, no texto, distinção clara entre eles.

Um dos capítulos é relativo à prestação da tutela definitiva, mediante o reconhecimento da impossibilidade de exame do mérito de uma parte do processo.

O outro é voltado para o saneamento e a organização do processo, relativamente à atividade probatória a ser desenvolvida.

NA PRÁTICA

AUTOS N. 012345-78.2019.8.05.0001
PROCEDIMENTO COMUM
PARTE AUTORA: Eneopequê da Silva Esseteuvê e outro
PARTE RÉ: Abecedefegê Comercial Ltda.

S E N T E N Ç A

ENEOPEQUÊ DA SILVA ESSETEUVÊ e **DEOTEQUÊ DOS SANTOS PEUESSEVÊ** requerendo a concessão dos benefícios da gratuidade da justiça, propuseram, contra **ABECEDEFEGÊ COMERCIAL LTDA.**, demanda submetida ao procedimento comum.

Afirmam que **[parágrafo(s) destinado(s) à narrativa referente à indicação das causas de pedir remota e próxima, conforme anotamos anteriormente]**.

Na sequência, após expressa manifestação de desinteresse na composição consensual do conflito (fl. 8), requereram a concessão de tutela provisória, nos seguintes termos: **[transcrição, entre aspas, do trecho da petição inicial em que é formulado o pleito relativo à tutela provisória]** (fl. 9).

Ao final, formularam o pedido que se segue: **[transcrição, entre aspas, do trecho da petição inicial em que é formulado o pedido]** (fls. 9/10).

Concedidos os benefícios da gratuidade da justiça (fl. 16) e indeferido o pleito de concessão de tutela provisória (fls. 16/17), ordenei a citação da parte ré e a intimação da parte autora para comparecimento à audiência de conciliação ou de mediação (fl. 17). Citada (fl. 22), a parte ré também manifestou desinteresse na autocomposição (fl. 27), em razão do que foi cancelada a realização da audiência (fl. 30).

Na contestação, a demandada, após requerer a concessão dos benefícios da gratuidade da justiça (fl. 33), disse que o demandante *Deotequê dos Santos Peuessevê* não tem legitimidade para a causa, sob o fundamento de que **[descrição, de modo tão resumido quanto possível, do(s) fundamento(s) apresentado(s)]**. Com base nisso, manifestou o entendimento de que o pleito formulado pelo aludido autor não pode ter o seu mérito apreciado (fls. 34/35).

No mérito, alegou que as pretensões deduzidas pelos autores estariam prescritas, já que **[descrição, de modo tão resumido quanto possível, do(s) fundamento(s) apresentado(s)]** (fl. 35).

Capítulo XIV ◆ Elaboração do relatório: depois da resposta do réu até a conclusão...

> Dando prosseguimento, asseverou que os fatos não ocorreram do modo como se encontram descritos na petição inicial. Nessa linha, disse que, em verdade, **[descrição, de modo tão resumido quanto possível, do(s) fundamento(s) apresentado(s) para impugnar a base fática em que a parte autora ancorou o pedido]** (fls. 36/37).
>
> Ademais, defendeu a tese de que as normas invocadas pela parte autora não são aplicáveis ao caso, visto como **[descrição, de modo tão resumido quanto possível, do(s) fundamento(s) apresentado(s) para impugnar o raciocínio jurídico desenvolvido pela parte autora]** (fls. 37/38).
>
> Por fim, postulou que **[transcrição, entre aspas, do trecho da contestação em que a parte ré lança as suas conclusões]** (fls. 39/40).
>
> Após deferidos, à parte ré, os benefícios da gratuidade da justiça (fl. 45), a parte autora apresentou, a título de réplica, a peça de fls. 48/52.
>
> Por meio da decisão de fls. 58/60, procedi ao saneamento e à organização do processo, ocasião em que reconheci que o demandante **Deotequê dos Santos Peuessevê** não possui legitimidade para ocupar o polo ativo da demanda que propôs, motivo pelo qual o excluí do processo.
>
> Quanto ao demandante remanescente, deliberei, no mesmo ato decisório, que [...].

5.3 Extinção do processo por homologação de autocomposição

A *desnecessidade* da produção de mais provas pode ser revelada pela constatação de que houve autocomposição integral do conflito (CPC, arts. 354, *caput*, e 487, III).

Nesse caso, o relatório sofrerá natural simplificação, uma vez que todas as referências que seriam feitas a situações com potencial litigioso perdem importância.

NA PRÁTICA

AUTOS N. 012345-78.2019.8.05.0001
PROCEDIMENTO COMUM
PARTE AUTORA: Eneopequê da Silva Esseteuvê
PARTE RÉ: Abecedefegê Comercial Ltda.

S E N T E N Ç A

ENEOPEQUÊ DA SILVA ESSETEUVÊ propôs, contra **ABECEDEFEGÊ COMERCIAL LTDA.**, demanda submetida ao procedimento comum. Citada a parte ré (fl. 22) e cancelada, por força de manifestação expressa de ambas as partes (fls. 8 e 27), a realização da audiência de conciliação ou de mediação (fl. 30), foi apresentada a peça contestatória (fls. 34/40).

Na sequência, as partes compareceram em juízo para requerer a homologação da autocomposição a que chegaram, nos termos do instrumento de fls. 48/52.

É o relatório.
[...].

5.4 Homologação de autocomposição que verse sobre parcela do processo

Se as partes, no curso do procedimento, chegarem a uma autocomposição parcial do conflito, não haverá *necessidade* da produção de mais provas, relativamente à parcela do processo quanto à qual houve a autocomposição. Quanto à outra parcela, em razão da *necessidade* de desenvolvimento da atividade probatória, ainda não há possibilidade de prestar a tutela definitiva.

Por óbvio, uma ocorrência dessa natureza *deve* ser registrada no relatório.

NA PRÁTICA

AUTOS N. 012345-78.2019.8.05.0001
PROCEDIMENTO COMUM
PARTE AUTORA: Eneopequê da Silva Esseteuvê
PARTE RÉ: Abecedefegê Comercial Ltda.

S E N T E N Ç A

ENEOPEQUÊ DA SILVA ESSETEUVÊ, requerendo a concessão dos benefícios da gratuidade da justiça, propôs, contra **ABECEDEFEGÊ COMERCIAL LTDA.**, demanda submetida ao procedimento comum.

Afirma que **[parágrafo(s) destinado(s) à narrativa referente à indicação das causas de pedir remota e próxima, conforme anotamos anteriormente]**.

Na sequência, após manifestar desinteresse na composição consensual do conflito (fl. 8), requereu a concessão de tutela provisória, nos seguintes termos: **[transcrição, entre aspas, do trecho da petição inicial em que é formulado o pleito relativo à tutela provisória]** (fl. 9).

Ao final, formulou o pedido que se segue: **[transcrição, entre aspas, do trecho da petição inicial em que é formulado o pedido]** (fls. 9/10).

Concedidos os benefícios da gratuidade da justiça (fl. 16) e deferido, na íntegra, o pleito de concessão de tutela provisória (fls. 16/17), ordenei a citação da parte ré e a intimação da parte autora para comparecimento à audiência de conciliação ou de mediação (fl. 17). Citada (fl. 22), a parte ré também manifestou desinteresse na autocomposição (fl. 27), em razão do que foi cancelada a realização da audiência (fl. 30).

Na contestação, a demandada, após requerer a concessão dos benefícios da gratuidade da justiça (fl. 33), disse que os fatos não ocorreram do modo como se encontram descritos na petição inicial. Nessa linha, afirmou que, em verdade, **[descrição, de modo tão resumido quanto possível, do(s) fundamento(s) apresentado(s) para impugnar a base fática em que a parte autora ancorou o pedido]** (fls. 36/37).

Ademais, defendeu a tese de que as normas invocadas pela parte autora não são aplicáveis ao caso, visto como **[descrição, de modo tão resumido quanto possível, do(s) fundamento(s) apresentado(s) para impugnar o raciocínio jurídico desenvolvido pela parte autora]** (fls. 37/38).

Capítulo XIV ♦ Elaboração do relatório: depois da resposta do réu até a conclusão...

> Por fim, postulou que **[transcrição, entre aspas, do trecho da contestação em que a parte ré lança as suas conclusões]** (fls. 39/40).
>
> Após deferidos, à demandada, os benefícios da gratuidade da justiça (fl. 45), as partes compareceram em juízo para requerer, conjuntamente, a homologação da autocomposição a que chegaram, abrangendo parcela do conflito, nos termos do instrumento de fls. 55/58.
>
> Por meio da decisão de fls. 62/64, procedi ao saneamento e à organização do processo, ocasião em que homologuei a autocomposição levada a cabo e, quanto ao que remanesceu do conflito, deliberei, no mesmo ato decisório, que **[...]**.

5.5 Extinção do processo por reconhecimento da ocorrência de prescrição ou de decadência

Tratando-se de caso que enseja o reconhecimento da ocorrência de prescrição de *toda* a pretensão deduzida pela parte autora ou de decadência da *íntegra* do direito potestativo cuja titularidade a parte autora invoca (CPC, arts. 354, *caput*, e 487, II), a prestação da tutela definitiva se dará sem *necessidade* da produção de mais provas.

Nessa situação, a elaboração do relatório ficará simplificada, uma vez que os registros a serem feitos terão por foco *apenas* o que for importante para resolução da questão referente à prescrição ou à decadência.

NA PRÁTICA

AUTOS N. 012345-78.2019.8.05.0001
PROCEDIMENTO COMUM
PARTE AUTORA: Eneopequê da Silva Esseteuvê
PARTE RÉ: Abecedefegê Comercial Ltda.

SENTENÇA

ENEOPEQUÊ DA SILVA ESSETEUVÊ, requerendo a concessão dos benefícios da gratuidade da justiça, propôs em **[data]**, contra **ABECEDEFEGÊ COMERCIAL LTDA.**, demanda submetida ao procedimento comum.

Afirma que **[parágrafo(s) destinado(s) à narrativa referente à indicação das causas de pedir remota e próxima, conforme anotamos anteriormente]**.

Na sequência, após manifestar desinteresse na composição consensual do conflito (fl. 8), requereu a concessão de tutela provisória e, ao final, formulou o seguinte pedido: **[transcrição, entre aspas, do trecho da petição inicial em que é formulado o pedido]** (fls. 9/10).

Concedidos os benefícios da gratuidade da justiça (fl. 16) e indeferido o pleito de concessão de tutela provisória (fls. 16/17), ordenei, em **[data]**, a citação da parte ré e a intimação da parte autora para comparecimento à audiência de conciliação ou de mediação (fl. 17). Citada em **[data]** (fl. 22), a parte ré também manifestou desinteresse na autocomposição (fl. 27), em razão do que foi cancelada a realização da audiência (fl. 30).

> Na contestação, a demandada, após requerer a concessão dos benefícios da gratuidade da justiça (fl. 33), alegou que a pretensão da parte autora estaria prescrita, já que **[descrição, de modo tão resumido quanto possível, do(s) fundamento(s) apresentado(s)]** (fl. 35).
>
> Dando prosseguimento, asseverou que os fatos não ocorreram do modo como se encontram descritos na petição inicial e defendeu a tese de que as normas invocadas pela parte autora não são aplicáveis ao caso.
>
> Por fim, postulou que **[transcrição, entre aspas, do trecho da contestação em que a parte ré lança as suas conclusões]** (fls. 39/40).
>
> Após deferidos, à parte ré, os benefícios da gratuidade da justiça (fl. 45), a parte autora apresentou, a título de réplica, a peça de fls. 48/52, vindo-me os autos, em seguida, conclusos.
>
> É o relatório.
>
> [...].

5.6 Reconhecimento da ocorrência de prescrição ou de decadência relativamente a uma parcela do processo

Há possibilidade de que o reconhecimento da ocorrência de prescrição ou de decadência atinja, respectivamente, apenas uma parcela da pretensão deduzida pela parte autora ou apenas uma parcela do direito potestativo cuja titularidade a parte autora invoca (CPC, arts. 354, parágrafo único, e 487, II).

Nesse caso, abriu-se campo para prestação da tutela definitiva relativamente a uma parcela do processo, ao passo que, quanto à outra parcela, em razão da *necessidade* de desenvolvimento da atividade probatória, ainda não havia possibilidade de que a tutela definitiva fosse prestada.

NA PRÁTICA

> *AUTOS N. 012345-78.2019.8.05.0001*
> *PROCEDIMENTO COMUM*
> *PARTE AUTORA:* Eneopequê da Silva Esseteuvê
> *PARTE RÉ:* Abecedefegê Comercial Ltda.
>
> S E N T E N Ç A
>
> ***ENEOPEQUÊ DA SILVA ESSETEUVÊ***, requerendo a concessão dos benefícios da gratuidade da justiça, propôs, contra ***ABECEDEFEGÊ COMERCIAL LTDA.***, demanda submetida ao procedimento comum.
>
> Afirma que **[parágrafo(s) destinado(s) à narrativa referente à indicação das causas de pedir remota e próxima, conforme anotamos anteriormente]**.
>
> Na sequência, após manifestar desinteresse na composição consensual do conflito (fl. 8), requereu a concessão de tutela provisória e, ao final, formulou o seguinte pedido: **[transcrição, entre aspas, do trecho da petição inicial em que é formulado o pedido]** (fls. 9/10).
>
> Concedidos os benefícios da gratuidade da justiça (fl. 16) e indeferido o pleito de concessão de tutela provisória (fls. 16/17), ordenei a citação da parte ré e a intimação da parte

Capítulo XIV ♦ Elaboração do relatório: depois da resposta do réu até a conclusão...

> autora para comparecimento à audiência de conciliação ou de mediação (fl. 17). Citada (fl. 22), a parte ré também manifestou desinteresse na autocomposição (fl. 27), em razão do que foi cancelada a realização da audiência (fl. 30).
>
> Na contestação, a demandada, após requerer a concessão dos benefícios da gratuidade da justiça (fl. 33), alegou que a pretensão da parte autora estaria prescrita **[ou** que o direito de que a parte autora se considera titular teria sido atingido pela decadência**]**, já que **[descrição, de modo tão resumido quanto possível, do(s) fundamento(s) apresentado(s)]** (fl. 35).
>
> Dando prosseguimento, asseverou que os fatos não ocorreram do modo como se encontram descritos na petição inicial. Nessa linha, disse que, em verdade, **[descrição, de modo tão resumido quanto possível, do(s) fundamento(s) apresentado(s) para impugnar a base fática em que a parte autora ancorou o pedido]** (fls. 36/37).
>
> Ademais, defendeu a tese de que as normas invocadas pela parte autora não são aplicáveis ao caso, visto como **[descrição, de modo tão resumido quanto possível, do(s) fundamento(s) apresentado(s) para impugnar o raciocínio jurídico desenvolvido pela parte autora]** (fls. 37/38).
>
> Por fim, postulou que **[transcrição, entre aspas, do trecho da contestação em que a parte ré lança as suas conclusões]** (fls. 39/40).
>
> Após deferidos, à parte ré, os benefícios da gratuidade da justiça (fl. 45), a parte autora apresentou, a título de réplica, a peça de fls. 48/52.
>
> Por meio da decisão de fls. 62/64, procedi ao saneamento e à organização do processo, ocasião em que reconheci a ocorrência da prescrição **[ou** da decadência**]** relativamente a **[indicação da parcela da pretensão atingida pela prescrição ou da parcela do direito potestativo alcançado pela decadência]**.
>
> Quanto ao que remanesceu do conflito, deliberei, no mesmo ato decisório, que [...].

5.7 Julgamento imediato do mérito da causa

Adotadas as providências preliminares que forem necessárias, ou não havendo necessidade de adoção, pode acontecer de o magistrado haver constatado que já existem, nos autos, todos os elementos para que a tutela definitiva seja prestada, sem *necessidade* da produção de mais provas.

Trata-se do chamado *julgamento antecipado do mérito*[7] (CPC, art. 355).

---

[7] O uso da expressão *julgamento antecipado do mérito* no rótulo da Seção II do Capítulo X do Título I do Livro I da Parte Especial do CPC não foi uma boa opção. Em verdade, ela remete diretamente à opção legislativa adotada no CPC/73, que disciplinava, no art. 330, o antigo instituto do *julgamento antecipado da lide*. Sucede que nada há de *antecipado* no julgamento levado a cabo com base no art. 355 do CPC, assim como nada havia de *antecipado* nos julgamentos ocorridos com base no art. 330 do CPC/73. E é muito simples o motivo. Somente se pode considerar que algum evento tenha acontecido *antecipadamente* se a sua ocorrência se der *antes* do tempo previsto. Nessa linha, nada há de *antecipado* num julgamento que ocorre, em dado momento, exatamente em razão de não ser mais necessária a prática de qualquer outro ato. Trata-se, pois, de julgamento que está ocorrendo no *tempo certo*, e não *antes* do tempo oportuno. Aliás, se o magistrado, podendo proceder ao julgamento, não julgar, estará ele violando, no mínimo, os princípios da *duração razoável do processo* e da *eficiência*. Nesse ponto, diga-se, em favor do CPC/73, que, apesar de a Sessão em que estava incluído o seu art. 330 haver sido rotulada de "Do

MANUAL DA SENTENÇA CÍVEL

Se o juiz chegou à conclusão de que o mérito da causa já pode ser julgado, pois não há necessidade de produção de mais provas, é chegado o momento de encerrar o relatório da sentença.

NA PRÁTICA

AUTOS N. 012345-78.2019.8.05.0001
PROCEDIMENTO COMUM
PARTE AUTORA: Eneopequê da Silva Esseteuvê
PARTE RÉ: Abecedefegê Comercial Ltda.

SENTENÇA

ENEOPEQUÊ DA SILVA ESSETEUVÊ, requerendo a concessão dos benefícios da gratuidade da justiça, propôs, contra **ABECEDEFEGÊ COMERCIAL LTDA.**, demanda submetida ao procedimento comum.

Afirma que **[parágrafo(s) destinado(s) à narrativa referente à indicação das causas de pedir remota e próxima, conforme anotamos anteriormente]**.

Na sequência, após manifestar desinteresse na composição consensual do conflito (fl. 8), requereu a concessão de tutela provisória, nos seguintes termos: **[transcrição, entre aspas, do trecho da petição inicial em que é formulado o pleito relativo à tutela provisória]** (fl. 9).

Ao final, formulou o pedido que se segue: **[transcrição, entre aspas, do trecho da petição inicial em que é formulado o pedido]** (fls. 9/10).

Concedidos os benefícios da gratuidade da justiça (fl. 16) e deferido, na íntegra, o pleito de concessão de tutela provisória (fls. 16/17), ordenei a citação da parte ré e a intimação da parte autora para comparecimento à audiência de conciliação ou de mediação (fl. 17). Citada (fl. 22), a parte ré também manifestou desinteresse na autocomposição (fl. 27), em razão do que foi cancelada a realização da audiência (fl. 30).

Na contestação, a demandada, após requerer a concessão dos benefícios da gratuidade da justiça (fl. 33), alegou que há incorreção no valor atribuído à causa, uma vez que **[descrição, de modo tão resumido quanto possível, do(s) fundamento(s) apresentado(s)]** (fl. 34).

Disse, também, que o demandante não tem legitimidade para a causa, sob o fundamento de que **[descrição, de modo tão resumido quanto possível, do(s) fundamento(s) apresentado(s)]**. Com base nisso, manifestou o entendimento de que o processo deve ser extinto, sem resolução do mérito (fls. 34/35).

No mérito, alegou que a pretensão da parte autora estaria prescrita, já que **[descrição, de modo tão resumido quanto possível, do(s) fundamento(s) apresentado(s)]** (fl. 35).

Dando prosseguimento, asseverou que os fatos não ocorreram do modo como se encontram descritos na petição inicial. Nessa linha, disse que, em verdade, **[descrição, de modo tão resumido quanto possível, do(s) fundamento(s) apresentado(s) para impugnar a base fática em que a parte autora ancorou o pedido]** (fls. 36/37).

Julgamento Antecipado da Lide", o enunciado do dispositivo, corretamente, *não* falava em *antecipação* e, apenas, anunciava que, nas situações indicadas nos incisos, "O juiz conhecerá diretamente do pedido, proferindo sentença". Já no CPC em vigor, a indevida referência a uma inexistente *antecipação* está tanto no rótulo da Seção como no texto do art. 355.

Capítulo XIV ♦ Elaboração do relatório: depois da resposta do réu até a conclusão...

> Ademais, defendeu a tese de que as normas invocadas pela parte autora não são aplicáveis ao caso, visto como **[descrição, de modo tão resumido quanto possível, do(s) fundamento(s) apresentado(s) para impugnar o raciocínio jurídico desenvolvido pela parte autora]** (fls. 37/38).
>
> Por fim, postulou que **[transcrição, entre aspas, do trecho da contestação em que a parte ré lança as suas conclusões]** (fls. 39/40).
>
> Após deferidos, à parte ré, os benefícios da gratuidade da justiça (fl. 45), a parte autora apresentou, a título de réplica, a peça de fls. 48/52, vindo-me os autos, em seguida, conclusos.
>
> É o relatório.
>
> [...]

5.8 Julgamento parcial do mérito da causa

A situação ensejadora do julgamento imediato do mérito pode surgir de um modo tal que o magistrado perceba que é *desnecessária* a produção de mais provas relativamente a um ou a alguns dos pedidos ou parcela deles, malgrado exista *necessidade* de produção de mais provas no que toca ao(s) pedido(s) restante(s).

Nesse cenário, já é possível prestar a tutela definitiva quanto a uma parcela do processo, enquanto no que toca à outra, não.

Por óbvio, se o julgador, ao proceder à leitura de todo o teor dos autos, constatar que, no curso do procedimento, houve julgamento parcial do mérito da causa, essa informação *deverá* ser incluída no relatório.

NA PRÁTICA

AUTOS N. 012345-78.2019.8.05.0001
PROCEDIMENTO COMUM
PARTE AUTORA: Eneopequê da Silva Esseteuvê
PARTE RÉ: Abecedefegê Comercial Ltda.

SENTENÇA

ENEOPEQUÊ DA SILVA ESSETEUVÊ, requerendo a concessão dos benefícios da gratuidade da justiça, propôs, contra **ABECEDEFEGÊ COMERCIAL LTDA.**, demanda submetida ao procedimento comum.

Afirma que **[parágrafo(s) destinado(s) à narrativa referente à indicação das causas de pedir remota e próxima, conforme anotamos anteriormente]**.

Na sequência, após manifestar desinteresse na composição consensual do conflito (fl. 8), requereu a concessão de tutela provisória, nos seguintes termos: **[transcrição, entre aspas, do trecho da petição inicial em que é formulado o pleito relativo à tutela provisória]** (fl. 9).

Ao final, formulou o pedido que se segue: **[transcrição, entre aspas, do trecho da petição inicial em que é formulado o pedido]** (fls. 9/10).

> Concedidos os benefícios da gratuidade da justiça (fl. 16) e deferido, na íntegra, o pleito de concessão de tutela provisória (fls. 16/17), ordenei a citação da parte ré e a intimação da parte autora para comparecimento à audiência de conciliação ou de mediação (fl. 17). Citada (fl. 22), a parte ré também manifestou desinteresse na autocomposição (fl. 27), em razão do que foi cancelada a realização da audiência (fl. 30).
>
> Na contestação, a demandada, após requerer a concessão dos benefícios da gratuidade da justiça (fl. 33), alegou que os fatos não ocorreram do modo como se encontram descritos na petição inicial. Nessa linha, disse que, em verdade, **[descrição, de modo tão resumido quanto possível, do(s) fundamento(s) apresentado(s) para impugnar a base fática em que a parte autora ancorou o pedido]** (fls. 36/37).
>
> Ademais, defendeu a tese de que as normas invocadas pela parte autora não são aplicáveis ao caso, visto como **[descrição, de modo tão resumido quanto possível, do(s) fundamento(s) apresentado(s) para impugnar o raciocínio jurídico desenvolvido pela parte autora]** (fls. 37/38).
>
> Por fim, postulou que **[transcrição, entre aspas, do trecho da contestação em que a parte ré lança as suas conclusões]** (fls. 39/40).
>
> Na sequência, por meio da decisão de fls. 62/64, procedi ao saneamento e à organização do processo, ocasião em que deferi, à parte ré, os benefícios da gratuidade da justiça e julguei parcialmente o mérito da causa, rejeitando o pedido formulado no sentido de que **[indicação do pedido quanto ao qual já houve julgamento]**.
>
> Quanto aos pedidos remanescentes, deliberei, no mesmo ato decisório, que [...].

5.9 Saneamento e organização do processo

A atividade de saneamento e de organização do processo é desempenhada nos casos em que, ultrapassada a etapa concernente à adoção de providências preliminares, o magistrado constata que, para prestação da tutela definitiva, há *necessidade* de produção de mais provas.

Tal constatação poderá atingir *todo* o processo ou apenas *parcela* dele.

Se a necessidade da produção de mais provas atingir apenas *parcela* do processo, a conclusão lógica é a de que, quanto à outra parcela, a tutela definitiva já pode ser prestada. É o que se dá nos casos que examinamos em itens anteriores, nos quais a prestação parcial da tutela definitiva decorre (*a*) da impossibilidade de resolver uma parcela do mérito da causa (CPC, arts. 354, parágrafo único, e 485), ou (*b*) de autocomposição quanto a uma parcela do conflito (CPC, arts. 354, parágrafo único, e 487, III), ou (*c*) do reconhecimento da ocorrência de prescrição de uma parcela da pretensão deduzida pela parte autora ou de decadência de uma parcela do direito potestativo cuja titularidade a parte autora invoca (CPC, arts. 354, parágrafo único, e 487, II), ou, finalmente, (*d*) do julgamento parcial do mérito da causa (CPC, art. 356).

Por óbvio, se no processo foi proferida decisão de saneamento e de organização, tal fato *deve* ser objeto de registro no relatório, dada a importância que tal ato decisório possui.

Ademais, a abrangência de tal decisão (CPC, art. 357) é fator com amplo potencial para que o próprio *conteúdo* do ato decisório seja objeto de referência, no todo ou em parte, no relatório, sempre de forma resumida.

Capítulo XIV ◆ Elaboração do relatório: depois da resposta do réu até a conclusão...

Efetivamente, é nesse momento que (*i*) devem ser resolvidas as questões processuais pendentes, (*ii*) ocorre a delimitação, pelo juiz, das questões de fato sobre as quais recairá a atividade probatória, com a especificação dos meios de prova que serão utilizados; (*iii*) é definida a distribuição do ônus da prova; (*iv*) são delimitadas as questões de direito relevantes para a decisão de mérito; e (*v*) é designada, se for o caso, audiência de instrução e julgamento (CPC, art. 357, *caput*).

À luz desse elenco de atividades – que não é exaustivo –, caberá ao julgador identificar, dentre as diversas deliberações por ele adotadas, aquelas que se incluem entre os dados *úteis* e que, portanto, deverão ser objeto de alusão no relatório.

NA PRÁTICA

AUTOS N. 012345-78.2019.8.05.0001
PROCEDIMENTO COMUM
PARTE AUTORA: Eneopequê da Silva Esseteuvê
PARTE RÉ: Abecedefegê Comercial Ltda.

S E N T E N Ç A

ENEOPEQUÊ DA SILVA ESSETEUVÊ, requerendo a concessão dos benefícios da gratuidade da justiça, propôs, contra **ABECEDEFEGÊ COMERCIAL LTDA.**, demanda submetida ao procedimento comum.

Afirma que **[parágrafo(s) destinado(s) à narrativa referente à indicação das causas de pedir remota e próxima, conforme anotamos anteriormente]**.

Na sequência, após manifestar desinteresse na composição consensual do conflito (fl. 8), requereu a concessão de tutela provisória, nos seguintes termos: **[transcrição, entre aspas, do trecho da petição inicial em que é formulado o pleito relativo à tutela provisória]** (fl. 9).

Ao final, formulou o pedido que se segue: **[transcrição, entre aspas, do trecho da petição inicial em que é formulado o pedido]** (fls. 9/10).

Concedidos os benefícios da gratuidade da justiça (fl. 16) e deferido, na íntegra, o pleito de concessão de tutela provisória (fls. 16/17), ordenei a citação da parte ré e a intimação da parte autora para comparecimento à audiência de conciliação ou de mediação (fl. 17). Citada (fl. 22), a parte ré também manifestou desinteresse na autocomposição (fl. 27), em razão do que foi cancelada a realização da audiência (fl. 30).

Na contestação, a demandada, após requerer a concessão dos benefícios da gratuidade da justiça (fl. 33), alegou que há incorreção no valor atribuído à causa, uma vez que **[descrição, de modo tão resumido quanto possível, do(s) fundamento(s) apresentado(s)]** (fl. 34).

Disse, também, que o demandante não tem legitimidade para a causa, sob o fundamento de que **[descrição, de modo tão resumido quanto possível, do(s) fundamento(s) apresentado(s)]**. Com base nisso, manifestou o entendimento de que o processo deve ser extinto, sem resolução do mérito (fls. 34/35).

No mérito, alegou que a pretensão da parte autora estaria prescrita, já que **[descrição, de modo tão resumido quanto possível, do(s) fundamento(s) apresentado(s)]** (fl. 35).

> Dando prosseguimento, asseverou que os fatos não ocorreram do modo como se encontram descritos na petição inicial. Nessa linha, disse que, em verdade, **[descrição, de modo tão resumido quanto possível, do(s) fundamento(s) apresentado(s) para impugnar a base fática em que a parte autora ancorou o pedido]** (fls. 36/37).
>
> Ademais, defendeu a tese de que as normas invocadas pela parte autora não são aplicáveis ao caso, visto como **[descrição, de modo tão resumido quanto possível, do(s) fundamento(s) apresentado(s) para impugnar o raciocínio jurídico desenvolvido pela parte autora]** (fls. 37/38).
>
> Por fim, postulou que **[transcrição, entre aspas, do trecho da contestação em que a parte ré lança as suas conclusões]** (fls. 39/40).
>
> Após deferidos, à parte ré, os benefícios da gratuidade da justiça (fl. 45), a parte autora apresentou, a título de réplica, a peça de fls. 48/52.
>
> Na sequência, por meio da decisão de fls. 62/64, procedi ao saneamento e à organização do processo, ocasião em que rejeitei a alegação de que houve incorreção no valor atribuído à causa, afastei o argumento atinente à ilegitimidade ativa e indeferi a postulação de reconhecimento de ocorrência da prescrição.
>
> No mesmo ato decisório, delimitei as questões de fato, para fins probatórios, determinei a produção de prova testemunhal, mantive a distribuição legal do ônus da prova, delimitei as questões de direito relevantes e designei data para realização da audiência de instrução e julgamento.
>
> [...].

6. AUDIÊNCIA DE INSTRUÇÃO E JULGAMENTO

A realização da audiência de instrução e julgamento é fato cuja ocorrência *sempre* deverá constar no relatório.

Quanto ao seu registro, é bastante que seja feita referência aos principais fatos ocorridos durante a realização dos trabalhos.

NA PRÁTICA

AUTOS N. 012345-78.2019.8.05.0001
PROCEDIMENTO COMUM
PARTE AUTORA: Eneopequê da Silva Esseteuvê
PARTE RÉ: Abecedefegê Comercial Ltda.

S E N T E N Ç A

ENEOPEQUÊ DA SILVA ESSETEUVÊ, requerendo a concessão dos benefícios da gratuidade da justiça, propôs, contra **ABECEDEFEGÊ COMERCIAL LTDA.**, demanda submetida ao procedimento comum.

Afirma que **[parágrafo(s) destinado(s) à narrativa referente à indicação das causas de pedir remota e próxima, conforme anotamos anteriormente]**.

Capítulo XIV ◆ Elaboração do relatório: depois da resposta do réu até a conclusão...

Na sequência, após manifestar desinteresse na composição consensual do conflito (fl. 8), requereu a concessão de tutela provisória, nos seguintes termos: **[transcrição, entre aspas, do trecho da petição inicial em que é formulado o pleito relativo à tutela provisória]** (fl. 9).

Ao final, formulou o pedido que se segue: **[transcrição, entre aspas, do trecho da petição inicial em que é formulado o pedido]** (fls. 9/10).

Concedidos os benefícios da gratuidade da justiça (fl. 16) e deferido, na íntegra, o pleito de concessão de tutela provisória (fls. 16/17), ordenei a citação da parte ré e a intimação da parte autora para comparecimento à audiência de conciliação ou de mediação (fl. 17). Citada (fl. 22), a parte ré também manifestou desinteresse na autocomposição (fl. 27), em razão do que foi cancelada a realização da audiência (fl. 30).

Na contestação, a demandada, após requerer a concessão dos benefícios da gratuidade da justiça (fl. 33), alegou que há incorreção no valor atribuído à causa, uma vez que **[descrição, de modo tão resumido quanto possível, do(s) fundamento(s) apresentado(s)]** (fl. 34).

Disse, também, que o demandante não tem legitimidade para a causa, sob o fundamento de que **[descrição, de modo tão resumido quanto possível, do(s) fundamento(s) apresentado(s)]**. Com base nisso, manifestou o entendimento de que o processo deve ser extinto, sem resolução do mérito (fls. 34/35).

No mérito, alegou que a pretensão da parte autora estaria prescrita, já que **[descrição, de modo tão resumido quanto possível, do(s) fundamento(s) apresentado(s)]** (fl. 35).

Dando prosseguimento, asseverou que os fatos não ocorreram do modo como se encontram descritos na petição inicial. Nessa linha, disse que, em verdade, **[descrição, de modo tão resumido quanto possível, do(s) fundamento(s) apresentado(s) para impugnar a base fática em que a parte autora ancorou o pedido]** (fls. 36/37).

Ademais, defendeu a tese de que as normas invocadas pela parte autora não são aplicáveis ao caso, visto como **[descrição, de modo tão resumido quanto possível, do(s) fundamento(s) apresentado(s) para impugnar o raciocínio jurídico desenvolvido pela parte autora]** (fls. 37/38).

Em acréscimo, requereu a produção de provas pericial e testemunhal, assim como a requisição dos extratos bancários referentes ao período compreendido entre DD/MM/AAAA e DD/MM/AAAA, da conta n. XXXX-Y, mantida pela parte autora junto à Agência ZZZ-W do Banco Deoeleaerre S.A. (fl. 38).

Por fim, postulou que **[transcrição, entre aspas, do trecho da contestação em que a parte ré lança as suas conclusões]** (fls. 39/40).

Após deferidos, à parte ré, os benefícios da gratuidade da justiça (fl. 45), a parte autora apresentou, a título de réplica, a peça de fls. 48/52.

Na sequência, por meio da decisão de fls. 62/64, procedi ao saneamento e à organização do processo, ocasião em que rejeitei a alegação de que houve incorreção no valor atribuído à causa, afastei o argumento atinente à ilegitimidade ativa e indeferi a postulação de reconhecimento de ocorrência da prescrição.

No mesmo ato decisório, delimitei as questões de fato, para fins probatórios, determinei a produção de prova testemunhal, mantive a distribuição legal do ônus da prova, delimitei as questões de direito relevantes e designei data para realização da audiência de instrução e julgamento.

No curso da audiência, após colhidos os depoimentos das testemunhas arroladas pelas partes, foram apresentadas alegações finais orais, vindo-me, na sequência, conclusos os autos.

É o relatório.

[...].

7. ENCERRAMENTO

Após a descrição dos últimos fatos ocorridos dentro do processo, na fase que antecede a conclusão dos autos para proferimento da sentença, é de todo adequado que o juiz lance mão de recursos redacionais que sinalizem que o relatório chegou ao *fim*.

> **NA PRÁTICA**
>
> Comumente, como sinal de que está encerrada a atividade consistente em fazer o relato do processo, o magistrado lança mão de expressões como as seguintes:
>
> ```
> AUTOS N. 012345-78.2019.8.05.0001
> PROCEDIMENTO COMUM
> PARTE AUTORA: Eneopequê da Silva Esseteuvê
> PARTE RÉ: Abecedefegê Comercial Ltda.
>
>                    S E N T E N Ç A
>
> [...]
> É o relatório. Passo a decidir.
> [ou, ainda a título de exemplo]
> Relatados, decido.
> [...]
> ```
>
> Por vezes, o magistrado adota o costume de qualificar o relatório que produziu, utilizando, para tanto, locuções como "É o breve relatório" e "É o sucinto relatório".
>
> Não aconselhamos que se utilize tal prática, já que o relatório deve ser aquilo que o sistema jurídico estabelece que ele seja. Nem a mais, nem a menos.
>
> Por isso, se o magistrado, em algum trecho do relatório, abreviou a descrição dos fatos, somente pode ter feito isso no que toca a dados que não eram úteis, caso contrário o seu relatório contém defeito. E, se os dados não eram úteis, a referência a eles seria desnecessária, o que conduz à conclusão de que, se fossem eles inseridos, também haveria imperfeição.

CAPÍTULO XV

ELABORAÇÃO DA FUNDAMENTAÇÃO: ASPECTOS GERAIS

◆ **SUMÁRIO**

1. Funções: **1.1** Função interna ou endoprocessual; **1.2** Funções externas ou exoprocessuais – **2.** Indispensabilidade – **3.** Relação com o relatório e com o dispositivo – **4.** Concentração em trecho específico do ato decisório: **4.1** Existência de fundamentação em outros capítulos do ato decisório; **4.2** Efeitos da falta de um capítulo formalmente dedicado à fundamentação – **5.** Aspectos redacionais específicos – **6.** Conteúdo: **6.1** Análise da questão principal; **6.2** Análise e resolução das questões incidentais – **7.** Sequência lógica de resolução das questões.

1. FUNÇÕES

O fato de o sistema jurídico impor que os atos decisórios sejam *fundamentados* atende à necessidade de que, por meio da *fundamentação*, três funções sejam cumpridas, cada uma vinculada ao atingimento de um específico objetivo no campo jurisdicional.

De tais funções, uma, por estar voltada para o interior do processo, é *interna* ou *endoprocessual*, ao passo que as outras duas, que visam ao atendimento de necessidades exteriores ao processo, são *externas* ou *exoprocessuais*.

1.1 Função interna ou endoprocessual

No âmbito interno do processo, a apresentação, pelo julgador, dos *fundamentos* por ele utilizados na resolução das questões tem a função de dar *conhecimento* às partes a respeito da linha de raciocínio empregada na decisão. Com isso, as partes passam a ter elementos para, querendo, *impugnar* o ato decisório.

E, quanto a essa relação existente entre a *fundamentação* e a eventual *impugnação* da decisão judicial, é importante perceber que, no comum das situações, ao lançar mão dos meios de impugnação, o sujeito interessado, por considerar que o órgão julgador poderia ter chegado a uma *conclusão* que lhe fosse mais favorável[1], combate os *fundamentos* utilizados no ato decisório.

---

[1] É importante observar que o *interesse* para impugnação de decisão judicial não está, necessariamente, vinculado à ocorrência de sucumbência, mas à possibilidade de o sujeito obter, por meio da

Assim, em geral, o ataque à *fundamentação* está a serviço da mudança da *conclusão* do julgamento.

Há casos, porém, em que a busca por um resultado do processo que lhe seja mais favorável impele o sujeito interessado a concentrar a sua impugnação *apenas* na *fundamentação*, sem postular qualquer mudança na *conclusão* do julgamento.

É o que pode se dar, por exemplo, quando, proferida a sentença na *ação popular*, a parte ré constata que, apesar de o pedido haver sido rejeitado – com o que obteve ela uma vitória –, o julgador utilizou como *fundamento* para a rejeição a deficiência probatória. É que o demandado somente poderá usufruir da segurança jurídica propiciada pela coisa julgada oponível *erga omnes* se o julgador houver reconhecido que os meios de prova foram esgotados (Lei n. 4.717, de 29 de junho de 1965, art. 18[2]). Nesse caso, pois, a parte ré tem interesse recursal para atacar *apenas* a *fundamentação* da sentença, de modo a convencer o órgão julgador do recurso de que, apesar de a *conclusão*, no sentido da rejeição do pedido, estar correta, a decisão precisa ter a sua *fundamentação* reformada, já que *não* teria havido deficiência de prova.

A necessidade de impugnar *apenas* a *fundamentação* também acontece, ainda a título de exemplo, quando, apesar de vitoriosa quanto à *conclusão*, a parte percebe que, na *fundamentação* da decisão, houve resolução, de modo desfavorável aos seus interesses, de uma questão incidental de mérito, prejudicial da questão principal, e o caso se subsome às previsões contidas nos textos do § 1º do art. 503 e do art. 1.054, ambos do CPC[3].

---

impugnação, uma *melhora* na sua situação. O recurso é *um* dos meios de impugnação de decisão judicial, e, por isso, é à luz desse parâmetro que deve ser aferido o *interesse recursal*.

[2] Art. 18. A sentença terá eficácia de coisa julgada oponível *erga omnes*, exceto no caso de haver sido a ação julgada improcedente por deficiência de prova; neste caso, qualquer cidadão poderá intentar outra ação com idêntico fundamento, valendo-se de nova prova.

[3] Como exemplo, imagine-se um caso em que a parte autora, com base na afirmação de que celebrara um contrato com a parte ré, pede ao Poder Judiciário que imponha ao demandado a obrigação de lhe pagar uma quantia, a título de multa, em razão do inadimplemento de uma das obrigações previstas no contrato. A parte ré, ao contestar, defende, primeiro, a tese de que não existe contrato entre as partes e, na sequência, apresenta, subsidiariamente, a linha de defesa segundo a qual, na hipótese de o juiz considerar que o contrato fora celebrado, não teria ocorrido o alegado inadimplemento. Se, ao fundamentar a sentença, o juiz reconhecer que houve, sim, a celebração do contrato, mas que o alegado inadimplemento não ocorreu, a conclusão será a de que o pedido do autor deve ser rejeitado. A parte dispositiva da decisão, pois, será integralmente favorável à parte ré. Porém, é preciso que o réu vitorioso perceba que, na fundamentação, foi deslindada uma questão incidental de mérito prejudicial da questão principal: o juiz entendeu que existe um contrato entre as partes. Se estiverem atendidos os requisitos mencionados nos §§ 1º e 2º do art. 503 e no art. 1.054, ambos do CPC, e o réu não interpuser recurso, impugnando esse trecho da *fundamentação*, a resolução da questão incidental, atinente à existência do contrato, será acobertada pelos efeitos da coisa julgada material. Tem-se, aí, claramente, um caso em que o réu, apesar de vitorioso, deve interpor recurso e, por meio do recurso, será impugnada, apenas, a *fundamentação* da decisão, não a sua conclusão.

Outro exemplo importante é o da impugnação, pelo *amicus curiae*, da tese firmada em incidente de resolução de demandas repetitivas[4] (CPC, art. 138). Tal tese corresponde à *fundamentação* empregada pelo órgão julgador no julgamento do recurso, da remessa necessária ou do processo da sua competência originária de onde adveio o incidente (CPC, art. 978, parágrafo único).

1.2 Funções externas ou exoprocessuais

No plano externo, a *fundamentação* das decisões judiciais tem a função de servir de meio para que o julgador, na qualidade de agente político, preste satisfação à sociedade a respeito do modo como está exercitando o poder de que foi constitucionalmente investido.

Sob esse ângulo, a norma que impõe que as decisões judiciais sejam adequadamente *fundamentadas* tem função de ordem política, consistente em fazer com que o juiz jamais perca de vista a necessidade de reverenciar, em tempo integral, o Estado Democrático de Direito.

Essa função *externa* repercute, claramente, no plano interno, pois compele o magistrado a adotar todas as providências para que o conjunto normativo que sustenta o Estado Democrático de Direito produza o máximo de eficácia no ambiente endoprocessual.

Ao lado disso, ainda no plano externo, a outra função da *fundamentação* das decisões judiciais tem profundo vínculo com o sistema de *precedentes*. Afinal, é da *fundamentação* que é extraída a *ratio decidendi*.

Nesse ponto, vale o registro de que, apesar da relevantíssima função que a *fundamentação* exerce no que toca à identificação dos precedentes judiciais, a tarefa de identificar e interpretar um *precedente* somente pode ser adequadamente desenvolvida à luz de um cotejo da *fundamentação* com os demais elementos da decisão judicial.

2. INDISPENSABILIDADE

É bastante a leitura de um excerto do texto do inciso IX do art. 93 da Constituição Federal para se concluir pela *indispensabilidade* da *fundamentação* em *qualquer* decisão judicial.

De fato, "todos os julgamentos dos órgãos do Poder Judiciário serão públicos e fundamentadas todas as decisões, sob pena de nulidade" (CF, art. 93, IX).

E, para que nenhuma dúvida paire a respeito do fato de que essa é uma norma *fundamental* do Direito Processual Civil, houve inserção, no *caput* do art. 11 do CPC, de enunciado similar ao do referido texto constitucional.

---

[4] Tendo em vista a existência de um microssistema normativo de julgamento de casos repetitivos (CPC, art. 928), há, em tese, legitimidade do *amicus curiae* também para interpor recurso contra o capítulo do acórdão que fixa a tese jurídica nos casos de recursos especial e extraordinário repetitivos.

3. RELAÇÃO COM O RELATÓRIO E COM O DISPOSITIVO

Como realçamos, a *fundamentação*, ao lado do *relatório* e do *dispositivo*, são partes estruturais de um todo lógico que é o *ato decisório*.

Com efeito, (*1º*) por meio da *exposição*, que é feita no *relatório*, do caso sob julgamento, identificam-se as questões que serão examinadas, para que, na sequência, (*2º*) mediante a *análise* de tais questões, que se dá na *fundamentação*, seja encontrada a norma geral que deverá ser aplicada no caso concreto, criando-se, assim, a conjuntura indispensável para que, ao final, (*3º*) no *dispositivo* do ato decisório, com a *resolução* da questão principal, ocorra a *disposição* a respeito da postulação apresentada, estabelecendo-se, com isso, a norma individualizada que regerá a relação entre os sujeitos interessados.

Por isso, é indispensável que, no *relatório*, tenha havido referência a todos os dados úteis relativos às questões que serão analisadas na *fundamentação*. De sua vez, somente pode ser objeto de resolução, no *dispositivo*, a questão que houver sido objeto de *análise* na *fundamentação*.

> **PARA NÃO ESQUECER**
>
> *Relembramos, aqui, o que já consignamos ao tratar dos aspectos gerais do relatório: não se deve **fundamentar** a respeito do que não houver sido **relatado**; nem se deve **decidir** sobre o que não houver sido **fundamentado**.*
>
> *Por isso, costumamos enunciar, nas nossas aulas, repetidamente, uma frase construída com o exato propósito de facilitar a fixação do assunto: "não fundamento sobre o que não relatei, nem decido sobre o que não fundamentei".*

4. CONCENTRAÇÃO EM TRECHO ESPECÍFICO DO ATO DECISÓRIO

Sob o ponto de vista exclusivamente *formal*, é aconselhável que o ato decisório seja materialmente estruturado de um modo tal que os seus elementos essenciais – *relatório*, *fundamentação* e *dispositivo* – sejam facilmente identificáveis.

Aliás, o só fato de cada um desses elementos desempenhar funções diferentes já torna recomendável que os capítulos da decisão judicial em que eles se encontram alojados sejam bem definidos.

O texto do *caput* do art. 489 do CPC muito contribui para que os magistrados adotem tal cuidado no momento da elaboração da sentença, uma vez que, nele, há alusão, em incisos separados, ao *relatório*, aos *fundamentos* e ao *dispositivo*.

Em razão disso, o comum é que, por ocasião da leitura de decisões judiciais, seja plenamente perceptível o trecho em que a *fundamentação* se encontra concentrada.

Capítulo XV ◆ Elaboração da fundamentação: aspectos gerais

4.1 Existência de fundamentação em outros capítulos do ato decisório

A circunstância de existir, formalmente, um capítulo destinado a concentrar a *fundamentação* não impede que, em alguns casos, excertos de fundamentação povoem outros capítulos do ato decisório. Tampouco impede que trechos de *relatório* e de *dispositivo* sejam inseridos no contexto do que deveria ser, apenas, *fundamentação*.

Não é desejável que tal aconteça. Mas não é raro acontecer.

E o exemplo mais palpável de situação desse tipo ocorre com a *análise* da questão a respeito da distribuição dos ônus da sucumbência.

Efetivamente, é muito comum – apesar de não ser a opção tecnicamente mais recomendável – que o magistrado somente faça referência aos ônus da sucumbência na parte final do ato decisório, como se o tema integrasse *apenas* o *dispositivo*.

É claro que, no trecho em que está concentrado o *dispositivo* da sentença, deve haver a *deliberação* a respeito dos ônus da sucumbência. Mas também é claro que somente se pode chegar a tal deliberação se tiver havido *análise* das questões atinentes à distribuição dos ônus.

A só existência do conjunto de dispositivos composto pelos arts. 82 a 97 do CPC já é mais do que suficiente para se constatar que o tema *ônus da sucumbência* tem pujante potencial para ser permeado de questões das mais diversas, dentre as quais se destaca a questão atinente à fixação dos honorários advocatícios sucumbenciais.

Tais questões, como *toda* questão, devem ser *analisadas* e *resolvidas* e a *análise* de qualquer questão deverá se dar no trecho do ato decisório em que estiver concentrada a *fundamentação*, e não em outro trecho.

O que acontece na prática, porém, é que a *análise* de questões atinentes aos ônus da sucumbência fica, no mais das vezes, embaralhada com a sua *resolução*, tudo concentrado no trecho do ato decisório no qual deveria constar, apenas, o conteúdo correspondente ao *dispositivo*.

Nessa situação, numa análise técnica, o que se conclui é que um determinado trecho do ato decisório, que, substancialmente, corresponde a um pedaço da *fundamentação*, ficou indevidamente alojado no capítulo em que deveria estar concentrado apenas o *dispositivo*.

4.2 Efeitos da falta de um capítulo formalmente dedicado à fundamentação

O só fato de *não* haver uma divisão *formal*, que possibilite delimitar fisicamente um trecho em que a *fundamentação* se encontre concentrada, *não* é suficiente para justificar a invalidação do ato decisório.

O que é imprescindível é que, do exame do ato, seja possível constatar que ele está adequadamente *fundamentado*.

5. ASPECTOS REDACIONAIS ESPECÍFICOS

Cada capítulo do ato decisório correspondente aos elementos essenciais – *relatório, fundamentação* e *dispositivo* – é dotado de *peculiaridades*, e, portanto, a construção redacional de cada um deles deve atender às características que lhes são próprias.

Essa constatação, todavia, *não* possui qualquer aptidão para esmaecer o conteúdo do quanto registramos ao tratarmos dos aspectos redacionais *gerais* dos atos decisórios.

Quanto ao trecho do ato decisório em que está concentrada a *fundamentação*, é ele o palco adequado para que o julgador se *posicione* a respeito de *todas* as questões objeto de exame.

Nesse aspecto, portanto, a *fundamentação* tem uma característica *oposta* à do *relatório*, já que, como registramos anteriormente, o relatório *não* é o trecho do ato decisório adequado para a tomada de *qualquer* posição.

Se é na *fundamentação* que o julgador toma posições, não se pode, *jamais*, perder de vista que, ao iniciar a redação do ato decisório, ele sabe, com exatidão, quais as posições que tomará e, portanto, tem em mente o conteúdo do que será escrito. Afinal, ele *já* procedeu à leitura de todo o teor dos autos; *já* identificou e coletou os dados úteis; *já* organizou as questões identificadas, separando-as em questões formais e questões relativas ao mérito da causa; *já* verificou se cada questão a ser enfrentada está suficientemente madura para resolução; e *já* organizou a sequência de resolução das questões, atendendo às relações de subordinação que elas mantenham entre si.

Esse contexto conduz a que a *fundamentação* corresponda ao trecho da decisão em que se faz mais pujante o uso da *linguagem assertiva*, a que nos referimos no capítulo em que tratamos dos aspectos redacionais gerais.

Efetivamente, como a principal marca da *fundamentação* é a tomada de posição, deve o juiz evitar o uso de qualquer locução que possa transmitir a impressão de insegurança quanto à posição tomada.

Nessa linha, ao ser prestada uma tutela definitiva, expressões como *"penso que..."*, *"o meu entendimento é..."*, *"acho que..."*, *"parece-me que..."*, além de outras similares, devem ser, tanto quanto possível, evitadas.

PARA NÃO ESQUECER

*Ao cuidarmos das características peculiares da redação do **relatório**, anotamos que, com o estrito propósito de facilitar o aprendizado dos nossos alunos, costumamos estabelecer, nas nossas aulas, um paralelismo entre o **relatório** da sentença e a **água**: o órgão julgador, ao redigir o **relatório**, deve utilizar uma redação que aproxime o texto, ao máximo, das características físicas da água: o relatório deve ser insípido, inodoro e incolor.*

*Com a **fundamentação** não é assim. Nela, há espaço para que a redação tenha **gosto**, **cheiro** e **cor**.*

6. CONTEÚDO

O julgador que inicia a redação do ato decisório *já sabe* o que constará no conjunto do texto. Ele já tem na mente, com clareza, qual a *resolução* que será dada às questões e sabe quais as bases dos raciocínios que empreenderá para *analisá-las*.

Na essência, pois, o juiz *sabe* se o mérito da causa será ou não examinado e, sendo o caso de exame do mérito, ele *sabe* se o pedido será integralmente acolhido, será acolhido em parte ou será rejeitado.

Ao lado disso, uma visita ao texto do *caput* do art. 489 do CPC revela uma tentativa de estabelecimento de dois vínculos, referentemente ao *conteúdo* dos capítulos correspondentes à *fundamentação* e ao *dispositivo* da sentença: no inciso II, é estabelecida uma ligação entre a *fundamentação* e a *análise* das questões, e, no inciso III, o vínculo é feito entre o *dispositivo* e a *resolução* das questões.

Há necessidade de cautelas na interpretação dos textos dos mencionados incisos.

É que, admitindo-se que o uso do verbo *resolver* tenha se dado no sentido de *decidir, julgar* – tal como, tudo indica, aconteceu –, esses vínculos são verdadeiros *apenas* no que toca à questão *principal*.

Essa – a questão *principal* – será, efetivamente, *analisada* no trecho da decisão judicial em que está concentrada a *fundamentação*, ao passo que a sua *resolução* (o seu *julgamento*) deverá se dar no excerto concernente ao *dispositivo* da sentença.

O mesmo não se dá, porém, quanto às questões *incidentais*, cujas *análise* e *resolução* (*decisão*) são naturalmente integrantes da *fundamentação*, já que elas constituem, em si mesmas, *fundamentos* para que a questão *principal* seja resolvida.

6.1 Análise da questão principal

A questão *principal* do processo é aquela cuja incerteza ou controvérsia está em torno do que foi posto, pelas partes, para que seja objeto de *julgamento* pelo Poder Judiciário.

Corresponde, no caso em que, no processo, houver apenas uma demanda, ao *pedido* que foi formulado pela parte autora. Havendo multiplicidade de pedidos, haverá mais de uma questão *principal*. Do mesmo modo, se a parte ré, por exemplo, apresentar reconvenção, um *pedido* será por ela formulado, o que fará com que surja mais uma questão *principal*.

Ademais, quando, "em sua defesa, exerce um contradireito (direito que se exercita contra o exercício do direito do autor), como nos casos de compensação, exceção de contrato não cumprido e direito de retenção, o réu acrescenta ao processo a afirmação de um direito que comporá o objeto da decisão. O juiz decidirá sobre a existência desse contradireito; e a existência desse contradireito é também, uma questão principal"[5].

O trecho do ato decisório em que está concentrada a *fundamentação* é o espaço adequado para que o magistrado *analise* a questão *principal* e, ao final, ainda na *fundamentação*, conclua – sem decidir – como *será* o julgamento. Ele, o *julgamento*, ocorrerá no excerto destinado ao *dispositivo*.

Por isso, quanto à questão *principal*, não é adequado o uso, no trecho da sentença destinado à *fundamentação*, de expressões como *"acolho o pedido"*, *"acolho em parte o pedido"* ou *"rejeito do pedido"*. Essas são locuções a serem utilizadas *apenas* no trecho destinado ao *dispositivo*.

No lugar de expressões assim, podem ser utilizados, por exemplo, termos como *"o caso é para acolhimento do pedido"* ou *"o pedido merece ser parcialmente acolhido"* ou *"o caso é para rejeição do pedido"* ou, ainda, também a título de sugestão, *"tem razão o autor"*, *"não tem razão a parte autora"* e *"o autor tem razão, mas apenas em parte"*.

6.2 Análise e resolução das questões incidentais

Diferentemente do que acontece com a questão *principal*, as questões *incidentais* devem ser *analisadas* e *resolvidas* no trecho da sentença em que está concentrada a *fundamentação*.

Uma questão é *incidental* se se tratar de questão *formal* ou de questão *de mérito* cuja solução constitua mero *fundamento* para que a questão *principal* seja resolvida.

Assim, por exemplo, questões a respeito de competência, da regularidade da citação, da correção do valor atribuído à causa, da existência de coisa julgada, da legitimidade de qualquer das partes para a causa e da existência de interesse de agir, por serem *formais*, são *questões incidentais*. As suas *análise* e *resolução* integram a *fundamentação*.

Ao lado disso, como pontuado, a questão *incidental* pode ser de mérito. Isso se dá quando, para chegar a uma conclusão quanto a se o *pedido* (questão *principal*) deve ser integralmente acolhido, parcialmente acolhido ou rejeitado, o magistrado precisa trilhar um caminho que passa pela *análise* e pela *resolução* de uma ou mais questões, também de mérito.

É o que se dá, por exemplo, quando o autor postula o pagamento de alimentos com base em uma relação de parentesco cuja existência é negada pelo réu. A *análise* conclusiva a respeito da questão alimentícia (que é a questão *principal*) somente poderá se dar depois que o magistrado houver *analisado* e *resolvido* a questão relativa ao parentesco.

---

[5] DIDIER JR., Fredie. *Curso de direito processual civil*. 20. ed. Salvador: JusPodivm, 2018, v. 1, p. 509-510.

Nessa linha, apesar de a questão alusiva ao parentesco ser uma questão de mérito e de a sua resolução *subordinar* a resolução da questão alimentícia, ela é uma questão *incidental*.

Percebe-se, assim, que a *resolução* da questão *incidental*, independentemente da importância que ela tenha para o processo, servirá, no máximo, como mero *fundamento* para a resolução da questão *principal*.

Por isso, analisado o ato decisório como um todo uno, a *decisão* da questão *incidental* integra, sempre, a *fundamentação* da decisão da questão *principal*.

O cotejo entre os textos dos incisos II e III do *caput* do art. 489 e do § 1º do art. 503, ambos do CPC, coopera, decisivamente, para que se perceba que as questões *incidentais* devem ser não só *analisadas* como *resolvidas* no trecho em que está concentrada a *fundamentação*.

Efetivamente, no inciso III do *caput* do art. 489 do CPC consta que é no *dispositivo* que o juiz *"resolverá* as questões *principais"*, do que se depreende que o dispositivo é o trecho adequado da sentença para alojar apenas a resolução das questões *principais*.

De seu turno, no § 1º do art. 503 há expressa referência à *"resolução* de questão prejudicial, *decidida* expressa e *incidentemente* no processo". Alude-se, nesse texto normativo, claramente, a uma *decisão* a respeito de questão *incidental*. Essa *decisão*, por ter por objeto uma questão *incidental*, integra, às claras, a *fundamentação* da questão *principal*.

7. SEQUÊNCIA LÓGICA DE RESOLUÇÃO DAS QUESTÕES

Distintamente do que recomendamos fazer no que se refere à elaboração do relatório, a redação da *fundamentação* deve se dar com *total independência* em relação à sequência cronológica dos fatos ocorridos dentro dos autos.

Com efeito, conforme vimos afirmando ao longo de quase toda esta obra, o que deve presidir a ordem de resolução das questões é a sequência *lógica* decorrente da constatação de que há diversas possibilidades de que as múltiplas questões existentes nos autos mantenham, entre si, vínculo de *subordinação*.

Nessa linha, já registramos que, com a leitura prévia de *todo* o conteúdo dos autos, o magistrado já dispõe dos elementos necessários para definir se o caso comporta ou não a prestação imediata da tutela definitiva. E, como ele iniciou a redação da sentença, já concluiu que a tutela definitiva deve ser prestada e, a essa altura, definiu a sequência lógica que utilizará para resolução das diversas questões que serão enfrentadas.

Na organização de tal sequência, é necessária uma atenção especial com questões que já deveriam ter sido resolvidas, mas que *não* chegaram a ser examinadas. Tratamos delas no capítulo em que cuidamos da identificação e da coleta dos dados úteis.

É que, dentre tais questões, podem estar algumas que, a depender de como sejam resolvidas, a sua resolução *não* permitirá o *imediato* proferimento da sentença.

Porém, como o julgador *já* está certo de que a tutela definitiva *pode* ser prestada, a conclusão somente pode ser a de que a resolução que ele dará a uma eventual questão com tal característica será uma resolução que *não* implicará dilação do momento de sentenciar.

Cenários assim, com potencial para fazer surgir questões desse tipo, devem ser examinados com cuidado, mormente em razão das peculiaridades que os marcam.

Em razão disso, destinamos, para esse tipo de questão, capítulos específicos.

As questões com efetivo potencial para gerar esse tipo de panorama são as que versam sobre os seguintes assuntos:

1) impedimento e suspeição do magistrado;
2) erro na distribuição da petição inicial;
3) competência do juízo;
4) gratuidade da justiça para a parte autora;
5) adiantamento de custas processuais e despesas decorrentes do ato de propositura da demanda;
6) cumprimento de exigência específica para que o direito de ação possa ser exercitado;
7) produção de determinada espécie de prova, a exemplo das provas pericial e testemunhal;
8) complementação de determinado tipo de prova, a exemplo da apresentação de novos quesitos para que o perito e/ou os assistentes técnicos respondam;
9) adoção de providências atinentes ao ingresso de outros sujeitos no processo, a exemplo da necessidade de formação de litisconsórcio (CPC, arts. 114 e 115, parágrafo único) e das intervenções de terceiros a que se referem os arts. 119 a 138 do CPC; e
10) realização de diligências junto a entidades privadas ou a órgãos públicos, a exemplo das requisições (*i*) de certidões (CPC, art. 438, I), (*ii*) de autos de procedimentos administrativos (CPC, art. 438, II, §§ 1º e 2º) e (*iii*) de informações junto a instituições financeiras e à administração tributária, em especial a Secretaria da Receita Federal do Brasil (CPC, arts. 378, 380, 772, III, e 773)[6].

---

[6] Vale lembrar que, havendo ingresso, nos autos, de informações protegidas por qualquer espécie de sigilo, a exemplo dos sigilos bancário e fiscal, deve o juiz ordenar que o processo passe a tramitar em regime de segredo de justiça (CPC, arts. 11, parágrafo único, 26, III, 107, I, 152, V, 189, 195, e 773, parágrafo único).

CAPÍTULO XVI

ELABORAÇÃO DA FUNDAMENTAÇÃO: QUESTÕES RELATIVAS A IMPEDIMENTO E A SUSPEIÇÃO DO MAGISTRADO

◆ **SUMÁRIO**

1. Relação de subordinação com outras questões – **2.** Possibilidade de a existência da questão ser percebida no momento de prestar a tutela definitiva: **2.1** Indeferimento da petição inicial ou improcedência liminar do pedido; **2.2** Magistrado que passa a atuar num processo já em curso – **3.** Efeitos principais do impedimento e da suspeição – **4.** Possibilidade de o impedimento ou a suspeição atingir apenas parcela do processo.

NO CONCURSO PÚBLICO

*Como veremos ao longo deste capítulo, existindo, no processo, questão que verse sobre **impedimento** ou **suspeição** do juiz, deverá ela ser resolvida **antes** de qualquer outra. Trata-se, pois, de questão que **subordina todas as demais questões**.*

*Ocorre que, se houver questão versando sobre **impedimento** ou **suspeição** do magistrado, somente três soluções são possíveis:*

*(a) o magistrado **reconhecer**, de ofício ou por alegação de qualquer das partes, que, de fato, a sua situação se subsome às previsões normativas que versam sobre impedimento e suspeição, o que o **impossibilitará** de processar e julgar a causa (CPC, art. 146, § 1º); ou*

*(b) o magistrado, diante de alegação feita, **não reconhecer** que há motivo para que ele mesmo se considere impedido ou suspeito, o que conduzirá a que a questão seja resolvida pelo tribunal e gerará um quadro de impossibilidade de julgamento **imediato** da causa (CPC, art. 146, §§ 1º a 7º); ou, finalmente,*

*(c) em casos que **não são comuns**, a situação de impedimento ou de suspeição disser respeito apenas a uma **parcela do processo**.*

*Diante disso, é **difícil – muitíssimo difícil!** – que um quadro envolvendo impedimento ou suspeição do juiz ocorra numa prova de **concurso público**, cuja resposta exija, por exemplo, a elaboração de uma sentença.*

*Com efeito, nos dois primeiros casos, **não haverá qualquer possibilidade** de o juiz que está no centro da discussão sobre impedimento ou suspeição praticar atos no processo. Quanto ao terceiro caso, que será objeto de exame ao final deste capítulo, a chance de ocorrência é **baixa**.*

> *Exatamente pelo fato de se tratar de situação que, na quase totalidade das vezes, **impossibilita** a imediata prática de atos pelo juiz, demos a ela, em **solidariedade aos candidatos**, um tratamento especial, dedicando ao tema um capítulo específico, de modo a contribuir para que o candidato, num concurso, tenha o **máximo de segurança**, relativamente ao assunto.*

> **HÁ ALGUMA SITUAÇÃO QUE ME ATINJA, COMO PESSOA NATURAL, DE MODO A QUE EU NÃO POSSA ATUAR COMO JUIZ DA CAUSA?**

1. RELAÇÃO DE SUBORDINAÇÃO COM OUTRAS QUESTÕES

Como o órgão julgador (*juízo*) é o sujeito processual incumbido de resolver as questões postas sob apreciação do Poder Judiciário, no processo não pode pairar qualquer dúvida a respeito da imparcialidade da pessoa natural (*juiz*) que o compõe. Afinal, é por meio de pessoas naturais (*juízes*) que os órgãos julgadores (*juízos*) se manifestam.

Fica fácil, então, perceber que, num processo, *antes* da resolução de *qualquer* outra questão, é preciso que seja resolvida eventual questão que verse sobre a possibilidade de a pessoa natural do magistrado atuar na causa. E para que ele atue *não* pode haver subsunção a nenhuma as hipóteses de *impedimento* ou de *suspeição* (CPC, arts. 144 e 145).

Por isso, as questões referentes à existência de *impedimento* ou de *suspeição* do magistrado subordinam *todas* as demais questões existentes no processo.

Nesse ponto, é importante atinar para o fato de que *qualquer* decisão que seja proferida sem que eventual questão relativa a impedimento ou a suspeição tenha sido resolvida será decisão sobre a qual recairá, sempre, a dúvida – inaceitável, num Estado Democrático de Direito – quanto a se, de fato, o juiz, ao praticar o ato, estava cumprindo o seu dever de aplicar o Direito ou estava movido por algum interesse ou sentimento pessoal.

Nessa linha, cogite-se um cenário em que a parte ré do processo seja o pai do magistrado. Qualquer tomada de posição, sobre *qualquer* tema, independentemente de o conteúdo do ato decisório estar ou não em consonância com o Direito aplicável, estará tisnada pelo vício relativo à incompatibilidade subjetiva do juiz para com a causa.

Assim, por exemplo, mesmo que o conteúdo do pronunciamento judicial, isoladamente considerado, seja juridicamente correto, *não* pode o magistrado, num processo em que o réu é o seu genitor, reconhecer que o momento já comporta o julgamento da causa. Igualmente, *não* pode o juiz definir se ocorreu erro na distribuição da petição inicial e, com isso, ordenar que outro ato de distribuição seja praticado. Também, ainda a título de exemplo, não pode determinar ao autor que complemente o adiantamento do valor relativo às custas processuais, ato que, se não for levado a efeito, pode conduzir ao cancelamento da distribuição (CPC art. 290).

Rigorosamente, o juiz, numa situação em que haja questão a respeito de impedimento ou de suspeição, *não* pode praticar ato algum, a não ser (*i*) o próprio ato de reconhecimento de que é ele impedido ou suspeito ou (*ii*) o ato de apresentação das razões, dirigidas ao tribunal, pelas quais ele entende que não existe impedimento ou suspeição (CPC, arts. 144 e 145, § 1º). Havendo *qualquer* outra questão a ser resolvida, a sua resolução ficará a cargo do magistrado que atuará em substituição.

Assim, *antes* da resolução de *qualquer* outra questão existente no processo, é imprescindível que sejam resolvidas eventuais questões referentes à existência de impedimento ou de suspeição do juiz.

2. POSSIBILIDADE DE A EXISTÊNCIA DA QUESTÃO SER PERCEBIDA NO MOMENTO DE PRESTAR A TUTELA DEFINITIVA

> PODE ACONTECER DE EU ME DEPARAR COM UMA QUESTÃO RELATIVA A IMPEDIMENTO OU A SUSPEIÇÃO NO MOMENTO DE SENTENCIAR?

Na quase totalidade das vezes, as questões relativas à compatibilidade subjetiva do juiz para com a causa – questões, pois, que abrangem situações de *impedimento* ou de *suspeição* – são suscitadas e resolvidas em fase *anterior* ao momento do proferimento da decisão por meio da qual é prestada a tutela definitiva (CPC, art. 146).

Assim, tendo havido alegação de impedimento ou de suspeição do juiz, o magistrado, se não reconhecer, ele próprio, a sua incompatibilidade (CPC, arts. 146, § 1º, primeira parte), somente poderá praticar ato decisório após o tribunal haver concluído pela improcedência da alegação (CPC, art. 146, §§ 3º a 7º).

Não se pode descartar, porém, a possibilidade de o magistrado perceber a necessidade de se manifestar, de ofício, a respeito de situações desse tipo, exatamente no momento em que *iria* proferir a decisão por meio da qual *seria* prestada, total ou parcialmente, a tutela definitiva.

2.1 Indeferimento da petição inicial ou improcedência liminar do pedido

Se o juiz entender que o caso enseja o indeferimento, no todo ou em parte, da petição inicial (CPC, art. 330) ou que se trata de situação de improcedência liminar, total ou parcial, do pedido (CPC, art. 332), há prestação da tutela definitiva já no *início* do procedimento, sem que a parte ré sequer tenha sido ouvida.

Situações assim exigem que o magistrado tenha atenção para se manifestar, de ofício, se for o caso, quanto ao seu impedimento (CPC, art. 144) ou à sua suspeição (CPC, art. 145) para processar e julgar a causa e, portanto, para levar a cabo o ato decisório que *estava* na iminência de praticar.

2.2 Magistrado que passa a atuar num processo já em curso

Pode ocorrer de o processo já se encontrar em fase avançada, pronto para proferimento da sentença, por exemplo, e o magistrado que, no momento, está responsável pela sua condução não haver tido qualquer contato com os autos anteriormente. Ao examinar o processo, porém, pode ser que o julgador perceba que é necessário se pronunciar, de ofício, sobre seu impedimento ou sua suspeição.

Esse cenário não é raro.

Basta lembrar dos casos em que o juiz tenha passado a atuar recentemente na unidade julgadora, por promoção na carreira ou por remoção de outra unidade, ou dos casos em que o magistrado esteja respondendo temporariamente pela unidade.

3. EFEITOS PRINCIPAIS DO IMPEDIMENTO E DA SUSPEIÇÃO

> **HAVENDO IMPEDIMENTO OU SUSPEIÇÃO, O QUE DEVE ACONTECER COM O PROCESSO?**

O impedimento e a suspeição produzem diversos efeitos endoprocessuais, como a invalidação dos atos praticados pelo juiz quando já estava presente o motivo para que ele não atuasse no processo (CPC, art. 146, §§ 6º e 7º), e extraprocessuais, como é o caso da impossibilidade de o mesmo juiz atuar em outro processo em que surja questão idêntica, relativa à sua incompatibilidade subjetiva para com a causa[1].

Porém, o que nos interessa, nesse momento, ante a constatação do impedimento ou da suspeição do magistrado, é apenas o seu efeito principal, consis-

---

[1] É importante perceber que, se houver, em determinado processo, o reconhecimento, pelo próprio juiz ou pelo tribunal (CPC, art. 146, §§ 1º e 5º), de impedimento ou de suspeição, em razão, por exemplo, do fato de certo sujeito estar atuando no processo como parte, não é possível que, em *outro* processo, no qual o *mesmo* sujeito atue como parte, seja ignorado o reconhecimento anterior do impedimento ou da suspeição.

Capítulo XVI ♦ Elaboração da fundamentação: questões relativas a impedimento...

tente no afastamento do juiz da condução do processo, que passará a ser gerido por outro magistrado.

Somente para lembrar, a regra é a de que a circunstância de haver impedimento ou suspeição atinja *apenas* a pessoa natural do *juiz*, e não a unidade julgadora (*juízo*) em que o processo tramita.

Assim, apesar de outro *juiz* passar a atuar nos autos, o processo permanece vinculado à mesma unidade e, nele, atuarão os mesmos auxiliares da justiça que já estavam atuando[2].

Há, porém, pelo menos uma situação em que o reconhecimento da ocorrência de impedimento ou de suspeição implica o envio dos autos para outro juízo: se o processo versar sobre caso em que *todos* os membros da magistratura sejam direta ou indiretamente interessados. Nessa hipótese, os autos serão encaminhados para que a causa seja julgada pelo Supremo Tribunal Federal (CF, art. 102, I, *n*).

Permanecendo ou não os autos na mesma unidade julgadora, o fato é que todas as demais questões neles existentes terão de ser resolvidas.

Por isso, as questões sobre impedimento e suspeição não possuem aptidão para *impedir*, em *definitivo*, que o exame das outras questões se dê, mas têm aptidão para *impedir* que o exame se dê em determinado momento, do que resulta um quadro de *dilação*.

NA PRÁTICA

Exemplo de pronunciamento judicial, diante da constatação, pelo juiz, de ofício, de que é ele impedido de atuar no processo:

DECISÃO

O advogado que atua no processo na qualidade de patrono da parte autora é tio, por consanguinidade, da minha esposa. Mantém, pois, comigo, uma relação de parentesco, por afinidade, de terceiro grau, o que atrai a incidência de uma das normas que se colhe do texto do art. 146, III, do CPC.

Diante do exposto, reconheço o meu impedimento para processar e julgar a causa. Adote a secretaria as providências necessárias para que o processo passe a ser conduzido pelo magistrado incumbido de me substituir.

Intimem-se.
[local e data].

---

[2] No comum das situações, nenhum efeito é produzido no que se refere ao *juízo* (à unidade julgadora) em que o processo tramita. Assim, estando os autos tombados, por exemplo, junto ao juízo da 2ª Vara Cível de determinada comarca, se for reconhecida a suspeição ou o impedimento do juiz de Direito que atua na unidade, os autos permanecerão na mesma 2ª Vara Cível, mas será outro o magistrado que neles atuará.

NA PRÁTICA

Exemplo de pronunciamento judicial, diante da constatação, pelo juiz, de um quadro de suspeição, por motivo íntimo, para atuar no processo:

> **DECISÃO**
>
> Declaro-me suspeito, por motivo íntimo, para processar e julgar a causa (CPC, art. 145, § 1º). Adote a secretaria as providências necessárias para que o processo passe a ser conduzido pelo magistrado incumbido de me substituir.
> Intimem-se.
> [local e data].

Observe-se que, no caso do reconhecimento da situação de impedimento, houve precisa indicação do motivo. Já no que toca à declaração de suspeição por motivo íntimo, não foi declarada a razão da suspeição, conduta que encontra amparo na norma que se extrai do trecho final do enunciado do § 1º do art. 145 do CPC.

*É importante, ainda, perceber que ambos os textos foram redigidos na primeira pessoa do singular, o que implica o uso de forte carga de pessoalidade. Não poderia ser diferente, já que as previsões legais de impedimento e de suspeição atingem **diretamente** a **pessoa natural** do magistrado.*

4. POSSIBILIDADE DE O IMPEDIMENTO OU A SUSPEIÇÃO ATINGIR APENAS PARCELA DO PROCESSO

> **É POSSÍVEL QUE EU SEJA IMPEDIDO OU SUSPEITO PARA JULGAR APENAS UMA PARCELA DO PROCESSO?**

Comumente, o impedimento ou a suspeição do juiz relativamente a uma parcela do processo resulta por contaminar *todo* o restante.

Por isso, identificado o impedimento ou a suspeição, a conduta *comum* é o reconhecimento, pelo magistrado, da sua incompatibilidade subjetiva, de modo a que o processo passe, na *integralidade*, a ser conduzido por *outro* juiz.

Há possibilidade, porém, em tese, de o magistrado ser impedido ou suspeito para processar e julgar apenas uma *parcela* do processo. Reconhecendo tal circunstância, continuará ele na condução do procedimento, quanto à porção não atingida pela incompatibilidade.

É o que ocorrerá se, por exemplo, havendo litisconsórcio ativo facultativo impróprio, o motivo do impedimento ou da suspeição do julgador atingir apenas *um* dos litisconsortes.

Imagine-se um quadro em que cinco pessoas, todas servidoras públicas municipais, tenham contratado determinado advogado para propositura, em favor de cada uma delas, de demandas com o objetivo de ver reconhecida, pelo Poder Judiciário, a existência do direito individual à percepção de determinada vantagem pecuniária em face do município. Acrescente-se que, no caso, seja possível ao juiz, a depender da situação de cada servidor, acolher os pedidos de uns e rejeitar os pedidos de outros.

Se o advogado optar por ajuizar as cinco demandas simultaneamente, de forma cumulada, por meio de uma só petição inicial, estará formado um litisconsórcio ativo facultativo impróprio, que é aquele em que o *único* vínculo existente entre os autores decorre de mera *afinidade* de questões por pontos similares de fato ou de direito (CPC, art. 113, III). Nesse caso, *não existe* qualquer risco de a decisão final, caso o julgamento seja distinto para cada um dos autores, gerar situações antagônicas, no todo ou em parte.

Num panorama assim, pode ser que o juiz identifique, por exemplo, que um dos litisconsortes autores é cliente, em causas de outra natureza, do escritório de advocacia integrado por um irmão do magistrado, mesmo que, naquele específico processo, a causa esteja patrocinada por advogado vinculado a outro escritório. Esse quadro fático é revelador de impedimento (CPC, art. 144, VIII), mas tal impedimento está adstrito a um específico autor, sem possibilidade de se estender aos demais.

Nesse cenário, apesar de os cinco pleitos conviverem no mesmo processo, o fato de o magistrado reconhecer o seu impedimento para julgar o pedido formulado por *um* dos litisconsortes *não* o torna impedido para julgar os pleitos dos demais autores.

A solução a ser dada, então, exige a adoção de duas medidas básicas.

A primeira consiste no desmembramento do processo.

O julgador, no mesmo pronunciamento em que reconhecer que o painel de impedimento ou de suspeição é determinativo de que se afaste ele da condução de uma parcela do processo, deverá determinar que seja extraída cópia integral dos autos, desde a petição inicial até o próprio pronunciamento em que consta a ordem de desmembramento. Ordenará, ainda, que o conjunto formado pelas cópias seja autuado e registrado junto à distribuição, com o que os novos autos formados receberão uma numeração, como se se tratasse de um processo novo.

Adotadas tais providências, o magistrado, nos autos originais, processará e julgará normalmente a parcela do processo quanto à qual não há impedimento ou suspeição. Quanto aos novos autos, que continuarão vinculados ao mesmo *juízo*, ficarão eles sob a direção de outro *juiz*. Nesses novos autos, os atos processuais dirão respeito apenas à parcela do processo atingida pelo impedimento ou pela suspeição.

A segunda medida é voltada para que se dê o máximo de segurança jurídica aos demais sujeitos do processo.

Nessa linha, é de todo adequado que, no pronunciamento judicial, (*i*) seja procedida a uma delimitação precisa da parcela do processo em relação à qual há impedimento ou suspeição, (*ii*) conste o registro da impossibilidade de apreciação de *qualquer* outra questão, formal ou de mérito, que seja *específica* da parcela do processo atingida pelo impedimento ou pela suspeição e, (*iii*) quanto à resolução das questões, formais ou de mérito, que eram *comuns* a todo o processo, não se deixe dúvida de que os atos decisórios respectivos não produzirão qualquer efeito no que se refere à parcela do processo atingida pelo impedimento ou pela suspeição.

É esse o conjunto de medidas que, diante da natureza do quadro instalado nos autos originais, melhor atende aos princípios do *juízo natural*, da *isonomia*, da *duração razoável do processo* e da *segurança jurídica*.

NA PRÁTICA

Exemplo de pronunciamento judicial, na fase inicial do processo, num caso em que há litisconsórcio ativo facultativo impróprio e o motivo do impedimento ou da suspeição do julgador atinge apenas um dos litisconsortes:

DECISÃO

Há, nos autos, a notícia, trazida pela secretaria deste juízo, por meio da informação de fl. x, de que o demandante **[nome do autor]** é cliente, em causas de outra natureza, do escritório de advocacia integrado por um irmão meu. Apesar de a causa, nestes autos, estar patrocinada por advogado vinculado a outro escritório, o quadro fático é revelador da existência de impedimento para que eu processe e julgue a demanda proposta pelo mencionado autor (CPC, art. 144, VIII).

É importante pontuar, porém, que tal impedimento está adstrito a um específico autor e não se estende aos demais, uma vez que o litisconsórcio ativo formado é facultativo impróprio: o único vínculo existente entre os litisconsortes decorre de mera afinidade de questões por pontos similares de fato ou de direito (CPC, art. 113, III). Nesse caso, não existe qualquer risco de a decisão final, caso o julgamento seja distinto para cada um dos autores, gerar situações antagônicas, no todo ou em parte.

Diante desse quadro, determino que a secretaria deste juízo extraia cópia integral dos autos, desde a petição inicial até este pronunciamento. O conjunto formado deverá ser autuado e registrado junto à distribuição, recebendo numeração própria.

Os autos originais continuarão sob a minha direção, ao passo que os novos autos ficarão sob a direção do magistrado incumbido de me substituir. Os atos processuais que digam respeito à parcela do processo atingida pelo impedimento serão praticados, todos, apenas nos novos autos.

Para evitar o surgimento de incidentes desnecessários, esclareço, de logo, que, nos autos originais, não será apreciada qualquer questão, formal ou de mérito, específica da parcela do processo atingida pelo impedimento e, quanto à resolução de questões que seriam comuns a todo o processo, os atos decisórios respectivos não produzirão qualquer efeito no que se refere ao demandante **[nome do autor]**.

Capítulo XVI ◆ Elaboração da fundamentação: questões relativas a impedimento...

> Cumpridas todas as determinações dadas, proceda a secretaria, nos autos originais, à citação, por mandado (CPC, art. 247, III), da parte ré. Considerando que o direito sob discussão não admite autocomposição (CPC, art. 334, § 4º, II), a parte ré será citada para que, querendo, apresente defesa (CPC, arts. 183, *caput*, e 231, II), relativamente às demandas propostas pelos autores não atingidos pelo impedimento.
>
> Intime-se.
>
> [local e data].

NO CONCURSO PÚBLICO

*Já pontuamos que é difícil – muitíssimo difícil! – que uma questão, ainda não resolvida no curso do processo, envolvendo impedimento ou suspeição do juiz, seja objeto de quesito numa prova de **concurso público**, cuja resposta exija, por exemplo, a elaboração de uma sentença.*

*Todavia, se ocorrer uma situação desse tipo, o candidato deverá estar atento para a possibilidade de a situação atingir apenas uma **parcela** do processo, de modo a que esse específico capítulo do ato decisório atinja apenas tal **parcela**.*

*É importante lembrar que, se houver alegação de impedimento ou de suspeição e o juiz **não** reconhecer a sua incompatibilidade subjetiva para com a causa (CPC, art. 146, § 1º, segunda parte), o magistrado somente poderá praticar ato decisório **após** o tribunal haver concluído pela improcedência da alegação (CPC, art. 146, §§ 3º a 7º).*

*De outro lado, a conclusão de que o impedimento ou a suspeição atinge **todo** o processo conduz a que **nenhuma** das demais matérias seja examinada.*

*Não se pode, nunca, perder de vista que a melhor forma de o examinador do concurso aferir o grau de conhecimento do candidato é criar um quadro que enseje a sua manifestação sobre o **maior** número possível de assuntos.*

*Por isso, nos concursos públicos, há uma tendência histórica para a elaboração de quesitos de um modo tal que a manifestação a respeito de matérias como essas **não** feche as portas para que o candidato se manifeste sobre outros temas.*

CAPÍTULO XVII

ELABORAÇÃO DA FUNDAMENTAÇÃO: QUESTÕES RELATIVAS A ERRO NA DISTRIBUIÇÃO DA PETIÇÃO INICIAL

◆ **SUMÁRIO**

1. Relação de subordinação com outras questões – **2.** Possibilidade de a existência da questão ser percebida no momento de prestar a tutela definitiva – **3.** Natureza administrativa do ato de distribuição – **4.** Distinção entre questão sobre erro na distribuição da petição inicial e questão sobre competência do juízo – **5.** Hipóteses de erro na distribuição da petição inicial: **5.1** Distribuição para juízo distinto daquele indicado pela parte autora; **5.2** Distribuição para juízo que não integra o universo dos juízos indicados pela parte autora; **5.3** Distribuição aleatória, em vez de por dependência; **5.4** Distribuição por dependência, em vez de aleatória – **6.** Relação com questão referente a tutela provisória de urgência.

NO CONCURSO PÚBLICO

*Numa prova de **concurso público**, se a exigência for a de que seja elaborada uma **sentença**, por exemplo, e o candidato perceber que há, no caso proposto, necessidade de enfrentamento de uma questão relativa a **erro na distribuição** da petição inicial, sua atenção deve ser redobrada, uma vez que, havendo erro na distribuição, o caminho natural **não** seria o proferimento da sentença, mas a ordem de que o ato de distribuição fosse praticado corretamente.*

*Numa situação assim, pode-se dizer que são **ínfimas – quase inexistentes!** – as chances de que a resolução adequada da questão referente a erro na distribuição seja ordenar a realização de nova distribuição, uma vez que o que se deseja, como resposta ao quesito, é que o candidato demonstre que sabe elaborar uma sentença.*

*Assim, cabe ao candidato verificar se, por exemplo, existe uma **peculiaridade**, na estruturação do quesito, capaz de fazer com que o examinador espere, naquele **específico** caso, que o entendimento adequado seja o de que **não houve erro** na distribuição ou de que, em razão de um quadro muito particular, **é possível superar o erro** ocorrido.*

*Jamais se pode perder de vista que a melhor forma de o examinador do concurso aferir o grau de conhecimento do candidato é criar um quadro que enseje a sua manifestação sobre o **maior** número possível de assuntos.*

MANUAL DA SENTENÇA CÍVEL

> *Por isso, nos concursos públicos, é frequente a elaboração de quesitos de um modo tal que a manifestação a respeito de matérias como essas **não** feche as portas para que o candidato se manifeste sobre **outros** temas.*
>
> *Esse contexto, com nítido potencial para criar uma **situação delicada para o candidato**, estimulou-nos a destinar um capítulo para análise mais detalhada do assunto, com o propósito de **cooperar** para a construção de um painel que possa servir de **apoio** para que o candidato, se for o caso de enfrentamento de uma situação desse tipo, trilhe o **caminho mais seguro**.*

> **?** O QUE DEVO FAZER SE CONSTATAR QUE HOUVE ERRO NA DISTRIBUIÇÃO DA PETIÇÃO INICIAL?

1. RELAÇÃO DE SUBORDINAÇÃO COM OUTRAS QUESTÕES

Somente se deve passar à etapa relativa à resolução de questões que versem sobre outros temas *depois* que for atingido um quadro de *estabilidade* a respeito do órgão julgador. Afinal, o órgão julgador é o sujeito processual incumbido da resolução de *todas* as questões, razão pela qual as primeiras questões objeto de exame somente podem ser as que disserem respeito a ele próprio, sem o que não há como resolver as demais.

Resolvidas ou inexistentes questões a respeito de impedimento ou de suspeição do magistrado, atinge-se a *estabilidade* no que se refere à dimensão *subjetiva* do órgão julgador estatal: ele poderá se manifestar por meio da pessoa natural daquele específico *juiz*.

Mas é imprescindível também que se atinja a *estabilidade* quanto à dimensão *objetiva*, o que exige uma *definição* quanto a se o *juízo* no qual o processo se encontra é, de fato, aquele junto ao qual a causa deve ser processada e julgada.

Tal *definição* implica a realização de dois exames: um relativo à regularidade da *distribuição da petição inicial* e o outro referente à *competência* do juízo.

E não é difícil concluir que a resolução de questão relativa à ocorrência *de erro na distribuição* da petição inicial se antepõe logicamente à resolução de questões a respeito da competência.

É que é perfeitamente possível – e comum – que, na mesma base territorial, exista *mais* de um juízo com idêntiica competência. Num cenário desse, se a *distribuição* da petição inicial houver derivado de *erro*, mesmo que tenha sido ela encaminhada para um juízo que, em tese, seria *competente* para o processamento e o julgamento da causa, o exercício da atividade jurisdicional por tal juízo estará maculado pela possibilidade de estar ele usurpando o campo de atuação de *outro* órgão jurisdicional com *idêntica* competência.

Por isso, constatado esse tipo de *erro* – cuja gravidade decorre da violação ao princípio do *juízo natural* –, o único ato a ser praticado pelo magistrado consistirá no reconhecimento do *erro* ocorrido e na determinação de que o ato de distribuição da petição inicial seja corretamente praticado.

PARA NÃO ESQUECER

*Estabelecendo-se um paralelo, mediante o uso de **linguagem metafórica**, sem esquecer que a questão referente a impedimento ou a suspeição do magistrado antecede a resolução de qualquer outra questão, o juiz, ao se deparar com um processo, está em posição similar à de uma pessoa que recebe uma encomenda acondicionada numa caixa fechada.*

*Ao receber a encomenda dentro da caixa (ao receber o conjunto que corresponde ao processo), a pessoa (o juiz) deve verificar se efetivamente a caixa deveria ser **entregue** naquele local (deve verificar se a distribuição para aquele juízo se deu corretamente).*

*A embalagem, por óbvio, **não** poderá ser aberta (o processo, quanto a outros aspectos, não poderá ser examinado) se a pessoa perceber que houve **equívoco** na entrega (se o juiz perceber que houve erro na distribuição).*

*A solução, então, será **devolver** a caixa na qual está a encomenda (devolver o conjunto que corresponde ao processo), com a embalagem ainda fechada (sem que outros aspectos do processo tenham sido examinados), para quem possuir meios para fazer com que a entrega se dê sem o cometimento de equívocos (para que a distribuição se dê corretamente).*

*Se, por outro lado, a pessoa (o juiz) constatar que, de fato, a **entrega** da caixa se deu corretamente (constatar que não ocorreu erro na distribuição), abrirá a caixa e poderá dar início à análise do seu conteúdo (poderá dar início ao exame de outros aspectos do processo).*

2. POSSIBILIDADE DE A EXISTÊNCIA DA QUESTÃO SER PERCEBIDA NO MOMENTO DE PRESTAR A TUTELA DEFINITIVA

> SE EU CONCLUIR, AO PRIMEIRO CONTATO COM OS AUTOS, QUE O CASO É DE INDEFERIMENTO DA PETIÇÃO INICIAL, MAS QUE HOUVE ERRO NA DISTRIBUIÇÃO, O QUE DEVO FAZER?

A ocorrência de *erro* na distribuição é questão a ser resolvida na fase inicial do processo (CPC, art. 288).

Ao lado disso, já anotamos que há possibilidade de a tutela definitiva ser prestada logo ao *primeiro* contato do juiz com os autos, tal como se dá com os casos em que o magistrado entender que a petição inicial deve ser indeferida, total ou parcialmente (CPC, art. 330), ou que o pedido deve ser julgado, no todo ou em parte, liminarmente improcedente (CPC, art. 332)[1].

O fato, porém, é que, se o juiz perceber que efetivamente houve *erro* na distribuição da petição inicial, ele *não* poderá praticar qualquer ato decisório, a não ser o ato consistente no reconhecimento do *erro* e na determinação de que os autos sejam submetidos a *nova* distribuição.

3. NATUREZA ADMINISTRATIVA DO ATO DE DISTRIBUIÇÃO

> **SE A PARTE AUTORA DIRIGIR A PETIÇÃO INICIAL PARA DETERMINADO JUÍZO, O JUIZ DISTRIBUIDOR PODE ORDENAR QUE A DISTRIBUIÇÃO SE DÊ PARA JUÍZO DISTINTO?**

O ato de distribuição – é muito importante perceber – tem natureza *administrativa*.

Mesmo que seja presidido por um magistrado (o chamado *juiz distribuidor*), a natureza do ato de distribuição da petição inicial será sempre *administrativa*, como *administrativa*, nesse caso, será a atuação do *juiz distribuidor*.

O fato de tratar-se de ato *administrativo* gera diversos efeitos práticos.

Um deles é a submissão a controle jurisdicional. Em razão disso, se o magistrado para o qual for distribuída a petição inicial entender que o ato deveria ser praticado de modo diverso – por exemplo, a distribuição deveria ser aleatória (CPC, art. 285, *caput*), e não por dependência (CPC, art. 286, *caput*) –, o caso *jamais* ensejará um conflito entre o *juiz distribuidor* e o juiz que ordenou a redistribuição, uma vez que o ato jurisdicional praticado pelo segundo sobrepujará o ato administrativo levado a cabo pelo primeiro.

Outro efeito prático é a submissão à fiscalização da parte, do procurador da parte, do Ministério Público e da Defensoria Pública (CPC, art. 289).

Mas há um efeito *prático* cujo relevo é mais substancial.

É que, por se tratar de ato de natureza *administrativa*, se a parte autora dirigir a petição inicial para determinado juízo, esse direcionamento deve ser compre-

---

[1] No capítulo em que tratamos da verificação quanto a se a questão está apta a ser resolvida, demonstramos que há quadros que autorizam que o juiz, de logo, já ao primeiro contato com a petição inicial, preste a tutela definitiva, seja por meio de ato decisório que indefere, no todo (sentença) ou em parte (decisão interlocutória), a petição inicial, seja por intermédio de decisão que reconheça a improcedência liminar, total (sentença) ou parcial (decisão interlocutória), do pedido. Demonstramos, ainda, que, em razão da incidência de normas fundamentais do Direito Processual Civil, em especial do princípio do *contraditório*, não é todo caso de indeferimento da petição inicial e de improcedência liminar do pedido que comporta o proferimento *imediato* de decisão, pois *pode* haver necessidade de a parte autora ser ouvida a respeito do assunto, *antes* de a decisão ser proferida.

Capítulo XVII ◆ Elaboração da fundamentação: questões relativas a erro...

endido como manifestação do entendimento, pela parte autora, de que o juízo por ela indicado é o órgão julgador *competente* para lhe prestar a atividade jurisdicional. O ato de direcionar a petição inicial para *certo* juízo é, pois, uma expressão da compreensão, pela parte autora, de que *aquele* é o juízo natural da causa.

Num caso assim, *não* é dado a quem cumpre atividades *administrativas* controlar o entendimento expressado, já que uma decisão sobre *competência* de um órgão jurisdicional somente pode ser proferida por órgão que exerce atividade jurisdicional.

De fato, se a parte dirigiu um pleito para determinado órgão julgador, somente tal órgão terá *competência* para decidir se, efetivamente, o entendimento da parte, no sentido de que é aquele o órgão que deverá lhe prestar a jurisdição, está ou não correto.

Admitir o exercício de um controle de natureza *administrativa* sobre uma manifestação de entendimento da parte autora a respeito de *competência* equivaleria a permitir uma invasão, por um órgão *administrativo* (o setor de distribuição), do campo de atuação de um órgão jurisdicional (o juízo para o qual a parte autora dirigiu a petição inicial).

Percebe-se, assim, que o órgão administrativo estará desbordando, em muito, os limites da sua atuação se praticar *qualquer* ato que resulte por privar o órgão jurisdicional do exercício da atividade que lhe é inerente, consistente em *deliberar* a respeito de *todas* as postulações que lhe forem diretamente dirigidas, aí incluída a *deliberação* quanto a se agiu corretamente ou não a parte ao lhe dirigir diretamente a postulação.

Não é preciso, pois, qualquer esforço para se concluir que, se a parte autora direcionar a petição inicial para determinado juízo, será esse o juízo natural para decidir se o *direcionamento* dado está ou não correto. Somente depois de vencida essa etapa – com a definição quanto a se o *direcionamento* dado estava correto ou não – é que poderá ser resolvida eventual questão a respeito da identificação do juízo natural para *processamento e julgamento da causa*.

4. DISTINÇÃO ENTRE QUESTÃO SOBRE ERRO NA DISTRIBUIÇÃO DA PETIÇÃO INICIAL E QUESTÃO SOBRE COMPETÊNCIA DO JUÍZO

> **?** QUAL A DIFERENÇA ENTRE ERRO NA DISTRIBUIÇÃO E INCOMPETÊNCIA DO JUÍZO?

Praticado o *ato de distribuição*, a primeira atitude do juiz ao examinar o caso – logo após avaliar se há algum motivo para manifestação a respeito de impedimento ou de suspeição – é verificar se houve *erro* na prática do ato aludido.

Esse exame – é importante observar – *não* se confunde com a formação de qualquer entendimento a respeito da *competência* do juízo.

Nessa etapa, o objeto do exame é bem mais simples. Consiste, apenas, em verificar se o *ato administrativo* de distribuição da petição inicial foi praticado corretamente.

Somente se o magistrado concluir que o *ato de distribuição* não padece de vício é que será aberto espaço para que ele se manifeste a respeito da *competência* do juízo.

Imagine-se uma comarca em que existam varas de família e varas da Fazenda Pública e que, numa vara de família, tramite um processo em que a parte autora discute, mediante demanda proposta contra os filhos de um falecido servidor público estadual, a existência de uma relação de união estável entre ela e o servidor falecido.

Acrescente-se que, em dado momento, a mesma parte autora do processo já existente resolva propor uma demanda contra o Estado, com o objetivo de ver reconhecido o seu direito à percepção do benefício de pensão por morte, em razão do fato de haver mantido, com o mesmo falecido servidor, a relação de união estável cuja existência está sendo discutida no processo em curso pela vara de família.

Em razão da conexão existente entre as demandas, admita-se que a parte autora, equivocadamente, dirija a petição inicial relativa à nova demanda, proposta contra o Estado, para o mesmo juízo de família em que se encontra tombado o processo anterior.

Nesse caso, se o responsável pela distribuição da petição inicial, a requerimento *expresso* da parte autora, encaminhar a mencionada petição para o juízo de família, o ato administrativo de *distribuição* estará absolutamente *correto*, já que *não* é dado a quem exerce atividade meramente administrativa controlar o entendimento expressado pela parte.

Porém, naquela comarca, o juízo de família não possui *competência*, em razão da pessoa – trata-se de incompetência absoluta, portanto –, para processar e julgar uma causa em que é parte o Estado.

Por esse motivo, apesar de haver sido *correto* o ato de *distribuição*, caberá ao magistrado reconhecer a *incompetência* absoluta do juízo de família e ordenar a remessa dos autos para a vara da Fazenda Pública.

Por óbvio, ante o fato de haver, no caso, uma conexão que enseja o risco de proferimento de decisões contraditórias, há medidas a serem adotadas para que, tanto quanto possível, seja afastado esse risco. Tais medidas serão examinadas mais adiante, no capítulo referente às questões que repercutem na competência do juízo, quando há conexão.

O que é importante perceber agora, à luz do exemplo dado, é que é plenamente possível que, apesar de a *distribuição* da petição inicial haver se dado *corretamente*, o juízo para o qual foi ela distribuída não seja o *competente* para o processamento e o julgamento da causa.

> **PARA NÃO ESQUECER**
>
> *Estabelecendo-se um paralelo, mediante o uso de **linguagem metafórica**, vale a pena fazer um pequeno exercício mental a respeito da **distinção** entre **erro na distribuição** e **incompetência do juízo**.*
>
> *Assim é que, sem esquecer que a questão referente a impedimento ou a suspeição do magistrado antecede a resolução de qualquer outra questão, o juiz, ao se deparar com um processo, está em posição similar à de uma pessoa que recebe uma encomenda acondicionada numa caixa fechada.*
>
> *Ao receber a encomenda dentro da caixa (ao receber o conjunto que corresponde ao processo), a pessoa (o juiz) deve verificar se efetivamente a caixa deveria ser **entregue** naquele local (deve verificar se a distribuição para aquele juízo se deu corretamente).*
>
> ***Essa etapa corresponde à verificação a respeito da regularidade do ato de distribuição, que é exatamente o que estamos examinando.***
>
> *A embalagem, por óbvio, não poderá ser aberta (o processo, quanto a outros aspectos, não poderá ser examinado) se a pessoa perceber que houve **equívoco** na entrega (se o juiz perceber que houve erro na distribuição).*
>
> *A solução, então, será devolver a caixa na qual está a encomenda (devolver o conjunto que corresponde ao processo), com a embalagem ainda fechada (sem que outros aspectos do processo tenham sido examinados), para quem possuir meios para fazer com que a **entrega** se dê sem o cometimento de equívocos (para que a distribuição ocorra corretamente).*
>
> *Se, por outro lado, a pessoa (o juiz) constatar que, de fato, a **entrega** da caixa se deu **corretamente** (constatar que não ocorreu erro na distribuição), abrirá ela a caixa e dará início ao exame do seu conteúdo (dará início ao exame de outros aspectos do processo), ocasião em que poderá verificar se a encomenda que está no interior da caixa (ocasião em que poderá verificar se o conteúdo do processo) tem relação com as atividades que são desempenhadas naquele local (está incluído no âmbito da competência do juízo).*
>
> ***Essa corresponde à análise relativa à competência, que será objeto de exame no próximo capítulo.***

5. HIPÓTESES DE ERRO NA DISTRIBUIÇÃO DA PETIÇÃO INICIAL

> **QUAIS AS SITUAÇÕES QUE REVELAM A OCORRÊNCIA DE ERRO NA DISTRIBUIÇÃO?**

Tendo em vista os juízos sediados em dado território – a comarca, no caso do Poder Judiciário dos Estados –, a parte autora pode endereçar a petição inicial (*i*) especificamente para determinado juízo, (*ii*) para juízos com determinada competência ou (*iii*) para qualquer dos juízos da mesma base territorial.

De sua vez, ao agente responsável pelo ato de distribuição somente é dado atuar em *consonância* com a compreensão externada pela parte autora ao direcionar a petição inicial.

Assim, apenas na hipótese de a petição inicial *não* estar dirigida para um juízo específico, nem para juízos com determinada competência, é que haverá campo para a livre atuação do agente administrativo responsável, que, a depender do caso concreto, deverá proceder à distribuição aleatória ou à distribuição por dependência (CPC, arts. 285 e 286).

5.1 Distribuição para juízo distinto daquele indicado pela parte autora

Se a petição inicial estiver *especificamente* direcionada, pela parte autora, para determinado juízo, é para o juízo indicado que a peça deverá ser enviada pelo setor de distribuição, independentemente de qualquer compreensão que o agente administrativo responsável pelo setor – aí incluído o *juiz distribuidor* – possa ter quanto a se o direcionamento dado pela parte está correto ou não.

É que, como já registrado, ao direcionar a petição inicial para dado juízo, a parte autora está manifestando o seu entendimento de que aquele é o juízo *competente* para o processamento e o julgamento da causa. No modo de ver da parte autora, é aquele o juízo natural da causa.

Num exemplo, haverá *erro* na distribuição se a petição inicial estiver expressamente dirigida para o juízo da 3ª Vara Cível de determinada comarca e, mesmo assim, o setor de distribuição a encaminhar para outra unidade.

Na hipótese de o setor de distribuição, contrariando a indicação feita pela parte autora, enviar a petição inicial para outra unidade, caberá ao magistrado responsável pela unidade ordenar que a peça seja distribuída para o juízo constante no endereçamento.

Nessa situação, é sempre do juízo indicado pela parte autora – e não de qualquer outro juízo, muito menos de um setor situado no âmbito administrativo – a incumbência de decidir quanto a se a parte autora se equivocou ou não ao *direcionar* a petição inicial.

Assim, independentemente de o juízo indicado pela parte autora ser ou não o *competente*, se a distribuição houver sido levada a cabo em consonância com a indicação feita, *não* se poderá falar em *erro na distribuição*.

NA PRÁTICA

*Exemplo de pronunciamento por meio do qual o magistrado, logo ao primeiro contato com os autos, **reconhece a ocorrência de erro na distribuição da petição inicial**, por haver ela sido distribuída para juízo distinto daquele indicado pela parte autora:*

> **DECISÃO**
>
> A petição inicial está expressamente dirigida para o MM. Juízo de Direito da 3ª Vara Cível desta Comarca. Apesar disso, foi ela distribuída para este juízo da 5ª Vara Cível. Ante o direcionamento dado pela parte autora, cabe ao MM. Juízo da 3ª Vara se pronunciar, reconhecendo ou não a sua competência para processar e julgar a causa. Diante do exposto, adote a secretaria as providências para que seja realizada a distribuição para a 3ª Vara Cível.
>
> Intime-se a parte autora.
>
> **[local e data]**.

Observe-se que, por meio desse pronunciamento, é ordenada, com sucinta, mas adequada, fundamentação, a correção do *erro* ocorrido na distribuição.

Não há necessidade de prévia intimação para que a parte autora se manifeste a respeito da situação, uma vez que o pronunciamento judicial está no exato sentido do quanto a própria parte autora postulou.

É necessário, porém, que a parte autora seja *informada* sobre o conteúdo do ato judicial. Está aí o porquê de haver sido determinada a sua intimação.

Por óbvio, como a parte ré ainda não está integrada ao processo, o caso não enseja a sua intimação, podendo ela, porém, após integrada, suscitar qualquer questão a respeito do assunto.

Finalmente, **duas observações** de ordem essencialmente prática devem ser feitas.

A *primeira* é para que se perceba que as referências ao Juízo de Direito foram antecedidas do qualificativo "MM." (meritíssimo), o que não aconteceu quando houve alusão à Vara. É que o qualificativo está dirigido para a dimensão subjetiva do órgão julgador: ao juiz por meio do qual o juízo se manifesta. A Vara, de seu turno, é uma unidade administrativa do Poder Judiciário, que abrange o órgão julgador e os serviços auxiliares da Justiça.

A segunda é para destacar que a referência a "este juízo" não foi antecedida do qualificativo "MM.", já que não há sentido em o juiz considerar que ele próprio é "de grande mérito", "muito digno", "digníssimo"[2].

5.2 Distribuição para juízo que não integra o universo dos juízos indicados pela parte autora

Estando a petição inicial dirigida para juízos com determinada competência, não poderá ela ser *distribuída* para juízo com competência diversa.

Assim, por exemplo, se a petição inicial estiver endereçada para qualquer dos juízos das varas cíveis da comarca, não poderá ela ser distribuída para um juízo de vara da Fazenda Pública.

---

[2] FERREIRA, Aurélio Buarque de Holanda. *Novo dicionário Aurélio da língua portuguesa*. 4. ed. Curitiba: Positivo, 2009, p. 1315.

O raciocínio tem a mesma base do desenvolvido no item anterior: não cabe a quem atua administrativamente contrariar o direcionamento dado pela parte autora à petição inicial, uma vez que esse direcionamento expressa o entendimento da parte de que aquele é o juízo *competente* e não pode um órgão administrativo fazer crivo a respeito da *competência* de um órgão jurisdicional.

Assim, caberá ao magistrado em atuação na unidade para a qual a petição inicial, em contrariedade ao endereçamento feito pela parte autora, foi enviada pelo setor de distribuição, determinar que os autos sejam redistribuídos, para encaminhamento, por sorteio, a *um* dos juízos mencionados no endereçamento.

Será, destarte, um dos juízos, *dentre* os indicados pela parte autora, que decidirá se o direcionamento dado pela parte está ou não correto. Decidirá, portanto, se é aquele ou não é aquele o juízo *competente*.

Assim, se a petição inicial foi distribuída para um *dentre* os juízos *indicados* pela parte autora, de *erro* na distribuição não se pode cogitar, do que se depreende que, se o magistrado em atuação naquele juízo concluir que houve equívoco da parte ao dirigir a petição inicial, tal equívoco dirá respeito à *competência* do juízo, e não a *erro na distribuição*.

NA PRÁTICA

*Exemplo de pronunciamento por meio do qual o magistrado, logo ao primeiro contato com os autos, reconhece a ocorrência de **erro na distribuição da petição inicial**, por haver ela sido distribuída para juízo que não integra o universo dos juízos indicados pela parte autora:*

DECISÃO

A petição inicial está expressamente dirigida para um dentre os juízos de Direito das Varas de Família desta Comarca. Apesar disso, foi ela distribuída para este juízo da 5ª Vara Cível. Ante o direcionamento dado pela parte autora, cabe ao juízo da Vara de Família para o qual a petição inicial vier a ser, por sorteio, distribuída se pronunciar, reconhecendo ou não a sua competência para processar e julgar a causa.

Diante do exposto, adote a secretaria as providências para que seja realizada a distribuição, por sorteio, para uma das Varas de Família.

Intime-se a parte autora.

[local e data].

Observe-se que, por meio desse pronunciamento, é ordenada, com sucinta, mas adequada, fundamentação, a correção do erro *ocorrido na distribuição.*

Não há necessidade de prévia intimação para que a parte autora se manifeste a respeito da situação, uma vez que o pronunciamento judicial está no exato sentido do quanto a própria parte autora postulou.

> *É necessário, porém, que a parte autora seja informada sobre o conteúdo do ato judicial. Está aí o porquê de haver sido determinada a sua intimação.*
>
> *Por óbvio, como a parte ré ainda não está integrada ao processo, o caso não enseja a sua intimação, podendo ela, porém, após integrada, suscitar qualquer questão a respeito do assunto.*

5.3 Distribuição aleatória, em vez de por dependência

É possível que, mesmo não havendo direcionamento pela parte autora, existam elementos informativos, nos cadastros do próprio setor de distribuição, na petição inicial ou nos documentos que a instruem, que conduzam a que a distribuição se dê por dependência (CPC, art. 286, *caput*), o que significa que já há um juízo natural previamente definido.

Imagine-se, por exemplo, que o sistema informatizado da distribuição indique que há *prevenção* de determinado juízo e o setor de distribuição, mesmo assim, em vez de proceder à distribuição por dependência, encaminhe a petição inicial para juízo distinto, em razão de distribuição aleatória.

Num caso desse, o juízo para o qual a petição inicial foi erroneamente distribuída, ao perceber o equívoco cometido, deverá determinar que novo ato de distribuição seja levado a efeito, dessa vez, por dependência.

NA PRÁTICA

*Exemplo de pronunciamento por meio do qual o magistrado, logo ao primeiro contato com os autos, reconhece a ocorrência de **erro na distribuição da petição inicial**, por haver ela sido distribuída aleatoriamente, em vez de por dependência:*

DECISÃO

A petição inicial não está dirigida para um juízo específico. Todavia, pela narrativa contida nela própria, houve um processo anterior, que tramitou junto à 3ª Vara Cível desta Comarca e que foi extinto sem resolução do mérito, no qual o pedido formulado foi exatamente o mesmo. Diante desse quadro, a distribuição deveria ter se dado por dependência para o MM. Juízo de Direito da 3ª Vara Cível (CPC, art. 286, II), e não de forma aleatória.

Diante do exposto, adote a secretaria as providências para que seja realizada a distribuição, por dependência, para a 3ª Vara Cível.

Intime-se a parte autora.

[local e data].

5.4 Distribuição por dependência, em vez de aleatória

Num caso em que *não* houver direcionamento da petição inicial pela parte autora e *não* militar qualquer dos motivos aptos a gerar a distribuição por dependência (CPC, art. 286, *caput*), a distribuição deverá se dar de modo aleatório (CPC, art. 285).

A distribuição por dependência, para um certo juízo, num caso desse, é *inadmissível*.

Tratando-se de distribuição por dependência equivocada, não importa que o juízo para o qual a petição inicial tenha sido distribuída seja competente, relativamente incompetente ou absolutamente incompetente. Em qualquer situação, deverá o juiz ordenar que nova distribuição seja feita. E, assim como deve o juiz, de ofício, ordenar, podem as partes e o Ministério Público, este se atuar no processo como *custos iuris*, alegar.

É que, como já registramos, é inadmissível que um *erro* cometido por um setor administrativo (o setor de distribuição) resulte por vincular um órgão jurisdicional, com possibilidade de suprimir a atuação de outro órgão jurisdicional (o outro juízo para o qual a petição inicial poderia ter sido distribuída, se o erro não houvesse ocorrido).

A título de exemplo, pense-se numa situação em que há três varas na comarca, todas com idêntica competência, e a petição inicial, sem qualquer motivo jurídico, seja distribuída, de modo dirigido, para uma delas.

Acontecendo um quadro desse tipo, caberá ao juízo para o qual a petição inicial tenha sido distribuída por dependência ordenar que a distribuição se dê de modo aleatório, preservando-se, com isso, a aplicação do princípio do *juízo natural*.

Perceba-se que, no exemplo dado, o juízo para o qual a petição inicial foi distribuída teria, em tese, *competência* para processar e julgar a causa, mas, mesmo assim, para preservação do princípio do *juízo natural*, nova distribuição *deverá* ser realizada. Com efeito, se há dois outros juízos com idêntica competência, se a distribuição houvesse ocorrido corretamente, de modo aleatório, havia possibilidade de a petição inicial ser enviada para qualquer desses juízos.

Idêntico raciocínio, que também conduz à realização de nova distribuição, deve ser aplicado se, em razão de uma distribuição por dependência equivocada, os autos vierem a ser tombados junto a um juízo relativa ou absolutamente incompetente.

NA PRÁTICA

*Exemplo de pronunciamento por meio do qual o magistrado reconhece a ocorrência de **erro na distribuição** da petição inicial, por haver ela sido distribuída por dependência, em vez de aleatoriamente:*

> **DECISÃO**
>
> A petição inicial não está dirigida para este juízo da 5ª Vara Cível e, ao lado disso, o quadro dos autos não se insere em qualquer das situações aptas a gerar a distribuição por dependência (CPC, art. 286, *caput*). Entretanto, a distribuição se deu, equivocadamente, por dependência, para este juízo, em vez de ocorrer de forma aleatória (CPC, art. 285).
>
> Diante do exposto, adote a secretaria as providências para que seja realizada a distribuição aleatória.
>
> Intime-se a parte autora.
>
> [local e data].

6. RELAÇÃO COM QUESTÃO REFERENTE A TUTELA PROVISÓRIA DE URGÊNCIA

Pode-se cogitar a possibilidade de o *erro* na distribuição ocorrer num caso em que há um pleito de concessão de tutela provisória de *urgência* e que a *urgência* alegada seja marcada por um quadro em que o tempo disponível para adoção da medida judicial adequada seja *exíguo*.

Caberá ao magistrado, num caso desse, ordenar, *de imediato*, que os agentes responsáveis pelos serviços auxiliares da justiça deem ao processo tratamento *preferencial*, compatível com a sua peculiaridade.

Assim, em cumprimento da ordem judicial, deverão os servidores da unidade para a qual o processo foi equivocadamente distribuído, bem como todos os agentes responsáveis pelo setor de distribuição, adotar, também *imediatamente*, todas as providências a seu cargo, de modo a que o equívoco seja corrigido no menor tempo possível e o processo seja encaminhado ao juízo para o qual a distribuição deveria ter se dado.

Destaque-se que entre tais providências está o *alerta*, a ser dado ao quadro de pessoal da unidade para a qual o processo será enviado, a respeito da urgência de que o caso se reveste.

> **NA PRÁTICA**
>
> *Exemplo de pronunciamento por meio do qual o magistrado reconhece a ocorrência de **erro na distribuição** da petição inicial, num caso em que há um pleito de concessão de tutela provisória de **urgência** e que a urgência alegada seja marcada por um quadro em que o tempo disponível para adoção da medida judicial adequada seja exíguo:*
>
> **DECISÃO**
>
> A petição inicial não está dirigida para este juízo da 5ª Vara Cível e, ao lado disso, o quadro dos autos não se insere em qualquer das situações aptas a gerar a distribuição por

dependência (CPC, art. 286, caput). Entretanto, a distribuição se deu, equivocadamente, por dependência, para este juízo, em vez de ocorrer de forma aleatória (CPC, art. 285).

Diante do exposto, adote a secretaria as providências para que seja realizada a distribuição aleatória.

Anoto que se trata de caso em que há pleito de concessão de tutela provisória de urgência e que a urgência alegada é marcada por um quadro em que o tempo disponível para que seja efetivada eventual decisão concessiva é exíguo.

Ordeno, por isso, que seja dado ao processo tratamento *preferencial*, devendo os serviços auxiliares da Justiça adotar, imediatamente, todas as medidas a seu cargo, de modo a que os autos sejam encaminhados, o quanto antes, ao juízo para o qual venham a ser aleatoriamente distribuídos.

Tão logo seja identificado o juízo, o chefe de secretaria da unidade para a qual o processo será enviado deverá ser comunicado e alertado a respeito da urgência de que o caso se reveste.

A parte autora será intimada sobre o conteúdo deste pronunciamento por ocasião da sua intimação quanto à deliberação que vier a ser adotada no que toca ao pleito de concessão de tutela provisória de urgência.

[local e data].

Observe-se que foi dada ordem para que a intimação da parte autora sobre o pronunciamento somente se dê posteriormente, quando houver deliberação sobre o pleito de concessão de tutela provisória de urgência.

É que, mesmo que os autos sejam imediatamente submetidos a nova distribuição, o ato de intimação será sempre um ato a mais a ser praticado, o que gera um quadro em que deve ser dada precedência ao princípio da efetividade, com a temporária supressão, nesse ponto relativo à ordem de que ocorra nova distribuição, do contraditório. Ademais, em casos assim, caracterizados por urgência diferenciada, o comum é que a representação judicial da parte autora fique atenta para todos os movimentos do processo.

Feita a distribuição regular, o juízo para o qual o processo for distribuído cuidará da intimação da parte autora sobre o pronunciamento da lavra do juízo anterior.

De qualquer sorte, no momento em que a parte autora tomar conhecimento do ato, poderá se manifestar ou não.

Estão aí os porquês de não haver sido determinada a imediata intimação da parte autora.

Por óbvio, como a parte ré ainda não está integrada ao processo, o caso não enseja a sua intimação, podendo ela, porém, após integrada, suscitar qualquer questão a respeito do assunto.

CAPÍTULO XVIII

ELABORAÇÃO DA FUNDAMENTAÇÃO: QUESTÕES QUE REPERCUTEM NA COMPETÊNCIA DO JUÍZO

◆ **SUMÁRIO**

1. Relação de subordinação com outras questões: **1.1** Simultaneidade com questão relativa a tutela provisória de urgência; **1.2** Reflexos da adoção da *translatio iudicii* – **2.** Possibilidade de a existência da questão ser percebida no momento de prestar a tutela definitiva – **3.** Tempo e forma de surgimento da questão: **3.1** Incompetência absoluta; **3.2** Incompetência relativa; **3.3** Cláusula de eleição de foro abusiva; **3.4** Perpetuatio jurisdictionis; **3.4.1** Exceções à regra da "perpetuação da jurisdição"; **3.4.2** "Perpetuação da jurisdição" e situações em que um critério relativo de determinação da competência é tornado absoluto; **3.5** Existência de convenção de arbitragem ou a reconhecimento, pelo juízo arbitral, da sua própria competência; **3.6** Existência de interesse jurídico de sujeito cuja presença no processo determina a competência de outro órgão julgador; **3.6.1** Remessa dos autos sem decisão a respeito da existência de interesse jurídico; **3.6.2** Remessa dos autos com decisão a respeito da existência de interesse jurídico; **3.6.3** Enunciado n. 254 da súmula do STJ e suscitação de conflito pelo juízo em que o processo se encontrava originalmente; **3.7** Conexão e a continência; **3.7.1** Efeitos; **3.7.2** Conexão por mera afinidade de questões e inexistência de risco de decisões contraditórias; **3.8** Incorreção do valor atribuído à causa; **3.9** Ilegitimidade para a causa – **4.** Momento adequado para resolução da questão: **4.1** Incompetência absoluta; **4.2** Cláusula de eleição de foro abusiva; **4.3** Incompetência relativa.

NO CONCURSO PÚBLICO

*As questões que envolvem a **competência** do juízo têm grande potencial para criar **dificuldades** para o candidato, num concurso público, nas situações em que a resposta ao quesito implica a redação de uma **sentença**.*

*Por óbvio, se o candidato reconhecer que **falta, integralmente, competência ao juízo** para processar e julgar a causa, a consequência será a **impossibilidade** de proferir a sentença.*

*Sucede que a lógica conduz a que a banca do concurso tenha criado um cenário por meio do qual o candidato possa demonstrar que **sabe** elaborar uma sentença.*

MANUAL DA SENTENÇA CÍVEL

*Por isso, uma situação impeditiva do proferimento da sentença é mais uma daquelas quanto às quais se pode afirmar que são **mínimas – realmente diminutas!** – as chances de acontecer.*

*Assim, numa prova cujo quesito envolve a elaboração de uma sentença, se o candidato se deparar com uma questão a respeito de **competência**, o seu raciocínio deve ser **direcionado** para as situações que **permitam que a sentença seja proferida**.*

*Para tanto, é muitíssimo importante que o candidato esteja atento para a possibilidade de que tenha sido criada, no quesito, uma situação em que, aparentemente, há **incompetência integral** do juízo, mas, em verdade, trata-se, apenas, de **aparência**.*

*São diversas as telas em que desenhos como esse podem ser feitos pela banca responsável pela **realização** do concurso.*

*Assim, por exemplo, pode ser que a situação seja a de **incompetência relativa** que **não** tenha sido alegada, que tenha sido **alegada tardiamente** ou que tenha sido alegada, mesmo que no prazo, por sujeito do processo **sem legitimidade** para tanto. Nesses casos, sendo **relativa** a incompetência, o juiz não pode tomar conhecimento de ofício, e, diante da preclusão, terá havido **prorrogação da competência**.*

*Outro exemplo é o decorrente do fato de a **incompetência existir**, mas atingir apenas uma **parcela do processo**, de modo que, quanto a tal parcela, o juiz não examinará as demais questões, inclusive as de mérito, mas **examinará todas as questões** vinculadas à **parcela** do processo em que há **competência**. Num quadro assim, o quesito pode ter sido elaborado de modo a que as questões que não serão apreciadas, por falta de competência, sejam **similares** às que ainda persistiram para exame. Perceba-se que se a banco do concurso criar um quadro desse, o candidato continuará obrigado a **elaborar a sentença** e, nela, terá de tratar dos assuntos que a banca entendeu que devem ser abordados.*

*São **inúmeras** as possibilidades de criação de quesitos envolvendo **competência**.*

*Por isso, **neste capítulo**, nos **empenhamos** para trazer à tona um significativo volume de **situações práticas** com as quais o candidato – e o juiz, no seu cotidiano – pode se deparar.*

*Nessa linha, cuidamos de cenários que envolvem, **dentre muitos outros**, assuntos como translatio iudicii, perpetuatio jurisdictionis, incompetência absoluta parcial e incompetência relativa parcial.*

*Exploramos, pois, um assunto que tem forte potencial para criar **dificuldades** para o candidato, que poderá se ver diante de um obstáculo para que a sentença seja proferida e terá de **superar** tal obstáculo.*

*O nosso propósito, aqui, mais uma vez, é **contribuir**, ao máximo, para que, diante de situações assim, o candidato encontre um **caminho seguro**.*

1. RELAÇÃO DE SUBORDINAÇÃO COM OUTRAS QUESTÕES

Como pontuamos anteriormente, para que outras questões existentes no processo sejam analisadas, é indispensável que já tenham sido analisadas e resolvidas eventuais questões incidentais que versem sobre o próprio órgão julgador. Afinal, se é o órgão julgador que resolverá todas as demais questões, para que ele possa atuar é preciso que, antes, sejam resolvidas as questões a respeito dele próprio.

Nessa linha, já vimos que, primeiro, com os olhos postos na dimensão *subjetiva* do órgão julgador, devem ser resolvidas questões a respeito de impedimento ou de suspeição da pessoa natural do *juiz*, já que é por meio dela que o órgão se expressa.

Na sequência, já agora com a atenção voltada para a dimensão *objetiva* do órgão julgador, constatamos que é preciso que, num passo, seja resolvida eventual questão a respeito da ocorrência de erro na distribuição e, no passo seguinte, questões que repercutam na *competência* do juízo.

De fato, a regra é a de que os atos decisórios devem ser praticados por juízo *competente*.

PARA NÃO ESQUECER

*Num paralelo traçado mediante o uso de **linguagem metafórica**, sem esquecer que a questão referente a impedimento ou a suspeição do magistrado antecede a resolução de qualquer outra questão, o juiz, ao se deparar com um processo, está em posição similar à de uma pessoa que recebe uma encomenda acondicionada numa caixa fechada.*

*Após constatar que, de fato, a **entrega** da caixa se deu corretamente (após constatar que não ocorreu erro na distribuição) e abrir a caixa, de modo a analisar o seu conteúdo (e passar a examinar outros aspectos do processo), caberá à pessoa (caberá ao juiz) verificar, primeiro, se a encomenda que está no interior da caixa (verificar, primeiro, se o conteúdo do processo) tem relação com as atividades que são desempenhadas naquele local (está incluído no âmbito da competência do juízo).*

1.1 Simultaneidade com questão relativa a tutela provisória de urgência

Há um quadro bastante delicado, merecedor de especial atenção, que toca diretamente na sequência lógica a ser empregada na resolução de questões, aí incluídas aquelas que tenham potencial para repercutir na competência do juízo: o quadro resultante da presença *simultânea* de questão a respeito de concessão de *tutela provisória de urgência*.

Numa situação assim, caberá ao magistrado, ao deliberar a respeito da *competência* do juízo, observar as características do caso concreto, mormente no que se refere à *intensidade* da urgência e aos reflexos do fator *tempo*. Esse tema, dada a sua importância prática, é objeto de minuciosa abordagem adiante, num item próprio.

1.2 Reflexos da adoção da *translatio iudicii*

> **O QUE É *TRANSLATIO IUDICII*?**

O nosso sistema processual civil adotou a chamada *translatio iudicii*, o que implica que, mesmo tendo havido reconhecimento da *incompetência*, todos os *efeitos* decorrentes do processo devem ser preservados.

Tal opção política produz diversas consequências, dentre elas a de que o reconhecimento da *incompetência*, absoluta ou relativa, não conduz, necessariamente, à invalidação das decisões proferidas pelo juízo incompetente. Nesse caso, mesmo que se reconheça que o ato decisório contém defeito decorrente da incompetência do órgão julgador que o praticou, os efeitos da decisão são conservados, até que outra decisão seja proferida, se for o caso, pelo juízo competente (CPC, art. 64, § 4º).

Todavia, a adoção da *translatio iudicii* não significa, nem de longe, que seja desejável a instalação de um cenário processual em que decisões sejam proferidas por juízo *incompetente*.

Aliás, esse quadro é tão *indesejável* que, tratando-se de decisão de mérito ou de decisão que, embora não seja de mérito, impeça nova propositura da demanda, proferida por juízo absolutamente incompetente, é cabível a propositura de ação rescisória (CPC, art. 966, *caput*, II, e § 2º).

Outros claros sinais de que o sistema jurídico processual tem repulsa pela prática de ato decisório por juízo incompetente estão no texto normativo que impõe que, tendo havido manifestação da parte contrária, o juiz decida *imediatamente* a alegação de incompetência (CPC, art. 64, § 2º) e no fato de que, ao julgar um conflito de competência, o tribunal deverá se pronunciar sobre a validade dos atos que tenham sido praticados pelo juízo que não possuía competência (CPC, art. 957, *caput*).

A *translatio iudicii* revela, pois, uma *tolerância*, mas não uma aprovação, ao proferimento de decisões por juízo incompetente. Por meio dela, abre-se, apenas, espaço para que, no plano da validade, o ato decisório, mesmo sendo defeituoso, não seja necessariamente invalidado e para que, no plano da eficácia, mesmo que se trate de ato a ser invalidado, dele sejam extraídos efeitos até que outro ato decisório seja praticado pelo juízo competente.

Assim, apesar da opção pela *translatio iudicii*, permanece íntegra a regra segundo a qual, no nosso sistema jurídico processual civil, os atos decisórios devem ser praticados por juízo *competente*, o que remete a que as questões com aptidão para refletir na *competência* do juízo sejam resolvidas com *precedência* sobre as demais, com exceção das questões referentes a impedimento ou a suspeição do juiz e à ocorrência de erro na distribuição.

Capítulo XVIII ♦ Elaboração da fundamentação: questões que repercutem...

NO CONCURSO PÚBLICO

*A percepção de que o nosso sistema jurídico processual civil adota a chamada translatio iudicii é muitíssimo importante para a resolução de questões numa prova de **concurso público**, em especial num caso em que o quesito consistir na elaboração, por exemplo, de uma **sentença**.*

*É que, no enunciado do quesito, podem ser expostas situações capazes de seduzir o candidato, na elaboração da sentença, a concluir que deve ser automaticamente invalidado determinado ato decisório, pelo fato de haver ele sido praticado (a) por juízo cuja incompetência absoluta para resolver aquela **específica** questão está sendo reconhecida na sentença ou (b) por juízo cuja incompetência, absoluta ou relativa, já havia sido reconhecida antes mesmo que ele praticasse o ato decisório cuja validade está sendo examinada.*

*Num caso desse, é indispensável que o exame do ato decisório defeituoso seja feito à luz dos planos da **validade** e da **eficácia**.*

*Quanto ao exame do ato no plano da **validade**, devem ser observadas as normas que regem o sistema de nulidades, mormente aquela segundo a qual não deve ser invalidado o ato, mesmo que se trate de um ato defeituoso, do qual não resulte **prejuízo** que seja fruto específico do defeito que o ato possui.*

*No que se refere ao plano da **eficácia**, o § 4º do art. 64 do CPC indica o caminho para a solução do problema: os efeitos da decisão serão **conservados**, independentemente de a decisão merecer ser invalidada ou não, até que outra decisão seja proferida, se for o caso, pelo juízo competente.*

2. POSSIBILIDADE DE A EXISTÊNCIA DA QUESTÃO SER PERCEBIDA NO MOMENTO DE PRESTAR A TUTELA DEFINITIVA

> **É POSSÍVEL EU ME DEPARAR COM UMA QUESTÃO RELATIVA A COMPETÊNCIA NO MOMENTO DO PROFERIMENTO DA SENTENÇA?**

Toda questão cuja resolução possa, de algum modo, implicar *incompetência* do juízo, independentemente de tratar-se de incompetência absoluta ou relativa, deverá ser resolvida pelo órgão julgador tão rapidamente quanto possível (CPC, art. 64, § 2º).

E assim o é exatamente para evitar que se instale, no processo, o indesejável cenário consistente no proferimento de decisões por um juízo que, depois, venha a reconhecer a sua própria incompetência ou tenha a sua incompetência reconhecida pelo tribunal.

Apesar da necessidade de que a questão referente a *competência* seja imediatamente resolvida, é plenamente possível – e até mesmo comum – que o magistrado se depare com tal questão no momento do proferimento da decisão por meio da qual é prestada a tutela definitiva.

Efetivamente, pode ter acontecido, por exemplo, de a parte ou o Ministério Público, se estiver atuando como fiscal da ordem jurídica (CPC, art. 178), haver alegado incompetência absoluta ou relativa e ainda não haver, nos autos, decisão a respeito. Também pode ser que só naquela fase do processo tenha havido alegação de incompetência absoluta ou só naquele momento o magistrado tenha atinado para a necessidade de se manifestar de ofício sobre a competência absoluta do juízo.

Ao lado disso, pode ser que, já ao primeiro contato com os autos, além de atentar para a existência de uma questão atinente a incompetência *absoluta*[1], o juiz entenda que o caso enseja, de já, o indeferimento, no todo ou em parte, da petição inicial (CPC, art. 330) ou que é preciso reconhecer, de imediato, a improcedência liminar, total ou parcial, do pedido (CPC, art. 332)[2].

Essas são situações em que a tutela *definitiva* é prestada logo no *início* do procedimento. A prestação da tutela definitiva, porém, dependerá da resolução da questão atinente à competência *absoluta*[3] do juízo, uma vez que, havendo incompetência absoluta, nenhuma questão deverá ser resolvida, com exceção das atinentes a impedimento ou suspeição do magistrado e a erro na distribuição da petição inicial. Em casos concretos, com especificidades muito próprias, pode ser que surja a necessidade de resolver também questões relativas à concessão de tutela provisória de urgência. Tais casos serão adiante examinados.

---

[1] Vale lembrar que o surgimento de *questões* no processo não é fruto apenas de *controvérsia* expressamente instaurada entre os litigantes, em razão de *alegações* feitas, já que as *questões* nascem, também, quando se instaura um quadro de *incerteza*, suscitado pelo próprio juiz, relativamente a matérias a respeito das quais pode ele tomar conhecimento de ofício.

[2] No capítulo em que cuidamos da verificação quanto a se a questão já está apta a ser resolvida, demonstramos que há situações em que ao juiz, independentemente da prática de qualquer outro ato, não resta outro caminho, a não ser indeferir, de imediato, total ou parcialmente, a petição inicial ou julgar, no todo ou em parte, liminarmente improcedente o pedido.

[3] Nas situações indicadas – indeferimento da petição inicial e improcedência liminar do pedido –, somente se pode cogitar de incompetência *absoluta*, já que tais situações somente acontecem *antes* que a parte ré seja integrada ao processo. Como a incompetência *relativa* somente pode ser alegada pela parte ré (CPC, arts. 64, *caput*, e 337, II), que ainda não foi citada, ou pelo Ministério Público (CPC, art. 65, parágrafo único), que se manifesta *depois* de ambas as partes (CPC, art. 179, I), não se pode cogitar de surgimento de questão a respeito dela. A exceção fica a cargo da modificação da competência pelas partes, por meio de cláusula de eleição de foro abusiva, uma vez que pode o juiz, de ofício, reconhecer tal abusividade e reputar ineficaz o ato de modificação, desde que o faça antes da citação (CPC, art. 63, § 3º).

3. TEMPO E FORMA DE SURGIMENTO DA QUESTÃO

> **COMO E EM QUE MOMENTO PODE SURGIR UMA QUESTÃO CUJA RESOLUÇÃO PODE REPERCUTIR NA COMPETÊNCIA DO JUÍZO?**

São diversificados os contextos de surgimento de questões cuja resolução pode *repercutir* na competência do juízo.

De fato, há questões que versam *diretamente* sobre competência. É o caso das que têm como centro a incidência de normas referentes à aplicação de critérios absolutos ou relativos de determinação da competência, quais sejam, o critério *territorial*, o critério *funcional* e os critérios *objetivos* (em razão do *valor*, em razão da *matéria* e em razão da *pessoa*).

Existem, ao lado disso, questões que se referem a temas diversos, mas cuja resolução pode *repercutir* na competência do juízo.

É o que se dá com uma questão que envolve a atribuição de valor à causa, cuja resolução pode gerar reflexos na definição da competência absoluta dos Juizados Especiais Federais (Lei n. 10.259, de 12 de julho de 2001, art. 3º, § 3º) e dos Juizados Especiais da Fazenda Pública (Lei n. 12.153, de 22 de dezembro de 2009, art. 2º, § 4º).

Também é o que acontece com uma questão alusiva à legitimidade da parte, no que se refere a órgão julgador cuja competência é determinada em razão da pessoa.

Percebe-se, assim, que, tratando-se de *competência* do juízo, o julgador deve estar atento para os diversos momentos e as variadas formas como a questão pode surgir.

3.1 Incompetência absoluta

A incompetência, quando *absoluta*, pode ser *alegada* em qualquer momento (CPC, art. 64, § 1º), por meio de simples peça apresentada por uma das partes ou pelo Ministério Público, se o caso for de atuação do órgão na qualidade de fiscal da ordem jurídica (CPC, art. 178).

Especificamente quanto à parte ré, apesar da possibilidade de alegar a incompetência absoluta em qualquer tempo, deve ela se empenhar para fazê-lo na contestação (CPC, arts. 64, *caput*, e 337, II).

Mesmo que não seja *alegada*, se o caso for de incompetência absoluta, pode o Poder Judiciário dela tomar conhecimento *de ofício* (CPC, art. 64, § 1º).

MANUAL DA SENTENÇA CÍVEL

NA PRÁTICA

Exemplo de pronunciamento judicial por meio do qual o juiz, de ofício, logo ao primeiro contato com os autos, reconhece a incompetência absoluta do juízo:

DECISÃO

Emeagajota da Silva propôs, contra o **Município de Boa Vista**, demanda submetida ao procedimento comum. Afirma que, na qualidade de servidor público do município réu, foi indevidamente sancionado com pena de censura e defende o entendimento de que a competência para o processamento e o julgamento da causa é deste juízo da Vara da Fazenda Pública, uma vez que o processo versa sobre impugnação a sanção disciplinar. Atribuindo à causa o valor de R$ 1.000,00, pede que seja desconstituído o ato administrativo por meio do qual a pena foi aplicada.

Passo a decidir.

O valor atribuído à causa é inferior ao limite previsto no caput do art. 2º da Lei n. 12.153/2009 e, diferentemente do que assevera a parte autora, a matéria objeto de discussão não se insere em nenhuma das hipóteses de exclusão da competência dos Juizados Especiais da Fazenda Pública, referidas no § 1º do art. 2º da mencionada lei.

Com efeito, tratando-se de servidor público civil, como é o caso do autor, são excluídas da competência dos Juizados Especiais da Fazenda Pública apenas as causas que tenham por objeto a impugnação da pena de demissão. Quanto às demais sanções disciplinares, como a censura, somente há exclusão da competência daqueles órgãos julgadores se se tratar de pena aplicada a servidor militar (Lei n. 12.153/2009, art. 2º, § 1º, III).

Ao lado disso, "No foro onde estiver instalado Juizado Especial da Fazenda Pública, a sua competência é absoluta" (Lei n. 12.153/2009, art. 2º, § 4º).

Diante do exposto, reconheço, de ofício (CPC, art. 64, § 1º), a **incompetência absoluta deste juízo** da Vara da Fazenda Pública e determino que os autos sejam remetidos ao Juizado Especial da Fazenda Pública desta Comarca de Boa Vista.

Intime-se.

[local e data].

Observe-se que, por meio de um pronunciamento breve, mas adequadamente fundamentado, o magistrado demonstrou que está equivocada a tese expressamente defendida pela parte autora, na petição inicial, a respeito da competência do juízo.

E como a questão foi resolvida mediante o uso de fundamento situado dentro do campo do debate previamente posto pela parte autora, não houve necessidade de prévia intimação para que ela se manifestasse, uma vez que o direito fundamental ao contraditório já foi por ela exercitado.

É necessário, porém, que a parte autora seja informada sobre o conteúdo do ato judicial. Está aí o porquê de haver sido determinada, ao final, a sua intimação.

Por óbvio, como a parte ré ainda não está integrada ao processo, o caso não enseja a sua intimação, podendo ela, porém, após integrada, suscitar qualquer questão a respeito do assunto.

Capítulo XVIII ♦ Elaboração da fundamentação: questões que repercutem...

3.2 Incompetência relativa

Tratando-se de incompetência relativa, se a parte ré não a *alegar* na contestação (CPC, arts. 64, *caput*, e 337, II), haverá *preclusão* (CPC, art. 65, *caput*).

Caso o Ministério Público atue no processo na qualidade de *custos iuris*, também poderá *alegar* a incompetência relativa (CPC, art. 65, parágrafo único), devendo fazê-lo na primeira oportunidade em que lhe couber se manifestar nos autos (CPC, art. 179, I); do contrário, haverá, igualmente, preclusão (CPC, art. 180, § 1º).

Por fim, diferentemente do que se dá com os casos de incompetência absoluta, não é dado ao órgão julgador tomar conhecimento de ofício a respeito da incompetência relativa do juízo (enunciado n. 33 da súmula do STJ).

NA PRÁTICA

*Diante de um caso em que, logo ao pôr os olhos nos autos, o magistrado constate que há incompetência **relativa** do juízo, **não** é adequado que faça ele qualquer alusão ao assunto. Deverá aguardar que a questão, se for o caso, seja suscitada pela parte ré ou pelo Ministério Público, se o órgão atuar no processo na qualidade de "custos iuris".*

Uma eventual referência, pelo juiz, à circunstância de haver incompetência relativa, num cenário em que a questão não foi suscitada, mas ainda poderá vir a ser, tem potencial para gerar, junto à parte autora, a desconfortável sensação de que a conduta do magistrado desborda os limites que a imparcialidade impõe.

*A seguir, exemplo de pronunciamento judicial por meio do qual o juiz, em razão de **alegação** feita pela parte ré, reconhece a **incompetência relativa** do juízo:*

D E C I S Ã O

Eneopequê da Silva propôs, contra **Agaessegê dos Santos**, demanda submetida ao procedimento das chamadas ações de família (CPC, arts. 693 a 699). O pedido é de dissolução de união estável.

Esgotados todos os esforços empreendidos para solução consensual da controvérsia, a parte ré apresentou contestação, em que, dentre outros pleitos, postula o reconhecimento da incompetência relativa deste juízo, para o fim de que sejam os autos remetidos para a Comarca de João Pessoa.

Segundo a demandada, tem ela domicílio na Capital do Estado da Paraíba e o único filho do casal, um menor de 9 anos de idade, está sob sua guarda, de fato, há cerca de um ano, apesar de a custódia oficial haver sido anteriormente deferida ao demandante. Para demonstrar a veracidade das suas alegações, exibe documentos relativos à escola que o menor frequenta, situada em João Pessoa, além de outros documentos referentes à rotina da criança, nos últimos doze meses, todos no sentido de comprovar que o menor se encontra, de fato, com ela.

Ao se manifestar, o demandante alegou que a custódia oficial do menor lhe foi deferida há mais de dois anos, que a decisão judicial respectiva continua a produzir efeitos e que a circunstância de a criança estar provisoriamente com a demandada não tem o condão de impedir os efeitos decorrentes da aludida decisão, aí incluído o efeito relativo à definição do foro competente para o processamento e o julgamento de uma causa que verse sobre dissolução de união estável. Com base nisso, defende que o processo permaneça em trâmite nesta Comarca de Recife.

Passo a decidir.

Não há, nos autos, no que toca à questão referente à competência deste juízo, discussão relativa a matéria fática.

Efetivamente, a parte ré admite que a parte autora tem a custódia oficial do menor e, de sua vez, a parte autora não nega que a criança esteja, de fato, com a parte ré, há cerca de um ano.

O que há, portanto, é uma dissonância entre o quadro fático, quanto ao qual as partes não divergem, e o que se encontra oficialmente estabelecido, a respeito da custódia oficial.

Situações assim, dada a extrema mutabilidade que marca as relações familiares, não são incomuns.

E aí o que se vê é que, por meio do texto do art. 53, I, a, do CPC, foi inserida no sistema jurídico uma norma voltada para a proteção do sujeito que se encontra na qualidade de guardião de filho incapaz. A necessidade de proteção decorre do fato de que a qualidade de guardião implica diversos deveres perante o incapaz, e o cumprimento de tais deveres pode ser prejudicado se, para defesa dos seus interesses em juízo, o guardião tiver necessidade de se deslocar para outra comarca.

O sujeito necessitado de proteção, pois, é aquele que, de fato, encontra-se com o incapaz sob sua guarda, pois é ele que, no momento, tem deveres a cumprir perante o incapaz.

É esse, pois, o efetivo guardião, e não aquele que apenas oficialmente ostenta o título de guardião.

Assim, nas situações como a destes autos, a competência será do juízo cujo foro abrange o local do domicílio do guardião de fato do incapaz, e não o do domicílio de quem detém a custódia oficial.

Diante do exposto, **reconheço a incompetência relativa deste juízo** para processar e julgar a causa e determino que sejam os autos remetidos para a Comarca de João Pessoa.

Intimem-se.

[local e data].

3.3 Cláusula de eleição de foro abusiva

> HÁ ALGUMA QUESTÃO, QUE ENVOLVA INCOMPETÊNCIA RELATIVA, DA QUAL EU POSSA TOMAR CONHECIMENTO DE OFÍCIO?

Na hipótese de ter havido modificação da competência pelas partes, por meio de cláusula de eleição de foro – o que somente pode ter ocorrido no caso de a competência ser determinada por critério *relativo* –, pode o juiz, de ofício, se houver abusividade da cláusula, reconhecer tal abusividade e reputar ineficaz o ato de modificação, desde que o faça *antes* da citação (CPC, art. 63, § 3º).

Capítulo XVIII ◆ Elaboração da fundamentação: questões que repercutem...

Tendo havido citação, o juiz somente poderá examinar o assunto se houver provocação da parte ré, que deverá alegar a abusividade na contestação. Se a alegação não for feita na peça contestatória, ocorrerá preclusão (CPC, art. 63, § 4º).

NA PRÁTICA

*Exemplo de pronunciamento judicial por meio do qual o juiz, de ofício, logo ao primeiro contato com os autos, reconhece a **abusividade** de cláusula de eleição de foro e a reputa ineficaz:*

DECISÃO

Abecedefegê Comercial Ltda., indicando, na sua qualificação, que tem sede nesta Capital do Estado de São Paulo, propôs demanda submetida ao procedimento monitório contra **Eneopequê da Silva,** domiciliado na Capital do Estado de Sergipe e qualificado, na petição inicial, como "professor municipal de Aracaju".

Afirma que celebrou com o réu contrato para fornecimento de determinado produto e que o demandado não adimpliu obrigações contratualmente previstas.

Após defender os entendimentos de que, no contrato celebrado, há cláusula por meio da qual foi eleito, livremente, pelas partes, o foro da Comarca da Capital do Estado de São Paulo e de que não há hipossuficiência da parte ré, formulou os pedidos que constam no trecho final da petição inicial.

Passo a decidir.

O processo versa sobre relação de consumo e o demandado, qualificado, pela demandante, como "professor municipal de Aracaju", é um consumidor domiciliado na Capital do Estado de Sergipe.

Não é preciso esforço, portanto, para se concluir que, em razão de o consumidor réu ter domicílio em local significativamente distante, o fato de o processo tramitar nesta Comarca dificultará o seu acesso ao Poder Judiciário, para exercício do direito de defesa, mormente considerando que se trata de um professor de rede pública municipal de ensino, categoria cuja remuneração é historicamente inferior ao que seria adequado.

Esse quadro é suficiente para demonstrar que, diferentemente do quanto consta na petição inicial, há, sim, hipossuficiência da parte ré.

A tudo isso, acresça-se que o instrumento contratual apresentado revela que se trata de modelo de contrato comumente utilizado pela parte autora para celebração de negócios jurídicos similares ao que é objeto deste processo. Como é cediço, essa forma de celebração de negócio jurídico não deixa espaço para discussões a respeito do conteúdo das cláusulas contratuais, entre as quais se insere a cláusula de eleição do foro.

Diante do exposto, **reconheço a abusividade da cláusula de eleição do foro e a reputo ineficaz** (CDC, art. 6º, VII e VIII, e CPC, art. 63, § 3º). Remetam-se os autos para a Comarca de Aracaju, foro do domicílio do réu.

Intime-se.

[local e data].

Observe-se que, por meio de um pronunciamento em que houve exame do caso concreto, o magistrado demonstrou que está equivocada a tese expressamente defendida

> *pela parte autora, na petição inicial, a respeito da não abusividade da cláusula de eleição do foro.*
>
> Como a questão foi resolvida mediante o uso de fundamento situado dentro do campo do debate previamente posto pela parte autora, não houve necessidade de prévia intimação para que ela se manifestasse, uma vez que o direito fundamental ao contraditório já foi por ela exercitado.
>
> É necessário, porém, que a parte autora seja informada sobre o conteúdo do ato judicial. Está aí o porquê de haver sido determinada, ao final, a sua intimação.

3.4 Perpetuatio jurisdictionis

> **O QUE É *PERPETUATIO JURISDICTIONIS*?**

Ocorrido o registro ou a distribuição da petição inicial, é produzido o efeito jurídico da identificação do juízo *concretamente* responsável pelo processamento e pelo julgamento da causa.

Assim, por exemplo, se houver, numa comarca, diversas varas cíveis, o processamento e o julgamento da causa ficarão a cargo do juízo da vara cível para o qual a petição inicial vier a ser distribuída. Será esse o juízo cuja competência é *fixada*, o juízo cuja "jurisdição é perpetuada". A ocorrência de fatos posteriores não produzirá efeitos sobre tal fixação, com exceção daqueles fatos expressamente ressalvados (CPC, art. 43).

É que, do mesmo modo como há limitações para o aditamento e para a alteração do pedido e da causa de pedir (CPC, art. 329), bem como para mudanças na composição dos polos da demanda (CPC, arts. 108, 109, § 1º, 110, 338 e 339), é necessário que o processo seja estabilizado também no que se refere ao órgão julgador da causa.

Assim, "Determina-se a competência [mais corretamente: *fixa*-se o juízo competente] no momento do registro ou da distribuição da petição inicial" (CPC, art. 43, parte inicial).

3.4.1 Exceções à regra da "perpetuação da jurisdição"

> **É POSSÍVEL AFASTAR A *PERPETUATIO JURISDICTIONIS*?**

Capítulo XVIII ♦ Elaboração da fundamentação: questões que repercutem...

Há fatos jurídicos com aptidão para interferir na competência anteriormente fixada, afastando, com isso, a *perpetuatio jurisdictionis*: (*i*) a supressão do órgão judiciário e (*ii*) a superveniente atribuição de competência absoluta a outro órgão julgador (CPC, art. 43, parte final).

Por isso, apesar da anterior fixação da competência, se ocorrer, por exemplo, a extinção de uma vara, os processos que nela se encontram tombados devem ser redistribuídos. Do mesmo modo, ainda a título de exemplo, estando em curso por uma vara cível, deve ser redistribuído o processo em que seja parte o município, se houver superveniente instalação, na comarca, de uma vara da Fazenda Pública.

Fatos como esses podem acontecer em qualquer fase do procedimento.

NA PRÁTICA

*Exemplo de pronunciamento judicial por meio do qual o juiz, de ofício, determina a redistribuição dos autos, em razão de **alteração da competência absoluta**:*

DECISÃO

Foi recentemente instalada, nesta Comarca, uma Vara da Fazenda Pública. Trata-se de unidade com competência para o processamento e o julgamento de todas as causas cíveis em que houver interesse jurídico do Estado e dos municípios que integram a área da Comarca, bem como das respectivas entidades autárquicas e empresas públicas. Tal competência, pois, é absoluta, já que determinada em razão da pessoa.

De sua vez, neste processo, o polo passivo é integrado por um município situado dentro dos limites territoriais da Comarca.

A situação, portanto, se subsome à norma que se extrai da parte final do enunciado do art. 43 do CPC, motivo pelo qual determino que sejam os autos remetidos para a Vara da Fazenda Pública.

Intimem-se.
[local e data].

*Há um **propósito específico** ao trazermos, como exemplo, um pronunciamento judicial como esse: o de alertar para o fato de que há situações em que o órgão julgador se vê compelido a adotar uma estratégia que leva mais em consideração o **conjunto** de processos da unidade do que **cada** processo isoladamente considerado.*

Observe-se que se trata de um ato decisório em cujo texto não há alusão aos nomes dos litigantes, nem a qualquer manifestação anterior das partes a respeito dos fundamentos em que o ato se baseia. Trata-se de opção consciente.

É que é importante perceber que, no exercício da atividade jurisdicional, é comum a ocorrência de situações que atingem, a um só tempo, relevante número de processos. A instalação de uma unidade julgadora com competência absoluta específica, distinta da competência das unidades já existentes, é um bom exemplo, já que decorre, em geral, da elevada quantidade de processos com determinada característica, em curso por diversas unidades.

*Nesse tipo de cenário, as necessidades relativas à administração, pelo magistrado, do **volume** de processos sob os seus cuidados, tornam imprescindível que o julgador examine a situação à luz do **universo** de processos, e não de **cada** processo isoladamente.*

Num caso desse, dado o volume de processos, a elaboração, em cada um, de decisão na qual fosse feita alusão aos nomes dos litigantes, bem como a abertura, em cada um dos autos, de oportunidade para manifestação prévia de ambas as partes, conduziria a um expressivo consumo de tempo, até que a remessa dos processos para a nova unidade pudesse ocorrer. Ainda assim, a remessa se daria paulatinamente, na medida em que fossem se vencendo os prazos para manifestação.

De seu turno, a remessa imediata dos autos, por meio da prática, em cada um deles, de um ato decisório em que não há referência aos nomes das partes e sem a abertura de prazo para prévia ouvida dos interessados, não tem potencial para gerar prejuízos e, nos eventuais casos em que houver risco de que prejuízos sejam gerados, a situação é comumente superável, sem muito esforço.

*Efetivamente, muitos efeitos positivos serão colhidos, mormente considerando a incidência dos princípios da eficiência e da duração razoável do processo, se o magistrado compreender a necessidade de que, em situações desse tipo, seja adotada uma **postura eminentemente prática**, acompanhada dos cuidados básicos para **preservação dos direitos** de todos os sujeitos envolvidos.*

*Tal postura, num caso como o que serviu de exemplo, consiste, de um lado, no **envio imediato** do acervo processual respectivo, por meio de um modelo de ato decisório de fácil inserção em cada processo no qual o ato houver de ser praticado, sem abertura de prazo para prévia oitiva das partes.*

*Olhando-se, agora, para o outro lado – o da recepção dos processos enviados –, a postura prática consiste na **possibilidade de devolução**, para o juízo remetente, **sem** suscitação de conflito, dos processos em que o juízo da nova unidade entender que tenha havido equívoco na remessa.*

*A experiência em casos similares demonstra que é **baixo** o percentual de ocorrência de remessa de autos que não deveriam ser remetidos. Em razão disso, são, do mesmo modo, **baixas** as chances de surgimento de incidentes protagonizados pelo juízo destinatário ou pelas partes.*

Nessa linha, na hipótese de o magistrado responsável pelo juízo remetente, ao receber de volta o processo, discordar da posição do juízo da nova unidade, suscitará ele – aí, sim – conflito de competência.

Quanto à abertura de oportunidade para que as partes ou o Ministério Público (nos casos em que o órgão intervier como fiscal da ordem jurídica) suscitem questões a respeito da redistribuição ocorrida, o ideal é que ela se dê simultaneamente com a intimação a respeito do próximo ato processual que vier a ser praticado pelo juízo em que o processo se encontrar.

*Por fim, uma nota: os atos decisórios que se inserem nessa descrição não se subsomem à previsão contida no inciso III do § 1º do art. 489 do CPC, por meio da qual há vedação ao proferimento de decisões fundamentadas em motivos que se prestariam a justificar qualquer outra decisão. Não. O caso, diferentemente disso, é de utilização de um mesmo modelo de ato decisório para situações fáticas absolutamente similares. Não se trata, pois, de fundamento que sirva para justificar **qualquer** outra decisão.*

Capítulo XVIII ♦ Elaboração da fundamentação: questões que repercutem...

3.4.2 "Perpetuação da jurisdição" e situações em que um critério relativo de determinação da competência é tornado absoluto

> **?** HÁ POSSIBILIDADE DE UM CRITÉRIO QUE, ORDINARIAMENTE, DETERMINA COMPETÊNCIA RELATIVA, PASSAR A DETERMINAR COMPETÊNCIA ABSOLUTA?

Todas as vezes que o intérprete estiver diante de uma situação envolvendo definição quanto a se certo critério de determinação da competência é *absoluto* ou *relativo*, não pode ele perder de vista um dado: há situações em que o sistema normativo torna *absoluto* um critério que, ordinariamente, determinaria competência *relativa*.

Como *todas* as alterações da competência *absoluta* são relevantes para afastar a *perpetuatio jurisdictionis*, tais situações também devem ser consideradas.

Se a situação for essa, o órgão julgador *pode* – e *deve* – se manifestar *de ofício*.

É o que acontece com alguns casos de *competência em razão do valor* (Lei n. 10.259, de 12 de julho de 2001, art. 3º, § 3º; e Lei n. 12.153, de 22 de dezembro de 2009, art. 2º, § 4º, por exemplo).

Também é o que se dá com algumas situações de *competência territorial* (CPC, art. 47, §§ 1º, segunda parte, e 2º; Lei n. 7.347, de 24 de julho de 1985 – Lei da Ação Civil Pública, art. 2º, *caput*; Lei n. 8.069, de 13 de julho de 1990 – Estatuto da Criança e do Adolescente, art. 209; e Lei n. 10.741, de 1º de outubro de 2003 – Estatuto do Idoso, art. 80, por exemplo).

Também no que toca a situações que envolvem o critério *territorial* de determinação da competência, é muitíssimo importante atinar para o quadro específico do microssistema normativo dos Juizados Especiais Cíveis: o entendimento consagrado pelo Fórum Nacional de Juizados Especiais – FONAJE, por meio do enunciado cível n. 89, é o de que "*A incompetência territorial pode ser reconhecida de ofício no sistema dos juizados especiais cíveis*".

Por fim, já agora no que toca a execuções fiscais, é útil lembrar que o STJ, depois de editar o enunciado n. 33 da súmula da sua jurisprudência dominante ("*A incompetência relativa não pode ser declarada de ofício*"), consignou, invocando julgamento de recurso especial repetitivo (AgRg no AREsp 459.691/RJ, julgado em 27-3-2014, *DJe* de 7-4-2014, no qual há referência ao REsp 1.146.194/SC, julgado sob o regime de repetitividade), que "*Era assente neste STJ o entendimento de que a competência para processar e julgar Execução Fiscal é relativa, porquanto estabelecida em razão do território, e, portanto, insusceptível de modificação por ato judicial praticado de ofício*", mas que, nas situações que envolvem a remessa dos autos para o foro do local do domicílio do executado, a decisão *"não está sujeita ao enunciado da Súmula 33 do Superior Tribunal de Justiça"*, uma vez que, nesse caso, *"a norma legal visa facilitar tanto a defesa do devedor, quanto o aparelhamento da execução"*.

3.5 Existência de convenção de arbitragem ou a reconhecimento, pelo juízo arbitral, da sua própria competência

> **QUAL A RELAÇÃO ENTRE CONVENÇÃO DE ARBITRAGEM E COMPETÊNCIA?**

As questões atinentes a *convenção de arbitragem* são, rigorosamente, questões sobre *competência*. Nelas, a discussão é quanto a se a *competência* para apreciação da causa é do Poder Judiciário ou do juízo arbitral.

A alegação de existência de convenção de arbitragem deverá ser feita pela parte ré na contestação (CPC, art. 337, X). Se a parte ré silenciar a respeito do assunto na peça contestatória, a sua conduta será interpretada como aceitação da jurisdição estatal e renúncia ao juízo arbitral (CPC, art. 337, § 6º).

Quanto ao Poder Judiciário, a ele não é dado suscitar, de ofício, questão a respeito da existência de convenção de arbitragem (CPC, arts. 337, X, § 5º, e 485, VII, § 3º).

É importante notar que há uma peculiaridade a ser observada quanto ao efeito da decisão, na hipótese de o magistrado concluir que a competência é do juízo arbitral, e não do Poder Judiciário.

É que, diferentemente do que se dá com a maior parte das situações de reconhecimento da incompetência – em que o efeito é a remessa dos autos para o juízo competente –, se houver o reconhecimento, pelo Poder Judiciário, de que a competência é do juízo arbitral, o procedimento deverá ser encerrado, sem que o mérito da causa seja examinado (CPC, art. 485, VII). Não há, pois, remessa dos autos para o juízo arbitral.

> **SE HOUVER UM PROCESSO JUNTO AO PODER JUDICIÁRIO E OUTRO JUNTO A UM JUÍZO ARBITRAL, AMBOS VERSANDO SOBRE O MESMO OBJETO LITIGIOSO, QUAL DOS DOIS JUÍZOS DEFINIRÁ O JUÍZO COMPETENTE?**

Outro dado importante a ser percebido é o atinente ao fato de que, se já existir procedimento arbitral em curso, é do juízo arbitral – e não do juízo estatal –, a competência para definir se a causa deverá ser julgada por ele próprio

Capítulo XVIII ♦ Elaboração da fundamentação: questões que repercutem...

ou pelo Poder Judiciário (CPC, art. 485, VII, segunda parte, e Lei n. 9.307, de 23 de setembro de 1996 – Lei da Arbitragem, art. 8º, parágrafo único)[4].

Por isso, diante de uma alegação de existência de convenção de arbitragem, o juízo estatal deve estar atento para a possibilidade de haver procedimento arbitral já instaurado. Se houver, não será do juízo estatal, mas do juízo arbitral, a competência para definir qual dos juízos é o competente.

Nesse caso, diante da eventual conclusão do juízo arbitral de que a competência para julgamento é dele próprio, caberá ao magistrado se pronunciar no sentido de que não há possibilidade de o mérito da causa ser examinado pelo Poder Judiciário. Com isso, o processo será extinto, sem resolução do mérito (CPC, art. 485, VII, segunda parte).

Observe-se que a extinção do processo, nesse quadro, não se dará em razão de o Poder Judiciário haver se manifestado a respeito da convenção de arbitragem. Ela será consequência da decisão do juízo arbitral.

Para preservação da norma constitucional segundo a qual nenhuma lesão ou ameaça de lesão a direito poderá ser excluída da apreciação do Poder Judiciário, a alegação, pela parte que se sentir prejudicada, de que a sentença arbitral deve ser invalidada poderá ser levada à apreciação do Poder Judiciário mediante a propositura da demanda a que se refere o art. 33 da Lei da Arbitragem.

3.6 Existência de interesse jurídico de sujeito cuja presença no processo determina a competência de outro órgão julgador

> **?** O PODER JUDICIÁRIO ESTADUAL PODE DECIDIR SE HÁ INTERESSE JURÍDICO DA UNIÃO NO PROCESSO?

É assente, tanto na jurisprudência como na doutrina, que compete à Justiça Federal decidir sobre a existência de interesse jurídico que justifique a presença, no processo, da União, de suas entidades autárquicas ou de suas empresas públicas (enunciado n. 150 da súmula do STJ).

---

[4] "Antes de examinar a alegação de convenção de arbitragem, o órgão julgador deve examinar a própria competência para fazer isso. [...] É preciso observar, assim, a regra da *Kompetenzkompetenz* do juízo arbitral: é do juízo arbitral a competência para examinar a sua própria competência. [...] A regra da *Kompetenzkompetenz* estabelece uma prioridade: na pendência de processo arbitral, quem *primeiro* tem de analisar questões relativas à competência ou à existência, validade e eficácia da convenção de arbitragem é o próprio árbitro ou tribunal arbitral. Ela não elimina a possibilidade de exame pelo Poder Judiciário dessas questões ou torna esses temas imunes à apreciação do juízo estatal: apenas posterga a eventual análise deles para uma ação anulatória ajuizada pela parte que se sentiu prejudicada. [...] Portanto, a regra da *Kompetenzkompetenz* do juízo arbitral é um impedimento *a priori* à cognição do juízo estatal, na pendência de processo arbitral" (DIDIER JR., Fredie. *Curso de direito processual civil*. 20. ed. Salvador: JusPodivm, 2018, v. 1, p. 745-747).

Daí decorre que, excluído do processo o sujeito cuja presença levara o Poder Judiciário do Estado a remeter os autos para a Justiça Federal, o juiz federal deverá simplesmente restituir os autos, sem suscitar conflito (CPC, art. 45, § 3º, e enunciado n. 224 da súmula do STJ).

Ao lado disso, a decisão do juízo federal que excluir do processo ente federal não pode ser reexaminada pelo Poder Judiciário do Estado (enunciado n. 254 da súmula do STJ).

Diferentemente do que pode aparentar, esse conjunto de normas *não* é fruto de uma posição de preeminência da Justiça Federal sobre outros aparelhos judiciários.

Em verdade, trata-se de um conjunto normativo aplicável em *qualquer* situação na qual entre em cena o critério objetivo de determinação da competência *em razão da pessoa*.

Assim, por exemplo, havendo, numa comarca, vara da Fazenda Pública, o juízo da vara cível, diante da possibilidade de haver interesse jurídico de um ente público estadual ou municipal, deverá atuar, em relação ao juízo da vara da Fazenda Pública, do mesmo modo que atuaria em relação ao juízo federal, caso o ente público fosse federal.

É que *somente* o juízo competente em razão da pessoa poderá deliberar a respeito das questões em que esteja envolvido o sujeito cuja presença determina a sua competência. É do aludido juízo, assim, a competência *absoluta* exclusiva para decidir se existe ou não o interesse jurídico invocado como base para que o sujeito participe do processo.

Daí decorre um importante efeito prático: ante o simples surgimento da questão sobre a existência de interesse jurídico, envolvendo um sujeito cuja presença no processo determina a competência de outro órgão julgador, o juízo em que o processo se encontra tombado deverá ordenar a remessa dos autos para que tal questão seja decidida pelo juízo com competência, em razão da pessoa, para tanto.

A conclusão a que se chega, pois, é a de que, abstraídas as referências que somente dizem respeito à Justiça Federal, o conteúdo normativo do art. 45 do CPC é perfeitamente aplicável a *todas* as situações que envolverem competência em razão da pessoa.

PARA NÃO ESQUECER

Como o conteúdo normativo do art. 45 do CPC é perfeitamente aplicável a todas as situações que envolverem competência em razão da pessoa, deve o operador do Direito atuar como se no CPC houvesse um dispositivo com o seguinte enunciado, mantidas as opções redacionais feitas pelo legislador no art. 45:

> *Art. X.* Tramitando o processo perante outro juízo, os autos serão remetidos ao juízo competente, se nele interver qualquer sujeito cuja presença determine a competência em razão da pessoa.
>
> § 1º Os autos não serão remetidos se houver pedido cuja apreciação seja de competência do juízo perante o qual foi proposta a ação.
>
> § 2º Na hipótese do § 1º, o juiz, ao não admitir a cumulação de pedidos em razão da incompetência para apreciar qualquer deles, não examinará o mérito daquele em que seja interessado o sujeito cuja presença determina a competência em razão da pessoa.
>
> § 3º O juízo cuja competência é determinada em razão da pessoa restituirá os autos ao juízo de origem sem suscitar conflito se o sujeito cuja presença ensejou a remessa for excluído do processo.

3.6.1 *Remessa dos autos sem decisão a respeito da existência de interesse jurídico*

Havendo questão sobre a existência de interesse jurídico, envolvendo um sujeito cuja presença no processo determina a competência de outro órgão julgador, é importante que se perceba que o juiz em atuação no órgão que não possui competência em razão da pessoa *não* deve emitir *qualquer* juízo de valor a respeito da existência ou não do interesse jurídico. Ele se limitará, simplesmente, a determinar que os autos sejam remetidos.

Isso se dá porque estará maculada por vício decorrente da incompetência absoluta qualquer decisão que, nesse caso, o juízo em que o processo se encontra tombado vier a proferir em relação ao sujeito cuja presença no processo determina a sua incompetência, aí incluída a decisão a respeito da existência ou não de interesse jurídico. Trata-se de vício grave, já que, a depender das características do ato decisório, poderá ele ser rescindido (CPC, art. 966, *caput*, II, e § 2º).

Assim, com os autos já sob os seus cuidados, se o juízo com competência em razão da pessoa reconhecer a existência do interesse jurídico, o processo permanecerá tombado junto a ele, que comunicará o fato ao juízo de origem. Caso contrário, reconhecendo que o interesse jurídico inexiste, será ordenada a restituição dos autos ao juízo de origem.

Tal restituição deverá se dar *sem* suscitação de conflito, já que o juízo junto ao qual o processo foi originariamente tombado não proferiu decisão – nem seria caso de proferir –, sobre a existência ou não de interesse jurídico. Diante desse quadro, não se pode falar em conflito de competência, já que somente um dos juízos – aquele que detém a competência em razão da pessoa – poderia se manifestar sobre o assunto.

NA PRÁTICA

Exemplo de pronunciamento judicial por meio do qual o juiz, diante de um pleito de ingresso de um sujeito cuja presença no processo determina a competência de outro órgão julgador, ordena que os autos sejam remetidos para o órgão julgador respectivo.

No exemplo, o processo está em curso junto a um juízo de Direito sediado em uma das capitais de Estado e o sujeito que postula o ingresso no processo é uma empresa pública federal, o que enseja a determinação de que os autos sejam remetidos para a Justiça Federal:

DESPACHO

Num processo em que são partes duas pessoas jurídicas de direito privado, a **Caixa Econômica Federal**, empresa pública federal, requereu o ingresso, na qualidade de assistente da parte ré. O caso se subsome, pois, à previsão normativa contida no caput do art. 45 do CPC, em razão do que os autos devem ser remetidos para a Justiça Federal.

Remetam-se, portanto.

Intimem-se.

[local e data].

Observe-se que, no pronunciamento, com uma só frase – a primeira – foi inteiramente exposta a base fática sobre a qual a norma incide.

Ao lado disso, perceba-se que não há emissão de qualquer juízo de valor a respeito da existência ou não de interesse jurídico da empresa pública federal no processo.

3.6.2 Remessa dos autos com decisão a respeito da existência de interesse jurídico

> **?** SE NO JUÍZO ESTADUAL HOUVE DECISÃO NO SENTIDO DE QUE HÁ INTERESSE DA UNIÃO NO PROCESSO E O JUIZ FEDERAL ENTENDER QUE TAL INTERESSE INEXISTE, DEVE O JUIZ FEDERAL SUSCITAR CONFLITO NEGATIVO DE COMPETÊNCIA?

É comum – malgrado não seja correto – que o juízo junto ao qual o processo foi originariamente tombado profira decisão reconhecendo a existência de interesse jurídico do sujeito cuja presença no processo determina a competência de outro órgão julgador.

Num caso desse, mesmo que tenha havido decisão, o magistrado em atuação no órgão julgador para o qual o processo for remetido, se entender que o interesse jurídico inexiste, *não* deverá suscitar conflito de competência. Ele apenas determinará que os autos sejam devolvidos ao juízo de origem.

Capítulo XVIII ♦ Elaboração da fundamentação: questões que repercutem...

É que, numa situação dessa, o juiz em atuação no juízo que ordenou a remessa dos autos terá adotado uma postura tecnicamente equivocada, uma vez que, ao proferir uma decisão que afeta exatamente o sujeito cuja presença no processo gera a incompetência do órgão julgador, desbordou os limites da competência absoluta do órgão.

Assim, também aqui *não* há conflito a ser suscitado.

É por isso que no texto do § 3º do art. 45 do CPC foi positivado o conteúdo do enunciado n. 224 da súmula do STJ, cuja interpretação deverá ser a seguinte: o juízo cuja competência é determinada em razão da pessoa restituirá os autos ao juízo de origem sem suscitar conflito se o sujeito cuja presença ensejou a remessa for excluído do processo.

NA PRÁTICA

Exemplo de pronunciamento judicial por meio do qual o juiz federal, diante da remessa de autos por um juízo de Direito, reconhece, liminarmente, a inexistência de interesse jurídico do sujeito cuja presença no processo determinaria a competência da Justiça Federal e ordena a devolução dos autos para o Poder Judiciário do Estado:

DECISÃO

Trata-se de processo nascido a partir da propositura de demanda, por uma pessoa natural, contra uma empresa distribuidora de energia elétrica.

A parte autora afirma que houve majoração indevida do valor cobrado pela parte ré para fornecimento de energia elétrica e pede que lhe sejam restituídas as quantias pagas em excesso.

Ao se defender, a demandada, dentre outras linhas de raciocínio, trilhou a tese de que há interesse jurídico, no processo, da Agência Nacional de Energia Elétrica – ANEEL, uma vez que teria atuado estritamente de acordo com as normas que a mencionada agência impõe. Com base nisso, manifestou o entendimento de que há necessidade de que a agência integre o polo passivo da demanda, na qualidade de litisconsorte.

Diante da questão surgida, o MM. Juízo de Direito junto ao qual o processo estava tombado ordenou que os autos fossem remetidos para a Justiça Federal.

Passo a decidir.

A simples circunstância de um ente público – no caso, a ANEEL – elaborar normas gerais, abstratas e impessoais não é fator que conduza a que o ente tenha que participar de todos os processos em que tais normas sejam invocadas.

No caso dos autos, a questão principal é referente à existência de direito a restituição de indébito decorrente de majoração de tarifas de energia elétrica. De sua vez, a invocação, pela empresa distribuidora de energia elétrica, da norma produzida pela ANEEL se dá com o propósito, apenas, de conduzir o Poder Judiciário a concluir que não existe débito.

Assim, não há qualquer possibilidade de que, deste processo, resulte uma decisão com potencial para atingir, direta ou indiretamente, a esfera jurídica da ANEEL, do que se depreende que inexiste o interesse jurídico que a parte ré afirma existir.

MANUAL DA SENTENÇA CÍVEL

> Diante do exposto, reconheço, liminarmente, a **inexistência de interesse jurídico da ANEEL** no processo e, por conseguinte, determino que os autos sejam restituídos ao MM. Juízo de Direito (CPC, art. 45, § 3º).
>
> Intimem-se.
>
> **[local e data]**.

Observe-se que se trata de decisão proferida liminarmente, sem que sequer fosse ouvida a ANEEL a respeito.

De fato, por vezes, diante da clareza com que o quadro se apresenta – no caso, é clara a inexistência de motivo para formação de um litisconsórcio necessário –, deve o magistrado decidir de imediato, com o que é prestada reverência, pelo juiz, aos princípios da duração razoável do processo e da eficiência.

3.6.3 Enunciado n. 254 da súmula do STJ e suscitação de conflito pelo juízo em que o processo se encontrava originalmente

As circunstâncias (*i*) de não haver suscitação de conflito pelo juízo cuja competência é determinada em razão da pessoa (CPC, art. 45, § 3º) e (*ii*) de o outro juízo não poder reexaminar a decisão por meio da qual foi excluído o sujeito (enunciado n. 254 da súmula do STJ) não são, nem de longe, impeditivas de que o juízo em que originariamente o processo se encontrava suscite conflito de competência.

De fato, ele poderá fazê-lo tão logo tome ciência do conteúdo da decisão proferida e discorde da conclusão a que chegou o outro juízo.

Observe-se, nesse passo, que, ao suscitar o conflito, o juízo originário não estará *decidindo* contrariamente ao que decidiu o juízo cuja competência é determinada em razão da pessoa, mas manifestando a sua compreensão divergente e solicitando a um órgão julgador superior que *decida* a respeito da questão. Sua atitude, portanto, ao suscitar o conflito, não contraria o enunciado n. 254 da súmula do STJ.

3.7 Conexão e a continência

A *conexão* é fator que pode atuar de múltiplos modos, com repercussão na forma como o magistrado deverá se conduzir frente às questões postas sob sua apreciação.

É preciso pontuar, porém, que, em respeito ao princípio do juízo natural, não é qualquer *conexão* que pode produzir efeitos sobre a competência, gerando a sua modificação, mas *apenas* aquela conexão da qual resulte o risco de proferimento de *decisões contraditórias*, que são as decisões que, no plano lógico, se *excluem* mutuamente, no todo ou em parte.

Ao lado disso, é importante perceber que a *continência* nada mais é do que uma espécie de *conexão*.

Capítulo XVIII ◆ Elaboração da fundamentação: questões que repercutem...

Trata-se, em verdade, de uma *conexão* marcada por algumas peculiaridades, consistentes no fato de que, na continência, além de haver, entre as demandas, identidade de causas de pedir[5] e identidade de partes, o pedido de uma das demandas, por ser mais amplo, abrange o das demais (CPC, art. 56).

Como, de acordo com a dicção legal, o só fato de haver identidade de causas de pedir já implica a existência de *conexão* (CPC, art. 55, *caput*), fica fácil entender porque a *continência* é uma espécie de *conexão*[6].

Assim, por exemplo, há *continência* envolvendo uma demanda cujo pedido seja o de reconhecimento da inexistência de relação jurídica tributária entre uma pessoa jurídica de direito privado e um ente público, baseada na tese da inconstitucionalidade de determinada lei, e outra demanda, entre as mesmas partes, cujo pleito, igualmente baseado na tese da inconstitucionalidade, seja o de que determinada obrigação tributária, que seria decorrente da relação jurídica tributária instituída pela aludida lei, não pode ser imposta àquela pessoa jurídica.

Num quadro desse, há identidade das causas de pedir remotas (o conjunto de fatos invocados para sustentar o pedido) e da quase totalidade das causas de pedir próximas[7] (as normas que incidem sobre o conjunto de fatos). De sua vez, os pedidos são distintos, mas um deles (o pleito de reconhecimento da inexistência de relação jurídica) resulta por abranger o outro (o pedido de reconhecimento de inexistência da obrigação).

É relevante perceber que uma situação dessa é completamente diferente de um cenário em que, no processo "A", há a formulação de dois pedidos e, no processo "B", é apresentado um só pedido, que repete, com base na mesma causa de pedir, um dos dois pedidos do processo "A". Nesse caso, *não* há continência, mas uma litispendência parcial.

---

[5] Como registramos anteriormente, havendo formulação de pedidos diferentes, ainda que ambos os pleitos derivem do mesmo conjunto de fatos (que corresponde à mesma *causa de pedir remota*), as *causas de pedir próximas* (que correspondem às normas que incidem sobre o conjunto de fatos) sempre serão distintas, por mínima que seja a diferença.

[6] "A definição prevista pela legislação apresenta, em verdade, uma conexão qualificada pelo pedido, pois demanda identidade de partes e causa de pedir, sustentando apenas que o pleito de uma das demandas é maior que o da anterior. Exemplo clássico de continência nos é entregue quando as mesmas partes, por conta do mesmo vício contratual, pleiteiam inicialmente a anulação de uma cláusula contratual, e, em um segundo momento, deduzem em juízo a pretensão de anular todo o contrato" (RIBEIRO, Marcelo. *Curso de processo civil*: teoria geral e processo de conhecimento. São Paulo: Método, 2015, p. 130).

[7] No exemplo dado, a *causa de pedir próxima* do pleito de reconhecimento da inexistência da relação jurídica corresponderá à indicação do conjunto normativo cuja incidência resulta na conclusão de que a lei é inconstitucional. De seu turno, a *causa de pedir próxima* do pedido de reconhecimento da inexistência da obrigação, quando comparada com a *causa de pedir próxima* do outro pedido, conterá a mesma alegação de inconstitucionalidade da lei, mas terá um acréscimo consistente na alegação de que, como não há relação jurídica, também não pode existir a obrigação.

3.7.1 *Efeitos*

> **?** HAVENDO CONEXÃO, O EFEITO SERÁ SEMPRE A REUNIÃO DOS PROCESSO PARA JULGAMENTO CONJUNTO?

São diversos os efeitos que podem decorrer da constatação de que há *conexão* da qual resulta risco de proferimento de *decisões contraditórias*.

Tais efeitos vão desde a reunião de processos – que é o efeito mais comum – até a extinção de um dos processos, havendo, ainda, efeitos outros, de gravidade intermediária.

3.7.1.1 *Reunião de processos*

O efeito que comumente se extrai da conclusão de que há *conexão* entre demandas que estão em processos distintos é a reunião dos processos para decisão conjunta (CPC, art. 55, § 1º), de modo a que seja evitado o proferimento de *decisões contraditórias*.

Esse efeito será produzido se ambos os processos estiverem tramitando no mesmo juízo.

Será, igualmente, produzido se os processos estiverem tombados junto a juízos distintos, com idêntica competência.

E será produzido, ainda, mesmo que os processos estejam tombados junto a juízos com competências relativas distintas, uma vez que a *conexão* possui força suficiente para superar o óbice da incompetência relativa.

O efeito consistente na reunião de processos, todavia, *não* poderá ser produzido se os processos estiverem tramitando junto a juízos com competências absolutas distintas.

Igualmente, não haverá reunião se uma das demandas já houver sido julgada (CPC, art. 55, § 1º), já que, nesse caso, não há mais possibilidade de julgamento conjunto.

Apenas para que fique o registro, há uma situação em que, mesmo havendo incompetência absoluta, a conexão produzirá o efeito consistente na reunião dos processos.

É o caso das demandas coletivas. Nelas, a competência, apesar de lastreada no critério territorial, é absoluta (Lei n. 7.347, de 24 de julho de 1985 – Lei da Ação Civil Pública, art. 2º, *caput*; Lei n. 8.069, de 13 de julho de 1990 – Estatuto da Criança e do Adolescente, art. 209; e Lei n. 10.741, de 1º de outubro de 2003 – Estatuto do Idoso, art. 80). E, mesmo sendo absoluta a competência, haverá reunião dos processos junto ao juízo prevento (Lei n. 7.347, de 24 de julho de 1985 – Lei da Ação Civil Pública, art. 2º, parágrafo único).

Capítulo XVIII ♦ Elaboração da fundamentação: questões que repercutem...

NA PRÁTICA

*Exemplo de ato decisório por meio do qual o juiz reconhece a existência de **conexão**, relativamente a um processo em curso por outro juízo, deliberando a respeito da **prevenção** e da **reunião** dos processos para julgamento conjunto:*

D E C I S Ã O

A petição inicial e o acervo documental existente nos autos demonstram que a parte autora neste processo n. **[número do processo A]** e a parte autora no processo n. **[número do processo B]**, que se encontra tombado junto à 3ª Vara da sede desta Seção Judiciária, postulam, contra o INSS, o pagamento da íntegra do valor correspondente ao benefício de pensão por morte, em razão do falecimento do segurado Teagaele dos Santos. Cada uma das autoras se apresenta como a efetiva companheira do falecido e utiliza argumentos para excluir a qualidade de companheira da outra.

Há, pois, óbvia possibilidade de proferimento de decisões contraditórias, a revelar a existência de conexão entre as demandas, do que decorre a necessidade de reunião dos processos para julgamento conjunto (CPC, art. 55, § 1º).

Ao lado disso, a petição inicial deste processo foi apresentada em **[data]**, ao passo que a petição inicial do outro processo somente foi protocolada em **[data]**. Fica, assim, clara a prevenção deste juízo da 4ª Vara para processar e julgar ambas as demandas (CPC, art. 59).

Diante disso, comunique-se o MM. Juízo da 3ª Vara a respeito da prevenção deste juízo, solicitando que sejam remetidos, para esta 4ª Vara, os autos do processo n. **[número do processo B]**.

Recebidos, nesta 4ª Vara, os autos do aludido processo, fica, de logo, determinada a reunião para julgamento conjunto, devendo, doravante, todos os atos do processo n. **[número do processo B]** ser praticados nestes autos n. **[número do processo A]**. A secretaria deverá certificar a respeito da existência desta determinação nos autos n. **[número do processo B]**, para os quais trasladará, por cópia, a íntegra deste pronunciamento.

À vista das determinações dadas, as partes de ambos os processos deverão estar atentas para o fato de que todas – absolutamente todas – as peças que vierem a ser dirigidas a este juízo, tanto as relativas aos autos n. **[número do processo B]** como as atinentes aos autos n. **[número do processo A]**, deverão ser encaminhadas, apenas, para estes autos n. **[número do processo A]**.

Intimem-se.
[local e data].

É importante notar que o magistrado adotou, de logo, as medidas necessárias para que seja adequadamente administrada a prática de atos nos autos de ambos os processos, ante a reunião que deverá acontecer.

Perceba-se que a certidão que a secretaria lavrará nos autos do processo B e o traslado da cópia do pronunciamento para aqueles autos têm a utilidade de documentar, no processo B, o motivo pelo qual os atos a ele relativos passaram a ser praticados em outros autos.

Ademais, não só os serviços auxiliares da Justiça foram informados a respeito dos atos que praticarão, como foram, previamente, prestados esclarecimentos às partes sobre como deverão proceder, tudo em cumprimento dos deveres de esclarecimento e de prevenção que integram o conteúdo do princípio da cooperação, norma fundamental do Direito Processual Civil (CPC, art. 6º).

3.7.1.2 Suspensão da prática dos atos do procedimento

Em vez da reunião dos processos para decisão conjunta, será outro o efeito da conexão – no caso, a *suspensão* da prática dos atos do procedimento em um dos processos –, se houver formulação, em processos distintos, tombados junto a juízos também distintos, de pedidos que mantenham, entre si, um vínculo de subordinação capaz de gerar o proferimento de *decisões contraditórias*, mas os juízos respectivos não possuírem competência absoluta para apreciação dos pleitos formulados no processo que se encontra tombado junto ao outro juízo.

O exemplo a seguir é esclarecedor.

Basta imaginar uma situação envolvendo um processo em curso numa vara de família e outro tombado junto a uma vara da Fazenda Pública. No processo em curso na vara de família, a parte autora, indicando como rés três pessoas naturais, pede que seja reconhecida a existência de uma relação de união estável entre ela e o falecido pai das rés, que, de sua vez, negam que tal relação tenha ocorrido. Já no processo em curso na vara da Fazenda Pública, a mesma parte autora, alegando que o seu falecido companheiro, de quem era dependente economicamente, era servidor público estadual, pede que seja imposta ao Estado – que nega que a relação de união estável tenha ocorrido – a obrigação de lhe pagar o benefício de pensão por morte.

Por óbvio, a resolução da questão sobre a existência ou não da união estável, que é a questão principal de um processo, antecede logicamente a resolução da questão quanto a se o benefício deve ou não ser pago, que corresponde à questão principal do outro processo.

Há, pois, um claro vínculo de subordinação entre as questões principais, revelador da existência de *conexão*, com risco de proferimento de *decisões contraditórias*.

Ao lado disso, diante da incompetência absoluta dos juízos, não há como promover a reunião dos processos para decisão conjunta: nem o juízo da vara da Fazenda Pública possui competência absoluta, em razão da matéria, para apreciar o pedido relativo ao reconhecimento da união estável, pois tal competência, naquela comarca, é do juízo da vara de família, nem o juízo da vara de família possui competência absoluta para examinar o pedido dirigido contra o Estado, uma vez que essa competência absoluta, em razão da pessoa, é do juízo da vara da Fazenda Pública.

Nessa hipótese, caberá aos magistrados aplicar o conjunto normativo extraível do enunciado do art. 313, V, *a*, §§ 4º e 5º, do CPC, o que implicará a *suspensão* da prática dos atos do procedimento no processo no qual se encontrar a questão subordinada, para que, no outro processo, ocorra a resolução da questão subordinante.

Assim, no exemplo dado, o magistrado responsável pela condução do processo em curso pela vara da Fazenda Pública ordenará a suspensão da prática

Capítulo XVIII ♦ Elaboração da fundamentação: questões que repercutem...

dos atos do procedimento, para que, no outro processo, seja resolvida, pelo juízo da vara de família, a questão atinente à existência da união estável.

Resolvida a questão subordinante, os atos do procedimento em curso junto à vara da Fazenda Pública voltarão a ser praticados e a questão subordinada poderá ser resolvida de um modo tal que não ocorra a indesejável contradição.

Nesse caso de *suspensão* da prática dos atos do procedimento, o ordenamento jurídico, por aplicação do princípio da *duração razoável do processo*, estipula o prazo máximo de um ano para que a questão subordinante seja resolvida no outro processo (CPC, art. 313, V, *a*, § 4º).

Passado esse prazo[8], o magistrado responsável pela condução do processo em que se encontra a questão subordinada – no exemplo, o juiz responsável pela condução do processo em curso na vara da Fazenda Pública – voltará a praticar normalmente os atos do procedimento e resolverá, ele mesmo, a questão subordinante, mediante a prática dos atos instrutórios que forem necessários ao esclarecimento dos fatos (CPC, art. 313, V, *a*, § 5º).

Ainda utilizando o exemplo, o magistrado que dirige o processo em curso na vara da Fazenda Pública formará a sua convicção quanto a se a relação de união estável aconteceu ou não, mas a resolução que vier a ser por ele dada a essa questão não terá qualquer aptidão para ser acobertada pelos efeitos da coisa julgada (CPC, art. 503, § 1º, III).

3.7.1.3 Ineficácia do reconhecimento da incompetência relativa parcial

Havendo cumulação de pedidos, se a incompetência *relativa*, mesmo tendo sido alegada no momento adequado, se adstringir a apenas uma *parcela* dos pleitos e houver *conexão* da qual resulte risco de proferimento de *decisões contraditórias*, o reconhecimento da incompetência relativa *nenhum* efeito produzirá.

Imagine-se uma situação em que, num processo em curso por uma vara cível, tendo como litigantes duas pessoas naturais, a parte autora apresente dois pedidos: um de reconhecimento da existência de uma relação jurídica entre ela e a parte ré e o outro de reparação de dano resultante de situação ocorrida no âmbito da relação jurídica cuja existência ela pede que seja reconhecida.

Quanto ao pleito de reconhecimento da existência da relação jurídica, o foro competente é o do domicílio da parte ré (CPC, art. 46, *caput*).

---

[8] Por óbvio, esse prazo de um ano pode ser objeto de flexibilização, por decisão do magistrado responsável pela condução do processo em que se encontra a questão subordinada (CPC, art. 139, VI). Assim, por exemplo, se o juiz perceber que há possibilidade de que a decisão a respeito da questão subordinante seja proferida, pelo juízo respectivo, em mais um mês, depois de encerrado o prazo de um ano, é perfeitamente possível que, mediante a indicação do motivo e a demonstração da razoabilidade da espera, ocorra prorrogação do prazo de suspensão da prática dos atos do procedimento.

Já no que se refere ao pleito de reparação de dano, o foro competente é o do lugar do ato ou fato (CPC, art. 53, IV, *a*).

Em ambos os casos, a competência é determinada com base num critério relativo, o critério territorial.

Num quadro desse, se a parte ré for domiciliada em local distinto daquele em que ocorreu o evento danoso e a parte autora houver dirigido a petição inicial para o juízo do foro do lugar da ocorrência do evento, o quadro será de incompetência relativa do juízo para processar e julgar o pleito referente ao reconhecimento da existência de relação jurídica.

Numa situação assim, havendo alegação, caberá ao magistrado reconhecer que há, sim, incompetência relativa parcial, mas que a existência de risco de proferimento de decisões contraditórias faz com que todas as questões sejam resolvidas pelo mesmo juízo.

Com isso, apesar de ter havido o reconhecimento da incompetência relativa parcial, tal reconhecimento será ineficaz, não produzirá qualquer efeito.

É que, como já anotado, a *conexão*, num quadro em que houver risco de proferimento de decisões contraditórias, malgrado não possua força suficiente para ultrapassar o obstáculo da incompetência absoluta, tem força suficiente para vencer o óbice da incompetência relativa.

3.7.1.4 Extinção do processo

> **É POSSÍVEL QUE A EXISTÊNCIA DE CONEXÃO GERE, COMO EFEITO, A EXTINÇÃO DE UM DOS PROCESSOS, SEM RESOLUÇÃO DO MÉRITO?**

Como já registramos, a *continência* é uma espécie de *conexão*. E quanto a esse específico tipo de *conexão*, o sistema jurídico prevê a produção do efeito consistente na *extinção*, sem resolução do mérito da causa, do processo no qual estiver o pedido de menor amplitude, se a demanda a ele relativa houver sido proposta *depois* da propositura da demanda por meio da qual foi formulado o pedido mais abrangente (CPC, art. 57).

Aproveitando o exemplo anteriormente dado, quando demonstramos que a *continência* é uma espécie de *conexão*, imagine-se um processo nascido em razão da propositura de uma demanda cujo pedido seja o de reconhecimento da inexistência de relação jurídica tributária entre uma pessoa jurídica de direito privado e um ente público, baseada na tese da inconstitucionalidade de determinada lei.

Admita-se que, depois, seja proposta, pela mesma parte autora, contra a mesma parte ré, outra demanda, cuja postulação, também baseada na tese da inconstitucionalidade, seja a de que determinada obrigação tributária, que seria decorrente da relação jurídica tributária instituída pela aludida lei, não pode ser imposta àquela pessoa jurídica.

Nesse caso, o segundo processo, cujo pedido possui menor amplitude, deverá ser *extinto* sem resolução do mérito da causa, já que o julgamento do processo anteriormente existente, no qual o pedido formulado é mais abrangente, resultará compondo a lide relativa à inexistência ou não da obrigação.

Na hipótese de a demanda mediante a qual foi apresentado o pedido de menor amplitude haver sido proposta *antes* da outra, cujo pedido é mais amplo, o efeito a ser obtido é o efeito comum, da reunião dos processos para decisão conjunta (CPC, art. 57, parte final).

3.7.2 *Conexão por mera afinidade de questões e inexistência de risco de decisões contraditórias*

> **TODA CONEXÃO GERA O RISCO DE PROFERIMENTO DE DECISÕES CONTRADITÓRIAS?**

Como realçado, não é qualquer *conexão* que pode gerar modificação da competência. É preciso que se trate de um vínculo capaz de gerar o risco de proferimento de *decisões contraditórias*. Se assim não fosse, haveria lesão ao princípio do juízo natural.

Nesse contexto, há necessidade de que se tenha atenção para um específico tipo de *conexão*, que se caracteriza pela existência de mera *afinidade* de questões por pontos similares de fato e de direito.

Essa mera *afinidade* não tem qualquer potencial para gerar decisões contraditórias, caso os pedidos sejam julgados por juízos distintos.

Imagine-se um quadro em que várias pessoas aposentadas pelo Regime Geral da Previdência Social (RGPS) entendam que têm o direito de perceber, do Instituto Nacional do Seguro Social (INSS), em decorrência da entrada em vigor de determinada lei, certa diferença no valor do benefício previdenciário de aposentadoria por tempo de contribuição.

Com base nisso, um grupo de pessoas provoca o Poder Judiciário por meio da apresentação de petição inicial que é distribuída para uma vara, ao passo que a petição inicial apresentada por outro grupo é distribuída para outra unidade.

Há – perceba-se – evidente similaridade entre as questões de fato e de direito de ambos os processos, e, tendo em vista que os processos estão tombados junto a juízos distintos, existe possibilidade, em tese, de os magistrados respectivos chegarem a conclusões distintas quanto à existência do direito cuja titularidade é invocada.

Assim, bem pode acontecer de os demandantes de um dos grupos terem os seus pedidos acolhidos, enquanto os do outro grupo tenham os seus pedidos rejeitados, com o que se consumará um quadro de proferimento de decisões distintas para casos similares.

Esse quadro não é, por óbvio, desejável. No plano político, uma situação dessa não colabora para a construção de uma boa imagem do Poder Judiciário.

Apesar disso, as decisões proferidas *não* são contraditórias.

E é fácil perceber o motivo: apesar de distintas, elas *não* se excluem, mutuamente, no plano lógico, no todo ou em parte. Veja-se que o fato de os aposentados integrantes de um dos grupos não conseguirem o reconhecimento do direito de que se entendem titulares não impedirá que os participantes do outro grupo passem a receber um valor maior, a título de benefício previdenciário.

A coexistência, no âmbito da sociedade, de decisões com tais características não é algo que deva ser estimulado. Pelo contrário, ante o clima de insegurança jurídica que esse quadro provoca, instrumentos devem ser postos em prática para evitar, tanto quanto possível, que uma situação indesejável como essa aconteça.

Porém, a solução não será, jamais, reunir, num só juízo, todos os processos que contenham questões similares. Uma solução como essa, além de violadora do princípio do juízo natural, teria aptidão para gerar graves problemas de natureza administrativa, com a possibilidade de concentração, em uma só unidade julgadora, de centenas ou até de milhares de processos.

A solução compatível com o Estado Democrático de Direito está na instituição de mecanismos processuais eficientes para que, tanto quanto possível, as decisões judiciais tenham conteúdo previsível e, assim, a sociedade possa usufruir de mais segurança jurídica.

É exatamente em razão de situações assim que há, no sistema jurídico processual, um microssistema normativo de julgamento de casos repetitivos (CPC, art. 928) e um robusto sistema de precedentes judiciais vinculantes.

3.8 Incorreção do valor atribuído à causa

> **É POSSÍVEL QUE UMA QUESTÃO REFERENTE AO VALOR ATRIBUÍDO À CAUSA REPERCUTA NA COMPETÊNCIA?**

O comum é que uma questão que verse sobre incorreção do valor atribuído à causa não seja resolvida neste específico passo do roteiro.

Porém, pode ocorrer de a resolução de tal questão repercutir na competência do juízo. Nesse caso, é exatamente este passo do roteiro o adequado para a sua resolução.

Capítulo XVIII ♦ Elaboração da fundamentação: questões que repercutem...

É o que acontece, por exemplo, se, num processo em curso por uma vara cível da Justiça Federal, constatar-se que o valor atribuído à causa foi excessivo e que o valor correto é inferior a sessenta vezes o valor do salário mínimo. Tratando-se de causa em que não milite qualquer outro fator excludente da competência dos Juizados Especiais Federais, os autos deverão ser remetidos para os aludidos juizados, uma vez que a sua competência em razão do valor é absoluta (Lei n. 10.259, de 12 de julho de 2001, art. 3º, § 3º).

Situação similar se dá com os Juizados Especiais da Fazenda Pública (Lei n. 12.153, de 22 de dezembro de 2009, art. 2º, § 4º).

Nas situações comuns, em que a incorreção do valor atribuído à causa não tiver potencial para repercutir na competência absoluta do juízo, a alegação deverá ser feita pela parte ré na peça contestatória. Se não o fizer, haverá preclusão (CPC, arts. 293 e 337, III), malgrado o juiz possa corrigir, de ofício, o valor equivocadamente atribuído (CPC, art. 292, § 3º).

Tratando-se, porém, de caso em que, a depender do valor que seja considerado adequado para a causa, haverá repercussão na competência absoluta do juízo, a alegação pode ser feita a qualquer tempo, por qualquer das partes ou pelo Ministério Público, se o órgão estiver a atuar na qualidade de *custos iuris*, uma vez que as regras de competência absoluta são instituídas para atender a interesse público. De sua vez, o juiz poderá suscitar a questão de ofício (CPC, art. 292, § 3º).

NA PRÁTICA

Exemplo de ato decisório por meio do qual o magistrado, corrigindo, de ofício o valor atribuído pela parte autora à causa, reconhece, igualmente de ofício, a incompetência absoluta do juízo.

DECISÃO

A parte autora, atribuindo à causa valor superior a sessenta salários mínimos, pede que seja reconhecida, a partir do momento da propositura da demanda, a existência do seu direito de obter o benefício de aposentadoria. Aponta a quantia de R$ **[valor]** como sendo a que deverá lhe ser paga mensalmente pelo INSS.

Sucede que, tratando-se de prestações vincendas relativas a obrigação por tempo indeterminado – como é o caso destes autos –, o valor da causa deverá corresponder ao equivalente a uma prestação anual (CPC, art. 292, §§ 1º e 2º). Nessa linha, o valor da causa, neste processo, deve equivaler à soma de doze prestações da obrigação de que o demandante se considera credor, o que resulta no valor de R$ **[valor]**, que é inferior a sessenta salários mínimos.

Ao lado disso tudo, a matéria não se insere em nenhuma das hipóteses de exclusão da competência dos Juizados Especiais Federais cíveis, previstas no § 1º do art. 3º da Lei n. 10.259/2001.

> Assim – e considerando que "[n]o foro onde estiver instalada Vara do Juizado Especial, a sua competência é absoluta" (art. 3º, § 3º, da Lei n. 10.259/2001) —, reconheço, de ofício, a ***incompetência absoluta*** deste Juízo Federal da 4ª Vara (CPC, arts. 64, § 1º, e 292, § 3º) e determino a remessa dos autos para um dos Juizados Especiais Federais cíveis, sediados nesta Capital.
>
> Intime-se.
>
> **[local e data]**.

Perceba-se que, no primeiro parágrafo, foi exposta, com poucas palavras, a base fática em que se assentará o raciocínio jurídico empreendido no restante do ato decisório.

Observe-se, ainda, que não houve necessidade de fazer alusão a qualquer outro aspecto do processo, já que a questão a ser resolvida – envolvendo o valor da causa e a competência do juízo – exige, apenas, a exposição dos dados fáticos que foram objeto de destaque.

3.9 Ilegitimidade para a causa

> **❓ É POSSÍVEL QUE UMA QUESTÃO REFERENTE A LEGITIMIDADE PARA A CAUSA REPERCUTA NA COMPETÊNCIA?**

De um modo geral, questões referentes à *legitimidade para a causa* não devem ser resolvidas antes, por exemplo, de uma questão que verse sobre falta de caução ou de outra prestação que a lei exige que seja previamente cumprida para exercício do direito de ação (CPC, arts. 83, 92, 337, XII, § 5º, e 486, § 2º, por exemplo).

Sucede que se a resolução de tal questão repercutir na *competência* do juízo, ela deverá se dar neste específico passo do roteiro.

Assim, se a competência do juízo houver sido determinada em razão da presença, no processo, de algum sujeito específico, a questão referente à *legitimidade* de tal sujeito para a causa tem evidente aptidão para repercutir na *competência*.

Cogite-se, por exemplo, de um caso em que duas pessoas jurídicas de direito privado litigam e o motivo pelo qual o processo se encontra numa vara da Fazenda Pública tenha sido a inclusão, como corré, do Estado-membro. A eventual conclusão de que Estado-membro não está legitimado para a causa implicará a sua exclusão do processo, com a consequente necessidade de remessa dos autos para o juízo que for o competente.

O mesmíssimo raciocínio pode ser feito se, num caso similar, em que litigam duas pessoas jurídicas de direito privado, o motivo pelo qual o processo se encontra tombado numa vara da Justiça Federal houver sido o fato de a União,

Capítulo XVIII ♦ Elaboração da fundamentação: questões que repercutem...

uma de suas entidades autárquicas ou uma empresa pública federal constar como corré. A eventual decisão que exclua do processo o sujeito cuja presença determina a competência da Justiça Federal (CF, art. 109, I) importará no envio do processo para o Poder Judiciário do Estado.

NA PRÁTICA

Exemplo de ato decisório por meio do qual o juiz federal reconhece, de ofício, a ilegitimidade de uma entidade autárquica para figurar no polo passivo da demanda e, em consequência, ordena a remessa dos autos para o Poder Judiciário do Estado:

DECISÃO

Por meio de petição inicial dirigida para a Justiça Federal, a parte autora afirma que contratou plano de saúde suplementar com uma pessoa jurídica de direito privado e que a mencionada pessoa jurídica estaria lhe negando a contraprestação a que se obrigou, em razão do que pede que seja determinada a adoção das providências que indica.

Toda a narrativa fática está voltada para descrever eventos dos quais participou exclusivamente a pessoa jurídica de direito privado.

Ao lado disso, a parte autora indicou, como corré, a Agência Nacional de Saúde Suplementar (ANS), autarquia federal à qual, segundo a demandante, estaria "vinculada" a outra ré, por se tratar da agência reguladora dos serviços por ela prestados.

Sucede que é absolutamente inócuo, para a causa, o fato de a ANS ser a agência reguladora dos serviços prestados pela pessoa jurídica de direito privado com a qual a parte autora celebrou o contrato, pois não pode ela, a ANS, ser alcançada em razão de atos que teriam sido praticados por tal pessoa jurídica, relativamente ao contrato celebrado.

A conclusão, pois, a que se chega é à de que o processo veicula uma lide entre uma pessoa natural, de um lado, e, de outro lado, uma pessoa jurídica de direito privado, sem que exista legitimidade da ANS para integrar o polo passivo da demanda.

Diante do exposto, **reconheço a ilegitimidade passiva da Agência Nacional de Saúde Suplementar (ANS)**, razão pela qual a excluo do processo e, por conseguinte, declaro a **incompetência absoluta da Justiça Federal** para processar e julgar a causa.

Remetam-se os autos para uma das Varas da Comarca de Porto Alegre.

Intime-se.

[local e data].

4. MOMENTO ADEQUADO PARA RESOLUÇÃO DA QUESTÃO

> TENDO SURGIDO UMA QUESTÃO CUJA RESOLUÇÃO PODE REPERCUTIR NA COMPETÊNCIA, DEVO RESOLVÊ-LA IMEDIATAMENTE? E COMO FICA A APLICAÇÃO DO PRINCÍPIO DO CONTRADITÓRIO, POR EXEMPLO?

Como registramos, tratando-se de questão cuja resolução tenha potencial para repercutir na *competência* do juízo, deverá ela ser resolvida tão rapidamente quanto possível (CPC, art. 64, § 2º), independentemente de tratar-se de incompetência absoluta ou de incompetência relativa.

A resolução da questão, porém, deve ser cercada dos cuidados indispensáveis para a adequada verificação a respeito da *regularidade do procedimento* que antecede o momento em que a decisão será proferida, de modo a que se conclua que a questão a respeito da competência do juízo está suficientemente madura, apta a ser resolvida.

Nesse contexto, conforme demonstramos no capítulo em que cuidamos da verificação quanto a se uma questão está apta a ser resolvida, é fundamental que os olhos do julgador estejam postos no princípio do *contraditório*. Ao lado dele, outras normas fundamentais do Direito Processual Civil podem incidir simultaneamente.

Em acréscimo, tratando-se de questão cuja resolução pode repercutir na *competência* do juízo, a circunstância de haver ou não, no processo, pleito de concessão de *tutela provisória de urgência* pode repercutir na aplicação do princípio do *contraditório*, mormente quando se constatar que está ele, por exemplo, em rota de colisão com o princípio da *efetividade*.

Essas observações são relevantes para que o julgador possa perceber, à luz da preservação do direito fundamental ao contraditório, se o caso já comporta ou não o proferimento de decisão a respeito da *competência* do juízo e, portanto, havendo competência, se já é possível resolver as demais questões.

NO CONCURSO PÚBLICO

O candidato a ocupar um cargo na magistratura deve estar atento, por ocasião do concurso público, para a eventual presença, num quesito, de situações que envolvem a aplicação do princípio do contraditório antes do proferimento de decisões.

É preciso lembrar, sempre, que, de um lado, o direito ao contraditório é um direito fundamental constitucionalmente assegurado (CF, art. 5º, LV) e que, de outro, podem surgir quadros em que o princípio do contraditório entre em rota de colisão com outras normas fundamentais.

*São comuns, por exemplo, situações de **colisão** entre o princípio do contraditório e o princípio da efetividade, de um modo tal que, se o contraditório for imediatamente aplicado, o processo corre o risco de perder, no todo ou em parte, o potencial para produzir os efeitos que dele podem ser extraídos.*

*Em casos assim, é preciso reconhecer, mediante fundamentação adequada, que decorrerá da aplicação do postulado da ponderação (CPC, art. 489, § 2º), que, naquela situação específica, a aplicação do princípio da efetividade deve ter **precedência** sobre a aplicação do princípio do contraditório, o qual, de sua vez, tão logo esteja assegurada a efetividade do processo, deverá ser posto em prática o mais cedo possível.*

Capítulo XVIII ♦ Elaboração da fundamentação: questões que repercutem...

> *Também é necessário que o candidato a ocupar um cargo na magistratura esteja atento para a circunstância de que, independentemente de haver colisão entre princípios, apesar de uma decisão proferida sem o prévio contraditório ser, em tese, uma decisão defeituosa, nem todo ato defeituoso deve ser invalidado.*
>
> *Essa percepção é de grande valia para os casos em que, apesar de não haver sido dada oportunidade para que determinado sujeito exercitasse, antes do proferimento de certa decisão, o seu direito fundamental ao contraditório, o defeito não lhe tenha causado prejuízo.*
>
> *E, como não se deve invalidar atos jurídicos, mesmo defeituosos, sem que o defeito do ato tenha gerado prejuízo, a decisão, nesse caso, não deverá ser invalidada.*

4.1 Incompetência absoluta

As informações constantes no capítulo a respeito da verificação quanto a se uma questão está apta a ser resolvida são perfeitamente aplicáveis na resolução de questão sobre *incompetência absoluta*.

Por isso, remetemos à leitura do mencionado capítulo, em especial no que se refere aos itens que tratam das questões formais que versam sobre defeito processual, tanto na situação em que a resolução da questão deverá se dar *antes* como *depois* da citação ou do comparecimento espontâneo da parte ré ao processo.

Há, porém, dois aspectos que merecem destaque e que tocam direto nas questões a respeito de incompetência absoluta.

O primeiro é referente à possibilidade de se tratar de processo em que o Ministério Público atue na qualidade de fiscal da ordem jurídica.

Nesse caso, se a resolução da questão tiver que ocorrer depois da citação ou do comparecimento espontâneo da parte ré ao processo, o órgão do Ministério Público também deverá ser ouvido antes que a decisão seja proferida (CPC, art. 179, I). Ao lado disso, se a *alegação* de incompetência absoluta houver sido feita pelo próprio Ministério Público, na qualidade de *custos iuris*, a regra é a de que a ambas as partes deve ter sido dada oportunidade para se manifestar antes da resolução da questão, ressalvados os casos em que, como vimos no capítulo aludido, houver desnecessidade de prévia manifestação.

O segundo aspecto é alusivo à presença, concomitantemente com a questão que envolve *incompetência absoluta*, de uma questão relativa a concessão de *tutela provisória de urgência*. Tal situação, dada a sua importância, é objeto de exame adiante, num item especialmente destinado a tanto.

4.2 Cláusula de eleição de foro abusiva

O roteiro traçado no capítulo sobre a verificação quanto a se uma questão está apta a ser resolvida é também aplicável no cenário em que o juiz, de ofício,

MANUAL DA SENTENÇA CÍVEL

diante da possibilidade de a cláusula de eleição de foro ser abusiva, suscita, antes da citação da parte ré, a questão atinente à ineficácia do ato de modificação da competência.

Em razão disso, remetemos, mais uma vez, à leitura do mencionado capítulo, especificamente no item que trata das questões formais que versam sobre defeito processual insanável, na situação em que a resolução da questão deverá se dar *antes* da citação ou do comparecimento espontâneo da parte ré ao processo.

Também aqui, a presença simultânea de uma questão atinente a concessão de *tutela provisória de urgência* enseja cuidados, razão pela qual esse panorama é o centro das nossas atenções em item próprio.

4.3 Incompetência relativa

Como já anotado, a alegação de incompetência relativa deverá ser feita, pela parte ré, na contestação, e, se o processo se subsumir a qualquer das hipóteses mencionadas no art. 178 do CPC, poderá ser feita pelo Ministério Público, na primeira oportunidade em que lhe couber se pronunciar no processo.

Havendo alegação na contestação, o roteiro a ser seguido para verificação a respeito da maturidade da questão para resolução, é o indicado no capítulo que versa sobre a verificação quanto a se uma questão está apta a ser resolvida, em especial nos itens sobre a resolução de questões formais que versam sobre defeito processual, suscitada por uma das partes.

Caso o Ministério Público tenha de atuar no processo como *custos iuris*, deverá ser aberta vista dos autos para que o órgão também seja ouvido, antes do proferimento da decisão (CPC, art. 179, I).

Situação merecedora de atenção é a decorrente de a incompetência relativa ser alegada pelo próprio Ministério Público (CPC, art. 65, parágrafo único).

Para fazê-lo, o órgão deverá apresentar a alegação na primeira oportunidade que tiver para se manifestar nos autos e a regra é a de que ambas as partes tenham tido oportunidade para se manifestar antes da resolução da questão, ressalvadas as situações, apontadas no mencionado capítulo, em que não houver necessidade de prévia manifestação.

Mas é preciso atinar para o fato de que, se a alegação de incompetência relativa foi protagonizada pelo Ministério Público, que se manifesta no processo *depois* das partes (CPC, art. 179, I), a parte ré, a essa altura, já apresentou contestação e, nela, *não* alegou incompetência relativa, com o que resultou por celebrar, com a parte autora, um negócio jurídico processual tácito, tendo por objeto a competência do juízo (CPC, arts. 65, *caput*, e 190). Por meio desse negócio jurídico processual, a parte ré manifestou, tacitamente, interesse em que o processo permaneça no juízo em que se encontra, apesar da incompetência relativa.

Capítulo XVIII ◆ Elaboração da fundamentação: questões que repercutem...

Num caso desse, em que o conflito de interesses, no que toca à competência relativa do juízo, envolve, de um lado, as partes e, de outro, o Ministério Público, caberá ao juiz, à luz das considerações trazidas pelo Ministério Público e pelas partes, avaliar se o negócio jurídico que as partes tacitamente celebraram tem objeto lícito e, assim, recusar-lhe ou não aplicação (CPC, art. 190, parágrafo único).

PARA NÃO ESQUECER

*Lançando mão, mais uma vez, de um raciocínio mediante o uso de **linguagem metafórica**, sem esquecer que a questão referente a impedimento ou a suspeição do magistrado antecede a resolução de qualquer outra questão, o juiz, ao se deparar com um processo, está em posição similar à de uma pessoa que recebe uma encomenda acondicionada numa caixa fechada.*

Após constatar que, de fato, a entrega da caixa se deu corretamente (após constatar que não ocorreu erro na distribuição) e abrir a caixa, de modo a analisar o seu conteúdo (e passar a examinar outros aspectos do processo), caberá à pessoa (caberá ao juiz), verificar, primeiro, se a encomenda que está no interior da caixa (verificar, primeiro, se o conteúdo do processo) tem relação com as atividades que são desempenhadas naquele local (está incluído no âmbito da competência do juízo).

Se concluir que há relação entre a encomenda que está no interior da caixa e as atividades desempenhadas no local (se concluir que há competência para processar e julgar a causa), a pessoa (o juiz) dará prosseguimento ao exame da encomenda (dará prosseguimento ao exame do processo).

Constatando, entretanto, que não há relação entre a encomenda que está no interior da caixa e as atividades desempenhadas no local (constatando, entretanto, que não há competência do juízo para processar e julgar a causa), deverá a pessoa (deverá o juiz) verificar a magnitude dessa falta de relação (verificar a natureza da incompetência).

Mediante tal verificação, a pessoa (o juiz) poderá concluir que a falta de relação é intensa (poderá concluir que a incompetência é do tipo que pode ser conhecida de ofício: incompetência absoluta ou incompetência relativa decorrente de cláusula abusiva de eleição de foro), em razão do que a caixa, contendo a encomenda (em razão do que o conjunto que corresponde ao processo) deverá ser enviada para outro local, que tenha relação com ela (deverá ser remetido para o juízo competente), independentemente de alguém solicitar esse envio (independentemente de alegação pelas partes ou pelo Ministério Público).

De outro lado, a pessoa (o juiz) poderá chegar à conclusão de que, apesar de não haver relação entre a encomenda e aquele local em que foi ela entregue (poderá chegar à conclusão de que, apesar de haver incompetência), tal falta de relação não é tão intensa (tal incompetência é relativa), em razão do que a caixa, contendo a encomenda (em razão do que o conjunto que corresponde ao processo) somente deverá ser enviada para outro local (somente deverá ser remetido para o juízo competente) se alguém solicitar esse envio (se houver alegação de incompetência relativa pela parte ré ou pelo Ministério Público).

> *Nesse caso, a pessoa (o juiz) aguardará que a solicitação seja feita até determinado momento (aguardará que a alegação de incompetência relativa seja feita até o primeiro momento em que couber à parte ré ou ao Ministério Público se manifestar nos autos).*
>
> *Enquanto esse momento não chega (enquanto ainda puder ser alegada a incompetência relativa), a pessoa (o juiz) continuará examinando a encomenda (continuará examinando o processo e praticando os atos respectivos).*
>
> *Não havendo solicitação de envio (não havendo alegação de incompetência relativa), a caixa, contendo a encomenda (o conjunto que corresponde ao processo), permanecerá no local em que foi entregue (permanecerá tombado junto ao juízo para o qual foi feita a distribuição) e o local será adaptado para alojá-la (e haverá prorrogação da competência do juízo).*
>
> *Com a adaptação do local (com a prorrogação da competência), a pessoa (o juiz) estará livre para dar continuidade ao exame do conteúdo da caixa (estará livre para continuar a examinar o processo e praticar os atos respectivos).*

4.4 Simultaneidade com questão relativa a tutela provisória de urgência

> **?** HAVENDO PLEITO DE CONCESSÃO DE TUTELA PROVISÓRIA DE URGÊNCIA, COMO DEVO PROCEDER PARA RESOLVER UMA QUESTÃO QUE REPERCUTE NA COMPETÊNCIA?

Havendo pleito de concessão de *tutela provisória de urgência*, simultaneamente com a existência de questão cuja resolução tenha potencial para repercutir na *competência* do juízo, o magistrado pode se ver compelido a ter cuidados especiais.

De fato, a alegação de que há necessidade de prestação de uma *tutela provisória de urgência* instala no processo um quadro com aptidão para repercutir na aplicação do princípio do *contraditório*, ante a possibilidade de estar ele em rota de colisão com o princípio da *efetividade*, que, em certas situações, terá precedência para aplicação.

Nessa linha, havendo postulação de *tutela provisória de urgência*, é preciso que o julgador pondere a respeito das consequências da incidência, no caso concreto, do fator *tempo*.

É que, a depender de como o quadro de *urgência* se apresente, pode ser que *exista* tempo suficiente para que, antes da decisão a respeito da competência, sejam praticados os atos indispensáveis à regularidade do procedimento que antecede o momento em que a decisão será proferida. Também pode ser que *não* haja tempo suficiente para tanto. E pode ser, até, que *não* exista tempo suficiente *sequer* para que, reconhecida a incompetência, sejam os autos remetidos para o juízo competente.

4.4.1 *Urgência que admite a prática dos atos necessários à preservação da regularidade do procedimento que antecede o momento em que a decisão sobre competência será proferida*

Pode ser que, apesar de haver urgência, a premência do tempo não seja tão intensa.

Nesse caso, o julgador pode chegar à conclusão de que há tempo *suficiente* para que, antes da resolução da questão referente à competência, seja aberta oportunidade para a prática dos atos necessários à preservação da regularidade do procedimento que antecede a resolução da questão.

Sendo esse o panorama, o juiz deverá atuar em consonância com os roteiros mencionados nos itens anteriores a este, já que, malgrado a urgência, o quadro não justifica a adoção de conduta distinta.

Tendo sido feita a verificação e praticados os atos indispensáveis à preservação da regularidade do procedimento, o julgador decidirá, então, a respeito da competência do juízo.

Na sequência, ainda no *mesmo* ato decisório, caso reconheça que o juízo é competente para o processamento e o julgamento da causa, o magistrado deliberará sobre o pleito de concessão de tutela provisória de urgência ou, na hipótese de reconhecer a incompetência do juízo, ordenará a remessa dos autos para o juízo competente.

4.4.2 *Urgência que não admite a prática dos atos necessários à preservação da regularidade do procedimento que antecede o momento em que a decisão sobre competência será proferida*

O quadro de urgência pode possuir características tais que exijam que, independentemente de qualquer outro ato, o juiz tenha que se manifestar a respeito da sua competência *imediatamente* e, concluindo pela incompetência, ordenar de logo a remessa dos autos para o juízo competente.

Num quadro desse, mesmo havendo necessidade, não haverá tempo útil para a prática dos atos indispensáveis à preservação da regularidade do procedimento que antecede a resolução da questão a respeito da competência do juízo.

Caberá ao magistrado, nesse cenário, registrar, no ato decisório, o motivo que o conduziu a decidir de imediato a questão referente à competência.

Trata-se de uma solução lógica, já que, num caso desse, a prática acrítica de outros atos, em especial os voltados para a aplicação do princípio do *contraditório*, implicaria irremediável prejuízo para a efetividade do próprio processo, cuja proteção também se dá por meio de norma fundamental, o princípio da *efetividade* (CPC, arts. 4º, parte final, e 6º, também parte final).

Um quadro com tais características exige, por óbvio, que sejam adotados critérios de ponderação (CPC, art. 489, § 2º).

Na sequência, ainda no *mesmo* pronunciamento, o juiz, se reconhecer a competência do juízo, manifestar-se-á, de logo, sobre a concessão da tutela provisória de urgência. Concluindo pela incompetência, ordenará diretamente a remessa dos autos para o juízo competente, que ficará incumbido de deliberar a respeito da tutela provisória postulada.

4.4.3 Urgência que não admite sequer que se aguarde pela remessa dos autos para o juízo competente

Existe um cenário ainda mais delicado do que o panorama descrito no item anterior.

É aquele em que o quadro de *urgência* é de uma ordem tal que, mesmo que seja reconhecida de imediato a incompetência, não há tempo útil, *sequer*, para que o juízo competente entre em contato com os autos.

Numa situação dessa, mesmo diante da constatação da incompetência, absoluta ou relativa[9], do juízo, o magistrado deverá reconhecer que o quadro de urgência exige uma imediata manifestação do Poder Judiciário sobre o pleito de concessão de tutela provisória.

Com base nisso, proferirá o juiz, no mesmo pronunciamento em que reconhecer a *incompetência* do juízo, a decisão que for a adequada, no tocante ao pleito de concessão de tutela provisória de urgência.

Em prosseguimento, ordenará que, tão logo quanto possível, os autos sejam remetidos para o juízo competente, que, de sua vez, deverá atuar em consonância com a norma que se extrai do texto do art. 64, § 4º, do CPC.

NA PRÁTICA

Exemplo de ato decisório por meio do qual o juiz federal, apesar de reconhecer a incompetência da Justiça Federal para processar e julgar a causa, profere decisão a respeito do pleito de concessão de tutela provisória de urgência:

---

[9] Comumente, os quadros de urgência se instalam antes mesmo da propositura da demanda, o que conduz a que já na petição inicial seja formulado o pleito de concessão de tutela provisória de urgência. Não é impossível, porém, que um quadro de urgência se instale no curso do processo, depois da alegação, pela parte ré ou pelo Ministério Público, de que há incompetência relativa do juízo e antes de o juiz decidir tal questão.

DECISÃO

Por meio de petição inicial dirigida para a Justiça Federal e protocolada às **15 horas de hoje**, a parte autora afirma que contratou, com uma pessoa jurídica de direito privado, um plano de saúde suplementar e que a mencionada pessoa jurídica estaria se recusando, injustificadamente, a reconhecer que o plano contratado cobre as despesas relativas a uma cirurgia a que ela necessita se submeter nas próximas horas, uma vez que, em razão de evento ocorrido na madrugada de hoje, encontra-se em iminente risco de morte.

Com base nisso, postula a concessão de tutela provisória de urgência, para que a parte ré seja compelida a adotar, de imediato, todas as providências indispensáveis para que seja autorizada a realização, na **noite de hoje**, do aludido procedimento cirúrgico.

Apesar de toda a narrativa fática estar voltada para descrever eventos dos quais participou exclusivamente a pessoa jurídica de direito privado, a parte autora indicou, como corré, a Agência Nacional de Saúde Suplementar (ANS), autarquia federal à qual, segundo a demandante, estaria "vinculada" a outra ré, por se tratar da agência reguladora dos serviços por ela prestados.

Sucede que é absolutamente inócuo, para a causa, o fato de a ANS ser a agência reguladora dos serviços prestados pela pessoa jurídica de direito privado com a qual a parte autora celebrou o contrato, pois não pode ela, a ANS, ser alcançada em razão de atos que teriam sido praticados por tal pessoa jurídica, relativamente ao contrato celebrado.

Com efeito, se uma empresa privada de saúde suplementar pratica ato lesivo ao patrimônio de um consumidor dos seus serviços, a ANS pode, no máximo, realizar um controle administrativo. Pode, até, punir administrativamente. Mas tal situação está muito, muito distante de determinar a necessidade de ela integrar todos os processos em que esteja sendo discutida a atuação de uma empresa desse tipo.

A conclusão, pois, a que se chega é à de que o processo veicula uma lide entre uma pessoa natural, de um lado, e, de outro lado, uma pessoa jurídica de direito privado, sem que exista legitimidade da ANS para integrar o polo passivo da demanda.

O caso, portanto, exige o reconhecimento da *ilegitimidade passiva da Agência Nacional de Saúde Suplementar (ANS)*, razão pela qual a excluo do processo e, por conseguinte, declaro a *incompetência absoluta da Justiça Federal* para processar e julgar a causa.

Sucede que há um pleito de concessão de tutela provisória de urgência com características tais que exigem que este juízo federal atente para a peculiaridade que o caso possui.

Efetivamente, pela narrativa contida na petição inicial, a parte autora necessita se submeter, com absoluta urgência, a um procedimento cirúrgico. A gravidade do quadro, segundo consta na petição inicial, é de tal ordem que, se a cirurgia não for realizada – e o ideal é que seja ela realizada ainda **esta noite** –, são significativas as chances de a parte autora falecer.

Esse conjunto de alegações, combinado com o fato de que, em pouco mais de uma hora, os expedientes ordinários, tanto da Justiça Federal quanto do Poder Judiciário do Estado, estarão encerrados, determina que este juízo, malgrado a incompetência da Justiça Federal, decida a respeito do pleito de concessão de tutela provisória, já que o tempo necessário para que se dê a remessa dos autos para o juízo competente ultrapassa o tempo de que a parte autora afirma dispor. Por óbvio, a decisão ficará sujeita à aplicação da norma que se colhe do texto do art. 64, § 4º, do CPC.

E aí o que se vê, pelo exame dos documentos que instruem a petição inicial – dentre os quais se destaca um relatório médico detalhado, subscrito por três cirurgiões –, é que, de fato, são sobremaneira robustos os elementos probatórios indicativos de que a parte autora foi vitimada, na madrugada de hoje, por um problema de saúde e que se não for submetida, o quanto antes, ao procedimento cirúrgico indicado, poderá falecer em poucas horas. Portanto, é claríssima a existência de perigo de dano em razão da incidência do fator tempo.

Ademais, a petição inicial está instruída com uma cópia do cartão do plano de saúde, no qual consta o nome do demandante e a referência ao plano tipo "RXWYT".

Também instrui a petição inicial uma via do modelo de contrato que a parte autora celebrou com a parte ré, obtido por meio do sítio eletrônico da própria demandada. No aludido instrumento há referência expressa ao plano de saúde tipo "RXWYT" e, dentre as cláusulas em que constam as restrições à cobertura do plano, não há alusão a situações como a que está sendo vivenciada pela parte autora.

Por fim, a parte autora apresenta provas de que está em dia com o cumprimento das suas obrigações frente à ré, mediante a exibição dos recibos de pagamento dos últimos três meses, em que se vê que as prestações relativas aos últimos dois meses foram pagas hoje.

É forçoso, pois, admitir que, além do perigo de dano decorrente da incidência do fator tempo, há robustos elementos que evidenciam a probabilidade de reconhecimento da existência, em favor da parte autora, do direito de que ela se entende titular, o que revela o pleno atendimento das exigências para que seja liminarmente prestada a tutela provisória de urgência (CPC, art. 300, *caput*).

Nessa linha, vale observar que este juízo tem consciência de que as providências que a parte autora pretende obter por meio da concessão de tutela provisória produzirão efeitos de caráter irreversível (CPC, art. 300, § 3º). Muito mais irreversível e mais danoso, porém, será o efeito que provavelmente será produzido, caso não seja concedida a medida: *o óbito da parte autora*.

Esse contexto conduz à aplicação do postulado da proporcionalidade, de modo a que os riscos decorrentes da irreversibilidade sejam transferidos para a parte ré, mormente se se considerar que são grandes as chances de a parte autora obter, ao final, uma tutela definitiva a ela favorável. De outro lado, caso a parte ré vença a causa, poderá ela obter reparação em dinheiro (CPC, art. 302).

Diante do exposto, **defiro o pleito de concessão de tutela provisória**, para o fim de determinar à parte ré que adote **todas** as providências indispensáveis para que seja autorizada a realização, antes da meia-noite de hoje, do procedimento cirúrgico de que a parte autora necessita.

Cuide a secretaria de proceder à intimação da parte ré, por mandado, a ser cumprido com o *máximo de urgência*.

Independentemente da expedição do mandado, deverá a secretaria, valendo-se das informações fornecidas na petição inicial, entrar **imediatamente** em contato telefônico com a pessoa responsável, no âmbito da estrutura administrativa da parte ré, pelo cumprimento desta decisão.

Em complemento, o conteúdo deste ato decisório deverá, também, ser comunicado, à demandada, ainda hoje, por e-mail, a ser expedido para o endereço eletrônico indicado na petição inicial.

A realização das diligências deverá ser certificada nos autos, fazendo-se constar, na certidão, o(s) número(s) do(s) telefone(s), o(s) horário(s) do(s) telefonema(s) e o(s) nome(s) da(s) pessoa(s) com quem vierem a ser mantidos contatos.

Em caso de descumprimento, total ou parcial, da obrigação, de modo a gerar atraso no início da realização da cirurgia, a parte ré ficará sujeita ao pagamento de multa no valor de R$ 50.000,00 (cinquenta mil reais) por hora, que passará a incidir a partir da meia-noite de hoje, até que a obrigação seja integralmente cumprida.

Demais disso, ainda na hipótese de descumprimento ou de criação de embaraços à efetivação deste provimento, deverá a parte autora ficar atenta para fornecer, a este juízo, os dados identificativos da pessoa natural responsável, integrante da estrutura administrativa da parte ré, que será advertida de que, sem prejuízo das sanções criminais, civis e processuais

Capítulo XVIII ◆ Elaboração da fundamentação: questões que repercutem...

> cabíveis, a persistência na conduta constituirá prática de ato atentatório à dignidade da justiça e implicará a imposição de pagar, pessoalmente, multa que, de logo, ante a gravidade das consequências de uma eventual conduta desse jaez, arbitro em 20% do valor atribuído à causa (CPC, art. 77, §§ 1º e 2º).
>
> Após encerrado o expediente ordinário de hoje, os autos deverão ser encaminhados para o MM. juízo plantonista da Justiça Federal, de modo a que eventuais incidentes possam ser resolvidos com o máximo de brevidade, no âmbito do plantão.
>
> Tão logo os autos sejam restituídos, amanhã, pelo juízo plantonista – e desde que tenham sido esgotadas todas as providências ordenadas –, deverão eles ser remetidos para uma das Varas da Comarca de Salvador.
>
> Intimem-se.
>
> **[local e data].**

Há diversos aspectos, nesse pronunciamento judicial, que são merecedores de destaque.

O primeiro é óbvio: apesar de reconhecer a incompetência da Justiça Federal para processar e julgar a causa, o juiz federal, diante da gravidade da situação, proferiu decisão a respeito do pleito de concessão de tutela provisória de urgência. A adoção, pelo nosso sistema jurídico processual, da chamada translatio iudicii *facilita a resolução do problema, já que, mesmo tendo havido reconhecimento da incompetência, todos os efeitos decorrentes do processo devem ser preservados, o que inclui os efeitos dos atos decisórios (CPC, art. 64, § 4º).*

*Perceba-se que o capítulo do ato decisório relativo ao pleito de concessão de tutela provisória de urgência somente teve início **depois** que houve a adequada demonstração do motivo pelo qual, mesmo diante da incompetência, seria proferida decisão a respeito.*

Ao decidir sobre o pleito de concessão de tutela provisória, o juiz demonstrou, fundamentadamente, que há probabilidade de que seja reconhecida, em favor da parte autora, a existência do direito de que ela se entende titular (reconheceu, pois, a presença do chamado fumus boni iuris*) e que está presente o perigo de dano em decorrência da incidência do fator tempo (que está presente, portanto, o chamado* periculum in mora*).*

Após deferida a tutela provisória de urgência, o magistrado passou a adotar, preventivamente, medidas direcionadas para garantir a efetividade do pronunciamento judicial.

Assim é que emitiu as ordens necessárias para orientar a prática dos atos a cargo dos serviços auxiliares da Justiça. Em prosseguimento, preveniu a parte ré a respeito das possíveis consequências decorrentes de eventual descumprimento da ordem dada, destacando a possibilidade de os efeitos adversos, no caso de criação de embaraços ao cumprimento da ordem, serem sentidos não só pela pessoa jurídica ré, como diretamente pela pessoa natural integrante da estrutura administrativa da demandada, responsável por dar cumprimento às determinações judiciais. Por fim, em razão da necessidade da prática de atos fora do expediente ordinário, o juiz ordenou que os autos do processo fossem encaminhados para o juízo plantonista.

No que toca ao alerta a respeito das possíveis consequências decorrentes de eventual descumprimento injustificado da ordem dada, é importante perceber que o julgador fixou, de logo, o prazo para cumprimento da determinação, bem como o valor e a periodicidade da multa que a parte ré pagará na hipótese de descumprimento.

> *Trata-se de providência extremamente **salutar** e que deve ser adotada em **todos** os casos em que houver concessão de tutela, definitiva ou provisória, de urgência, desde que a multa periódica seja compatível com a natureza da obrigação imposta.*
>
> *A prática, infelizmente comum, consistente em fazer constar na decisão apenas o anúncio de que uma multa periódica será fixada no caso de descumprimento não colabora para a efetividade do processo, uma vez que, sem a prévia fixação do valor e da periodicidade, a multa somente poderá vir a ser cobrada **depois** que o valor e a periodicidade forem estabelecidos e o sujeito incumbido de praticar o ato, novamente intimado, insistir na recalcitrância (afinal, nenhuma sanção pode ser aplicada se não estiver previamente estipulada, qualitativa e quantitativamente). Com isso, abre-se um indevido campo para permitir que, do descumprimento inicial, não resulte a aplicação de sanção.*
>
> *Quanto à pessoa natural integrante da estrutura administrativa da parte ré, as sanções a que está ela sujeita somente podem ser aplicadas depois que houver prévia **advertência** de que a conduta constitui ato atentatório à dignidade da justiça (CPC, art. 77, § 1º). Nesse ponto, note-se que o julgador já esclarece a parte autora a respeito da necessidade de ficar atenta para fornecer ao Poder Judiciário os dados identificativos da pessoa natural responsável. Na prática, será exatamente essa a pessoa que tomará conhecimento do teor da decisão judicial e, com toda a certeza, ao perceber que há referência à possibilidade de ela sofrer pessoalmente consequências, tanto patrimoniais como na esfera criminal, compreenderá, sem necessidade de advertência formal, que não é recomendável criar embaraços à efetivação da medida.*
>
> *Por fim, vale o registro de que o tempo investido para a elaboração de uma decisão judicial com todos esses cuidados é integralmente compensado pelo fato de haver redução na possibilidade de surgir incidentes no cumprimento das ordens dadas. Ademais, trata-se de pronunciamento judicial que pode servir de base para as inúmeras situações similares que, diariamente, aportam junto aos diversos órgãos do Poder Judiciário.*

5. EFEITOS PRINCIPAIS DO RECONHECIMENTO DA INCOMPETÊNCIA

> **❓ RECONHECIDA A INCOMPETÊNCIA, O EFEITO SERÁ SEMPRE A REMESSA DOS AUTOS PARA O JUÍZO COMPETENTE?**

É comum nos depararmos com a simples afirmação de que, havendo reconhecimento da *incompetência*, o principal efeito será a remessa dos autos para o juízo competente.

Há, entretanto, possibilidade de o reconhecimento da incompetência produzir outros efeitos ou, até, não produzir qualquer efeito.

5.1 Remessa dos autos para o juízo competente

O efeito comum – e mais lembrado – do reconhecimento da incompetência é a remessa dos autos para o juízo competente (CPC, art. 64, § 3º).

Tal efeito, entretanto, somente será produzido se o caso não se subsumir a qualquer das situações descritas nos itens seguintes.

5.2 Extinção do processo sem a resolução do mérito

Nos casos de reconhecimento de incompetência internacional e de reconhecimento de incompetência nos processos em curso por Juizado Especial Cível (Lei n. 9.099, de 26 de setembro de 1995, art. 51, III), o efeito decorrente do reconhecimento da incompetência será a extinção do processo sem a resolução do mérito.

O mesmo deverá acontecer se o Poder Judiciário reconhecer que a competência para o processamento e o julgamento da causa é do juízo arbitral, em razão de convenção de arbitragem (CPC, art. 485, VII, primeira parte) ou se o Poder Judiciário for informado de que o juízo arbitral reconheceu a sua própria competência (CPC, art. 485, VII, segunda parte).

5.3 Impossibilidade de exame de uma parcela do processo

Havendo cumulação de pedidos, pode ocorrer de o reconhecimento da incompetência para apreciá-los se adstringir a apenas uma parcela deles.

Nesse caso, o juízo manterá consigo o processo, apreciará normalmente as questões que possuírem relação com os pleitos quanto aos quais a incompetência não é óbice e não examinará as questões que sejam atinentes exclusivamente aos pleitos em que a incompetência impede o exame.

As situações envolvendo incompetência parcial são objeto de análise num item próprio.

5.4 Divisão da competência funcional

O reconhecimento da incompetência pode produzir como efeito a divisão da competência funcional.

É o que se dá quando há acolhimento, no tribunal, da arguição de inconstitucionalidade de lei ou de ato normativo do Poder Público (CPC, arts. 948 a 950).

Nesse caso específico, a competência para apreciação, dentro do mesmo processo, da questão relativa à constitucionalidade fica com um órgão julgador (o plenário ou o órgão especial do tribunal – CF, art. 97), ao passo que outro órgão julgador (o órgão julgador fracionário do tribunal, que poderá ser, por exemplo, uma turma ou uma seção) apreciará, à luz do que houver sido decidido quanto à constitucionalidade, as demais questões[10].

---

[10] O efeito consistente na divisão da competência funcional é **excepcional** e **limitado** aos casos em que o sistema jurídico assim estabelecer, por meio de **texto normativo legal**. Assim, não é possível, por exemplo, que, diante da constatação de um juízo singular de que não possui ele competência

5.5 Impossibilidade de o reconhecimento da incompetência produzir efeitos

É preciso pontuar que há pelo menos uma situação em que, mesmo sendo reconhecida a incompetência, *nenhum* efeito será produzido.

É o que ocorrerá num caso em que, havendo cumulação de pedidos, a incompetência *relativa*, mesmo tendo sido alegada no momento adequado, se adstringir a apenas uma parcela dos pleitos e houver risco de proferimento de decisões contraditórias.

Examinamos essa situação anteriormente, neste mesmo capítulo, e vimos que, diante de um quadro desse, o magistrado, diante da alegação feita, deverá reconhecer que há, sim, incompetência relativa, mas que o tipo de conexão entre os pedidos exige que do reconhecimento da incompetência não seja extraído qualquer efeito, uma vez que a conexão, num quadro em que houver risco de decisões contraditórias, tem força suficiente para ultrapassar o obstáculo da incompetência relativa.

6. POSSIBILIDADE DE A INCOMPETÊNCIA ATINGIR APENAS PARCELA DO PROCESSO

> **É POSSÍVEL QUE A INCOMPETÊNCIA DO JUÍZO ATINJA APENAS UMA PARCELA DO PROCESSO?**

É possível – e não se trata de acontecimento raro – que, diante de uma cumulação de pedidos, a incompetência do juízo singular atinja apenas um ou alguns dos pedidos formulados.

Nesse caso, o reconhecimento da incompetência – uma incompetência parcial – não produzirá, como efeito, a remessa dos autos para o juízo competente, mas a impossibilidade de exame de uma parcela do processo.

Com isso, o processo será mantido no juízo em que se encontra tombado e, no mesmo juízo, serão resolvidas apenas as questões relativas aos pleitos para os quais a incompetência não for obstáculo. De sua vez, não serão examinadas

---

para julgar um dos pedidos cumulados, seja por ele prestada a tutela definitiva quanto aos pedidos para os quais existe competência e, na sequência, ordene a remessa dos autos para que outro juízo julgue o que não pôde ser julgado. Por igual, não tem qualquer cabimento a adoção de providências heterodoxas, tal como a consistente em mandar extrair cópia dos autos e enviar as cópias para que o outro juízo decida o que não pôde ser decidido. Uma providência dessa ordem produziria, como efeito, o começo de um novo processo, no outro juízo, por iniciativa do juiz do processo original, o que contrariaria, de frente, a norma fundamental segundo a qual o processo começa por iniciativa da parte (CPC, art. 2º).

as questões que forem relacionadas exclusivamente aos pleitos para os quais a incompetência constitui óbice.

Um cenário com tais características, além de exigir a adoção de certas cautelas, sofre influências decorrentes da circunstância de a incompetência parcial do juízo ser absoluta ou relativa, bem como, a depender da relação que os pedidos cumulados mantenham entre si, da possibilidade de proferimento de decisões contraditórias.

6.1 Incompetência absoluta parcial

> **O QUE FAZER, SE HOUVER INCOMPETÊNCIA ABSOLUTA EM RELAÇÃO A APENAS UMA PARCELA DO PROCESSO?**

Tratando-se de incompetência parcial decorrente da aplicação dos critérios *absolutos* de determinação da competência, caberá ao juiz, tão logo perceba o quadro – de ofício, por alegação de qualquer das partes ou por alegação do Ministério Público, se o órgão atuar no processo como *custos iuris* – reconhecer a impossibilidade de examinar qualquer questão que seja alusiva *exclusivamente* a pedido em relação ao qual existir incompetência.

Nesse ponto, é preciso verificar qual o grau de relação que os diversos pedidos mantêm entre si.

Esse grau de relação vai desde a ausência de qualquer risco de proferimento de decisões contraditórias até as situações, bem mais delicadas, em que está presente o risco de proferimento de decisões contraditórias.

6.1.1 *Sem risco de proferimento de decisões contraditórias*

Nos casos em que, havendo cumulação de pedidos, a incompetência absoluta do juízo singular atinja apenas um ou alguns dos pedidos formulados, sem que a resolução das questões relativas aos pleitos gere risco de proferimento de decisões contraditórias, a solução é simples.

Com efeito, num caso desse, o magistrado não examinará qualquer das questões que forem relacionadas *exclusivamente* aos pleitos quanto aos quais há incompetência absoluta e examinará as demais questões.

Ao lado disso, para evitar incidentes futuros, é de todo recomendável (*i*) que seja feita a delimitação precisa da parcela do processo em relação à qual há incompetência absoluta; (*ii*) que ocorra o registro da impossibilidade de apreciação de *qualquer* outra questão, formal ou de mérito, que seja *específica* da parcela do processo atingida pela incompetência absoluta; e (*iii*) que, quanto à resolução das questões, formais ou de mérito, que sejam *comuns* a todo o processo, ocorra o registro de que os atos decisórios respectivos não produzirão qualquer efeito no que se refere à parcela do processo atingida pela incompetência absoluta.

Assentado esse alicerce, haverá processamento e julgamento da parcela restante do processo e, tão logo transite em julgado a decisão em que houve reconhecimento da incompetência absoluta parcial, a parte autora estará livre para formular, junto ao juízo competente, mediante a propositura das demandas que entender adequadas, os pedidos que, em razão da incompetência absoluta, não puderam ser apreciados.

6.1.1.1 Dois exemplos práticos

Os dois exemplos a seguir trazem situações de cumulação de pedidos, em que a incompetência absoluta do juízo singular atinge apenas um dos pedidos formulados e *não* há risco de proferimento de decisões contraditórias.

Pedimos atenção especial quanto ao segundo exemplo. Nele é posta uma situação em que as questões principais mantêm, entre si, um evidente vínculo de afinidade, sem que, todavia, exista risco de proferimento de decisões contraditórias. Essa peculiaridade – que não é rara de acontecer – é objeto de exame no item imediatamente seguinte.

Vamos ao primeiro exemplo.

Admita-se que, em determinada comarca, exista uma vara da Fazenda Pública, cuja competência se adstrinja ao processamento e ao julgamento de causas em que sejam partes o Estado-membro, o município e suas respectivas entidades autárquicas e empresas públicas, e uma vara cível, com competência para processamento e julgamento de todas as demais causas cíveis.

Num processo em curso pela vara da Fazenda Pública, a parte autora, que é uma pessoa natural, indicou, como réus, na petição inicial, o município e uma entidade privada mantenedora de um hospital, formulando dois pedidos: (*i*) o de que seja determinado ao município que lhe forneça certo medicamento de alto custo, que o município estaria se recusando a fornecer; e (*ii*) o de que seja imposta à entidade responsável pela administração do hospital privado a obrigação de manter uma estrutura que permita que o atendimento do demandante, nas ocasiões em que necessite, seja realizado sempre numa das dependências situadas no pavimento térreo do edifício em que está instalado o hospital, já que a parte autora tem dificuldades para acessar os pavimentos superiores e a administração do hospital insiste em que o seu atendimento se dê em tais pavimentos.

Agora, o segundo exemplo.

Num processo em curso junto a uma vara cível da Justiça Federal, uma pessoa natural se apresenta como titular de duas contas de caderneta de poupança, abertas, uma, junto à Caixa Econômica Federal – que é uma empresa

Capítulo XVIII ♦ Elaboração da fundamentação: questões que repercutem...

pública federal – e a outra junto a uma instituição bancária privada. Alega que, em razão da incidência de determinada norma, o índice de remuneração dos valores que estavam depositados em cada uma das contas deveria ser "X", ao passo que as instituições financeiras rés remuneraram os depósitos mediante a aplicação de um índice menor, "Y". Com base nisso, indicando as duas instituições financeiras como rés, pede que elas sejam obrigadas a lhe pagar, cada uma, o valor correspondente à aplicação da diferença entre os índices "X" e "Y".

Nos casos desses dois exemplos, em que ocorreu a chamada *cumulação simples* de pedidos, o magistrado, mantendo o processo no mesmo juízo, limitar-se-á a examinar as questões referentes aos pleitos quanto aos quais há competência absoluta, em razão da pessoa.

Assim, serão examinadas, no primeiro exemplo, as questões referentes ao pleito formulado contra o município e, no segundo, as questões atinentes ao pleito dirigido contra a Caixa Econômica Federal.

De outro lado, não serão examinadas quaisquer das questões que forem relacionadas *exclusivamente* aos pleitos que não se incluem no âmbito da competência dos juízos respectivos: no primeiro exemplo, o pleito dirigido contra a entidade privada mantenedora do hospital e, no segundo, o pedido formulado contra a instituição bancária privada.

6.1.1.2 Afinidade de questões e inexistência de risco de decisões contraditórias

Um aspecto merece ser destacado quanto ao segundo exemplo dado no item anterior.

É que, de forma proposital, trouxemos um caso em que existe, entre os pedidos, uma relação marcada pela *afinidade* de questões por pontos similares de fato e de direito. Essa mera *afinidade* não tem qualquer potencial para gerar decisões contraditórias, caso os pedidos sejam julgados por juízos distintos.

Efetivamente, se, no exemplo dado, transitada em julgado a decisão que reconheceu a incompetência parcial, o autor propuser, junto ao juízo de Direito competente, a demanda contra a instituição bancária privada, é plenamente admissível ocorrer de o juízo federal acolher o pedido formulado contra a Caixa Econômica Federal e o juízo de Direito rejeitar o pedido lançado contra a instituição privada. Haverá, assim, proferimento de decisões distintas para casos similares – o que não é desejável no plano político –, mas as decisões *não* serão contraditórias, visto como elas não se excluem, mutuamente, no plano lógico, no todo ou em parte.

Perceba-se que, nesse caso, a decisão proferida contra a Caixa Econômica Federal tem total aptidão para ser executada integralmente, sem que a decisão proferida pelo juízo de Direito possa interferir em absolutamente nada. O mesmo aconteceria se houvesse uma inversão: o juízo federal rejeitasse o pedido e o juízo de Direito acolhesse.

Como já anotado, a convivência entre decisões desse tipo não é saudável, já que não colabora para a construção de uma sensação de segurança jurídica de que é credora a sociedade, como um todo.

Mas a forma de evitar fatos dessa natureza não é reunir as questões para que sejam elas resolvidas por um só juízo, mormente tratando-se de juízo absolutamente incompetente para a resolução de uma parcela das questões.

A solução, tal como registramos, está nos mecanismos de que o sistema jurídico processual dispõe para que, tanto quanto possível, exista previsibilidade das decisões judiciais. Dentre tais mecanismos se destacam o microssistema normativo de julgamento de casos repetitivos (CPC, art. 928) e o sistema de precedentes judiciais vinculantes.

6.1.2 Com risco de proferimento de decisões contraditórias

Há um quadro que merece um pouco mais de atenção.

Ele se dá quando os pedidos formulados – que correspondem às questões principais do processo – mantêm entre si um vínculo capaz de gerar o proferimento de decisões contraditórias e inexiste competência absoluta para apreciação de um ou de alguns dos pleitos.

Numa situação dessa, a solução inicial é, rigorosamente, a mesma a ser dada nas situações em que não há risco de decisões contraditórias, mas, a depender da atitude que a parte autora venha a adotar posteriormente, o quadro pode exigir cuidados especiais.

Com efeito, quanto à solução inicial, o julgador não resolverá qualquer das questões que sejam atinentes *exclusivamente* aos pleitos quanto aos quais há incompetência absoluta e examinará as demais questões. Simultaneamente, acautelando-se contra futuros incidentes, (*i*) fará a delimitação precisa da parcela do processo em relação à qual há incompetência absoluta, (*ii*) registrará a impossibilidade de apreciação de *qualquer* outra questão, formal ou de mérito, que seja *específica* da parcela do processo atingida pela incompetência absoluta, e, (*iii*) quanto à resolução das questões, formais ou de mérito, que sejam *comuns* a todo o processo, registrará que os atos decisórios respectivos não produzirão qualquer efeito no que se refere à parcela do processo atingida pela incompetência absoluta.

Pode ocorrer, entretanto, de a parte autora, uma vez transitada em julgado a decisão em que houve reconhecimento da incompetência parcial absoluta, propor, junto ao juízo competente, demanda em que formule o pedido que, em razão da incompetência absoluta, não pôde ser apreciado.

Surge, assim, um efetivo risco de proferimento de decisões contraditórias, uma vez que as questões serão resolvidas por juízos distintos.

Capítulo XVIII ♦ Elaboração da fundamentação: questões que repercutem...

6.1.2.1 Redução da possibilidade de decisões contraditórias

O quadro caracterizado (*i*) pela formulação, em processos distintos, em curso por juízos diversos, de pedidos que mantenham, entre si, um vínculo capaz de gerar o proferimento de decisões contraditórias e (*ii*) pela incompetência absoluta dos juízos respectivos para apreciação dos pleitos formulados no processo que se encontra tombado junto ao outro juízo, exige cuidados especiais dos julgadores, que já foram objeto de alusão ao analisarmos, neste capítulo, as questões referentes a conexão e a continência.

Assim é que, ante a impossibilidade de os pedidos serem apreciados por um só juízo, caberá aos órgãos julgadores verificar se a situação exige a aplicação do conjunto normativo extraível do art. 313, V, *a*, §§ 4º e 5º, do CPC.

Se for esse o caso, sendo identificada a existência de uma relação de subordinação entre os pedidos, a prática dos atos do procedimento, no processo no qual se encontrar a questão subordinada, deverá ser suspensa pelo juízo respectivo, para que, no outro processo, seja resolvida a questão subordinante.

Com a resolução da questão subordinante, a questão subordinada estará apta a ser também resolvida, o que fará com que os atos do procedimento voltem a ser praticados e as decisões não sejam incompatíveis entre si.

Não é possível, porém, que a suspensão da prática dos atos do procedimento nos autos em que reside a questão subordinada se dê indefinidamente. Por isso, o ordenamento jurídico, em atenção ao princípio da duração razoável do processo, estipula o prazo máximo de um ano para resolução da questão subordinante (CPC, art. 313, V, *a*, § 4º).

Esgotado o prazo de um ano sem que a questão subordinante tenha sido resolvida nos autos respectivos, o magistrado responsável pela condução do processo em que se encontra a questão subordinada dará continuidade ao processamento da causa e resolverá, ele mesmo, a questão subordinante, praticando, para tanto, os atos instrutórios que se tornarem necessários (CPC, art. 313, V, *a*, § 5º). Recorde-se, nesse passo, que a resolução que vier a ser dada à questão subordinante não terá qualquer aptidão para ser acobertada pelos efeitos da coisa julgada (CPC, art. 503, § 1º, III).

É importante perceber que, nesse caso de esgotamento do prazo de um ano, há assunção, pelo sistema jurídico, do risco de proferimento de decisões contraditórias.

De fato, pode ser que o juízo responsável pela condução do processo no qual reside a questão subordinada resolva a questão subordinante em determinado sentido e, depois, a mesma questão subordinante venha a ser resolvida de modo diverso pelo juízo com competência absoluta para tanto.

Se, por ocasião da instalação de um quadro desse, o processo em que se encontra a questão subordinada ainda estiver em andamento, caberá ao juízo respectivo – inclusive a um eventual juízo recursal – levar em consideração o conteúdo da decisão relativa à questão subordinante e decidir de modo a evitar, tanto quanto possível, que o quadro de contradição entre decisões se instaure.

Se, porém, houver trânsito em julgado de decisões contraditórias, o problema – que é grave – terá de ser resolvido à luz das características do caso concreto, mediante o exame da possibilidade de suscitação, como incidente no cumprimento da sentença, da questão atinente à contradição entre os julgados ou, até, se houver reconhecimento da presença de uma das hipóteses elencadas no *caput* do art. 966 do CPC, por meio da propositura de demanda rescisória.

6.1.2.2 Dois exemplos práticos

Os dois exemplos a seguir bem retratam situações em que, num só processo, são formulados pedidos que mantêm entre si um vínculo capaz de gerar o proferimento de decisões contraditórias e inexiste competência absoluta para apreciação de um dos pleitos.

No primeiro exemplo, a marca é a possibilidade de a questão subordinante ser resolvida em outro processo, mediante a superveniente propositura de demanda pela mesma parte autora.

No segundo, não há como a resolução da questão subordinante em outro processo ser fruto da superveniente propositura de demanda pela mesma parte autora.

a) Primeiro exemplo: possibilidade de a mesma parte propor, supervenientemente, outra demanda, para resolução, por outro juízo, da questão subordinante.

Pense-se num quadro em que, numa comarca, existam, dentre outras unidades julgadoras, uma vara da Fazenda Pública, com competência exclusivamente para o processamento e o julgamento de causas em que sejam partes o Estado-membro, o município e suas respectivas entidades autárquicas e empresas públicas, e uma vara de Família, cuja competência é para o processamento e o julgamento de causas que envolvam a aplicação do Direito de Família.

Imagine-se, agora, que, num processo em curso pela vara da Fazenda Pública, uma pessoa natural autora tenha indicado, como réus, o Estado e três pessoas naturais maiores de 18 anos de idade.

Afirma a parte autora que viveu em regime de união estável com um falecido servidor público estadual, de quem era dependente economicamente, e que, em razão do óbito do seu companheiro, tem o direito de perceber o benefício de pensão por morte, cujo pagamento o Estado se recusa a efetuar, por entender que a união estável inexistiu. Ao lado disso, na mesma petição inicial, assevera que as pessoas naturais rés são filhas do seu falecido companheiro, em razão de um relacionamento anterior por ele mantido com outra mulher, e que tais filhos também negam a existência da união estável.

Capítulo XVIII ♦ Elaboração da fundamentação: questões que repercutem...

Com base nisso, a parte autora formula dois pedidos: (*i*) o de que seja reconhecida a existência da união estável entre ela e o seu falecido companheiro e (*ii*) o de reconhecimento do seu direito à percepção do benefício de pensão por morte, a ser pago pelo Estado. Há, assim, duas questões principais.

Salta aos olhos que, para chegar a uma conclusão quanto a se o benefício deve ou não ser pago, o juízo da vara da Fazenda Pública necessariamente percorrerá um caminho que passa pela solução, como antecedente lógico, da questão em torno da existência ou não da união estável, donde a evidente conexão – uma conexão por prejudicialidade – entre os pedidos formulados.

Há, nesse cenário, risco de proferimento de decisões contraditórias, se as questões forem postas para resolução junto a juízos distintos.

Entretanto, o juízo da vara da Fazenda Pública não detém competência absoluta, em razão da matéria, para apreciar o pedido relativo ao reconhecimento da união estável, pois tal competência, naquela comarca, é do juízo da vara de família. De outro lado, o juízo da vara de família não possui competência absoluta para examinar o pedido dirigido contra o Estado, já que essa competência absoluta em razão da pessoa é da vara da Fazenda Pública.

Numa situação dessa, a solução básica é a mesma: o magistrado em atuação na vara da Fazenda Pública – que é onde o processo se encontra em curso – se pronunciará, esclarecendo que resolverá, como questão principal, apenas a questão referente ao pleito quanto ao qual há competência absoluta, que é o pedido relativo à percepção do benefício de pensão por morte. Mas há um adendo: a alegação de existência de união estável não poderá ser desprezada, uma vez que a resolução de tal questão é antecedente lógico da resolução da questão relativa ao reconhecimento do direito à percepção do benefício.

Esse panorama abre campo para dois caminhos.

O primeiro será trilhado se houver superveniente propositura, junto à vara de família, da demanda relativa ao reconhecimento da existência de união estável. Esse tipo de situação foi por nós examinada no item anterior.

O segundo decorrerá do fato de não ser proposta demanda específica junto à vara de família.

Nesse caso, o juízo da vara da Fazenda Pública terá, sim, de resolver a questão relativa à existência ou não da união estável, caso contrário ele não terá como concluir se o benefício é devido ou não.

Mas, ao ser resolvida, a questão atinente à união estável não o será na qualidade de questão principal. Ela será examinada como questão incidental. No caso, como questão integrante da causa de pedir do pedido relativo à concessão do benefício.

Há um forte efeito prático que decorre dessa situação.

É que, de um lado, os efeitos da coisa julgada material cobrirão a decisão a respeito da existência ou não do direito à percepção do benefício (CPC, art.

503, *caput*). De outro, quanto à resolução da questão incidental, a falta de competência absoluta impedirá que ela seja acobertada pelos efeitos da coisa julgada material (CPC, art. 503, § 1º, III).

b) Segundo exemplo: impossibilidade de a mesma parte propor, supervenientemente, outra demanda, para resolução, por outro juízo, da questão subordinante.

O segundo exemplo, com características muito parecidas, merece ser lembrado em razão da frequência com que acontece, pois envolve a alegação de inconstitucionalidade de lei ou de ato normativo do Poder Público estadual ou federal.

Nesse exemplo, a singularidade é a impossibilidade de a resolução da questão subordinante em outro processo se dar pela superveniente propositura de demanda pela mesma parte autora.

Imagine-se uma situação em que uma pessoa jurídica de direito privado proponha, junto a um juízo singular, uma demanda com o propósito de se libertar da cobrança de determinado tributo, estadual ou federal, sob o fundamento de que a instituição do tributo se deu por meio de lei inconstitucional. Com base nisso, formula dois pleitos, lançando ambos como questões principais do processo: (*i*) o de proferimento de uma decisão que reconheça a inconstitucionalidade da lei e (*ii*) o de certificação da inexistência de obrigação tributária decorrente da aplicação da mencionada lei.

Perceba-se que, para o juízo singular (estadual ou federal) decidir a respeito da inexistência da obrigação tributária, terá de chegar a uma conclusão, primeiro, a respeito da constitucionalidade ou não da lei.

Porém, somente o Supremo Tribunal Federal tem competência para *decidir* essa questão como questão principal de um processo (CF, art. 102, I, *a*). De outro lado, o Supremo Tribunal Federal não possui competência originária para decidir a respeito da inexistência de obrigação tributária quanto àquela específica pessoa jurídica autora.

Ao lado disso, em razão das especificidades referentes à legitimação para propositura da chamada ação direta de inconstitucionalidade (CF, art. 103), não há como a pessoa jurídica de direito privado autora colocar a questão diretamente para resolução pelo Supremo Tribunal Federal.

Assim, se não houver, em curso junto ao Supremo Tribunal Federal, procedimento de controle concentrado de constitucionalidade, tendo por objeto o exame daquela específica lei, o juízo singular não ordenará a suspensão da prática dos atos do procedimento e resolverá, como questão principal, apenas a questão referente à inexistência da obrigação. Quanto à alegação de inconstitucionalidade da lei, não será ela examinada como questão principal, mas como questão incidental, integrante da causa de pedir do pedido relativo à inexistência da obrigação tributária.

Capítulo XVIII ◆ Elaboração da fundamentação: questões que repercutem...

Do mesmo modo, os efeitos da coisa julgada material cobrirão apenas a decisão a respeito da inexistência da obrigação (CPC, art. 503, *caput*), sem acobertar a resolução da questão incidental, por falta de competência absoluta do juízo singular (CPC, art. 503, § 1º, III).

Como registrado, o sistema jurídico assume, num caso desse, o risco de que sejam proferidas decisões contraditórias, já que pode acontecer de a questão atinente à constitucionalidade da lei ser resolvida de modos diversos pelo juízo singular e pelo Supremo Tribunal Federal.

Se um panorama desse se instalar, ainda sem trânsito em julgado da decisão a respeito da questão subordinada, caberá ao juízo respectivo – aí incluído eventual juízo recursal – decidir em consonância com a decisão que houver sido dada à questão subordinante. Tendo havido trânsito em julgado, a contradição entre as decisões poderá ser resolvida, por exemplo, mediante a aplicação das normas a que se referem os §§ 12 a 15 do art. 525 do CPC.

6.2 Incompetência relativa parcial

> **?** O QUE FAZER SE HOUVER INCOMPETÊNCIA RELATIVA EM RELAÇÃO A APENAS UMA PARCELA DO PROCESSO?

Para lidar adequadamente com as situações decorrentes de incompetência relativa parcial, é preciso que três premissas sejam postas.

A primeira: tratando-se de incompetência *relativa*, haverá preclusão para a parte ré que deixar de alegá-la na contestação (CPC, arts. 64, *caput*, 65, *caput*, e 337, II) e para o Ministério Público, nas causas em que atuar na qualidade de fiscal da ordem jurídica, que não fizer a alegação na primeira oportunidade em que lhe couber se manifestar nos autos.

A segunda: num caso de cumulação de pedidos, havendo risco de proferimento de decisões contraditórias, o ideal é que tais pedidos sejam julgados por meio de um só processo.

A terceira: a conexão da qual decorra risco de proferimento de decisões contraditórias, apesar de não ter força para superar o obstáculo da incompetência absoluta, tem força para afastar o óbice da incompetência *relativa*, de modo a que todas as questões sejam decididas num só processo.

À vista desse conjunto, a solução a ser dada diante de uma situação em que há incompetência relativa parcial dependerá de dois fatores: da existência ou não de alegação de incompetência relativa e da existência ou não de um grau de relação entre os pedidos capaz de gerar o risco de proferimento de decisões contraditórias.

6.2.1 Sem alegação pela parte ré ou pelo Ministério Público

Num caso de cumulação de pedidos, em que há incompetência relativa do juízo para processar e julgar um ou alguns dos pedidos formulados, se não tiver havido, na fase procedimental adequada, alegação de incompetência, a competência do juízo será prorrogada.

Com isso, o juízo se torna definitivamente competente em relação também aos pleitos que, pela aplicação dos critérios *relativos* de determinação da competência, estavam originariamente fora da sua competência.

Nessa situação, não importa se há ou não um grau de conexão tal que gere risco de proferimento de decisões contraditórias.

Portanto, num caso de pedidos cumulados em que houver incompetência relativa do juízo para processar e julgar um ou alguns dos pedidos, mas essa incompetência não houver sido alegada, haverá apreciação, pelo juízo, de *todos* os pedidos.

6.2.2 Com alegação pela parte ré ou pelo Ministério Público

Tendo havido, num caso de cumulação de pedidos, alegação, no momento processual adequado, de incompetência relativa do juízo para processar e julgar um ou alguns dos pedidos formulados, o risco de proferimento de decisões contraditórias deve ser levado em consideração.

De fato, diferentemente do que se dá com a incompetência absoluta, o risco de proferimento de decisões contraditórias tem força suficiente para superar o obstáculo da incompetência relativa.

6.2.2.1 Com risco de proferimento de decisões contraditórias

Estando *presente* o risco de proferimento de decisões contraditórias, já vimos, em item anterior, que a incompetência relativa parcial *não* constitui óbice suficiente para impedir que o juízo possa examinar todos os pedidos, mesmo que a alegação de incompetência relativa tenha sido feita no momento adequado.

Assim, se o magistrado constatar a existência de risco de decisões contraditórias, deverá reconhecer que há, sim, incompetência relativa, mas que o tipo de conexão entre os pedidos exige que do reconhecimento da incompetência não seja extraído qualquer efeito.

6.2.2.2 Sem risco de proferimento de decisões contraditórias

No caso de *ausência* de risco de proferimento de decisões contraditórias, se a incompetência relativa parcial houver sido arguida no momento processual adequado, caberá ao juízo processar e julgar os pedidos que se inserem no

Capítulo XVIII ◆ Elaboração da fundamentação: questões que repercutem...

âmbito da sua competência e reconhecer a impossibilidade de examinar qualquer questão que seja alusiva *exclusivamente* a pedido em relação ao qual existir incompetência relativa.

É fácil entender o porquê de tal conclusão.

É que, se não há risco de proferimento de decisões contraditórias, os pedidos poderiam, perfeitamente, ser formulados por meio de demandas propostas separadamente.

Assim, ao cumular, num só processo, pedidos para os quais há e para os quais não há competência relativa, a parte autora, na essência, propôs, tacitamente, à parte ré a celebração de um negócio jurídico processual cujo objeto é a competência do juízo para processar e julgar os pedidos em relação aos quais há incompetência relativa.

Dentro do exercício da sua autonomia da vontade, a parte ré pode aceitar tacitamente a celebração do negócio jurídico, bastando, para tanto, não arguir a incompetência relativa.

Entretanto, se a parte ré alegar incompetência relativa, ela estará recusando a celebração do negócio jurídico proposto pela parte autora e, como é óbvio, a autonomia da sua vontade, também aqui, deve ser respeitada.

Em situações assim, os mesmos cuidados referidos anteriormente devem ser adotados pelo juiz, com o objetivo de prevenir a ocorrência de incidentes: (*i*) deve ser feita a delimitação precisa da parcela do processo em relação à qual há incompetência relativa; (*ii*) deve ser feito o registro da impossibilidade de apreciação de *qualquer* outra questão, formal ou de mérito, que seja *específica* da parcela do processo atingida pela incompetência relativa; e, (*iii*) quanto à resolução das questões, formais ou de mérito, que sejam *comuns* a todo o processo, deve ser feito o registro de que os atos decisórios respectivos não produzirão qualquer efeito no que se refere à parcela do processo atingida pela incompetência relativa.

CAPÍTULO XIX

ELABORAÇÃO DA FUNDAMENTAÇÃO: QUESTÕES RELATIVAS À GRATUIDADE DA JUSTIÇA PARA A PARTE AUTORA

◆ **SUMÁRIO**

1. Relação de subordinação com outras questões: **1.1** Exigência genérica para exercício do direito de ação; **1.2** Exigências específicas para exercício do direito de ação; **1.3** Amplitude dos benefícios da gratuidade da justiça; **1.4** Flexibilidade dos benefícios da gratuidade da justiça – **2.** Possibilidade de a existência da questão ser percebida no momento de prestar a tutela definitiva – **3.** Efeitos da decisão a respeito dos benefícios da gratuidade da justiça: **3.1** Efeitos do deferimento; **3.2** Efeitos do indeferimento; **3.2.1** Indeferimento seguido de cumprimento da obrigação pela parte; **3.2.2** Indeferimento seguido de interposição de recurso contra a decisão denegatória; **3.2.3** Indeferimento seguido de descumprimento da obrigação pela parte, sem interposição de recurso – **4.** Relação com questão referente a tutela provisória de urgência: **4.1** Situação tendente ao indeferimento dos benefícios da gratuidade e urgência que admite concessão de prazo para cumprimento de diligências; **4.2** Situação tendente ao indeferimento dos benefícios da gratuidade e urgência que não admite concessão de prazo para cumprimento de diligências – **5.** Possibilidade de a gratuidade da justiça para a parte autora atingir apenas parcela do processo.

NO CONCURSO PÚBLICO

Na hipótese de a parte autora haver formulado pleito de concessão dos **benefícios da gratuidade da justiça** e tal pleito tenha de ser apreciado na sentença, a eventual conclusão pelo **indeferimento** implicará a necessidade de abertura de oportunidade para a parte autora cumprir as obrigações respectivas, o que **excluirá** a possibilidade de **proferimento imediato** da sentença.

Além disso, a regra é a de que uma decisão com esse teor tenha sido **antecedida** de intimação da parte para **comprovar** a existência de um quadro de insuficiência de recursos (CPC, art. 99, § 1º).

Por isso, se uma questão desse tipo já estiver suficientemente madura para resolução e ainda não houver sido resolvida, o caminho natural será o **deferimento** do pleito.

> *Em razão do potencial que o tema possui para gerar um quadro de **impedimento** para o proferimento da sentença, depositamos, na elaboração deste capítulo, um **empenho** específico para transmitir ao candidato um **conjunto de informações** que lhe permita ter com o tema a **intimidade necessária** para lidar, com o **máximo de segurança**, com a diversidade de situações com as quais pode ele se deparar na prova.*

1. RELAÇÃO DE SUBORDINAÇÃO COM OUTRAS QUESTÕES

Estando certo (*i*) que o magistrado não é impedido nem suspeito, (*ii*) que não houve erro na distribuição da petição inicial e (*iii*) que o juízo tem competência para processar e julgar a causa, estará ultrapassada a etapa referente às questões que têm por objeto o órgão julgador.

Com isso, passa-se à resolução das demais questões.

Entre as demais questões estão aquelas atinentes a exigências que o sistema jurídico, *genérica* ou *especificamente*, impõe para que o direito de ação possa ser exercitado.

Há possibilidade, porém, de que uma questão a respeito da concessão dos benefícios da gratuidade da justiça se anteponha à resolução das mencionadas questões, o que conduz a que, existindo questão que verse sobre gratuidade, seja ela resolvida primeiro.

1.1 Exigência genérica para exercício do direito de ação

Há uma exigência *genericamente* posta pelo sistema jurídico para que o direito de ação possa ser exercitado: é a referente à obrigação de adiantar os valores relativos a custas processuais e a despesas decorrentes do ato de propositura da demanda (CPC, art. 290).

O descumprimento, pela parte autora, de tal obrigação conduz, em geral, como veremos no capítulo próprio, ao cancelamento do ato de distribuição (CPC, art. 290) ou à extinção do processo sem resolução do mérito (CPC, art. 102, parágrafo único, a ser extensivamente interpretado), a depender da fase em que o processo se encontre.

1.2 Exigências específicas para exercício do direito de ação

É possível que particularidades existentes em certos casos conduzam a que sejam impostas exigências *específicas* para que o direito de ação possa ser exercitado.

É o que se dá com a exigência de que, por ocasião da propositura da demanda, o autor, brasileiro ou estrangeiro, que reside fora do Brasil, preste caução suficiente para o pagamento das custas e dos honorários do advogado da

Capítulo XIX ♦ Elaboração da fundamentação: questões relativas à gratuidade...

parte contrária, caso tenha de arcar com os ônus da sucumbência ao final do processo (CPC, art. 83, *caput*).

Também é o que acontece, no âmbito da competência originária dos tribunais, com a exigência de que, no procedimento rescisório, tenha de ser efetuado o depósito da importância correspondente a cinco por cento do valor atribuído à causa (CPC, art. 968, *caput*, II, §§ 1º a 3º).

Na hipótese de exigências dessa natureza não serem satisfeitas, a consequência, de um modo geral, é a extinção do processo, sem resolução do mérito da causa

1.3 Amplitude dos benefícios da gratuidade da justiça

Por meio da gratuidade da justiça, a parte autora pode obter diversos benefícios (CPC, art. 98, §§ 1º e 3º).

Dentre eles está o da suspensão da exigibilidade da obrigação de adiantar os valores relativos a custas processuais e a despesas decorrentes do ato de propositura da demanda, com o que ficará ela livre do cumprimento imediato dessa exigência *genericamente* posta pelo sistema jurídico. Abre-se, em razão disso, espaço para que o processo, quanto aos demais aspectos, seja examinado pelo Poder Judiciário, sem que o cumprimento da aludida obrigação possa ser exigido (CPC, arts. 82, *caput*, e 98, §§ 1º, I e VIII, e 3º).

Ao lado disso, pode ser que uma exigência *especificamente* imposta para que o direito de ação possa ser exercitado também esteja entre aquelas cujo cumprimento imediato pode ser afastado por meio da obtenção dos benefícios da gratuidade da justiça (CPC, art. 98, § 1º, VIII). É esse o caso das duas exigências mencionadas, anteriormente, a título de exemplo: a caução a que se refere o art. 83, *caput*, do CPC e o depósito mencionado no art. 968, *caput*, II, §§ 1º a 3º, igualmente do CPC.

Assim, a eventual existência de questão referente à concessão dos benefícios da gratuidade resulta por se antepor logicamente à resolução de questões que versem sobre o cumprimento de exigências genérica ou especificamente postas para que o direito de ação possa ser exercitado[1].

---

[1] Há uma relação de *subordinação por prejudicialidade* entre a questão atinente ao reconhecimento ou não da existência do direito aos benefícios da gratuidade da justiça e eventuais questões relativas à admissibilidade da petição inicial, que tenham por foco o cumprimento (*i*) da obrigação genérica de adiantar os valores das custas e das despesas decorrentes do ato de propositura da demanda ou (*ii*) de obrigação específica para exercício do direito de ação, cuja exigência possa ser afastada pela concessão dos benefícios da gratuidade. Com efeito, a resolução da primeira questão (a atinente à concessão dos benefícios da gratuidade) se antepõe logicamente à resolução das outras duas questões, com potencial para *influenciar* no conteúdo da decisão: se houver direito aos benefícios da gratuidade, a petição inicial será admitida, mesmo sem o cumprimento das exigências genérica ou especificamente impostas; se não houver direito aos benefícios, a petição inicial não poderá ser admitida sem que haja o cumprimento das mencionadas exigências.

1.4 Flexibilidade dos benefícios da gratuidade da justiça

A concessão dos benefícios da gratuidade da justiça repercute, como vimos, na exigibilidade de diversas obrigações (CPC, art. 98, §§ 1º e 3º).

Ao lado disso, o requerimento para sua obtenção pode ser formulado já na petição inicial ou na contestação – que são as peças que mais comumente veiculam tal pleito –, na petição para ingresso de terceiro no processo, num recurso ou em qualquer outro momento, no decorrer do procedimento, mediante a apresentação de simples petição (CPC, art. 99, § 1º).

A gratuidade também pode ser concedida *apenas* em relação a *alguns* dos atos processuais. Nessa mesma linha, pode ser que a concessão consista na *redução* percentual de despesas do processo ou no *parcelamento* do adiantamento de despesas processuais (CPC, art. 98, §§ 5º e 6º).

No comum das situações, o pleito de concessão dos benefícios da gratuidade é lançado mediante postulações genéricas, em que há simples alusão aos *benefícios*, sem a indicação de *um* ou de *alguns* benefícios específicos, dentre os indicados no § 1º do art. 98 do CPC.

Nesse caso, presume-se que há requerimento de concessão *integral* e, por conseguinte, o eventual deferimento do pleito *apenas* em relação a *alguns* dos atos processuais, ou para *redução* percentual de despesas do processo, ou para *parcelamento* do adiantamento de despesas processuais implicará *indeferimento parcial* do pleito. Com isso, a decisão interlocutória respectiva desafiará a interposição do recurso de agravo de instrumento (CPC, art. 1.015, V) e, se a questão for resolvida na sentença, a impugnação a esse capítulo do ato decisório deverá se dar na apelação (CPC, arts. 101, *caput*, e 1.009, § 3º).

2. POSSIBILIDADE DE A EXISTÊNCIA DA QUESTÃO SER PERCEBIDA NO MOMENTO DE PRESTAR A TUTELA DEFINITIVA

> **?** É POSSÍVEL EU ME DEPARAR COM UMA QUESTÃO RELATIVA A GRATUIDADE DA JUSTIÇA NO MOMENTO DO PROFERIMENTO DA SENTENÇA?

A questão relativa à concessão, em favor da parte autora, dos benefícios da gratuidade da justiça é comumente resolvida no início do processo, já que o pleito respectivo é lançado, no mais das vezes, na petição inicial (CPC, art. 99, *caput* e § 1º).

Há, entretanto, possibilidade de o Poder Judiciário se deparar com tal pleito em qualquer fase do processo, aí incluído o momento de prestação da tutela definitiva pelo juízo singular.

Capítulo XIX ♦ Elaboração da fundamentação: questões relativas à gratuidade...

É o que se dá se o juiz concluir, logo ao primeiro contato com o processo, que o caso é para indeferimento, no todo ou em parte, da petição inicial (CPC, art. 330) ou que deve ser reconhecida, total ou parcialmente, a improcedência liminar do pedido (CPC, art. 332) e, simultaneamente, houver pleito de concessão dos benefícios da gratuidade.

Ao lado disso, já vimos que o pleito de concessão dos benefícios da gratuidade da justiça, quando formulado no curso do procedimento, além de poder ser feito mediante a apresentação de simples petição (CPC, art. 99, § 1º), também pode se adstringir a um ato específico do processo.

Isso abre espaço para uma situação, por exemplo, em que o procedimento já se encontre em fase avançada, pronto para proferimento da sentença, e seja apresentado, por qualquer das partes, um pleito de concessão dos benefícios da gratuidade da justiça referente aos futuros atos do procedimento.

É possível, também, ainda a título de exemplo, que, no momento de proferir a sentença, o juiz perceba a existência de questão sobre a falta de adiantamento dos valores relativos a custas processuais e a despesas decorrentes do ato de propositura da demanda, e a parte autora, instada a recolher os valores, em vez de proceder ao recolhimento, apresente requerimento de concessão dos benefícios da gratuidade.

O mesmo quadro pode surgir quanto ao cumprimento de exigência específica para exercício do direito de ação, a exemplo da falta de prestação da caução a que se refere o art. 83 do CPC.

Com efeito, o julgador pode perceber a existência, nos autos, de questão sobre a necessidade de prestação de caução, por se tratar de autor brasileiro ou estrangeiro que reside fora do Brasil. Ou o magistrado pode constatar que a parte autora, brasileira ou estrangeira, deixou de residir no país ao longo da tramitação do processo. Ou o juiz chegou à conclusão de que a garantia anteriormente prestada se tornou insuficiente, o que abre espaço para que o interessado exija reforço da caução (CPC, art. 83, § 2º). Em situações assim, bem pode ocorrer de a parte autora, em vez de prestar a caução ou reforçar a caução anteriormente prestada, requeira a concessão dos benefícios da gratuidade.

Por fim, pode ser, até, que o pleito de gratuidade, integral ou parcial, tenha sido de há muito formulado e somente no momento de proferir a sentença o julgador perceba que tal pleito não foi, ainda, apreciado.

A conclusão, assim, é a de que a questão referente à concessão dos benefícios da gratuidade é do tipo cujo enfrentamento pode se tornar necessário em *qualquer* fase do procedimento, aí incluídos os momentos de proferimento de decisão por meio da qual é prestada a tutela definitiva pelo juízo singular.

3. EFEITOS DA DECISÃO A RESPEITO DOS BENEFÍCIOS DA GRATUIDADE DA JUSTIÇA

No mais das vezes, o pleito de concessão dos benefícios da gratuidade é formulado, pela parte autora, já na petição inicial (CPC, art. 99, *caput*), por advogado com poderes especiais para tanto (CPC, art. 105, *caput*), com o propósito, genérico, de que seja suspensa a exigibilidade de *todas* as obrigações que se subsumirem à previsão contida no art. 98, § 1º, do CPC.

Como realçamos, assim como pode ser apresentado um pleito genérico, não há impedimento para que a postulação esteja voltada *apenas* para *certas* obrigações.

A simples *apresentação do requerimento* de concessão dos benefícios da gratuidade da justiça já é suficiente para que seja suspensa a exigibilidade do cumprimento das obrigações que o requerente houver incluído dentre aquelas abrangidas pela gratuidade postulada.

A exigência de cumprimento somente poderá se dar depois de transitada em julgado eventual decisão denegatória ou se, na sequência de recursos que vierem a ser interpostos, relativamente ao tema, contra decisões adversas ao requerente, chegar o momento em que ao recurso não for atribuído efeito suspensivo.

Nesse ponto, vale lembrar que, se o ato decisório for da lavra de juízo singular, tanto o recurso de agravo de instrumento, se o pleito for examinado por meio de decisão interlocutória, como o de apelação, na hipótese de a questão haver sido resolvida no interior da sentença, terão natural efeito suspensivo, até que o relator decida unipessoalmente a questão (CPC, art. 101, § 1º).

À vista desse conjunto, a decisão a respeito da concessão ou não dos benefícios da gratuidade pode produzir *diversos* efeitos, a depender do conteúdo do ato decisório.

3.1 Efeitos do deferimento

Tratando-se de obrigação, *genérica* ou *específica*, para que possa ser exercitado o direito de ação, a decisão sobre os benefícios da gratuidade da justiça, se *concessiva*, terá por efeito *estender* o período de suspensão da exigibilidade das obrigações abrangidas pela postulação (CPC, art. 98, § 1º). A alusão a *extensão* decorre, como já esclarecido, da constatação de que o efeito da suspensão já estava sendo produzido desde o momento da apresentação do pleito.

Assim, concedidos os benefícios, se, ao final, o beneficiário for vencido por ocasião do julgamento da causa, o cumprimento das obrigações abrangidas pela gratuidade não poderá ser exigido, a menos que o credor demonstre, no prazo de cinco anos contados a partir do trânsito em julgado da decisão por meio da qual as obrigações foram impostas, que deixou de existir a situação de insuficiência de recursos que gerou a concessão. O decurso do prazo, sem que a demonstração se dê, gera a automática extinção da obrigação (CPC, art. 98, § 3º).

De seu turno, ante o proferimento da decisão concessiva, *não* é dado à parte contrária interpor recurso, já que há remédio outro expressamente previsto para o caso: o oferecimento da impugnação a que se refere o *caput* do art. 100 do CPC.

NA PRÁTICA

A situação mais frequente é a de formulação do pleito de concessão dos benefícios da gratuidade da justiça na petição inicial ou na contestação. Ao lado disso, ao se manifestar logo em seguida à apresentação de tais peças postulatórias, dificilmente o juiz terá apenas esse assunto para tratar.

Assim, por exemplo, diante de um requerimento de gratuidade formulado na petição inicial, haverá manifestação do magistrado não só sobre o aludido requerimento, mas também a respeito da citação e de eventual pleito de concessão de tutela provisória.

De sua vez, se o requerimento de gratuidade for formulado no bojo da peça contestatória, o juiz, além de se pronunciar sobre o mencionado pleito, também se manifestará, por exemplo, sobre a necessidade de adoção de providências preliminares (CPC, arts. 348 a 353).

*A seguir, um exemplo de pronunciamento judicial por meio do qual, ao examinar a petição inicial, é **deferida a gratuidade da justiça para pessoa(s) natural(is)** e ordenada a citação:*

DECISÃO

1. Quanto ao pleito de concessão dos benefícios da gratuidade da justiça, há alegação, por pessoa(s) natural(is), de que não possui(em) ela(s) recursos suficientes para pagar as custas, as despesas processuais e os eventuais honorários advocatícios da sucumbência (CPC, art. 98, *caput*). Ao lado disso, inexistem, nos autos, elementos que evidenciem a falta de atendimento das exigências legais para deferimento do pleito (CPC, art. 99, § 2º). A situação, pois, enseja a presunção de veracidade da alegação de insuficiência de recursos (CPC, art. 99, § 3º). Diante desse quadro, reconheço a existência do direito à gratuidade da justiça e, por conseguinte, **defiro** a postulação.

2. Cite-se a parte ré e intime-se a parte autora para que compareçam à audiência de conciliação ou de mediação, cuja data deverá ser designada pela secretaria deste juízo. Adote a secretaria as cautelas necessárias para que, quanto aos aludidos atos de comunicação, sejam preservados os interregnos mínimos mencionados no *caput* do art. 334 e no § 2º do art. 218, ambos do CPC.

Intime-se.
[local e data].

Há algumas observações a fazer quanto ao exemplo dado.

*A **primeira** – e mais importante – decorre da constatação de que, infelizmente, é muito comum, na rotina forense, que, quanto à **concessão** dos benefícios da gratuidade da justiça, a decisão respectiva seja proferida sem fundamentação, limitando-se o julgador a dizer que defere a gratuidade.*

MANUAL DA SENTENÇA CÍVEL

*Por óbvio, por se tratar de ato decisório, é **imprescindível** a fundamentação (CF, art. 93, IX, e CPC, art. 11).*

Não há justificativa lógica para que se tolere que um ato decisório dessa natureza seja praticado sem a adequada motivação, mormente considerando os substanciosos efeitos dele decorrentes, que abrangem, por exemplo, a suspensão da exigibilidade de obrigações como a de pagar honorários advocatícios sucumbenciais, podendo chegar à própria extinção da obrigação (CPC, art. 98, § 3º).

*A **segunda** é para chamar a atenção para o fato de que, no exemplo dado, o pronunciamento judicial foi redigido com o propósito de que seja aplicado a **todas** as situações em que o requerimento de gratuidade da justiça houver sido formulado por uma ou mais de uma pessoa natural e não existirem, nos autos, elementos que conduzam à desconstituição da presunção legal de veracidade da alegação de insuficiência de recursos (CPC, art. 99, § 3º).*

*O uso de modelos de atos decisórios assim somente traz vantagens, desde que, por óbvio, o modelo seja aplicado **exatamente** nos casos para os quais foi ele elaborado.*

A utilização precisa de modelos de decisão – vale registrar – passa longe, muito longe, da subsunção à regra proibitiva que se extrai do texto do art. 489, § 1º, III, do CPC: invocação de motivos que se prestariam a justificar qualquer outra decisão.

*Com efeito, no caso do exemplo dado, o ato decisório **somente** é aplicável para um quadro fático composto pelos seguintes elementos: (i) tratar-se de requerimento formulado por uma ou mais de uma pessoa natural; (ii) haver alegação de insuficiência de recursos para pagar as custas, as despesas processuais e os eventuais honorários advocatícios da sucumbência; e (iii) inexistirem, nos autos, motivos que conduzam à desconstituição da presunção legal de veracidade da alegação de insuficiência de recursos.*

*A **terceira** observação é fruto de uma conjugação das duas anteriores.*

*É que é absolutamente **injustificável** a preferência pelo proferimento de uma decisão **nula** – aquela em que o magistrado **não fundamenta** o ato de concessão da gratuidade, limitando-se a deferir o requerimento –, em vez de ser proferida uma decisão fundamentada, mediante o uso de um **modelo** como o proposto, ainda mais se se considerar que a utilização de modelos assim não acrescenta qualquer dispêndio de energia para a prática do ato, visto como os recursos dos diversos softwares de edição de texto – a exemplos de práticas como a consistente em "copiar" e "colar" – facilitam sobremaneira a tarefa.*

*A **quarta**, finalmente, é relativa à numeração que foi posta nos capítulos do ato decisório.*

Perceba-se que, apesar de se tratar de um ato de simples elaboração, ele possui, claramente, dois capítulos: um relativo ao requerimento da gratuidade e o outro atinente à ordem de citação.

A opção por atribuir números (ou letras, pouco importa) a cada capítulo do ato decisório gera diversas facilidades.

*Assim, por exemplo, imagine-se que algum incidente ocorra no processo antes que a ordem de citação seja cumprida. Resolvido o incidente, é bastante que o magistrado ordene que seja cumprido o quanto determinado no item "**2**" do pronunciamento de fl. **x**, sem a necessidade de repetir toda a ordem de citação.*

Capítulo XIX ◆ Elaboração da fundamentação: questões relativas à gratuidade...

Cogite-se, ainda, que, no curso do procedimento, surja a necessidade de realização de diligência cujas despesas teriam que ser antecipadas pela parte autora, mas que se trata de despesa abrangida pela gratuidade da justiça. Num caso desse, ao fundamentar a dispensa de adiantamento, bastará que o magistrado diga que a parte autora é beneficiária da gratuidade, conforme se vê do conteúdo do item 1 do pronunciamento de fl. x.

*Para completar a demonstração da **conveniência** de identificar, com números ou letras, os diversos capítulos do ato judicial, imagine-se que se trate de um ato decisório **longo**, por meio do qual são decididas **diversas** questões, e, mais adiante, sobrevenha outro ato decisório, do próprio juízo, do qual resulte a reforma de uma das conclusões a que se chegou no ato anterior. Após motivar a revogação, bastará que o juiz diga que fica, por isso, revogada a decisão constante no item 1 do pronunciamento de fl. x.*

*Já no que toca ao deferimento do pleito de concessão dos benefícios da gratuidade da justiça para **pessoa jurídica**, a situação, além de comportar as observações já feitas, exige um cuidado a mais.*

Veja-se o exemplo a seguir:

DECISÃO

1. Quanto ao pleito de concessão dos benefícios da gratuidade da justiça, a parte autora é pessoa jurídica, donde a inaplicabilidade, ao caso, da presunção a que se refere o texto do § 3º do art. 99 do CPC. Com efeito, a norma que se colhe do dispositivo aludido abrange apenas as pessoas naturais.

Quanto às pessoas distintas das naturais, o conjunto normativo aplicável é o que se extrai dos arts. 98 a 102 do CPC, em cotejo com a regra que se colhe do inciso LXXIV do art. 5º da Constituição Federal, no qual há expressa alusão à necessidade de comprovação da insuficiência de recursos para pagar as custas, as despesas processuais e os eventuais honorários advocatícios da sucumbência (CPC, arts. 98, *caput*).

E o que se vê é que há, nos autos, provas de que a parte autora teve uma vertiginosa queda no seu faturamento nos últimos doze meses: a petição inicial está instruída com balancetes elaborados pelos profissionais responsáveis pela sua contabilidade e o exame de tais documentos não deixa margem a dúvidas quanto à atual situação de insuficiência de recursos.

Diante desse quadro, reconheço a existência do direito à gratuidade da justiça e, por conseguinte, **defiro** a postulação.

2. Cite-se a parte ré e intime-se a parte autora para que compareçam à audiência de conciliação ou de mediação, cuja data deverá ser designada pela secretaria deste juízo. Adote a secretaria as cautelas necessárias para que, quanto aos aludidos atos de comunicação, sejam preservados os interregnos mínimos mencionados no *caput* do art. 334 e no § 2º do art. 218, ambos do CPC.

Intime-se.

[local e data].

Perceba-se que se trata de ato decisório sucinta e suficientemente motivado, o que resulta no atendimento da norma que impõe que todas as decisões judiciais sejam fundamentadas (CF, art. 93, IX, e CPC, art. 11).

Mas há um registro a ser feito, de ordem estritamente prática.

É que, tratando-se de pessoa distinta da pessoa natural, a necessidade de **comprovação** da insuficiência de recursos impõe que o magistrado diga, precisamente, em que reside a comprovação feita, o que torna inviável o uso de um modelo que atenda integralmente a todas as situações de deferimento de gratuidade para pessoas jurídicas. Por óbvio, a simples afirmação de que está comprovada a insuficiência de recursos não é bastante para que se considere que a decisão está fundamentada (CPC, art. 489, § 1º, II).

Apesar disso, uma observação atenta do texto do item *1* do pronunciamento revela que se trata de um modelo de ato decisório cujos **dois primeiros** e o **último parágrafos** podem ser utilizados em **todas** as situações em que o requerimento de gratuidade da justiça houver sido formulado por pessoa jurídica e existirem, nos autos, elementos probatórios suficientes para conduzir à conclusão de que a gratuidade deve ser deferida. Assim, o trabalho do julgador se resumirá a ajustar a redação do **terceiro parágrafo**, de modo a demonstrar as razões do seu convencimento a respeito da necessidade de concessão dos benefícios.

A utilização de modelos de atos decisórios com tais características facilita – e muito! – o exercício das atividades jurisdicionais, mormente nos casos em que é comum o surgimento de questões que guardam, entre si, significativa similaridade.

NO CONCURSO PÚBLICO

Diante da inclusão, numa prova de concurso público em que se exija que o candidato elabore uma sentença, de questão envolvendo gratuidade da justiça, a ser resolvida na própria sentença, o caminho que se apresenta com mais **chances** de ser o adequado a ser seguido é o consistente no **deferimento do pleito**, uma vez que o indeferimento produziria, como efeito, a necessidade de abertura de oportunidade para a parte autora cumprir as obrigações respectivas.

Nessa linha, ganham relevo os textos alusivos ao deferimento, que integrarão um trecho da fundamentação do ato decisório.

Assim, tratando-se de pleito formulado por um demandante pessoa natural, poderia ser assim, a estrutura:

AUTOS N. 012345-78.2019.8.05.0001
PROCEDIMENTO COMUM
PARTE AUTORA: Eneopequê da Silva Esseteuvê
PARTE RÉ: Abecedefegê Comercial Ltda.

S E N T E N Ç A

ENEOPEQUÊ DA SILVA ESSETEUVÊ, requerendo a concessão dos benefícios da gratuidade da justiça, propôs, contra **ABECEDEFEGÊ COMERCIAL LTDA.**, demanda submetida ao procedimento comum.

Afirma que **[parágrafo(s) destinado(s) ao relatório]**.

Capítulo XIX ◆ Elaboração da fundamentação: questões relativas à gratuidade...

> É o relatório.
>
> Passo a decidir.
>
> Quanto ao pleito de concessão dos benefícios da gratuidade da justiça, apresentado pela parte autora, o que se constata é que, na qualidade de pessoa natural que alega que não possui recursos suficientes para pagar as custas, as despesas processuais e os eventuais honorários advocatícios da sucumbência (CPC, art. 98, *caput*), goza ela da presunção de veracidade a que se refere o texto do § 3º do art. 99 do CPC. Ao lado disso, inexistem, nos autos, elementos que evidenciem a falta de atendimento das exigências legais para deferimento do pleito (CPC, art. 99, § 2º). Diante desse quadro, reconheço a existência do direito à gratuidade da justiça e, por conseguinte, ***defiro*** a postulação.
>
> [...]

Se o caso for de uma postulação lançada por uma pessoa jurídica, o exemplo a seguir será útil:

> **AUTOS N. 012345-78.2019.8.05.0001**
> **PROCEDIMENTO COMUM**
> **PARTE AUTORA:** Abecedefegê Comercial Ltda.
> **PARTE RÉ:** Banco Deoeleaerre S.A.
>
> S E N T E N Ç A
>
> **ABECEDEFEGÊ COMERCIAL LTDA**, requerendo a concessão dos benefícios da gratuidade da justiça, propôs, contra **BANCO DEOELEAERRE S.A.**, demanda submetida ao procedimento comum.
>
> Afirma que **[parágrafo(s) destinado(s) ao relatório]**.
>
> É o relatório.
>
> Passo a decidir.
>
> Quanto ao pleito de concessão dos benefícios da gratuidade da justiça apresentado pela parte autora, o que se constata é que, na qualidade de pessoa jurídica, trouxe ela, aos autos, provas de que passa por uma situação de vertiginosa queda no seu faturamento nos últimos doze meses: a petição inicial está instruída com balancetes elaborados pelos profissionais responsáveis pela sua contabilidade e o exame de tais documentos não deixa margem a dúvidas quanto à atual situação de insuficiência de recursos. Diante desse quadro, reconheço a existência do direito à gratuidade da justiça e, por conseguinte, ***defiro*** a postulação
>
> [...]

3.2 Efeitos do indeferimento

> **QUE MEDIDAS A PARTE PODE ADOTAR SE HOUVER INDEFERIMENTO DO PLEITO DE CONCESSÃO DA GRATUIDADE?**

Se o caso *não* ensejar a concessão dos benefícios da gratuidade da justiça, a decisão denegatória tem aptidão para fazer cessar o efeito suspensivo da exigibilidade das obrigações, que estava sendo produzido desde o momento da prática do ato de apresentação da postulação.

Tal cessação, contudo, pode *não* ocorrer imediatamente.

De fato, se a denegação se der por meio de decisão interlocutória, a parte deverá ser intimada, por meio do seu advogado, para cumprir a obrigação cuja exigibilidade ela tentou, sem êxito, manter suspensa. Trata-se de aplicação de uma regra de concretização do princípio da *primazia da decisão de mérito* (CPC, art. 317).

Procedida à intimação, os rumos dos acontecimentos serão ditados pela posição que a parte contra quem foi proferida a decisão vier a adotar.

Assim é que poderá a parte cumprir ou não a obrigação, como também poderá impugnar a decisão respectiva, por meio da interposição de recurso (CPC, arts. 101, *caput*, 1.009, § 3º, e 1.015, V).

Vale o registro, ainda, de que a decisão de indeferimento deve ser sempre antecedida da abertura de oportunidade à parte para que possa ela comprovar que atende às exigências legais para que os benefícios da gratuidade sejam deferidos (CPC, art. 99, § 2º).

NA PRÁTICA

A seguir, exemplo de pronunciamento judicial por meio do qual, diante da existência, nos autos, de elementos que evidenciem que a requerente pessoa natural não atende às exigências para obtenção da gratuidade, é aberta oportunidade para que possa ela ***comprovar*** *que atende a tais exigências:*

DESPACHO

O reconhecimento da existência do direito à gratuidade da justiça para pessoa natural exige a formação de um quadro consistente (i) na alegação de que não possui ela recursos suficientes para pagar as custas, as despesas processuais e os eventuais honorários advocatícios da sucumbência (CPC, arts. 98, *caput*, e 99, § 3º) e (ii) na inexistência, nos autos, de elementos que evidenciem a falta de atendimento das exigências legais para deferimento do pleito (CPC, art. 99, §§ 2º e 3º).

No caso deste processo, a parte autora se qualifica, na petição inicial, como médica e, ao indicar o seu endereço residencial, fez referência a um condomínio que, além de estar situado, nesta cidade, em área ocupada por imóveis de elevado valor, é conhecido pela qualidade diferenciada dos imóveis – todos eles casas residenciais – construídos na sua área interna. Esse conjunto inclui a parte autora numa situação que, à primeira vista, atrai a incidência da norma extraível da primeira parte do texto do § 2º do art. 99 do CPC.

Diante disso, assino à parte autora o prazo de 15 (quinze) dias para comprovar que atende às exigências legais para que os benefícios da gratuidade sejam deferidos (CPC, art. 99, § 2º).

Intime-se.

[local e data].

Capítulo XIX ◆ Elaboração da fundamentação: questões relativas à gratuidade...

*Cabe, aqui, mais um registro de ordem estritamente prática: no texto do pronunciamento o **primeiro** e o **terceiro parágrafos** podem ser utilizados em **todas** as situações em que o requerimento de gratuidade da justiça houver sido formulado por pessoa natural e existir necessidade de que ela **comprove** que atende às exigências legais para que os benefícios da gratuidade sejam deferidos. Por isso, o trabalho do julgador se resumirá a ajustar a redação do **segundo parágrafo**, de modo a demonstrar os motivos que o conduziram a exigir a comprovação.*

O magistrado – vale lembrar – que dispuser de um bom acervo de modelos de atos decisórios com tais características dispenderá muito menos energia no exercício das atividades jurisdicionais.

*A seguir, exemplo de pronunciamento judicial por meio do qual é aberta oportunidade para que a requerente **pessoa jurídica** comprove que atende às exigências para obtenção da concessão da gratuidade:*

DESPACHO

Quanto ao pleito de concessão dos benefícios da gratuidade da justiça, a parte autora é pessoa jurídica, donde a inaplicabilidade, ao caso, da presunção a que se refere o texto do § 3º do art. 99 do CPC. Com efeito, a norma que se colhe do dispositivo aludido abrange apenas as pessoas naturais.

Quanto às pessoas distintas das naturais, o conjunto normativo aplicável é o que se extrai dos arts. 98 a 102 do CPC, em cotejo com a regra que se colhe do inciso LXXIV do art. 5º da Constituição Federal, no qual há expressa alusão à necessidade de comprovação da insuficiência de recursos.

E o que se vê é que não há, nos autos, comprovação de que a pessoa jurídica requerente padece de insuficiência de recursos para pagar as custas, as despesas processuais e os eventuais honorários advocatícios da sucumbência (CPC, arts. 98, *caput*).

Diante disso, assino à parte autora o prazo de 15 (quinze) dias para comprovar que atende às exigências legais para que os benefícios da gratuidade sejam deferidos (CPC, art. 99, § 2º).

Intime-se.

[local e data].

---

*Trata-se de modelo de pronunciamento judicial que pode ser **integralmente** utilizado em **todas** as situações em que a base fática for composta por um requerimento de gratuidade formulado por pessoa jurídica, sem que a requerente tenha trazido ao processo qualquer elemento comprobatório da alegada insuficiência de recursos.*

É o tipo do modelo de ato judicial que, empregado nas situações adequadas, muito facilita o exercício das atividades diárias do juiz.

*A seguir, exemplo de pronunciamento judicial por meio do qual é **indeferida a gratuidade da justiça**, num caso em que é requerente uma **pessoa natural**:*

DECISÃO

A parte autora – uma pessoa natural – formulou pleito de concessão dos benefícios da gratuidade da justiça, alegando não possuir recursos suficientes para pagar as custas, as despesas processuais e os eventuais honorários advocatícios da sucumbência.

Identificada a existência, nos autos, de dados indicativos de que a parte requerente não atende às exigências postas pelo sistema jurídico para obter os benefícios almejados, foi ela instada a se manifestar, ocasião em que argumentou que as circunstâncias de ser médica e de residir em local considerado "nobre" não conduzem, necessariamente, à conclusão de que ela dispõe de recursos suficientes para cumprir as obrigações cuja exigibilidade ficará suspensa em razão da concessão da gratuidade.

Passo a decidir.

O reconhecimento da existência do direito à gratuidade da justiça para pessoa natural exige a formação de um quadro consistente (i) na alegação de que não possui ela recursos suficientes para pagar as custas, as despesas processuais e os eventuais honorários advocatícios da sucumbência (CPC, arts. 98, *caput*, e 99, § 3º) e (ii) na inexistência, nos autos, de elementos que evidenciem a falta de atendimento das exigências legais para deferimento do pleito (CPC, art. 99, §§ 2º e 3º).

Sucede que, ao declinar, na petição inicial, os seus dados qualificativos, a parte autora afirmou ser médica e indicou, como seu endereço residencial, um condomínio que, além de estar situado, nesta cidade, em área ocupada por imóveis de elevado valor, é conhecido pela qualidade diferenciada dos imóveis – todos eles casas residenciais – construídos na sua área interna.

Trata-se de um conjunto de elementos fortemente indicativos de que a parte autora não vivencia um quadro de insuficiência de recursos que a impeça de pagar as custas, as despesas processuais e os eventuais honorários advocatícios da sucumbência.

E aí o que chama a atenção é que, aberta oportunidade para que pudesse a parte comprovar que atende às exigências legais para obtenção do benefício, limitou-se ela a apresentar alegações desacompanhadas de qualquer elemento probatório.

Efetivamente, não é impossível que, mesmo tratando-se de uma profissional da medicina, e mesmo que tal profissional resida em local reconhecidamente habitado por pessoas com elevado poder aquisitivo, esteja ela em situação financeira que a torne merecedora da gratuidade da justiça.

Entretanto, diante da robustez do acervo probatório indiciário fornecido pela própria requerente, deveria ela, na oportunidade que teve para comprovar a existência do quadro de insuficiência de recursos, trazer aos autos elementos aptos a desconstituir a evidência que exsurgiu dos autos e que lhe é adversa.

Nenhuma prova, porém, nesse sentido, trouxe ela ao processo.

Diante do exposto, *indefiro* o pleito de concessão dos benefícios da gratuidade da justiça. Assino à parte autora o prazo de 15 (quinze) dias para trazer aos autos, sob pena de cancelamento da distribuição, as provas de que procedeu ao recolhimento das custas processuais e das despesas decorrentes do ato de propositura da demanda (CPC, art. 290).

Intime-se.

[local e data].

*Pelo exemplo trazido acima, dá para concluir que, numa decisão **denegatória** dos benefícios da gratuidade da justiça, não há como fugir da construção de um texto que, na sua **maior parte**, é redigido **especificamente** para o caso concreto posto sob apreciação. Afinal, trata-se de uma decisão por meio da qual é negada a existência de um direito que integra o conteúdo do direito fundamental de acesso à justiça, e, portanto, não é dado ao magistrado, num cenário desse, apresentar motivação lassa.*

*A seguir, exemplo de pronunciamento judicial por meio do qual **é indeferida a gratuidade da justiça**, num caso em que a requerente é uma **pessoa jurídica**:*

> **DECISÃO**
>
> A parte autora – uma pessoa jurídica – formulou pleito de concessão dos benefícios da gratuidade da justiça, alegando não possuir recursos suficientes para pagar as custas, as despesas processuais e os eventuais honorários advocatícios da sucumbência.
>
> Identificada a inexistência, nos autos, de provas a respeito da insuficiência de recursos alegada, foi a parte autora instada a se manifestar e trazer ao processo a necessária comprovação, ocasião em que argumentou que, em razão da crise econômica pela qual vêm passando todas as empresas que atuam no seu ramo de atividades, está em dificuldades financeiras.
>
> Passo a decidir.
>
> O reconhecimento da existência do direito à gratuidade da justiça para pessoa jurídica exige a comprovação de insuficiência de recursos.
>
> Porém, aberta oportunidade para que a parte requerente trouxesse aos autos tal comprovação, limitou-se ela a alegar que está em dificuldades, sem acostar ao processo qualquer elemento comprobatório da assertiva feita.
>
> Diante do exposto, **indefiro** o pleito de concessão dos benefícios da gratuidade da justiça. Assino à parte autora o prazo de 15 (quinze) dias para trazer aos autos, sob pena de cancelamento da distribuição, as provas de que procedeu ao recolhimento das custas processuais e das despesas decorrentes do ato de propositura da demanda (CPC, art. 290).
>
> Intime-se.
>
> **[local e data]**.
>
> *No exemplo acima, o fato de a pessoa jurídica requerente não haver **comprovado** que passa por uma situação de insuficiência de recursos para pagar as custas, as despesas processuais e os eventuais honorários advocatícios da sucumbência facilitou a conclusão no sentido do indeferimento do pleito.*

3.2.1 *Indeferimento seguido de cumprimento da obrigação pela parte*

No que se refere à obrigação de adiantar os valores relativos a custas processuais e a despesas decorrentes da propositura da demanda, *indeferida* a gratuidade, o magistrado deverá ordenar que seja intimada a parte, por meio do seu advogado, para que proceda ao recolhimento, no prazo de quinze dias, dos valores que deveriam ter sido adiantados (CPC, art. 290).

Havendo cumprimento da obrigação de adiantar os valores, o assunto estará superado.

A mesma sequência de atos deverá ocorrer relativamente à eventual existência de exigência *específica* para exercício do direito de ação.

3.2.2 *Indeferimento seguido de interposição de recurso contra a decisão denegatória*

Diante do *indeferimento* da gratuidade por meio de decisão interlocutória, a parte autora, em vez de cumprir a obrigação cuja exigibilidade estava suspensa pela apresentação do requerimento de concessão dos benefícios, poderá interpor recurso de agravo de instrumento contra a decisão denegatória (CPC, art. 1.015, V).

Na hipótese de a denegação se dar na sentença, a impugnação deverá ocorrer por meio da apelação (CPC, arts. 101, *caput*, 1.009, § 3º, e 1.015, V).

A interposição de qualquer dos dois recursos, nesse caso, fará com que o efeito da suspensão da exigibilidade das obrigações, que já estava se operando a partir da *apresentação* do requerimento de gratuidade, se estenda até que o tribunal decida a questão (CPC, art. 101, § 1º, dispositivo no qual a referência a *custas* deve ser extensivamente interpretado).

Diante disso, caberá ao magistrado dar prosseguimento ao processo e, quanto à questão da gratuidade, aguardar o posicionamento do tribunal a respeito.

3.2.3 Indeferimento seguido de descumprimento da obrigação pela parte, sem interposição de recurso

Na hipótese de a parte autora, além de não cumprir a obrigação cuja exigibilidade estava suspensa em razão da formulação do pleito de concessão dos benefícios, também não interpor recurso contra o ato denegatório da gratuidade, deverá o juiz extrair, do descumprimento da obrigação, os efeitos jurídicos respectivos.

Assim, tratando-se da obrigação de adiantar os valores relativos a custas processuais e a despesas decorrentes da propositura da demanda, o magistrado ordenará o cancelamento da distribuição (CPC, art. 290) ou extinguirá o processo, sem resolução do mérito. As situações capazes de gerar a produção de um ou de outro efeito são objeto de abordagem no capítulo próprio.

Já na hipótese de a obrigação cuja exigibilidade estava suspensa ser relativa ao cumprimento de exigência específica para que o direito de ação possa ser exercitado, a exemplo da caução a que se refere o art. 83 do CPC, o efeito comumente produzido será a extinção do processo sem resolução do mérito.

Independentemente de tratar-se de cancelamento da distribuição ou de encerramento do procedimento sem que o mérito da causa seja resolvido, o fato é que a falta de atendimento de exigência genérica ou especificamente imposta para que o direito de ação seja exercitado conduz, em geral, à impossibilidade de o Poder Judiciário se manifestar sobre todos os demais aspectos do processo, excetuados aqueles de que tratam os capítulos anteriores.

É de todo útil lembrar que há possibilidade de surgimento de situações marcadas por particularidades, nas quais, mesmo sem cumprimento da obrigação, o mérito da causa será apreciado, em razão da incidência do princípio da

Capítulo XIX ♦ Elaboração da fundamentação: questões relativas à gratuidade...

primazia da decisão de mérito, mormente no que se refere à regra de concretização que se extrai do texto do art. 488 do CPC.

As situações desse tipo foram objeto de análise no capítulo em que tratamos da verificação quanto a se a questão está apta a ser resolvida, motivo pelo qual remetemos à leitura do aludido capítulo, em especial quanto aos itens a respeito de questões formais que versam sobre defeito processual, cuja resolução ocorra *antes* ou *depois* da citação ou do comparecimento espontâneo da parte ré ao processo.

4. RELAÇÃO COM QUESTÃO REFERENTE A TUTELA PROVISÓRIA DE URGÊNCIA

> **?** O QUE FAZER SE HOUVER PLEITO DE PRESTAÇÃO DE TUTELA PROVISÓRIA DE URGÊNCIA E FOR INDEFERIDA A GRATUIDADE?

Um cenário digno de especial atenção se instalará no processo, se houver pleito de concessão de tutela provisória de urgência na petição inicial e, simultaneamente, requerimento de concessão dos benefícios da gratuidade da justiça.

Numa situação assim, se o caso for para concessão dos benefícios da gratuidade, nenhum óbice haverá para o imediato exame do pleito relativo à tutela provisória.

Entretanto, se a situação revelar um quadro tendente à denegação do pleito de gratuidade, caberá ao magistrado fazer um exame ponderado quanto à incidência do fator tempo, verificando se o quadro de urgência pode ou não aguardar o cumprimento de diligências.

Tais diligências vão desde a abertura de oportunidade à parte para que possa ela comprovar que tem direito aos benefícios da gratuidade (CPC, art. 99, § 2º), até, no caso de decisão denegatória, a diligência consistente no atendimento, pela parte, da exigência, *genérica* ou *específica*, para que o direito de ação possa ser exercitado.

4.1 Situação tendente ao indeferimento dos benefícios da gratuidade e urgência que admite concessão de prazo para cumprimento de diligências

Como registramos, a decisão por meio da qual é indeferido o requerimento de concessão dos benefícios da gratuidade da justiça deverá ser antecedida da abertura de oportunidade à parte para que possa ela comprovar que atende às exigências legais para que os benefícios da gratuidade sejam deferidos (CPC, art. 99, § 2º).

Havendo tempo suficiente para que, diante de uma situação tendente à *denegação* do pleito de concessão dos benefícios da gratuidade da justiça, a parte autora possa cumprir as diligências respectivas, o juiz assinará prazo para que tais diligências sejam levadas a cabo (CPC, arts. 99, § 2º, e 102, *caput*).

Na sequência, se o magistrado deferir a gratuidade ou, tendo indeferido, houver adimplemento, pela parte autora, da obrigação cuja exigibilidade estava suspensa, o assunto estará superado e o caminho estará livre para que o magistrado decida a respeito da tutela provisória de urgência postulada.

Também haverá decisão do juiz sobre a tutela provisória de urgência pleiteada se a parte autora, diante do indeferimento, em vez de cumprir a obrigação, interpuser recurso de agravo de instrumento contra a decisão interlocutória respectiva (CPC, art. 1.015, V). É que, nesse caso, o recurso interposto, no que toca à exigência imediata de cumprimento da obrigação, tem natural efeito suspensivo (CPC, art. 101, § 1º).

Finalmente, não haverá exame do pleito de concessão de tutela provisória de urgência, e, além disso, a depender da situação, poderá ser ordenado o cancelamento da distribuição ou poderá haver extinção do processo sem resolução do mérito, se houver indeferimento da gratuidade e a parte autora *não* proceder ao cumprimento da obrigação cuja exigibilidade estava suspensa pela apresentação do pleito de gratuidade, *nem* interpuser recurso contra a decisão denegatória (CPC, arts. 290 e 485, IV).

Nesse ponto, é sempre importante lembrar: diante de *toda* situação em que surja um quadro capaz de gerar o encerramento do procedimento sem resolução do mérito da causa, cabe ao magistrado verificar se, no caso, há possibilidade da prática de atos que possam abrir campo para que o mérito da causa seja examinado. Por isso, é útil, também aqui, o conteúdo do capítulo em que tratamos da *verificação quanto a se a questão está apta a ser resolvida*.

4.2 Situação tendente ao indeferimento dos benefícios da gratuidade e urgência que não admite concessão de prazo para cumprimento de diligências

Nas situações em que o magistrado perceber que o cenário é tendente ao indeferimento do pleito de concessão dos benefícios da gratuidade e, simultaneamente, constatar que a urgência é de uma natureza tal que exige manifestação *imediata* do órgão julgador, deverá ele decidir, de logo, a respeito da tutela provisória de urgência postulada e, por meio do mesmo pronunciamento, abrir prazo para que a parte comprove que atende às exigências legais para que os benefícios da gratuidade sejam deferidos (CPC, art. 99, § 2º).

Capítulo XIX ◆ Elaboração da fundamentação: questões relativas à gratuidade...

Na sequência, se houver deferimento dos benefícios ou, tendo havido indeferimento, a parte autora adimplir a obrigação cuja exigibilidade estava suspensa, o tema já não ensejará discussões.

Proferida, porém, a decisão denegatória da gratuidade, pode ocorrer de a parte não cumprir a obrigação cuja exigibilidade estava suspensa, mas interpor agravo de instrumento contra a decisão interlocutória respectiva. Nesse caso, o cumprimento da obrigação ainda *não* poderá ser exigido e o processo prosseguirá normalmente, até que o tribunal se manifeste sobre a questão (CPC, art. 101, § 1º).

Finalmente, se, indeferida a gratuidade, não ocorrer o cumprimento, nem a interposição de recurso contra a decisão denegatória da gratuidade, ou, tendo sido interposto recurso, se a ele não for dado provimento, caberá ao juiz extinguir o processo sem resolução do mérito.

Perceba-se que, nesse caso, se a obrigação que deixou de ser cumprida foi a de adiantamento do valor referente a custas processuais e a despesas decorrentes do ato de propositura da demanda, não haverá simples cancelamento da distribuição, uma vez que, a essa altura, vários aspectos do processo já terão sido examinados e vários atos processuais já terão sido praticados. Como veremos no capítulo próprio, o descumprimento da obrigação, nessa hipótese, deverá ser inserido entre os diversos fatores integrantes do juízo de admissibilidade do exame do mérito, agasalhados no interior das amplas fronteiras dos chamados "pressupostos processuais" (CPC, art. 485, IV).

O mesmo efeito – a extinção do processo sem a resolução do mérito – será produzido se a obrigação que deixou de ser cumprida era alusiva a exigência específica para exercício do direito de ação (CPC, art. 485, IV).

Também não se pode perder de vista que, diante do surgimento de um quadro com aptidão para gerar a extinção do processo sem resolução do mérito da causa, o magistrado deverá, sempre, verificar se o caso comporta ou não a prática de atos que abram margem a que o mérito da causa possa ser resolvido. Entra em cena, portanto, nesse ponto, o conteúdo do capítulo relativo à verificação quanto a se a questão está apta a ser resolvida.

Nesse contexto, se realmente a situação ensejar a extinção do processo sem resolução do mérito da causa e houver sido deferida a tutela provisória de urgência postulada, o magistrado deverá, no mesmo ato decisório de extinção do processo, (*i*) revogar a decisão concessiva da tutela provisória de urgência (CPC, arts. 296, *caput*, e 298), (*ii*) disciplinar os efeitos decorrentes da decisão que chegou a ser proferida, (*iii*) manifestar-se, de ofício, a respeito da possibilidade de a parte autora haver atuado de má-fé (CPC, art. 80, III e V), (*iv*) impor, também de ofício, as sanções decorrentes de eventual litigância de má-fé (CPC, art. 81) e (*v*) esclarecer que, independentemente de ter havido má-fé, se o cumprimento da decisão houver gerado danos para a parte ré, poderá ela obter indenização (CPC, art. 302).

5. POSSIBILIDADE DE A GRATUIDADE DA JUSTIÇA PARA A PARTE AUTORA ATINGIR APENAS PARCELA DO PROCESSO

> **HÁ POSSIBILIDADE DE A GRATUIDADE PARA A PARTE AUTORA ATINGIR APENAS PARCELA DO PROCESSO?**

É plenamente possível que a resolução da questão referente à concessão dos benefícios da gratuidade da justiça se dê de uma forma que, num mesmo processo, o exercício do direito de ação seja admitido apenas em relação a um ou a alguns dos autores. Cogite-se, por exemplo, de um processo em que há litisconsórcio ativo facultativo simples, que é aquele em que a existência de mais de um autor (litisconsórcio ativo) é admitida pela aplicação de uma das normas extraíveis do enunciado do *caput* do art. 113 (litisconsórcio facultativo) e existe possibilidade de o juiz decidir de modo distinto para os diversos litisconsortes (litisconsórcio simples). Se o juiz reconhecer o direito à concessão dos benefícios relativamente a apenas um ou alguns dos litisconsortes, aqueles sem direito aos benefícios terão de cumprir as obrigações de adiantar, proporcionalmente, no prazo fixado pelo magistrado, os valores das custas processuais e das despesas decorrentes do ato de propositura da demanda. Se eles não procederem ao adiantamento e não recorrerem da decisão que lhes foi adversa, caberá ao juiz dar continuidade ao exame apenas da parcela do processo referente aos litisconsortes que obtiveram os benefícios da gratuidade.

No caso de tratar-se de exigência específica para que o direito de ação possa ser exercitado, imagine-se que, também num caso de litisconsórcio ativo facultativo simples, apenas um dos autores resida fora do Brasil e, por isso, somente ele tenha de prestar, proporcionalmente, a caução a que se refere o art. 83 do CPC. Se não for reconhecido, em favor desse específico autor, o direito à gratuidade da justiça e ele não prestar a caução, o pleito por ele formulado não terá o seu mérito apreciado, ao passo que os pedidos formulados pelos demais autores não encontrarão esse obstáculo.

Instaurado um quadro desse, seja relativo à exigência genérica, seja alusivo a exigência específica, é de todo aconselhável que algumas cautelas sejam tomadas, de modo a prevenir incidentes. Tais cautelas consistem, basicamente, em (*i*) delimitar precisamente a parcela do processo que não poderá ser examinada; (*ii*) registrar a impossibilidade de apreciação de *qualquer* outra questão, formal ou de mérito, que seja *especificamente* pertinente à parcela do processo que não será examinada; e (*iii*) quanto à resolução das questões, formais ou de mérito, que sejam *comuns* a todo o processo, registrar que os atos decisórios respectivos não produzirão qualquer efeito no que se refere à parcela do processo atingida pela impossibilidade de exame.

Capítulo XIX ◆ Elaboração da fundamentação: questões relativas à gratuidade...

Esclarecidos esses aspectos, o magistrado processará e julgará normalmente a parcela restante do processo.

NO CONCURSO PÚBLICO

*Numa prova de concurso público, se o candidato perceber que a questão relativa à concessão dos benefícios da gratuidade da justiça envolve mais de um autor, deve estar atento, primeiro, para a possibilidade de ser apenas **aparente** o quadro consistente em os autores estarem em situações jurídicas distintas quanto ao reconhecimento do direito aos benefícios.*

*A **maior chance** é a de que a solução, para os diversos autores, seja o **deferimento** da postulação, uma vez que, como já vimos, o **indeferimento** deve ser **antecedido** de oportunidade para **comprovação** da insuficiência de recursos e **seguido** da abertura de **prazo** para cumprimento das obrigações cuja exigibilidade estava suspensa em razão do requerimento feito.*

*Não se pode perder de vista – nunca é demais lembrar – que a melhor forma de o examinador do concurso aferir o grau de conhecimento do candidato é criar um quadro que enseje a sua manifestação sobre o maior número possível de assuntos. Por isso, nos concursos públicos, é frequente que o quesito seja elaborado de modo a que a manifestação a respeito de matérias como essas **não** feche as portas para que o candidato se manifeste sobre outros temas.*

PARA NÃO ESQUECER

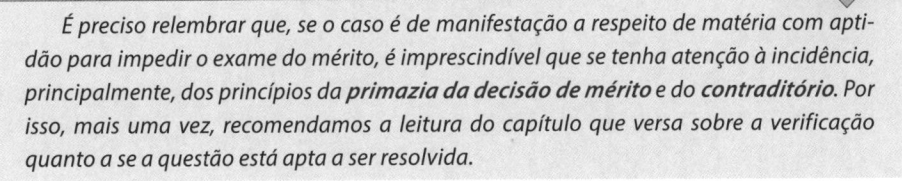

*É preciso relembrar que, se o caso é de manifestação a respeito de matéria com aptidão para impedir o exame do mérito, é imprescindível que se tenha atenção à incidência, principalmente, dos princípios da **primazia da decisão de mérito** e do **contraditório**. Por isso, mais uma vez, recomendamos a leitura do capítulo que versa sobre a verificação quanto a se a questão está apta a ser resolvida.*

CAPÍTULO XX

ELABORAÇÃO DA FUNDAMENTAÇÃO: QUESTÕES RELATIVAS A CUSTAS PROCESSUAIS E A DESPESAS DECORRENTES DO ATO DE PROPOSITURA DA DEMANDA

◆ **SUMÁRIO**

1. Relação de subordinação com outras questões – **2.** Possibilidade de a existência da questão ser percebida no momento de prestar a tutela definitiva – **3.** Efeitos do descumprimento da obrigação: **3.1** Cancelamento da distribuição; **3.1.1** Determinação por meio de decisão interlocutória; **3.1.2** Determinação por meio de sentença; **3.2** Extinção do processo sem resolução do mérito; **3.2.1** Fundamentação legal; **3.2.2** Circunstâncias que conduzem a que a questão somente seja resolvida em fase mais avançada do processo – **4.** Verificação quanto a se a questão está apta a ser resolvida: **4.1** Superveniente cumprimento da obrigação de adiantar os valores; **4.2** Permanência do quadro de descumprimento da obrigação de adiantar os valores; **4.3** Superveniente requerimento dos benefícios da gratuidade da justiça; **4.3.1** Deferimento imediato dos benefícios da gratuidade da justiça; **4.3.2** Situação tendente ao indeferimento dos benefícios da gratuidade da justiça – **5.** Relação com questão referente a tutela provisória de urgência: **5.1** Urgência que admite concessão de prazo para cumprimento de diligências; **5.2** Urgência que não admite concessão de prazo para cumprimento de diligências; **5.3** Deferimento da tutela provisória de urgência e superveniente extinção do processo sem resolução do mérito, por descumprimento da obrigação de adiantar os valores – **6.** Possibilidade de os efeitos do descumprimento da obrigação atingirem apenas uma parcela do processo.

NO CONCURSO PÚBLICO

Numa prova de **concurso público** cuja resposta ao quesito consista na elaboração de uma **sentença**, a existência de uma questão, a ser resolvida na própria sentença, versando sobre o cumprimento da obrigação de adiantar os valores relativos a custas processuais e a despesas decorrentes do ato de propositura da demanda enseja a adoção de **cuidados**.

De fato, se a conclusão do julgador for no sentido de que **há** despesas cujo adiantamento já deveria ter sido feito, o caminho natural seria abrir prazo para que tal adiantamento se dê, o que **impediria** o imediato **proferimento da sentença**.

> Em razão disso, o candidato deve permanecer atento, principalmente, para as seguintes situações, que têm potencial para **abrir o caminho** para o proferimento da sentença:
>
> (i) já ter havido concessão dos benefícios da gratuidade da justiça;
>
> (ii) existir isenção legal expressa;
>
> (iii) haver entendimento, jurisprudencialmente assentado, no sentido de que determinado sujeito, em razão de características que lhe são próprias, não pode ser compelido a cumprir tal obrigação; e
>
> (iv) haver autores em situações jurídicas distintas, de um modo tal que nem todos eles possam ser compelidos a cumprir tal obrigação.
>
> Ademais, se efetivamente houver necessidade de cumprimento da obrigação, é preciso verificar se foi fixado prazo para tanto. Na hipótese – que não é a mais frequente – de constatação de que, mesmo assinado prazo para tanto, houve descumprimento da obrigação, é forte a possibilidade de que esse específico capítulo do ato decisório atinja apenas uma **parcela** do processo.
>
> É sempre útil que o candidato se lembre de que a melhor forma de a banca examinadora do concurso aferir o seu grau de conhecimento é criar um quadro que enseje a sua manifestação sobre o maior número possível de assuntos.
>
> Por isso, nos concursos públicos, é frequente que o quesito seja elaborado de modo a que a manifestação a respeito de matérias como essas **não** feche as portas para que o candidato se manifeste sobre outros temas.
>
> E foi em reverência a esse fator – e em **solidariedade** ao candidato a ocupar o cargo de magistrado – que, neste capítulo, nos **empenhamos** para fazer um cerco às **principais situações de ordem prática**, com especial destaque para aquelas em que há **intercalação** entre a **obrigação de adiantar** os valores atinentes a custas processuais e a despesas decorrentes da prática do ato de propositura da demanda e o pleito de concessão dos **benefícios da gratuidade da justiça**.

1. RELAÇÃO DE SUBORDINAÇÃO COM OUTRAS QUESTÕES

> **?** POR QUAL MOTIVO A QUESTÃO REFERENTE A ADIANTAMENTO DO VALOR DAS CUSTAS DEVE SER RESOLVIDA ANTES DE OUTRAS?

Resolvidas todas as questões que tenham como objeto o órgão julgador – impedimento ou suspeição do magistrado, ocorrência de erro na distribuição e competência do juízo –, abre-se o campo para exame das questões relativas a exigências, de cunho genérico ou específico, que o sistema jurídico impõe para que o direito de ação possa ser exercitado.

Capítulo XX ◆ Elaboração da fundamentação: questões relativas a custas processuais...

A exigência de caráter *genérico* é a referente à obrigação de adiantar os valores relativos às custas processuais e às despesas decorrentes do ato de propositura da demanda (CPC, arts. 82 e 290).

E é exatamente em razão da circunstância de a obrigação em tela consistir numa exigência *genérica* para que o direito de ação *possa ser exercitado* que a resolução de uma questão que verse sobre o tema se antepõe logicamente à resolução de outras questões, excetuadas as alusivas aos temas abordados nos capítulos anteriores.

É preciso lembrar, nessa linha, que há situações em que o cumprimento dessa exigência é dispensado. É o que se dá nos casos em que a parte autora goza de isenção, uma vez que as diversas leis que disciplinam o pagamento de custas processuais, nos âmbitos dos Estados e da União, podem isentar certos sujeitos do cumprimento da obrigação de pagar os valores respectivos[1].

Ao lado disso, se houver concessão dos benefícios da gratuidade da justiça, de modo a que, dentre as obrigações abrangidas pela gratuidade, esteja incluída a atinente a custas processuais e a despesas decorrentes do ato de propositura da demanda (CPC, art. 98, §§ 1º, I e VIII, e 5º), a exigibilidade da mencionada obrigação fica suspensa (CPC, art. 98, § 3º).

É por esse motivo que, como vimos no capítulo em que cuidamos do enfrentamento de questões que versem sobre a concessão dos benefícios da gratuidade da justiça, havendo questão que verse sobre gratuidade, a sua resolução se antepõe logicamente à resolução de questões que tenham por objeto o cumprimento da obrigação de adiantar os valores aludidos.

2. POSSIBILIDADE DE A EXISTÊNCIA DA QUESTÃO SER PERCEBIDA NO MOMENTO DE PRESTAR A TUTELA DEFINITIVA

> É POSSÍVEL EU ME DEPARAR COM UMA QUESTÃO RELATIVA A ADIANTAMENTO DO VALOR DAS CUSTAS NO MOMENTO DO PROFERIMENTO DA SENTENÇA?

---

[1] No âmbito da Justiça Federal, a Lei n. 9.289, de 4 de julho de 1996, isenta do pagamento de custas "a União, os Estados, os Municípios, os Territórios Federais, os Distrito Federal e as respectivas autarquias e fundações" (art. 4º, I). Há uma observação a ser feita, no particular, relativamente à referência legal à União. É que, se o processo estiver em curso na Justiça Federal, as custas processuais são recolhidas para os cofres da própria União, em razão do que não há sentido em reconhecer que a União, nesse caso, é "isenta" da obrigação da pagar custas processuais. Em verdade, trata-se de um caso de *confusão* entre credor e devedor (CC, art. 381). Esse mesmo quadro de *confusão* acontecerá em todos os processos em curso junto ao Poder Judiciário dos Estados, quanto às previsões contidas em leis estaduais que "isentem" o Estado respectivo de pagar custas processuais.

As questões relativas ao cumprimento da obrigação de adiantar os valores referentes a custas processuais e a despesas decorrentes do ato de propositura da demanda são geralmente suscitadas na fase inicial do processo.

E assim é porque o cumprimento de tal obrigação deve ser comprovado no momento da distribuição da petição inicial, e, além disso, é comum que, na rotina dos trabalhos desenvolvidos pelos auxiliares da justiça, esteja incluída a verificação, logo ao primeiro contato com os autos, a respeito da regularidade do adiantamento.

É plenamente possível, porém, que, no momento de proferir uma decisão por meio da qual seja prestada a tutela definitiva, o juiz se depare com a necessidade de resolver questões que versem sobre adiantamento dos valores.

Assim, por exemplo, como registramos no capítulo em que tratamos da verificação quanto a se determinada questão está apta a ser resolvida, pode ser que o magistrado, logo ao entrar em contato com a petição inicial, constate, a um só tempo, que há questão relativa ao cumprimento da obrigação de adiantar os valores e que, ao lado disso, a petição inicial deve ser imediatamente indeferida, no todo ou em parte (CPC, art. 330), ou que o caso é de imediato reconhecimento da improcedência liminar, total ou parcial, do pedido (CPC, art. 332).

Ademais, pode também acontecer de o processo já se encontrar em fase avançada, pronto, por exemplo, para ser sentenciado, e somente então (*a*) o julgador perceba a existência, ainda sem resolução, desse tipo de questão ou (*b*) a obrigação de adiantar os valores, cuja exigibilidade estava suspensa até o momento, tornar-se exigível (CPC, art. 102, parágrafo único).

3. EFEITOS DO DESCUMPRIMENTO DA OBRIGAÇÃO

> **?** QUANDO HOUVER DESCUMPRIMENTO DA OBRIGAÇÃO DE ADIANTAR O VALOR DAS CUSTAS, COMO SABER SE O EFEITO SERÁ O CANCELAMENTO DA DISTRIBUIÇÃO OU A EXTINÇÃO DO PROCESSO SEM A RESOLUÇÃO DO MÉRITO?

A regra é a de que cabe à parte autora cumprir a obrigação de adiantar os valores relativos a custas processuais e a despesas decorrentes do ato de propositura da demanda, a menos que goze ela de isenção ou que o caso enseje a concessão dos benefícios da gratuidade da justiça, de modo a que a gratuidade abranja tal obrigação (CPC, art. 98, §§ 1º, I e VIII, e 5º).

Porém, não sendo caso de isenção, nem de concessão dos benefícios da gratuidade da justiça, o descumprimento da aludida obrigação, a depender da

Capítulo XX ◆ Elaboração da fundamentação: questões relativas a custas processuais...

fase em que o procedimento se encontre, pode produzir como efeitos (*a*) o simples cancelamento da distribuição (CPC, art. 290) ou (*b*) a extinção do processo sem resolução do mérito (CPC, art. 102, parágrafo único, a ser extensivamente interpretado).

Nesse ponto, há uma observação a ser feita, a respeito de um aspecto que, comumente, passa despercebido.

É que o cancelamento do ato de distribuição, como veremos, *não* implica extinção do processo. São efeitos que *não* se confundem. Um *não* conduz ao outro.

São, em verdade, efeitos jurídicos *distintos* que o sistema *imputa* a conjuntos fáticos também *distintos*.

Um dos conjuntos é caracterizado pelo fato de a questão relativa à obrigação de adiantar os valores ser resolvida logo no *início* do processo. Nesse caso, concluindo-se que houve descumprimento, haverá cancelamento do ato de distribuição (CPC, art. 290), efeito que, como veremos, poderá ser facilmente revertido, mediante simples atuação, *administrativa* ou *judicial*, da parte autora.

O outro conjunto é marcado pelo fato de a resolução da questão atinente à obrigação de adiantar os valores somente acontecer em fase mais *avançada* do procedimento, ocasião em que, constatado o descumprimento, o processo será extinto sem resolução do mérito (CPC, art. 102, parágrafo único). Trata-se de efeito mais grave, cuja reversão dependerá sempre de atuação *judicial* da parte, mediante a interposição de recurso.

Qualquer que seja o efeito produzido, surgirá, em geral, um quadro de *impossibilidade* de o Poder Judiciário se manifestar sobre os demais aspectos do processo, excetuados aqueles a que se referem os capítulos anteriores. O surgimento desse quadro, porém, *somente* poderá se dar se, independentemente da fase em que o processo se encontre, constatada a falta de comprovação do recolhimento, o magistrado houver determinado, antes, a intimação da parte autora, por meio do seu advogado, para, no prazo de quinze dias, cumprir ou comprovar que já havia cumprido a obrigação (CPC, art. 290).

PARA NÃO ESQUECER

Atenção especial, no âmbito da competência da Justiça Federal, deve ser dada à Empresa Brasileira de Correios e Telégrafos (ECT).

Ela não se inclui no conceito de Fazenda Pública, nem possui natureza autárquica, pois é uma empresa pública federal.

Entretanto, de acordo com as normas extraíveis do texto do art. 12 do Decreto-lei n. 509, de 20 de março de 1969, está equiparada à Fazenda Pública quanto à impenhorabilidade dos seus bens, aos prazos processuais e ao pagamento de custas judiciais.

> Em julgamento ocorrido em 16 de novembro de 2000, o Pleno do STF decidiu que as normas extraíveis do texto do mencionado art. 12 foram recepcionadas pela Constituição Federal de 1988 e que a restrição a que se refere o art. 173, § 1º, da Constituição Federal não alcança a ECT (RE 225011/MG, relator para o acórdão o Min. Maurício Corrêa).

3.1 Cancelamento da distribuição

O efeito do cancelamento da distribuição é fruto da circunstância de que é por ocasião da distribuição da petição inicial que deve ser comprovado o cumprimento da obrigação de *adiantar* os valores relativos a custas processuais e a despesas decorrentes do ato de propositura da demanda (CPC, arts. 82, *caput*, e 290).

É indispensável realçar, sempre, que, se tal obrigação não houver sido cumprida ou o seu cumprimento não houver sido comprovado até a primeira manifestação judicial, o julgador, forçosamente, deverá ordenar que a parte autora seja intimada, por meio do seu advogado, para, no prazo de quinze dias, cumprir ou demonstrar que já havia cumprido a obrigação (CPC, art. 290). Somente se não houver comprovação do cumprimento da obrigação é que será dada a ordem de cancelamento da distribuição.

Trata-se, como a expressão bem indica, de uma simples determinação judicial de que o ato administrativo[2] de distribuição da petição inicial seja *cancelado*.

Isso decorre do fato de que se trata de caso no qual ainda não houve prática de atos aptos a gerar deveres ou direitos para outros sujeitos parciais do processo, em especial o réu, aí incluídos, dentre diversos outros, o dever de cumprir uma decisão concessiva de tutela provisória, o direito de recorrer de tal decisão, o direito de se defender e o direito de obter uma sentença de mérito.

Não há, no caso de cancelamento da distribuição, extinção do processo. Por isso, a ordem de cancelamento do ato de distribuição *não* deve ser dada por meio de *sentença*. Tendo em vista a definição legal existente no § 2º do art. 203, a situação enseja o proferimento de *decisão interlocutória*, até porque o processo poderá voltar a ter curso, desde que seja superada a questão atinente ao cumprimento da obrigação de adiantar os valores.

Apesar disso, é inevitável reconhecer que, por vezes, em razão de situações exclusivamente de ordem *prática*, o magistrado se vê compelido a determinar, por *sentença*, que seja cancelado o ato de distribuição, à semelhança do que se daria com um caso de indeferimento da petição inicial.

---

[2] No capítulo em que cuidamos das questões relativas a erro na distribuição da petição inicial, tratamos da natureza administrativa do ato de distribuição.

3.1.1 *Determinação por meio de decisão interlocutória*

> **O CANCELAMENTO DA DISTRIBUIÇÃO DEVE SER ORDENADO POR SENTENÇA OU POR MEIO DE DECISÃO INTERLOCUTÓRIA?**

É por meio do proferimento de *decisão interlocutória* que deve ser dada a ordem de cancelamento da distribuição, no caso de o descumprimento, pela parte autora, da obrigação de adiantar os valores referentes às custas processuais e às despesas decorrentes do ato de propositura da demanda ser constatado no *início* do procedimento (CPC, art. 290).

A *imputação*, pelo sistema jurídico, do efeito do cancelamento da distribuição (CPC, art. 290) se dá exatamente porque, nesses casos, como não foram praticados atos aptos a gerar direitos ou deveres para outros sujeitos parciais do processo, em especial o réu, é de todo útil que a parte autora possa facilmente reverter a ordem de cancelamento, mediante simples atuação, *administrativa* ou *judicial*[3].

---

[3] Tendo havido cancelamento da distribuição, a parte autora poderá, a qualquer tempo, requerer, fundamentadamente, ao juiz ou ao setor de distribuição – nesse caso, *administrativamente* –, que seja procedido ao desarquivamento e praticado novo ato de distribuição. Obviamente, a nova distribuição deverá se dar por dependência, para o mesmo juízo para o qual a petição inicial foi originalmente distribuída, com o que será preservada a aplicação do princípio do *juízo natural*. Tratando-se de pleito dirigido ao setor de distribuição, o requerimento *administrativo* deverá ser *instruído* (*a*) com a comprovação de que houve cumprimento da obrigação de adiantar os valores ou (*b*) com um requerimento, dirigido ao *juízo* para o qual a petição inicial já havia sido distribuída, no sentido de que seja *judicialmente* reconhecida a isenção da parte autora relativamente ao cumprimento da obrigação *ou* de que lhe sejam deferidos os benefícios da gratuidade da justiça. Apresentado o requerimento *administrativo*, se estiver ele baseado na alegação de que foi cumprida a obrigação de adiantar os valores, é possível haver deliberação *administrativa* tanto de *deferimento* como de *indeferimento* do pleito. Haverá *deferimento administrativo* se a conclusão for a de que, de fato, a obrigação foi cumprida. Tal conclusão, por óbvio, não vinculará o juiz da causa, que examinará, no plano jurisdicional, a questão, quando os autos lhe forem apresentados. Poderá também haver *indeferimento administrativo*, se a conclusão for a de que não houve cumprimento da obrigação ou de que o cumprimento não foi integral. Nesse caso, é preciso perceber que não estará havendo invasão, pela área administrativa, da esfera jurisdicional, uma vez que o requerimento foi dirigido ao órgão e já há ato *judicial* anterior ordenando o cancelamento da distribuição exatamente em razão do descumprimento da obrigação, motivo pelo qual, ao decidir, *administrativamente*, pelo *indeferimento*, o responsável pelo setor de distribuição estará, apenas, dando cumprimento à determinação judicial. Diante de tal indeferimento *administrativo*, a parte interessada permanecerá livre para requerer ao próprio setor de distribuição que encaminhe os autos ao juízo para o qual houve a distribuição original, para que o órgão julgador decida judicialmente a questão. Apresentado tal pleito, ao setor de distribuição não restará outro caminho, a não ser desarquivar o conjunto de peças que foi arquivado, praticar novo ato de distribuição, por dependência, de modo a que seja preservada a aplicação do princípio do *juízo natural*, e proceder ao encaminhamento, ao juízo respectivo, que deliberará, judicialmente. Já na hipótese de o *requerimento administrativo* estar

Qualquer raciocínio restritivo do direito da parte autora de reverter o ato de cancelamento da distribuição geraria uma consequência absolutamente indesejável, já que restaria à parte autora propor nova demanda, mediante a apresentação de outra petição inicial, com o mesmíssimo conteúdo, para ser distribuída, em razão da incidência do princípio do *juízo natural*, para o mesmo juízo, o que, reconheça-se, implicaria negar aplicação ao princípio da *eficiência*, norma fundamental do Direito Processual Civil (CPC, art. 8º)[4].

O ato de cancelamento da distribuição é, em razão disso, por natureza, um ato facilmente reversível. Essa característica conduz a que seja ele decorrente do proferimento de uma decisão interlocutória, já que o proferimento de uma sentença implicaria a necessidade de atuação *judicial* da parte, mediante a interposição de apelação (CPC, art. 1.009).

Perceba-se que, com o cancelamento do ato de distribuição, instaura-se, sob o aspecto prático, um quadro similar – mas não igual – ao da não apresentação da petição inicial para exame pelo Poder Judiciário. Com isso, o destino natural do conjunto de peças que foi apresentado ao Poder Judiciário será o arquivo definitivo, mas não pode haver dificuldade para que ocorra o desarquivamento.

Se, na sequência, a questão relativa ao adiantamento dos valores for resolvida de modo a que o procedimento possa ter continuidade, o processo prosseguirá, para que outros aspectos a ele relativos possam ser, agora, examinados.

É obrigatório que se reconheça que, no caso de o processo voltar a ter prosseguimento, *não* se tratará de um processo que foi extinto e que voltou a ter curso.

Em verdade, o processo *não* chegou a ser extinto.

Houve simples cancelamento do ato administrativo de distribuição, seguido da remessa dos autos ao arquivo definitivo, e, depois, um desarquivamento,

---

instruído com um requerimento, endereçado ao juízo para o qual a petição inicial já havia sido distribuída, no sentido de que seja *judicialmente* reconhecida, à parte autora, a isenção relativamente ao cumprimento da obrigação *ou* de que sejam a ela deferidos os benefícios da gratuidade da justiça, o setor de distribuição não terá opção: deverá promover o desarquivamento do conjunto de peças, levar a cabo novo ato de distribuição e encaminhar o mencionado conjunto ao juízo respectivo, para que a questão seja judicialmente decidida. Ao lado disso tudo, não há óbice para que, em vez de atuar *administrativamente*, o interessado já provoque *diretamente* o juízo respectivo, formulando, *judicialmente*, os pleitos que formularia no plano administrativo, o que poderá gerar economia de tempo.

[4] É preciso, ainda, perceber que o fato de ser proposta nova demanda não desobriga a parte autora de pagar as custas do processo anterior, uma vez que o fato jurídico do qual decorre a obrigação – o ato de provocação do Poder Judiciário, mediante a apresentação da petição inicial para distribuição – ocorreu, independentemente de o processo haver sido, depois, arquivado sem que o réu sequer houvesse sido citado. Diante da *nova* provocação – a decorrente da propositura de *nova* demanda, por meio da apresentação de *outra* petição inicial –, nasce uma *nova* obrigação de pagar custas processuais.

seguido de outra distribuição. O processo, portanto, é o mesmo e deverá ser identificado pelo mesmo número que o identificou originalmente.

Quanto à nova distribuição, para preservação do juízo natural da causa, ela deverá ser dar por dependência, ao mesmo juízo para o qual houve a distribuição anterior.

3.1.2 *Determinação por meio de sentença*

Muitas vezes, o órgão julgador se vê vinculado a normas administrativas elaboradas sem a adequada atenção ao aspecto técnico-processual.

Infelizmente, não se trata de ocorrência rara, mormente no que se refere a normas que disciplinam sistemas informatizados mantidos pelos tribunais.

Assim é que, por exemplo, pode ocorrer de o modo como é estruturado o sistema informatizado criar uma *impossibilidade fática* de cancelamento da distribuição e de posterior arquivamento dos autos, *sem* que tais atos tenham sido *antecedidos* pelo lançamento, no próprio sistema informatizado, da informação de que uma *sentença* fora proferida. É compreensível que o objetivo, com isso, seja criar um obstáculo para que autos de processos em andamento sejam indevidamente arquivados. Olvida-se, porém, que, no caso a que se refere o texto do art. 290 do CPC, a distribuição pode ser cancelada e os autos podem ser encaminhados ao arquivo geral, sem que uma sentença tenha sido proferida.

Se no sistema informatizado existir óbice desse tipo, cabe ao magistrado, então, proferir a sentença, infelizmente.

Proferida a sentença, para que o processo volte a ter curso será necessária a interposição de um recurso de apelação[5] (CPC, art. 1.009), ao qual deve ser aplicado um regime similar ao da apelação interposta contra a sentença que indefere a petição inicial (CPC, art. 331), o que permitirá que o magistrado, exercitando o juízo de retratação, reforme a sentença que proferiu.

Uma adequada comunicação entre os agentes que cuidam da criação e da manutenção dos múltiplos e onipresentes instrumentos informatizados e os agentes que devem zelar pela preservação da boa técnica processual é o único caminho para redução do número de situações como essa, caracterizadas pela atecnia consistente na ingerência, no plano judicial, de normas de caráter administrativo.

---

[5] Vale anotar a existência de mais uma dificuldade para reversão do ato de cancelamento da distribuição quando é ele ordenado por meio de sentença: comumente, as leis estaduais preveem que a interposição do recurso de apelação está submetida ao preparo a que se refere o art. 1.007 do CPC. Quanto à Justiça Federal, há previsão expressa de pagamento no art. 14 da Lei n. 9.289, de 4 de julho de 1996.

3.2 Extinção do processo sem resolução do mérito

O descumprimento da obrigação de *adiantar* os valores relativos a custas processuais e a despesas decorrentes do ato de propositura da demanda também pode produzir como efeito a extinção do processo sem resolução do mérito, em vez do simples cancelamento do ato de distribuição.

É que há um aumento substancial da responsabilidade da parte autora se a resolução da questão, mediante o reconhecimento de que a obrigação foi descumprida, se der, por algum motivo, numa fase em que outros atos já tenham sido praticados, com aptidão para gerar direitos ou deveres para outros sujeitos parciais do processo, em especial o réu.

É o que se dará nas situações, por exemplo, (*i*) em que já houver sido imposta ao réu uma obrigação, por meio de decisão concessiva de tutela provisória, do que decorre o direito de recorrer do ato decisório, ou em que, (*ii*) por haver sido citado ou comparecido espontaneamente ao processo, o réu já tenha de se desincumbir do ônus de se defender, adquirindo, com isso, o direito de obter uma sentença de mérito.

3.2.1 Fundamentação legal

> **?** ONDE ENCONTRAREI A FUNDAMENTAÇÃO LEGAL PARA A EXTINÇÃO DO PROCESSO SEM RESOLUÇÃO DO MÉRITO, NO CASO DE NÃO ADIANTAMENTO DAS CUSTAS PELA PARTE AUTORA?

A constatação da falta de cumprimento, pela parte autora, num quadro em que o processo já se encontra em fase mais avançada, da obrigação de adiantar os valores relativos às custas processuais e às despesas decorrentes do ato de propositura da demanda conduz a que seja ela sancionada.

No caso, a sanção está expressamente prevista no texto do art. 102, parágrafo único, do CPC, dispositivo redigido para disciplinar as situações em que a obrigação de adiantar os valores se torna exigível supervenientemente, mas que deve ser extensivamente interpretado, para que a norma dele extraível alcance *todas* as situações em que a constatação de que o recolhimento não foi efetuado se der com o processo já em fase mais avançada.

É importante perceber, nessa linha, que, se o caso já não mais comportar o simples cancelamento da distribuição, o sistema jurídico resulta por incluir a obrigação de adiantar os valores relativos às custas processuais e às despesas decorrentes do ato de propositura da demanda entre os chamados "pressupostos processuais" (CPC, art. 485, IV).

Capítulo XX ♦ Elaboração da fundamentação: questões relativas a custas processuais...

Utilizada a classificação mais difundida dos ditos "pressupostos processuais"[6], a extinção do processo sem resolução do mérito, nesse caso, será decorrente da falta de atendimento de um dos *requisitos objetivos intrínsecos*: a obediência às exigências formais que não se incluírem especificamente em outra categoria dos "pressupostos processuais".

O descumprimento da obrigação de adiantar os valores passa, então, nesse contexto em que o processo já se encontra em fase mais avançada, a habitar o mesmo ambiente em que residem outras exigências formais, a exemplo das consistentes em qualificar adequadamente as partes (CPC, art. 319, II), apresentar petição inicial não inepta (CPC, arts. 319, III e IV, e 330, I, § 1º), atribuir valor à causa (CPC, art. 319, V), não formular pedido genérico (CPC, art. 324) e não formular, cumulativamente, pedidos que não possam ser cumulados (CPC, art. 327, § 1º).

3.2.2 *Circunstâncias que conduzem a que a questão somente seja resolvida em fase mais avançada do processo*

São dois os cenários em que, numa fase mais avançada do processo, o descumprimento da obrigação de adiantar os valores é percebida.

---

[6] De acordo com tal classificação, os *"pressupostos processuais"* se dividem em dois grandes grupos: o dos *"pressupostos de existência"* e o dos *"requisitos de validade"*. Cada um desses grupos, de sua vez, se subdivide, de modo que há *"pressupostos de existência"* subjetivos e *objetivos*, bem como *"requisitos de validade"* subjetivos e *objetivos*. Os ditos *"pressupostos processuais de existência"* subjetivos englobam o *referente às partes* (capacidade de ser parte do sujeito indicado como autor) e o *referente ao juiz* (existência de um órgão investido de jurisdição), ao passo que há apenas um *"pressuposto processual de existência"* objetivo (o ato de propositura da demanda). De sua vez, quanto aos *"requisitos de validade"* subjetivos, podem eles, à semelhança do que se dá com os ditos *"pressupostos processuais de existência"* subjetivos, também ser *referentes ao juiz* (competência e imparcialidade) ou *referentes às partes* (capacidade de ser parte do sujeito indicado como réu, capacidade processual de ambas as partes e legitimidade *ad causam* de ambas as partes). No que se refere aos *"requisitos de validade" objetivos*, identificam-se os *extrínsecos*, um dos quais é *positivo* (interesse de agir) e os demais *negativos* (inexistência de peremção, de litispendência, de coisa julgada e de convenção de arbitragem), e os *intrínsecos* (obediência às exigências formais que não se incluírem especificamente em qualquer das categorias mencionadas). Os rótulos empregados e as divisões feitas estão em harmonia com a proposta do brilhante Fredie Didier Jr. (*Curso de direito processual civil*. 20. ed. Salvador: JusPodivm, 2018, v. 1, p. 368), que, de sua vez, toma como base a classificação proposta por José Orlando de Carvalho (*Teoria dos pressupostos e dos requisitos processuais*. Rio de Janeiro: Lumen Juris, 2005). É importante perceber que entre os *"pressupostos processuais"* estão incluídos o interesse de agir e a legitimidade *ad causam*, que, antes da entrada em vigor do CPC, integravam as chamadas "condições da ação", categoria cuja existência, à luz do modo como está atualmente organizado o campo da admissibilidade do exame do mérito, não mais se justifica. Anotamos, por fim, que o uso, por nós, nesta nota, de aspas ao aludirmos a *alguns* dos rótulos empregados, decorre do fato de fazermos reservas à escolha de tais rótulos. A exposição a respeito dos motivos das nossas reservas não cabe nessa obra, que não se propõe a ser uma obra a respeito do Direito Processual Civil, mas um manual sobre a elaboração de decisões judiciais.

O primeiro é o resultante de uma falha: o magistrado e os demais sujeitos interessados, em especial os auxiliares da Justiça e a parte ré, não perceberam que a parte autora não procedeu ao recolhimento dos valores, malgrado a falta pudesse ter sido de há muito notada. Estando o processo em fase avançada, diversos atos já terão sido levados a cabo, aí incluídos os referentes ao exercício do direito de defesa, o que afasta a produção do efeito consistente no simples cancelamento da distribuição (CPC, art. 102, parágrafo único, extensivamente interpretado).

O segundo é resultado do fato de a obrigação de adiantar os valores, que estava com a exigibilidade suspensa por haver sido formulado requerimento de concessão dos benefícios da gratuidade da justiça, tornar-se exigível (CPC, art. 102, parágrafo único), numa situação em que, igualmente, diversos atos já tenham sido praticados, o que exclui que seja simplesmente cancelada a distribuição.

Vele lembrar que, em qualquer dos cenários, o efeito da extinção do processo sem resolução do mérito somente será produzido *depois* de o juiz haver aberto oportunidade para que o recolhimento seja feito e, mesmo assim, a parte autora não tenha cumprido a obrigação.

Ademais é sobremaneira importante que o magistrado *jamais* perca de vista que o surgimento de um panorama tendente a produzir o encerramento do procedimento sem resolução do mérito da causa impõe que seja procedida à adequada verificação quanto a se, no caso, há possibilidade da prática de atos com aptidão para abrir espaço para que o mérito da causa seja resolvido. Trata-se da aplicação do princípio da *primazia da decisão de mérito*, norma fundamental do Direito Processual Civil.

4. VERIFICAÇÃO QUANTO A SE A QUESTÃO ESTÁ APTA A SER RESOLVIDA

> **?** A QUESTÃO RELATIVA AO ADIANTAMENTO DAS CUSTAS ESTÁ SUFICIENTEMENTE MADURA PARA RESOLUÇÃO OU PRECISO PRATICAR OUTROS ATOS, ANTES DE RESOLVÊ-LA?

O conteúdo do capítulo referente à verificação quanto a se determinada questão está apta a ser resolvida é perfeitamente aplicável à questão atinente ao cumprimento da obrigação de adiantar os valores relativos a custas processuais e a despesas decorrentes do ato de propositura da demanda. Por isso, recomendamos, nesse ponto, a leitura do mencionado capítulo, em especial quanto aos itens referentes a questões formais que versem sobre defeito processual sanável,

Capítulo XX ◆ Elaboração da fundamentação: questões relativas a custas processuais...

nas situações em que a questão é resolvida *antes* ou *depois* da citação ou do comparecimento espontâneo da parte ré ao processo.

É preciso, entretanto, que o julgador fique atento para a circunstância de que a questão relativa ao adiantamento de valores pode se entrelaçar com o surgimento superveniente de questão a respeito da concessão dos benefícios da gratuidade da justiça, o que torna recomendável uma análise mais cuidadosa.

De fato, como já registramos, deverá o magistrado, ao constatar que a parte autora não recolheu os valores relativos ao adiantamento, determinar que seja intimada a parte, por meio do seu advogado, para cumprir a obrigação no prazo de quinze dias (CPC, art. 290). Até esse momento, a questão não poderá ser resolvida.

À luz desse panorama, pode ocorrer de a parte autora (*a*) cumprir a obrigação, (*b*) simplesmente não cumprir a obrigação ou (*c*) não cumprir a obrigação, mas requerer a concessão dos benefícios da gratuidade da justiça. De sua vez, requeridos os benefícios da gratuidade, abre-se um leque de possibilidades.

4.1 Superveniente cumprimento da obrigação de adiantar os valores

Como já realçado, após concluir que a parte autora não comprovou o cumprimento da obrigação de adiantar os valores alusivos às custas processuais e às despesas decorrentes do ato de propositura da demanda, o juiz, necessariamente, deverá abrir oportunidade para que a parte autora, no prazo de quinze dias, supra a falta (CPC, art. 290).

Havendo cumprimento da obrigação, a questão será resolvida, mediante a constatação de que a obrigação foi cumprida, e ao processo será dado andamento normal.

4.2 Permanência do quadro de descumprimento da obrigação de adiantar os valores

A questão poderá estar ou não suficientemente madura para resolução se o julgador concluir, pelo exame dos autos, que não houve comprovação, pela parte autora, de que cumpriu ela a obrigação de adiantar as custas e as despesas decorrentes do ato de propositura da demanda e que, intimada, por meio do seu advogado, para cumprir a obrigação no prazo de quinze dias, a parte autora simplesmente persistiu no descumprimento.

Nesse caso, o magistrado considerará que a questão está habilitada a ser resolvida e deverá ordenar o cancelamento do ato de distribuição da petição inicial (CPC, art. 290), se nos autos ainda não houve prática de atos capazes de gerar direitos ou deveres para outros sujeitos parciais do processo, em especial o réu.

Se o quadro, porém, for daqueles em que já houve prática de atos suficientes para produzir direitos ou deveres para outros sujeitos parciais do processo, o caminho a ser seguido é aquele traçado no capítulo em que cuidamos da verificação quanto a se determinada questão está apta a ser resolvida, mais especificamente nos itens relativos às questões formais que versam sobre defeito processual, nas situações em que a questão é resolvida *depois* da citação ou do comparecimento espontâneo da parte ré ao processo.

4.3 Superveniente requerimento dos benefícios da gratuidade da justiça

Na hipótese de a parte autora, intimada para comprovar que procedeu ao adiantamento do valor atinente às custas e às despesas decorrentes do ato da propositura da demanda, não cumprir a obrigação, mas requerer a concessão dos benefícios da gratuidade da justiça, a só apresentação do requerimento já impede que o cumprimento da obrigação seja imediatamente exigido.

Diante de um cenário desse, a questão concernente à falta do adiantamento ainda não poderá ser resolvida, pois dependerá dos rumos que forem dados à resolução da questão atinente aos benefícios da gratuidade.

4.3.1 *Deferimento imediato dos benefícios da gratuidade da justiça*

Havendo requerimento dos benefícios da gratuidade pela parte autora, no prazo que a ela foi aberto para comprovar que adiantou os valores referentes às custas do processo e às despesas decorrentes do ato de propositura de demanda, se o juiz concluir que, de fato, a parte autora tem direito aos benefícios, proferirá decisão concessiva.

Nesse caso, *deferidos* os benefícios, a questão relativa ao cumprimento da obrigação de adiantar os valores estará apta a ser resolvida: a obrigação permanecerá com a sua exigibilidade suspensa (CPC, art. 98, § 3º) e o processo terá natural prosseguimento.

4.3.2 *Situação tendente ao indeferimento dos benefícios da gratuidade da justiça*

Pode acontecer de a parte autora, intimada para comprovar que adiantou os valores atinentes às custas e às despesas decorrentes do ato de propositura da demanda, requerer a concessão dos benefícios da gratuidade da justiça e o juiz perceber que o panorama é tendente ao *indeferimento* da gratuidade.

Se o quadro for esse, o juiz não pode resolver a questão da gratuidade imediatamente, já que é ele obrigado a abrir oportunidade para que a parte autora comprove que vivencia uma situação de insuficiência de recursos (CPC, art. 99, § 2º).

Capítulo XX ◆ Elaboração da fundamentação: questões relativas a custas processuais...

Por conseguinte, a questão relativa ao adiantamento dos valores também não estará apta a resolução, já que somente estará ela amadurecida depois que houver sido resolvida a questão concernente à gratuidade.

4.3.2.1 Posterior deferimento dos benefícios da gratuidade da justiça

O reconhecimento de que a parte autora tem direito aos benefícios da gratuidade da justiça pode ocorrer somente *depois* que a parte autora comprovar que vivencia uma situação de insuficiência de recursos (CPC, art. 99, § 2º).

Nesse caso, levando em consideração a existência de uma questão a respeito do adiantamento dos valores alusivos às custas processuais e às despesas decorrentes do ato de propositura da demanda, toda uma sequência já terá ocorrido: (*i*) o juiz constatou que não há, nos autos, prova de que houve o adiantamento; (*ii*) houve abertura de prazo para que a parte autora comprovasse que procedeu ao recolhimento (CPC, art. 290); (*iii*) a parte autora, em vez de adiantar os valores, requereu a concessão dos benefícios da gratuidade da justiça (CPC, art. 98); (*iv*) o magistrado, por entender que havia, no processo, elementos que evidenciavam a falta de atendimento da exigência consistente em insuficiência de recursos, abriu prazo para que a parte autora comprovasse tal insuficiência (CPC, art. 99, § 2º); e (*v*) o magistrado se convenceu de que, efetivamente, a parte autora é titular do direito à gratuidade.

Numa situação dessa, a questão atinente ao adiantamento estará suficientemente madura para ser resolvida e a resolução não poderá ser outra, ante o deferimento do pleito de gratuidade, senão a de que está suspensa a exigibilidade da obrigação de adiantar os valores, do que decorrerá o natural prosseguimento do processo.

4.3.2.2 Indeferimento dos benefícios da gratuidade da justiça

Bem pode acontecer de que, após a mesmíssima sequência descrita no item anterior, o juiz conclua que o caso enseja o indeferimento do pleito relativo aos benefícios da gratuidade da justiça.

Nesse caso, ao *indeferir* a gratuidade, o magistrado precisará abrir *novo* prazo para que a parte autora cumpra a obrigação (CPC, art. 102, *caput*, extensivamente interpretado).

É que, até esse específico momento, o cumprimento da obrigação de adiantar os valores ainda não podia ser exigido, uma vez que a obrigação estava com a exigibilidade suspensa pela apresentação do pleito de concessão dos benefícios, o que atrai a incidência da regra segundo a qual, antes de proferir decisão que resulte na não resolução do mérito, o juiz deve dar oportunidade para que a falta seja suprida (CPC, art. 317). Trata-se de regra de concretização do princípio da *primazia da decisão de mérito*.

Cumprida, no *novo* prazo, a obrigação, a questão estará em condição de ser resolvida, mediante o reconhecimento de que houve o cumprimento.

Se a parte autora, porém, simplesmente não cumprir a obrigação no *novo* prazo assinado e nos autos não tiver havido, ainda, prática de atos capazes de gerar deveres ou direitos para outros sujeitos parciais do processo, em especial o réu, a questão relativa ao adiantamento dos valores estará habilitada a ser resolvida, e o magistrado deverá ordenar o cancelamento do ato de distribuição da petição inicial (CPC, art. 290).

Entretanto, tratando-se de um cenário em que a parte autora simplesmente não cumpriu a obrigação de adiantar os valores e, nos autos, já tenha havido prática de atos suficientes para produzir direitos ou deveres para outros sujeitos parciais do processo, a verificação a respeito da maturidade, para resolução, da questão concernente ao adiantamento dos valores deverá seguir o caminho traçado no capítulo em que cuidamos da verificação quanto a se determinada questão está apta a ser resolvida, especificamente nos itens relativos às questões formais que versam sobre defeito processual, nas situações em que a questão é resolvida *depois* da citação ou do comparecimento espontâneo da parte ré ao processo.

Finalmente, indeferidos os benefícios da gratuidade, na hipótese de não haver cumprimento, mas haver interposição de recurso de agravo de instrumento contra a decisão interlocutória por meio da qual foi denegada a concessão dos benefícios (CPC, art. 1.015, V), o magistrado deverá dar prosseguimento ao processo e, quanto à questão da gratuidade, esperar a posição do tribunal a respeito do assunto (CPC, art. 101, § 1º).

Até que o tribunal se posicione e que contra a decisão respectiva não seja interposto recurso ou, sendo interposto recurso, a ele não seja atribuído efeito suspensivo, não poderá o juízo singular exigir o cumprimento da obrigação.

5. RELAÇÃO COM QUESTÃO REFERENTE A TUTELA PROVISÓRIA DE URGÊNCIA

> **?** O QUE FAZER SE HOUVER PLEITO DE TUTELA PROVISÓRIA DE URGÊNCIA E NÃO HOUVER SIDO CUMPRIDA A OBRIGAÇÃO DE ADIANTAR O VALOR DAS CUSTAS?

Cuidados especiais devem ser dedicados a um caso em que o juiz constate que houve pleito de concessão de tutela provisória de urgência e, simultaneamente, que *não* houve cumprimento, pela parte autora, da obrigação de adiantar os valores relativos a custas processuais e a despesas decorrentes do ato de propositura da demanda.

Capítulo XX ◆ Elaboração da fundamentação: questões relativas a custas processuais...

Nesse cenário, caberá ao magistrado ponderar se o quadro de urgência alegado pode ou não aguardar o curso do prazo para que sejam cumpridas as diligências que deverão anteceder a resolução da questão atinente ao adiantamento dos valores.

5.1 Urgência que admite concessão de prazo para cumprimento de diligências

Na hipótese de o quadro de urgência alegado poder aguardar a realização das diligências indispensáveis à resolução da questão relativa ao adiantamento das custas processuais e das despesas decorrentes do ato de propositura da demanda, deverá ser aberto o prazo de quinze dias para que a obrigação seja adimplida (CPC, art. 290).

Vencido o prazo, uma das seguintes situações emergirá do processo, à luz do quanto demonstramos no item anterior a este: (*a*) a parte autora efetuou o recolhimento; (*b*) a parte autora simplesmente não efetuou o recolhimento; ou (*c*) a parte autora não efetuou o recolhimento, mas requereu a concessão dos benefícios da gratuidade da justiça, do que poderá resultar (*c.1*) o imediato deferimento da gratuidade ou (*c.2*) a constatação de que há tendência ao indeferimento da gratuidade, caso em que, depois, (*c.2.1*) a gratuidade poderá ser deferida ou (*c.2.2*) a gratuidade poderá ser indeferida. Havendo indeferimento da gratuidade, pode ser (*c.2.2.1*) que, finalmente, a parte autora cumpra a obrigação ou (*c.2.2.2*) que a parte autora interponha recurso de agravo de instrumento contra a decisão de indeferimento dos benefícios da gratuidade.

Em qualquer as situações acima, havendo comprovação do cumprimento da obrigação de adiantar os valores, ou deferimento dos benefícios da gratuidade (CPC, art. 98, § 3º) ou, ainda, interposição de recurso de agravo de instrumento contra a decisão de indeferimento dos benefícios da gratuidade (CPC, arts. 101, § 1º, e 1.015, V), estará aberto o caminho para que o magistrado se manifeste sobre a tutela provisória de urgência postulada e o processo terá natural prosseguimento.

É de todo recomendável que, desde que possível, a decisão que reconheça que a obrigação foi cumprida ou que defira a gratuidade seja proferida no mesmo pronunciamento judicial em que será decidido o pleito de concessão de tutela provisória.

De outro lado, em todas as situações em que a parte autora simplesmente deixar de cumprir a obrigação de adiantar os valores, o exame do pleito de concessão de tutela provisória não poderá ser levado a cabo, e, no que se refere aos demais aspectos do processo, os caminhos serão aqueles traçados no item anterior.

MANUAL DA SENTENÇA CÍVEL

5.2 Urgência que não admite concessão de prazo para cumprimento de diligências

Diante de uma alegação de urgência tal que exija um *imediato* pronunciamento do Poder Judiciário, o magistrado deverá, numa só manifestação, decidir sobre a tutela provisória de urgência pleiteada – deferindo ou indeferindo o pleito – e ordenar a realização das diligências indispensáveis à resolução da questão atinente ao adiantamento dos valores relativos às custas e às despesas decorrentes da prática do ato de propositura da demanda, abrindo o prazo de quinze dias para que a obrigação seja adimplida (CPC, art. 290).

No pronunciamento respectivo, é aconselhável que o juiz deixe claro que, enquanto não for resolvida a questão relativa ao adiantamento dos valores, nenhum outro ato será praticado no processo, com exceção daqueles que estiverem sob os influxos do quadro de urgência. Com isso, ficarão reduzidas as chances de incidentes decorrentes do descumprimento da obrigação de adiantar os valores. Ao consignar tal observação, o julgador estará cumprindo os deveres de *esclarecimento* e de *prevenção*, que integram o conteúdo do princípio da *cooperação* (CPC, art. 6º).

Após o pronunciamento judicial, a parte autora, à semelhança do que vimos no item anterior a este, poderá adotar uma das seguintes condutas: (*a*) efetuar o recolhimento; (*b*) simplesmente não efetuar o recolhimento; ou (*c*) não efetuar o recolhimento, mas requerer a concessão dos benefícios da gratuidade da justiça.

Se for formulado requerimento de concessão dos benefícios da gratuidade, pode ocorrer (*c.1*) o imediato deferimento da gratuidade ou (*c.2*) a constatação, pelo juiz, de que há tendência ao indeferimento da gratuidade, caso em que, depois, a depender de a parte autora convencer o juiz a respeito da veracidade da sua alegação de insuficiência de recursos, (*c.2.1*) a gratuidade poderá ser deferida ou (*c.2.2*) a gratuidade poderá ser indeferida. Havendo indeferimento da gratuidade, pode ser (*c.2.2.1*) que, finalmente, a parte autora cumpra a obrigação ou (*c.2.2.2*) que a parte autora interponha recurso de agravo de instrumento contra a decisão de indeferimento dos benefícios da gratuidade.

Nos casos, dentre os elencados acima, em que houver comprovação do cumprimento da obrigação de adiantar os valores, ou deferimento dos benefícios da gratuidade (CPC, art. 98, § 3º) ou, ainda, interposição de recurso de agravo de instrumento contra a decisão de indeferimento dos benefícios da gratuidade (CPC, arts. 101, § 1º, e 1.015, V), o processo estará apto a seguir o seu curso natural, de modo a que outros aspectos possam ser examinados, uma vez que a questão relativa à tutela provisória de urgência já terá sido decidida.

Diante, entretanto, das situações em que a parte autora simplesmente deixar de cumprir a obrigação de adiantar os valores, o efeito daí decorrente – cancelamento do ato de distribuição ou extinção do processo sem resolução do

Capítulo XX ◆ Elaboração da fundamentação: questões relativas a custas processuais...

mérito – dependerá dos atos que tenham sido, até então, praticados, aí incluídos os que forem fruto da decisão denegatória ou concessiva da tutela provisória de urgência.

Assim é que, se a conclusão a respeito do descumprimento da obrigação de adiantar os valores for alcançada *antes* da prática de outros atos processuais – quanto à tutela provisória de urgência, se tiver havido indeferimento do pleito ou se, apesar de ter havido deferimento, não chegou a haver prática dos correspondentes atos executivos –, caberá ao juiz simplesmente ordenar o cancelamento da distribuição (CPC, art. 290).

Diferentemente disso, na hipótese de a constatação de que não foi cumprida a obrigação de adiantar os valores ocorrer *depois* da prática de outros atos, com aptidão para gerar direitos ou deveres para outros sujeitos parciais do processo, aí incluídos os atos de execução da decisão concessiva da tutela provisória de urgência, a solução a ser dada e os atos a serem praticados serão os indicados no capítulo em que tratamos da *verificação quanto a se determinada questão está apta a ser resolvida*, especificamente nos itens relativos às questões formais que versam sobre defeito processual, nas situações em que a questão é resolvida *depois* da citação ou do comparecimento espontâneo da parte ré ao processo.

5.3 Deferimento da tutela provisória de urgência e superveniente extinção do processo sem resolução do mérito, por descumprimento da obrigação de adiantar os valores

> O QUE FAZER NUMA SITUAÇÃO EM QUE HOUVE DEFERIMENTO DE TUTELA PROVISÓRIA DE URGÊNCIA, A ORDEM FOI CUMPRIDA PELO RÉU E O AUTOR, NO PRAZO QUE LHE FOI DADO, NÃO CUMPRIU A OBRIGAÇÃO DE ADIANTAR O VALOR RELATIVO ÀS CUSTAS PROCESSUAIS?

É merecedora de atenção especial a situação fruto da conjugação entre (*i*) o *deferimento* da tutela provisória de urgência, com a prática de atos executivos da decisão concessiva, e (*ii*) a superveniente extinção do processo sem resolução do mérito, por descumprimento da obrigação de adiantar os valores relativas às custas processuais e às despesas decorrentes do ato de propositura da demanda.

Qualquer que seja o caso em que o mérito da causa não seja apreciado, mas a tutela provisória de urgência tenha sido *deferida*, deverá o juiz, por meio do mesmo ato decisório extintivo do processo sem resolução do mérito, (*i*) revogar a decisão concessiva da tutela provisória (CPC, arts. 296, *caput*, e 298), (*ii*) disciplinar os efeitos decorrentes da decisão que chegou a ser proferida, (*iii*) pronunciar-se, de ofício, sobre a possibilidade de a parte autora haver atuado de má-fé (CPC, art. 80, III e V), (*iv*) impor, também de ofício, as sanções decorrentes de eventual litigância de má-fé (CPC, art. 81) e (*v*) esclarecer que, independentemente de ter havido má-fé, se o cumprimento da decisão houver gerado danos para a parte ré, poderá ela obter indenização (CPC, art. 302).

Como sempre, diante de todo cenário capaz de gerar o encerramento do procedimento sem resolução do mérito da causa, é imprescindível que o julgador verifique se há possibilidade da prática de atos que permitam que, ao final, o mérito da causa seja resolvido.

Assim, se o motivo que está conduzindo ao encerramento do procedimento sem resolução do mérito for a falta de adiantamento dos valores relativos a custas processuais e a despesas decorrentes da propositura da demanda e a parte ré já houver sido integrada ao processo, é preciso que se examine se o caso comporta a aplicação do princípio da *primazia da decisão de mérito*.

Para tanto, recomendamos, mais uma vez, a leitura do capítulo em que tratamos da *verificação quanto a se a questão está apta a ser resolvida*, especialmente quanto aos itens a respeito de questões formais que versam sobre defeito processual, cuja resolução ocorra *depois* da citação ou do comparecimento espontâneo da parte ré ao processo.

6. POSSIBILIDADE DE OS EFEITOS DO DESCUMPRIMENTO DA OBRIGAÇÃO ATINGIREM APENAS UMA PARCELA DO PROCESSO

> **?** HÁ POSSIBILIDADE DE O DESCUMPRIMENTO DA OBRIGAÇÃO DE ADIANTAR AS CUSTAS ATINGIR APENAS UMA PARCELA DO PROCESSO?

Há possibilidade, por exemplo, de que, havendo litisconsórcio ativo, a obrigação de adiantar os valores relativos a custas processuais e a despesas decorrentes do ato de propositura da demanda não vincule todos os autores ou que tal obrigação não seja exigível em relação a alguns deles.

Esse quadro pode se consumar, por exemplo, se algum dos autores gozar de isenção ou se os benefícios da gratuidade da justiça foram concedidos a um ou a alguns dos demandantes.

Assim, na hipótese de o magistrado determinar o cumprimento, por algum dos litisconsortes autores, da obrigação de adiantar, proporcionalmente, os valores das custas e das despesas decorrentes do ato de propositura da demanda e tal obrigação não for cumprida, o juiz somente poderá dar continuidade ao exame do processo no que toca à parcela referente aos litisconsortes isentos do cumprimento da obrigação ou que obtiveram os benefícios da gratuidade.

Num cenário com tais características, entram em cena algumas cautelas que consistem, na essência, em (*i*) delimitar precisamente a parcela do processo que não poderá ser examinada, (*ii*) registrar a impossibilidade de apreciação de *qualquer* outra questão, formal ou de mérito, que seja *específica* da parcela do processo que não será examinada; e (*iii*) quanto à resolução das questões, formais ou de mérito, que sejam *comuns* a todo o processo, registrar que os atos decisórios respectivos não produzirão qualquer efeito no que se refere à parcela do processo atingida pela impossibilidade de exame.

Quanto à parcela restante do processo, a prática dos atos a ela relativos prosseguirá normalmente.

CAPÍTULO XXI

ELABORAÇÃO DA FUNDAMENTAÇÃO: QUESTÕES RELATIVAS AO CUMPRIMENTO DE EXIGÊNCIA ESPECÍFICA PARA QUE O DIREITO DE AÇÃO POSSA SER EXERCITADO

◆ SUMÁRIO

1. Relação de subordinação com outras questões – **2.** Possibilidade de a existência da questão ser percebida no de prestar a tutela definitiva – **3.** Efeitos do descumprimento da exigência – **4.** Verificação quanto a se a questão está apta a ser resolvida: **4.1** Superveniente atendimento da exigência específica; **4.2** Permanência do quadro de descumprimento da exigência específica; **4.3** Superveniente requerimento dos benefícios da gratuidade da justiça; **4.3.1** Deferimento imediato dos benefícios da gratuidade da justiça; **4.3.2** Situação tendente ao indeferimento dos benefícios da gratuidade da justiça – **5.** Relação com questão referente a tutela provisória de urgência: **5.1** Urgência que admite concessão de prazo para cumprimento da exigência específica; **5.2** Urgência que não admite concessão de prazo para cumprimento da exigência específica; **5.3** Deferimento da tutela provisória de urgência e superveniente extinção do processo sem resolução do mérito, por descumprimento da exigência específica – **6.** Possibilidade de os efeitos do descumprimento da exigência atingirem apenas uma parcela do processo.

NO CONCURSO PÚBLICO

A existência, numa prova de **concurso público** cuja resposta ao quesito consiste na elaboração de uma **sentença**, de uma questão que tenha como objeto o cumprimento de exigência específica – somente existente em certos casos – para que o direito de ação possa ser exercitado, enseja a adoção de **cuidados**, uma vez que se trata de questão que, a depender de como seja resolvida, terá potencial para **impedir** que a sentença **seja proferida naquele momento**.

A percepção de que um quadro desse tipo pode deixar o candidato numa situação de **dificuldade** diferenciada nos compeliu a que, também quanto a esse tema, adotássemos **cautelas especiais**.

Em razão disso, nos **empenhamos** para dar ao assunto um tratamento que permita ao candidato entrar em contato com um considerável número de **variantes fáticas**, aí incluídas aquelas resultantes da **convivência** entre a existência de **questão** desse tipo e a formulação de pleito de concessão dos **benefícios da gratuidade**.

Aqui, mais uma vez, o candidato deve **direcionar** o seu raciocínio para as soluções que lhe permitirem **proferir a sentença** e, nela, apreciar, **se possível** for, todos os temas que a banca examinadora do concurso espera que sejam analisados.

MANUAL DA SENTENÇA CÍVEL

> **?** NO CASO DESTE PROCESSO, HÁ ALGUMA EXIGÊNCIA ESPECÍFICA PARA QUE O DIREITO DE AÇÃO POSSA SER EXERCITADO?

1. RELAÇÃO DE SUBORDINAÇÃO COM OUTRAS QUESTÕES

Ultrapassados eventuais obstáculos processuais resultantes de questões que versem sobre impedimento ou suspeição do magistrado, ocorrência de erro na distribuição e competência do juízo, as demais questões somente poderão ser resolvidas após a resolução de questões relativas ao atendimento de exigências, de natureza *genérica* ou *específica*, que tenham sido impostas, pelo sistema jurídico, para que o direito de ação possa ser exercitado.

A exigência de natureza *genérica* é a atinente à obrigação de adiantar os valores relativos às custas processuais e às despesas decorrentes do ato de propositura da demanda (CPC, arts. 82 e 290). A análise a respeito desse tipo de exigência foi feita no capítulo anterior.

Ao lado disso, há situações de imposição de exigências *específicas*, como é o caso das situações descritas nos arts. 83, 92, 486, § 2º, e 968, *caput*, II, todos do CPC. Tais situações correspondem ao objeto deste capítulo.

A esse conjunto deve ser acrescentada a lembrança de que, por meio da gratuidade da justiça, a parte autora pode obter diversos benefícios (CPC, art. 98, §§ 1º e 3º), o que implica a suspensão da exigibilidade de certas obrigações. Entre tais obrigações está a relativa à exigência de natureza genérica (CPC, art. 98, §§ 1º, I e VIII, 3º e 5º). E bem pode acontecer que uma exigência *especificamente* imposta para que o direito de ação possa ser exercitado também esteja entre aquelas cujo cumprimento imediato pode ser afastado por meio da obtenção dos benefícios da gratuidade da justiça.

Exatamente por isso, havendo questão que verse sobre gratuidade da justiça, a sua resolução se antepõe logicamente à resolução de questões que tenham por objeto o atendimento de exigência, genérica ou específica, para que o direito de ação possa ser exercitado, desde que o cumprimento imediato de tal exigência possa ser afastado pela obtenção da gratuidade. É esse contexto que faz com que a resolução de questões que versem sobre a concessão dos benefícios da gratuidade da justiça integre capítulo anterior a este.

2. POSSIBILIDADE DE A EXISTÊNCIA DA QUESTÃO SER PERCEBIDA NO DE PRESTAR A TUTELA DEFINITIVA

Como pontuado, ao lado da exigência *genérica*, correspondente à obrigação, a cargo da parte autora, de adiantar os valores atinentes a custas processuais e a despesas decorrentes do ato de propositura da demanda, podem existir outras, *específicas*, que somente são exigíveis em situações especiais.

É o que se dá com a obrigação imposta ao autor brasileiro ou estrangeiro, que reside fora do Brasil ou deixa de residir no país ao longo da tramitação do processo. No caso de já residir fora do Brasil no momento da propositura da demanda, deverá ele, logo no início do processo, *prestar* caução suficiente para o pagamento das custas e dos honorários do advogado da parte contrária, caso tenha de arcar com os ônus da sucumbência ao final do processo (CPC, art. 83, *caput*). Trata-se da chamada caução *pro expensis*[1].

A caução aludida não será exigida *(a)* se o autor for proprietário de bens imóveis, situados no Brasil, de valor suficiente para garantir que o pagamento será efetuado (CPC, art. 83, *caput*), *(b)* se houver dispensa do cumprimento de tal obrigação, prevista em acordo ou em tratado internacional de que o Brasil faça parte (CPC, art. 83, § 1º, I), *(c)* nos processos de execução fundada em título judicial ou extrajudicial (CPC, art. 83, § 1º, II) e *(d)* na reconvenção (CPC, art. 83, § 1º, III).

Outro caso especial é o que envolve a propositura de demanda idêntica a outra cujo processo tenha sido extinto sem resolução do mérito. Nessa situação, o exercício do direito de ação, relativamente à propositura da nova demanda, somente será admitido se o autor comprovar que pagou ou que depositou em cartório o valor relativo às despesas e aos honorários advocatícios sucumbenciais do processo anterior, caso tais obrigações lhe tenham sido impostas (CPC, arts. 92 e 486, § 2º).

Também é o que acontece, no âmbito dos tribunais, quanto ao processamento da ação rescisória, uma vez que a admissibilidade do exercício do direito de ação, no caso, está vinculada à realização de um depósito da importância correspondente a cinco por cento do valor atribuído à causa (CPC, art. 968, *caput*, II, §§ 1º a 3º).

Exigências específicas assim, feitas apenas em certos casos, para que o direito de ação possa ser exercitado, ensejam questões cujo surgimento se dá, comumente, logo no início do processo.

Mas é plenamente possível que a necessidade de resolução de questões dessa natureza se dê exatamente no momento de prestação da tutela definitiva.

Com efeito, pode ocorrer de o julgador somente perceber a existência da questão num momento em que o procedimento já esteja em fase avançada, pronto para que a sentença seja proferida, por exemplo.

Utilizando os exemplos anteriormente dados – e com foco nos processos que tramitam junto a juízos singulares, o que exclui a exigência atrelada à propositura da ação rescisória –, essa percepção tardia tanto pode acontecer no que toca à necessidade de prestação de caução, como no que se refere à comprovação de pagamento ou de depósito em cartório do valor relativo às despesas e aos honorários advocatícios sucumbenciais de processo anterior.

---

[1] DIDIER JR., Fredie. *Curso de direito processual civil*. 20. ed. Salvador: JusPodivm, 2018, v. 1, p. 750.

Igualmente, pode ocorrer, também a título de exemplo, que, no curso do processo, a parte autora, brasileira ou estrangeira, que residia no Brasil, passe a residir no exterior, com o que a questão referente à obrigação de caucionar surgirá incidentalmente (CPC, art. 83, *caput*).

Outra possibilidade de surgimento incidental da questão se dá quando se constata, durante a tramitação do processo, que a garantia anteriormente prestada se tornou insuficiente (CPC, art. 83, § 2º).

Todas essas situações – repita-se – têm potencial para gerar quadros em que o julgador esbarra, a um só tempo, com a prestação da tutela definitiva e a resolução da questão referente ao cumprimento, naquele caso, de exigência específica para que o direito de ação possa ser exercitado.

Ao lado disso tudo, pode ocorrer, ainda, de o magistrado, ao examinar a petição inicial, constatar que o caso se submete a uma específica exigência para a admissibilidade do exercício do direito de ação e, simultaneamente, concluir que a petição inicial, por se enquadrar em uma das previsões do art. 330 do CPC, deve ser, total ou parcialmente, indeferida, ou que o pedido deve ser julgado liminarmente improcedente, no todo ou em parte (CPC, art. 332).

Acontecendo isso, a questão referente ao indeferimento da petição inicial ou à improcedência liminar do pedido somente poderá ser resolvida depois da resolução da questão atinente ao cumprimento da exigência específica para exercício do direito de ação.

Fica claro, assim, que é plenamente possível que o órgão julgador se depare, em qualquer fase do processo, com questão dessa natureza.

3. EFEITOS DO DESCUMPRIMENTO DA EXIGÊNCIA

O descumprimento de exigência legal, posta em casos específicos, para que o direito de ação possa ser exercitado conduz à impossibilidade de ser examinado o mérito da causa.

Antes, porém, da prática do ato decisório que reconhece tal impossibilidade, o julgador é obrigado a adotar as providências que forem suficientes para que a parte interessada possa atuar de modo a retirar o obstáculo que impede a apreciação do mérito. Tais providências são objeto de análise no item deste capítulo em que tratamos das peculiaridades referentes à verificação quanto a se a questão está apta a ser resolvida.

O que é importante perceber, neste momento, é que, no que se refere a exigências específicas, há situações em que, nos próprios dispositivos que disciplinam o assunto, existe previsão expressa dos efeitos do descumprimento, como também há situações em que não existe dispositivo contendo expressamente a previsão de tais efeitos.

Capítulo XXI ◆ Elaboração da fundamentação: questões relativas ao cumprimento...

Valendo-nos dos exemplos anteriores, não há referência expressa aos efeitos do descumprimento no que se refere à obrigação de prestar a caução prevista no art. 83 do CPC.

Já no que se refere ao descumprimento da obrigação de comprovar o pagamento ou o depósito em cartório do valor relativo às despesas e aos honorários advocatícios sucumbenciais do processo anterior, quando for proposta demanda idêntica a outra cujo processo tenha sido extinto sem resolução do mérito, existe, no art. 92 do CPC, a referência a que *"o autor não poderá propor novamente a ação"*, ao passo que, no art. 486, § 2º, consta que a *"petição inicial (...) não será despachada"*.

De seu turno, no âmbito dos tribunais, tratando-se de ação rescisória, há, no § 3º do art. 968 do CPC, a previsão normativa de que o descumprimento da obrigação de efetuar o depósito da importância de cinco por cento sobre o valor da causa conduz ao indeferimento da petição inicial.

Independentemente das referências legais – que nem sempre primam pelo uso de expressões técnicas, como é o caso da previsão de que a *"petição inicial (...) não será despachada"* (CPC, art. 486, § 2º) –, o fato é que o atendimento a exigências específicas para que o direito de ação possa ser exercitado inclui-se na ampla categoria dos chamados "pressupostos processuais" (CPC, art. 485, IV), que abrange todo o campo da admissibilidade do exame do mérito.

Assim, pela classificação mais conhecida dos chamados "pressupostos processuais", a impossibilidade de exame do mérito, no caso, decorreria da falta de atendimento de um dos *requisitos objetivos intrínsecos*, que correspondem às formalidades que não se incluírem nas demais espécies de "pressupostos".

4. VERIFICAÇÃO QUANTO A SE A QUESTÃO ESTÁ APTA A SER RESOLVIDA

O conteúdo do capítulo referente à verificação quanto a se determinada questão está apta a ser resolvida é perfeitamente aplicável na estruturação do raciocínio necessário para averiguar se está suficientemente madura, para resolução, eventual questão relativa ao cumprimento de exigências *específicas* para que o direito de ação possa ser exercitado.

Há, porém, um cuidado a mais a ser tomado.

É que, à semelhança do que se dá com a exigência genérica, consistente na obrigação de adiantar os valores relativos a custas processuais e a despesas decorrentes do ato de propositura da demanda, é importante que se leve em consideração que a questão relativa ao cumprimento de exigências específicas pode se mesclar com a suscitação superveniente de questão sobre a concessão dos benefícios da gratuidade da justiça.

Assim, seguindo-se a linha mestra, é preciso lembrar que incide a norma que se extrai do texto do art. 317 do CPC, que é uma regra de concretização do princípio da *primazia da decisão de mérito*, de modo que o magistrado, antes de decidir a questão, deverá ordenar que a parte autora seja intimada, por meio do seu advogado, para cumprir a exigência, fixando prazo para tanto.

No prazo assinado, porém, a parte autora poderá (*a*) cumprir a exigência especificamente imposta, (*b*) simplesmente não cumprir a exigência ou (*c*) não cumprir a exigência, mas, tratando-se de situação cujo cumprimento da exigência pode ser imediatamente afastado por meio da obtenção dos benefícios da gratuidade da justiça, requerer a concessão de tais benefícios. A adoção da terceira opção abre portas para variados caminhos.

4.1 Superveniente atendimento da exigência específica

Tal qual registramos, o julgador deve estar, sempre, atento para a possibilidade de incidência, nos diversos casos, da norma que se colhe do enunciado do art. 317 do CPC. Por isso, antes de decidir a questão, o juiz deverá ordenar a intimação da parte autora, por intermédio do seu advogado, para que, no prazo que for assinado, cumpra a exigência.

Satisfeita a exigência, o assunto estará superado e o processo deverá ter prosseguimento para que outras questões sejam resolvidas.

4.2 Permanência do quadro de descumprimento da exigência específica

Pode ser que a parte autora não cumpra a exigência especificamente imposta para que o direito de ação possa ser exercitado e não requeira a concessão dos benefícios da gratuidade da justiça, seja porque a sua situação não é de insuficiência de recursos, seja porque a exigência específica não é do tipo cujo cumprimento possa ser afastado pela concessão de gratuidade. Nesse caso, abre-se campo para a extinção do processo, sem resolução de todas as demais questões subordinadas, aí incluídas as questões de mérito.

Ante a possibilidade de não ser examinado o mérito da causa, é preciso que o julgador esteja atento para o fato de que a incidência do princípio da *primazia da decisão de mérito* conduz a que cuidados específicos sejam adotados, mormente nas situações em que a parte ré já esteja atuante no processo.

O caminho a ser seguido, então, é o constante no capítulo em que nos dedicamos a traçar as bases para *verificação quanto a se determinada questão está apta a ser resolvida*. Dentro de tal capítulo, têm maior importância, no particular, os itens relativos às questões formais que versam sobre defeito processual, nas situações em que a questão é resolvida *antes* ou *depois* da citação ou do comparecimento espontâneo da parte ré ao processo.

4.3 Superveniente requerimento dos benefícios da gratuidade da justiça

É possível que a parte autora não cumpra a exigência especificamente imposta pelo sistema jurídico e, por constatar que se trata de exigência cujo cumprimento imediato pode ser afastado por meio da obtenção dos benefícios da gratuidade da justiça, requeira a concessão de tais benefícios[2].

Nessa hipótese, a resolução da questão alusiva aos benefícios da gratuidade da justiça se anteporá, logicamente, à resolução da questão atinente ao cumprimento da exigência específica e o panorama será desanuviado de acordo com os rumos que o pleito de concessão da gratuidade vier a tomar.

4.3.1 *Deferimento imediato dos benefícios da gratuidade da justiça*

Na hipótese de a parte autora, após intimada para cumprir a exigência específica, em vez de satisfazer a exigência, demonstrar (*i*) que o cumprimento da exigência pode ser imediatamente afastado por meio da obtenção dos benefícios da gratuidade da justiça e (*ii*) que é ela titular do direito à concessão de tais benefícios, caberá ao juiz proferir a decisão concessiva.

Com isso, a obrigação relativa à exigência especificamente posta para que o direito de ação possa ser exercitado ficará com a sua exigibilidade suspensa e ao processo deverá ser dado natural seguimento.

4.3.2 *Situação tendente ao indeferimento dos benefícios da gratuidade da justiça*

Se a parte autora, intimada para cumprir a exigência específica, adotar a linha de comportamento consistente (*i*) em demonstrar que o cumprimento imediato da exigência pode ser afastado pela obtenção dos benefícios da gratuidade da justiça e (*ii*) requerer que tais benefícios lhe sejam concedidos, mas o magistrado perceber que o cenário se inclina para o *indeferimento* da gratuidade, o julgador não poderá resolver de logo a questão referente à concessão da gratuidade.

Com efeito, nesse panorama, é obrigatório que seja aberta oportunidade para que a parte autora traga, aos autos, a prova de que padece de insuficiência

---

[2] No caso de propositura de demanda idêntica a outra cujo processo tenha sido extinto sem resolução do mérito, a concessão dos benefícios da gratuidade da justiça no novo processo não afastará a exigência de que seja cumprida a obrigação de provar que houve o pagamento ou o depósito em cartório do valor relativo às despesas e aos honorários advocatícios sucumbenciais do processo anterior. É simples entender o motivo. É que a concessão dos benefícios da gratuidade da justiça no novo processo não alcança obrigações que tenham sido impostas em processo anterior. Assim, o autor somente se desvencilhará da obrigação de provar, no novo processo, o pagamento ou o depósito, se houver ele obtido os benefícios da gratuidade no próprio processo anterior, e não no novo processo.

de recursos (CPC, art. 99, § 2º), do que poderá resultar o convencimento do magistrado de que, de fato, a parte autora tem direito à gratuidade ou de que não tem ela direito aos benefícios.

4.3.2.1 Posterior deferimento dos benefícios da gratuidade da justiça

Tendo havido, de início, uma percepção do juiz no sentido de que estão presentes nos autos elementos que evidenciam a falta de atendimento dos requisitos para concessão da gratuidade (CPC, art. 99, § 2º), o posterior reconhecimento de que a parte autora tem direito aos benefícios conduz a que a concessão da gratuidade somente tenha ocorrido *depois* de uma sequência relativamente longa de eventos.

Efetivamente, para tanto, é preciso (*i*) que o juiz tenha constatado que não há, nos autos, prova do cumprimento de determinada exigência específica para que o direito de ação possa ser exercitado; (*ii*) que tenha havido abertura de prazo para que a parte autora comprovasse a satisfação da exigência (CPC, art. 317); (*iii*) que a parte autora, em vez de cumprir a exigência, tenha demonstrado que o cumprimento imediato pode ser afastado pela obtenção dos benefícios da gratuidade da justiça e requerido que tais benefícios lhe sejam concedidos; (*iv*) que o julgador, por entender que havia, no processo, elementos que evidenciavam a falta de atendimento da exigência consistente em insuficiência de recursos, tenha aberto prazo para que a parte autora comprovasse tal insuficiência (CPC, art. 99, § 2º); e (*v*) que o magistrado tenha se convencido de que, efetivamente, a parte autora é titular do direito à gratuidade.

Nesse cenário, a questão referente à satisfação da exigência específica para que o direito de ação possa ser exercitado já estará suficientemente madura para resolução. E, ante o deferimento do pleito de gratuidade, a solução a ser dada será a suspensão da exigibilidade da obrigação, com o prosseguimento do processo quanto ao demais.

4.3.2.2 Indeferimento dos benefícios da gratuidade da justiça

A sequência descrita no item anterior pode desaguar na conclusão, pelo juiz, de que a parte autora não é titular do direito aos benefícios da gratuidade da justiça.

Sendo essa a conclusão, com o *indeferimento* da gratuidade, o julgador deverá atinar para a circunstância de que, até o momento da conclusão pelo indeferimento da gratuidade, a exigência específica estava com a sua exigibilidade suspensa pela apresentação do pleito de concessão dos benefícios. Em razão disso, por aplicação da regra segundo a qual, antes de proferir decisão que resulte na não resolução do mérito, o juiz deve dar oportunidade para que a

Capítulo XXI ◆ Elaboração da fundamentação: questões relativas ao cumprimento...

falta seja suprida (CPC, art. 317), *novo* prazo será aberto para cumprimento da obrigação (CPC, art. 102, *caput*, extensivamente interpretado).

À luz da abertura desse *novo* prazo, três cenários poderão surgir:

a) a parte autora cumpre a exigência especificamente imposta e, com isso, encerra-se o assunto; ou

b) o autor simplesmente não cumpre a exigência especificamente imposta e não interpõe recurso contra a decisão denegatória da gratuidade, caso em que a verificação a respeito da maturidade, para resolução, da questão concernente ao cumprimento da exigência específica deverá seguir o caminho traçado no capítulo em que cuidamos da *verificação quanto a se determinada questão está apta a ser resolvida*, especificamente nos itens relativos às questões formais que versam sobre defeito processual, nas situações em que a questão é resolvida *antes* ou *depois* da citação ou do comparecimento espontâneo da parte ré ao processo; ou, finalmente,

c) a parte autora não cumpre a exigência especificamente imposta e lança mão do recurso de agravo de instrumento contra a decisão denegatória da concessão dos benefícios (CPC, art. 1.015, V). Nesse caso, não será possível compelir o autor a cumprir de imediato a exigência, uma vez que será necessário aguardar o posicionamento do tribunal a respeito da questão da gratuidade (CPC, art. 101, § 1º, dispositivo no qual a referência a *custas* deve ser extensivamente interpretada). Enquanto não houver posicionamento do tribunal sobre o direito da parte autora à gratuidade da justiça, o processo terá continuidade, sem que tal questão possa vir a ser resolvida pelo juízo singular.

5. RELAÇÃO COM QUESTÃO REFERENTE A TUTELA PROVISÓRIA DE URGÊNCIA

> **?** O QUE FAZER SE HOUVER PLEITO DE TUTELA PROVISÓRIA DE URGÊNCIA E NÃO HOUVER SIDO CUMPRIDA EXIGÊNCIA ESPECÍFICA PARA QUE O DIREITO DE AÇÃO POSSA SER EXERCITADO?

À semelhança do que já foi registrado em capítulos anteriores, atenção especial deve ser dedicada às situações em que houver questão relativa à concessão de tutela provisória de urgência.

Nesse caso, o fator tempo entra em cena e se torna o centro das atenções.

Assim é que a constatação de que, simultaneamente com uma exigência especificamente imposta, a ser cumprida para que o direito de ação possa ser exercitado, existe um pleito de concessão de tutela de urgência, conduzirá a que o órgão julgador faça um cotejo entre a situação de urgência alegada e o tempo necessário para atendimento da exigência legal.

5.1 Urgência que admite concessão de prazo para cumprimento da exigência específica

Concluindo que há tempo suficiente para que a exigência legal seja atendida, sem que a efetividade do processo seja comprometida, o magistrado deverá fixar prazo para que seja cumprida a exigência legal.

Havendo cumprimento da exigência, o juiz se manifestará sobre a tutela provisória de urgência postulada.

O juiz também se manifestará sobre o pleito de concessão de tutela de urgência se, tratando-se de caso em que o cumprimento da exigência pode ser afastado por meio da obtenção dos benefícios da gratuidade da justiça, (*a*) a parte autora formular pleito de concessão de tais benefícios e tal pleito for acolhido, de imediato ou posteriormente, bem como (*b*) se, diante da rejeição do pleito referente à gratuidade, com a concessão de novo prazo para que a exigência legal seja atendida, houver interposição de recurso de agravo de instrumento (CPC, art. 101, § 1º, extensivamente interpretado).

Nesses casos, desde que seja possível, a questão relativa ao pleito de concessão de tutela provisória de urgência deve ser resolvida no mesmo pronunciamento em que houver a deliberação a respeito do cumprimento da exigência específica ou do deferimento do pleito de gratuidade.

Entretanto, pode também acontecer de a parte autora não cumprir a exigência e não requerer a concessão dos benefícios da gratuidade da justiça. A falta de requerimento da gratuidade pode ser fruto do fato de a parte autora não padecer de insuficiência de recursos ou de o tipo de exigência legal não ter relação com a concessão de gratuidade. Esse panorama conduzirá a que não seja apreciado o pleito de concessão de tutela provisória de urgência e, no que toca aos demais aspectos do processo, deverão ser percorridas as trilhas mencionadas no item anterior.

5.2 Urgência que não admite concessão de prazo para cumprimento da exigência específica

Tratando-se de caso em que o magistrado identifica que a urgência é de tal ordem que é imprescindível que o Poder Judiciário se pronuncie *imediatamente* sobre o pleito, caberá a ele, ao lado de abrir prazo para que a exigência legal seja atendida, decidir a respeito da postulação de que seja concedida a tutela provisória de urgência, deferindo ou não o pleito.

Capítulo XXI ◆ Elaboração da fundamentação: questões relativas ao cumprimento...

Como medida preventiva de incidentes, é salutar que, no mesmo pronunciamento, o magistrado esclareça que, enquanto não houver resolução da questão atinente ao cumprimento da exigência específica, não serão praticados outros atos processuais, com exceção daqueles que, em razão do cenário de urgência, forem indispensáveis. Ao atuar desse modo, o juiz estará aplicando o princípio da *cooperação* (CPC, art. 6º), pois estará cumprindo dois dos deveres que integram tal princípio, o de *esclarecimento* e o de *prevenção*.

A partir desse momento, na mesma linha do que foi exposto anteriormente, os seguintes quadros poderão se instalar nos autos:

a) aceitação da decisão pela parte autora, que, em razão disso, cumpre a exigência posta na lei. Assim agindo, a parte autora porá fim a discussões sobre o tema;

b) não cumprimento da exigência legal pela parte autora, que, em razão de tratar-se de caso em que o cumprimento da exigência pode ser afastado por meio da obtenção dos benefícios da gratuidade da justiça, formula pleito de concessão de tais benefícios. Nesse caso, se a gratuidade for concedida, de imediato ou posteriormente, o cumprimento imediato da exigência será dispensado. Na hipótese de insucesso quanto ao pleito de gratuidade, o julgador assinará novo prazo para que a parte autora cumpra a exigência legal (CPC, art. 317). Em caso de atendimento nesse novo prazo, o incidente estará resolvido. Caso não haja atendimento, mas seja interposto agravo de instrumento contra a decisão denegatória da concessão dos benefícios (CPC, art. 1.015, V), o autor não poderá ser compelido a cumprir de imediato a exigência (CPC, art. 101, § 1º, em que a alusão a *custas* deve ser extensivamente interpretada). E, se a parte autora não cumprir a exigência e não interpuser recurso contra a decisão denegatória da concessão dos benefícios da gratuidade, o caso será de utilização das orientações contidas no capítulo em que cuidamos da *verificação quanto a se determinada questão está apta a ser resolvida*, nos itens relativos às questões formais que versam sobre defeito processual, quando a questão é resolvida *antes* ou *depois* da citação ou do comparecimento espontâneo da parte ré ao processo; e

c) não cumprimento da exigência legal pela parte autora, que não postula a concessão dos benefícios da gratuidade da justiça, seja porque não sofre ela de insuficiência de recursos, seja porque a concessão da gratuidade não é medida apta para afastar o imediato cumprimento da exigência legal. Nesse panorama, a resolução da questão concernente ao cumprimento da exigência específica estará atrelada à sequência de atos mencionada no capítulo em que tratamos da *verificação quanto a se determinada questão está apta a ser resolvida*, especificamente nos itens relativos às questões formais que versam sobre defeito processual, nas situações em que a questão é resolvida *antes* ou *depois* da citação ou do comparecimento espontâneo da parte ré ao processo.

5.3 Deferimento da tutela provisória de urgência e superveniente extinção do processo sem resolução do mérito, por descumprimento da exigência específica

> **?** O QUE FAZER NUMA SITUAÇÃO EM QUE HOUVE DEFERIMENTO DE TUTELA PROVISÓRIA DE URGÊNCIA, A ORDEM FOI CUMPRIDA PELO RÉU E O AUTOR, NO PRAZO QUE LHE FOI DADO, NÃO CUMPRIU A EXIGÊNCIA LEGAL ESPECÍFICA PARA QUE O DIREITO DE AÇÃO POSSA SER EXERCITADO?

No caso de ter havido prática de atos executivos de eventual decisão concessiva de tutela provisória de urgência e, após isso, a conduta adotada pela parte autora implicar extinção do processo sem exame do mérito da causa, deverá o magistrado, ao proferir a decisão extintiva do processo, (*i*) revogar o ato decisório concessivo da tutela de urgência (CPC, arts. 296, *caput*, e 298), (*ii*) disciplinar os efeitos decorrentes da decisão que chegou a ser proferida, (*iii*) pronunciar-se, de ofício, sobre a possibilidade de a parte autora haver atuado de má-fé (CPC, art. 80, III e V), (*iv*) impor, igualmente de ofício, as sanções decorrentes de eventual litigância de má-fé (CPC, art. 81) e (*v*) esclarecer que, independentemente de ter havido ou não má-fé, se o cumprimento da decisão houver gerado danos para a parte ré, poderá ela obter indenização (CPC, art. 302).

Tal como deve se dar em todas as situações com potencial para gerar a extinção do processo sem resolução do mérito, mormente naqueles casos em que a parte ré já estiver integrada ao processo, é indispensável que o juiz tenha atenção à aplicação do princípio da *primazia da decisão de mérito*, motivo pelo qual remetemos, mais uma vez, à leitura do capítulo em que cuidamos da *verificação quanto a se a questão está apta a ser resolvida*, especialmente quanto aos itens a respeito de questões formais que versam sobre defeito processual, cuja resolução ocorra *depois* da citação ou do comparecimento espontâneo da parte ré ao processo.

6. POSSIBILIDADE DE OS EFEITOS DO DESCUMPRIMENTO DA EXIGÊNCIA ATINGIREM APENAS UMA PARCELA DO PROCESSO

> **?** HÁ POSSIBILIDADE DE O DESCUMPRIMENTO DE EXIGÊNCIA ESPECÍFICA ATINGIR APENAS UMA PARCELA DO PROCESSO?

É perfeitamente possível que o cumprimento, em casos especiais, de exigência legal específica para o exercício do direito de ação atinja apenas uma parcela do processo.

Efetivamente, basta imaginar que, num quadro de litisconsórcio ativo, somente um dos autores resida fora do Brasil ou deixe de residir no país ao longo da tramitação do processo e o caso não se insira nas hipóteses de dispensa de prestação de caução (CPC, art. 83, § 1º). Num cenário assim, apenas esse autor estará submetido à exigência legal de prestar caução.

Também pode acontecer de que, dentre vários autores, litisconsorciados com base na norma extraível do art. 113, III, do CPC, somente um tenha proposto demanda idêntica cujo processo foi extinto sem a resolução do mérito, e a ele tenham sido impostas, no processo anterior, as obrigações decorrentes dos ônus da sucumbência. Nesse caso, somente esse, dentre os vários autores, estará submetido à exigência legal de pagar ou de depositar em cartório o valor relativo às despesas e aos honorários advocatícios sucumbenciais do processo anterior (CPC, arts. 92 e 486, § 2º).

Em situações assim, se a conclusão for a de que a exigência legal tem, sim, de ser cumprida e o autor respectivo não atender à determinação judicial, o magistrado somente poderá examinar as questões relativas ao mérito da causa – bem como todas as demais questões que forem subordinadas à questão relativa ao cumprimento da exigência legal – quanto à parcela do processo atinente aos demais demandantes.

Esse panorama recomenda que o juiz, ao se pronunciar sobre a questão referente ao cumprimento da exigência legal, (*i*) delimite precisamente a parcela do processo atingida pelo descumprimento da exigência, (*ii*) registre a impossibilidade de apreciação de *qualquer* outra questão, formal ou de mérito, que seja *específica* da parcela do processo cuja apreciação ficou prejudicada e, (*iii*) quanto à resolução das questões, formais ou de mérito, que sejam *comuns* a todo o processo, registre que os atos decisórios respectivos não produzirão qualquer efeito no que se refere à parcela do processo atingida pelos efeitos decorrentes do descumprimento da exigência legal.

No que toca ao restante do processo, será ele julgado normalmente.

CAPÍTULO XXII

ELABORAÇÃO DA FUNDAMENTAÇÃO: OUTRAS QUESTÕES COM APTIDÃO PARA IMPEDIR O IMEDIATO PROFERIMENTO DA SENTENÇA

◆ **SUMÁRIO**
1. Contexto fático – 2. Relação de subordinação com outras questões – 3. Requerimento de diligências de natureza probatória – 4. Requerimento de adoção de providências para ingresso de terceiros no processo.

1. CONTEXTO FÁTICO

Além das questões que tenham por objeto impedimento ou suspeição do magistrado (Capítulo XVI), erro na distribuição da petição inicial (Capítulo XVII), competência do juízo (Capítulo XVIII) e cumprimento de exigências, genéricas ou específicas, para que o direito de ação possa ser exercitado (Capítulos XIX, XX e XXI), pode ser que o julgador constate a existência de *outras* questões, cuja resolução, a depender da conclusão a que se chegue a respeito, poderia conduzir a que a tutela definitiva não pudesse ser prestada naquele específico momento.

Comumente, questões assim são nascidas a partir de postulações que não foram examinadas ao longo do procedimento ou que só recentemente chegaram aos autos.

Nesse contexto, a circunstância de o magistrado haver iniciado a redação da sentença é, por si só, claramente indicativa de que, após a leitura prévia de *todo* o conteúdo dos autos, ele concluiu que o caso *já* comporta julgamento e que *todos* os elementos necessários para a prática do ato decisório estão disponíveis.

Esse cenário somente pode levar à conclusão de que o destino que aguarda tais postulações é o *indeferimento*, caso contrário a necessidade de realização de mais diligências impediria a imediata prestação da tutela definitiva.

NO CONCURSO PÚBLICO

*É muito comum, em provas de concursos públicos, a inserção, num quesito cuja resposta consista na elaboração de uma **sentença**, de situações em que há requerimentos pendentes de apreciação.*

> *O candidato, por óbvio, deve estar atento para a forma como irá decidir a postulação, uma vez que, se o objetivo da banca examinadora for aquilatar a **capacidade** do candidato de proferir uma **sentença**, pondo **fim**, com isso, ao procedimento, são **mínimas – quase inexistentes!** – as chances de a solução esperada implicar a necessidade de realização de diligência, com a consequente postergação do momento de prestar a tutela definitiva.*

2. RELAÇÃO DE SUBORDINAÇÃO COM OUTRAS QUESTÕES

A percepção a respeito da existência de requerimentos que, se deferidos fossem, conduziriam à dilatação do momento de prestação da tutela definitiva faz exsurgir, de imediato, uma relação de *subordinação* óbvia: a questão referente ao deferimento ou não de tais pleitos *subordina* a questão atinente à possibilidade ou não de que a tutela definitiva seja imediatamente prestada.

Por isso, quanto ao *momento* em que a resolução da questão deve ocorrer, o tratamento a ser dado a questões assim é o mesmo a ser dispensado às questões relativas a impedimento ou suspeição do magistrado, erro na distribuição da petição inicial, competência do juízo e cumprimento de exigências, genéricas ou específicas, para que o direito de ação possa ser exercitado.

3. REQUERIMENTO DE DILIGÊNCIAS DE NATUREZA PROBATÓRIA

Um significativo percentual de postulações com potencial para gerar postergação do momento de prestação da tutela definitiva tem natureza probatória.

É o caso de pleitos como os de produção de determinada espécie de prova, de complementação de diligências probatórias e de realização de diligências junto a entidades privadas ou a órgãos públicos.

Nesses casos, a conclusão pela *desnecessidade* de que sejam praticados os atos postulados está umbilicalmente atrelada ao grau de satisfação propiciado pelas provas já produzidas.

Com isso, apesar de se tratar de questão cuja resolução *antecede* a resolução de *todas* as questões vinculadas à prestação da tutela definitiva, a fundamentação a ser empregada, nos casos em que há exame do mérito da causa, fatalmente remeterá à demonstração – que se dará mais adiante, no trecho em que ocorrer o exame do mérito – de que as provas produzidas já são suficientes.

E, como o efetivo exame a respeito da suficiência da prova somente se dará num trecho posterior do ato, no âmbito do exame do mérito, é preciso que o julgador tenha cautelas redacionais para que não seja invertida a ordem lógica de resolução das questões, já que, antes das questões relativas ao mérito da causa – que é o caso de questões probatórias –, devem ser resolvidas as questões formais.

Capítulo XXII ◆ Elaboração da fundamentação: outras questões com aptidão...

> ## NA PRÁTICA
>
> **AUTOS N. 012345-78.2019.8.05.0001**
> **PROCEDIMENTO COMUM**
> **PARTE AUTORA:** Eneopequê da Silva Esseteuvê
> **PARTE RÉ:** Abecedefegê Comercial Ltda.
>
> <u>S E N T E N Ç A</u>
>
> **ENEOPEQUÊ DA SILVA ESSETEUVÊ**, requerendo a concessão dos benefícios da gratuidade da justiça, propôs, contra **ABECEDEFEGÊ COMERCIAL LTDA.**, demanda submetida ao procedimento comum.
> [relatório].
> É o relatório.
> Passo a decidir.
> No que se refere à insistência da parte ré quanto à realização de perícia, a verdade é que, como ficará demonstrado, mais adiante, por ocasião do exame do mérito da causa, é bastante, para resolução das questões de fato existentes nos autos a análise da prova documental apresentada. Além disso, como ficará claro, a matéria fática, para ser compreendida, não exige conhecimento técnico especial.
> Esse contexto conduz à conclusão de que a prova pericial não é necessária ao julgamento do mérito, razão pela qual indefiro o pleito de sua realização (CPC, arts. 370, parágrafo único, e 464, § 1º, I e II).
> E como não há mais provas a produzir, inexiste qualquer obstáculo para que seja proferida, de logo, a sentença.
> [...].

*É sobremaneira delicada, sob o ponto de vista da fundamentação, a conclusão do juiz de que **não há necessidade** de produção de mais provas.*

*É preciso que o magistrado compreenda que está, de há muito, **superada** a ideia de que o juiz é o único destinatário da prova e que, portanto, seria bastante, para indeferimento da produção de prova, que ele invocasse a qualidade de único destinatário.*

Em verdade, o direito de produzir provas integra o conjunto de situações jurídicas ativas que compõe não só o direito de ação como o direito de defesa. Por isso, o indeferimento de produção de prova deve ser adequadamente fundamentado, mediante a demonstração de que se trata de diligência inútil (o que inclui a possibilidade de se tratar de diligência requerida com intuito meramente protelatório).

Basta lembrar que a sentença cujo conteúdo contrariar sujeito cujo direito de produzir provas tenha sido cerceado é um ato jurídico com forte potencial para sofrer a sanção de invalidação.

4. REQUERIMENTO DE ADOÇÃO DE PROVIDÊNCIAS PARA INGRESSO DE TERCEIROS NO PROCESSO

Ao lado das situações que envolvem diligências probatórias, outro quadro com significativo índice de ocorrência é o atinente à existência de pleitos refe-

MANUAL DA SENTENÇA CÍVEL

rentes à necessidade de adoção de providências voltadas para promover o ingresso de terceiros no processo, de um modo tal que, se o juiz concluir que, de fato, há necessidade de que o terceiro seja convocado, a tutela definitiva não poderá ser imediatamente prestada.

Nesse ponto, como o julgador já concluiu que a tutela definitiva deve ser prestada, tal conclusão estará embasada num juízo de admissibilidade *negativo*, quanto ao ingresso de terceiro.

NO CONCURSO PÚBLICO

As situações envolvendo pleitos de adoção de providências para ingresso de terceiros no processo, de uma maneira tal quese o candidato admitir o processamento do pleito ficará impedido de elaborar a sentença, num quesito cuja resposta exige exatamente a elaboração de uma sentença, são frequentes em concursos públicos para ingresso na magistratura.

Em casos assim, a solução do problema, no mais das vezes, está no crivo de admissibilidade que o juiz é obrigado a fazer em toda situação que envolve alteração na composição subjetiva do processo.

Assim, por exemplo, a defesa da linha de raciocínio segundo a qual haveria **necessidade** de formação de **litisconsórcio ativo** esbarra na **impossibilidade, quase total,** de existência de litisconsórcio ativo necessário, uma vez que a exigência de que um sujeito somente possa exercer o direito de ação se outro sujeito também o fizer implica restrição indevida ao exercício do direito de ação, que é constitucionalmente assegurado.

De outro lado, somente se pode defender a **necessidade** de formação de **litisconsórcio passivo** se houver a constatação de que há **imposição legal** nesse sentido ou de que a relação jurídica discutida é marcada pela **unitariedade**, característica que torna obrigatória a presença, no processo, dos sujeitos integrantes da mencionada relação jurídica.

Raciocínios semelhantes devem ser levados a cabo no que toca, ainda a título de exemplo, aos institutos de intervenção de terceiros a que se referem os arts. 119 a 138 do CPC: o candidato deverá trabalhar com as situações previstas no sistema jurídico para que se admita tais tipos de intervenção, de modo que, se a situação fática delineada no quesito **não** se amoldar à hipótese de cabimento da intervenção, o caso será de **inadmissibilidade** de processamento do pleito.

CAPÍTULO XXIII

ELABORAÇÃO DA FUNDAMENTAÇÃO: DEMAIS QUESTÕES FORMAIS E QUESTÕES RELATIVAS AO MÉRITO DA CAUSA

◆ SUMÁRIO

1. Considerações iniciais – **2.** Utilização da sequência lógica para resolução das questões: **2.1** Questões formais com aptidão para impedir que a prestação da tutela definitiva se dê em determinado momento; **2.2** Questões atinentes a coisa julgada, a litispendência e a perempção; **2.3** Questões formais referentes a integrante do polo ativo da demanda; **2.4** Questões formais relativas a integrante do polo passivo da demanda; **2.5** Questões formais relativas aos elementos objetivos da demanda; **2.6** Questões relativas a interesse de agir; **2.7** Outras questões de natureza formal; **2.8** Questões relativas ao mérito: análise da questão principal e distribuição dos ônus da sucumbência.

1. CONSIDERAÇÕES INICIAIS

No Capítulo VI, tratamos da divisão dos dados úteis, propondo a elaboração de duas listas: a lista das *questões formais* e a das *questões relativas ao mérito da causa*.

Também chamamos a atenção, já agora no Capítulo VIII, para a necessidade de se perceber a existência ou não de *relação de subordinação* entre as diversas questões, ante a possibilidade de a resolução de uma determinada questão se antepor logicamente à resolução de outras questões.

Agora, é chegada a hora de enfrentar todas as questões, de modo a *analisar* e *resolver* as questões incidentais e *analisar* a questão principal, cuja resolução se dará no dispositivo da sentença.

A execução dessa tarefa deverá se dar, por óbvio, de acordo com o *roteiro lógico* que foi traçado antes do início da redação da sentença.

2. UTILIZAÇÃO DA SEQUÊNCIA LÓGICA PARA RESOLUÇÃO DAS QUESTÕES

Tendo em vista a *extensa* variedade de questões que podem surgir nos mais diversos processos, a sequência *lógica* já estabelecida pelo juiz e que será empregada para resolução de tais questões deve ter sido elaborada com base em critérios bem definidos.

E a definição de critérios está umbilicalmente ligada à detecção da existência de relação de *subordinação* entre as questões.

No geral, ressalvada a hipótese de existência de características peculiares de um caso específico, é possível fazer uma previsão a respeito da sequência lógica a ser empregada.

Obviamente, não é possível esgotar as espécies de questões que podem surgir num processo, em razão do que também não há possibilidade de que sejam esgotadas as hipóteses de estabelecimento de um roteiro lógico.

Assim, adstringindo-nos às questões que mais comumente surgem nos diversos processos, os itens seguintes são destinados ao estabelecimento de uma sequência lógica para resolução de questões.

2.1 Questões formais com aptidão para impedir que a prestação da tutela definitiva se dê em determinado momento

Nos Capítulos XVI a XXII, demonstramos a necessidade de que determinadas questões *formais* sejam adequada e oportunamente enfrentadas, ante o evidente *potencial* que possuem para impedir que a própria prestação da tutela definitiva se dê em dado momento.

Diante disso, pode-se afirmar que, abstraída a possibilidade de alguma situação especial exigir tratamento diferenciado, as *primeiras* questões a serem resolvidas podem ser agrupadas mediante atendimento à seguinte ordem:

1º grupo) questões relativas a impedimento e a suspeição do magistrado;

2º grupo) questões relativas a erro na distribuição da petição inicial;

3º grupo) questões que repercutem na competência do juízo;

4º grupo) questões relativas à gratuidade da justiça para a parte autora;

5º grupo) questões relativas ao adiantamento de valores referentes a custas processuais e a despesas decorrentes do ato de propositura da demanda;

6º grupo) questões relativas ao cumprimento de exigência específica para que o direito de ação possa ser exercitado; e

7º grupo) questões outras, com aptidão para impedir a imediata prestação da tutela definitiva.

Uma observação atenta da sequência acima exposta revelará que os *três* primeiros grupos são alusivos a questões atreladas à possibilidade de atuação do órgão julgador no processo.

Efetivamente, se são os órgãos julgadores que resolvem *todas* as questões, é preciso, para que eles possam se desincumbir dessa atribuição, que tenham sido superadas eventuais questões que versem sobre eles próprios, quanto à possibilidade de atuarem no processo.

Capítulo XXIII ◆ Elaboração da fundamentação: demais questões formais...

Nessa linha, como é por meio da pessoa natural do *juiz* que o *juízo* se expressa, qualquer definição quanto ao órgão julgador depende, primeiro, da resolução de eventual questão que verse sobre a compatibilidade subjetiva do juiz para com a causa.

E aí, pelo conteúdo do Capítulo XVI, deu para perceber que, de todas as questões com aptidão para impedir que a tutela definitiva seja prestada em dado momento, as relativas a impedimento ou suspeição do magistrado são, de longe, as que mais potencial possuem para tanto.

Com efeito, basta lembrar que, alegado o impedimento e/ou a suspeição, se o magistrado reconhecer que, de fato, não possui ele compatibilidade subjetiva para com a causa, a tutela definitiva não poderá ser prestada de imediato, uma vez que a condução do processo deverá ser repassada para o julgador incumbido de substituir o juiz impedido e/ou suspeito.

De outro lado, se o magistrado negar a qualidade de impedido e/ou de suspeito, a questão terá de ser solucionada pelo tribunal, o que, igualmente, impedirá que a tutela definitiva seja prestada de imediato.

Por isso, quando o julgador conclui que já é possível prestar a tutela definitiva, pode-se depreender que eventuais questões envolvendo impedimento e/ou suspeição já foram resolvidas antecedentemente.

Apenas para que não passe em branco, há, em tese, possibilidade de que o impedimento ou a suspeição atinja apenas *parcela* do processo, o que autoriza que, mesmo diante da questão, o juiz possa prestar a tutela definitiva quanto à parcela restante. Levantamos tal possibilidade no Capítulo XVI. Reconheça-se, porém, que é rara a ocorrência de situações assim.

No que toca às questões integrantes do *4º*, do *5º* e do *6º grupos*, elas compõem um conjunto que envolve as exigências, genéricas ou específicas, para que o direito de ação possa ser exercitado.

E, como um eventual requerimento de concessão dos benefícios da gratuidade da justiça *pode* gerar a impossibilidade de se compelir a parte autora a cumprir, de imediato, tais exigências, a resolução de questões relativas à concessão da gratuidade resulta por anteceder logicamente a resolução de questões atinentes às próprias exigências.

Finalmente, quanto às questões integrantes do *7º grupo*, a presença delas, como vimos no Capítulo XXII, dependerá de especificidades do caso concreto.

2.2 Questões atinentes a coisa julgada, a litispendência e a perempção

Ultrapassadas as questões com aptidão para impedir que a tutela definitiva seja prestada em dado momento, as atenções se voltam para a possibilidade de o Poder Judiciário estar diante de questões atinentes à propositura de demanda idêntica a outra que já tenha sido proposta anteriormente.

Essas são questões que envolvem *coisa julgada* (CPC, art. 337, §§ 1º, 2º e 4º), *litispendência* (CPC, art. 337, §§ 1º, 2º e 3º) e *perempção* (CPC, art. 486, § 3º)[1].

Elas integram o *8º grupo* de questões que, à luz do estabelecimento de uma sequência lógica, devem ser objeto de exame.

Nesse passo, é importante notar que, mesmo que exista, por exemplo, questão que verse sobre a capacidade de ser parte de qualquer dos sujeitos do processo, se, num processo anterior, transitou em julgado ato decisório por meio do qual tenha ficado certo que determinado sujeito não é dotado de capacidade de ser parte, não haverá *novo* exame a respeito do assunto.

Nesse caso, o julgador se limitará a dizer que aquela específica questão já foi anteriormente resolvida e a resolução respectiva alcançou a estabilidade (CPC, art. 507).

São quadros como esse, envolvendo a estabilização da resolução dada a questões formais, que geram a chamada coisa julgada de conteúdo processual[2].

2.3 Questões formais referentes a integrante do polo ativo da demanda

O processo começa por iniciativa da parte (CPC, art. 2º), no momento em que a petição inicial é protocolada (CPC, art. 312). A apresentação da petição inicial, portanto, materializa o ato de propositura da demanda.

Por isso, *antes* da resolução de questões que envolvam (*i*) o sujeito contra quem o pedido foi formulado (*parte ré*), (*ii*) o conjunto fático-jurídico que embasa o pedido (*causas de pedir remota e próxima*) e (*iii*) a pretensão deduzida (*pedido*), é preciso verificar se o agente do ato de propositura da demanda – a parte autora – atende, ele próprio, a todas as exigências postas pelo sistema jurídico para atuar como autor e, caso atenda, é preciso ver se persiste ele com

---

[1] Sobre a necessidade de que ocorra identidade de *partes*, de *causas de pedir* e de *pedido* para que se possa dizer que duas demandas são idênticas, vale lembrar que "pode acontecer de a repetição ocorrer, mesmo com partes diversas [...] Seguem alguns exemplos. No âmbito do processo coletivo, a verificação da coisa julgada prescinde da identidade de partes (basta a identidade de pedido e da causa de pedir). Nas causas coletivas há inúmeros colegitimados legalmente autorizados a atuar na defesa da mesma situação jurídica coletiva (mesmo direito), cuja titularidade pertence a um único sujeito (a coletividade). [...] No plano das causas individuais, é desnecessária a identidade de partes nos casos de colegitimação ativa para a configuração da coisa julgada – ou seja, nos casos de litisconsórcio unitário facultativo ou legitimação concorrente, fenômenos relacionados à legitimação extraordinária" (DIDIER JR., Fredie; BRAGA, Paula Sarno; OLIVEIRA, Rafael Alexandria de. *Curso de direito processual civil*. 13. ed. Salvador: JusPodivm, 2018, v. 2, p. 597).

[2] A respeito da chamada coisa julgada de conteúdo processual, ver Fredie Didier Jr., Paula Sarno Braga e Rafael Alexandria de Oliveira (*Curso de direito processual civil*. 13. ed. Salvador: JusPodivm, 2018. v. 2, p. 608-611).

Capítulo XXIII ◆ Elaboração da fundamentação: demais questões formais...

o propósito de obter a prestação da atividade jurisdicional, ou se desistiu de dar continuidade ao processo.

Nessa linha, vencidas as etapas anteriores, são os seguintes os grupos de questões a serem resolvidas, em atendimento a uma sequência lógica:

9º grupo) questões referentes à capacidade de ser parte do autor, aí incluída a possibilidade de ter ocorrido morte da parte autora no curso do processo;

10º grupo) questões relativas à capacidade processual da parte autora;

11º grupo) questões atinentes à capacidade postulatória da parte autora;

12º grupo) questões alusivas à regularidade da representação da parte autora;

13º grupo) questões atinentes a desistência, por dizerem respeito à persistência ou não da vontade da parte autora de continuar exercendo o direito de ação; e

14º grupo) questões referentes à legitimidade da parte autora para a causa.

Nesse ponto, é importante observar, por exemplo, que se existirem, simultaneamente, uma questão a respeito da regularidade da representação da parte autora e outra a respeito de desistência, não será possível apreciar o pleito de homologação de desistência se não houver sido ele formulado por quem tiver poderes para representar a parte autora.

Na mesma linha, não haverá motivo para examinar questão referente à legitimidade da parte autora se ela houver desistido de dar continuidade ao processo.

2.4 Questões formais relativas a integrante do polo passivo da demanda

Após resolvidas questões que versem sobre integrante do polo ativo da demanda, aí incluída a questão atinente à persistência da vontade do sujeito de dar continuidade ao processo, entram em cena as questões referentes ao(s) sujeito(s) integrante(s) do polo passivo da demanda, o que inclui a regularidade do ato por meio do qual foi(ram) ele(s) integrado(s) ao processo:

15º grupo) questões relativas à ausência de indicação do réu;

16º grupo) questões referentes à capacidade de ser parte do réu, o que inclui questões que versem sobre a ocorrência de morte da parte ré no curso do processo;

17º grupo) questões alusivas à capacidade processual do réu;

18º grupo) questões relativas à regularidade da prática do ato de citação;

19º grupo) questões atinentes à capacidade postulatória do réu;

20º grupo) questões que dizem respeito à regularidade da representação da parte ré;

21º grupo) questões referentes à legitimidade da parte ré para causa.

2.5 Questões formais relativas aos elementos objetivos da demanda

Vencidas as questões que envolvem os elementos subjetivos da demanda, devem ser resolvidas as questões atinentes aos elementos objetivos: pedido e causa de pedir.

Não há, rigorosamente, quanto ao pedido e à causa de pedir, uma ordem a ser seguida:

22º grupo) questões relativas a falta de pedido;

23º grupo) questões referentes a falta de causa de pedir;

24º grupo) questões alusivas a pedido genérico;

25º grupo) questões atinentes a pedido que não decorre logicamente da causa de pedir; e

26º grupo) questões que dizem respeito a pedidos incompatíveis entre si.

2.6 Questões relativas a interesse de agir

É importante perceber que todas as questões integrantes dos grupos mencionados anteriormente estão vinculadas, direta ou indiretamente, aos elementos da demanda: *partes, causas de pedir* e *pedido*.

São questões, pois, cuja resolução exige que o julgador atente para aspectos internos do processo.

O *27º grupo* é integrado por questões referentes ao *interesse de agir*, cuja aferição exige um cotejo entre os elementos da demanda e um aspecto externo do processo: a utilidade no exercício do direito de ação.

2.7 Outras questões de natureza formal

Outras questões de natureza formal podem existir no processo. Aliás, a lista de exemplos que apresentamos no Capítulo VI bem revela a vasta possibilidade de existência de outras questões dessa natureza.

À vista da proposta de sequência lógica apresentada, o mais provável que é as demais questões formais sejam subordinadas às questões integrantes dos grupos a que nos referimos.

Lembramos, porém, que não é descartável a ocorrência de características peculiares em algum processo específico, em ordem a ensejar que alguma outra questão formal se anteponha a questões integrantes dos mencionados grupos.

Capítulo XXIII ♦ Elaboração da fundamentação: demais questões formais...

> **NA PRÁTICA**
>
> **AUTOS N. 012345-78.2019.8.05.0001**
> **PROCEDIMENTO COMUM**
> **PARTE AUTORA:** Eneopequê da Silva Esseteuvê
> **PARTE RÉ:** Abecedefegê Comercial Ltda.
>
> <u>S E N T E N Ç A</u>
>
> ***ENEOPEQUÊ DA SILVA ESSETEUVÊ***, requerendo a concessão dos benefícios da gratuidade da justiça, propôs, contra ***ABECEDEFEGÊ COMERCIAL LTDA.***, demanda submetida ao procedimento comum.
>
> **[relatório, no qual há alusão a alegações da parte ré de que faltaria legitimidade da parte autora para a causa e de que não estaria presente o interesse de agir]**.
>
> É o ***relatório***.
>
> Passo a ***decidir***.
>
> Não tem razão a parte ré ao alegar que a parte autora não teria legitimidade para a causa. Com efeito, **[fundamentação voltada para demonstrar que existe legitimidade ativa para a causa]**.
>
> O mesmo destino – a rejeição – aguarda o argumento da parte ré de que estaria ausente o interesse de agir. É que **[fundamentação voltada para demonstrar que existe interesse de agir]**.
>
> [...].

2.8 Questões relativas ao mérito: análise da questão principal e distribuição dos ônus da sucumbência

Nas situações em que, após resolvidas as questões formais, em especial aquelas com potencial para impedir o exame do mérito da causa, tenha permanecido aberto o caminho para que o mérito seja examinado, o julgador já estabeleceu a sequência lógica que utilizará para tanto.

E como vimos no Capítulo VI, o exame do mérito da causa se dá mediante o cotejo entre o *pedido* e os motivos que existirem para que seja ele integralmente acolhido, acolhido em parte ou rejeitado, aí incluído o exercício de contradireitos.

Demonstramos, também, que há questões que ampliam o mérito, dentre as quais se destacam as relativas à distribuição dos ônus da sucumbência.

Nesse ponto, é importante perceber que é no trecho da sentença em que está concentrada a fundamentação que devem ser resolvidas as questões atinentes à distribuição dos ônus da sucumbência.

MANUAL DA SENTENÇA CÍVEL

NA PRÁTICA

AUTOS N. 012345-78.2019.8.05.0001
PROCEDIMENTO COMUM
PARTE AUTORA: Eneopequê da Silva Esseteuvê
PARTE RÉ: Abecedefegê Comercial Ltda.

S E N T E N Ç A

ENEOPEQUÊ DA SILVA ESSETEUVÊ, requerendo a concessão dos benefícios da gratuidade da justiça, propôs, contra **ABECEDEFEGÊ COMERCIAL LTDA.**, demanda submetida ao procedimento comum.

[relatório, no qual há alusão a alegações da parte ré de que faltaria legitimidade da parte autora para a causa e de que não estaria presente o interesse de agir].

É o *relatório*.

Passo a *decidir*.

Não tem razão a parte ré ao alegar que a parte autora não teria legitimidade para a causa. Com efeito, **[fundamentação voltada para demonstrar que existe legitimidade ativa para a causa]**.

O mesmo destino – a rejeição – aguarda o argumento da parte ré de que estaria ausente o interesse de agir. É que **[fundamentação voltada para demonstrar que existe interesse de agir]**.

No que se refere ao mérito, a razão está com a parte autora.

Efetivamente, [...].

Por fim, ante a sucumbência integral em que incorreu a parte ré, deverá ela arcar com o pagamento das custas do processo e de honorários advocatícios sucumbenciais (CPC, art. 86, parágrafo único).

Quanto às custas processuais, tendo em vista que a parte autora, como titular do direito aos benefícios da gratuidade da justiça, nada adiantou, deverá a parte ré pagá-las integralmente.

No que se refere aos honorários advocatícios sucumbenciais, é preciso identificar a base de cálculo e o percentual que sobre ela incidirá para que seja encontrado o valor devido ao(s) profissional(is) credor(es).

Relativamente à base de cálculo, corresponderá ela ao valor da condenação (CPC, art. 85, § 2º). Já no que toca à fixação do percentual que incidirá sobre a base de cálculo, o que se constata é que (i) o grau de zelo profissional foi o normal, revelador dos cuidados que os profissionais do Direito devem ter, ordinariamente, na defesa dos interesses da parte a quem representam judicialmente); (ii) o lugar de prestação dos serviços advocatícios nada tem de excepcional; (iii) a natureza da causa nada tem de peculiar, e a sua importância é a comum; (iv) o trabalho profissional foi desenvolvido no patamar da normalidade; e (v) o tempo exigido para o serviço não justifica, por si só, qualquer elevação dos percentuais mínimos fixados em lei. Assim, deve o percentual ser fixado no mínimo, correspondente a dez por cento (CPC, art. 85, § 2º).

[...]

Tratando-se de causa em que for parte a Fazenda Pública, é de ser levado em consideração todo o acervo normativo extraível dos §§ 3º a 5º do art. 85 do CPC.

Capítulo XXIII ◆ Elaboração da fundamentação: demais questões formais...

Nessa linha, a fundamentação, no que se refere à fixação do percentual será outra, tratando-se de causa em que a condenação, o proveito econômico obtido ou, não sendo possível mensurar o proveito econômico, o valor da causa for inferior a 200 vezes o valor do salário mínimo vigente quando prolatada a sentença líquida ou o que estiver em vigor na data da decisão de liquidação.

A seguir, exemplos de fundamentação para situações em que, por exemplo, a parte autora tenha proposto uma demanda submetida ao procedimento comum, com o objetivo de ver reconhecida a inexistência de determinada obrigação de que a Fazenda Pública se entende credora perante ela, e o pedido formulado é integralmente acolhido:

AUTOS N. 012345-78.2019.8.05.0001
PROCEDIMENTO COMUM
PARTE AUTORA: Eneopequê da Silva Esseteuvê
PARTE RÉ: União.

S E N T E N Ç A

ENEOPEQUÊ DA SILVA ESSETEUVÊ, requerendo a concessão dos benefícios da gratuidade da justiça, propôs, contra a **UNIÃO**, demanda submetida ao procedimento comum.

[relatório, no qual há alusão a alegações da parte ré de que faltaria legitimidade da parte autora para a causa e de que não estaria presente o interesse de agir].

É o *relatório*.

Passo a *decidir*.

[...].

Por fim, ante a sucumbência integral em que incorreu a parte ré, deverá ela arcar com o pagamento das custas do processo e de honorários advocatícios sucumbenciais (CPC, art. 86, parágrafo único).

No que se refere aos honorários advocatícios sucumbenciais, é preciso identificar a base de cálculo e o percentual que sobre ela incidirá para que seja encontrado o valor devido ao(s) profissional(is) credor(es).

Relativamente à base de cálculo, trata-se de caso em que não houve condenação, o que remete à utilização do valor correspondente ao proveito econômico obtido (CPC, art. 85, §§ 2º e 3º). No caso, o proveito econômico obtido pela parte autora corresponde ao valor que, em razão da resistência judicialmente oferecida, ela deixará de pagar.

Já no que toca à fixação do percentual que incidirá sobre a base de cálculo, o que se constata é que (i) o grau de zelo profissional foi o normal, revelador dos cuidados que os profissionais do Direito devem ter, ordinariamente, na defesa dos interesses da parte a quem representam judicialmente); (ii) o lugar de prestação dos serviços advocatícios nada tem de excepcional; (iii) a natureza da causa nada tem de peculiar, e a sua importância é a comum; (iv) o trabalho profissional foi desenvolvido no patamar da normalidade; e (v) o tempo exigido para o serviço não justifica, por si só, qualquer elevação do percentual mínimo fixado em lei.

E, como se trata de processo em que é parte a Fazenda Pública, entra em cena o conjunto normativo que se extrai dos textos dos §§ 3º a 5º do art. 85 do CPC, de modo que, como o proveito econômico é inferior a 200 (duzentas) vezes o valor do salário mínimo (CPC, art. 85, § 3º, I), fixo em dez por cento o índice relativo aos honorários advocatícios sucumbenciais.

[...]

Para o caso em que o proveito econômico seja superior a 200 (duzentas) vezes e inferior da 2.000 (duas mil) vezes o valor do salário mínimo, com o percentual fixado no limite inferior:

AUTOS N. 012345-78.2019.8.05.0001
PROCEDIMENTO COMUM
PARTE AUTORA: Eneopequê da Silva Esseteuvê
PARTE RÉ: União.

S E N T E N Ç A

ENEOPEQUÊ DA SILVA ESSETEUVÊ, requerendo a concessão dos benefícios da gratuidade da justiça, propôs, contra a **UNIÃO**, demanda submetida ao procedimento comum.

[relatório, no qual há alusão a alegações da parte ré de que faltaria legitimidade da parte autora para a causa e de que não estaria presente o interesse de agir].

É o *relatório*.

Passo a *decidir*.

[...].

E, como se trata de processo em que é parte a Fazenda Pública, entra em cena o conjunto normativo que se extrai dos textos dos §§ 3º a 5º do art. 85 do CPC, de modo que, como o proveito econômico é superior a 200 (duzentas) vezes e inferior da 2.000 (duas mil) vezes o valor do salário mínimo (CPC, art. 85, § 3º, II, e § 5º), fixo os honorários advocatícios sucumbenciais, referentemente à quantia que não ultrapassa 200 (duzentas) vezes o valor do salário mínimo, em 10% (dez por cento). No que toca à quantia que excede 200 (duzentas) vezes o valor do salário mínimo, o percentual será de 8% (oito por cento).

[...]

Para caso em que o proveito econômico seja superior a 2.000 (duas mil) vezes e não alcance 20.000 (vinte mil) vezes o valor do salário mínimo, com o percentual fixado no limite inferior:

AUTOS N. 012345-78.2019.8.05.0001
PROCEDIMENTO COMUM
PARTE AUTORA: Eneopequê da Silva Esseteuvê
PARTE RÉ: União.

S E N T E N Ç A

ENEOPEQUÊ DA SILVA ESSETEUVÊ, requerendo a concessão dos benefícios da gratuidade da justiça, propôs, contra a **UNIÃO**, demanda submetida ao procedimento comum.

[relatório, no qual há alusão a alegações da parte ré de que faltaria legitimidade da parte autora para a causa e de que não estaria presente o interesse de agir].

É o *relatório*.

Passo a *decidir*.

[...].

Capítulo XXIII ◆ Elaboração da fundamentação: demais questões formais...

> E, como se trata de processo em que é parte a Fazenda Pública, entra em cena o conjunto normativo que se extrai dos textos dos §§ 3º a 5º do art. 85 do CPC, de modo que, como o proveito econômico é superior a 2.000 (duas mil) vezes e não alcança 20.000 (vinte mil) vezes o valor do salário mínimo (CPC, art. 85, § 3º, III, e § 5º), fixo os honorários advocatícios sucumbenciais, referentemente à quantia que não ultrapassa 200 (duzentas) vezes o valor do salário mínimo, em 10% (dez por cento). No que toca à quantia que excede 200 (duzentas) vezes até o correspondente a 2.000 (duas mil) vezes o valor do salário mínimo, o percentual será de 8% (oito por cento), caindo para 5% (cinco por cento) quanto ao que excede 2.000 (duas mil) vezes.
>
> [...]

Para caso em que o proveito econômico seja superior a 20.000 (vinte mil) vezes e inferior a 100.000 (cem mil) vezes o valor do salário mínimo, com o percentual fixado no limite inferior:

> **AUTOS N. 012345-78.2019.8.05.0001**
> **PROCEDIMENTO COMUM**
> **PARTE AUTORA:** Eneopequê da Silva Esseteuvê
> **PARTE RÉ:** União.
>
> **S E N T E N Ç A**
>
> **ENEOPEQUÊ DA SILVA ESSETEUVÊ**, requerendo a concessão dos benefícios da gratuidade da justiça, propôs, contra a **UNIÃO**, demanda submetida ao procedimento comum.
> **[relatório, no qual há alusão a alegações da parte ré de que faltaria legitimidade da parte autora para a causa e de que não estaria presente o interesse de agir].**
> É o *relatório*.
> Passo a *decidir*.
> [...].
> E como se trata de processo em que é parte a Fazenda Pública, entra em cena o conjunto normativo que se extrai dos textos dos §§ 3º a 5º do art. 85 do CPC, de modo que, como o proveito econômico é superior a 20.000 (vinte mil) vezes e inferior a 100.000 (cem mil) vezes o valor do salário mínimo (CPC, art. 85, § 3º, IV, e § 5º), fixo os honorários advocatícios sucumbenciais, referentemente à quantia que não ultrapassa 200 (duzentas) vezes o valor do salário mínimo, em 10% (dez por cento). No que toca à quantia que excede 200 (duzentas) vezes até o correspondente a 2.000 (duas mil vezes) o valor do salário mínimo, o percentual será de 8% (oito por cento), caindo para 5% (cinco por cento) quanto ao que excede 2.000 (duas mil) vezes e não ultrapassa 20.000 (vinte mil) vezes e para 3% quanto ao excedente de 20.000 (vinte mil) vezes.
>
> [...]

Para caso em que o proveito econômico seja superior a 100.000 (cem mil) vezes o valor do salário mínimo, com o percentual fixado no limite inferior:

> **AUTOS N. 012345-78.2019.8.05.0001**
> **PROCEDIMENTO COMUM**
> **PARTE AUTORA:** Eneopequê da Silva Esseteuvê
> **PARTE RÉ:** União.

MANUAL DA SENTENÇA CÍVEL

SENTENÇA

ENEOPEQUÊ DA SILVA ESSETEUVÊ, requerendo a concessão dos benefícios da gratuidade da justiça, propôs, contra a ***UNIÃO***, demanda submetida ao procedimento comum.

[relatório, no qual há alusão a alegações da parte ré de que faltaria legitimidade da parte autora para a causa e de que não estaria presente o interesse de agir].

É o *relatório*.

Passo a *decidir*.

[...].

E como se trata de processo em que é parte a Fazenda Pública, entra em cena o conjunto normativo que se extrai dos textos dos §§ 3º a 5º do art. 85 do CPC, de modo que, como o proveito econômico é superior a 100.000 (cem mil) vezes o valor do salário mínimo (CPC, art. 85, § 3º, V, e § 5º), fixo os honorários advocatícios sucumbenciais, referentemente à quantia que não ultrapassa 200 (duzentas) vezes o valor do salário mínimo, em 10% (dez por cento). No que toca à quantia que excede 200 (duzentas) vezes até o correspondente a 2.000 (duas mil vezes) o valor do salário mínimo, o percentual será de 8% (oito por cento), caindo para 5% (cinco por cento) quanto ao que excede 2.000 (duas mil) vezes e não supera 20.000 (vinte mil) vezes, para 3% quanto ao que for excedente de 20.000 (vinte mil) vezes e não ultrapassar 100.000 (cem mil) vezes e, finalmente, para 1% no que se refere ao que estiver acima de 100.000 (cem mil) vezes.

[...]

CAPÍTULO XXIV
ELABORAÇÃO DO DISPOSITIVO

◆ **SUMÁRIO**

1. Função – 2. Indispensabilidade – 3. Relação com o relatório e com a fundamentação – 4. Aspectos redacionais específicos – 5. Conteúdo.

1. FUNÇÃO

Por meio do *dispositivo* o julgador fixa a norma individualizada que regerá a relação entre os sujeitos parciais do processo.

O *dispositivo* é, assim, "a parte da decisão em que o órgão jurisdicional estabelece um preceito normativo, concluindo a análise acerca de um (ou mais de um) pedido que lhe fora dirigido"[1].

2. INDISPENSABILIDADE

A falta de *dispositivo* "faz com que a sentença seja *juridicamente inexistente, e não nula,* o que implica não *estar sujeita* a possibilidade de sua *vulneração* ao prazo decadencial de dois anos da ação rescisória"[2].

De fato, um ato judicial qualquer somente pode ser rotulado de *decisório* se nele for identificável o preceito normativo estabelecido pelo órgão jurisdicional. Se não houver preceito normativo, não há, rigorosamente, *decisão*.

Quanto a isso, é importante lembrar que, por vezes, o ato decisório não é materialmente estruturado de maneira a facilitar a identificação dos seus elementos essenciais. Assim, o *dispositivo* do ato decisório pode *não* estar concentrado no trecho final do ato, o que não significa que ela não exista.

Situações como essa devem ser, tanto quanto possível, evitadas, mas é forçoso reconhecer não é raro que aconteçam.

---

[1] DIDIER JR., Fredie; BRAGA, Paula Sarno; OLIVEIRA, Rafael Alexandria de. *Curso de direito processual civil.* 13. ed. Salvador: JusPodivm, 2018, v. 2, p. 404.

[2] ALVIM, Arruda. *Manual de direito processual civil.* 9. ed. São Paulo: RT, 2005, v. 2, p. 552.

3. RELAÇÃO COM O RELATÓRIO E COM A FUNDAMENTAÇÃO

Ao lado do *relatório* e da *fundamentação*, o *dispositivo* é uma das partes estruturais de um todo lógico que é o *ato decisório*.

Ao elaborar o *relatório*, o julgador *expõe* o caso sob julgamento, identificando as questões que serão examinadas.

No passo seguinte, por meio da *análise e da* resolução das questões incidentais identificadas no *relatório*, bem como mediante a *análise* da questão principal, o órgão jurisdicional concretiza a norma geral que deverá ser aplicada no caso concreto. Essa é a atividade consistente na *fundamentação* do ato decisório.

Por fim, à luz do contexto criado pelo *relatório* e pela *fundamentação*, o magistrado, no *dispositivo* do ato decisório, com a *resolução* da questão principal, *dispõe* a respeito da postulação apresentada, estabelecendo, com isso, a norma individualizada que regerá a relação entre os sujeitos interessados.

Essa sequência é reveladora da necessidade de que, no *relatório*, seja feita referência a todos os dados úteis relativos às questões que serão analisadas na *fundamentação*, para que, no *dispositivo*, se dê a resolução da questão principal.

> **PARA NÃO ESQUECER**
>
> Entra em cena, aqui, mais uma vez, o que já dissemos ao tratar dos aspectos gerais do relatório e repetimos ao cuidar da fundamentação: não se deve **fundamentar** a respeito do que não houver sido **relatado**; nem se deve **decidir** sobre o que não houver sido **fundamentado**.
>
> Para o fim de facilitar a fixação, vale lembrar a oração já enunciada aqui e que é por nós repetida nas nossas aulas: *"não fundamento sobre o que não relatei, nem decido sobre o que não fundamentei"*.

4. ASPECTOS REDACIONAIS ESPECÍFICOS

No dispositivo, fica instalado o *comando* que emerge do processo, como consectário lógico do quanto houver sido objeto de análise na *fundamentação*.

Nele, não há espaço para justificativas. Se alguma justificativa houver de ser dada no *dispositivo*, tratar-se-á, em verdade, de um trecho da *fundamentação* inserido na parte do ato decisório destinado ao *dispositivo*.

Assim, não é recomendável que, no *dispositivo*, seja feita uma espécie de *resumo* da fundamentação, tal como acontece nas situações em que, nele, constam frases como "*Diante do exposto, considerando que a parte autora não se desincumbiu do ônus de provar os fatos constitutivos do seu direito, rejeito o pedido".*

No exemplo dado, tratando-se de dispositivo, é bastante a referência à rejeição do pedido (*"Diante do exposto, rejeito o pedido"*).

5. CONTEÚDO

Como o *dispositivo* é a parte da decisão em que o órgão jurisdicional estabelece um preceito normativo, concluindo a análise acerca do(s) pedido(s) que lhe foram dirigidos, tal conclusão pode ser no sentido *(a)* de que não é possível resolver o mérito da causa, *(b)* de que o pedido deve ser acolhido, *(c)* de que o pedido deve ser acolhido apenas em parte ou *(d)* de que o pedido deve ser rejeitado.

Nessa linha, a existência de uma eventual questão incidental a respeito da admissibilidade do exame do mérito somente deve ganhar espaço no *dispositivo* se, de fato, houver, total ou parcialmente, empecilho para que o mérito seja examinado.

NA PRÁTICA

AUTOS N. 012345-78.2019.8.05.0001
PROCEDIMENTO COMUM
PARTE AUTORA: Eneopequê da Silva Esseteuvê e outro
PARTE RÉ: Abecedefegê Comercial Ltda.

SENTENÇA

ENEOPEQUÊ DA SILVA ESSETEUVÊ e **DEOTEQUÊ DOS SANTOS PEUESSEVÊ**, requerendo a concessão dos benefícios da gratuidade da justiça, propuseram, contra **ABECEDEFEGÊ COMERCIAL LTDA.**, demanda submetida ao procedimento comum.

Afirmam que **[parágrafo(s) destinado(s) à narrativa referente à indicação das causas de pedir remota e próxima, conforme anotamos anteriormente]**.

Na sequência, após expressa manifestação de desinteresse na composição consensual do conflito (fl. 8), requereram a concessão de tutela provisória, nos seguintes termos: **[transcrição, entre aspas, do trecho da petição inicial em que é formulado o pleito relativo à tutela provisória]** (fl. 9).

Ao final, formularam o pedido que se segue: **[transcrição, entre aspas, do trecho da petição inicial em que é formulado o pedido]** (fls. 9/10).

Concedidos os benefícios da gratuidade da justiça (fl. 16) e indeferido o pleito de concessão de tutela provisória (fls. 16/17), ordenei a citação da parte ré e a intimação da parte autora para comparecimento à audiência de conciliação ou de mediação (fl. 17). Citada (fl. 22), a parte ré também manifestou desinteresse na autocomposição (fl. 27), em razão do que foi cancelada a realização da audiência (fl. 30).

> Na contestação, a demandada, após requerer a concessão dos benefícios da gratuidade da justiça (fl. 33), disse que o demandante **Deotequê dos Santos Peuessevê** não tem legitimidade para a causa, sob o fundamento de que **[descrição, de modo tão resumido quanto possível, do(s) fundamento(s) apresentado(s)]**. Com base nisso, manifestou o entendimento de que o pleito formulado pelo aludido autor não pode ter o seu mérito apreciado (fls. 34/35).
>
> No mérito, alegou que as pretensões deduzidas pelos autores estariam prescritas, já que **[descrição, de modo tão resumido quanto possível, do(s) fundamento(s) apresentado(s)]** (fl. 35).
>
> Dando prosseguimento, asseverou que os fatos não ocorreram do modo como se encontram descritos na petição inicial. Nessa linha, disse que, em verdade, **[descrição, de modo tão resumido quanto possível, do(s) fundamento(s) apresentado(s) para impugnar a base fática em que a parte autora ancorou o pedido]** (fls. 36/37).
>
> Ademais, defendeu a tese de que as normas invocadas pela parte autora não são aplicáveis ao caso, visto como **[descrição, de modo tão resumido quanto possível, do(s) fundamento(s) apresentado(s) para impugnar o raciocínio jurídico desenvolvido pela parte autora]** (fls. 37/38).
>
> Por fim, postulou que **[transcrição, entre aspas, do trecho da contestação em que a parte ré lança as suas conclusões]** (fls. 39/40).
>
> Após deferidos, à parte ré, os benefícios da gratuidade da justiça (fl. 45), a parte autora apresentou, a título de réplica, a peça de fls. 48/52, vindo-me os autos, na sequência, conclusos para sentença.
>
> É o relatório.
>
> Passo a decidir.
>
> **[fundamentação, na qual, dentre outros fundamentos, constam os referentes ao reconhecimento de que, efetivamente, o autor Deotequê dos Santos Peuessevê não tem legitimidade para a causa,]**
>
> Diante do exposto, não conheço do mérito do pedido formulado pelo autor **Deotequê dos Santos Peuessevê**. No mais, acolho o pedido apresentado pelo demandante **Eneopequê da Silva Esseteuvê**, [...].

Portanto, se o julgador concluiu que estão atendidas todas as exigências formais para que o mérito da causa seja examinado, a questão de admissibilidade do exame do mérito deve ter sido *analisada* e *resolvida* na *fundamentação*, sem qualquer necessidade de que seja feita referência a ela no *dispositivo*[3].

---

[3] Em sentido contrário, entendendo que, "Se em sua fundamentação o magistrado constata a presença dos requisitos de admissibilidade da análise do objeto litigioso do procedimento [...], deverá, em sua conclusão (dispositivo), afirmar a presença desses requisitos de admissibilidade e decidir o pedido", Fredie Didier Jr., Paula Sarno Braga e Rafael Alexandria de Oliveira (*Curso de direito processual civil*. 13. ed. Salvador: JusPodivm, 2018, v. 2, p. 406).

Capítulo XXIV ◆ Elaboração do dispositivo

NA PRÁTICA

AUTOS N. 012345-78.2019.8.05.0001
PROCEDIMENTO COMUM
PARTE AUTORA: Eneopequê da Silva Esseteuvê e outro
PARTE RÉ: Abecedefegê Comercial Ltda.

S E N T E N Ç A

ENEOPEQUÊ DA SILVA ESSETEUVÊ e **DEOTEQUÊ DOS SANTOS PEUESSEVÊ**, requerendo a concessão dos benefícios da gratuidade da justiça, propuseram, contra **ABECEDEFEGÊ COMERCIAL LTDA.**, demanda submetida ao procedimento comum.

Afirmam que **[parágrafo(s) destinado(s) à narrativa referente à indicação das causas de pedir remota e próxima, conforme anotamos anteriormente]**.

Na sequência, após expressa manifestação de desinteresse na composição consensual do conflito (fl. 8), requereram a concessão de tutela provisória, nos seguintes termos: **[transcrição, entre aspas, do trecho da petição inicial em que é formulado o pleito relativo à tutela provisória]** (fl. 9).

Ao final, formularam o pedido que se segue: **[transcrição, entre aspas, do trecho da petição inicial em que é formulado o pedido]** (fls. 9/10).

Concedidos os benefícios da gratuidade da justiça (fl. 16) e indeferido o pleito de concessão de tutela provisória (fls. 16/17), ordenei a citação da parte ré e a intimação da parte autora para comparecimento à audiência de conciliação ou de mediação (fl. 17). Citada (fl. 22), a parte ré também manifestou desinteresse na autocomposição (fl. 27), em razão do que foi cancelada a realização da audiência (fl. 30).

Na contestação, a demandada, após requerer a concessão dos benefícios da gratuidade da justiça (fl. 33), disse que o demandante *Deotequê dos Santos Peuessevê* não tem legitimidade para a causa, sob o fundamento de que **[descrição, de modo tão resumido quanto possível, do(s) fundamento(s) apresentado(s)]**. Com base nisso, manifestou o entendimento de que o pleito formulado pelo aludido autor não pode ter o seu mérito apreciado (fls. 34/35).

No mérito, alegou que as pretensões deduzidas pelos autores estariam prescritas, já que **[descrição, de modo tão resumido quanto possível, do(s) fundamento(s) apresentado(s)]** (fl. 35).

Dando prosseguimento, asseverou que os fatos não ocorreram do modo como se encontram descritos na petição inicial. Nessa linha, disse que, em verdade, **[descrição, de modo tão resumido quanto possível, do(s) fundamento(s) apresentado(s) para impugnar a base fática em que a parte autora ancorou o pedido]** (fls. 36/37).

Ademais, defendeu a tese de que as normas invocadas pela parte autora não são aplicáveis ao caso, visto como **[descrição, de modo tão resumido quanto possível, do(s) fundamento(s) apresentado(s) para impugnar o raciocínio jurídico desenvolvido pela parte autora]** (fls. 37/38).

Por fim, postulou que **[transcrição, entre aspas, do trecho da contestação em que a parte ré lança as suas conclusões]** (fls. 39/40).

Após deferidos, à parte ré, os benefícios da gratuidade da justiça (fl. 45), a parte autora apresentou, a título de réplica, a peça de fls. 48/52, vindo-me os autos, na sequência, conclusos para sentença.

MANUAL DA SENTENÇA CÍVEL

> É o relatório.
> Passo a decidir.
> **[fundamentação, na qual, dentre outros fundamentos, constam (i) os referentes à rejeição da tese de que o autor Deotequê dos Santos Peuessevê não teria legitimidade para a causa e (ii) os de que os pedidos formulados devem ser acolhidos]**
> Diante do exposto, acolho os pedidos, para o fim de [...].

Por fim, deve também constar, no *dispositivo*, a imposição das obrigações atinentes aos ônus da sucumbência, o que, por óbvio, deverá estar em perfeita consonância com o quanto tenha sido deliberado na fundamentação.

NA PRÁTICA

AUTOS N. 012345-78.2019.8.05.0001
PROCEDIMENTO COMUM
PARTE AUTORA: Eneopequê da Silva Esseteuvê
PARTE RÉ: Abecedefegê Comercial Ltda.

SENTENÇA

ENEOPEQUÊ DA SILVA ESSETEUVÊ, requerendo a concessão dos benefícios da gratuidade da justiça, propôs, contra **ABECEDEFEGÊ COMERCIAL LTDA.**, demanda submetida ao procedimento comum.
[relatório].
É o *relatório*.
Passo a *decidir*.
[fundamentação].
Por fim, ante a sucumbência integral em que incorreu a parte ré, deverá ela arcar com o pagamento das custas do processo e de honorários advocatícios sucumbenciais (CPC, art. 86, parágrafo único).
Quanto às custas processuais, tendo em vista que a parte autora, como titular do direito aos benefícios da gratuidade da justiça, nada adiantou, deverá a parte ré pagá-las integralmente.
No que se refere aos honorários advocatícios sucumbenciais, é preciso identificar a base de cálculo e o percentual que sobre ela incidirá para que seja encontrado o valor devido ao(s) profissional(is) credor(es).
Relativamente à base de cálculo, corresponderá ela ao valor da condenação (CPC, art. 85, § 2º). Já no que toca à fixação do percentual que incidirá sobre a base de cálculo, o que se constata é que (i) o grau de zelo profissional foi o normal, revelador dos cuidados que os profissionais do Direito devem ter, ordinariamente, na defesa dos interesses da parte a quem representam judicialmente); (ii) o lugar de prestação dos serviços advocatícios nada tem de excepcional; (iii) a natureza da causa nada tem de peculiar, e a sua importância

é a comum; (iv) o trabalho profissional foi desenvolvido no patamar da normalidade; e (v) o tempo exigido para o serviço não justifica, por si só, qualquer elevação dos percentuais mínimos fixados em lei. Assim, deve o percentual ser fixado no mínimo, correspondente a dez por cento (CPC, art. 85, § 2º).

Diante do exposto, acolho o pedido, para o fim de *[...]*

Imponho à parte ré a obrigação de pagar honorários advocatícios sucumbenciais, correspondentes a 10% (dez por cento) do valor da condenação.

[...]

Tratando-se de causa em que for parte a Fazenda Pública, é de ser levado em consideração todo o acervo normativo extraível dos §§ 3º a 5º do art. 85 do CPC.

Nessa linha, com base na fundamentação, será imposta, no dispositivo, a obrigação.

A seguir, exemplos de dispositivos para situações em que, por exemplo, a parte autora tenha proposto uma demanda submetida ao procedimento comum, com o objetivo de ver reconhecida a inexistência de determinada obrigação de que a Fazenda Pública se entende credora perante ela, e o pedido formulado tenha sido integralmente acolhido:

AUTOS N. 012345-78.2019.8.05.0001
PROCEDIMENTO COMUM
PARTE AUTORA: Eneopequê da Silva Esseteuvê
PARTE RÉ: União.

S E N T E N Ç A

ENEOPEQUÊ DA SILVA ESSETEUVÊ, requerendo a concessão dos benefícios da gratuidade da justiça, propôs, contra a **UNIÃO**, demanda submetida ao procedimento comum.

[relatório].

É o *relatório*.

Passo a *decidir*.

[fundamentação]

Por fim, ante a sucumbência integral em que incorreu a parte ré, deverá ela arcar com o pagamento das custas do processo e de honorários advocatícios sucumbenciais (CPC, art. 86, parágrafo único).

Quanto às custas processuais, tendo em vista que a parte autora, como titular do direito aos benefícios da gratuidade da justiça, nada adiantou, deverá a parte ré pagá-las integralmente.

No que se refere aos honorários advocatícios sucumbenciais, é preciso identificar a base de cálculo e o percentual que sobre ela incidirá para que seja encontrado o valor devido ao(s) profissional(is) credor(es).

Relativamente à base de cálculo, trata-se de caso em que não houve condenação, o que remete à utilização do valor correspondente ao proveito econômico obtido (CPC, art. 85, §§ 2º e 3º). No caso, o proveito econômico obtido pela parte autora corresponde ao valor que, em razão da resistência judicialmente oferecida, ela deixará de pagar.

Já no que toca à fixação do percentual que incidirá sobre a base de cálculo, o que se constata é que (i) o grau de zelo profissional foi o normal, revelador dos cuidados que os profissionais do Direito devem ter, ordinariamente, na defesa dos interesses da parte a quem representam judicialmente); (ii) o lugar de prestação dos serviços advocatícios nada tem de excepcional; (iii) a natureza da causa nada tem de peculiar, e a sua importância é a comum; (iv) o trabalho profissional foi desenvolvido no patamar da normalidade; e (v) o tempo exigido para o serviço não justifica, por si só, qualquer elevação do percentual mínimo fixado em lei.

E, como se trata de processo em que é parte a Fazenda Pública, entra em cena o conjunto normativo que se extrai dos textos dos §§ 3º a 5º do art. 85 do CPC, de modo que, como o proveito econômico é inferior a 200 (duzentas) vezes o valor do salário mínimo (CPC, art. 85, § 3º, I), fixo em dez por cento o índice relativo aos honorários advocatícios sucumbenciais.

Diante do exposto, acolho o pedido, para o fim de [...]

Imponho à parte ré a obrigação de pagar honorários advocatícios sucumbenciais, correspondentes a 10% (dez por cento) do valor que, em razão da resistência oferecida, a parte autora deixará de pagar.

[...]

Para caso em que o proveito econômico seja superior a 200 (duzentas) vezes e inferior da 2.000 (duas mil) vezes o valor do salário mínimo:

AUTOS N. 012345-78.2019.8.05.0001
PROCEDIMENTO COMUM
PARTE AUTORA: Eneopequê da Silva Esseteuvê
PARTE RÉ: União.

S E N T E N Ç A

ENEOPEQUÊ DA SILVA ESSETEUVÊ, requerendo a concessão dos benefícios da gratuidade da justiça, propôs, contra a **UNIÃO**, demanda submetida ao procedimento comum.

[relatório].
É o *relatório*.
Passo a *decidir*.
[fundamentação]

Por fim, ante a sucumbência integral em que incorreu a parte ré, deverá ela arcar com o pagamento das custas do processo e de honorários advocatícios sucumbenciais (CPC, art. 86, parágrafo único).

Quanto às custas processuais, tendo em vista que a parte autora, como titular do direito aos benefícios da gratuidade da justiça, nada adiantou, deverá a parte ré pagá-las integralmente.

E, como se trata de processo em que é parte a Fazenda Pública, entra em cena o conjunto normativo que se extrai dos textos dos §§ 3º a 5º do art. 85 do CPC, de modo que, como o proveito econômico é superior a 200 (duzentas) vezes e inferior da 2.000 (duas mil) vezes o valor do salário mínimo (CPC, art. 85, § 3º, II, e § 5º), fixo os honorários advocatícios sucumbenciais, referentemente à quantia que não ultrapassa 200 (duzentas) vezes o valor do salário mínimo, em 10% (dez por cento). No que toca à quantia que excede 200 (duzentas) vezes o valor do salário mínimo, o percentual será de 8% (oito por cento).

Diante do exposto, acolho o pedido, para o fim de [...]

Imponho à parte ré a obrigação de pagar honorários advocatícios sucumbenciais, cujo cálculo deverá utilizar, como base, o proveito econômico obtido pela parte autora, correspondente à quantia que, em razão da resistência oferecida, ela deixará de pagar. O valor devido a título de honorários será encontrado mediante a soma dos resultados das seguintes operações: 10% (dez por cento) do valor equivalente a 200 (duzentas) vezes o valor do salário mínimo e 8% da quantia que, considerado o proveito econômico obtido, exceder 200 (duzentas) vezes o valor do salário mínimo.
[...]

Para caso em que o proveito econômico seja superior a 2.000 (duas mil) vezes e não alcance 20.000 (vinte mil) vezes o valor do salário mínimo:

AUTOS N. 012345-78.2019.8.05.0001
PROCEDIMENTO COMUM
PARTE AUTORA: Eneopequê da Silva Esseteuvê
PARTE RÉ: União.

S E N T E N Ç A

ENEOPEQUÊ DA SILVA ESSETEUVÊ, requerendo a concessão dos benefícios da gratuidade da justiça, propôs, contra a **UNIÃO**, demanda submetida ao procedimento comum.
[relatório].
É o *relatório*.
Passo a *decidir*.
[fundamentação]
Por fim, ante a sucumbência integral em que incorreu a parte ré, deverá ela arcar com o pagamento das custas do processo e de honorários advocatícios sucumbenciais (CPC, art. 86, parágrafo único).

Quanto às custas processuais, tendo em vista que a parte autora, como titular do direito aos benefícios da gratuidade da justiça, nada adiantou, deverá a parte ré pagá-las integralmente.

E, como se trata de processo em que é parte a Fazenda Pública, entra em cena o conjunto normativo que se extrai dos textos dos §§ 3º a 5º do art. 85 do CPC, de modo que, como o proveito econômico é superior a 2.000 (duas mil) vezes e não alcança 20.000 (vinte mil) vezes o valor do salário mínimo (CPC, art. 85, § 3º, III, e § 5º), fixo os honorários advocatícios sucumbenciais, referentemente à quantia que não ultrapassa 200 (duzentas) vezes o valor do salário mínimo, em 10% (dez por cento). No que toca à quantia que excede 200 (duzentas) vezes até o correspondente a 2.000 (duas mil) vezes o valor do salário mínimo, o percentual será de 8% (oito por cento), caindo para 5% (cinco por cento) quanto ao que excede 2.000 (duas mil) vezes.

Diante do exposto, acolho o pedido, para o fim de **[...]**

Imponho à parte ré a obrigação de pagar honorários advocatícios sucumbenciais, cujo cálculo deverá utilizar, como base, o proveito econômico obtido pela parte autora, correspondente à quantia que, em razão da resistência oferecida, ela deixará de pagar. O valor devido a título de honorários será encontrado mediante a soma dos resultados das seguintes operações: 10% (dez por cento) do valor equivalente a 200 (duzentas) vezes o valor do salário mínimo; 8% (oito por cento) do valor que excede 200 (duzentas) vezes até o correspondente a 2.000 (duas mil) vezes o valor do salário mínimo; e 5% do valor que, considerado o proveito econômico obtido, exceder 2.000 (duas mil) vezes o valor do salário mínimo.

[...]

Para caso em que o proveito econômico seja superior a 20.000 (vinte mil) vezes e inferior a 100.000 (cem mil) vezes o valor do salário mínimo:

AUTOS N. 012345-78.2019.8.05.0001
PROCEDIMENTO COMUM
PARTE AUTORA: Eneopequê da Silva Esseteuvê
PARTE RÉ: União.

S E N T E N Ç A

ENEOPEQUÊ DA SILVA ESSETEUVÊ, requerendo a concessão dos benefícios da gratuidade da justiça, propôs, contra a **UNIÃO**, demanda submetida ao procedimento comum.

[relatório].

É o *relatório*.

Passo a *decidir*.

[fundamentação]

Por fim, ante a sucumbência integral em que incorreu a parte ré, deverá ela arcar com o pagamento das custas do processo e de honorários advocatícios sucumbenciais (CPC, art. 86, parágrafo único).

Quanto às custas processuais, tendo em vista que a parte autora, como titular do direito aos benefícios da gratuidade da justiça, nada adiantou, deverá a parte ré pagá-las integralmente.

E, como se trata de processo em que é parte a Fazenda Pública, entra em cena o conjunto normativo que se extrai dos textos dos §§ 3º a 5º do art. 85 do CPC, de modo que, como o proveito econômico é superior a 20.000 (vinte mil) vezes e inferior a 100.000 (cem mil) vezes o valor do salário mínimo (CPC, art. 85, § 3º, IV, e § 5º), fixo os honorários advocatícios sucumbenciais, referentemente à quantia que não ultrapassa 200 (duzentas) vezes o valor do salário mínimo, em 10% (dez por cento). No que toca à quantia que excede 200 (duzentas) vezes até o correspondente a 2.000 (duas mil vezes) o valor do salário mínimo, o percentual será de 8% (oito por cento), caindo para 5% (cinco por cento) quanto ao que excede 2.000 (duas mil) vezes e não ultrapassa 20.000 (vinte mil) vezes e para 3% quanto ao excedente de 20.000 (vinte mil) vezes.

Diante do exposto, acolho o pedido, para o fim de [...]

Imponho à parte ré a obrigação de pagar honorários advocatícios sucumbenciais, cujo cálculo deverá utilizar, como base, o proveito econômico obtido pela parte autora, correspondente à quantia que, em razão da resistência oferecida, ela deixará de pagar. O valor devido a título de honorários será encontrado mediante a soma dos resultados das seguintes operações: 10% (dez por cento) do valor equivalente a 200 (duzentas) vezes o valor do salário mínimo; 8% (oito por cento) do valor que excede 200 (duzentas) vezes até o correspondente a 2.000 (duas mil) vezes o valor do salário mínimo; 5% do valor que supera 2.000 (duas mil) vezes até o correspondente a 20.000 (vinte mil) vezes o valor do salário mínimo; e 3% do valor que, considerado o proveito econômico obtido, exceder 20.000 (vinte mil) vezes o valor do salário mínimo.

[...]

Capítulo XXIV ◆ Elaboração do dispositivo

Para caso em que o proveito econômico seja superior a 100.000 (cem mil) vezes o valor do salário mínimo:

AUTOS N. 012345-78.2019.8.05.0001
PROCEDIMENTO COMUM
PARTE AUTORA: Eneopequê da Silva Esseteuvê
PARTE RÉ: União.

S E N T E N Ç A

ENEOPEQUÊ DA SILVA ESSETEUVÊ, requerendo a concessão dos benefícios da gratuidade da justiça, propôs, contra a **UNIÃO**, demanda submetida ao procedimento comum.

[relatório].

É o *relatório*.

Passo a *decidir*.

[fundamentação]

Por fim, ante a sucumbência integral em que incorreu a parte ré, deverá ela arcar com o pagamento das custas do processo e de honorários advocatícios sucumbenciais (CPC, art. 86, parágrafo único).

Quanto às custas processuais, tendo em vista que a parte autora, como titular do direito aos benefícios da gratuidade da justiça, nada adiantou, deverá a parte ré pagá-las integralmente.

E, como se trata de processo em que é parte a Fazenda Pública, entra em cena o conjunto normativo que se extrai dos textos dos §§ 3º a 5º do art. 85 do CPC, de modo que, como o proveito econômico é superior a 100.000 (cem mil) vezes o valor do salário mínimo (CPC, art. 85, § 3º, V, e § 5º), fixo os honorários advocatícios sucumbenciais, referentemente à quantia que não ultrapassa 200 (duzentas) vezes o valor do salário mínimo, em 10% (dez por cento). No que toca à quantia que excede 200 (duzentas) vezes até o correspondente a 2.000 (duas mil vezes) o valor do salário mínimo, o percentual será de 8% (oito por cento), caindo para 5% (cinco por cento) quanto ao que excede 2.000 (duas mil) vezes e não supera 20.000 (vinte mil) vezes, para 3% quanto ao que for excedente de 20.000 (vinte mil) vezes e não ultrapassar 100.000 (cem mil) vezes e, finalmente, para 1% no que se refere ao que estiver acima de 100.000 (cem mil) vezes.

Diante do exposto, acolho o pedido, para o fim de [...]

Imponho à parte ré a obrigação de pagar honorários advocatícios sucumbenciais, cujo cálculo deverá utilizar, como base, o proveito econômico obtido pela parte autora, correspondente à quantia que, em razão da resistência oferecida, ela deixará de pagar. O valor devido a título de honorários será encontrado mediante a soma dos resultados das seguintes operações: 10% (dez por cento) do valor equivalente a 200 (duzentas) vezes o valor do salário mínimo; 8% (oito por cento) do valor que excede 200 (duzentas) vezes até o correspondente a 2.000 (duas mil) vezes o valor do salário mínimo; 5% do valor que supera 2.000 (duas mil) vezes até o correspondente a 20.000 (vinte mil) vezes o valor do salário mínimo; 3% do valor que supera 20.000 (vinte mil) vezes até o correspondente a 100.000 (cem mil) vezes o valor do salário mínimo; e 1% do valor que, considerado o proveito econômico obtido, exceder 100.000 (cem mil) vezes o valor do salário mínimo.

[...]

REFERÊNCIAS BIBLIOGRÁFICAS

ALVIM, Arruda. *Manual de direito processual civil*. 9. ed. São Paulo: RT, 2005. v. 2.

ASSIS, Araken de. *Manual do processo de execução*. 7. ed. São Paulo: RT, 2001.

ÁVILA, Humberto. *Teoria dos princípios:* da definição à aplicação dos princípios jurídicos. 13. ed. São Paulo: Malheiros, 2012.

BUENO, Cassio Scarpinella. *Curso sistematizado de direito processual civil.* 9. ed. São Paulo: Saraiva, 2018. v. 1.

CARVALHO, José Orlando de. *Teoria dos pressupostos e dos requisitos processuais*. Rio de Janeiro: Lumen Juris, 2005.

CRAMER, Ronaldo. *Precedentes judiciais*: teoria e dinâmica. Rio de Janeiro: Forense, 2016.

DIDIER JR., Fredie. *Curso de direito processual civil.* 20. ed. Salvador: JusPodivm, 2018. v. 1.

DIDIER JR., Fredie; BRAGA, Paula Sarno; OLIVEIRA, Rafael Alexandria de. *Curso de direito processual civil*. 13. ed. Salvador: JusPodivm, 2018. v. 2.

DONIZETE, Elpídio. *Curso didático de direito processual civil*. 20. ed. São Paulo: Atlas, 2017.

FERREIRA, Aurélio Buarque de Holanda. *Novo dicionário Aurélio da língua portuguesa*. 4. ed. Curitiba: Positivo, 2009.

GAGLIANO, Pablo Stolze; PAMPLONA FILHO, Rodolfo. *Manual de direito civil.* 2. ed. São Paulo: Saraiva, 2018.

GAGLIANO, Pablo Stolze; PAMPLONA FILHO, Rodolfo. *Novo curso de direito civil.* 21. ed. São Paulo: Saraiva, 2019. v. I: Parte geral.

LOPES JR., Jailton Jackson de Freitas. *Sentença cível descomplicada:* técnicas de construção e esquemas de estruturação. 3. ed. Brasília: Editora CP Iuris, 2018.

NEVES, Daniel Amorim Assumpção. *Manual de direito processual civil*. 9. ed. Salvador: JusPodivm, 2017.

OLIVEIRA, Vallisney de Souza. *Nulidade da sentença e o princípio da congruência*. São Paulo: Saraiva, 2004.

RIBEIRO, Marcelo. *Curso de processo civil:* teoria geral e processo de conhecimento. São Paulo: Método, 2015.

THEODORO JÚNIOR, Humberto. *Curso de direito processual civil.* 58. ed. Rio de Janeiro: Forense, 2017. v. I.